黄河流域城市群高质量发展与生态保护研究
（2006－2019）

曾 鹏 李洪涛 池 晓 等著

中国财经出版传媒集团

经济科学出版社
Economic Science Press

·北京·

图书在版编目（CIP）数据

黄河流域城市群高质量发展与生态保护研究 ：2006
－2019 ／ 曾鹏等著 ． -- 北京 ： 经济科学出版社，2024.
8. -- ISBN 978 - 7 - 5218 - 6281 - 2

Ⅰ. ①F299. 27；X321. 22

中国国家版本馆 CIP 数据核字第 2024X500P4 号

责任编辑：李晓杰
责任校对：李 建
责任印制：张佳裕

黄河流域城市群高质量发展与生态保护研究 （2006 － 2019）
曾 鹏 李洪涛 池 晓 等著
经济科学出版社出版、发行 新华书店经销
社址：北京市海淀区阜成路甲 28 号 邮编：100142
教材分社电话：010 － 88191645 发行部电话：010 － 88191522
网址：www. esp. com. cn
电子邮箱：lxj8623160@ 163. com
天猫网店：经济科学出版社旗舰店
网址：http：//jjkxcbs. tmall. com
北京季蜂印刷有限公司印装
880 × 1230 16 开 23.25 印张 770000 字
2024 年 8 月第 1 版 2024 年 8 月第 1 次印刷
ISBN 978 － 7 － 5218 － 6281 － 2 定价：98.00 元
（图书出现印装问题，本社负责调换。电话：010 － 88191545）
（版权所有 侵权必究 打击盗版 举报热线：010 － 88191661
QQ：2242791300 营销中心电话：010 － 88191537
电子邮箱：dbts@ esp. com. cn）

本书作者

曾　鹏　李洪涛　池　晓　邓荣清
杨　磊　岑昌浩　曾怒娇　尚玲洁
张柳柳　覃意晗　许亦文

序　　一

在中华文明的演进脉络中，黄河流域始终是经济繁荣与生态智慧的典型样本。这条奔腾的河流滋养了华夏大地的农耕文明，见证了丝路驼铃的商贸传奇，也承载着历代治水安澜的智慧沉淀。然而，面对工业文明时代的人口集聚、产业扩张与生态失衡，黄河流域的发展模式亟需深刻转型。在此背景下，《黄河流域城市群高质量发展与生态保护研究（2006－2019）》应运而生，这部著作不仅是对黄河流域历史使命的学术回应，更是面向未来的行动纲领。

黄河流域横跨九省区，覆盖130万平方公里国土和1.6亿人口，既是"能源流域"的核心载体，又是国家生态安全的战略屏障。其七大城市群——从山东半岛到兰州—西宁城市群——如同一串镶嵌在黄河沿岸的明珠，既是经济要素的集聚高地，也是生态系统的敏感区域。习近平总书记将黄河流域生态保护与高质量发展上升为国家战略，正因其事关中华民族永续发展的根本大计。然而，资源开发的粗放模式、区域发展的不平衡、生态承载力的脆弱性，构成了制约其发展的三重瓶颈。曾鹏教授等作者开展黄河流域城市群高质量发展和生态保护研究，系统地分析了黄河流域城市群在高质量发展和生态保护方面的突出问题及政策研判；通过运用 CiteSpace 文献计量学软件，深入探讨了当前研究中的理论与应用失衡问题，揭示了黄河流域城市群发展中的核心方向和趋势；以城市群为研究单元，通过十四年（2006~2019 年）的追踪分析，系统揭示这些问题背后的深层逻辑。

传统区域发展研究往往割裂经济与生态的辩证关系，而本书的创新之处在于提出了"耦合协调"的评估框架，专著《黄河流域城市群高质量发展与生态保护研究（2006－2019）》基于灰色理论，构建了涵盖综合发展、人口劳动力、经济发展、社会和谐、基础设施、科教文卫、生态保护等七个方面的评估体系。这种跨学科方法不仅弥补了既有研究的碎片化缺陷，更建立了生态保护与经济发展的"协同度"量化标尺，为区域政策制定提供了科学工具箱。

作为首部系统整合黄河流域城市群多维数据的专著，一是构建了全球规模最大的流域城市群评估数据库；二是创新了区域协调发展研究的计量模型；三是实现了政策文本分析与实证结论的深度互证。其价值不仅体现在学术层面，更在于为"双碳"目标下的中国区域发展范式转型提供了黄河流域方案。

本书观点鲜明，论证严密，既有学术价值，又有实践意义。开展黄河流域城市群高质量发展和生态保护研究是对黄河流域可持续发展、区域高质量发展理论的进一步深化与提升，而这又符合十九大以来国家实施区域协调发展战略，以城市群为主体构建大中小城市和小城镇协调发展的城镇格局，推动形成全面开放新格局的战略要求。

在高质量发展的新时代命题下，黄河流域的探索将成为中国乃至全球资源型区域转型的重要参考。期待本书的出版能激发更多学者关注流域经济学的交叉研究，也期待政策制定者以此为镜，在生态保护与经济发展的天平上找到更具智慧的平衡支点。著作的出版，凝结了曾鹏教授等作者的智慧和汗水，是一件值得庆贺的事情。

山东大学经济研究院院长、长江学者特聘教授、博士研究生导师

2024 年 8 月

序　二

　　黄河流域辐射区域大、涉及范围广，综合承载压力较大。近年来随着国家对生态保护与高质量发展的重视，黄河流域的城市群发展迎来了新的机遇和挑战。自 2019 年习近平总书记在黄河流域生态保护和高质量发展座谈会上提出"共同抓好大保护，协同推进大治理"以来，黄河流域的生态保护和高质量发展已上升为国家战略。这一战略的实施，不仅关系到区域经济的繁荣，更关乎生态环境的可持续性。黄河流域横跨青藏高原、内蒙古高原、黄土高原和华北平原，生态类型多样，资源丰富。然而，长期以来，黄河流域面临着生态环境脆弱、资源开采方式粗放、区域发展不协调等问题。为此，本书通过系统的理论分析和实证研究，提出了以生态保护为先导，以核心城市和都市圈建设为切入点，以交通基础设施为抓手，以创新驱动为动力的高质量发展路径。

　　近年来，曾鹏教授等作者也一直在关注着城市群与区域经济可持续发展问题。他们在广泛收集国内外有关区域经济研究成果的基础上，从综合发展、人口劳动力、经济发展、社会和谐、基础设施、科教文卫、生态保护等七个方面多视角、多维度深入探讨黄河流域城市群高质量发展与生态保护的发展状况与突出矛盾，实现了对黄河流域城市群在高质量发展和生态保护的动态化研究。

　　黄河流域的独特特征和发展历程，使其在生态保护与经济发展方面面临着独特的挑战和机遇。专著《黄河流域城市群高质量发展与生态保护研究（2006－2019）》紧密结合国家政策导向，深入探讨了黄河流域城市群在高质量发展和生态保护方面的实际需求，提出了提升城市经济社会发展水平的政策建议。通过系统评估黄河流域城市群在生态保护与综合发展、人口劳动力、经济发展、社会和谐、基础设施、科教文卫等方面的协同水平，研判了未来的发展方向及政策趋势。

　　这部著作的问世，体现了学术性、时代性和实践性的统一，反映了曾鹏教授等作者对现实深切关注、对学问孜孜以求的精神风貌。在本书出版之际，我欣然接受他们的请求，乐为此序。治学无止境。望曾教授等作者在既得成果的基础上，继续发扬虚心好学的精神，与时俱进，不断攀登，在治学上达到更高的水平，取得更多、更丰硕的成果。

哈尔滨工业大学经济与管理学院院长、博士研究生导师

2024 年 8 月

序　三

　　黄河流域作为中华民族的母亲河，承载着丰富的历史文化和独特的生态环境。习近平总书记在黄河流域生态保护和高质量发展座谈会上提出的"共同抓好大保护，协同推进大治理"战略，为黄河流域的发展指明了方向。马克思主义强调生产力与生产关系的辩证统一，任何区域发展实践都是生产力与生产关系矛盾运动的具象呈现，生态保护与经济发展同样需要协调统一。黄河流域横跨青藏高原、内蒙古高原、黄土高原和华北平原，生态类型多样，资源丰富。然而，长期以来，黄河流域面临着生态环境脆弱、资源开采方式粗放、区域发展不协调等问题。为此，专著《黄河流域城市群高质量发展与生态保护研究（2006－2019）》，紧密结合马克思主义理论和习近平新时代中国特色社会主义思想，通过系统的理论分析和实证研究，深入探讨了黄河流域城市群在高质量发展和生态保护方面的实际需求。

　　专著《黄河流域城市群高质量发展与生态保护研究（2006－2019）》是一部关于黄河流域城市群高质发展发展现状、与生态保护之间的关系、高质量发展与生态保护存在问题和对策的综合性研究报告。高质量发展本质内涵是以满足人民日益增长的美好生活的需要为根本目标；是政治建设、经济建设、社会建设、文化健身、生态文明建设五位一体协调发展。生态保护既是高质量发展的应有之义，也是高质量发展的重中之重。黄河流域的独特特征和发展历程，使其在生态保护与经济发展方面面临着独特的挑战和机遇。

　　曾鹏教授等作者结合黄河流域的实际需求，通过系统评估黄河流域城市群在生态保护与综合发展、人口劳动力、经济发展、社会和谐、基础设施、科教文卫等方面的协同水平，通过构建包含115项四级指标的评估体系，突破西方区域经济学"见物不见人"的窠臼，将"社会和谐""科教文卫"等关乎高质量发展的多维度因素纳入分析框架，这一设计深刻呼应了马克思关于"人的自由全面发展"的终极追求，也体现了社会主义发展观对单纯GDP崇拜的超越。

　　本书在理论和实践上拓展了区域经济学的研究视野，进一步丰富区域经济学、经济地理学等学科研究的理论内涵。通过对黄河流域城市群高质量发展和生态保护研究的综合评估分析，为政府实现黄河流域生态保护和高质量发展规划发展目标，实现全面、协调、可持续高质量发展，制定相关政策、规划区域发展提供了理论支撑，具有十分重要的决策参考价值。

　　当前，世界正经历百年未有之大变局，黄河流域的探索为全球可持续发展提供了中国方案。曾鹏教授等作者对黄河流域城市群高质量发展和生态保护问题展开研究，并形成系统的理论体系，展现了社会主义生态文明建设的历史必然性。期待这部著作的出版，能够推动学术界更深入地运用马克思主义方法论，在流域治理、空间正义、共同富裕等领域产生更丰硕的理论成果。作为最先阅读这本书的读者，我很高兴将这本书推荐给广大读者，同时也对他今后的发展，表示诚挚的祝愿。我想这也正是本书撰写的初衷。

中国社会科学院学部委员、中国社会科学院大学首席教授、博士研究生导师

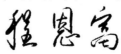

2024 年 8 月

前　　言

　　《黄河流域城市群高质量发展与生态保护研究（2006－2019）》是广西民族大学城市科技与区域创新发展研究与评估中心全面转型为广西壮族自治区教育厅广西高校人文社会科学重点研究基地"城市科技与区域创新研究院"之后的重要科研成果。本书由曾鹏、李洪涛、池晓、邓荣清、杨磊、岑昌浩、曾怒娇、尚玲洁、张柳柳、覃意晗、许亦文等来自广西民族大学的师生共同完成，并于2024年在经济科学出版社出版。在课题的研究期间课题组多次深入黄河流域城市群各城市展开实际调研，收集到了极为丰富的一线材料和数据，为专著的撰写提供了坚实的写作基础。

　　本书以促进推动黄河流域生态保护和高质量发展为目标，以实施区域协调发展、全面建成小康社会、实现中华民族伟大复兴的中国梦为指导思想。将理论和实践相结合，以黄河流域城市群市域为单位对宏观整体上的黄河流域城市群及其58个城市发展水平展开研究，从综合发展、人口劳动力、经济发展、社会和谐、基础设施、科教文卫、生态保护等七个方面多视角、多维度深度探讨各城市发展现状，更加突出对城市发展现状的深入探索，全方位体现城市生态保护与经济社会高质量发展的协同水平及差异。

　　首先，通过对青海、四川、甘肃、宁夏、内蒙古、陕西、山西、河南、山东等9个省、自治区统计年鉴（2006～2019年）的数据整理，建立黄河流域城市群218项原始指标数据。从综合发展、人口劳动力、经济发展、社会和谐、基础设施、科教文卫、生态保护等维度建立形成一级指标体系，并参考国内外相关区域发展评估模型形成对应的二级、三级指标结构，运用区域经济学的模型算法对原始指标进行分析处理，再由无量化处理、灰色理论的灰色综合评价和灰色聚类分析，从而建立形成一整套完整的黄河流域城市群发展水平评估模型分析体系。其次，利用2006～2019年的发展数据验证综合评价模型，全面阐述黄河流域城市群及其58个城市发展在综合发展、人口劳动力、经济发展、社会和谐、基础设施、科教文卫、生态保护等七个方面的状况，以求真实反黄河流域城市群发展评价的内在机理、发展特征及规律。再次，利用耦合协同模型，系统评估黄河流域城市群在生态保护与综合发展、人口劳动力、经济发展、社会和谐、基础设施、科教文卫的协同水平并围绕黄河流域城市群生态保护发展水平展开针对性评价分析。最后，针对黄河流域城市群的基本发展状况、历史现实条件、政策变迁历程，从综合发展、人口劳动力、经济发展、社会和谐、基础设施、科教文卫、生态保护的发展现状，给予提升城市经济社会发展水平的政策建议。

　　本书凝聚了项目组的心血和努力，从数据的全面性与完整性中明显地反映出团队所花费的时间与精力，体现出当代学者所崇尚的刻骨专研、积极进取的精神风貌。我们相信通过此系列报告能引起读者们对黄河流域城市群高质量发展和生态保护协同发展现状有更深入的认识，也盼望能引起一些新的思考与启发。在国家推进区域协调发展战略背景下，黄河流域城市群所面临的机遇和挑战是空前的。如果能引起更多学者重视当前时代背景下黄河流域城市群高质量发展和生态保护协同发展问题，探悉发展机制，剖析发展现状，发挥黄河流域城市群区位优势，促进黄河流域城市群的高质量发展和生态保护，则是我们热切盼望的。

2024 年 8 月

目　录

第一章 绪 论

一、研究背景与问题提出

（一）研究背景

黄河是中华民族的母亲河，孕育了古老而伟大的中华文明，保护黄河是事关中华民族伟大复兴的千秋大计。黄河流域横跨东中西部，黄河流域的地区覆盖青海、四川、甘肃、宁夏、内蒙古、陕西、山西、河南、山东9省份，是我国重要的生态安全屏障，也是人口活动和经济发展的重要区域，在国家发展大局和社会主义现代化建设全局中具有举足轻重的战略地位。黄河流域生态保护和高质量发展是重大国家战略，要共同抓好大保护，协同推进大治理，着力加强生态保护治理、保障黄河长治久安、促进全流域高质量发展、改善人民群众生活、保护传承弘扬黄河文化，让黄河成为造福人民的幸福河。

2020年8月31日，中共中央政治局审议《黄河流域生态保护和高质量发展规划纲要》，规划纲要提出了总体要求、基本原则、战略定位、发展目标和战略布局等内容，明确了加强上游水源涵养能力建设、加强中游水土保持、推进下游湿地保护和生态治理、加强全流域水资源节约集约利用、全力保障黄河长治久安、强化环境污染系统治理等15个方面的重点任务，并提出了推进规划实施的相关措施。

2020年10月29日，党的第十九届中央委员会第五次全体会议通过了《中共中央关于制定国民经济和社会发展第十四个五年规划和二〇三五年远景目标的建议》，明确提出要推动黄河流域生态保护和高质量发展，要把黄河流域生态保护和高质量发展作为事关中华民族伟大复兴的千秋大计，贯彻新发展理念，遵循自然规律和客观规律，统筹推进山水林田湖草沙综合治理、系统治理、源头治理，改善黄河流域生态环境，优化水资源配置，促进全流域高质量发展，改善人民群众生活，保护传承弘扬黄河文化，让黄河成为造福人民的幸福河。要采取有效举措推动黄河流域高质量发展，加快新旧动能转换，建设特色优势现代产业体系，优化城市发展格局，推进乡村振兴。

（二）问题提出

黄河是中华民族的母亲河，是实施生态环境系统保护修复的创新示范带、推动区域高质量发展的协调发展带。本书旨在探讨黄河流域城市群高质量发展和生态保护之间的关系与机制，分析城市群在促进流域经济社会协调发展和生态环境综合治理中的作用和影响，提出城市群高质量发展和生态保护相协调的路径和策略，为落实黄河流域生态保护和高质量发展国家重大战略提供理论支撑和政策建议。

本书将黄河流域城市群建设过程中有关国民经济社会发展的各项指标有机结合起来，突破单一层面研究的限制，从综合发展、人口劳动力、经济发展、社会和谐、基础设施、科教文卫、生态保护等七个方面多视角、多维度深入探讨黄河流域城市群高质量发展和生态保护协同发展现状，更加突出对黄河流域城市群高质量发展和生态保护协同发展现状的深入探索，全方位展示黄河流域城市群及其城市高质量发展和生态保护协同发展水平及差异。

可以说，开展黄河流域城市群高质量发展和生态保护协同发展评估是对黄河流域城市群建设、区域协调发展理论的进一步深化与提升，而这又符合党的十九大以来国家实施区域协调发展战略，以城市群为主体构建大中小城市和小城镇协调发展的城镇格局，推动形成全面开放新格局的战略要求。

由此看出，本书正是顺应了我国重大国家发展战略的趋势和要求，以综合发展水平的独特视角诠释黄河流域城市群所包含的关乎国民生产生活的方方面面，把区域城市的协调发展从口号层面深化到具体化的绩效评价。

二、研究目的和意义

（一）研究目的

黄河流域城市群高质量发展和生态保护研究是指对该区域内城市在一定时期内生态环保与经济、社会、人力、基础设施等领域的协同发展水平的综合评价；黄河流域城市群高质量发展和生态保护研究通过测算城市综合发展水平与耦合协调水平对城市高质量发展和生态保护间的协同关系展开界定。

黄河流域城市群综合发展水平评估内容包括人口劳动力、经济发展、社会和谐、基础设施、科教文卫、生态保护。人口劳动力、经济发展是对黄河流域城市群经济社会高质量发展水平评估的第一级研究内容，是对城市群短期城市活力变化的研究，主要对黄河流域城市群的人口状况、就业状况、经济发展、经济结构等方面进行评估；社会和谐、基础设施是对黄河流域城市群经济社会高质量发展水平评估的第二级研究内容，是对城市群中期城市社会发展变化的研究；科教文卫、生态环境是处于同一研究层级的内容，两者是对黄河流域城市群长期城市软实力变化的研究，主要对城市居民享受城市公共服务和城市的自然环境发展状况等方面进行综合评估。

基于黄河流域城市群综合发展水平现状和内涵分析，黄河流域城市群综合发展水平评价指标体系由系统层、版块层、结构层、要素层四层指标构成，这四层指标分别对应 1 个一级指标、6 个二级指标、18 个三级指标、112 个四级指标，对黄河流域城市群综合发展水平进行全面、准确、科学的评估工作。而一级、二级、三级指标均是合成性指标，四级指标为通过直观指标直接计算得到。

黄河流域城市群高质量发展和生态保护协同评估，是将综合发展水平的评估进一步深化到指标间的耦合协调关系上，利用耦合协调发展模型，对黄河流域城市群在生态保护与综合发展、人口劳动力、经济发展、社会和谐、基础设施、科教文卫的协同水平展开系统测算评估。

（二）理论意义

本书从系统全局的视角对黄河流域城市群的高质量发展以及与生态保护之间的关系展开深入评估，拓展和丰富了区域经济学、经济地理学、黄河流域相关研究的视域与范畴；以城市群作为研究对象，围绕如何推进黄河流域地区的高质量发展以及强化黄河流域生态保护，展开科学研究，突破了现有研究主要围绕单一地区展开评估分析的缺憾，从综合发展、人口劳动力、经济发展、社会和谐、基础设施、科教文卫、生态保护等七个方面多视角、多维度地深入探讨了黄河流域城市群高质量发展和生态保护协同发展现状评估，全方位展现了黄河流域城市群高质量发展和生态保护协同发展水平及差异。本书将公开渠道发布的数据进行全方位收集和整理，全方位、多视角对黄河流域城市群高质量发展和生态保护协同发展水平进行综合评估，关于黄河流域城市群高质量发展和生态保护协同发展水平评估指标体系构建的完整与全面也是目前国内外少有的。

（三）现实意义

黄河是中华民族的母亲河，黄河流域的生态保护和高质量发展是中华民族伟大复兴的重要发展方向。本书将理论与现实结合，通过对黄河流域城市群高质量发展及与生态保护之间关系的系统全面分析，形成黄河流域城市群在高质量发展进程中各个领域与生态保护之间协同关系的政策路径分析。本书的研究结论对于黄河流域城市群构建现代化产业体系，缓解生态环境状况、推动黄河流域上中下游城市群高质量发展，具有重要的现实意义。

三、研究内容与方法

（一）研究内容

黄河流域城市群高质量发展和生态保护研究主要包括突出问题及政策研判、评估体系建立、实证评估、实现路径等四部分内容。

1. 黄河流域城市群发展中存在的突出问题及政策研判

首先，通过运用 CiteSpace 文献计量学软件，寻找当前黄河流域城市群高质量发展和生态保护研究中普遍存在的理论与应用的研究失衡问题；探讨目前黄河流域城市群应用研究的发展趋势及核心方向，分析黄河流域城市群城市发展水平评估的一系列突出问题产生的背景、原因和发展趋势。

其次，通过理论结合实际，提出以中心城市和城市群为载体，实现黄河流域生态保护和高质量发展对缓解生态环境状况、促进黄河流域上中下游地区协调发展、生态环境保护与高质量发展，对实现"两个一百年"奋斗目标、实现中华民族伟大复兴的中国梦具有重要的理论与现实意义。结合黄河流域的独有特征、发展历程、现实情况，研判黄河流域城市群城市经济社会发展水平的政策走向及后续影响。

2. 黄河流域城市群发展水平的评估体系建立

首先，基于灰色理论，阐释黄河流域城市群发展水平的基本特征、发展内涵，构建出黄河流域城市群发展水平评估的研究路径及演化关系。

其次，基于理论分析框架，结合现有研究成果，建立形成以综合发展为核心，包含综合发展、人口劳动力、经济发展、社会和谐、基础设施、科教文卫、生态保护等七个方面的黄河流域城市群发展水平的评估体系。

3. 黄河流域城市群发展水平的实证评估

首先，通过对黄河流域城市群及其 58 个城市 2006～2019 年的数据收集整理，建立市域层面 218 项原始指标数据，从综合发展、人口劳动力、经济发展、社会和谐、基础设施、科教文卫、生态保护维度建立形成二级指标体系，并参考国内外相关区域发展评估模型形成三级、四级指标结构，运用区域经济学的模型算法对原始指标进行分析处理，再由无量化处理、灰色理论的灰色综合评价和灰色聚类分析，从而建立形成一整套完整的黄河流域城市群发展水平评估模型分析体系。

其次，基于灰色理论的灰色综合评价和灰色聚类分析，2006～2019 年，黄河流域城市群及其 58 个城市在综合发展、人口劳动力、经济发展、社会和谐、基础设施、科教文卫、生态保护与全国水平展开横向比较工作，动态化地分析黄河流域城市群的经济社会发展的变化历程，判断黄河流域城市群在经济社会发展水平各方面的基本状况。

最后，利用耦合协调发展模型，系统评估黄河流域城市群在生态保护与综合发展、人口劳动力、经济发展、社会和谐、基础设施、科教文卫的协同水平，从时间序列、横截面尺度下的比较分析工作，具体研判黄河流域城市群及其 58 个城市生态环境保护发展水平以及生态环境与经济社会高质量发展协同过程中的突出优势、发展不足与潜在机遇。

4. 黄河流域城市群发展的实现路径

首先，针对黄河流域城市群及其 58 个地级市的基本发展状况、历史现实条件、政策变迁历程展开分析，形成对黄河流域城市群及其内部城市的综合全面的现实研判与政策分析。在此基础上，结合黄河流域重大国家战略内容、《黄河流域生态保护高质量发展规划》、黄河流域各城市群发展规划、各地级市国民经济和社会发展"十三五""十四五"规划等内容，形成对黄河流域城市群及其 58 个地级市未来发展方向及政策趋势的研究分析。

其次，基于黄河流域城市群在综合发展、人口劳动力、经济发展、社会和谐、基础设施、科教文卫、生态保护的发展现状，给予提升城市经济社会发展水平的政策建议。

（二）研究方法

根据研究目的以及定性和定量研究方法的适用条件，从实际出发，借鉴经济学、政治学、管理学、社会学等多个学科的研究成果。采用了理论研究与实证研究相结合的方法，在文献分析、理论分析、现实分析的研究基础上，建立形成黄河流域城市群高质量发展和生态保护协同发展水平评估指标体系与评估方法，主要涉及以下几种研究方法。

第一，文献研究法。根据黄河流域城市群高质量发展和生态保护协同发展的研究内容，查阅国内外相关文献获得充足的资料，通过对区域经济学、经济地理学、黄河流域城市群等方面文献的总结梳理，提炼形成黄河流域城市群高质量发展和生态保护协同发展水平的评估方法，进而为研究提供参考与借鉴。

第二，现实研判与理论分析。基于对黄河流域城市群高质量发展和生态保护协同发展的现实研判，从理论分析的角度，运用灰色理论与耦合协同的多种研究方法，构建由系统层、版块层、结构层、要素层等多元指标组成的城市发展综合评估体系及数学评价模型，全面阐述黄河流域城市群及其58个城市发展在综合发展、人口劳动力、经济发展、社会和谐、基础设施、科教文卫、生态保护等七个方面的状况，以求真实反映黄河流域城市群发展评价的内在机理、发展特征及规律。

第三，实证分析法。构建形成黄河流域城市群生态保护与经济社会高质量发展协同水平评估指标体系与方法。首先从经济社会高质量发展的角度由人口劳动力、经济发展、社会和谐、基础设施、科教文卫、生态保护等六个维度建立系统全面的评估体系；其次对黄河流域城市群在生态保护与综合发展、人口劳动力、经济发展、社会和谐、基础设施、科教文卫的协同水平展开评估；最后围绕黄河流域城市群生态保护发展水平展开针对性评价分析。

第二章 黄河流域城市群形成发展的政策变迁及历史现实条件

一、黄河流域城市群的基本情况

（一）黄河流域城市群的地理优势

黄河流域的七个城市群，从东向西依次为山东半岛城市群、中原城市群、晋中城市群、呼包鄂榆城市群、关中平原城市群、宁夏沿黄城市群和兰州—西宁城市群。七大城市群流经青海、四川、甘肃、宁夏、内蒙古、陕西、山西、河南和山东9个省份，覆盖范围非常辽阔。从古至今，黄河流域作为华夏文明的发源地，也是政治、经济、文化以及国际交流的中心，黄河流域的不断发展孕育了源远流长、博大精深的中华文化，先后出现了像西安、洛阳千年古都等一大批至今仍然负有盛名的国际大都市和城市群；同时在教育科技领域也取得辉煌的成就，创造了具有影响力的"四大发明"及流传至今的中华传统典籍。同时黄河流域城市群在丝绸之路经济带中占有重要地位。在西向流通上，黄河流域是中欧班列的重要通道。西通道会深入影响国内经济地理构造，西北地区的跨区域发展和中、东部地区紧密的连接性能够有效拉动内陆地区对外开放发展。

"一带一路"倡议后，国家积极进入全面开放、陆海统筹、门户引领的发展新阶段，黄河流域上中游城市群积极抓住对外开放机遇，发展优势产业，扭转了因区位弱势导致的发展滞后的状况。一方面，黄河流域城市群在丝绸之路经济带中发挥着重要的作用。在西向流通上，黄河流域是中欧班列的重要通道。西通道对国内经济地理重塑的影响也更大，西北地区广阔的纵深以及与中、东部地区紧密的连接性对于拉动内陆地区对外开放意义重大。另一方面，黄河流域已建立不同等级的陆港群和空港群，为"一带一路"重要国际物流中转枢纽和物资集散中心发展奠定了重要基础。尤其是以甘肃（兰州）国际陆港、郑州航空港经济综合实验区以及西安临空经济示范区为代表的枢纽平台，在一定程度上弥补了黄河流域内陆地区不沿海、不沿江的区位劣势，成为打造内陆开放高地的重要依托。同时，黄河流域拥有郑州市、西安市、济南市、兰州市等极为重要的铁路、公路枢纽，在流通网络中占据着重要地位。

（二）黄河流域城市群的资源优势

黄河流域城市群拥有丰富的能源、人口与区位优势。其中黄河流域城市群又被称为"能源流域城市群"，煤炭、石油、天然气资源丰富，拥有宁东、蒙西、陕北、晋西、陇东等大型能源基地，具有极为突出的能源资源规模优势。根据资料数据可以发现，全国煤炭储量最多的是黄河流域，基本占据了一半以上的储量，远远高出其他六大流域。二次能源电力的产量上，2018年黄河流域城市群仅次于长江流域，并远高于其他流域。同时黄河流域城市群核心区在石油和天然气产量远高于其他流域。从省域尺度来看，黄河流域能源分布极不平衡，煤炭产量极高的地区有内蒙古、山西和陕西，同时山东、河南、宁夏、甘肃、青海均高于其他多数区域。此外，黄河流域城市群还拥有绿色清洁的风能、太阳能优势。《2021年中国风能太阳能资源年景公报》显示，黄河流域城市群中的内蒙古、青海、宁夏、甘肃的陆地海拔七十米高度年平均风速在全国省域单元中都位于前列，黄河流域城市群中的晋北、蒙西、宁夏、甘肃、青海2021年太阳能资源高于除青藏高原外的全国大部分地区。另外，黄河流域城市群拥有人口资源优势，在七大江河流域中，仅次于长江流域，能够利用人口资源优势带动黄河流域城市群城市的经济规模。

（三）黄河流域城市群的发展问题

黄河流域不是类似长江经济带一样的轴线发展模式，流域内经济发展差距较大，生态、水资源问题较为突出，不平衡不充分的发展矛盾更为尖锐。与此同时，沿黄流域各省份受区位禀赋等因素影响，经济联系度、分工协作质量、协调发展水平均有待提高，亟须通过发挥城市群以点带面的重要作用来逐步和稳步实现生态保护与经济发展的协同。随着经济增长的结构加速调整，黄河流域城市群逐渐成为推进高质量发展与承载科技创新要素的重要空间载体，协同提升黄河流域七大城市群各项指标的综合效率是补齐黄河流域高质量发展短板的关键所在。中央财经委员会第六次会议强调，要积极推进兰州—西宁城市群发展，推进黄河"几"字弯都市圈的协同发展，强化西安、郑州等国家中心城市的带动作用，发挥山东半岛城市群的龙头带动作用，推动黄河流域中心城市及城市群高质量发展。

当前，实现黄河流域城市群生态保护与高质量发展，需以正确处理好黄河流域城市群生态和经济间关系为突破口，在城市群生态和经济同向发展甚至协调发展的基础上推进黄河流域城市群打破既有发展路子，发挥好城市群特殊地理经济区和生态文化保护带的作用。黄河流域自然地理条件和生态系统不相匹配，城市群的发展条件、发展阶段、功能定位、资源环境承载约束存在显著差异。例如，黄河流域上游的兰州—西宁城市群，生态环境状况有待改善，面积大但人口较少，经济发展相对滞后，兰州市、西宁市等中心城市经济活力有所欠缺，因此带动作用不强；黄河上中游的黄河"几"字湾都市圈，同样生态环境脆弱，过度依赖矿产资源和水资源，导致城市绿色转型和污染治理任务艰巨；黄河流域中游的关中平原城市群，人口和城镇密集，科教和经济相对发达，但科教和文化资源转化成经济竞争力的能力有待提升；黄河流域中下游的中原城市群和山东半岛城市群，人口和经济规模体量大，但与京津冀、长三角等城市群相比，新旧动能转换滞后，开放发展能力不足，科技和教育对经济的支撑能力不强，郑州市、济南市、青岛市在全球城市网络和国家城市体系中的地位和能级亟待提升。

黄河流域城市群是构建高质量发展动力支撑体系的重要战略载体。黄河流域作为我国重要的经济发展地带，其城市群空间组织构建和高质量发展能力对支撑和优化全国增长动力系统意义重大。稳住黄河流域城市群的生态、经济、人口和就业等问题，持续推动黄河流域中心城市和城市群迈入高质量发展轨道，对推动黄河全流域及相关省份的高质量发展、稳定北方地区经济增长十分重要。

二、黄河流域城市群发展的政策变迁

（一）针对黄河流域城市群的政策变迁

黄河流域城市群作为丝绸之路经济带中的关键一环，经济生态协调发展不仅有利于提高人民生活水平，对实现民族团结也有重要意义。

2021年1月，《发挥中心城市和城市群引领带动作用》报告中针对推动黄河流域高质量发展做了系统的政策指导，要发挥黄河流域城市群中心城市的引领和带动作用，促进城市群城市区域间的要素流动，形成优势互补、高质量发展的区域经济布局。中西部综合承载力相对较好、城市群正在兴起的一些区域，应做多做强中心城市，避免"一市独大"的弊端，加快城市群中心城市间的相互合作联系与分工协同，积极推动城市群发展。承担区域增长极和动力源功能的中心城市，应提升吸引和集聚区域内外优势资源的能力，形成更多更具竞争力的中心城市。针对中心城市的发展，应因地制宜，制定并优化相应的发展政策，根据城市群中心城市的发展规模和资源优势等，充分发挥集聚效应或释放辐射带动能力，有效地带动中心城市周边小城市和小城镇的发展，推动区域向更高阶段和更协调的城市群发展。

为深入贯彻习近平总书记重要讲话和指示批示精神，2021年10月中共中央、国务院印发了《黄河流域生态保护和高质量发展规划纲要》，规划范围包括黄河干支流流经的青海、四川、甘肃、宁夏、内蒙古、陕西、山西、河南、山东9省份相关县级行政区，国土面积约130万平方千米，年末总人口约1.6亿。为使得重要生态系统更加完整、资源配置更加合理、文化保护能够更好地传承弘扬，在城市群城市谋划实施生态、经济、文化等领域政策时，需根据发展的实际情况，与周边区域进行合作，形成共同发展的趋势。本规划纲要是指导当前和今后一个时期黄河流域城市群生态保护和高质量发展的纲领性文件，是制定实施相关规划方案、政策措施和建设相关工程项目的重要依据。此规划针对黄河流域城市群的长期发展情况，近期至 2030 年，中期展望至 2035 年，远期展望至 21 世纪中叶。规划提出，当前实现黄河流域生态保护和高质量发展，需以正确处理好黄河流域城市群生态和经济间关系为突破口，在生态和经济同向发展甚至协调发展的基础上推进黄河流域城市群打破既有发展路子，发挥好特殊地理经济区和生态文化保护带的作用。将加快城市群建设作为推进黄河流域生态保护和高质量发展的重要目标，以城市为重点发展区域，借鉴长江流域城市群城市的适度集聚发展、各区域相邻城市互相完善补充的原则，打造功能完善、产业集聚的城市群优势。2021 年 9 月《黄河保护与发展报告》发布会中提到黄河城市群水资源节约集约利用战略，应着力改善水资源粗放管理局面，严格实行用水控制。

黄河流域城市群经济高质量发展战略，要突出因地制宜、实施创新驱动发展战略，重点是稳步推进制造业转型升级，发展壮大新兴产业，建立区域产业协作机制。黄河流域城市群应合作创新，建立利益共享、责任共担的补偿机制和政策，建立健全黄河流域统一利用、保护和治理的政策方案。在水资源供给区着力增强生态保护主体功能，在黄河上游注重生态保护发展，在中下游积极进行创新绿色优化发展，通过国家转移支付、中下游生态补偿机制共同支持上游地区荒漠化治理、生态保护和绿色发展。

（二）促进黄河流域城市群生态发展方面的政策变迁

为贯彻落实黄河流域生态保护和高质量发展战略，按照党中央、国务院决策部署，根据《黄河流域生态保护和高质量发展规划纲要》，财政部发布关于印发《中央财政关于推动黄河流域生态保护和高质量发展的财税支持方案》的通知。支持建立以财政投入、市场参与为总体导向的资金多元化利用机制，建立以防洪治理、水沙调控为重点方向的灾害防治保障机制，建立以税费引导、专项奖励为调节手段的水资源节约集约利用机制，建立以整体治理、分段施策为基本思路的生态保护补偿机制，建立以因地制宜、集约高效为主要特点的国土空间保护利用机制，建立以传承弘扬、协同发展为重要目标的黄河文化投入机制。设立黄河流域城市群生态保护和高质量发展奖补资金。中央财政设立黄河流域城市群生态保护和高质量发展奖补资金，用于支持沿黄河省区统筹做好加强生态环境保护、保障黄河长治久安、推进水资源节约集约利用、推动黄河流域城市群高质量发展、保护传承弘扬黄河文化等工作，突出重点、讲求绩效、强化监督，支持地方共同抓好大保护、协同推进大治理。通过中央财政统借统还外贷资金给予支持。积极利用世界银行、亚洲开发银行、欧洲投资银行等国际金融组织和外国政府贷款，支持沿黄河省份开展生态环境保护与修复、绿色农田建设和农业高质量发展、沙化土地可持续治理等项目。同时健全工作机制，加强组织领导。

以习近平新时代中国特色社会主义思想为指导，深刻领悟"两个确立"的决定性意义，增强"四个意识"、坚定"四个自信"、做到"两个维护"，坚决贯彻落实党中央、国务院决策部署，坚定不移走生态优先、绿色发展的现代化道路，坚持中央统筹、省负总责、市县落实的工作机制，切实将各项财税支持政策落实到位。财政部要会同有关部门按照黄河流域生态保护和高质量发展战略部署、规划纲要和本方案的要求，聚焦重点工作任务，加强对地方的指导和支持力度，细化政策措施。沿黄河省份各级财政部门要主动作为，压实责任，不折不扣推动各项财税支持政策措施落地见效。强化激励约束，推动工作落实。黄河流域生态保护和高质量发展相关财政资金向工作整体推进成效显著、生态环境突出问题得到有效整改的地区倾斜，形成正向激励机制。对符合税制改革及黄河流域生态保护和高质量发展方向的财税政策，在现行税收制度框架内优先支持在沿黄河省区先行先试。沿黄河省份财政部门要加强财政资金使用管理，建立全过程绩效管理链条，坚决防范财政金融风险，提高财政资金使用效益；要坚持问题导向，立足财政职责，完善长效机制，推动做好黄河流域生态环境突出问题整改工作，支持实现黄河流域生态保护和高质量发展各项政策目标。

第三章 黄河流域城市群城市综合实力测算方法及耦合协调度测算方法

一、黄河流域城市综合发展水平评估指标体系建立

（一）黄河流域城市综合发展水平内涵及构成要素

党的十九大报告做出了重大论断，即"中国特色社会主义进入了新时代，中国经济发展也进入了新时代"。黄河流域生态保护和高质量发展是习近平总书记亲自擘画、亲自部署、亲自推进的重大国家战略，要共同抓好大保护，协同推进大治理，着力加强生态保护治理，保障黄河长治久安、促进全流域高质量发展、改善人民群众生活、保护传承弘扬黄河文化，让黄河成为造福人民的幸福河，可见生态保护是黄河流域高质量发展的生命底线。

黄河流域高质量发展必须要走生态优先发展的道路，贯彻绿水青山就是金山银山的发展理念，增长经济社会发展的效益。由于高质量发展具有多维的特性和评价体系，是一个十分复杂的、系统性的工程，对其进行研究需要综合考虑经济社会运行过程中多种主客观因素。为保障评估体系的科学性、评估结果的有效性，本书在分析已有高质量发展指标体系研究的基础上，遵循科学性、代表性、全面性和可操作性等原则，结合我国发展现状，尤其是黄河流域发展状况，借鉴已有的指标体系，系统地构建了城市综合发展水平评估指标体系，从六个维度对黄河流域城市综合发展水平进行评估。多维度深度探讨各城市发展现状，更加突出对城市发展现状的深入探索，全方位体现城市生态保护与经济社会高质量发展的协同水平及差异。六个维度分别是：人口劳动力、经济发展、社会和谐、基础设施、科教文卫以及生态保护。

基于黄河流域城市群及内部各城市的现实研判，运用灰色理论与耦合协同的多种研究方法，构建由系统层、版块层、结构层、要素层等多元指标组成的城市发展综合评估体系及数学评价模型。在文献分析、理论分析、现实分析的研究基础上，考虑黄河流域城市群58个城市宏观经济数据的可获取性，采用灰色理论的灰色综合评价和灰色聚类分析，形成由1个一级指标、6个二级指标、18个三级指标、112个四级指标组成的评价体系。利用2006~2019年的发展数据验证综合评价模型，全面阐述黄河流域城市群及其58个城市发展在综合发展、人口劳动力、经济发展、社会和谐、基础设施、科教文卫、生态保护等七个方面的状况，以求真实反映黄河流域城市群发展评价的内在机理、发展特征及规律。再进一步利用耦合协同模型，系统评估黄河流域城市群在生态保护与综合发展、人口劳动力、经济发展、社会和谐、基础设施、科教文卫的协同水平并围绕黄河流域城市群生态保护发展水平展开针对性评价分析。

为客观全面地评价黄河流域城市群生态保护与经济社会高质量发展协同水平，科学合理地掌握黄河流域城市群及内部58个城市生态保护与经济社会高质量发展协同水平的各个方面及内在机理，需要对黄河流域城市群生态保护与经济社会高质量发展协同水平展开系统性评估；通过构建一整套能够客观、准确、科学反映城市生态保护与经济社会高质量发展协同水平各个方面及其内在结构特征的指标体系，并能运用科学、合理的数学评价计量模型对指标体系进行评价、分析。基于黄河流域城市群生态保护与经济社会高质量发展协同水平现状和内涵分析，努力探索构建内容丰富、符合发展实际需要的黄河流域城市群生态保护与经济社会高质量发展协同水平评价指标体系及数学评价模型。

在指标体系的建立上，黄河流域城市群综合发展水平评价指标体系由系统层、版块层、结构层、要素层四层指标构成，其中，一级、二级、三级指标均是合成性指标，四级指标为通过直观指标直接计算得到。首先，城市的经济、社会、资源等方面的发展水平是城市综合发展水平评估的重要部分，是对城市各方面所具

备达到先进程度和城市运行高效率的直观反映。其次，黄河流域城市群发展的动态趋势是城市未来发展潜力的展现，各种要素资源将可持续地为黄河流域城市群经济社会高质量发展水平的进一步提升而服务。综上所述，黄河流域城市群经济社会高质量发展水平评估主要是围绕人口劳动力、经济发展、社会和谐、基础设施、科教文卫、生态保护六个维度展开的。人口劳动力、经济发展是对黄河流域城市群经济社会高质量发展水平评估的第一级研究内容，是对城市群短期城市活力变化的研究，主要对黄河流域城市群的人口状况、就业状况、经济发展、经济结构等方面进行评估；社会和谐、基础设施是对黄河流域城市群经济社会高质量发展水平评估的第二级研究内容，是对城市群中期城市社会发展变化的研究；科教文卫、生态环境是处于同一研究层级的内容，两者是对黄河流域城市群长期城市软实力变化的研究，主要对城市居民享受城市公共服务和城市的自然环境发展状况等方面进行综合评估。黄河流域城市群综合发展逻辑如图 3-1 所示。

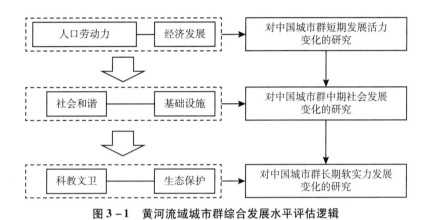

图 3-1　黄河流域城市群综合发展水平评估逻辑

在协同评估的分析上，黄河流域城市群及内部 58 个城市生态保护与综合发展各个维度的协同水平评估研究的核心目的，是对黄河流域城市群生态保护与经济社会高质量发展发展协同水平的针对性研究。生态保护与综合发展的协同评估是从全局发展的视角把握黄河流域城市群生态保护与经济社会高质量发展的基本情况；生态保护与人口劳动力、经济发展、社会和谐、基础设施、科教文卫的协同评估是针对黄河流域城市群经济社会各个方面和生态保护的协同状况展开系统全面的分析；生态保护发展水平评估是进一步围绕黄河流域城市群生态保护发展水平展开的精准评价分析。黄河流域城市群生态保护与经济高质量发展协同水平评估逻辑如图 3-2 所示。

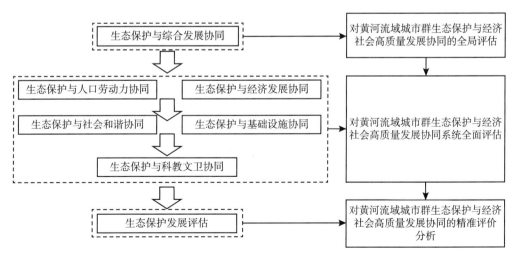

图 3-2　黄河流域城市群生态保护与经济社会高质量发展协同水平评估逻辑

1. 人口劳动力

人力资本理论认为，人力资本是除了自然资源和物质资本外，社会财富的重要组成部分。人力资本指的是个人拥有的能够创造个人、社会和经济福祉的知识、技能、能力和素质，它是技术创新和经济增长的根源，是推动经济社会可持续发展的重要因素。人力资本问题不仅关系民生，更关系着中国经济社会的持续健康发展，人力资本与劳动力市场的发展相结合，更能良好全面地反映出中国经济社会健康发展的现状。中国的经济发展进入了新时代，面对更高质量发展和高质量就业的问题、积极应对老龄化的问题，这为人力资本与劳动力市场相结合提供了更大的机会。每个生产要素都有供给和需求两个方面，面对当前中国经济社会的发展进入新时代的现状，我国人力资源供给需求问题主要在供给方面，应该对我国人力资本进行供给侧结构性改革。劳动力可分为劳动力潜在供给和劳动力普遍供给，劳动力潜在供给是指符合劳动力的人群，例如大学生、家务劳动者、军人等非经济活动人群；劳动力普遍供给是指在职人员和待业人员等。当前，城市人口和就业结构都发生了显著的变化，劳动力的供给需求也随之发生了变化。供给层面，城市人口出生率持续下降，人口老龄化程度加深，劳动力数量减少，进城农村劳动力规模增长趋缓，劳动力潜在供给和普遍供给都在减少。随着经济结构调整和产业转型，出现了新的就业困难问题，即劳动力供求结构性矛盾更突出，一方面是大学生毕业人数不断创新高，就业压力仍然存在；另一方面是一些行业对人力资本的要求提高，但劳动力质量不高，出现招工难、用工荒的局面。因此研究由人口状况、就业规模、就业结构三大部分对黄河流域城市人口劳动力发展状况进行评估。

第一，人口状况是评估城市人口劳动力发展状况的基本要素。人口国情是一个国家最基本的国情，是影响经济社会发展的重要变量。黄河流域2010～2020年人口总量从20796.36万人增长到21848.22万人，年平均人口增速比全国低了0.03%，人口密度从87.73人/平方千米提高到92.17人/平方千米，2020年黄河人口密度比全国低了58.19人/平方千米，[①] 这表明黄河流域人口总量和人口密度增长速度低于全国平均水平。发展是第一要务，人才是第一资源。因此通过总人口相对增长率、总人口绝对增量加权指数、人口密度、市区人口规模、暂住人口规模等指标内容说明城市的人口状况。

第二，就业规模是评估城市人口劳动力发展状况的基础条件。就业是民生之本，对社会稳定和经济发展具有重要作用。2018年我国首次提出经济工作"六稳"方针，即稳就业、稳金融、稳外贸、稳外资、稳投资、稳预期，其中"稳就业"居首位。因此，研究从就业总量、就业规模相对增长率、就业率、就业密度、失业率等指标来对就业规模进行刻画。

第三，就业结构是评估城市人口劳动力发展状况的重要体现。就业结构反映了城市经济各部门所占用的劳动力数量以及比例，表明了劳动力资源的配置状况。就业结构按产业划分可分为第一、二、三产业就业结构，就业结构的各层次各要素是协调有序的，具有密切联系，保持着结构稳定。因此，通过Moore就业结构、按产业的就业结构、按产业的就业贡献率、按产业就业偏离系数、私营与个体就业比例等指标内容对城市人口与劳动力发展状况进行评估分析。

2. 经济发展

刘易斯在20世纪中叶提出了经济发展模型，该模型认为两部门劳动生产率的高低、两部门技术进步的类型、两部门的工资水平、人口增长率的高低这四个因素影响二元结构下的经济发展。该模型认为一国经济的优质发展，不仅仅要追求质量的提高，还有优化经济结构。当前中国经济已经进入后工业化和服务业发展并存的时期，服务业对经济增速超过了工业，越来越多的城市经济结构呈现服务业化。黄河流域是我国重要经济带，是我国打赢脱贫攻坚战的重要区域，并提出黄河流域生态保护和高质量发展的主要目标任务。资料显示黄河流域七大城市群存在发展不平衡的现象，山东半岛城市群、中原城市群、关中平原和晋中平原城市群这四个快速发育的城市群的人均GDP普遍高于周边城市，其余三个城市群对周边城市的辐射作用较小。本书由经济总量、经济均量、经济结构、经济效率四大部分对黄河流域城市经济发展水平进行评估。

第一，经济总量是城市经济发展现状的重要体现。经济总量狭义上是指社会价值总量，包括能用货币计算的和不能用货币计算的社会财富；经济总量广义上是指所有能够衡量的国民经济总量。经济总量包括社会总需求和社会总供给两个方面，如果社会总需求大于社会总供给就会引起通货膨胀，如果社会总需求小于社会总供给则会引起通货紧缩。因此，本书采用经济总规模、GDP相对增长率、GDP绝对增量加权指数、社会消耗品总量、工业企业规模、工业利润规模、非农产业规模等指标来对经济总量进行刻画。

第二，经济均量评估城市经济发展状况的重要体现。因此通过研究人均GDP、经济密度、人均消费、

---

① 根据《中国统计年鉴》（2021）相关省份的数据计算得出。

工业企业密度、人均工业利润、人均非农产出等指标来表现城市经济均量状况。人均 GDP 是将一个国家一年内的国内生产总值与常住人口数相比计算出来的，衡量各国人民的生活水平；经济密度是指区域内国民生产总值与区域面积之比，提高经济密度就是在追求高质量发展；工业是国民经济的主导产业，为国民经济各个部门提供生产所需的各种原材料、能源等。

第三，经济结构是衡量城市经济发展水平的重要尺度。经济结构是个经济系统，系统中各要素之间相互关联、相互结合，经济结构包含产业结构，产业结构是指第一、二、三产业在经济中所占的比重；产业的协调是指不同区域的产业间根据各自的优势而相互合作，达到合理分工，产业有序运行，区域整体协调发展的过程。不同产业在区域内聚集形成了产业多样化；产业专业化是在区域内特定产业的集中度，包括该区域内对产出或就业做出重大贡献的所有行业和部门。产业集聚是同一产业在一个区域范围内高度集中，产业集聚可以提高劳动生产率、促进创新、提高核心竞争力。产业集聚与产业专业化水平的提高吸引外部资源，外资使用情况越好，说明我国参与全球经济治理的能力在不断加强，有利于经济繁荣和社会发展。贸易依存度亦称"外贸依存率"，指一国对外贸易额与国民生产总值的比率，用来衡量一国的对外开放程度。

第四，经济效率是判断经济发展水平的重要指标，是衡量生产要素对经济发展贡献的重要指标，也是衡量一个区域经济发展质量的重要指标。劳动生产率是国内生产总值除以劳动力总量的比值，反映区域经济发展的质量水平；经济人口承载力是基于经济发展的人口承载力，即一定经济总量下区域所能承载的人口数，社会经济发展是经济人口承载力的决定性因素；劳动产出弹性是产出变化率对劳动变化率的反应程度，表示生产中产品产量的变动对劳动力投入变动的敏感程度。

3. 社会和谐

社会主义和谐社会是人类孜孜以求的一种美好社会，是马克思主义政党不懈追求的一种理想社会。从社会学角度看构建社会主义和谐社会，就是要构建社会结构各个层面的和谐，主要包括：城乡结构的和谐、区域结构的和谐、社会阶层结构的和谐、就业结构的和谐、代际结构的和谐、人的发展与自然的和谐、价值观的和谐等。

本书由生活质量、收入分配、政府治理现代化三大部分对黄河流域城市和谐社会发展水平进行评估。

第一，生活质量是表现社会和谐的基本要素。生活质量是指社会政策与计划发展的一种结果，社会组织健全，社会管理完善，社会福利待遇良好，人民群众的生活质量就会提高，人民群众就会安居乐业。因此，通过城市供气能力、城市供电能力、城市供水能力、城市电信规模、广场与绿地面积、城市道路建设规模、社会服务状况等指标内容对城市生活质量进行分析。

第二，收入分配是评估社会和谐水平的直观表现。收入分配制度是我国现阶段社会主义经济制度的重要组成部分，我国现阶段遵循的收入分配原则是按劳分配与按生产要素分配相结合，在社会主义市场经济条件下，按劳分配与按生产要素分配既有相互统一的部分，又有相互矛盾的部分，只有正确处理按劳分配与按要素分配之间的关系，才能构建社会主义和谐社会。因此，通过城市平均工资、工资总额、消费强度、城镇销售消费水平、平均工资相对增长率、工资总额相对增长率、居民储蓄强度等指标反映城市收入分配状况。

第三，政府治理现代化在国家治理体系和治理能力现代化中处于核心位置，国家治理体系和治理能力现代化是中国特色社会主义建设和发展的重要时代命题。在新时代的今天，政府治理作为国家治理的一种重要方式，厘清其城市发展现状，对于走出一条中国特色社会主义政府治理现代化道路、构建社会主义和谐社会的意义重大。因此，通过政府规模、地方政府财政汲取能力、地方财政收入分权能力、地方财政支出分权能力、地方政府财政自给能力、地方财政支出结构、政府财政流强度、政府财政倾向度、政府财政职能规模、政府财政职能地位、财政支出水平等内容对政府治理现代化水平进行评估分析。

4. 基础设施

基础设施是指为社会生产和居民生活提供交通、邮电、供水供电、商业服务等的物质工程设施。基础设施是城市发展的所得，同时也是促进城市更好地发展的基础条件，用于保证国家或地区社会经济活动正常进行的公共服务系统。保持基础设施投资规模及运行效率与城市生活生产规模和需求之间的动态平衡，对于推动城市实现可持续发展具有重要意义。

本书通过选取交通物流、数字通信、设施建设三个指标来分析基础设施所包含的内容，以及各构成部分之间的关系。城市基础设施与三者及三者之间的关系如下：基础设施的发展情况可以通过交通物流、数字通信、设施建设三个方面来体现，同时交通物流的发展有利于加快数字通信方面的流通，设施建设又促进交通物流的发展，三者相互促进，共同服务于城市经济转型以及地区的产业升级，因此围绕这三个指标对黄河流域城市基础设施建设进行评估。

第一，交通物流是基础设施发展的重要基础，是城市经济发展的命脉。城市交通物流的运行效率能够反映出城市基础设施的发展进程，基础设施的进步又会促进城市交通物流向更合理、更优化的方向发展。交通物流包含交通物流效率、物流区位熵、公共交通营运规模等多项内容，其中交通物流效率关系到城市运输效率的高低，随着现代管理技术和信息技术的发展，只有不断地创新发展现代交通物流管理，才能实现长期的经济稳定发展。物流区位熵是物流产业的效率与效益分析的定量工具，是用来衡量物流产业在一特定区域的相对集中程度。公共交通营运规模能够反映城市的公共交通服务系统是否完善，反映政府对城市的公共设施服务的关注程度。

第二，数字通信是基础设施建设的基本要素，具有适应各种通信业务要求（如电话、电报、图像、数据等），便于实现统一的综合业务数字网，便于采用大规模集成电路，便于实现加密处理，便于实现通信网的计算机管理等优点；能够体现科技的重要性，便于城市企业、居民等进行相关活动，推动城市产业发展和升级，再进一步促进城市经济提升。数字通信通过分析邮政、电信、移动电话普及强度、互联网宽带等方面来综合反映城市的网络发展水平，因此本书通过对城市数字通信情况和发展质量内容的分析和评估来反映城市基础设施发展水平，判定城市基础设施未来发展方向和调整重点。

第三，设施建设是城市基础设施发展的外在体现之一。设施建设主要是包括交通运输、机场、港口、桥梁、通信、水利，以及城市供排水供气，供电设施和提供无形产品的服务，与教科文卫等部门所需要的固定资产建设。对长期经济增长有巨大作用，同时能帮助国家吸收过剩的生产资料及大量的过剩劳动力人口，有利于改善人们的生活环境，使得交通更加便利。通过对道路、建筑业、排水管道、基础设施投资规模等方面进行数据分析研究，总结城市设施建设的特点及不足之处，有利于城市基础设施的进一步改善，对于推动城市基础设施建设高质量发展提出符合现实情况的政策措施建议和工程项目建议。

5. 科教文卫

波特的《国家竞争优势》提出，国家经济发展包括生产要素导向阶段、投资导向阶段、创新导向阶段和富裕导向阶段四个阶段。其中前三个阶段是国家竞争优势发展的主要力量，通常会带来经济上的繁荣，而富裕导向阶段是经济上的转折点，带来的结果有好有坏。当前我国正处于创新导向阶段，各区域坚持完善创新体制机制改革，最大限度地激发全社会创新能力和创新活力才能更好地实现下个阶段的转变。科技教育在于培育优质的人力资源，是科学技术转化为生产力的基础条件。文化体育和医疗卫生作为第三产业，既能实现我国"以人为本"的民生服务要求，又能推动城市经济增长。因此研究由科技教育、文化体育、医疗卫生三大部分对黄河流域城市科教文卫事业发展进行评估有重要意义。

第一，科技教育作为科教文卫事业中最基础的部分，是指通过设计以学生主动探索为中心的课程活动、引入业界广泛应用的软硬件平台以及参与工程挑战竞赛活动，激发孩子们对科技的兴趣，帮助他们广泛地接触科技知识，掌握常用工程工具的使用方法，训练工程思维，培养其勇于接受工程挑战、主动学习以及综合运用知识解决问题的能力。科技教育是学习有目的地应用知识、技能及经验，去运用资源创制建构，以及更新产品和系统，以满足人类需要。科技教育主要包含了教育强度、科技强度等内容。教育强度能够体现国家对教育事业的重视程度，教育能够为科技发展带来人力资源，是最基础和最重要的部分。科技强度代表各区域城市的科技竞争力，科学技术是第一生产力，只有牢牢把握好科技强度才能够有效地提升科技发展。

第二，文化体育是评估城市科教文卫事业发展的重要体现。文化体育反映出城市文化发展和体育业发展的相互关系，二者有机结合，有利于分析文化发展与体育业发展之间的发展状况，能够较全面地体现城市的发展质量和运行进程。文化强度，比如各种展览、文学、艺术、科技讲座及图书、杂志等能够说明文化部门对城市历史文化及城市文化发展的重视程度，能够体现一个城市的精神文化方面的发展程度。体育强度，比如举办各种体育比赛和为体育比赛或体育活动提供场所等能够对城市居民带来生活上的陶冶，从而促进城市相关产业的发展。

第三，医疗卫生是评估城市科教文卫事业发展的重要因素。包括国家与社会为保障和提高人民的健康水平、诊治疾病而建立的法制体系、组织体系、服务体系和服务过程等。医疗卫生事业的基本框架包括公共卫生服务体系、医疗服务体系、医疗保障体系、药品供应保障体系。四大体系相辅相成，配套建设，协调发展。基本医疗卫生服务，能够维护人体健康所必需，是与经济社会发展水平相适应的服务。同时医疗支出水平的多少决定了城市所能提供的医疗资源的优良程度。若以上指标能够得到准确的实施，则说明城市居民的日常生活将获得充分保障，医疗能力服务的供给能力适应城市居民日益增长的医疗服务需求。

6. 生态保护

黄河流域是我国重要的生态屏障和重要的经济地带，是打赢脱贫攻坚战的重要区域，在我国经济社会发展和生态安全方面具有十分重要的地位。生态环境保护和经济发展不是矛盾对立的关系，而是辩证统一的关系。并强调，着力加强生态保护治理、保障黄河长治久安、促进全流域高质量发展、改善人民群众生活。要求各级党委和政府要自觉将经济社会发展与生态文明建设相结合。当前，生态文明建设纳入"五位一体"建设的全过程体现了党和国家高度重视经济发展战略和生态环境建设紧密结合的策略定位。随着经济的高速增长，全世界都面临着环境污染严重、生态系统破坏的问题，资源环境的可持续发展已经成为全国都需要重点关注的问题。

本书从生态保护这一方面研究城市发展，并围绕生态质量、保护治理两个方面对黄河流域城市生态保护进行评估。

第一，生态质量是包括生态环境在内的综合质量的概念。因此通过道路清扫保洁面积、人均公园绿地面积、建成区绿化覆盖率、可吸入悬浮粒子等内容对生态质量进行评估分析。道路清扫保洁面积、人均公园绿地面积反映不同时期城市绿化面积的变动情况及城市的绿化情况，可用于衡量城市的绿化面积和居民的城市生活所获得的绿地面积。建成区绿化覆盖率指城市建成区的绿化覆盖面积占建成区的百分比，可用来衡量城市对于绿地事业发展重视程度的评估分析。覆盖率越高，说明政府部门对于绿地建设的态度越坚决。可吸入悬浮粒子能够反映城市的环境状况，可吸入悬浮粒子越多，说明环境亟待改善。

第二，保护治理是政府部门各层面采取政策等手段对环境实施的管理措施，对城市居民生活所处的环境进行监管保护，对环境污染问题进行治理。通过工业固体废物综合利用率、生活垃圾无害化处理率、污水集中处理率、再生水生产能力等方面对保护治理进行评估。工业固体废物综合利用率能够反映通过回收、加工、循环、交换等方式，从固体废物中提取或者使其转化为可以利用的资源、能源和其他原材料的固体废物量，利用率越高，说明越多的废弃物得到了有效的充分利用。生活垃圾无害化处理率是指生活垃圾转化为无害化资源的程度，无害化处理率越高，说明政府对于生活垃圾的处理重视程度越高。污水处理率指经过处理的生活污水、工业废水量占污水排放总量的比重，反映污水处理部门对生活、工业等污水处理的重视程度，高效的污染处理比重增量意味着城市污染治理效能得到有效提升。再生水生产能力反映城市的再生资源的能力，水是生命之源，再生水生产能力越高，说明城市对于居民的生活重视程度越高。

（二）黄河流域城市群城市综合发展水平指标体系及其评估方法

本书构建了黄河流域城市群经济社会高质量发展水平评估指标体系，数量较多，且指标之间联系密切，为避免评价重叠性，选用灰色理论对 112 项四层指标进行灰色综合评价和灰色聚类分析。在确定评估权重和指标处理的过程中，首先对四级指标进行无量纲化处理，对个别并非正向、负向的指标取与最优值之差构成为负向指标的方式进行处理。处理如下：对于正向性指标，可以通过公式（3－1）计算：

$$X_{ik} = \frac{Y_{ik} - \min_i Y_{ik}}{\max_i Y_{ik} - \min_i Y_{ik}} \times 100 \tag{3－1}$$

对于负向性指标，可以通过公式（3－2）计算：

$$X_{ik} = \frac{\max_i Y_{ik} - Y_{ik}}{\max_i Y_{ik} - \min_i Y_{ik}} \times 100 \tag{3－2}$$

通过灰色理论对评估指标体系与相关参考因子之间的关系紧密程度进行评价从而判断各项指标距离理想最优指标之间的距离。通过设立黄河流域城市群经济社会高质量发展水平评估指标体系的理想最优指标作为参考数列 X_0 及各城市指标数列 $X_0(k)$，以黄河流域城市群经济社会高质量发展水平评估指标体系各项指标作为比较数列 X_i 及各城市指标数列 $X_i(k)$，继而求出各指标与理想最优指标之间的灰色关联度，灰色关联度越大说明该项指标与最优理想状态越为接近，该项指标的发展水平也就越高，而灰色关联度越弱则说明该项指标的综合发展水平越低。因此，通过对黄河流域城市群经济社会各级状况指标体系的灰色关联度测算，可以得到各城市综合发展水平的强弱顺序。在对各项四层指标进行无量纲化处理后，将各项指标数据转化为 0～100 的标准值，因此选择理想最优指标数列的值为 100。通过公式（3－3）对灰色关联系数 $\zeta_i(k)$ 进行求解：

$$\zeta_i(k) = \frac{\min\limits_i \min\limits_k |X_0(k) - X_i(k)| + \delta \max\limits_i \max\limits_k |X_0(k) - X_i(k)|}{|X_0(k) - X_i(k)| + \delta \max\limits_i \max\limits_k |X_0(k) - X_i(k)|} \quad (3-3)$$

其中，δ 为分辨系数，$\delta \in [0, 1]$，通常取 0.5。

通过公式（3－4）计算各项指标的灰色关联系数：

$$\bar{r_i} = \frac{1}{n} \sum_{i=1}^{n} \zeta_i(k), \quad k = 1, 2, \cdots, m \quad (3-4)$$

通过公式（3－5）计算各项指标在综合评价中的权重 r_i：

$$r_i = \bar{r_i} \bigg/ \sum_{k=1}^{m} \bar{r_i}, \quad k = 1, 2, \cdots, m \quad (3-5)$$

$$D_i = \sum_{k=1}^{m} r_i x_i(k), \quad i = 1, 2, \cdots, n \quad (3-6)$$

其中，D_i 数值越大说明黄河流域各城市群各城市该项指标与理想最优状态更为接近，因此通过对 D_i 数值的分析就可得到城市在综合发展水平层面的排序情况。表 3－1 为黄河流域城市群经济社会高质量发展水平评估的指标体系。

表 3－1　　　　　　黄河流域城市群经济社会高质量发展水平评估的指标体系

一级指标		综合发展
二级指标（6 个）	三级指标（18 个）	四级指标（112 个）
		总人口相对增长率
		总人口绝对增量加权指数
	人口状况	人口密度
		市区人口规模
		暂住人口规模
		就业总量
		就业规模相对增长率
人口劳动力	就业规模	就业率
		就业密度
		失业率
		Moore 就业结构
		按产业的就业结构
	就业结构	按产业的就业贡献率
		按产业的就业偏离系数
		私营与个体就业比例
		经济总规模
		gdp 相对增长率
		gdp 绝对增量加权指数
经济发展	经济总量	社会消费品总量
		工业企业规模
		工业利润规模
		非农产业规模

续表

一级指标	综合发展	
二级指标（6 个）	三级指标（18 个）	四级指标（112 个）
经济发展	经济均量	人均 gdp
		经济密度
		人均消费
		工业企业密度
		人均工业利润
		人均非农产出
	经济结构	产业结构
		产业不协调指数
		产业多样化
		产业专业化
		产业集聚指数
		外资使用情况
		贸易依存度
	经济效率	第一产业劳动生产率
		第二产业劳动生产率
		第三产业劳动生产率
		经济人口承载力 ES
		劳动产出弹性
		经济发展强度
社会和谐	生活质量	城市供气能力
		城市供电能力
		城市供水能力
		城市电信规模
		广场与绿地面积
		城市道路建设规模
		社会服务状况
	收入分配	平均工资
		工资总额
		消费强度
		城镇零售消费水平
		平均工资相对增长率
		工资总额相对增长率
		居民储蓄强度
	政府治理现代化	政府规模
		地方政府财政汲取能力
		地方财政收入分权能力
		地方财政支出分权能力
		地方政府财政自给能力
		政府财政支出结构
		政府财政流强度
		政府财政倾向度
		政府财政职能规模
		政府财政职能地位
		财政支出水平

一级指标	综合发展	
二级指标（6个）	三级指标（18个）	四级指标（112个）
基础设施	交通物流	交通物流效率
		物流区位熵
		公共汽车运营车辆数
		客运流量
		货运流量
		公共交通营运规模
		出租汽车规模
	数字通信	邮政业务
		电信业务
		邮局分布密度
		固定电话
		移动电话相对增长率
		移动电话普及强度
		互联网宽带相对增长率
		互联网宽带普及强度
	设施建设	道路面积
		道路长度
		人行道面积
		建筑业人员数
		城市桥梁
		排水管道
		基础设施投资规模
科教文卫	科技教育	科学教育支出规模
		师生比
		学校数量
		学校密度
		每万人大学生规模
	文化体育	公共图书馆藏书量
		公共图书拥有量
		文化、体育和娱乐业从业人数
	医疗卫生	床位利用
		医院机构数量
		卫生机构数量
		卫生技术人员数量
		执业医师数量

续表

一级指标	综合发展	
二级指标（6个）	三级指标（18个）	四级指标（112个）
生态保护	生态质量	建成区绿化覆盖率
		人均公园绿地面积
		可吸入悬浮粒子
		道路清扫保洁面积
		公园数量
		公园面积
	保护治理	生活垃圾无害化处理率
		工业固体废物综合利用率
		污水集中处理率
		再生水生产能力
		环卫专用车辆设备

二、黄河流域城市群城市综合发展水平评估指标体系以及耦合协调发展水平的测算与评价

（一）黄河流域城市群城市人口劳动力四级指标测算方法

第一，总人口相对增长率的测算公式：

$$NICH = \frac{Y_{i,t2} - Y_{i,t1}}{Y_2 - Y_1} \qquad (3-7)$$

其中，$Y_{i,t2}$、$Y_{i,t1}$表示第 i 个城市末期和初期的总人口，Y_2、Y_1表示全国在末期和初期的总人口。通过总人口相对增长率，可以对城市在一定时期内城市人口变化增长趋势与全国人口的变化增长趋势之间的关系展开分析。总人口相对增长率越高，说明城市的人口增长速率越快，呈现出地区人口集聚能力及活力的不断扩大。

第二，总人口绝对增量加权指数的测算公式：

$$I = \frac{\Delta X_i}{\Delta X} \times \frac{1}{S_i} \qquad (3-8)$$

其中，ΔX_i 表示 i 城市的总人口在一段评估时间内的变化量。ΔX 表示全国的总人口在一段评估时间内的变化量。S_i 为 i 城市的土地面积占全国土地面积的比重。通过总人口绝对增量加权指数可以对城市人口变化增长趋势与其土地面积之间的关系展开分析，总人口绝对增量加权指数越大，说明城市的人口要素集中度越高，城市人口变化增长趋向于密集型发展。

第三，人口密度的测算公式：

$$Den = POP/AREA \qquad (3-9)$$

其中，Den 为城市的人口密度，POP 为城市总人口，$AREA$ 为城市的建成区面积。城市的人口密度反映出城市人口的密集程度，城市人口密度越大，说明城市的人口承载力越大。

第四，市区人口规模的测算公式：

$$P = URB \qquad (3-10)$$

其中，P 为市区人口规模，URB 为城区常住人口数。城区常住人口是评判城市规模、城市吸引力的重要指标，通过市区人口规模可以对城市的吸引力进行判断，通常认为市区人口规模越大，说明城市的城市化越好，其发展的潜力越大。

第五，暂住人口规模的测算公式：

$$暂住人口规模 = LAB - P \qquad (3-11)$$

其中，*LAB* 为在一段评估时间内城市总人口数，*P* 为城市常驻人口数。城市暂住人口规模越大，说明城市的人口流动性越大。

第六，就业总量的测算公式：

$$Job = I_1 + I_2 + I_3 \tag{3-12}$$

其中，*Job* 为城市的总就业人口，I_1、I_2、I_3 分别为城市第一、二、三产业就人口数。城市的就业总量反映出城市人口的就业情况，城市就业总量越大，说明城市的就业情况越好。

第七，就业规模相对增长率的测算公式：

$$NICH = \frac{Y_{i,t2} - Y_{i,t1}}{Y_2 - Y_1} \tag{3-13}$$

其中，$Y_{i,t2}$、$Y_{i,t1}$ 表示第 *i* 个城市末期和初期的就业总量，Y_2、Y_1 表示全国在末期和初期的就业总量。通过就业规模相对增长率，可以对城市在一定时期内城市就业变化增长趋势与全国就业的变化增长趋势之间的关系展开分析。就业规模相对增长率越高，说明城市的就业增长速率越快，呈现出地区就业集聚能力及活力的不断扩大。

第八，就业率的测算公式：

$$RJob = L/T \tag{3-14}$$

其中，*RJob* 为城市的就业率，*L* 为总就业人口，*T* 为符合就业条件的就业人口。就业率反映一个城市在一段时间中的就业情况，就业率越高说明在这一段时间内城市吸引力越高，经济发展越快，劳动力发展动力越强。

第九，就业密度的测算公式：

$$Job = LAB/AREA \tag{3-15}$$

其中，*Job* 为城市的就业密度，*LAB* 为城市总人口，*AREA* 为城市的建成区面积。城市的就业密度反映出城市劳动力人口的密集程度，城市就业密度越大，说明城市的人力资源丰富，城市的生产效率较高，生产成本较低。

第十，失业率的测算公式：

$$失业率 = U/T \tag{3-16}$$

其中，*U* 为总失业人口，*T* 为符合就业条件的就业人口。失业率反映一个城市在一段时间中的失业情况，失业率越高，说明在这一段时间内城市经济发展越缓慢，会导致政府放松银根，进而刺激经济增长；失业率越低，说明在这一段时间内城市经济发展越好，但可能形成通货膨胀。

第十一，Moore 就业结构的测算公式：

$$e = \arccos \frac{\sum_{i=1}^{n} W_{i,t1} W_{i,t2}}{\sqrt{\sum_{i=1}^{n} W_{i,t1}^2} \sqrt{\sum_{i=1}^{n} W_{i,t2}^2}} \tag{3-17}$$

其中，$W_{i,t1}$、$W_{i,t2}$ 为一段评估时间内初期和末期的 *i* 产业的从业人员比重。Moore 就业结构反映出不同产业就业结构的变化程度，Moore 就业结构指数越大，说明城市就业结构的变化程度越大。

第十二，按产业的就业结构的测算公式：

$$i \text{ 产业的就业结构} = L_i/L \tag{3-18}$$

其中，L_i 为城市在一段评估时间内第 *i* 产业的就业人口，*L* 为在同一段评估时间内城市的总就业人口。城市的产业就业结构可以反映一个城市的经济发展和劳动力市场情况，通常认为"三、二、一"的现代产业就业结构模式是更加合理的。

第十三，按产业的就业贡献率的测算公式：

$$i \text{ 产业的就业贡献率} = \Delta L_i/\Delta L \tag{3-19}$$

其中，ΔL_i 为城市的 *i* 产业在一段评估时间内的就业人员变化量，ΔL 为在同一段评估时间内城市总就业人员的变化量。通过城市的产业就业贡献率可以对城市某一产业在评估时间段内为城市总体增加就业人员的占比进行评估，产业就业贡献率越高，说明城市的该产业所提供的就业机会、劳动力需求程度越高，产业发展活力越高。

第十四，按产业的就业偏离系数的测算公式：

$$D_i = \left| \frac{V_i}{E_i} - 1 \right| \tag{3-20}$$

其中，D_i 为城市 i 产业的就业结构偏离系数，$\frac{V_i}{E_i}$ 为城市 i 产业比较劳动生产率。V_i 为城市 i 产业的产值比重，E_i 为城市 i 产业的就业比重。城市就业结构偏离系数越高，说明城市的就业结构偏离系数越小说明城市的就业结构协调程度越高，城市的劳动生产率越高。城市的就业结构偏离系数越大说明城市的就业结构、产业结构出现不协调、不稳定的状态。

第十五，私营与个体就业比例的测算公式：

$$私营与个体就业比例 = \frac{城镇私营与个体从业人数}{单位从业人员} \tag{3-21}$$

其中，私营与个体就业比例是吸纳就业人口的重要载体。通过城市的私营与个体就业比例可以对城市就业进行评估，私营与个体就业比例越高，说明城市越具有强有力的就业带动能力。

（二）黄河流域城市群城市经济发展四级指标测算方法

第一，经济总规模的测算公式：

$$经济总规模 = G \tag{3-22}$$

其中，G 为一段评估时间内地区生产总值。地区生产总值可以反映出城市经济总规模，经济总规模越大，说明城市经济发展越好。

第二，gdp 相对增长率的测算公式：

$$NICH = \frac{Y_{i,t2} - Y_{i,t1}}{Y_2 - Y_1} \tag{3-23}$$

其中，$Y_{i,t2}$、$Y_{i,t1}$ 表示第 i 个城市末期和初期的总 gdp，Y_2、Y_1 表示全国在末期和初期的总 gdp。通过总 gdp 相对增长率，可以对城市在一定时期内城市 gdp 变化增长趋势与全国 gdp 的变化增长趋势之间的关系展开分析。总 gdp 相对增长率越高，说明城市的经济增长速率越快，呈现出地区经济集聚能力及活力的不断扩大。

第三，gdp 绝对增量加权指数的测算公式：

$$I = \frac{\Delta X_i}{\Delta X} \times \frac{1}{S_i} \tag{3-24}$$

其中，ΔX_i 表示 i 城市的总 gdp 在一段评估时间内的变化量。ΔX 表示全国的总 gdp 在一段评估时间内的变化量。S_i 为 i 城市的土地面积占全国土地面积的比重。通过总 gdp 绝对增量加权指数可以对城市 gdp 变化增长趋势与其土地面积之间的关系展开分析，总 gdp 绝对增量加权指数越大，说明城市的经济发展要素集中度越高，城市 gdp 变化增长趋向于密集型发展。

第四，社会消费品总量的测算公式：

$$社会消费品总量 = 限额以上单位零售额 + 限额以下单位零售额 \tag{3-25}$$

社会消费品总量是指企业通过交易直接售给个人和社会的实物商品金额以及提供餐饮服务的收入金额。这一指标不仅包括商品零售，还包括餐饮收入，反映了居民的消费能力和消费结构。社零总额反映居民的生活质量和消费水平。

第五，工业企业规模的测算公式：

$$工业企业规模 = 规模以上工业总产值 \tag{3-26}$$

通过城市的工业企业规模可以对城市的工业企业发展情况进行分析。城市工业企业规模越大，说明城市的工业企业发展得越好。城市的工业企业规模越小，说明城市的工业企业发展越不好。

第六，工业利润规模的测算公式：

$$工业利润规模 = \left(\frac{利润总额}{成本费用总额} \right) \times 100\% \tag{3-27}$$

工业利润规模反映工业在一定时期内利润水平及其计划完成情况，工业利润规模越大，工业的利润水平越高。工业利润规模越小，工业的利润水平越低。

第七，非农产业规模的测算公式：

$$nfarm = I_1 + I_2 \tag{3-28}$$

其中，$nfarm$ 为城市非农产业规模，I_1、I_2 分别表示城市第一、二产业的总产值之和。城市的非农产业规模越高，说明城市经济发展的经济结构越高，其进行非农发展的劳动力人口资源更为丰富，城市的经济社会发展活力更为充沛。

第八，人均 gdp 的测算公式：

$$AGDP = GDP/POP \tag{3-29}$$

其中，$AGDP$ 表示人均 gdp，GDP 为地区生产总值，POP 为地区总人口数。人均 gdp 可以反映一个地区经济发展状况，人均 gdp 越高，经济发展越好，人民生活水平越高。

第九，经济密度的测算公式：

$$Den = POP/AREA \tag{3-30}$$

其中，Den 为城市的经济密度，POP 为城市总地区生产总值，$AREA$ 为城市的建成区面积。城市的人口密度反映出城市经济的密集程度，城市经济密度越大，说明城市的经济承载力越大。

第十，人均消费的测算公式：

$$S = \frac{S_a}{\frac{1}{2}(P_{i,t2} - P_{i,t1})} \tag{3-31}$$

其中，S 为城市人均消费，S_a 为城市社会消费零售总额，$P_{i,t2}$、$P_{i,t1}$ 分别为第 i 个城市末期和初期的人口数，$\frac{1}{2}(P_{t2} - P_{t1})$ 为城市平均常住人口。城市的人均消费反映出城市人民生活质量。城市的人均消费越高，人民生活质量越高。城市的人均消费越低，人民生活质量越低。

第十一，工业企业密度的测算公式：

$$工业企业密度 = 工业企业数/建成区面积 \tag{3-32}$$

城市的工业密度反映出城市工业的密集程度，城市工业密度越大，说明城市的工业承载力越大。

第十二，人均工业利润的测算公式：

$$人均工业利润 = 工业企业利润/建成区面积 \tag{3-33}$$

城市的人均工业利润反映出城市人均工业利润的密集程度，城市人均工业利润密度越大，说明城市的人均工业利润越大。

第十三，人均非农产出的测算公式：

$$Anfarm = nfarm/POP \tag{3-34}$$

其中，$Anfarm$ 为城市人均非农产出，$nfarm$ 为非农 gdp，POP 为总人口数。通过人均非农产出可以对城市的非农产业发展情况进行分析，城市的人均非农产出越高，说明城市的整体经济越好，非农产业发展越好。

第十四，产业结构的测算公式：

$$e = \arccos \frac{\sum_{i=1}^{n} W_{i,t1} W_{i,t2}}{\sqrt{\sum_{i=1}^{n} W_{i,t1}^2} \sqrt{\sum_{i=1}^{n} W_{i,t2}^2}} \tag{3-35}$$

其中，$W_{i,t1}$、$W_{i,t2}$ 为一段评估时间内初期和末期的 i 产业的从业人员比重。产业结构体现的是产业发展的变化程度，产业结构指数与城市产业结构变化程度呈正向变化趋势。

第十五，产业不协调指数的测算公式：

$$\varphi_1 = \frac{GDP_i/GDP}{Y_i/Y} - 1 \tag{3-36}$$

其中，GDP_i/GDP 表示城市某产业的产值与总产值的比重，Y_i/Y 表示某产业的就业人员与总就业人口的比重。通过不协调指数可以对城市产业产值增长趋势与其就业人员之间的关系展开分析，不协调指数越小，说明城市的产业要素集中度越高，城市产业产值变化增长趋向于高速发展。

第十六，产业多样化的测算公式：

$$RV = \sum_{J=1}^{3} S_{IJ}\left(\sum_{j \in J} \frac{S_{ij}}{S_{IJ}} \log_2 \frac{S_{IJ}}{S_{ij}} \right) \tag{3-37}$$

其中，RV 为产业多样化指数，S_{ij} 分别表示城市第一、二、三产业的就业比重，S_{IJ} 分别表示城市的第一、二、三产业的就业比重。产业多样化指数越低，说明产业间的联系越少，越需要加强城市与城市之间、产业与产业之间的联系。

第十七，产业专业化的测算公式：

$$S_{ij} = \frac{L_{ij}}{L_i}$$

$$SS_i = \frac{1}{2} \sum_{j=1}^{3} |S_{ij} - S_j| \tag{3-38}$$

其中，SS_i 为 j（$j=1, 2, 3$）产业在 i 区域中所占就业比重，L_{ij} 分别表示城市第一、二、三产业的就业人数，L_i 分别代表城市第一、二、三产业总从业人口。SS_i 为 i 区域的产业专业化，取值范围在 $0 \sim 1$，SS_i 数值越大，表示区域的产业专业化程度越高。S_j 为 j 产业在全国所占的就业比重。城市产业专业化越强，说明城市的产业发展趋于密集、专业化，城市产业的产值对城市经济发展更强。

第十八，产业集聚指数的测算公式：

一段时间内产业在地区的动态集聚指数：$D_{ij(0-t)} = \dfrac{b_{ij(0-t)}}{\sum\limits_{j=1,2,3}^{n} b_{ij(0-t)}}$

产业在一段时间内的全国平均增长速度：$\sum\limits_{j=1,2,3}^{n} b_{ij(0-t)}$ $\hspace{2cm}$ (3-39)

其中，b_{ij} 分别为城市第一、二、三产业产值。通过产业集聚指数，可以对城市的产业产值增长情况与全国范围内平均容量范围之间的关系进行分析，城市的产业集聚指数越高，说明城市产业的整体密度、容量范围更高。

第十九，外资使用情况的测算公式：

外资使用情况 = 当年实际使用外资金额 $\hspace{3cm}$ (3-40)

当年实际使用外资金额反映在一定时间内与外国投资者签订合同后实际到位的外资金额，能真实反映我国利用外资的水平。外资使用越多，中国经济发展越快。

第二十，贸易依存度的测算公式：

$$S = \frac{XM}{GDP} \tag{3-41}$$

其中，S 为城市贸易依存度，XM 为城市进出口总额，GDP 为城市生产总值。贸易依存度越高，说明城市经济发展越好，城市产业进出口数量越大，产业为城市经济的发展提供越多的动力。

第二十一，第一产业劳动生产率的测算公式：

$$R_1 = \frac{G_1/G}{L_1/L} \tag{3-42}$$

其中，G 为行业总产值，G_1 为第一产业产值，L_1 为第一产业就业人员。L 为行业总就业人员。第一产业劳动产出率越大，说明第一产业经济发展水平越高，第一产业对城市经济发展的贡献也越大。

第二十二，第二产业劳动生产率的测算公式：

$$R_2 = \frac{G_2/G}{L_2/L} \tag{3-43}$$

其中，G 为行业总产值，G_2 为第二产业产值，L_2 为第二产业就业人员。L 为行业总就业人员。第二产业劳动产出率越大，说明第二产业经济发展水平越高，第二产业对城市经济发展的贡献也越大。

第二十三，第三产业劳动生产率的测算公式：

$$R_3 = \frac{G_3/G}{L_3/L} \tag{3-44}$$

其中，G 为行业总产值，G_3 为第三产业产值，L_3 为第三产业就业人员。L 为行业总就业人员。城市的劳动生产率越高，说明城市的整体发展水平越高，城市内的人力资源处在不断丰富的状态，城市对外部各类资源要素的集聚吸引能力不断提升。

第二十四，经济人口承载力的测算公式：

$$ES = \frac{经济发展指数}{一定标准下的人均经济占用指标} = \frac{该地区\ GDP\ 总量}{全国人均\ GDP} \tag{3-45}$$

其中，ES 为城市经济人口承载力。通过经济人口承载力可以对城市的经济人口变化增长情况与全国范围内平均容量范围之间的关系进行分析，城市的经济人口承载力越高，说明城市的整体经济人口密度、容量范围更高。

第二十五，劳动产出弹性的测算公式：

$$E_L = \frac{\dfrac{\Delta Y}{Y}}{\dfrac{\Delta L}{L}} = \frac{\partial f}{\partial L}\frac{L}{Y} \tag{3-46}$$

其中，ΔY 为城市地区生产总值的增量，Y 为城市地区生产总值，ΔL 是城市总从业人员的增量，L 为城市从业人员数。劳动产出弹性越大，说明经济发展越好，从业人员的工作效率越高。

第二十六，经济发展强度的测算公式：

$$E = \frac{X_{i,t}}{\dfrac{1}{n}\sum_{j}^{n} X_{i,t}} \tag{3-47}$$

其中，E 为经济发展强度，$X_{i,t}$ 为城市地区生产总值。通过城市的经济发展强度可以对城市生产总值与地区整体平均水平之间的关系展开研究。城市经济发展强度超过 1，说明城市的生产总值要高于地区的平均水平。城市的经济发展强度越小，说明城市的生产总值不具备优势，城市活力较弱。

（三）黄河流域城市群城市社会和谐四级指标测算方法

第一，城市供气能力的测算公式：

$$T = \frac{N_{yehua}}{T_{yehua}} \tag{3-48}$$

其中，T_{yehua} 为用液化石油气的使用人口。N_{yehua} 为液化石油气的使用量。通过城市的加权城市供气能力可以对城市的液化石油气使用情况进行分析，城市的加权城市供气能力越强，说明城市经济发展越好，城市的规模越大，城市能够给居民提供更优质的基础设施服务。

第二，城市供电能力的测算公式：

$$T = \frac{N_{elec}}{T_{elec}} \tag{3-49}$$

其中，T_{elec} 为城市的用电人口，N_{elec} 为城市的全年用电总量。通过城市的加权城市供电能力可以对城市的用电使用情况进行分析，城市的加权城市供电能力越强，说明城市经济发展越好，城市的规模越大，城市能够给居民提供更优质的基础设施服务。

第三，城市供水能力的测算公式：

$$T = \frac{N_{water}}{T_{water}} \tag{3-50}$$

其中，N_{water} 为城市的用水人口，T_{water} 为城市的全年用水总量。通过城市的加权城市供水能力可以对城市的用水情况进行分析，城市的加权城市供水能力越强，说明城市经济发展越好，城市的规模越大，城市能够给居民提供更优质的基础设施服务。

第四，城市电信规模的测算公式：

$$城市电信规模 = 电信业务收入 \tag{3-51}$$

城市电信规模用城市电信业务收入来衡量。城市电信业务收入指的是一个时期内电信运营企业平均每个用户贡献的通信业务收入，可以对城市信息化情况进行分析。城市的电信规模越大，城市的信息化水平就越高。

第五，广场与绿地面积的测算公式：

$$广场与绿地面积 = 广场面积 + 绿地面积 \tag{3-52}$$

城市的广场与绿地面积可以反映出一个城市的绿化情况。广场与绿地面积越大，说明城市的绿化水平越高，城市经济发展越好，居民生活福利保健水平越高。

第六，城市道路建设规模的测算公式：

$$城市道路建设规模 = 道路建设面积 \tag{3-53}$$

城市道路建设规模用城市道路建设面积来衡量，可以反映出一个城市的道路拥有量。城市的道路建设规模越大，城市道路拥有量越多。

第七，社会服务状况的测算公式：

$$社会服务状况 = 城市维护建设资金支出 \tag{3-54}$$

通过社会服务状况可以对城市财政维护建设资金支出展开分析，城市的基础建设水平越高，说明城市的社会服务状况水平越高，城市能提供保障城市基础设施的维护建设资金的能力越强，城市对外部各类资源要素的集聚吸引能力不断提升。

第八，平均工资的测算公式：

$$平均工资 = \frac{工资总额}{总人口数} \tag{3-55}$$

平均工资可以反映城市的人民生活水平，平均工资越高，说明城市经济发展越好，平均工资越高，人民生活水平越高。

第九，工资总额的测算公式：

$$工资总额 = 劳动报酬总额 \tag{3-56}$$

城市工资总额越高，说明城市的工资水平越高，城市的经济发展越好，城市发展潜力越大。

第十，消费强度的测算公式：

$$E = \frac{X_{i,t}}{\frac{1}{n}\sum_{j}^{n} X_{i,t}} \tag{3-57}$$

其中，E 为城市的消费强度，$X_{i,t}$ 为城市的城镇居民人均消费支出。通过城市的消费强度可以对城市的消费情况与地区整体平均水平之间的关系展开研究。城市消费强度超过 1，说明城市的居民消费支出要高于地区的平均水平。城市的消费强度越小，说明城市的居民消费支出能力不具备优势，城市活力较弱。

第十一，城镇零售消费水平的测算公式：

$$S = \frac{S_a}{G} \tag{3-58}$$

其中，S_a 为城镇消费品零售总额，G 为国内生产总值。城市的城镇零售消费水平反映出城市居民消费支出能力的程度，城市居民消费支出能力越强，说明城市的零售消费水平越高。

第十二，平均工资相对增长率的测算公式：

$$NICH = \frac{Y_{i,t2} - Y_{i,t1}}{Y_2 - Y_1} \tag{3-59}$$

其中，$NICH$ 表示平均工资相对增长率，$Y_{i,t2}$、$Y_{i,t1}$ 表示 i 城市初期和末期的平均工资，Y_2 和 Y_1 表示整体在初期和末期的平均工资。通过城市平均工资相对增长率，可以对城市在一定时期内城市平均工资增长趋势与全国平均工资的变化增长趋势之间的关系展开分析。城市平均工资相对增长率越高，说明城市的平均工资增长速率越快，城市平均工资不断增长。

第十三，工资总额相对增长率的测算公式：

$$NICH = \frac{Y_{i,t2} - Y_{i,t1}}{Y_2 - Y_1} \tag{3-60}$$

其中，$NICH$ 表示工资总额相对增长率，$Y_{i,t2}$、$Y_{i,t1}$ 表示 i 城市初期和末期的工资总额，Y_2 和 Y_1 表示整体在初期和末期的工资总额。通过城市工资总额相对增长率，可以对城市在一定时期内城市工资总额增长趋势与全国工资总额的变化增长趋势之间的关系展开分析。城市工资总额相对增长率越高，说明城市的工资总额增长速率越快，城市工资总额不断增长。

第十四，居民储蓄强度的测算公式：

$$E = \frac{X_{i,t}}{\frac{1}{n} \sum_{j}^{n} X_{i,t}} \tag{3-61}$$

其中，E 为居民储蓄强度，$X_{i,t}$ 为城市居民储蓄总值。通过城市的居民储蓄强度可以对城市居民储蓄总值与地区整体平均水平之间的关系展开研究。城市居民储蓄强度超过 1，说明城市的居民储蓄总值要高于地区的平均水平。城市的居民储蓄强度越小，说明城市的居民储蓄总值不具备优势，城市活力较弱。

第十五，政府规模的测算公式：

$$政府规模 = 财政预算收入 \tag{3-62}$$

其中，政府规模可以反映城市政府财力、经济发展状况。政府规模越大，城市政府财力越大，城市经济发展越好。

第十六，地方政府财政汲取能力的测算公式：

$$Z_i = \frac{a_i}{b_i} \quad (i = 1, 2, 3, \cdots, n) \tag{3-63}$$

其中，Z_i 为 i 地级市地方财政收入能力系数；a_i 为 i 地级市财政预算收入；b_i 为 i 地级市的 GDP 数。地方政府财政汲取能力反映出城市内的财政收入源处在不断丰富的状态，城市对外部各类资源要素的集聚吸引能力不断提升。

第十七，地方财政收入分权能力的测算公式：

$$Y_i = \frac{C_i}{D_i} = \frac{a_i}{A_i} \cdot \frac{F_i}{f_i} \tag{3-64}$$

其中，Y_i 为各地级市预算人均财政收入在中央预算人均财政收入的系数比。$C_i = \frac{a_i}{A_i}$（C_i 代表各地级市预算人均财政收入，a_i 是各地级市预算财政收入，A_i 为该地区内年末总人口数）。$D_i = \frac{f_i}{F_i}$（D_i 代表中央预算人均财政收入，f_i 是中央预算财政收入，F_i 是年末总人口总数）。城市地方政府财政支出分权能力越大，说明城市的财政能力越强，城市经济发展呈现扩张发展趋势。

第十八，地方财政支出分权能力的测算公式：

$$X_i = \frac{H_i}{G_i} = \frac{m_i}{A_i} \cdot \frac{F_i}{n_i} \tag{3-65}$$

其中，X_i 为各地级市预算人均财政支出在中央预算人均财政支出的系数比。$H_i = \frac{m_i}{A_i}$（H_i 代表各地级市预算人均财政支出，m_i 是各地级市财政预算财政支出）。$G_i = \frac{n_i}{F_i}$（G_i 代表中央预算人均财政支出，n_i 是中央预算财政支出）。城市地方政府财政支出分权能力越大，说明城市的财政能力越强，城市经济发展呈现扩张发展趋势。

第十九，地方政府财政自给能力的测算公式：

$$Q_i = \frac{a_i}{m_i} \tag{3-66}$$

其中，Q_i 为各地级市预算财政支出在中央预算财政支出的系数比，a_i 为地方财政一般预算内支出，m_i 为中央财政一般预算内支出。地方政府财政自给能力越强，说明城市的经济发展程度越高，城市的劳动生产率越高。

第二十，政府财政支出结构的测算公式：

$$政府财政支出结构 = 财政一般性服务支出/地方财政预算支出 \tag{3-67}$$

其中，通过政府财政支出结构可以对城市财政一般性服务支出与财政预算支出间的比重展开分析，城市的政府财政支出结构越强，说明城市的整体经济发展水平越高，城市财政能提供保障城市正常运作和提升居民生活保障的财政资金能力越强，城市对外部各类资源要素的集聚吸引能力不断提升。

第二十一，政府财政流强度的测算公式：

$$Q_{ij} = \frac{L_{ij}/L_i}{L_j/L}$$

$$E_{ij} = L_{ij} - L_i \left(\frac{L_j}{L} \right)$$

$$E_i = \sum_{j=1}^{m} E_{ij}$$

$$N_i = \frac{P_i}{L_i}$$

$$F_i = N_i \cdot E_i \tag{3-68}$$

其中，Q_{ij} 为政府财政区位熵，L_{ij} 为 i 城市的 j 类政府财政预算支出，L_i 为城市的地区财政预算收支，L_j 为全国 j 类政府财政预算支出，L 为全国财政收支。E_{ij} 为城市的外向功能。E_i 为 i 城市的总体外向功能。N_i 为城市的功能效益，P_i 为 i 城市的 gdp。F_i 为 i 城市的城市流强度。城市农业生产流强度越强，说明城市之间发生的经济集聚和扩散所产生的农业生产要素流动强度越强，城市经济影响力越强。

第二十二，政府财政倾向度的测算公式：

$$F_i = P_i \cdot K_i \tag{3-69}$$

其中，F_i 为 i 城市的政府财政流强度，P_i 为 i 城市的 gdp，K_i 为城市倾向度。城市倾向度越高，说明城市的总功能量的外向强度越强。

第二十三，政府财政职能规模的测算公式：

$$Q_{IJ} = \frac{L_{ij}/L_i}{L_j/L}$$

$$T_{ij} = |Q_{ij} - 1| \cdot L_{ij} \tag{3-70}$$

其中，Q_{ij} 为政府财政区位熵，L_{ij} 为 i 城市的 j 类政府财政预算支出，L_i 为城市的地区财政预算收支，L_j 为全国 j 类政府财政预算支出，L 为全国财政收支。T_{ij} 为地区财政预算收入职能规模。城市的财政预算收入职能规模越强，说明城市的财政预算收入水平越高，城市所具备的政府财政能力越强。

第二十四，政府财政职能地位的测算公式：

$$F_{ij} = T_{ij} / \sum_{i=1}^{n} T_{ij} \tag{3-71}$$

其中，T_{ij} 为城市政府财政职能规模。F_{ij} 为城市政府财政职能地位。城市政府财政职能地位越强，说明城市的财政能力在地区内的水平更具备优势，城市对人力资源的吸引集聚能力扩大，城市发展具备财政及劳动力发展上的潜力。

第二十五，财政支出水平的测算公式：

$$S = \frac{S_a}{G} \tag{3-72}$$

其中，S_a 为公共服务支出，G 为国内生产总值。城市的财政支出水平越高，说明其经济发展水平越高，政府财政用于提升和改善城市各项支出的能力越大。

（四）黄河流域城市群城市基础设施四级指标测算方法

第一，交通物流效率的测算公式：

$$Q = \frac{N_{road}}{T_{road}} \tag{3-73}$$

其中，Q 为交通物流效率，T_{road} 为公路的里程数，N_{road} 为公路的货运量。交通物流效率反映出不同城市交通运输量的变化程度，交通物流效率越大，说明城市物流的变化程度越大。

第二，物流区位熵的测算公式：

$$物流区位熵 = 交仓储$$

$$TGC = \frac{\Delta t}{\Delta T} \tag{3-74}$$

其中，TGC 为物流区位熵，Δt 为某种运输方式的货运增长量，ΔT 为所有交通运输的总变化量。通过城市的运输贡献率可以对城市运输行业在评估时间段内为城市总体货运增长量与交通运输总变化量的占比进行评估，运输贡献率越高，说明城市对于交通运输、物流需求程度越高，产业发展活力更高。

第三，公共汽车运营车辆数。公共汽车营运车辆数越多，说明城市的交通资源利用率越高，居民出行更方便，整体交通水平得以提升。

第四，客运流量。客运流量越多，说明城市的交通资源利用率越高，运输网越发达，整体交通水平越高。

第五，货运流量。货运流量越多，说明城市的交通资源利用率越高，运输网越发达，整体交通水平越高。

第六，公共交通营运规模。公共交通营运规模是用公共汽车客运总量来衡量的，公共汽车客运总量越多，说明城市的交通资源利用率越高，运输网越发达，公共交通营运规模越大。

第七，出租汽车规模。出租汽车规模是以出租车数量来衡量的，出租车辆数越多，可以缓解城市交通出行的压力，提高居民出行效率。

第八，邮政业务。邮政业务是否发达是由邮政业务收入来衡量的，邮政业务收入越多，说明城市的邮政业务越发达，居民的通信往来越多，信息传输系统越发达。

第九，电信业务。电信业务是否发达是由电信业务收入来衡量的，电信业务收入越多，说明城市的电信业务越发达，居民的通信往来越多，信息传输系统越发达。

第十，邮局分布密度的测算公式：

$$Den = \frac{\Delta X}{AREA} \tag{3-75}$$

其中，Den 为城市的邮局密度，ΔX 为城市总邮局数，$AREA$ 为城市的建成区面积。城市的邮局密度反映出城市邮局分布的密集程度，城市邮局分布密度越大，说明城市的通信设施建设越完善。

第十一，固定电话。固定电话是以使用固定电话的户数来衡量的，使用固定电话的户数越多，说明城市的固定电话业务越发达，信息传输系统越发达。

第十二，移动电话相对增长率的测算公式：

$$NICH = \frac{Y_{2i} - Y_{1i}}{Y_2 - Y_1} \tag{3-76}$$

其中，$NICH$ 为移动电话相对增长率，Y_{2i}、Y_{1i} 表示 i 城市末期和初期的移动电话数量，Y_2 和 Y_1 表示全国在末期和初期的移动电话数量。通过移动电话增长率，可以对城市在一定时期内城市移动电话数量增长趋势与全国移动电话数量增长趋势之间的关系展开分析。城市移动电话相对增长率数值越大，说明城市的移动电话数量增长速率越快，地区信息传输系统越发达。

第十三，移动电话普及强度的测算公式：

$$PI = \frac{Y_i}{Y_t} \tag{3-77}$$

其中，PI 为移动电话普及强度，Y_i 为 i 城市的移动电话数量，Y_t 表示整体的移动电话数量。通过移动电话普及强度，可以对城市在该时期内移动电话的普及强度展开分析。城市移动电话普及强度越高，说明城市的移动电话使用数越多，地区信息传输系统越发达。

第十四，互联网宽带相对增长率的测算公式：

$$NICH = \frac{Y_{2i} - Y_{1i}}{Y_2 - Y_1} \tag{3-78}$$

其中，$NICH$ 为互联网宽带相对增长率，Y_{2i}、Y_{1i} 表示 i 城市末期和初期的互联网宽带数量，Y_2 和 Y_1 分别表示全国在末期和初期的互联网宽带数量。通过互联网宽带增长率，可以对城市在一定时期内城市互联网宽带数量增长趋势与全国互联网宽带数量增长趋势之间的关系展开分析。城市互联网宽带相对增长率数值越大，说明城市的互联网宽带数量增长速率越快，地区信息传输系统越发达。

第十五，互联网宽带普及强度的测算公式：

$$PI = \frac{Y_i}{Y_t} \tag{3-79}$$

其中，PI 为互联网宽带普及强度，Y_i 为 i 城市的互联网宽带数量，Y_t 表示整体的互联网宽带数量。通过互联网宽带普及强度，可以对城市在该时期内互联网宽带的普及强度展开分析。城市互联网宽带普及强度越高，说明城市的互联网宽带使用数越多，地区信息传输系统越发达。

第十六，道路面积。城市的道路面积越大，说明城市的人口集聚能力及活力越强，城市的基础设施承载力越高，经济社会发展活力更充沛。

第十七，道路长度。城市的道路长度指道路长度和与道路相通的桥梁、隧道的长度，按车行道中心线计算。城市的道路长度越长，说明城市的基础设施越完善，经济社会发展活力更充沛。

第十八，人行道面积。人行道面积越大，说明城市交通疏导能力越强，公用设施建设发展潜力越大，城市的经济社会发展活力更充沛。

第十九，建筑业人员数。建筑业人员数指的是建筑业从业人员数，建筑业从业人员数越多，城市的基础设施发展潜力越大，经济社会发展活力更充沛。

第二十，城市桥梁。城市桥梁越多，说明城市的基础设施建设越完善，可以帮助缓解城市的交通压力，使经济发展活力更充沛。

第二十一，排水管道。排水管道指汇集和排放污水、废水和雨水的管渠及其附属设施所组成的系统。城市的排水管道越多，说明其基础设施建设越完善，城市的经济发展活力更充沛。

第二十二，基础设施投资规模。基础设施投资规模是用城市市政公用设施固定资产投资指标来衡量的，城市市政公用设施固定资产投资越多，基础设施投资规模就越大，城市的整体发展水平就越高。

（五）黄河流域城市群城市科教文卫四级指标测算方法

第一，科学教育支出规模的测算公式：

$$科学教育支出规模 = \frac{（科学总支出 + 教育总支出）}{财政总支出} \tag{3-80}$$

其中，科学教育支出规模也体现出地区的文化和经济的发展水平，科学教育支出规模越高，城市的经济发展水平就越高，人们的健康生活水平和物质文化水平也相应地提高。

第二，师生比（小学、中学）的测算公式：

$$师生比 = \frac{教师数}{学生数} \tag{3-81}$$

其中，师生比越大，说明城市的教育行业教师数量增长速率越快，学生能够享受到更丰富的教师教育资源，呈现出地区教育集聚能力及活力的不断扩大。

第三，学校数量。学校数量越多，说明该城市的学校承载力越大，城市的教育水平越高，呈现出地区教育集聚活力的不断扩大。

第四，学校密度的测算公式：

$$学校密度 = \frac{学校数量}{建成区面积} \tag{3-82}$$

其中，城市的学校密度反映出城市学校数量的密集程度，城市学校密度越大，说明城市的学校承载力越大。

第五，每万人大学生规模的测算公式：

$$平均每万人在校大学生数 = （在校大学生数/常住人口）\times 10000 \tag{3-83}$$

其中，平均每万人在校大学生数反映了每万人大学生规模指标，平均每万人在校大学生越多，每万人大学生规模越大，说明该城市的教育水平越高，呈现出地区教育集聚能力及活力的不断扩大。

第六，公共图书馆藏书量。公共图书馆藏书量越多，说明城市图书馆为居民提供的公共图书数量越多，城市的经济发展越强，城市为居民提供的公共事业发展得越好。

第七，公共图书拥有量。公共图书馆人均拥有量越多，说明城市居民享有的公共图书数量越多，城市的经济发展越强，城市为居民提供的公共事业发展得越好。

第八，文化、体育和娱乐业从业人数。作为提升地区"软实力"的重点领域，文化、体育和娱乐业在城市经济发展中发挥着越来越重要的作用。文化、体育和娱乐业从业人数越多，既推动了城市的精神文明建设和整体居民素质的提高，对地区的人口就业的促进作用帮助也越大。

第九，床位利用的测算公式：

$$床位利用率 = \frac{期内实际占用总床日数}{期内实际开放总床日数} \tag{3 – 84}$$

其中，床位利用率为正指标。它反映了病床的一般负荷情况，说明了医院病床的利用效率。

第十，医疗机构数量。随着我国经济的快速发展和居民收入水平的不断提高，人们对健康服务的需求也越来越大，健康意识不断增强，带动了医疗服务市场的迅速扩张。医疗机构数量越多，说明该城市的医疗体系越完善。

第十一，卫生机构数量。随着我国经济的快速发展和居民收入水平的不断提高，人们对健康服务的需求也越来越大，健康意识不断增强，带动了医疗服务市场的迅速扩张。卫生机构数量越多，说明该城市的医疗体系越完善。

第十二，卫生技术人员数量。卫生技术人员，指卫生事业机构支付工资的全部职工中现任职务为卫生技术工作的专业人员。卫生技术人员越多，说明城市的医疗行业技术人员数量增长速率越快，居民能够享受到更丰富的医疗资源，呈现出地区医疗集聚能力及活力的不断扩大。

第十三，执业医师数量。执业医师数量越多，说明城市的医疗行业技术人员数量增长速率越快，居民能够享受到更丰富的医疗资源，呈现出地区医疗集聚能力及活力的不断扩大。

（六）黄河流域城市群城市生态保护四级指标测算方法

第一，建成区绿化覆盖率的测算公式：

$$建成区绿化覆盖率 = \frac{建成区的绿化覆盖面积}{建成区面积} \tag{3 – 85}$$

其中，绿化覆盖面积是指城市中乔木、灌木、草坪等所有植被的垂直投影面积。建成区绿化覆盖率是反映地区生态环境保护状况的重要指标，也是中国环境保护模范城市和创建文明城市考核的重要指标。建成区绿化覆盖率越高，城市的生态环境保护状况越好，也越有利于其环境保护模范城市和文明城市的考核。

第二，人均公园绿地面积的测算公式：

$$人均公园绿地面积 = \frac{公园绿地面积}{年末户籍人口} \tag{3 – 86}$$

其中，人均公园绿地面积是反映城市居民生活环境和生活质量的重要指标。人均公园绿地面积越大，城市居民生活环境和生活质量越高，居民生活幸福指数越高。

第三，可吸入悬浮粒子。可吸入颗粒物，通常是指粒径在 10 微米以下的颗粒物，又称 PM10。可吸入颗粒物在环境空气中持续的时间很长，对人体健康和大气能见度的影响都很大。城市的可吸入悬浮粒子越多，会积累在呼吸系统中，引发许多疾病，对人类危害越大。

第四，道路清扫保洁面积。道路清扫保洁面积是衡量城市生态质量和环境保护的重要指标，道路清扫保洁面积越大，说明城市的生态保护做得越好，城市居民生活环境和生活质量越高。

第五，公园数量。公园数量指标是衡量城市生态质量和环境保护的重要指标，公园数量越多，说明城市的绿化覆盖率越高，城市的生态保护做得越好，居民生活环境和生活质量越高。

第六，公园面积。公园面积指标是衡量城市生态质量和环境保护的重要指标，公园面积越大，说明城市的绿化覆盖率越高，城市的生态保护做得越好，居民生活环境和生活质量越高。

第七，生活垃圾无害化处理率的测算公式：

$$生活垃圾无害化处理率 = \frac{无害化处理的城市市区生活垃圾数量}{市区生活垃圾产生总量} \tag{3 – 87}$$

其中，生活垃圾无害化处理是指在处理生活垃圾过程中采用先进的工艺和科学的技术，降低垃圾及其衍生物对环境的影响，减少废物排放，做到资源回收利用的过程。城市的生活垃圾无害化处理水平越高，城市的生态环境保护状况越好，城市居民生活环境和生活质量越高。

第八，工业固体废物综合利用率的测算公式：

$$工业固体废物综合利用率 = \frac{工业固体废物综合利用量}{工业固体废物产生量 + 综合利用往年贮存量} \times 100\% \qquad (3-88)$$

其中，工业固体废物，是指在工业生产活动中产生的固体废物。工业固体废物利用率越高，城市的生态环境保护状况越好，城市居民生活环境和生活质量越高。

第九，污水集中处理率的测算公式：

$$污水集中处理率 = \frac{全年污水处理量}{全年污水产生量} \times 100\% \qquad (3-89)$$

其中，污水集中处理率是指一个城市或地方集中处理的污水量占所产生污水量的比值，反映一个地方污水集中收集、处置设施的配套程度。城市的污水集中处理率越高，城市的生态环境保护状况越好，城市居民生活环境和生活质量越高，越有利于城市的社会经济可持续发展。

第十，再生水生产能力。再生水是指废水或雨水经适当处理后，达到一定的水质指标，满足某种使用要求，可以进行有益使用的水。从经济的角度看，再生水的成本最低，从环保的角度看，污水再生利用有助于改善生态环境，实现水生态的良性循环。城市的再生水生产能力越强，越有利于城市的社会经济可持续发展。

第十一，环卫专用车辆设备。环卫专用车是环卫系统必不可少的专业设备用车，主要用于城市环境卫生、垃圾管理站、城市道路、小区环卫、园林绿化带等市容市貌的清洁、整理。环卫专用车辆设备越完善，城市的环境卫生越好，市容市貌越整洁，城市居民的生活环境和生活质量越高。

（七）黄河流域城市群城市综合发展水平评测以及耦合协调发展水平评测

（1）基于综合发展水平评价模型对2006～2019年来黄河流域城市群及其59个城市生态保护与综合发展、人口劳动力、经济发展、社会和谐、基础设施、科教文卫的协同水平以及生态保护发展水平展开全面评估。针对黄河流域城市群在生态保护与综合发展、人口劳动力、经济发展、社会和谐、基础设施、科教文卫及其三级、四级指标的发展得分，展开在时间序列、横截面尺度下的比较分析工作，具体研判黄河流域城市群及其58个城市加快发展过程中的突出优势、发展不足与潜在机遇。其具体测算如下：

综合发展水平评价模型。首先，对原始数据用极差标准化发进行处理，以消除数据量纲导致的差异：

$$正向指标：y_{ij} = \frac{(x_{ij} - x_{ij\min})}{(x_{ij\max} - x_{ij\min})}$$

$$负向指标：y_{ij} = \frac{(x_{ij\max} - x_{ij})}{(x_{ij\max} - x_{ij\min})} \qquad (3-90)$$

其中 x_{ij} 表示第 i 个城市第 j 个指标的值；y_{ij} 表示第 i 个城市第 j 个指标标准化后的值。

其次，用熵值法计算权重：

计算第 j 个指标下第 i 个样本占该指标的比重：

$$p_{ij} = \frac{y_{ij}}{\sum\limits_{i=1}^{m} y_{ij}}, \quad i = 1, 2, \cdots, m; \; j = 1, 2, \cdots, n \qquad (3-91)$$

计算第 j 个指标的熵值：

$$e_{ij} = -k \sum_{i=1}^{m} p_{ij} \ln(p_{ij}) \qquad (3-92)$$

其中，$k > 0$，$\ln$ 为自然对数，$e_j > 0$。式中常数 k 与样本数 m 有关，一般 $k = \frac{1}{\ln(m)}$，则 $0 \leqslant e \leqslant 1$。

计算第 j 个指标的信息效用值：

$$d_j = 1 - e_j \qquad (3-93)$$

计算各项指标的权重：

$$w_j = \frac{d_j}{\sum_{i=1}^{n} d_j} \tag{3-94}$$

计算各样本的综合得分：

$$s_j = \sum_{j=1}^{n} w_j p_{ij} \qquad i = 1, 2, \cdots, m \tag{3-95}$$

（2）为保证耦合协调度测算和评价的科学性，使用指标值与综合发展研究部分相同，但是处理略有不同，其具体处理如下：

耦合协调发展模型：对原始数据进行极差标准化处理，消除各指标的量纲差异性（与上计算相同），同时进行归一化处理。

$$x'_{ij} = y_{ij} \times 0.99 + 0.01 \tag{3-96}$$

利用上述熵值法分别计算各子系统内指标权重以及各系统发展指数：

$$F(x) = \sum_{i=1}^{i=n} a_i x_i \tag{3-97}$$

其中，$F(x)$ 表示某系统发展指数，即系统综合发展水平；a_i 表示在该系统中各指标权重；x_i 表示该系统的无量纲化、归一化后的指标值。

计算两系统耦合度：

$$C = \left\{ \frac{F_1(x) F_2(x)}{\left[\frac{F_1(x) + F_2(x)}{2} \right]^2} \right\}^{\frac{1}{2}} \tag{3-98}$$

其中，耦合度 $C \in (0, 1)$，其值越接近1，表明两系统的耦合状态越好；反之，则表明耦合状态越差。

计算两系统耦合协调度。耦合度 C 是反映研究区域两个系统交互作用强弱的重要指标，但是该计算方法存在着"伪耦合"的可能，即当两系统均处于较低发展水平时，计算所得耦合度也可能较高，基于此，本书引入耦合协调度模型来更好地分析各系统间的交互协调发展程度：

$$D = \sqrt{C \times T} \tag{3-99}$$

$$T = \alpha F_1(x) + \beta F_2(x)$$

其中，耦合协调度 $D \in (0, 1)$，D 值越接近1，表明所测算的两系统的耦合协调效果越好；T 为所测算的两系统综合发展水平；α、β 为各系统的待定系数，采用德尔菲法求得：$\alpha = 0.5$、$\beta = 0.5$。同时根据学者廖重斌的研究成果，采用均匀分布函数确定黄河流域城市群以及各城市的耦合协调发展状态如表 3-2 所示。

表 3-2   耦合协调度等级分类

耦合度	耦合度等级	耦合度	耦合度等级
0.90~1.00	优质协调	0.40~0.49	濒临失调
0.80~0.89	良好协调	0.30~0.39	轻度失调
0.70~0.79	中级协调	0.20~0.29	中度失调
0.60~0.69	初级协调	0.10~0.19	严重失调
0.50~0.59	勉强协调	0.00~0.09	极度失调

第四章 黄河流域城市群城市综合发展和生态保护

一、黄河流域城市群综合发展水平测度与评价分析

本章通过建立黄河流域城市群的综合发展水平的指标与数学模型评估方法对黄河流域城市群 2006~2019 年的综合发展水平展开评估分析。由表 4-1 至表 4-14 对 2006 年黄河流域城市群 58 个城市的综合发展水平的排名序列及变化情况展开分析。

（一）黄河流域城市群城市综合发展水平排名及得分情况

由表 4-1 对 2006 年黄河流域城市群综合发展水平得分情况展开分析。将黄河流域城市群内 58 个城市按照得分排名划分为上游区、中游区、下游区，对比分析表明山东、陕西、河南和山西地区综合发展水平较高，相较甘肃、内蒙古、青海地区更具备优势。黄河流域城市群各城市综合发展水平得分区间为 121~223 分，其中综合发展水平得分最高为青岛市（222.467 分），最低为白银市（121.570 分）。

表 4-1   2006 年黄河流域城市群城市综合发展水平评价比较

地区	得分	区段	排名
太原市	182.165	上游	9
阳泉市	128.809	下游	53
长治市	152.168	中游	33
晋中市	150.598	中游	36
忻州市	170.191	上游	16
临汾市	152.251	中游	32
吕梁市	182.184	上游	8
呼和浩特市	146.528	下游	42
包头市	153.487	中游	31
鄂尔多斯市	137.949	下游	48
榆林市	127.365	下游	55
兰州市	162.997	中游	22
白银市	121.570	下游	58
定西市	144.857	下游	43
西宁市	140.336	下游	46
银川市	149.173	中游	39
石嘴山市	121.644	下游	57
吴忠市	136.828	下游	49

续表

地区	得分	区段	排名
中卫市	134.989	下游	50
运城市	158.693	中游	26
西安市	208.923	上游	2
铜川市	124.365	下游	56
宝鸡市	152.006	中游	34
咸阳市	158.109	中游	27
渭南市	166.201	上游	20
天水市	144.684	下游	44
平凉市	128.711	下游	54
庆阳市	161.982	中游	25
商洛市	134.288	下游	51
晋城市	140.156	下游	47
亳州市	150.919	中游	35
郑州市	195.848	上游	4
开封市	144.346	下游	45
洛阳市	155.072	中游	29
平顶山市	157.123	中游	28
鹤壁市	132.031	下游	52
新乡市	163.584	中游	21
焦作市	148.106	下游	40
许昌市	162.614	中游	23
漯河市	149.863	中游	38
商丘市	167.768	上游	17
周口市	180.599	上游	11
济南市	207.310	上游	3
青岛市	222.467	上游	1
淄博市	177.744	上游	12
枣庄市	150.467	中游	37
东营市	167.281	上游	18
烟台市	184.118	上游	6
潍坊市	183.903	上游	7
济宁市	186.659	上游	5
泰安市	173.369	上游	15
威海市	162.585	中游	24
日照市	147.899	下游	41
临沂市	180.741	上游	10
德州市	174.308	上游	14
聊城市	166.319	上游	19

续表

地区	得分	区段	排名
滨州市	154.458	中游	30
菏泽市	177.230	上游	13
最高分	222.467		
最低分	121.570		

由表4-2对2007年黄河流域城市群综合发展水平得分情况展开分析。将黄河流域城市群内58个城市按照得分排名划分为上游区、中游区、下游区,对比分析表明山东、陕西、河南和山西地区综合发展水平较高,相较甘肃、内蒙古、青海地区更具备优势。黄河流域城市群各城市综合发展水平得分区间为119~224分,其中综合发展水平得分最高为青岛市(223.285分),最低为铜川市(119.852分)。

表4-2 **2007年黄河流域城市群城市综合发展水平评价比较**

地区	得分	区段	排名
太原市	176.387	上游	15
阳泉市	130.218	下游	56
长治市	163.037	中游	27
晋中市	149.664	下游	42
忻州市	170.784	上游	19
临汾市	157.447	中游	35
吕梁市	193.367	上游	7
呼和浩特市	146.953	下游	46
包头市	158.126	中游	33
鄂尔多斯市	137.475	下游	51
榆林市	140.470	下游	48
兰州市	167.264	中游	21
白银市	125.922	下游	57
定西市	146.964	下游	45
西宁市	148.007	下游	43
银川市	159.265	中游	31
石嘴山市	135.235	下游	54
吴忠市	141.691	下游	47
中卫市	136.388	下游	52
运城市	164.840	中游	24
西安市	219.477	上游	2
铜川市	119.852	下游	58
宝鸡市	158.503	中游	32
咸阳市	158.117	中游	34

续表

地区	得分	区段	排名
渭南市	164.430	中游	25
天水市	138.184	下游	50
平凉市	130.421	下游	55
庆阳市	166.152	中游	22
商洛市	136.342	下游	53
晋城市	157.269	中游	36
亳州市	159.654	中游	30
郑州市	207.094	上游	3
开封市	147.084	下游	44
洛阳市	163.683	中游	26
平顶山市	162.108	中游	28
鹤壁市	140.447	下游	49
新乡市	172.803	上游	17
焦作市	151.079	下游	40
许昌市	159.739	中游	29
漯河市	152.963	中游	39
商丘市	176.867	上游	14
周口市	187.268	上游	9
济南市	205.760	上游	4
青岛市	223.285	上游	1
淄博市	182.866	上游	11
枣庄市	157.216	中游	37
东营市	170.868	上游	18
烟台市	186.514	上游	10
潍坊市	193.828	上游	6
济宁市	194.331	上游	5
泰安市	175.550	上游	16
威海市	165.037	中游	23
日照市	150.928	下游	41
临沂市	188.826	上游	8
德州市	179.668	上游	13
聊城市	169.869	上游	20
滨州市	153.405	中游	38
菏泽市	182.249	上游	12
最高分	223.285		
最低分	119.852		

由表 4 - 3 对 2008 年黄河流域城市群综合发展水平得分情况展开分析。将黄河流域城市群内 58 个城市按照得分排名划分为上游区、中游区、下游区，对比分析表明山东、陕西、河南和山西地区综合发展水平较高，相较甘肃、内蒙古、青海地区更具备优势。黄河流域城市群各城市综合发展水平得分区间为 126 ~ 233 分。其中综合发展水平得分最高为青岛市（232.202 分），最低为白银市（126.047 分）。

表 4 - 3　　　　　　　　　　　　　2008 年黄河流域城市群城市综合发展水平评价比较

地区	得分	区段	排名
太原市	184.355	上游	12
阳泉市	133.945	下游	55
长治市	169.325	中游	21
晋中市	153.978	中游	39
忻州市	168.671	中游	22
临汾市	159.950	中游	35
吕梁市	199.840	上游	5
呼和浩特市	159.946	中游	36
包头市	163.762	中游	31
鄂尔多斯市	137.943	下游	53
榆林市	148.447	下游	45
兰州市	166.576	中游	27
白银市	126.047	下游	58
定西市	145.761	下游	49
西宁市	158.425	中游	37
银川市	160.347	中游	34
石嘴山市	137.297	下游	54
吴忠市	145.838	下游	48
中卫市	129.837	下游	56
运城市	179.519	上游	16
西安市	227.946	上游	2
铜川市	127.097	下游	57
宝鸡市	152.971	下游	42
咸阳市	160.542	中游	33
渭南市	168.167	中游	23
天水市	147.959	下游	46
平凉市	139.494	下游	52
庆阳市	167.623	中游	24
商洛市	142.882	下游	50
晋城市	153.422	下游	41
亳州市	166.666	中游	26

地区	得分	区段	排名
郑州市	217.377	上游	4
开封市	150.988	下游	44
洛阳市	166.817	中游	25
平顶山市	165.195	中游	30
鹤壁市	142.170	下游	51
新乡市	174.057	上游	19
焦作市	152.952	下游	43
许昌市	153.519	下游	40
漯河市	155.986	中游	38
商丘市	182.556	上游	13
周口市	189.852	上游	10
济南市	220.454	上游	3
青岛市	232.202	上游	1
淄博市	188.533	上游	11
枣庄市	165.304	中游	29
东营市	172.322	上游	20
烟台市	191.107	上游	9
潍坊市	199.145	上游	6
济宁市	195.696	上游	7
泰安市	179.320	上游	17
威海市	165.455	中游	28
日照市	147.410	下游	47
临沂市	191.171	上游	8
德州市	181.423	上游	15
聊城市	174.858	上游	18
滨州市	160.804	中游	32
菏泽市	182.537	上游	14
最高分	232.202		
最低分	126.047		

由表 4-4 对 2009 年黄河流域城市群综合发展水平得分情况展开分析。将黄河流域城市群内 58 个城市按照得分排名划分为上游区、中游区、下游区，对比分析表明山东、陕西、河南和山西地区综合发展水平较高，相较甘肃、内蒙古、青海地区更具备优势。黄河流域城市群各城市综合发展水平得分区间为 123～229 分，其中综合发展水平得分最高为青岛市（228.766 分），最低为白银市（123.462 分）。

表 4 - 4　　　　　　　　　　**2009 年黄河流域城市群城市综合发展水平评价比较**

地区	得分	区段	排名
太原市	187.392	上游	11
阳泉市	132.837	下游	56
长治市	171.466	中游	21
晋中市	160.565	中游	35
忻州市	166.891	中游	24
临汾市	159.428	中游	36
吕梁市	181.919	上游	14
呼和浩特市	165.755	中游	28
包头市	166.154	中游	27
鄂尔多斯市	149.744	下游	46
榆林市	146.796	下游	48
兰州市	172.276	上游	20
白银市	123.462	下游	58
定西市	142.470	下游	51
西宁市	156.456	中游	39
银川市	164.756	中游	31
石嘴山市	136.226	下游	55
吴忠市	141.263	下游	53
中卫市	126.094	下游	57
运城市	168.958	中游	22
西安市	226.988	上游	2
铜川市	137.657	下游	56
宝鸡市	152.730	下游	43
咸阳市	156.736	中游	37
渭南市	167.485	中游	23
天水市	153.112	下游	42
平凉市	143.789	下游	50
庆阳市	166.583	中游	26
商洛市	142.043	下游	52
晋城市	154.147	下游	40
亳州市	152.117	下游	44
郑州市	220.039	上游	4
开封市	154.834	中游	39
洛阳市	161.076	中游	34
平顶山市	166.683	中游	25
鹤壁市	144.021	下游	49
新乡市	173.055	上游	18
焦作市	153.114	下游	41
许昌市	163.458	中游	33

地区	得分	区段	排名
漯河市	150.127	下游	45
商丘市	178.664	上游	15
周口市	184.531	上游	12
济南市	222.693	上游	3
青岛市	228.766	上游	1
淄博市	188.008	上游	9
枣庄市	165.219	中游	29
东营市	172.690	上游	19
烟台市	188.908	上游	8
潍坊市	198.365	上游	5
济宁市	194.153	上游	6
泰安市	177.177	上游	16
威海市	163.624	中游	32
日照市	147.865	下游	47
临沂市	193.398	上游	7
德州市	181.948	上游	13
聊城市	175.692	上游	17
滨州市	165.124	中游	30
菏泽市	187.815	上游	10
最高分	228.766		
最低分	123.462		

由表 4－5 对 2010 年黄河流域城市群综合发展水平得分情况展开分析。将黄河流域城市群内 58 个城市按照得分排名划分为上游区、中游区、下游区，对比分析表明山东、陕西、河南和山西地区综合发展水平较高，相较甘肃、内蒙古、青海地区更具备优势。黄河流域城市群各城市综合发展水平得分区间为 128～246 分。其中综合发展水平得分最高为西安市（245.887 分），最低为中卫市（128.028 分）。

表 4－5   2010 年黄河流域城市群城市综合发展水平评价比较

地区	得分	区段	排名
太原市	191.385	上游	10
阳泉市	148.235	下游	52
长治市	170.366	中游	24
晋中市	161.104	中游	39
忻州市	165.104	中游	34
临汾市	164.266	中游	35
吕梁市	178.438	上游	15
呼和浩特市	169.964	中游	26

续表

地区	得分	区段	排名
包头市	169.752	中游	27
鄂尔多斯市	166.045	中游	32
榆林市	169.975	中游	25
兰州市	177.866	上游	17
白银市	129.771	下游	57
定西市	143.826	下游	54
西宁市	153.482	下游	48
银川市	163.932	中游	36
石嘴山市	137.740	下游	56
吴忠市	155.271	下游	47
中卫市	128.028	下游	58
运城市	173.565	上游	20
西安市	245.887	上游	1
铜川市	146.266	下游	53
宝鸡市	155.974	下游	46
咸阳市	163.004	中游	37
渭南市	169.716	中游	28
天水市	156.882	下游	44
平凉市	152.530	下游	49
庆阳市	149.451	下游	51
商洛市	137.967	下游	55
晋城市	156.819	下游	45
亳州市	158.118	下游	43
郑州市	225.551	上游	4
开封市	160.025	下游	41
洛阳市	167.203	中游	31
平顶山市	171.879	中游	23
鹤壁市	150.249	下游	50
新乡市	178.967	上游	14
焦作市	161.590	中游	38
许昌市	168.750	中游	29
漯河市	161.021	下游	40
商丘市	187.692	上游	11
周口市	185.359	上游	12
济南市	230.777	上游	3
青岛市	231.135	上游	2
淄博市	193.777	上游	9

续表

地区	得分	区段	排名
枣庄市	165.793	中游	33
东营市	173.920	上游	19
烟台市	198.695	上游	6
潍坊市	199.951	上游	5
济宁市	196.722	上游	8
泰安市	178.143	上游	16
威海市	173.096	中游	21
日照市	158.297	下游	42
临沂市	197.756	上游	7
德州市	172.263	中游	22
聊城市	175.455	上游	18
滨州市	167.547	中游	30
菏泽市	183.350	上游	13
最高分	245.887		
最低分	128.028		

由表 4 - 6 对 2011 年黄河流域城市群综合发展水平得分情况展开分析。将黄河流域城市群内 58 个城市按照得分排名划分为上游区、中游区、下游区，对比分析表明黄河流域城市群中山东、陕西、河南和山西地区综合发展水平较高，相较甘肃、内蒙古、青海地区更具备优势。黄河流域城市群各城市综合发展水平得分区间为 131～250 分。其中综合发展水平得分最高为西安市（249.122 分），最低为白银市（131.878 分）。

表 4 - 6　　　　　　　　　　**2011 年黄河流域城市群城市综合发展水平评价比较**

地区	得分	区段	排名
太原市	199.647	上游	9
阳泉市	150.253	下游	52
长治市	165.027	中游	36
晋中市	165.434	中游	35
忻州市	160.192	下游	44
临汾市	164.291	中游	37
吕梁市	175.773	中游	25
呼和浩特市	171.799	中游	29
包头市	171.282	中游	30
鄂尔多斯市	177.255	中游	22
榆林市	174.163	中游	27
兰州市	185.050	上游	14

续表

地区	得分	区段	排名
白银市	131.878	下游	58
定西市	138.824	下游	55
西宁市	155.848	下游	48
银川市	165.753	中游	34
石嘴山市	138.075	下游	56
吴忠市	146.691	下游	54
中卫市	136.487	下游	57
运城市	177.913	上游	20
西安市	249.122	上游	1
铜川市	151.794	下游	50
宝鸡市	163.469	中游	38
咸阳市	168.066	中游	32
渭南市	178.769	上游	18
天水市	156.439	下游	47
平凉市	148.676	下游	53
庆阳市	152.155	下游	49
商洛市	167.085	中游	33
晋城市	162.618	下游	41
亳州市	157.593	下游	46
郑州市	228.539	上游	4
开封市	162.672	下游	40
洛阳市	170.678	中游	31
平顶山市	176.394	中游	23
鹤壁市	151.652	下游	51
新乡市	182.449	上游	16
焦作市	160.039	下游	45
许昌市	172.725	中游	28
漯河市	162.410	下游	42
商丘市	190.109	上游	11
周口市	191.373	上游	10
济南市	232.159	上游	3
青岛市	241.237	上游	2
淄博市	203.446	上游	7
枣庄市	161.909	下游	43
东营市	176.224	中游	24
烟台市	201.903	上游	8
潍坊市	204.332	上游	5
济宁市	185.516	上游	13
泰安市	183.248	上游	15

地区	得分	区段	排名
威海市	177.748	中游	21
日照市	162.872	中游	39
临沂市	204.023	上游	6
德州市	178.419	上游	19
聊城市	180.812	上游	17
滨州市	175.767	中游	26
菏泽市	186.558	上游	12
最高分	249.122		
最低分	131.878		

　　由表4－7对2012年黄河流域城市群综合发展水平得分情况展开分析。将黄河流域城市群内58个城市按照得分排名划分为上游区、中游区、下游区，对比分析表明山东、陕西、河南和山西地区综合发展水平较高，相较甘肃、内蒙古、青海地区更具备优势。黄河流域城市群各城市综合发展水平得分区间为138～260分。其中，综合发展水平得分最高为西安市（259.577分），最低为白银市（138.322分）。

表4－7　　　　　　　　　　　　　2012年黄河流域城市群城市综合发展水平评价比较

地区	得分	区段	排名
太原市	206.094	上游	9
阳泉市	155.714	下游	52
长治市	168.702	中游	37
晋中市	162.469	下游	47
忻州市	163.324	下游	44
临汾市	162.777	下游	46
吕梁市	192.313	上游	12
呼和浩特市	169.575	中游	33
包头市	171.111	中游	32
鄂尔多斯市	180.078	中游	26
榆林市	181.654	中游	23
兰州市	190.359	上游	14
白银市	138.322	下游	58
定西市	156.895	下游	50
西宁市	167.800	中游	38
银川市	168.921	中游	36
石嘴山市	142.370	下游	56
吴忠市	145.093	下游	54

地区	得分	区段	排名
中卫市	140.748	下游	57
运城市	187.616	上游	18
西安市	259.577	上游	1
铜川市	158.739	下游	49
宝鸡市	169.096	中游	35
咸阳市	183.499	中游	22
渭南市	185.054	上游	20
天水市	160.804	下游	48
平凉市	143.273	下游	55
庆阳市	166.428	下游	41
商洛市	156.420	下游	51
晋城市	169.199	中游	34
亳州市	172.675	中游	30
郑州市	239.609	上游	4
开封市	163.313	下游	45
洛阳市	179.404	中游	27
平顶山市	181.000	中游	24
鹤壁市	154.333	下游	53
新乡市	180.562	中游	25
焦作市	165.108	下游	42
许昌市	175.170	中游	29
漯河市	163.713	下游	43
商丘市	189.744	上游	15
周口市	197.136	上游	11
济南市	242.971	上游	3
青岛市	250.707	上游	2
淄博市	211.059	上游	6
枣庄市	171.631	中游	31
东营市	184.976	中游	21
烟台市	210.110	上游	7
潍坊市	214.946	上游	5
济宁市	201.933	上游	10
泰安市	190.379	上游	13
威海市	185.550	上游	19
日照市	167.722	中游	39
临沂市	209.120	上游	8

续表

地区	得分	区段	排名
德州市	178.529	中游	28
聊城市	187.945	上游	16
滨州市	167.497	中游	40
菏泽市	187.869	上游	17
最高分	259.577		
最低分	138.322		

由表4－8对2013年黄河流域城市群综合发展水平得分情况展开分析。将黄河流域城市群内58个城市按照得分排名划分为上游区、中游区、下游区，对比分析表明山东、陕西、河南和山西地区综合发展水平较高，相较甘肃、内蒙古、青海地区更具备优势。黄河流域城市群各城市综合发展水平得分区间为142～269分。其中，综合发展水平得分最高为西安市（268.300分），最低为吴忠市（142.623分）。

表4－8　　　　　　　　　2013年黄河流域城市群城市综合发展水平评价比较

地区	得分	区段	排名
太原市	208.813	上游	9
阳泉市	145.624	下游	56
长治市	169.896	中游	37
晋中市	165.513	下游	46
忻州市	168.734	中游	39
临汾市	167.719	下游	43
吕梁市	187.347	上游	18
呼和浩特市	166.946	下游	44
包头市	171.271	中游	35
鄂尔多斯市	171.978	中游	31
榆林市	177.452	中游	28
兰州市	176.415	中游	30
白银市	147.176	下游	55
定西市	156.387	下游	50
西宁市	164.294	下游	47
银川市	169.900	中游	36
石嘴山市	144.518	下游	57
吴忠市	142.623	下游	58
中卫市	147.492	下游	54
运城市	188.026	上游	16
西安市	268.300	上游	1
铜川市	159.030	下游	48
宝鸡市	169.707	中游	38

续表

地区	得分	区段	排名
咸阳市	183.892	中游	23
渭南市	184.652	中游	22
天水市	155.309	下游	52
平凉市	147.552	下游	53
庆阳市	171.486	中游	34
商洛市	155.784	下游	51
晋城市	171.739	中游	32
亳州市	171.726	中游	33
郑州市	246.472	上游	3
开封市	165.826	下游	45
洛阳市	180.980	中游	26
平顶山市	183.358	中游	25
鹤壁市	158.406	下游	49
新乡市	183.441	中游	24
焦作市	167.774	下游	42
许昌市	176.987	中游	29
漯河市	167.824	下游	41
商丘市	199.347	上游	12
周口市	203.002	上游	11
济南市	241.870	上游	4
青岛市	256.854	上游	2
淄博市	221.100	上游	6
枣庄市	177.826	中游	27
东营市	186.007	上游	19
烟台市	211.435	上游	8
潍坊市	222.751	上游	5
济宁市	206.109	上游	10
泰安市	193.650	上游	13
威海市	185.661	中游	21
日照市	168.509	中游	40
临沂市	215.617	上游	7
德州市	187.719	上游	17
聊城市	192.942	上游	14
滨州市	185.679	上游	20
菏泽市	192.571	上游	15
最高分	268.300		
最低分	142.623		

续表

　　由表4-9对2014年黄河流域城市群综合发展水平得分情况展开分析。将黄河流域城市群内58个城市按照得分排名划分为上游区、中游区、下游区，对比分析表明山东、陕西、河南和山西地区综合发展水平较高，相较甘肃、内蒙古、青海地区更具备优势。黄河流域城市群各城市综合发展水平得分区间为144～280分。其中，综合发展水平得分最高为西安市（279.477分），最低为吴忠市（144.353分）。

表4-9　　　　　　　　　　　　2014年黄河流域城市群城市综合发展水平评价比较

地区	得分	区段	排名
太原市	219.174	上游	6
阳泉市	148.743	下游	56
长治市	173.265	中游	38
晋中市	173.556	中游	36
忻州市	168.241	下游	44
临汾市	171.295	中游	40
吕梁市	190.063	上游	18
呼和浩特市	177.852	中游	32
包头市	183.709	中游	28
鄂尔多斯市	174.022	中游	35
榆林市	179.262	中游	30
兰州市	188.811	上游	19
白银市	154.319	下游	53
定西市	160.224	下游	49
西宁市	171.597	中游	39
银川市	188.191	中游	21
石嘴山市	149.087	下游	55
吴忠市	144.353	下游	58
中卫市	147.766	下游	57
运城市	185.180	中游	26
西安市	279.477	上游	1
铜川市	163.053	下游	47
宝鸡市	174.289	中游	34
咸阳市	188.174	中游	22
渭南市	185.990	中游	25
天水市	153.920	下游	54
平凉市	154.632	下游	52
庆阳市	161.948	下游	48
商洛市	159.264	下游	50
晋城市	173.395	中游	37
亳州市	170.591	下游	41

地区	得分	区段	排名
郑州市	263.783	上游	3
开封市	167.585	下游	45
洛阳市	184.553	中游	27
平顶山市	182.674	中游	29
鹤壁市	156.527	下游	51
新乡市	188.390	上游	20
焦作市	167.120	下游	46
许昌市	178.476	中游	31
漯河市	168.751	下游	43
商丘市	202.840	上游	12
周口市	205.108	上游	11
济南市	255.894	上游	4
青岛市	273.249	上游	2
淄博市	218.942	上游	7
枣庄市	176.258	中游	33
东营市	191.204	上游	17
烟台市	213.129	上游	9
潍坊市	219.812	上游	5
济宁市	207.176	上游	10
泰安市	195.106	上游	13
威海市	193.338	上游	15
日照市	170.190	下游	42
临沂市	216.069	上游	8
德州市	187.298	中游	23
聊城市	191.749	上游	16
滨州市	186.167	中游	24
菏泽市	193.425	上游	14
最高分	279.477		
最低分	144.353		

由表 4－10 对 2015 年黄河流域城市群综合发展水平得分情况展开分析。将黄河流域城市群内 58 个城市按照得分排名划分为上游区、中游区、下游区，对比分析表明山东、陕西、河南和山西地区综合发展水平较高，相较甘肃、内蒙古、青海地区更具备优势。黄河流域城市群各城市综合发展水平得分区间为 142～278 分。其中，综合发展水平得分最高为西安市（277.484 分），最低为吴忠市（142.864 分）。

表 4 – 10　　　　　　　　2015 年黄河流域城市群城市综合发展水平评价比较

地区	得分	区段	排名
太原市	210.380	上游	8
阳泉市	148.541	下游	55
长治市	166.712	下游	41
晋中市	167.654	中游	39
忻州市	163.015	下游	46
临汾市	167.376	中游	40
吕梁市	179.874	中游	25
呼和浩特市	173.194	中游	33
包头市	179.575	中游	26
鄂尔多斯市	171.053	中游	36
榆林市	172.068	中游	34
兰州市	183.933	上游	19
白银市	144.561	下游	56
定西市	153.820	下游	50
西宁市	164.740	下游	44
银川市	174.040	中游	31
石嘴山市	144.223	下游	57
吴忠市	142.864	下游	58
中卫市	155.114	下游	48
运城市	174.838	中游	28
西安市	277.484	上游	1
铜川市	152.732	下游	51
宝鸡市	163.941	下游	45
咸阳市	180.958	中游	23
渭南市	177.689	中游	27
天水市	150.568	下游	52
平凉市	156.697	下游	47
庆阳市	150.283	下游	53
商洛市	149.917	下游	54
晋城市	170.567	中游	37
亳州市	165.692	下游	42
郑州市	262.299	上游	2
开封市	174.750	中游	29
洛阳市	180.381	中游	24
平顶山市	182.141	中游	21
鹤壁市	153.850	下游	49
新乡市	185.825	上游	16
焦作市	165.524	下游	43

续表

地区	得分	区段	排名
许昌市	173.589	中游	32
漯河市	171.476	中游	35
商丘市	199.594	上游	11
周口市	200.725	上游	10
济南市	251.846	上游	4
青岛市	251.939	上游	3
淄博市	214.305	上游	6
枣庄市	174.169	中游	30
东营市	183.578	上游	20
烟台市	195.343	上游	12
潍坊市	220.173	上游	5
济宁市	203.329	上游	9
泰安市	191.381	上游	14
威海市	185.677	上游	17
日照市	168.838	中游	38
临沂市	212.897	上游	7
德州市	184.719	上游	18
聊城市	187.755	上游	15
滨州市	181.681	中游	22
菏泽市	192.923	上游	13
最高分	277.484		
最低分	142.864		
平均分	180.546		
标准差	28.160		

　　由 4 - 11 对 2016 年黄河流域城市群综合发展水平得分情况展开分析。将黄河流域城市群内 58 个城市按照得分排名划分为上游区、中游区、下游区，对比分析表明山东、陕西、河南和山西地区综合发展水平较高，相较甘肃、内蒙古、青海地区更具备优势。黄河流域城市群各城市综合发展水平得分区间为 147 ~ 282 分。其中，综合发展水平得分最高为青岛市（281.155 分），最低为石嘴山市（147.607 分）。

表 4 - 11　　　　　　　　　　2016 年黄河流域城市群城市综合发展水平评价比较

地区	得分	区段	排名
太原市	225.118	上游	6
阳泉市	148.040	下游	57
长治市	166.886	下游	48
晋中市	174.227	下游	42
忻州市	176.374	中游	37

地区	得分	区段	排名
临汾市	174.974	中游	40
吕梁市	183.854	中游	27
呼和浩特市	188.145	中游	22
包头市	184.404	中游	26
鄂尔多斯市	177.294	中游	33
榆林市	174.923	下游	41
兰州市	195.566	上游	16
白银市	153.389	下游	54
定西市	167.012	下游	47
西宁市	172.257	下游	45
银川市	177.037	中游	34
石嘴山市	147.607	下游	58
吴忠市	149.839	下游	56
中卫市	151.759	下游	55
运城市	176.789	中游	35
西安市	278.641	上游	2
铜川市	156.658	下游	53
宝鸡市	178.741	中游	32
咸阳市	189.257	中游	21
渭南市	186.566	中游	24
天水市	162.512	下游	49
平凉市	170.504	下游	46
庆阳市	157.089	下游	52
商洛市	162.465	下游	50
晋城市	176.164	中游	38
亳州市	173.035	下游	44
郑州市	278.178	上游	3
开封市	180.699	中游	31
洛阳市	189.531	上游	20
平顶山市	186.136	中游	25
鹤壁市	161.103	下游	51
新乡市	187.840	中游	23
焦作市	176.771	中游	36
许昌市	182.382	中游	29
漯河市	175.965	中游	39
商丘市	211.466	上游	10
周口市	207.977	上游	12
济南市	266.292	上游	4
青岛市	281.155	上游	1

续表

地区	得分	区段	排名
淄博市	225.610	上游	5
枣庄市	180.990	中游	30
东营市	191.092	上游	19
烟台市	213.700	上游	9
潍坊市	223.523	上游	7
济宁市	211.323	上游	11
泰安市	201.607	上游	13
威海市	199.912	上游	14
日照市	173.366	下游	43
临沂市	218.047	上游	8
德州市	191.715	上游	18
聊城市	193.556	上游	17
滨州市	183.098	中游	28
菏泽市	198.142	上游	15
最高分	281.155		
最低分	147.607		

由表 4 – 12 对 2017 年黄河流域城市群综合发展水平得分情况展开分析。将黄河流域城市群内 58 个城市按照得分排名划分为上游区、中游区、下游区,对比分析表明山东、陕西、河南和山西地区综合发展水平较高,相较甘肃、内蒙古、青海地区更具备优势。黄河流域城市群各城市综合发展水平得分区间为 140 ~ 287 分。其中,综合发展水平得分最高为西安市 (286.990 分),最低为石嘴山市 (140.310 分)。

表 4 – 12 **2017 年黄河流域城市群城市综合发展水平评价比较**

地区	得分	区段	排名
太原市	223.960	上游	5
阳泉市	151.520	下游	56
长治市	169.284	下游	47
晋中市	176.069	中游	38
忻州市	178.632	中游	35
临汾市	180.484	中游	32
吕梁市	184.215	中游	29
呼和浩特市	188.228	中游	24
包头市	186.679	中游	26
鄂尔多斯市	186.842	中游	25
榆林市	175.705	中游	39

续表

地区	得分	区段	排名
兰州市	208.569	上游	11
白银市	160.697	下游	52
定西市	172.536	下游	42
西宁市	169.824	下游	45
银川市	170.439	下游	44
石嘴山市	140.310	下游	58
吴忠市	152.573	下游	55
中卫市	149.070	下游	57
运城市	179.652	中游	35
西安市	286.990	上游	1
铜川市	160.914	下游	51
宝鸡市	172.850	下游	41
咸阳市	186.677	中游	27
渭南市	188.552	中游	23
天水市	172.614	下游	41
平凉市	168.644	下游	49
庆阳市	162.062	下游	50
商洛市	155.808	下游	54
晋城市	181.933	中游	30
亳州市	172.501	下游	43
郑州市	284.096	上游	2
开封市	179.741	中游	33
洛阳市	194.683	上游	16
平顶山市	185.404	中游	28
鹤壁市	159.777	下游	53
新乡市	188.977	中游	21
焦作市	178.195	中游	36
许昌市	180.994	中游	31
漯河市	168.674	下游	48
商丘市	194.565	上游	17
周口市	206.189	上游	12
济南市	259.995	上游	4
青岛市	276.517	上游	3
淄博市	220.256	上游	7
枣庄市	177.479	中游	37
东营市	190.351	上游	19
烟台市	209.244	上游	10
潍坊市	223.086	上游	6
济宁市	209.727	上游	9

地区	得分	区段	排名
泰安市	199.960	上游	13
威海市	194.944	上游	15
日照市	169.424	下游	46
临沂市	214.379	上游	8
德州市	189.638	上游	20
聊城市	190.646	上游	18
滨州市	188.596	中游	22
菏泽市	197.563	上游	14
最高分	286.990		
最低分	140.310		

　　由表 4-13 对 2018 年黄河流域城市群综合发展水平得分情况展开分析。将黄河流域城市群内 58 个城市按照得分排名划分为上游区、中游区、下游区，对比分析表明山东、陕西、河南和山西地区综合发展水平较高，相较甘肃、内蒙古、青海地区更具备优势。黄河流域城市群各城市综合发展水平得分区间为 148~308 分。其中，综合发展水平得分最高为郑州市（307.468 分），最低为石嘴山市（148.145 分）。

表 4-13　　　　　　　　　　　　2018 年黄河流域城市群城市综合发展水平评价比较

地区	得分	区段	排名
太原市	233.478	上游	5
阳泉市	152.891	下游	55
长治市	179.529	中游	37
晋中市	180.920	中游	36
忻州市	181.300	中游	35
临汾市	183.413	中游	32
吕梁市	198.860	上游	17
呼和浩特市	188.372	中游	26
包头市	191.198	中游	22
鄂尔多斯市	179.168	中游	39
榆林市	181.884	中游	34
兰州市	213.514	上游	9
白银市	163.049	下游	51
定西市	171.394	下游	47
西宁市	184.856	中游	30
银川市	172.020	下游	46
石嘴山市	148.145	下游	58

续表

地区	得分	区段	排名
吴忠市	150.097	下游	56
中卫市	149.391	下游	57
运城市	182.562	中游	33
西安市	299.790	上游	3
铜川市	161.196	下游	53
宝鸡市	178.649	下游	41
咸阳市	183.974	中游	31
渭南市	192.030	上游	20
天水市	166.871	下游	50
平凉市	167.479	下游	49
庆阳市	167.911	下游	48
商洛市	162.496	下游	52
晋城市	179.282	中游	38
亳州市	177.661	下游	42
郑州市	307.468	上游	1
开封市	179.024	下游	40
洛阳市	201.820	上游	13
平顶山市	186.359	中游	27
鹤壁市	159.815	下游	54
新乡市	190.062	中游	25
焦作市	175.813	下游	44
许昌市	185.248	中游	29
漯河市	174.007	下游	45
商丘市	197.570	上游	18
周口市	209.217	上游	12
济南市	274.084	上游	4
青岛市	300.881	上游	2
淄博市	220.074	上游	8
枣庄市	185.719	中游	28
东营市	191.299	中游	21
烟台市	209.628	上游	11
潍坊市	225.872	上游	6
济宁市	212.929	上游	10
泰安市	199.232	上游	15
威海市	199.112	上游	16
日照市	177.454	下游	43

地区	得分	区段	排名
临沂市	225.274	上游	7
德州市	194.662	上游	19
聊城市	191.112	中游	23
滨州市	191.010	中游	24
菏泽市	201.127	上游	14
最高分	307.468		
最低分	148.145		

　　由表 4 - 14 对 2019 年黄河流域城市群综合发展水平得分情况展开分析。将黄河流域城市群内 58 个城市按照得分排名划分为上游区、中游区、下游区，对比分析表明山东、陕西、河南和山西地区综合发展水平较高，相较甘肃、内蒙古、青海地区更具备优势。黄河流域城市群各城市综合发展水平得分区间为 145 ~ 308 分。其中综合发展水平得分最高为郑州市（307.453 分），最低为中卫市（145.280 分）。

表 4 - 14　　　　　　　　　　　　　2019 年黄河流域城市群城市综合发展水平评价比较

地区	得分	区段	排名
太原市	235.607	上游	5
阳泉市	150.184	下游	55
长治市	169.307	下游	46
晋中市	179.140	中游	32
忻州市	171.253	下游	44
临汾市	182.991	中游	28
吕梁市	185.146	中游	26
呼和浩特市	188.019	中游	22
包头市	194.290	上游	16
鄂尔多斯市	179.243	中游	31
榆林市	175.595	中游	38
兰州市	210.107	上游	11
白银市	160.035	下游	52
定西市	170.893	下游	45
西宁市	176.263	中游	37
银川市	167.437	下游	47
石嘴山市	146.965	下游	57
吴忠市	147.446	下游	56
中卫市	145.280	下游	58
运城市	178.699	中游	33
西安市	304.514	上游	2
铜川市	158.316	下游	54
宝鸡市	173.000	下游	41

续表

地区	得分	区段	排名
咸阳市	185.493	中游	25
渭南市	185.669	中游	24
天水市	164.320	下游	49
平凉市	162.647	下游	50
庆阳市	166.482	下游	48
商洛市	160.450	下游	51
晋城市	174.299	下游	40
亳州市	172.514	下游	42
郑州市	307.453	上游	1
开封市	176.940	中游	36
洛阳市	201.504	上游	12
平顶山市	183.884	中游	27
鹤壁市	158.535	下游	53
新乡市	188.911	上游	20
焦作市	171.634	下游	43
许昌市	180.165	中游	30
漯河市	174.302	中游	39
商丘市	194.041	上游	17
周口市	199.884	上游	14
济南市	284.369	上游	4
青岛市	299.202	上游	3
淄博市	217.673	上游	8
枣庄市	178.643	中游	34
东营市	188.475	中游	21
烟台市	213.637	上游	9
潍坊市	224.170	上游	6
济宁市	212.648	上游	10
泰安市	192.870	上游	18
威海市	194.340	上游	15
日照市	177.986	中游	35
临沂市	222.884	上游	7
德州市	189.434	上游	19
聊城市	185.880	中游	23
滨州市	181.698	中游	29
菏泽市	200.206	上游	13
最高分	307.453		
最低分	145.280		

（二）黄河流域城市群综合发展水平分布比较与评析

由表 4 - 15、表 4 - 16 对 2006 ~ 2007 年黄河流域城市群城市综合发展及各二级指标的平均得分情况展开分析。2006 ~ 2007 年，黄河流域城市群上游区、中游区、下游区城市综合发展平均得分分别上升了 5. 117 分、4. 654 分、3. 605 分，表明黄河流域城市群内部综合发展差距呈现增大的势态。在二级指标中，黄河流域城市群上游区、中游区、下游区在社会和谐、基础设施、科教文卫和生态保护的平均得分均呈现上升势态；在经济发展的平均得分呈现下降势态。其余部分中，上游区城市在人口劳动力的平均得分上升；中游区城市在人口劳动力的平均得分上升；下游区城市在人口劳动力的平均得分下降。

表 4 - 15　　　　　　　2006 ~ 2007 年黄河流域城市群城市综合发展及各二级指标平均得分情况

指标	2006 年			2007 年		
	上游区	中游区	下游区	上游区	中游区	下游区
综合发展	182. 766	155. 313	135. 409	187. 883	159. 967	139. 014
人口劳动力	54. 590	46. 074	41. 506	55. 257	46. 124	41. 286
经济发展	26. 102	22. 353	20. 748	24. 864	21. 681	20. 217
社会和谐	20. 571	14. 494	12. 845	20. 877	15. 060	13. 420
基础设施	21. 793	15. 196	11. 412	22. 081	15. 531	11. 466
科教文卫	24. 024	16. 554	11. 057	26. 647	18. 896	13. 318
生态保护	47. 385	38. 772	26. 916	49. 949	41. 258	27. 777

表 4 - 16　　　　　　　2006 ~ 2007 年黄河流域城市群城市综合发展及各二级指标平均得分变化情况

指标	上游区	中游区	下游区
综合发展	5. 117	4. 654	3. 605
人口劳动力	0. 667	0. 050	- 0. 220
经济发展	- 1. 238	- 0. 672	- 0. 531
社会和谐	0. 306	0. 565	0. 575
基础设施	0. 288	0. 335	0. 054
科教文卫	2. 623	2. 342	2. 261
生态保护	2. 564	2. 486	0. 861

由表 4 - 17、表 4 - 18 对 2007 ~ 2008 年黄河流域城市群城市综合发展及各二级指标的平均得分情况展开分析。2007 ~ 2008 年，黄河流域城市群上游区、中游区、下游区城市综合发展平均得分分别上升了 5. 330 分、2. 886 分、3. 345 分，表明黄河流域城市群内部综合发展差距呈现增大的势态。在二级指标中，黄河流域城市群上游区、中游区、下游区在经济发展、社会和谐、基础设施与科教文卫的平均得分均呈现上升势态；在人口劳动力的平均得分呈现下降势态。其余部分中，上游区城市在生态保护的平均得分下降；中游区城市在生态保护的平均得分下降；下游区城市在生态保护的平均得分下上升。

表 4 - 17　　　　　　　2007 ~ 2008 年黄河流域城市群城市综合发展及各二级指标平均得分情况

指标	2007 年			2008 年		
	上游区	中游区	下游区	上游区	中游区	下游区
综合发展	187. 883	159. 967	139. 014	193. 213	162. 853	142. 359
人口劳动力	55. 257	46. 124	41. 286	54. 832	45. 627	41. 022

指标	2007 年			2008 年		
	上游区	中游区	下游区	上游区	中游区	下游区
经济发展	24. 864	21. 681	20. 217	28. 292	23. 350	21. 020
社会和谐	20. 877	15. 060	13. 420	21. 366	15. 511	13. 785
基础设施	22. 081	15. 531	11. 466	23. 432	16. 066	12. 036
科教文卫	26. 647	18. 896	13. 318	27. 651	19. 501	13. 704
生态保护	49. 949	41. 258	27. 777	49. 279	40. 877	29. 998

表 4－18　　　　2007～2008 年黄河流域城市群城市综合发展及各二级指标平均得分变化情况

指标	上游区	中游区	下游区
综合发展	5. 330	2. 886	3. 345
人口劳动力	－ 0. 425	－ 0. 497	－ 0. 264
经济发展	3. 428	1. 669	0. 803
社会和谐	0. 489	0. 451	0. 365
基础设施	1. 351	0. 534	0. 570
科教文卫	1. 004	0. 605	0. 386
生态保护	－ 0. 670	－ 0. 381	2. 221

　　由表 4－19、表 4－20 对 2008～2009 年黄河流域城市群城市综合发展及各二级指标的平均得分情况展开分析。2008～2009 年，黄河流域城市群中游区、下游区城市综合发展平均得分分别上升了 0. 417 分、0. 723 分，上游区城市综合发展平均得分下降了 1. 490 分，表明黄河流域城市群中游区与下游区城市综合发展差距呈现增大的势态，上游区城市综合发展差距呈现减小的趋势。在二级指标中，黄河流域城市群上游区、中游区、下游区在社会和谐和生态保护的平均得分均呈现上升势态；在人口劳动力、经济发展、基础设施与科教文卫的平均得分均呈现下降势态。

表 4－19　　　　2008～2009 年黄河流域城市群城市综合发展及各二级指标平均得分情况

指标	2008 年			2009 年		
	上游区	中游区	下游区	上游区	中游区	下游区
综合发展	193. 214	162. 853	142. 359	191. 724	163. 270	143. 082
人口劳动力	54. 832	45. 627	41. 022	52. 929	45. 325	40. 511
经济发展	28. 292	23. 349	21. 020	26. 006	22. 289	20. 376
社会和谐	21. 366	15. 511	13. 785	22. 059	15. 883	14. 399
基础设施	23. 432	16. 066	12. 036	22. 429	15. 235	11. 647
科教文卫	27. 651	19. 501	13. 704	27. 224	19. 133	13. 035
生态保护	49. 279	40. 877	29. 998	51. 995	44. 314	32. 195

表 4－20　　　　2008～2009 年黄河流域城市群城市综合发展及各二级指标平均得分变化情况

指标	上游区	中游区	下游区
综合发展	－ 1. 490	0. 417	0. 723
人口劳动力	－ 1. 903	－ 0. 302	－ 0. 511

续表

指标	上游区	中游区	下游区
经济发展	− 2.286	− 1.060	− 0.644
社会和谐	0.693	0.372	0.614
基础设施	− 1.003	− 0.831	− 0.389
科教文卫	− 0.427	− 0.368	− 0.669
生态保护	2.716	3.437	2.197

由表 4 – 21、表 4 – 22 对 2009 ~ 2010 年黄河流域城市群城市综合发展及各二级指标的平均得分情况展开分析。2009 ~ 2010 年，黄河流域城市群上游区、中游区、下游区城市综合发展平均得分分别上升了 3.496 分、3.848 分、5.748 分，表明黄河流域城市群内部综合发展差距呈现增大的势态。在二级指标中，黄河流域城市群上游区、中游区、下游区在经济发展、社会和谐、科教文卫和生态保护的平均得分均呈现上升势态。其余部分中，上游区城市在人口劳动力的平均得分下降，在基础设施的平均得分均上升；中游区城市在人口劳动力与基础设施的平均得分下降；下游区城市在人口劳动力的平均得分上升，在基础设施的平均得分下降。

表 4 – 21　　　　　2009 ~ 2010 年黄河流域城市群城市综合发展及各二级指标平均得分情况

指标	2009 年			2010 年		
	上游区	中游区	下游区	上游区	中游区	下游区
综合发展	191.724	163.270	143.082	195.220	167.118	148.830
人口劳动力	52.929	45.325	40.511	51.778	44.909	40.830
经济发展	26.006	22.289	20.376	28.860	23.623	21.378
社会和谐	22.059	15.883	14.399	22.402	16.349	14.821
基础设施	22.429	15.235	11.647	23.040	15.083	11.352
科教文卫	27.224	19.133	13.035	28.178	19.278	13.642
生态保护	51.995	44.314	32.195	53.073	46.692	34.665

表 4 – 22　　　　2009 ~ 2010 年黄河流域城市群城市综合发展及各二级指标平均得分变化情况

指标	上游区	中游区	下游区
综合发展	3.496	3.848	5.748
人口劳动力	− 1.151	− 0.416	0.319
经济发展	2.854	1.334	1.002
社会和谐	0.343	0.466	0.422
基础设施	0.611	− 0.152	− 0.295
科教文卫	0.954	0.145	0.607
生态保护	1.078	2.378	2.470

由表 4 – 23、表 4 – 24 对 2010 ~ 2011 年黄河流域城市群城市综合发展及各二级指标的平均得分情况展开分析。2010 ~ 2011 年，黄河流域城市群上游区、中游区、下游区城市综合发展平均得分分别上升了 4.011 分、3.106 分、2.477 分，表明黄河流域城市群内部综合发展差距呈现增大的势态。在二级指标中，黄河流域城市群上游区、中游区、下游区在人口劳动力、社会和谐、基础设施、科教文卫和生态保护的平均得分均呈现上升势态；在经济发展的平均得分呈现下降势态。

表 4－23   2010～2011 年黄河流域城市群城市综合发展及各二级指标平均得分情况

指标	2010 年			2011 年		
	上游区	中游区	下游区	上游区	中游区	下游区
综合发展	195.220	167.118	148.830	199.231	170.224	151.307
人口劳动力	51.778	44.909	40.830	52.512	45.857	41.424
经济发展	28.860	23.623	21.378	27.330	22.631	20.682
社会和谐	22.402	16.349	14.821	23.656	16.734	15.191
基础设施	23.040	15.083	11.352	23.694	15.438	11.863
科教文卫	28.178	19.278	13.642	30.285	20.754	14.116
生态保护	53.073	46.692	34.665	54.608	46.996	35.764

表 4－24   2010～2011 年黄河流域城市群城市综合发展及各二级指标平均得分变化情况

指标	上游区	中游区	下游区
综合发展	4.011	3.106	2.477
人口劳动力	0.734	0.948	0.594
经济发展	－1.530	－0.992	－0.696
社会和谐	1.254	0.385	0.370
基础设施	0.654	0.355	0.511
科教文卫	2.107	1.476	0.474
生态保护	1.535	0.304	1.099

由表 4－25、表 4－26 对 2011～2012 年黄河流域城市群城市综合发展及各二级指标的平均得分情况展开分析。2011～2012 年，黄河流域城市群上游区、中游区、下游区城市综合发展平均得分分别上升了 7.774 分、4.216 分、4.240 分，表明黄河流域城市群内部综合发展差距呈现增大的势态。在二级指标中，黄河流域城市群上游区、中游区、下游区在经济发展、社会和谐、科教文卫和生态保护的平均得分均呈现上升势态。其余部分中，上游区城市在人口劳动力的平均得分下降，在基础设施的平均得分上升；中游区城市在基础设施的平均得分下降，在人口劳动力的平均得分上升；下游区城市在人口劳动力与基础设施的平均得分均下降。

表 4－25   2011～2012 年黄河流域城市群城市综合发展及各二级指标平均得分情况

指标	2011 年			2012 年		
	上游区	中游区	下游区	上游区	中游区	下游区
综合发展	199.231	170.224	151.307	207.005	174.440	155.547
人口劳动力	52.512	45.857	41.424	52.223	46.054	41.403
经济发展	27.330	22.631	20.682	30.303	24.238	21.563
社会和谐	23.656	16.734	15.191	23.965	17.743	15.954
基础设施	23.694	15.438	11.863	24.065	14.910	11.326
科教文卫	30.285	20.754	14.116	32.454	21.966	15.359
生态保护	54.608	46.996	35.764	55.732	48.374	38.186

表 4 - 26　　　　　2011~2012 年黄河流域城市群城市综合发展及各二级指标平均得分变化情况

指标	上游区	中游区	下游区
综合发展	7.774	4.216	4.240
人口劳动力	-0.289	0.197	-0.021
经济发展	2.973	1.607	0.881
社会和谐	0.309	1.009	0.763
基础设施	0.371	-0.528	-0.537
科教文卫	2.169	1.212	1.243
生态保护	1.124	1.378	2.422

　　由表 4 - 27、表 4 - 28 对 2012~2013 年黄河流域城市群城市综合发展及各二级指标的平均得分情况展开分析。2012~2013 年，黄河流域城市群上游区、中游区、下游区城市综合发展平均得分分别上升了3.776、1.340 分、1.442 分，表明黄河流域城市群内部综合发展差距呈现增大的势态。在二级指标中，黄河流域城市群上游区、中游区、下游区在人口劳动力、基础设施和生态保护的平均得分均呈现上升势态；在经济发展与科教文卫的平均得分均呈现下降势态。其余部分中，上游区城市在社会和谐的平均得分上升；中游区城市在社会和谐的平均得分下降；下游区城市在社会和谐的平均得分下降。

表 4 - 27　　　　　2012~2013 年黄河流域城市群城市综合发展及各二级指标平均得分情况

指标	2012 年			2013 年		
	上游区	中游区	下游区	上游区	中游区	下游区
综合发展	207.005	174.440	155.547	210.781	175.780	156.989
人口劳动力	52.223	46.054	41.403	53.311	47.447	42.184
经济发展	30.303	24.238	21.563	29.581	23.561	21.110
社会和谐	23.965	17.743	15.954	25.530	17.700	15.790
基础设施	24.065	14.910	11.326	25.092	15.166	11.551
科教文卫	32.454	21.966	15.359	31.130	21.223	13.953
生态保护	55.732	48.374	38.186	58.028	50.382	39.523

表 4 - 28　　　　　2012~2013 年黄河流域城市群城市综合发展及各二级指标平均得分变化情况

指标	上游区	中游区	下游区
综合发展	3.776	1.340	1.442
人口劳动力	1.088	1.393	0.781
经济发展	-0.722	-0.677	-0.453
社会和谐	1.566	-0.043	-0.164
基础设施	1.027	0.256	0.225
科教文卫	-1.324	-0.743	-1.406
生态保护	2.296	2.008	1.337

　　由表 4 - 29、表 4 - 30 对 2013~2014 年黄河流域城市群城市综合发展及各二级指标的平均得分情况展开分析。2013~2014 年，黄河流域城市群上游区、中游区、下游区城市综合发展平均得分分别上升了4.556 分、3.980 分、2.251 分，表明黄河流域城市群内部综合发展差距呈现增大的势态。在二级指标中，黄河流域城市群上游区、中游区、下游区在经济发展、社会和谐、基础设施与科教文卫的平均得分均呈现

上升势态；在人口劳动力的平均得分呈现下降势态。其余部分中，上游区城市在生态保护的平均得分下降；中游区城市在生态保护的平均得分上升；下游区城市在生态保护的平均得分上升。

表 4－29　　　　　　　　2013～2014 年黄河流域城市群城市综合发展及各二级指标平均得分情况

指标	2013 年			2014 年		
	上游区	中游区	下游区	上游区	中游区	下游区
综合发展	210.781	175.780	156.989	215.337	179.760	159.240
人口劳动力	53.311	47.447	42.184	52.704	46.605	41.674
经济发展	29.581	23.561	21.110	32.426	25.223	22.130
社会和谐	25.530	17.700	15.790	26.353	17.728	15.837
基础设施	25.092	15.166	11.551	25.735	16.028	11.960
科教文卫	31.130	21.223	13.953	32.364	21.749	15.029
生态保护	58.028	50.382	39.523	57.746	50.971	40.903

表 4－30　　　　　　　2013～2014 年黄河流域城市群城市综合发展及各二级指标平均得分变化情况

指标	上游区	中游区	下游区
综合发展	4.556	3.980	2.251
人口劳动力	－0.607	－0.842	－0.510
经济发展	2.845	1.662	1.020
社会和谐	0.823	0.028	0.047
基础设施	0.643	0.862	0.409
科教文卫	1.234	0.526	1.076
生态保护	－0.282	0.589	1.380

由表 4－31、表 4－32 对 2014～2015 年黄河流域城市群城市综合发展及各二级指标的平均得分情况展开分析。2014～2015 年，黄河流域城市群上游区、中游区、下游区城市综合发展平均得分分别下降了 5.532 分、4.964 分、4.085 分，表明黄河流域城市群内部综合发展差距呈现减小的势态。在二级指标中，黄河流域城市群上游区、中游区、下游区在社会和谐和生态保护的平均得分均呈现上升势态；在人口劳动力、经济发展、基础设施与科教文卫的平均得分均呈现下降势态。

表 4－31　　　　　　　　2014～2015 年黄河流域城市群城市综合发展及各二级指标平均得分情况

指标	2014 年			2015 年		
	上游区	中游区	下游区	上游区	中游区	下游区
综合发展	215.337	179.760	159.240	209.805	174.796	155.155
人口劳动力	52.704	46.605	41.674	51.564	45.701	40.787
经济发展	32.426	25.223	22.130	30.688	24.195	21.556
社会和谐	26.353	17.728	15.837	27.281	18.352	16.431
基础设施	25.735	16.028	11.960	23.488	14.767	12.377
科教文卫	32.365	21.749	15.029	28.755	17.848	11.260
生态保护	57.746	50.971	40.903	59.497	52.074	42.068

表 4 - 32　　　　　2014 ~ 2015 年黄河流域城市群城市综合发展及各二级指标平均得分变化情况

指标	上游区	中游区	下游区
综合发展	- 5.532	- 4.964	- 4.085
人口劳动力	- 1.140	- 0.904	- 0.887
经济发展	- 1.738	- 1.028	- 0.574
社会和谐	0.928	0.624	0.594
基础设施	- 2.247	- 1.261	0.416
科教文卫	- 3.610	- 3.901	- 3.769
生态保护	1.751	1.103	1.165

由表 4 - 33、表 4 - 34 对 2015 ~ 2016 年黄河流域城市群城市综合发展及各二级指标的平均得分情况展开分析。2015 ~ 2016 年，黄河流域城市群上游区、中游区、下游区城市综合发展平均得分分别上升了 10.303 分、6.378 分、7.216 分，表明黄河流域城市群内部综合发展差距呈现增大的势态。在二级指标中，黄河流域城市群上游区、中游区、下游区在经济发展、社会和谐、基础设施与科教文卫的平均得分均呈现上升势态；在人口劳动力的平均得分呈现下降势态。其余部分中，上游区城市在生态保护的平均得分下降；中游区城市在生态保护的平均得分下降；下游区城市在生态保护的平均得分上升。

表 4 - 33　　　　　2015 ~ 2016 年黄河流域城市群城市综合发展及各二级指标平均得分情况

指标	2015 年			2016 年		
	上游区	中游区	下游区	上游区	中游区	下游区
综合发展	209.805	174.796	155.155	220.108	181.174	162.371
人口劳动力	51.564	45.701	40.787	51.005	45.263	40.659
经济发展	30.688	24.195	21.556	35.688	27.553	22.192
社会和谐	27.281	18.352	16.431	28.220	18.947	16.948
基础设施	23.488	14.767	12.377	23.709	16.045	13.350
科教文卫	28.754	17.848	11.260	33.004	21.905	14.861
生态保护	59.497	52.074	42.068	58.577	51.227	43.402

表 4 - 34　　　　　2015 ~ 2016 年黄河流域城市群城市综合发展及各二级指标平均得分变化情况

指标	上游区	中游区	下游区
综合发展	10.303	6.378	7.216
人口劳动力	- 0.559	- 0.438	- 0.128
经济发展	5.000	3.358	0.636
社会和谐	0.939	0.595	0.517
基础设施	0.221	1.278	0.973
科教文卫	4.250	4.057	3.601
生态保护	- 0.920	- 0.847	1.334

由表 4 - 35、表 4 - 36 对 2016 ~ 2017 年黄河流域城市群城市综合发展及各二级指标的平均得分情况展开分析。2016 ~ 2017 年，黄河流域城市群中游区、下游区城市综合发展平均得分分别上升了 1.121 分、0.222 分，上游区城市综合发展平均得分下降了 1.340 分，表明黄河流域城市群上游区城市综合发展差距呈现减小的势态，中游区与下游区城市综合发展差距呈现增大的势态。在二级指标中，黄河流域城市群上游区、中游区、下游区在社会和谐的平均得分呈现上升势态；在人口劳动力的平均得分呈现下降势态。其

余部分中，上游区城市在基础设施的平均得分上升，在经济发展、科教文卫和生态保护的平均得分均下降；中游区城市在生态保护的平均得分上升，在经济发展、基础设施与科教文卫的平均得分均下降；下游区城市在经济发展、科教文卫和生态保护的平均得分均上升，在基础设施的平局得分下降。

表 4－35　　　　2016～2017 年黄河流域城市群城市综合发展及各二级指标平均得分情况

指标	2016 年			2017 年		
	上游区	中游区	下游区	上游区	中游区	下游区
综合发展	220.108	181.174	162.371	218.768	182.295	162.593
人口劳动力	51.005	45.263	40.659	49.223	44.515	39.919
经济发展	35.688	27.553	22.192	32.505	25.764	22.500
社会和谐	28.220	18.947	16.948	30.336	22.888	19.509
基础设施	23.709	16.045	13.350	24.192	15.838	13.205
科教文卫	33.004	21.905	14.861	32.680	20.683	14.897
生态保护	58.577	51.227	43.402	58.441	52.124	43.534

表 4－36　　　　2016～2017 年黄河流域城市群城市综合发展及各二级指标平均得分变化情况

指标	上游区	中游区	下游区
综合发展	－1.340	1.121	0.222
人口劳动力	－1.782	－0.748	－0.740
经济发展	－3.183	－1.789	0.308
社会和谐	2.116	3.941	2.561
基础设施	0.484	－0.207	－0.145
科教文卫	－0.324	－1.222	0.036
生态保护	－0.136	0.897	0.132

由表 4－37、表 4－38 对 2017～2018 年黄河流域城市群城市综合发展及各二级指标的平均得分情况展开分析。2017～2018 年，黄河流域城市群上游区、中游区、下游区城市综合发展平均得分分别上升了 7.063 分、2.520 分、2.759 分，表明黄河流域城市群内部综合发展差距呈现增大的势态。在二级指标中，黄河流域城市群上游区、中游区、下游区在经济发展与科教文卫的平均得分均呈现上升势态；在人口劳动力与社会和谐的平均得分均呈现下降势态。其余部分中，上游区城市在基础设施和生态保护的平均得分均上升；中游区城市在基础设施的平均得分上升，在生态保护的平均得分下降；下游区城市在基础设施的平均得分下降，在生态保护的平均得分上升。

表 4－37　　　　2017～2018 年黄河流域城市群城市综合发展及各二级指标平均得分情况

指标	2017 年			2018 年		
	上游区	中游区	下游区	上游区	中游区	下游区
综合发展	218.768	182.295	162.593	225.831	184.815	165.352
人口劳动力	49.223	44.515	39.919	48.925	43.755	39.747
经济发展	32.505	25.764	22.500	37.296	30.231	25.836
社会和谐	30.336	22.888	19.509	30.129	20.539	18.088
基础设施	24.192	15.838	13.205	25.619	16.152	13.143
科教文卫	32.680	20.683	14.897	33.441	21.560	14.999
生态保护	58.441	52.124	43.534	58.690	52.050	44.937

表 4 - 38 　　　　　　　　　2017～2018 年黄河流域城市群城市综合发展及各二级指标平均得分变化情况

指标	上游区	中游区	下游区
综合发展	7.063	2.520	2.759
人口劳动力	- 0.298	- 0.760	- 0.172
经济发展	4.791	4.467	3.336
社会和谐	- 0.207	- 2.349	- 1.421
基础设施	1.427	0.314	- 0.062
科教文卫	0.761	0.877	0.102
生态保护	0.249	- 0.074	1.403

由表 4 - 39、表 4 - 40 对 2018～2019 年黄河流域城市群城市综合发展及各二级指标的平均得分情况展开分析。2018～2019 年，黄河流域城市群上游区、中游区、下游区城市综合发展平均得分分别下降了 1.444 分、3.889 分、3.313 分，表明黄河流域城市群内部综合发展差距呈现减小的势态。在二级指标中，黄河流域城市群上游区、中游区、下游区在社会和谐和生态保护的平均得分均呈现上升势态；在人口劳动力、经济发展与基础设施的平均得分均呈现下降势态。其余部分中，上游区城市在科教文卫的平均得分上升；中游区城市在科教文卫的平均得分下降；下游区城市在科教文卫的平均得分下降。

表 4 - 39 　　　　　　　　　2018～2019 年黄河流域城市群城市综合发展及各二级指标平均得分情况

指标	2018 年			2019 年		
	上游区	中游区	下游区	上游区	中游区	下游区
综合发展	225.831	184.815	165.352	224.387	180.926	162.039
人口劳动力	48.925	43.755	39.747	48.596	43.426	39.582
经济发展	37.296	30.231	25.836	32.839	25.947	22.759
社会和谐	30.129	20.539	18.088	31.192	21.330	18.705
基础设施	25.619	16.152	13.143	25.330	15.594	13.059
科教文卫	33.441	21.560	14.999	34.457	21.241	14.713
生态保护	58.690	52.050	44.937	59.923	52.591	45.272

表 4 - 40 　　　　　　　　　2018～2019 年黄河流域城市群城市综合发展及各二级指标平均得分变化情况

指标	上游区	中游区	下游区
综合发展	- 1.444	- 3.889	- 3.313
人口劳动力	- 0.329	- 0.329	- 0.165
经济发展	- 4.457	- 4.284	- 3.077
社会和谐	1.063	0.791	0.617
基础设施	- 0.289	- 0.558	- 0.084
科教文卫	1.016	- 0.319	- 0.286
生态保护	1.233	0.541	0.335

　　为进一步说明黄河流域各城市的综合发展水平差异变化及分布情况，通过图 4－1 至图 4－14 对 2006～2019 年黄河流域各城市综合发展水平得分情况分布进行统计分析。

　　图 4－1 表明，2006 年黄河流域各城市综合发展水平得分大部分城市分布于 140～200 分。高于 200 分的城市有 3 个，分布在 180～200 分的城市有 8 个，分布在 160～180 分的城市有 14 个，分布在 140～160 分的城市有 22 个，分布在 119～140 分的城市有 11 个。这说明黄河流域大部分城市处于相似的发展阶段，小部分城市的综合发展水平靠前。

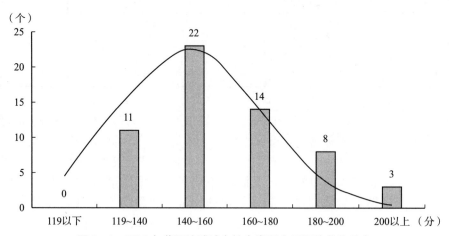

图 4－1　2006 年黄河流域城市综合发展水平评价分值分布

　　图 4－2 表明，2007 年黄河流域各城市综合发展水平得分大部分城市分布于 140～200 分。高于 200 分的城市有 4 个，分布在 180～200 分的城市有 8 个，分布在 160～180 分的城市有 15 个，分布在 140～160 分的城市有 21 个，分布在 119～140 分的城市有 9 个。这说明黄河流域大部分城市处于相似的发展阶段，小部分城市的综合发展水平靠前。

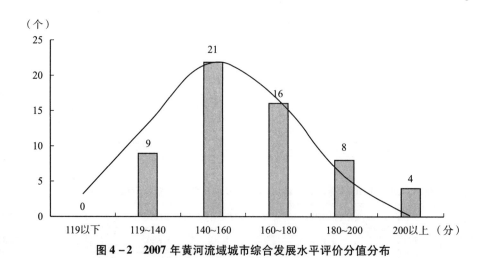

图 4－2　2007 年黄河流域城市综合发展水平评价分值分布

　　图 4－3 表明，2008 年黄河流域各城市综合发展水平得分大部分城市分布于 140～200 分。高于 200 分的城市有 4 个，分布在 180～200 分的城市有 11 个，分布在 160～180 分的城市有 19 个，分布在 140～160 分的城市有 17 个，分布在 119～140 分的城市有 7 个。这说明黄河流域大部分城市处于相似的发展阶段，小部分城市的综合发展水平靠前。

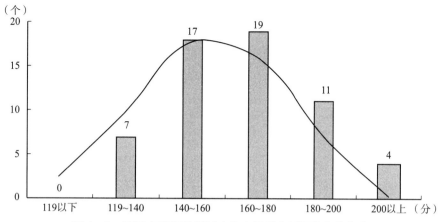

图 4 - 3 2008 年黄河流域城市综合发展水平评价分值分布

图 4 - 4 表明，2009 年黄河流域各城市综合发展水平得分大部分城市分布于 140 ~ 200 分。高于 200 分的城市有 4 个，分布在 180 ~ 200 分的城市有 10 个，分布在 160 ~ 180 分的城市有 21 个，分布在 140 ~ 160 分的城市有 18 个，分布在 119 ~ 140 分的城市有 5 个。这说明黄河流域大部分城市处于相似的发展阶段，小部分城市的综合发展水平靠前。

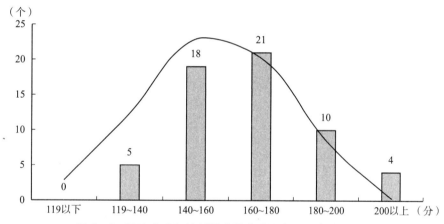

图 4 - 4 2009 年黄河流域城市综合发展水平评价分值分布

图 4 - 5 表明，2010 年黄河流域各城市综合发展水平得分大部分城市分布于 140 ~ 200 分。高于 200 分的城市有 4 个，分布在 180 ~ 200 分的城市有 9 个，分布在 160 ~ 180 分的城市有 28 个，分布在 140 ~ 160 分的城市有 13 个，分布在 119 ~ 140 分的城市有 4 个。这说明黄河流域大部分城市处于相似的发展阶段，小部分城市的综合发展水平靠前。

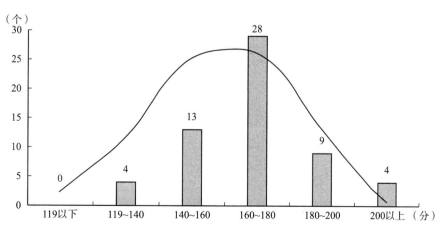

图 4 - 5 2010 年黄河流域城市综合发展水平评价分值分布

图 4 –6 表明，2011 年黄河流域各城市综合发展水平得分大部分城市分布于 140 ~200 分。高于 200 分的城市有 8 个，分布在 180 ~200 分的城市有 9 个，分布在 160 ~180 分的城市有 28 个，分布在 140 ~160 分的城市有 9 个，分布在 119 ~140 分的城市有 4 个。这说明黄河流域大部分城市处于相似的发展阶段，小部分城市的综合发展水平靠前。

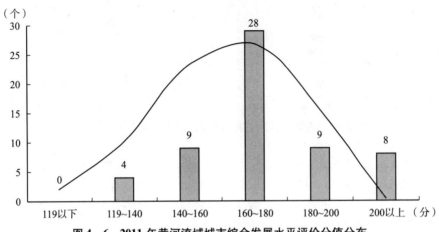

图 4 – 6　2011 年黄河流域城市综合发展水平评价分值分布

图 4 –7 表明，2012 年黄河流域各城市综合发展水平得分大部分城市分布于 140 ~ 200 分。高于 200 分的城市有 10 个，分布在 180 ~200 分的城市有 16 个，分布在 160 ~180 分的城市有 22 个，分布在 140 ~160 分的城市有 9 个，分布在 119 ~ 140 分的城市有 1 个。这说明黄河流域大部分城市处于相似的发展阶段，小部分城市的综合发展水平靠前。

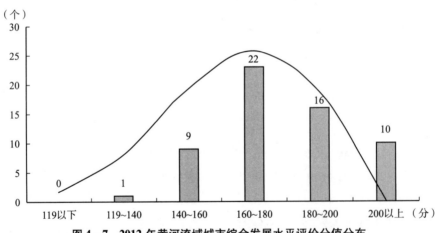

图 4 –7　2012 年黄河流域城市综合发展水平评价分值分布

图 4 –8 表明，2013 年黄河流域各城市综合发展水平得分大部分城市分布于 160 ~200 分。高于 200 分的城市有 11 个，分布在 180 ~200 分的城市有 15 个，分布在 160 ~180 分的城市有 21 个，分布在 140 ~160 分的城市有 11 个。这说明黄河流域大部分城市处于相似的发展阶段，小部分城市的综合发展水平靠前。

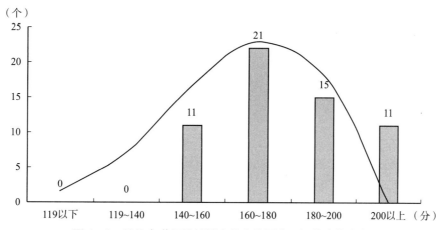

图4-8　2013年黄河流域城市综合发展水平评价分值分布

图4-9表明，2014年黄河流域各城市综合发展水平得分大部分城市分布于160~200分。高于200分的城市有12个，分布在180~200分的城市有17个，分布在160~180分的城市有20个，分布在140~160分的城市有9个。这说明黄河流域大部分城市处于相似的发展阶段，小部分城市的综合发展水平靠前。

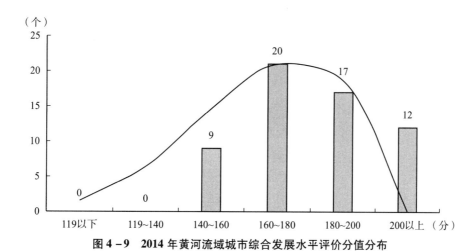

图4-9　2014年黄河流域城市综合发展水平评价分值分布

图4-10表明，2015年黄河流域各城市综合发展水平得分大部分城市分布于160~200分。高于200分的城市有10个，分布在180~200分的城市有14个，分布在160~180分的城市有22个，分布在140~160分的城市有12个。这说明黄河流域大部分城市处于相似的发展阶段，小部分城市的综合发展水平靠前。

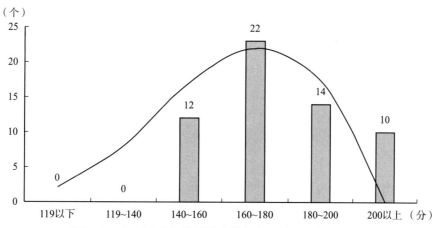

图4-10　2015年黄河流域城市综合发展水平评价分值分布

图 4－11 表明，2016 年黄河流域各城市综合发展水平得分大部分城市分布于 160～200 分。高于 200 分的城市有 13 个，分布在 180～200 分的城市有 18 个，分布在 160～180 分的城市有 20 个，分布在 140～160 分的城市有 7 个。这说明黄河流域大部分城市处于相似的发展阶段，小部分城市的综合发展水平靠前。

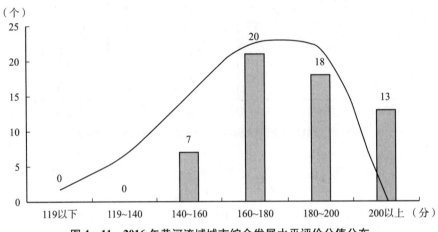

图 4－11　2016 年黄河流域城市综合发展水平评价分值分布

图 4－12 表明，2017 年黄河流域各城市综合发展水平得分大部分城市分布于 160～200 分。高于 200 分的城市有 12 个，分布在 180～200 分的城市有 20 个，分布在 160～180 分的城市有 20 个，分布在 140～160 分的城市有 6 个。这说明黄河流域大部分城市处于相似的发展阶段，小部分城市的综合发展水平靠前。

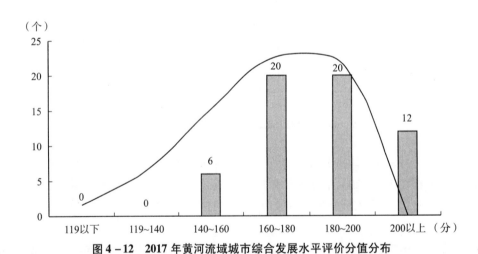

图 4－12　2017 年黄河流域城市综合发展水平评价分值分布

图 4－13 表明，2018 年黄河流域各城市综合发展水平得分大部分城市分布于 160～200 分。高于 200 分的城市有 14 个，分布在 180～200 分的城市有 22 个，分布在 160～180 分的城市有 17 个，分布在 140～160 分的城市有 5 个。这说明黄河流域大部分城市处于相似的发展阶段，小部分城市的综合发展水平靠前。

图 4－14 表明，2019 年黄河流域各城市综合发展水平得分大部分城市分布于 160～200 分。高于 200 分的城市有 13 个，分布在 180～200 分的城市有 17 个，分布在 160～180 分的城市有 22 个，分布在 140～160 分的城市有 6 个。这说明黄河流域大部分城市处于相似的发展阶段，小部分城市的综合发展水平靠前。

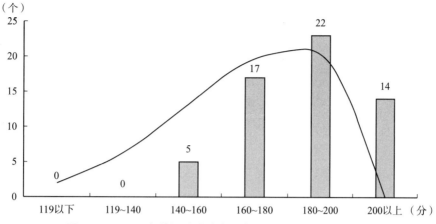

图 4 - 13　2018 年黄河流域城市综合发展水平评价分值分布

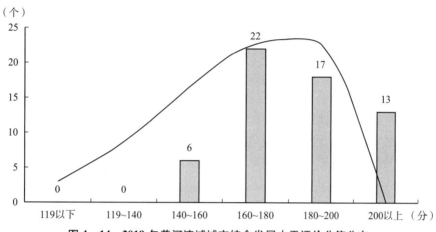

图 4 - 14　2019 年黄河流域城市综合发展水平评价分值分布

二、黄河流域城市群综合发展各子系统和生态保护系统耦合协调发展状况评测与分析

（一）黄河流域城市群城市综合发展子系统发展水平比较分析

由图 4 - 15 对黄河流域综合发展水平上游区各项二级指标的平均得分情况展开分析。2006 年，黄河流域上游区经济发展、科教文卫的平均得分与最高得分差距较小，得分水平也较为均衡；人口劳动力的平均得分较高；社会和谐的平均得分偏低；基础设施、生态保护的平均得分与最高分差距较大。

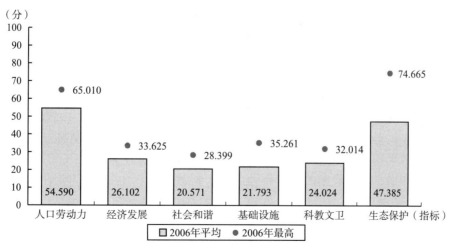

图 4 - 15　2006 年黄河流域综合发展水平上游区各二级指标的得分比较情况

由图4－16对黄河流域综合发展水平中游区各项二级指标的平均得分情况展开分析。2006年，黄河流域中游区经济发展、基础设施的平均得分与最高得分差距较小，得分水平也较为均衡；人口劳动力、生态保护的平均得分较高；社会和谐的平均得分偏低；科教文卫的平均得分与最高分差距较大。

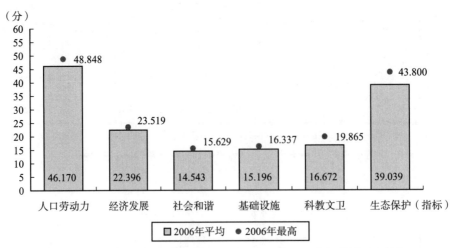

图4－16　2006年黄河流域综合发展水平中游区各二级指标的得分比较情况

由图4－17对黄河流域综合发展水平下游区各项二级指标的平均得分情况展开分析。2006年，黄河流域下游区经济发展、社会和谐的平均得分与最高得分差距较小，得分水平也较为均衡；人口劳动力的平均得分较高；基础设施、科教文卫的平均得分偏低；生态保护的平均得分与最高分差距较大。

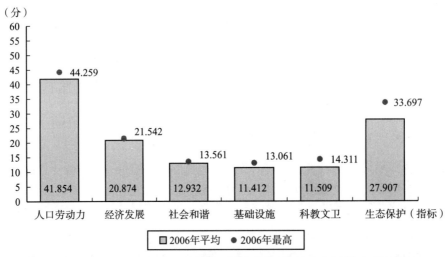

图4－17　2006年黄河流域综合发展水平下游区各二级指标的得分比较情况

由图4－18对黄河流域综合发展水平上游区各项二级指标的平均得分情况展开分析。2007年，黄河流域上游区经济发展、科教文卫的平均得分与最高得分差距较小，得分水平也较为均衡；人口与劳动力发展、生态保护的平均得分较高；社会和谐的平均得分偏低；基础设施的平均得分与最高分差距较大。

由图4－19对黄河流域综合发展水平中游区各项二级指标的平均得分情况展开分析。2007年，黄河流域中游区经济发展的平均得分与最高得分差距较小，得分水平也较为均衡；人口劳动力、生态保护的平均得分较高；社会和谐、基础设施的平均得分偏低；科教文卫、生态保护的平均得分与最高分差距较大。

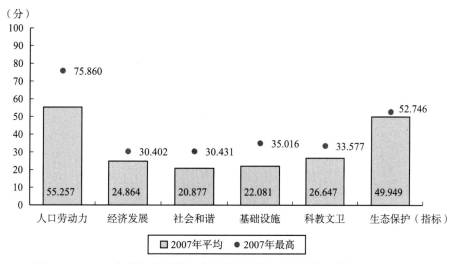

图 4 - 18　2007 年黄河流域综合发展水平上游区各二级指标的得分比较情况

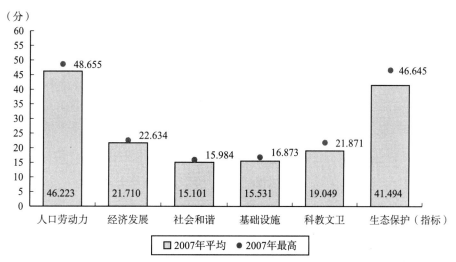

图 4 - 19　2007 年黄河流域综合发展水平中游区各二级指标的得分比较情况

　　由图 4 - 20 对黄河流域综合发展水平下游区各项二级指标的平均得分情况展开分析。2007 年，黄河流域下游区经济发展、社会和谐、科教文卫的平均得分与最高得分差距较小，得分水平也较为均衡；人口劳动力的平均得分较高；基础设施的平均得分偏低；生态保护的平均得分与最高分差距较大。

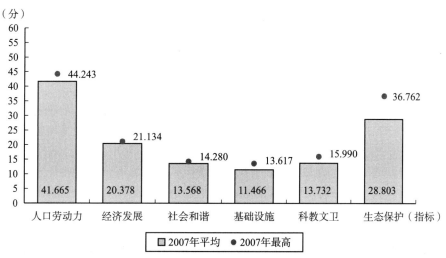

图 4 - 20　2007 年黄河流域综合发展水平下游区各二级指标的得分比较情况

由图 4 – 21 对黄河流域综合发展水平上游区各项二级指标的平均得分情况展开分析。2008 年，黄河流域上游区经济发展、科教文卫的平均得分与最高得分差距较小，得分水平也较为均衡；生态保护的平均得分较高；社会和谐、基础设施的平均得分偏低；人口劳动力的平均得分与最高分差距较大。

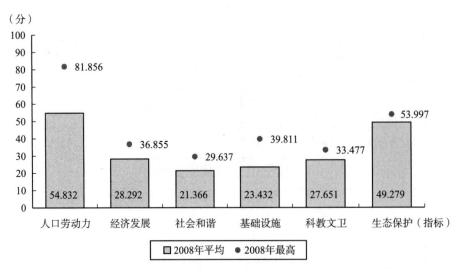

图 4 – 21　2008 年黄河流域综合发展水平上游区各二级指标的得分比较情况

由图 4 – 22 对黄河流域综合发展水平中游区各项二级指标的平均得分情况展开分析。2008 年，黄河流域中游区经济发展的平均得分与最高得分差距较小，得分水平也较为均衡；人口劳动力、生态保护的平均得分较高；社会和谐、基础设施的平均得分偏低；科教文卫的平均得分与最高分差距较大。

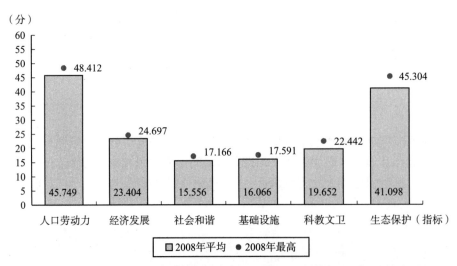

图 4 – 22　2008 年黄河流域综合发展水平中游区各二级指标的得分比较情况

由图 4 – 23 对黄河流域综合发展水平下游区各项二级指标的平均得分情况展开分析。2008 年，黄河流域下游区经济发展、社会和谐的平均得分与最高得分差距较小，得分水平也较为均衡；人口劳动力的平均得分较高；基础设施、科教文卫的平均得分偏低；生态保护的平均得分与最高分差距较大。

由图 4 – 24 对黄河流域综合发展水平上游区各项二级指标的平均得分情况展开分析。2009 年，黄河流域上游区经济发展、科教文卫的平均得分与最高得分差距较小，得分水平也较为均衡；生态保护的平均得分较高；社会和谐的平均得分偏低；人口劳动力、基础设施的平均得分与最高分差距较大。

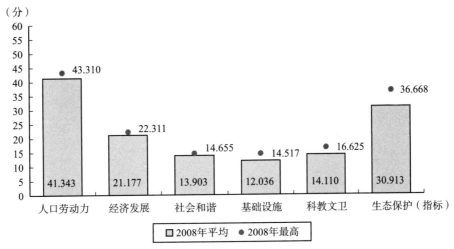

图 4 - 23 2008 年黄河流域综合发展水平下游区各二级指标的得分比较情况

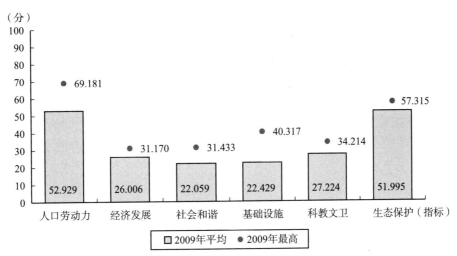

图 4 - 24 2009 年黄河流域综合发展水平上游区各二级指标的得分比较情况

由图 4 - 25 对黄河流域综合发展水平中游区各项二级指标的平均得分情况展开分析。2009 年，黄河流域中游区经济发展的平均得分与最高得分差距较小，得分水平也较为均衡；人口劳动力、生态保护的平均得分较高；社会和谐、基础设施的平均得分偏低；科教文卫的平均得分与最高分差距较大。

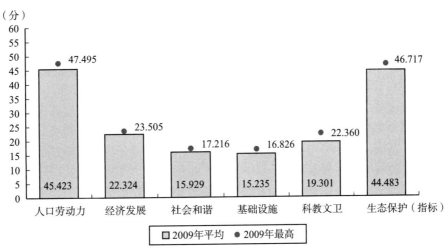

图 4 - 25 2009 年黄河流域综合发展水平中游区各二级指标的得分比较情况

由图 4 - 26 对黄河流域综合发展水平下游区各项二级指标的平均得分情况展开分析。2009 年，黄河流域下游区经济发展、社会和谐的平均得分与最高得分差距较小，得分水平也较为均衡；人口劳动力的平均得分较高；基础设施、科教文卫的平均得分偏低；生态保护的平均得分与最高分差距较大。

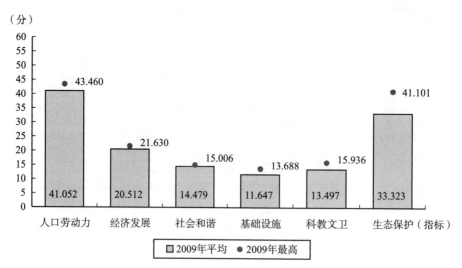

图 4 - 26　2009 年黄河流域综合发展水平下游区各二级指标的得分比较情况

由图 4 - 27 对黄河流域综合发展水平上游区各项二级指标的平均得分情况展开分析。2010 年，黄河流域上游区经济发展、科教文卫的平均得分与最高得分差距较小，得分水平也较为均衡；生态保护的平均得分较高；社会和谐的平均得分偏低；人口劳动力、基础设施的平均得分与最高分差距较大。

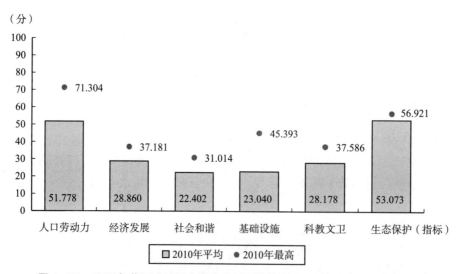

图 4 - 27　2010 年黄河流域综合发展水平上游区各二级指标的得分比较情况

由图 4 - 28 对黄河流域综合发展水平中游区各项二级指标的平均得分情况展开分析。2010 年，黄河流域中游区经济发展的平均得分与最高得分差距较小，得分水平也较为均衡；人口劳动力、生态保护的平均得分较高；社会和谐、基础设施的平均得分偏低；科教文卫的平均得分与最高分差距较大。

由图 4 - 29 对黄河流域综合发展水平下游区各项二级指标的平均得分情况展开分析。2010 年，黄河流域下游区经济发展、科教文卫的平均得分与最高得分差距较小，得分水平也较为均衡；人口劳动力的平均得分较高；社会和谐、基础设施的平均得分偏低；生态保护的平均得分与最高分差距较大。

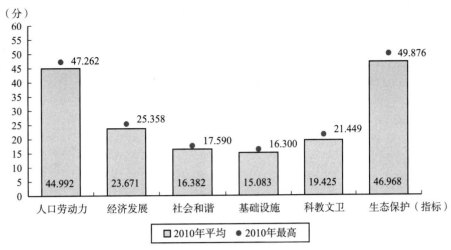

图 4 - 28　2010 年黄河流域综合发展水平中游区各二级指标的得分比较情况

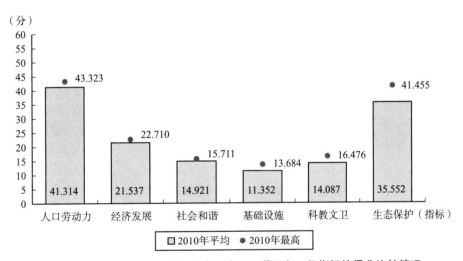

图 4 - 29　2010 年黄河流域综合发展水平下游区各二级指标的得分比较情况

由图 4 - 30 对黄河流域综合发展水平上游区各项二级指标的平均得分情况展开分析。2011 年，黄河流域上游区科教文卫的平均得分与最高得分差距较小，得分水平也较为均衡；生态保护的平均得分较高；经济发展、社会和谐的平均得分偏低；人口劳动力、基础设施的平均得分与最高分差距较大。

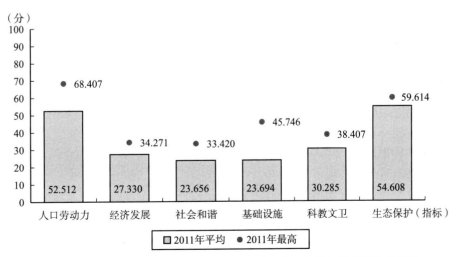

图 4 - 30　2011 年黄河流域综合发展水平上游区各二级指标的得分比较情况

由图 4－31 对黄河流域综合发展水平中游区各项二级指标的平均得分情况展开分析。2011 年，黄河流域中游区经济发展的平均得分与最高得分差距较小，得分水平也较为均衡；人口劳动力、生态保护的平均得分较高；社会和谐、基础设施的平均得分偏低；科教文卫的平均得分与最高分差距较大。

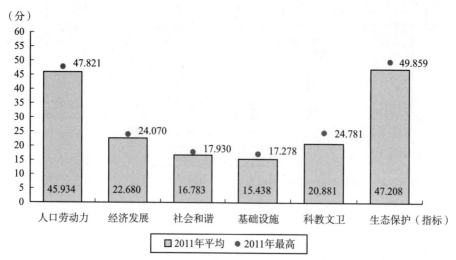

图 4－31　2011 年黄河流域综合发展水平中游区各二级指标的得分比较情况

由图 4－32 对黄河流域综合发展水平下游区各项二级指标的平均得分情况展开分析。2011 年，黄河流域下游区经济发展的平均得分与最高得分差距较小，得分水平也较为均衡；人口劳动力的平均得分较高；社会和谐、基础设施的平均得分偏低；生态保护、科教文卫的平均得分与最高分差距较大。

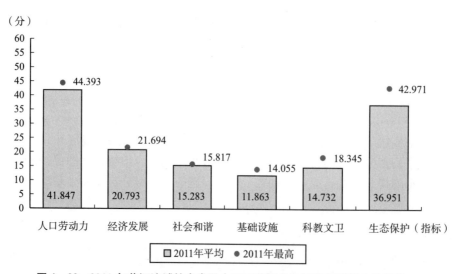

图 4－32　2011 年黄河流域综合发展水平下游区各二级指标的得分比较情况

由图 4－33 对黄河流域综合发展水平上游区各项二级指标的平均得分情况展开分析。2012 年，黄河流域上游区经济发展、科教文卫的平均得分与最高得分差距较小，得分水平也较为均衡；生态保护的平均得分较高；社会和谐的平均得分偏低；人口劳动力、基础设施的平均得分与最高分差距较大。

由图 4－34 对黄河流域综合发展水平中游区各项二级指标的平均得分情况展开分析。2012 年，黄河流域中游区经济发展、社会和谐的平均得分与最高得分差距较小，得分水平也较为均衡；人口劳动力、生态保护的平均得分较高；基础设施的平均得分偏低；科教文卫的平均得分与最高分差距较大。

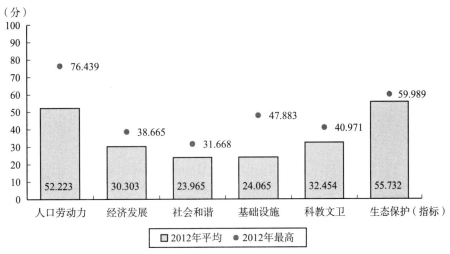

图 4 - 33　2012 年黄河流域综合发展水平上游区各二级指标的得分比较情况

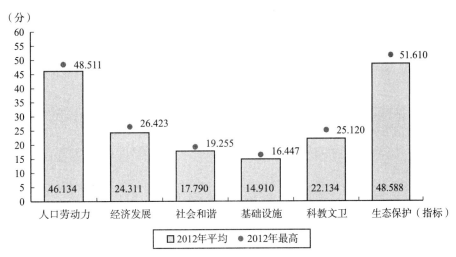

图 4 - 34　2012 年黄河流域综合发展水平中游区各二级指标的得分比较情况

由图 4 - 35 对黄河流域综合发展水平下游区各项二级指标的平均得分情况展开分析。2012 年，黄河流域下游区经济发展、社会和谐的平均得分与最高得分差距较小，得分水平也较为均衡；人口劳动力、生态保护的平均得分较高；基础设施的平均得分偏低；科教文卫的平均得分与最高分差距较大。

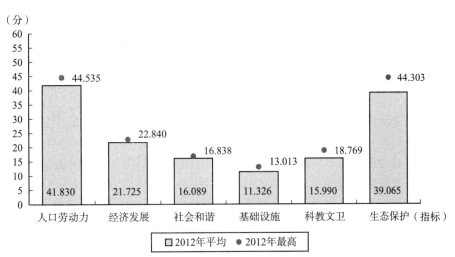

图 4 - 35　2012 年黄河流域综合发展水平下游区各二级指标的得分比较情况

由图 4 - 36 对黄河流域综合发展水平上游区各项二级指标的平均得分情况展开分析。2013 年，黄河流域上游区科教文卫的平均得分与最高得分差距较小，得分水平也较为均衡；生态保护的平均得分较高；经济发展、社会和谐的平均得分偏低；人口劳动力、基础设施的平均得分与最高分差距较大。

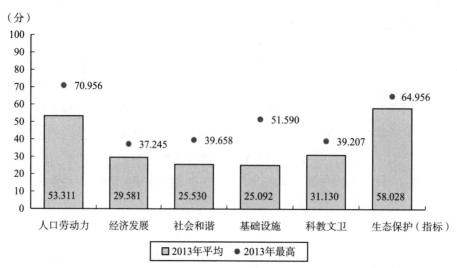

图 4 - 36　2013 年黄河流域综合发展水平上游区各二级指标的得分比较情况

由图 4 - 37 对黄河流域综合发展水平中游区各项二级指标的平均得分情况展开分析。2013 年，黄河流域中游区经济发展的平均得分与最高得分差距较小，得分水平也较为均衡；人口劳动力、生态保护的平均得分较高；基础设施、社会和谐的平均得分偏低；科教文卫的平均得分与最高分差距较大。

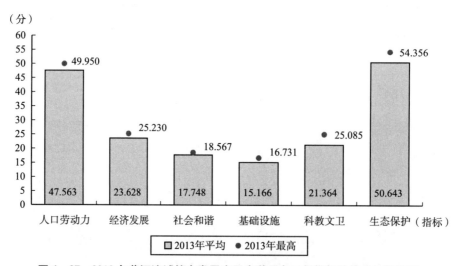

图 4 - 37　2013 年黄河流域综合发展水平中游区各二级指标的得分比较情况

由图 4 - 38 对黄河流域综合发展水平下游区各项二级指标的平均得分情况展开分析。2013 年，黄河流域下游区经济发展的平均得分与最高得分差距较小，得分水平也较为均衡；人口劳动力、生态保护的平均得分较高；基础设施、社会和谐的平均得分偏低；科教文卫的平均得分与最高分差距较大。

由图 4 - 39 对黄河流域综合发展水平上游区各项二级指标的平均得分情况展开分析。2014 年，黄河流域上游区经济发展、科教文卫的平均得分与最高得分差距较小，得分水平也较为均衡；基础设施的平均得分较高；社会和谐的平均得分偏低；人口劳动力、基础设施的平均得分与最高分差距较大。

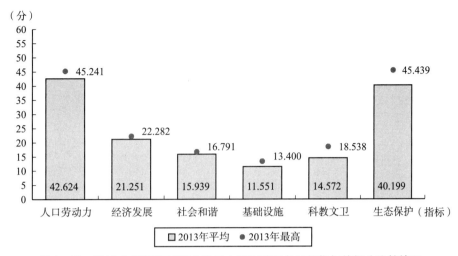

图 4 – 38　2013 年黄河流域综合发展水平下游区各二级指标的得分比较情况

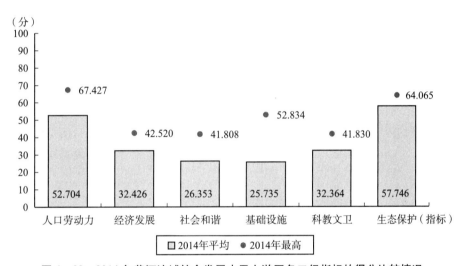

图 4 – 39　2014 年黄河流域综合发展水平上游区各二级指标的得分比较情况

由图 4 – 40 对黄河流域综合发展水平中游区各项二级指标的平均得分情况展开分析。2014 年，黄河流域中游区经济发展、科教文卫的平均得分与最高得分差距较小，得分水平也较为均衡；人口劳动力、生态保护的平均得分较高；基础设施的平均得分偏低；社会和谐的平均得分与最高分差距较大。

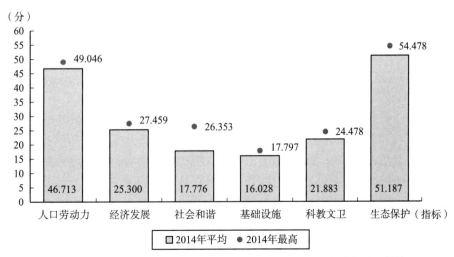

图 4 – 40　2014 年黄河流域综合发展水平中游区各二级指标的得分比较情况

由图4 –41对黄河流域综合发展水平下游区各项二级指标的平均得分情况展开分析。2014 年，黄河流域下游区经济发展、社会和谐的平均得分与最高得分差距较小，得分水平也较为均衡；人口劳动力、生态保护的平均得分较高；基础设施的平均得分偏低；科教文卫的平均得分与最高分差距较大。

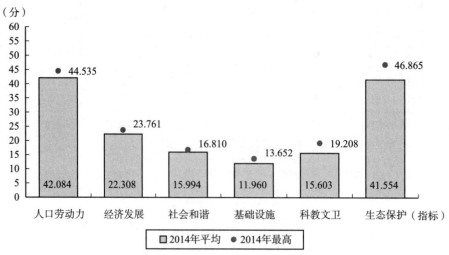

图4 –41　2014 年黄河流域综合发展水平下游区各二级指标的得分比较情况

由图4 –42对黄河流域综合发展水平上游区各项二级指标的平均得分情况展开分析。2015 年，黄河流域上游区经济发展的平均得分与最高得分差距较小，得分水平也较为均衡；人口劳动力、生态保护的平均得分较高；社会和谐的平均得分偏低；基础设施、科教文卫的平均得分与最高分差距较大。

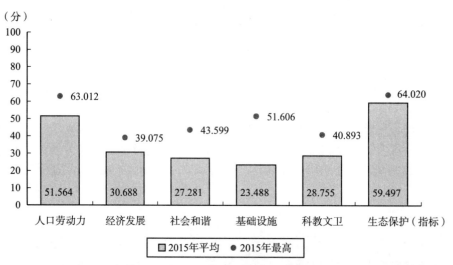

图4 –42　2015 年黄河流域综合发展水平上游区各二级指标的得分比较情况

由图4 –43对黄河流域综合发展水平中游区各项二级指标的平均得分情况展开分析。2015 年，黄河流域中游区经济发展、社会和谐的平均得分与最高得分差距较小，得分水平也较为均衡；人口劳动力、生态保护的平均得分较高；基础设施的平均得分偏低；科教文卫的平均得分与最高分差距较大。

由图4 –44对黄河流域综合发展水平下游区各项二级指标的平均得分情况展开分析。2015 年，黄河流域下游区经济发展、社会和谐的平均得分与最高得分差距较小，得分水平也较为均衡；人口劳动力、生态保护的平均得分较高；基础设施的平均得分偏低；科教文卫的平均得分与最高分差距较大。

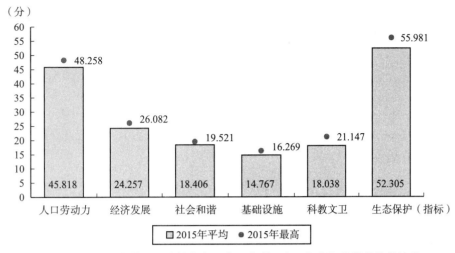

图 4 - 43　2015 年黄河流域综合发展水平中游区各二级指标的得分比较情况

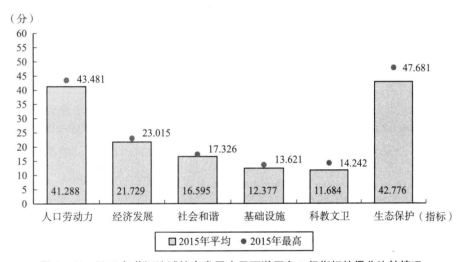

图 4 - 44　2015 年黄河流域综合发展水平下游区各二级指标的得分比较情况

由图 4 - 45 对黄河流域综合发展水平上游区各项二级指标的平均得分情况展开分析。2016 年，黄河流域上游区科教文卫的平均得分与最高得分差距较小，得分水平也较为均衡；人口劳动力、生态保护的平均得分较高；基础设施的平均得分偏低；经济发展、社会和谐的平均得分与最高分差距较大。

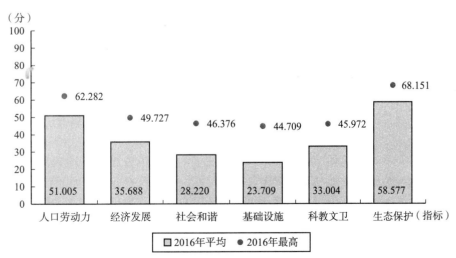

图 4 - 45　2016 年黄河流域综合发展水平上游区各二级指标的得分比较情况

由图 4 – 46 对黄河流域综合发展水平中游区各项二级指标的平均得分情况展开分析。2016 年，黄河流域中游区经济发展、社会和谐的平均得分与最高得分差距较小，得分水平也较为均衡；人口劳动力、生态保护的平均得分较高；基础设施的平均得分偏低；科教文卫的平均得分与最高分差距较大。

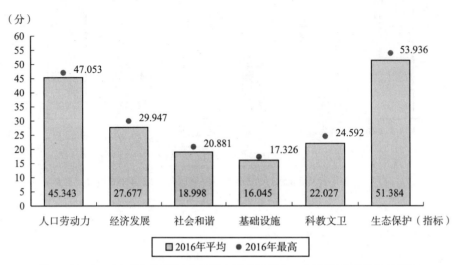

图 4 – 46　2016 年黄河流域综合发展水平中游区各二级指标的得分比较情况

由图 4 – 47 对黄河流域综合发展水平下游区各项二级指标的平均得分情况展开分析。2016 年，黄河流域下游区经济发展、社会和谐的平均得分与最高得分差距较小，得分水平也较为均衡；人口劳动力、生态保护的平均得分较高；基础设施的平均得分偏低；科教文卫的平均得分与最高分差距较大。

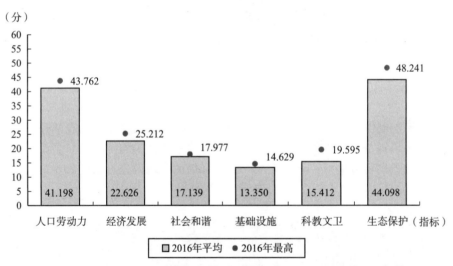

图 4 – 47　2016 年黄河流域综合发展水平下游区各二级指标的得分比较情况

由图 4 – 48 对黄河流域综合发展水平上游区各项二级指标的平均得分情况展开分析。2017 年，黄河流域上游区人口劳动力的平均得分与最高得分差距较小，得分水平也较为均衡；生态保护的平均得分较高；经济发展的平均得分偏低；基础设施、社会和谐、科教文卫的平均得分与最高分差距较大。

由图 4 – 49 对黄河流域综合发展水平中游区各项二级指标的平均得分情况展开分析。2017 年，黄河流域中游区经济发展、社会和谐的平均得分与最高得分差距较小，得分水平也较为均衡；人口劳动力、生态保护的平均得分较高；基础设施的平均得分偏低；科教文卫的平均得分与最高分差距较大。

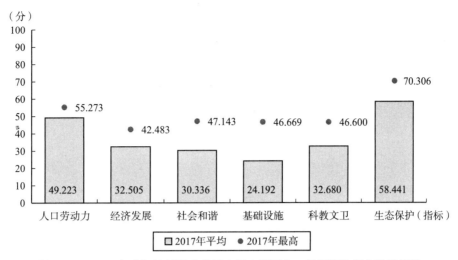

图 4 - 48 2017 年黄河流域综合发展水平上游区各二级指标的得分比较情况

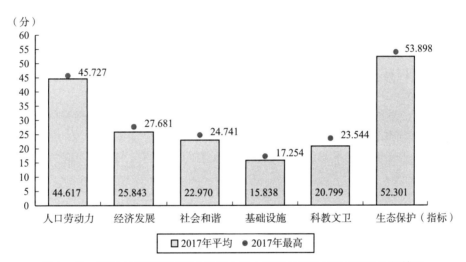

图 4 - 49 2017 年黄河流域综合发展水平中游区各二级指标的得分比较情况

由图 4 - 50 对黄河流域综合发展水平下游区各项二级指标的平均得分情况展开分析。2017 年，黄河流域下游区经济发展、社会和谐的平均得分与最高得分差距较小，得分水平也较为均衡；人口劳动力、生态保护的平均得分较高；基础设施的平均得分偏低；科教文卫的平均得分与最高分差距较大。

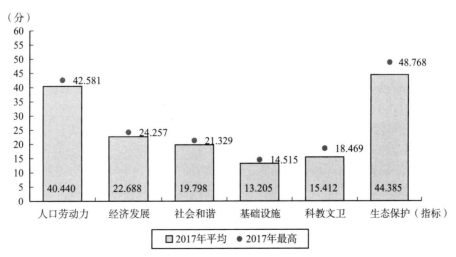

图 4 - 50 2017 年黄河流域综合发展水平下游区各二级指标的得分比较情况

由图 4－51 对黄河流域综合发展水平上游区各项二级指标的平均得分情况展开分析。2018 年，黄河流域上游区人口劳动力的平均得分与最高得分差距较小，得分水平也较为均衡；生态保护的平均得分较高；经济发展的平均得分偏低；社会和谐、基础设施、科教文卫的平均得分与最高分差距较大。

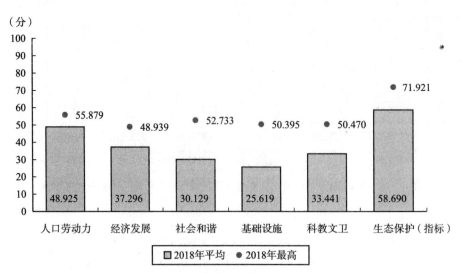

图 4－51　2018 年黄河流域综合发展水平上游区各二级指标的得分比较情况

由图 4－52 对黄河流域综合发展水平中游区各项二级指标的平均得分情况展开分析。2018 年，黄河流域中游区经济发展、社会和谐的平均得分与最高得分差距较小，得分水平也较为均衡；人口劳动力、生态保护的平均得分较高；基础设施的平均得分偏低；科教文卫的平均得分与最高分差距较大。

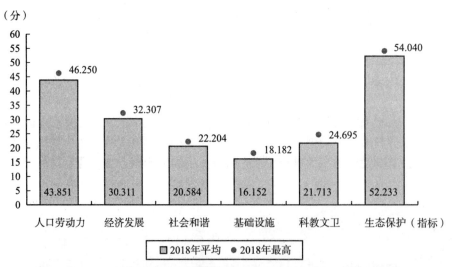

图 4－52　2018 年黄河流域综合发展水平中游区各二级指标的得分比较情况

由图 4－53 对黄河流域综合发展水平下游区各项二级指标的平均得分情况展开分析。2018 年，黄河流域下游区经济发展、社会和谐的平均得分与最高得分差距较小，得分水平也较为均衡；人口劳动力、生态保护的平均得分较高；基础设施的平均得分偏低；科教文卫的平均得分与最高分差距较大。

由图 4－54 对黄河流域综合发展水平上游区各项二级指标的平均得分情况展开分析。2019 年，黄河流域上游区人口劳动力的平均得分与最高得分差距较小，得分水平也较为均衡；生态保护的平均得分较高；经济发展的平均得分偏低；社会和谐、基础设施、科教文卫的平均得分与最高分差距较大。

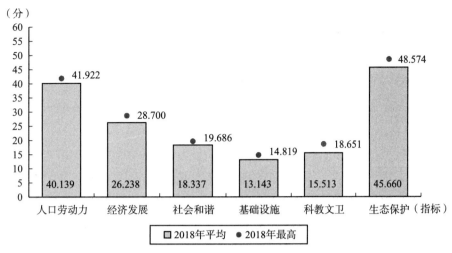

图4－53　2018年黄河流域综合发展水平下游区各二级指标的得分比较情况

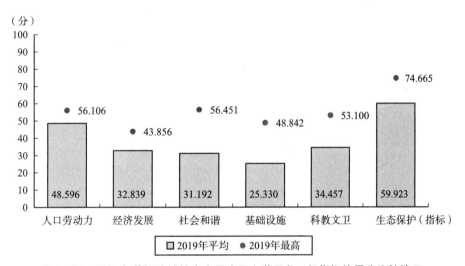

图4－54　2019年黄河流域综合发展水平上游区各二级指标的得分比较情况

由图4－55对黄河流域综合发展水平中游区各项二级指标的平均得分情况展开分析。2019年，黄河流域中游区经济发展、社会和谐的平均得分与最高得分差距较小，得分水平也较为均衡；人口劳动力、生态保护的平均得分较高；基础设施的平均得分偏低；科教文卫的平均得分与最高分差距较大。

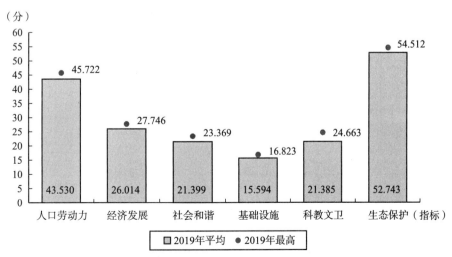

图4－55　2019年黄河流域综合发展水平中游区各二级指标的得分比较情况

由图4－56对黄河流域综合发展水平下游区各项二级指标的平均得分情况展开分析。2019年，黄河流域下游区经济发展、社会和谐的平均得分与最高得分差距较小，得分水平也较为均衡；人口劳动力、生态保护的平均得分较高；基础设施的平均得分偏低；科教文卫的平均得分与最高分差距较大。

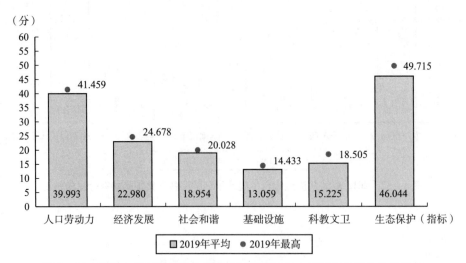

图4－56　2019年黄河流域综合发展水平下游区各二级指标的得分比较情况

（二）黄河流域城市群综合发展各子系统和生态保护系统耦合协调状况评价

从表4－41来看，2006～2019年，黄河流域生态保护与人口劳动力系统整体的耦合协调发展水平呈波动上升趋势且总体水平保持稳定，但是总体两个子系统的耦合协调发展水平等级处于濒临失调，从中可以看出黄河流域的耦合度值明显总体高于黄河流域的耦合协调度值和综合评价指数值，这表明黄河流域的生态保护与人口劳动力系统存在交互作用，且程度逐步加深，但各子系统的协调发展相对滞后，其中，生态保护综合发展水平呈现波动上升趋势，且2008年之后总体高于人口劳动力综合水平；人口劳动力有上下波动的态势，生态保护以及综合评价指数二者波动变化趋势基本一致，也说明黄河流域生态保护与人口劳动力存在一定的交互作用关系，同时综合评价指数发展水平呈现出与子系统各自发展水平综合指数同步的波动上升趋势，表明其发展间确实存在相互作用关系，共同影响着黄河流域的协调发展质量。总体看来，子系统的发展水平和协调程度虽然较低，其中人口劳动力水平有待提升。整体来看，发展趋势向好，水平稳步提升，区域协调发展水平发展趋势良好。

表4－41　　　　　　　　2006～2019年黄河流域生态保护与人口劳动力系统耦合协调发展质量

年份	生态保护综合指数	人口劳动力综合指数	耦合度	综合评价指数	耦合协调度	耦合协调等级
2006	0.172	0.204	0.983	0.188	0.428	濒临失调
2007	0.163	0.168	0.981	0.193	0.433	濒临失调
2008	0.171	0.169	0.984	0.194	0.434	濒临失调
2009	0.202	0.199	0.984	0.201	0.442	濒临失调
2010	0.203	0.182	0.966	0.193	0.429	濒临失调
2011	0.211	0.199	0.983	0.205	0.447	濒临失调
2012	0.218	0.197	0.984	0.207	0.449	濒临失调
2013	0.228	0.196	0.984	0.212	0.454	濒临失调
2014	0.222	0.184	0.983	0.203	0.443	濒临失调
2015	0.241	0.195	0.984	0.218	0.459	濒临失调
2016	0.242	0.193	0.982	0.217	0.458	濒临失调

年份	生态保护综合指数	人口劳动力综合指数	耦合度	综合评价指数	耦合协调度	耦合协调等级
2017	0.248	0.179	0.982	0.222	0.463	濒临失调
2018	0.257	0.177	0.981	0.226	0.465	濒临失调
2019	0.263	0.176	0.983	0.230	0.470	濒临失调

从表4-42来看，2006~2019年，黄河流域生态保护与经济发展系统整体的耦合协调发展水平呈波动上升趋势，在2009年有所下降，随后保持平稳，到2014年有所上升，但是总体两个子系统的耦合协调发展水平等级基本处于濒临失调或勉强失调的状态，从中可以看出，黄河流域的耦合度值明显总体高于黄河流域的耦合协调度值和综合评价指数值，这表明黄河流域的生态保护与经济发展子系统存在交互作用，且程度逐步加深，但各子系统的协调发展相对滞后，其中，生态保护综合发展水平呈现波动上升趋势，且总体高于经济发展的发展综合水平；除去2009年和2013年，生态保护、经济发展以及综合评价指数三者波动变化趋势基本一致，也说明黄河流域生态保护与经济发展存在交互作用关系，同时综合评价指数发展水平呈现出与子系统各自发展水平综合指数同步的波动上升趋势，表明其发展间确实存在相互作用关系，共同影响着黄河流域的协调发展质量。总体看来，子系统的发展水平和协调程度虽然较低，但是总体发展趋势向好，水平稳步提升，区域协调发展水平发展趋势良好。

表4-42　　　　　　　　　2006~2019年黄河流域生态保护与经济发展系统耦合协调发展质量

年份	生态保护综合指数	经济发展综合指数	耦合度	综合评价指数	耦合协调度	耦合协调等级
2006	0.172	0.267	0.969	0.220	0.459	濒临失调
2007	0.163	0.267	0.973	0.225	0.465	濒临失调
2008	0.171	0.266	0.977	0.226	0.467	濒临失调
2009	0.202	0.131	0.972	0.167	0.398	轻度失调
2010	0.203	0.139	0.976	0.171	0.405	濒临失调
2011	0.211	0.142	0.973	0.176	0.410	濒临失调
2012	0.218	0.148	0.974	0.183	0.417	濒临失调
2013	0.228	0.288	0.988	0.258	0.501	勉强协调
2014	0.222	0.279	0.989	0.250	0.493	濒临失调
2015	0.241	0.288	0.991	0.264	0.508	勉强协调
2016	0.242	0.286	0.992	0.264	0.508	勉强协调
2017	0.248	0.284	0.992	0.271	0.514	勉强协调
2018	0.257	0.285	0.993	0.274	0.516	勉强协调
2019	0.263	0.283	0.994	0.276	0.518	勉强协调

从表4-43来看，2006~2019年，黄河流域生态保护与社会和谐系统整体的耦合协调发展水平呈波动上升趋势，在2009年有所下降，随后保持平稳，到2014年有所上升，但是总体两个子系统的耦合协调发展水平等级处于濒临失调，从表4-43中可以看出黄河流域的耦合度值明显总体高于黄河流域的耦合协调度值和综合评价指数值，这表明黄河流域的生态保护与社会和谐子系统存在交互作用，且程度逐步加深，但各子系统的协调发展相对滞后，其中，生态保护综合发展水平呈现波动上升趋势，且总体高于社会和谐发展综合水平；除去2009年和2010年，生态保护、社会和谐以及综合评价指数三者波动变化趋势基本一致，也说明黄河流域生态保护与社会和谐存在交互作用关系，同时综合评价指数发展水平呈现出与子系统各自发展水平综合指数同步的波动上升趋势，表明其发展间确实存在相互作用关系，共同影响着黄河流域

的协调发展质量。总体看来，子系统的发展水平和协调程度虽然较低，但是总体发展趋势向好，水平稳步提升，区域协调发展水平发展趋势良好。

表 4 － 43　　　　　　　　2006～2019 年黄河流域生态保护与社会和谐系统耦合协调发展质量

年份	生态保护综合指数	社会和谐综合指数	耦合度	综合评价指数	耦合协调度	耦合协调等级
2006	0.172	0.113	0.957	0.143	0.365	轻度失调
2007	0.163	0.157	0.976	0.158	0.389	轻度失调
2008	0.171	0.167	0.979	0.162	0.395	轻度失调
2009	0.202	0.025	0.630	0.114	0.264	中度失调
2010	0.203	0.026	0.634	0.115	0.266	中度失调
2011	0.211	0.140	0.970	0.176	0.409	濒临失调
2012	0.218	0.146	0.972	0.182	0.417	濒临失调
2013	0.228	0.153	0.967	0.191	0.424	濒临失调
2014	0.222	0.148	0.964	0.185	0.416	濒临失调
2015	0.241	0.183	0.981	0.212	0.450	濒临失调
2016	0.242	0.190	0.985	0.216	0.455	濒临失调
2017	0.248	0.197	0.989	0.225	0.467	濒临失调
2018	0.257	0.212	0.988	0.230	0.470	濒临失调
2019	0.263	0.227	0.990	0.237	0.477	濒临失调

从表 4 － 44 来看，2006～2019 年，黄河流域生态保护与基础设施系统整体的耦合协调发展水平呈波动上升趋势且总体水平保持稳定，但是总体两个子系统的耦合协调发展水平等级处于由轻度失调转为濒临失调，从中可以看出黄河流域的耦合度值明显总体高于黄河流域的耦合协调度值和综合评价指数值，这表明黄河流域的生态保护与基础设施子系统存在交互作用，且程度逐步加深，但各子系统的协调发展相对滞后，其中，生态保护综合发展水平呈现波动上升趋势，且总体高于基础设施发展综合水平；生态保护、基础设施以及综合评价指数三者波动变化趋势基本一致，也说明黄河流域生态保护与基础设施存在交互作用关系，同时综合评价指数发展水平呈现出与子系统各自发展水平综合指数同步的波动上升趋势，表明其发展间确实存在相互作用关系，共同影响着黄河流域的协调发展质量。总体看来，子系统的发展水平和协调程度虽然较低，但是总体发展趋势向好，水平稳步提升，区域协调发展水平发展趋势良好。

表 4 － 44　　　　　　　　2006～2019 年黄河流域生态保护与基础设施系统耦合协调发展质量

年份	生态保护综合指数	基础设施综合指数	耦合度	综合评价指数	耦合协调度	耦合协调等级
2006	0.172	0.108	0.937	0.140	0.357	轻度失调
2007	0.163	0.102	0.940	0.148	0.366	轻度失调
2008	0.171	0.106	0.939	0.151	0.370	轻度失调
2009	0.202	0.119	0.926	0.160	0.378	轻度失调
2010	0.203	0.123	0.927	0.163	0.382	轻度失调
2011	0.211	0.126	0.925	0.169	0.388	轻度失调
2012	0.218	0.131	0.922	0.174	0.393	轻度失调
2013	0.228	0.141	0.928	0.185	0.406	濒临失调
2014	0.222	0.133	0.917	0.177	0.394	轻度失调
2015	0.241	0.143	0.924	0.192	0.413	濒临失调

年份	生态保护综合指数	基础设施综合指数	耦合度	综合评价指数	耦合协调度	耦合协调等级
2016	0.242	0.144	0.924	0.193	0.414	濒临失调
2017	0.248	0.138	0.922	0.197	0.417	濒临失调
2018	0.257	0.139	0.922	0.203	0.422	濒临失调
2019	0.263	0.147	0.922	0.205	0.424	濒临失调

从表 4 - 45 来看，2006 ~ 2019 年，黄河流域生态保护与科教文卫系统整体的耦合协调发展水平呈波动上升趋势且总体水平保持稳定，但是总体两个子系统的耦合协调发展水平等级处于由轻度失调转为濒临失调，从中可以看出黄河流域的耦合度值明显总体高于黄河流域的耦合协调度值和综合评价指数值，这表明黄河流域的生态保护与科教文卫子系统存在交互作用，且程度逐步加深，但各子系统的协调发展相对滞后，其中，生态保护综合发展水平呈现波动上升趋势，且总体高于科教文卫发展综合水平；生态保护、科教文卫以及综合评价指数三者波动变化趋势基本一致，也说明黄河流域生态保护与科教文卫存在交互作用关系，同时综合评价指数发展水平呈现出与子系统各自发展水平综合指数同步的波动上升趋势，表明其发展间确实存在相互作用关系，共同影响着黄河流域的协调发展质量。总体看来，子系统的发展水平和协调程度虽然较低，但是总体发展趋势向好，水平稳步提升，区域协调发展水平发展趋势良好。

表 4 - 45　　　　　　　2006 ~ 2019 年黄河流域生态保护与科教文卫系统耦合协调发展质量

年份	生态保护综合指数	科教文卫综合指数	耦合度	综合评价指数	耦合协调度	耦合协调等级
2006	0.172	0.144	0.960	0.158	0.387	轻度失调
2007	0.163	0.165	0.958	0.165	0.393	轻度失调
2008	0.171	0.185	0.961	0.167	0.397	轻度失调
2009	0.202	0.160	0.960	0.181	0.412	濒临失调
2010	0.203	0.166	0.964	0.185	0.418	濒临失调
2011	0.211	0.141	0.951	0.176	0.406	濒临失调
2012	0.218	0.143	0.950	0.181	0.410	濒临失调
2013	0.228	0.169	0.967	0.199	0.436	濒临失调
2014	0.222	0.147	0.946	0.184	0.413	濒临失调
2015	0.241	0.159	0.949	0.200	0.431	濒临失调
2016	0.242	0.161	0.954	0.201	0.432	濒临失调
2017	0.248	0.201	0.958	0.205	0.437	濒临失调
2018	0.257	0.202	0.961	0.211	0.443	濒临失调
2019	0.263	0.207	0.961	0.214	0.445	濒临失调

第五章 黄河流域城市群各指标和生态保护指标耦合协调发展情况

一、黄河流域城市群人口劳动力子系统和生态保护子系统耦合协调发展状况评测与分析

（一）黄河流域城市群人口劳动力子系统和生态保护子系统耦合协调状况评价

1. 生态质量子系统与人口劳动力各子系统耦合协调发展水平测度与评价

从表 5 - 1 来看，2006～2019 年，黄河流域生态质量与人口状况系统整体的耦合协调发展水平呈波动上升趋势且总体水平保持稳定，但是总体两个子系统的耦合协调发展水平等级处于轻度失调，由其中可以看出黄河流域的耦合度值明显总体高于黄河流域的耦合协调度值和综合评价指数值，这表明黄河流域的生态质量与人口状况子系统存在交互作用，且程度逐步加深，但各子系统的协调发展相对滞后。其中，生态质量和人口状况综合发展水平呈现波动上升趋势，2006～2010 年，生态质量综合发展水平低于人口状况综合发展水平，2010 年以后生态质量综合发展水平总体高于人口状况发展综合水平；生态质量、人口状况以及综合评价指数三者波动变化趋势较一致，也说明黄河流域生态质量与人口状况存在交互作用关系，同时综合评价指数发展水平呈现出与子系统各自发展水平综合指数同步的波动上升趋势，表明其发展间确实存在相互作用关系，共同影响着黄河流域的协调发展质量。总体看来，子系统的发展水平和协调程度虽然较低，但是总体发展趋势向好，水平稳步提升，区域协调发展水平发展趋势良好。

表 5 - 1 　　　　　　　 2006～2019 年黄河流域生态质量与人口状况系统耦合协调发展质量

年份	生态质量综合指数	人口状况综合指数	耦合度	综合评价指数	耦合协调度	耦合协调等级
2006	0.125	0.162	0.957	0.144	0.364	轻度失调
2007	0.136	0.162	0.954	0.149	0.370	轻度失调
2008	0.134	0.159	0.954	0.147	0.368	轻度失调
2009	0.152	0.156	0.954	0.154	0.376	轻度失调
2010	0.145	0.179	0.921	0.162	0.382	轻度失调
2011	0.156	0.152	0.955	0.154	0.378	轻度失调
2012	0.159	0.154	0.955	0.157	0.379	轻度失调
2013	0.169	0.153	0.954	0.161	0.384	轻度失调
2014	0.158	0.146	0.948	0.152	0.371	轻度失调
2015	0.178	0.156	0.949	0.167	0.389	轻度失调
2016	0.179	0.154	0.950	0.166	0.389	轻度失调
2017	0.186	0.157	0.954	0.172	0.394	轻度失调
2018	0.191	0.161	0.955	0.176	0.398	轻度失调
2019	0.190	0.171	0.959	0.180	0.402	濒临失调

从表 5 - 2 来看，2006 ~ 2019 年，黄河流域生态质量与就业规模系统整体的耦合协调发展水平呈波动上升趋势且总体水平保持稳定，但是总体两个子系统的耦合协调发展水平等级处于濒临失调，由其中可以看出黄河流域的耦合度值明显总体高于黄河流域的耦合协调度值和综合评价指数值，这表明黄河流域的生态质量与就业规模子系统存在交互作用，且程度逐步加深，但各子系统的协调发展相对滞后。其中，生态质量和就业规模综合发展水平呈现波动上升趋势，但生态质量综合发展水平低于就业规模综合发展水平；生态质量、就业规模以及综合评价指数三者波动变化趋势较一致，也说明黄河流域生态质量与就业规模存在交互作用关系，同时综合评价指数发展水平呈现出与子系统各自发展水平综合指数同步的波动上升趋势，表明其发展间确实存在相互作用关系，共同影响着黄河流域的协调发展质量。总体看来，子系统的发展水平和协调程度虽然较低，但是总体发展趋势向好，水平稳步提升，区域协调发展水平发展趋势良好。

表 5 - 2　　　　　　　　　　2006 ~ 2019 年黄河流域生态质量与就业规模系统耦合协调发展质量

年份	生态质量综合指数	就业规模综合指数	耦合度	综合评价指数	耦合协调度	耦合协调等级
2006	0.125	0.189	0.959	0.157	0.384	轻度失调
2007	0.136	0.190	0.960	0.163	0.390	轻度失调
2008	0.134	0.187	0.963	0.161	0.388	轻度失调
2009	0.152	0.189	0.966	0.171	0.400	濒临失调
2010	0.145	0.145	0.953	0.145	0.356	轻度失调
2011	0.156	0.194	0.966	0.175	0.405	濒临失调
2012	0.159	0.198	0.964	0.179	0.409	濒临失调
2013	0.169	0.218	0.963	0.194	0.425	濒临失调
2014	0.158	0.209	0.957	0.184	0.412	濒临失调
2015	0.178	0.218	0.962	0.198	0.430	濒临失调
2016	0.179	0.214	0.966	0.196	0.428	濒临失调
2017	0.186	0.209	0.972	0.197	0.430	濒临失调
2018	0.191	0.199	0.972	0.195	0.427	濒临失调
2019	0.190	0.197	0.973	0.194	0.425	濒临失调

从表 5 - 3 来看，2006 ~ 2019 年，黄河流域生态质量与就业结构系统整体的耦合协调发展水平呈波动上升趋势且总体水平保持稳定，但是总体两个子系统的耦合协调发展水平等级处于濒临失调，由其中可以看出黄河流域的耦合度值明显总体高于黄河流域的耦合协调度值和综合评价指数值，这表明黄河流域的生态质量与就业结构子系统存在交互作用，且程度逐步加深，但各子系统的协调发展相对滞后。其中，生态质量综合发展水平呈现波动上升趋势，但生态质量综合发展水平低于就业结构综合发展水平，而就业结构综合发展水平呈现波动下降趋势；就业结构以及综合评价指数二者波动变化趋势较一致，在 2015 ~ 2019 年生态质量、就业结构以及综合评价指数三者波动变化趋势较一致，说明总体上来看，黄河流域生态质量与就业结构存在交互作用关系，同时综合评价指数发展水平呈现出与子系统各自发展水平综合指数同步的波动下降趋势，表明其发展间存在的相互作用关系较弱，但共同影响着黄河流域的协调发展质量。总体看来，子系统的发展水平和协调程度虽然较低，总体发展趋势有待提升，区域协调发展水平发展趋势有待改善。

表 5 - 3　　　　　　　　　　2006 ~ 2019 年黄河流域生态质量与就业结构系统耦合协调发展质量

年份	生态质量综合指数	就业结构综合指数	耦合度	综合评价指数	耦合协调度	耦合协调等级
2006	0.125	0.280	0.891	0.203	0.422	濒临失调
2007	0.136	0.284	0.891	0.210	0.429	濒临失调
2008	0.134	0.286	0.896	0.210	0.430	濒临失调

年份	生态质量综合指数	就业结构综合指数	耦合度	综合评价指数	耦合协调度	耦合协调等级
2009	0.152	0.274	0.912	0.213	0.438	濒临失调
2010	0.145	0.216	0.938	0.181	0.407	濒临失调
2011	0.156	0.276	0.922	0.216	0.443	濒临失调
2012	0.159	0.264	0.926	0.212	0.440	濒临失调
2013	0.169	0.246	0.938	0.208	0.440	濒临失调
2014	0.158	0.224	0.940	0.191	0.422	濒临失调
2015	0.178	0.236	0.948	0.207	0.441	濒临失调
2016	0.179	0.238	0.946	0.208	0.441	濒临失调
2017	0.186	0.240	0.949	0.213	0.447	濒临失调
2018	0.191	0.245	0.944	0.218	0.450	濒临失调
2019	0.190	0.247	0.944	0.219	0.451	濒临失调

2. 保护治理子系统与人口劳动力各子系统耦合协调发展水平测度与评价

从表5-4来看，2006～2019年，黄河流域保护治理与人口状况系统整体的耦合协调发展水平呈波动上升趋势且总体水平保持稳定，但是总体两个子系统的耦合协调发展水平等级处于濒临失调，由其中可以看出黄河流域的耦合度值明显总体高于黄河流域的耦合协调度值和综合评价指数值，这表明黄河流域的保护治理与人口状况子系统存在交互作用，且程度逐步加深，但各子系统的协调发展相对滞后。其中，保护治理和人口状况综合发展水平呈现直线上升趋势，且保护治理综合发展水平基本高于人口状况综合发展水平；保护治理、人口状况以及综合评价指数三者波动变化趋势较一致，也说明黄河流域保护治理与人口状况存在交互作用关系，同时综合评价指数发展水平呈现出与子系统各自发展水平综合指数同步的波动上升趋势，表明其发展间确实存在相互作用关系，共同影响着黄河流域的协调发展质量。总体看来，子系统的发展水平和协调程度虽然较低，但是总体发展趋势向好，水平稳步提升，区域协调发展水平发展趋势良好。

表5-4　　　　　　　　　　2006～2019年黄河流域保护治理与人口状况系统耦合协调发展质量

年份	保护治理综合指数	人口状况综合指数	耦合度	综合评价指数	耦合协调度	耦合协调等级
2006	0.264	0.162	0.933	0.213	0.442	濒临失调
2007	0.271	0.162	0.928	0.216	0.444	濒临失调
2008	0.280	0.159	0.922	0.220	0.446	濒临失调
2009	0.300	0.156	0.910	0.228	0.452	濒临失调
2010	0.316	0.179	0.907	0.248	0.472	濒临失调
2011	0.319	0.152	0.898	0.235	0.457	濒临失调
2012	0.331	0.154	0.889	0.243	0.461	濒临失调
2013	0.342	0.153	0.880	0.248	0.464	濒临失调
2014	0.344	0.146	0.867	0.245	0.458	濒临失调
2015	0.363	0.156	0.873	0.260	0.473	濒临失调
2016	0.364	0.154	0.872	0.259	0.473	濒临失调
2017	0.375	0.157	0.872	0.266	0.478	濒临失调
2018	0.383	0.161	0.868	0.272	0.482	濒临失调
2019	0.399	0.171	0.869	0.285	0.492	濒临失调

　　从表5-5来看，2006~2019年，黄河流域保护治理与就业规模系统整体的耦合协调发展水平呈波动上升趋势且总体水平保持稳定，但是总体两个子系统的耦合协调发展水平等级由濒临失调转为勉强协调，由其中可以看出黄河流域的耦合度值明显总体高于黄河流域的耦合协调度值和综合评价指数值，这表明黄河流域的保护治理与就业规模子系统存在交互作用，且程度逐步加深，但各子系统的协调发展相对滞后。其中，保护治理和就业规模综合发展水平呈现波动上升趋势，且保护治理综合发展水平基本高于就业规模综合发展水平；保护治理、就业规模以及综合评价指数三者波动变化趋势较一致，也说明黄河流域保护治理与就业规模存在交互作用关系，同时综合评价指数发展水平呈现出与子系统各自发展水平综合指数同步的波动上升趋势，表明其发展间确实存在相互作用关系，共同影响着黄河流域的协调发展质量。总体看来，子系统的发展水平和协调程度虽然较低，但是总体发展趋势向好，水平稳步提升，区域协调发展水平发展趋势良好。

表5-5　　　　　　　　2006~2019年黄河流域保护治理与就业规模系统耦合协调发展质量

年份	保护治理综合指数	就业规模综合指数	耦合度	综合评价指数	耦合协调度	耦合协调等级
2006	0.264	0.189	0.968	0.226	0.465	濒临失调
2007	0.271	0.190	0.963	0.231	0.468	濒临失调
2008	0.280	0.187	0.958	0.233	0.470	濒临失调
2009	0.300	0.189	0.953	0.245	0.480	濒临失调
2010	0.316	0.145	0.837	0.230	0.435	濒临失调
2011	0.319	0.194	0.947	0.256	0.490	濒临失调
2012	0.331	0.198	0.944	0.265	0.497	濒临失调
2013	0.342	0.218	0.953	0.280	0.514	勉强协调
2014	0.344	0.209	0.946	0.277	0.509	勉强协调
2015	0.363	0.218	0.948	0.291	0.522	勉强协调
2016	0.364	0.214	0.944	0.289	0.519	勉强协调
2017	0.375	0.209	0.943	0.292	0.521	勉强协调
2018	0.383	0.199	0.932	0.291	0.518	勉强协调
2019	0.399	0.197	0.923	0.298	0.521	勉强协调

　　从表5-6来看，2006~2019年，黄河流域保护治理与就业结构系统整体的耦合协调发展水平呈波动上升趋势且总体水平保持稳定，但是总体两个子系统的耦合协调发展水平等级处于勉强协调，由其中可以看出黄河流域的耦合度值明显总体高于黄河流域的耦合协调度值和综合评价指数值，这表明黄河流域的保护治理与就业结构子系统存在交互作用，且程度逐步加深，但各子系统的协调发展相对滞后。其中，保护治理综合发展水平呈现波动上升趋势，且保护治理综合发展水平基本高于就业结构综合发展水平；保护治理以及综合评价指数二者波动变化趋势较一致，同时综合评价指数发展水平呈现出与子系统各自发展水平综合指数同步的波动上升趋势，表明其发展间确实存在相互作用关系，共同影响着黄河流域的协调发展质量。总体看来，子系统的发展水平和协调程度虽然较低，但是保护治理综合发展水平总体发展趋势向好，水平稳步提升，区域协调发展水平趋势良好，就业结构综合发展水平有待提升。

表5-6　　　　　　　　2006~2019年黄河流域保护治理与就业结构系统耦合协调发展质量

年份	保护治理综合指数	就业结构综合指数	耦合度	综合评价指数	耦合协调度	耦合协调等级
2006	0.264	0.280	0.980	0.272	0.514	勉强协调
2007	0.271	0.284	0.978	0.277	0.519	勉强协调
2008	0.280	0.286	0.981	0.283	0.525	勉强协调

年份	保护治理综合指数	就业结构综合指数	耦合度	综合评价指数	耦合协调度	耦合协调等级
2009	0.300	0.274	0.981	0.287	0.529	勉强协调
2010	0.316	0.216	0.954	0.266	0.501	勉强协调
2011	0.319	0.276	0.977	0.297	0.538	勉强协调
2012	0.331	0.264	0.975	0.297	0.538	勉强协调
2013	0.342	0.246	0.973	0.294	0.534	勉强协调
2014	0.344	0.224	0.965	0.284	0.523	勉强协调
2015	0.363	0.236	0.966	0.300	0.537	勉强协调
2016	0.364	0.238	0.966	0.301	0.538	勉强协调
2017	0.375	0.240	0.965	0.308	0.543	勉强协调
2018	0.383	0.245	0.963	0.314	0.548	勉强协调
2019	0.399	0.247	0.961	0.323	0.555	勉强协调

（二）黄河流域城市群城市人口劳动力子系统和生态保护子系统耦合发展时空变化

1. 生态质量子系统与人口劳动力子系统耦合发展时空变化

将黄河流域各地级市人口状况和生态质量两大系统的综合指数分别代入耦合度和耦合协调度公式，从而得到各地级市人口状况与生态质量复合系统耦合协调度（见表5－7）。随着时间的推移，黄河流域沿线各地级市的耦合协调度变动以保持稳定和缓慢上升为主，总体上向着良性耦合协调方向演变，但部分个别城市存在小幅下滑趋势。具体而言，晋中市、忻州市、白银市、晋城市、焦作市、许昌市6个城市耦合协调度基本保持在固定区间，说明其人口状况与生态质量耦合协调发展关系比较稳定，西安、郑州、济南、青岛是流域内工业化、城镇化水平最高的城市，人口状况发展迅速，耦合协调度始终保持高位；阳泉市、定西市、铜川市、宝鸡市、平顶山市、泰安市、聊城市7个城市人口状况增长动力疲软，依靠环境投入与治理的加强，耦合协调度相对稳定。包头市、银川市、晋城市、亳州市、新乡市、周口市、淄博市、枣庄市、东营市、威海市、日照市、临沂市和聊城市13个城市的两大系统耦合协调度上升至优一级协调耦合协调区间，其中，包头市、晋城市、亳州市、枣庄市、东营市、威海市、日照市、聊城市由轻度失调上升为濒临失调；淄博市、临沂市由濒临失调上升为勉强协调，主要得益于国家流域治理和人口状况开发制度的完善和生态环境保护力度的加大。此外，西安市、郑州市、济南市、青岛市的耦合协调度有大幅上涨，上升为中级协调。长治市、临汾市、吕梁市、兰州市、吴忠市、中卫市、运城市、咸阳市、渭南市、庆阳市、鹤壁市、新乡市、漯河市、周口市、德州市、菏泽市的耦合协调度有所下降，急待提升基础设施与生态质量力度；与此同时，忻州市、晋城市、焦作市两大系统耦合协调度上升幅度较小。由于自身薄弱的人口状况和脆弱的生态环境，自2006年始，吴忠市耦合协调度始终在流域内垫底，亟须结合自身实际情况，制定相应的人口状况与生态质量耦合协调发展策略，采取综合性措施，推动二者向良性协调方向发展。

表5－7　　　　　　2006～2019年黄河流域各地级市生态质量与人口状况耦合协调度年际变化

地区	2006年	2007年	2008年	2009年	2010年	2011年	2012年	2013年	2014年	2015年	2016年	2017年	2018年	2019年
太原市	0.515	0.475	0.482	0.505	0.416	0.514	0.522	0.530	0.530	0.541	0.543	0.577	0.582	0.582
阳泉市	0.298	0.303	0.302	0.310	0.344	0.317	0.315	0.314	0.305	0.319	0.321	0.328	0.320	0.317
长治市	0.336	0.338	0.333	0.334	0.398	0.335	0.333	0.335	0.318	0.330	0.331	0.328	0.324	0.314
晋中市	0.323	0.329	0.333	0.338	0.383	0.355	0.334	0.325	0.315	0.316	0.335	0.314	0.312	0.332
忻州市	0.313	0.302	0.295	0.307	0.371	0.299	0.301	0.313	0.303	0.315	0.323	0.318	0.316	0.317

地区	2006 年	2007 年	2008 年	2009 年	2010 年	2011 年	2012 年	2013 年	2014 年	2015 年	2016 年	2017 年	2018 年	2019 年
临汾市	0.347	0.345	0.369	0.346	0.417	0.362	0.347	0.346	0.327	0.340	0.343	0.342	0.340	0.340
吕梁市	0.428	0.377	0.381	0.369	0.440	0.369	0.362	0.354	0.339	0.346	0.359	0.337	0.335	0.330
呼和浩特市	0.353	0.375	0.386	0.396	0.361	0.394	0.400	0.422	0.408	0.415	0.421	0.439	0.453	0.449
包头市	0.424	0.438	0.399	0.420	0.339	0.419	0.432	0.434	0.449	0.469	0.457	0.487	0.488	0.481
鄂尔多斯市	0.237	0.231	0.254	0.314	0.429	0.365	0.362	0.320	0.251	0.275	0.337	0.286	0.293	0.295
榆林市	0.258	0.296	0.288	0.290	0.308	0.297	0.303	0.284	0.283	0.306	0.324	0.343	0.348	0.345
兰州市	0.451	0.453	0.403	0.421	0.359	0.397	0.399	0.418	0.412	0.427	0.446	0.445	0.451	0.450
白银市	0.264	0.251	0.263	0.265	0.327	0.272	0.270	0.276	0.260	0.279	0.279	0.276	0.277	0.272
定西市	0.275	0.272	0.300	0.302	0.364	0.313	0.306	0.306	0.291	0.301	0.302	0.298	0.302	0.292
西宁市	0.335	0.340	0.338	0.366	0.338	0.365	0.374	0.379	0.372	0.392	0.392	0.393	0.471	0.395
银川市	0.306	0.319	0.322	0.345	0.323	0.354	0.375	0.372	0.360	0.384	0.393	0.387	0.376	0.385
石嘴山市	0.244	0.263	0.269	0.273	0.330	0.285	0.284	0.284	0.312	0.297	0.287	0.283	0.284	0.287
吴忠市	0.286	0.274	0.264	0.270	0.310	0.288	0.267	0.273	0.250	0.240	0.277	0.270	0.269	0.266
中卫市	0.296	0.273	0.291	0.273	0.307	0.263	0.276	0.279	0.257	0.371	0.276	0.291	0.292	0.291
运城市	0.356	0.369	0.388	0.333	0.393	0.348	0.359	0.357	0.336	0.361	0.354	0.340	0.335	0.338
西安市	0.605	0.665	0.637	0.649	0.485	0.605	0.634	0.649	0.647	0.669	0.670	0.704	0.709	0.738
铜川市	0.286	0.285	0.282	0.294	0.305	0.306	0.309	0.312	0.292	0.307	0.311	0.305	0.297	0.297
宝鸡市	0.354	0.360	0.343	0.356	0.372	0.383	0.383	0.384	0.370	0.378	0.380	0.379	0.377	0.381
咸阳市	0.351	0.353	0.329	0.332	0.378	0.333	0.337	0.329	0.322	0.321	0.339	0.345	0.336	0.337
渭南市	0.370	0.378	0.360	0.375	0.386	0.358	0.343	0.337	0.319	0.350	0.348	0.374	0.368	0.369
天水市	0.322	0.305	0.317	0.348	0.392	0.362	0.352	0.356	0.344	0.357	0.368	0.360	0.361	0.358
平凉市	0.246	0.238	0.271	0.258	0.358	0.299	0.273	0.272	0.272	0.270	0.297	0.299	0.295	0.291
庆阳市	0.294	0.297	0.294	0.283	0.327	0.285	0.280	0.284	0.277	0.296	0.286	0.287	0.277	0.273
商洛市	0.268	0.286	0.284	0.288	0.361	0.364	0.310	0.296	0.265	0.284	0.292	0.307	0.305	0.315
晋城市	0.400	0.417	0.379	0.390	0.360	0.411	0.447	0.447	0.439	0.457	0.457	0.392	0.392	0.403
亳州市	0.366	0.424	0.423	0.397	0.379	0.387	0.415	0.424	0.400	0.414	0.426	0.408	0.412	0.414
郑州市	0.462	0.516	0.515	0.546	0.457	0.522	0.579	0.603	0.604	0.632	0.617	0.653	0.679	0.703
开封市	0.351	0.350	0.359	0.360	0.398	0.365	0.369	0.366	0.340	0.366	0.366	0.390	0.386	0.386
洛阳市	0.389	0.387	0.382	0.401	0.433	0.413	0.416	0.417	0.404	0.416	0.421	0.431	0.434	0.440
平顶山市	0.355	0.377	0.373	0.378	0.416	0.387	0.382	0.386	0.366	0.386	0.375	0.381	0.379	0.377
鹤壁市	0.323	0.314	0.306	0.315	0.342	0.324	0.320	0.324	0.300	0.318	0.314	0.315	0.312	0.317
新乡市	0.371	0.378	0.367	0.372	0.433	0.378	0.379	0.384	0.359	0.376	0.372	0.366	0.363	0.366
焦作市	0.354	0.356	0.343	0.346	0.369	0.358	0.354	0.360	0.337	0.356	0.352	0.361	0.357	0.358
许昌市	0.357	0.341	0.327	0.321	0.376	0.322	0.319	0.312	0.290	0.310	0.309	0.364	0.363	0.363
漯河市	0.386	0.395	0.390	0.392	0.359	0.391	0.388	0.393	0.359	0.383	0.381	0.367	0.375	0.375
商丘市	0.394	0.408	0.402	0.424	0.444	0.415	0.425	0.434	0.411	0.428	0.423	0.402	0.409	0.424
周口市	0.415	0.427	0.421	0.429	0.486	0.403	0.400	0.398	0.380	0.399	0.394	0.380	0.384	0.381
济南市	0.522	0.519	0.513	0.530	0.410	0.521	0.525	0.529	0.521	0.548	0.551	0.600	0.616	0.720
青岛市	0.460	0.500	0.511	0.541	0.452	0.514	0.555	0.567	0.565	0.571	0.622	0.638	0.702	0.746

地区	2006 年	2007 年	2008 年	2009 年	2010 年	2011 年	2012 年	2013 年	2014 年	2015 年	2016 年	2017 年	2018 年	2019 年
淄博市	0.457	0.468	0.471	0.482	0.369	0.480	0.483	0.544	0.474	0.501	0.498	0.499	0.502	0.519
枣庄市	0.417	0.421	0.428	0.441	0.334	0.439	0.446	0.451	0.449	0.474	0.458	0.463	0.461	0.455
东营市	0.348	0.348	0.350	0.362	0.360	0.348	0.353	0.368	0.359	0.382	0.383	0.419	0.417	0.435
烟台市	0.392	0.394	0.395	0.407	0.374	0.402	0.404	0.415	0.400	0.425	0.413	0.417	0.407	0.454
潍坊市	0.383	0.412	0.425	0.439	0.416	0.431	0.428	0.428	0.410	0.431	0.428	0.442	0.454	0.467
济宁市	0.420	0.411	0.385	0.412	0.407	0.380	0.381	0.443	0.427	0.453	0.434	0.443	0.445	0.452
泰安市	0.416	0.420	0.410	0.426	0.389	0.413	0.407	0.408	0.387	0.409	0.428	0.417	0.426	0.440
威海市	0.303	0.307	0.306	0.314	0.347	0.305	0.307	0.311	0.382	0.397	0.339	0.396	0.395	0.415
日照市	0.370	0.367	0.366	0.377	0.351	0.378	0.379	0.396	0.377	0.403	0.396	0.402	0.399	0.407
临沂市	0.419	0.439	0.448	0.491	0.479	0.503	0.523	0.519	0.524	0.532	0.525	0.532	0.562	0.538
德州市	0.395	0.389	0.384	0.408	0.382	0.351	0.337	0.343	0.378	0.399	0.351	0.387	0.393	0.390
聊城市	0.395	0.408	0.403	0.406	0.393	0.403	0.402	0.411	0.389	0.406	0.416	0.393	0.397	0.406
滨州市	0.316	0.334	0.336	0.345	0.358	0.344	0.346	0.361	0.332	0.383	0.350	0.379	0.380	0.379
菏泽市	0.458	0.455	0.432	0.440	0.431	0.425	0.423	0.425	0.403	0.427	0.423	0.437	0.432	0.419

为横向比较黄河流域沿线各地级市人口状况与生态质量耦合协调发展情况，计算并整理出 2006~2019 年各地级市两大系统耦合协调度平均值（见表 5-8）。从空间上看，沿线城市人口状况与生态质量耦合协调度与两大系统综合发展水平分布较为相似。其中，西安耦合协调度最高，处于初级协调阶段；太原市、郑州市、济南市、青岛市和临沂市耦合协调发展状况较好，处于勉强协调阶段，这些城市的人口状况发展水平较高，生态质量系统与其他城市比具有显著优势，在一定程度上弥补了生态质量系统的不均衡。呼和浩特市、兰州市、晋城市、亳州市、洛阳市、商丘市、周口市、淄博市、枣庄市、烟台市、潍坊市、济宁市、泰安市、聊城市、菏泽市的两大系统发展水平属于濒临失调，自然条件的限制和落后的人口状况发展水平是阻碍其生态发展的重要因素。其他城市均处于轻度失调和中度失调阶段。从市域两大系统综合发展水平来看，制约其耦合协调发展的主导因素各有不同。忻州市、临汾市、吕梁市、榆林市、定西市、运城市、西安市、宝鸡市、咸阳市、渭南市、天水市、平凉市、庆阳市、商洛市、晋城市、亳州市、郑州市、洛阳市、平顶山市、商丘市、周口市、济南市、潍坊市、菏泽市的人口状况评价值略高于生态质量评价值，为生态滞后型，自然资源和生态质量短板是牵制其协调发展的主导因素；而其他城市与各自生态质量系统相比，人口状况发展滞后明显。

表 5-8　　　　　　　　2006~2019 年黄河流域各地级市生态质量与人口状况耦合协调度均值比较

地区	生态质量综合指数	人口状况综合指数	耦合度	综合评价指数	耦合协调度	耦合协调等级
太原市	0.301	0.253	0.990	0.277	0.522	勉强协调
阳泉市	0.143	0.070	0.938	0.106	0.315	轻度失调
长治市	0.114	0.112	0.994	0.113	0.335	轻度失调
晋中市	0.118	0.105	0.989	0.112	0.332	轻度失调
忻州市	0.070	0.152	0.913	0.111	0.314	轻度失调
临汾市	0.101	0.152	0.977	0.127	0.351	轻度失调
吕梁市	0.097	0.197	0.933	0.147	0.366	轻度失调
呼和浩特市	0.273	0.100	0.887	0.187	0.405	濒临失调
包头市	0.235	0.163	0.971	0.199	0.438	濒临失调

续表

地区	生态质量综合指数	人口状况综合指数	耦合度	综合评价指数	耦合协调度	耦合协调等级
鄂尔多斯市	0.253	0.041	0.687	0.147	0.304	轻度失调
榆林市	0.083	0.108	0.979	0.096	0.305	轻度失调
兰州市	0.185	0.179	0.992	0.182	0.424	濒临失调
白银市	0.096	0.061	0.962	0.078	0.274	中度失调
定西市	0.053	0.159	0.867	0.106	0.302	轻度失调
西宁市	0.179	0.115	0.974	0.147	0.375	轻度失调
银川市	0.208	0.080	0.895	0.144	0.357	轻度失调
石嘴山市	0.206	0.033	0.688	0.119	0.284	中度失调
吴忠市	0.102	0.057	0.936	0.079	0.272	中度失调
中卫市	0.127	0.058	0.924	0.093	0.288	中度失调
运城市	0.108	0.150	0.980	0.129	0.355	轻度失调
西安市	0.323	0.561	0.957	0.442	0.648	初级协调
铜川市	0.122	0.067	0.953	0.094	0.299	中度失调
宝鸡市	0.133	0.144	0.996	0.139	0.372	轻度失调
咸阳市	0.098	0.136	0.984	0.117	0.339	轻度失调
渭南市	0.096	0.177	0.952	0.137	0.360	轻度失调
天水市	0.092	0.167	0.952	0.129	0.350	轻度失调
平凉市	0.068	0.100	0.969	0.084	0.281	中度失调
庆阳市	0.049	0.148	0.865	0.099	0.289	中度失调
商洛市	0.058	0.148	0.899	0.103	0.302	轻度失调
晋城市	0.155	0.199	0.971	0.177	0.414	濒临失调
亳州市	0.116	0.239	0.935	0.177	0.406	濒临失调
郑州市	0.327	0.356	0.993	0.342	0.578	勉强协调
开封市	0.137	0.135	0.997	0.136	0.368	轻度失调
洛阳市	0.150	0.196	0.989	0.173	0.413	濒临失调
平顶山市	0.136	0.154	0.996	0.145	0.380	轻度失调
鹤壁市	0.156	0.065	0.910	0.111	0.317	轻度失调
新乡市	0.144	0.140	0.996	0.142	0.376	轻度失调
焦作市	0.162	0.098	0.968	0.130	0.354	轻度失调
许昌市	0.127	0.101	0.982	0.114	0.334	轻度失调
漯河市	0.151	0.140	0.998	0.145	0.381	轻度失调
商丘市	0.124	0.250	0.933	0.187	0.417	濒临失调
周口市	0.110	0.257	0.918	0.184	0.407	濒临失调
济南市	0.282	0.326	0.991	0.304	0.545	勉强协调
青岛市	0.365	0.299	0.990	0.332	0.567	勉强协调
淄博市	0.242	0.229	0.990	0.236	0.482	濒临失调
枣庄市	0.195	0.194	0.990	0.195	0.438	濒临失调
东营市	0.257	0.077	0.844	0.167	0.374	轻度失调
烟台市	0.172	0.161	0.997	0.167	0.407	濒临失调

地区	生态质量综合指数	人口状况综合指数	耦合度	综合评价指数	耦合协调度	耦合协调等级
潍坊市	0.178	0.190	0.998	0.184	0.428	濒临失调
济宁市	0.183	0.176	0.992	0.179	0.421	濒临失调
泰安市	0.181	0.163	0.997	0.172	0.414	濒临失调
威海市	0.184	0.080	0.910	0.132	0.345	轻度失调
日照市	0.178	0.122	0.981	0.150	0.383	轻度失调
临沂市	0.255	0.255	0.994	0.255	0.503	勉强协调
德州市	0.167	0.125	0.976	0.146	0.378	轻度失调
聊城市	0.168	0.156	0.998	0.162	0.402	濒临失调
滨州市	0.174	0.090	0.945	0.132	0.353	轻度失调
菏泽市	0.146	0.237	0.971	0.192	0.431	濒临失调

　　将黄河流域各地级市就业规模和生态质量两大系统的综合指数分别代入耦合度和耦合协调度公式，从而得到各地级市就业规模与生态质量复合系统耦合协调度（见表5－9）。随着时间的推移，黄河流域沿线各地级市的耦合协调度变动主要以保持稳定和缓慢上升为主，总体上向着良性耦合协调方向演变，但部分个别城市存在小幅下滑趋势。具体而言，阳泉市、长治市、漯河市、周口市4个城市耦合协调度基本保持在固定区间，说明其就业规模与生态质量耦合协调发展关系比较稳定，西安、郑州、青岛是流域内工业化、城镇化水平最高的城市，就业规模发展迅速，耦合协调度始终保持高位；忻州市、咸阳市、开封市、平顶山市、许昌市、济宁市、泰安市、聊城市8个城市就业规模增长动力疲软，依靠环境投入与治理的加强，耦合协调度相对稳定。包头市、鄂尔多斯市、榆林市、西宁市、银川市、石嘴山市、西安市、宝鸡市、平顶山市、焦作市、商丘市、济南市、青岛市、枣庄市、潍坊市、威海市、临沂市、平凉市、庆阳市、商洛市、亳州市和滨州市22个城市的两大系统耦合协调度上升至优一级协调耦合协调区间，其中，榆林市、平凉市、庆阳市、商洛市、亳州市由中度失调上升为轻度失调；包头市、鄂尔多斯市、西宁市、银川市、石嘴山市、宝鸡市、平顶山市、商丘市、枣庄市、威海市、滨州市由轻度失调上升为濒临失调；潍坊市、临沂市由濒临失调上升为勉强协调，主要得益于国家流域治理和就业规模开发制度的完善和生态环境保护力度的加大。此外，郑州市的耦合协调度有大幅上涨，上升为中级协调。临汾市、吕梁市、白银市、吴忠市、中卫市、运城市、临汾市、铜川市、鹤壁市、新乡市、焦作市、德州市、菏泽市的耦合协调度有所下降，亟待提升基础设施与生态质量力度；与此同时，定西市、阳泉市、长治市、漯河市两大系统耦合协调度上升幅度较小。由于自身薄弱的就业规模和脆弱的生态环境，自2006年始，定西市耦合协调度始终在流域内垫底，亟须结合自身实际情况，制定相应的就业规模与生态质量耦合协调发展策略，采取综合性措施，推动二者向良性协调方向发展。

表5－9　　　　　2006～2019年黄河流域各地级市生态质量与就业规模耦合协调度年际变化

地区	2006年	2007年	2008年	2009年	2010年	2011年	2012年	2013年	2014年	2015年	2016年	2017年	2018年	2019年
太原市	0.502	0.490	0.493	0.517	0.605	0.526	0.551	0.548	0.558	0.563	0.573	0.578	0.582	0.578
阳泉市	0.356	0.363	0.356	0.369	0.300	0.384	0.383	0.387	0.382	0.388	0.384	0.379	0.369	0.361
长治市	0.386	0.393	0.384	0.388	0.333	0.395	0.393	0.405	0.389	0.396	0.398	0.394	0.389	0.386
晋中市	0.367	0.379	0.386	0.403	0.347	0.412	0.391	0.385	0.374	0.377	0.377	0.378	0.373	0.396
忻州市	0.334	0.321	0.311	0.325	0.240	0.326	0.331	0.345	0.335	0.344	0.348	0.348	0.341	0.346
临汾市	0.384	0.377	0.401	0.379	0.322	0.398	0.388	0.386	0.365	0.377	0.378	0.377	0.375	0.382
吕梁市	0.471	0.401	0.420	0.398	0.281	0.416	0.428	0.416	0.396	0.402	0.397	0.393	0.389	0.380
呼和浩特市	0.394	0.416	0.429	0.441	0.567	0.443	0.417	0.465	0.472	0.471	0.487	0.498	0.495	0.510

地区	2006 年	2007 年	2008 年	2009 年	2010 年	2011 年	2012 年	2013 年	2014 年	2015 年	2016 年	2017 年	2018 年	2019 年
包头市	0.399	0.412	0.416	0.443	0.453	0.442	0.449	0.456	0.456	0.477	0.480	0.495	0.494	0.487
鄂尔多斯市	0.303	0.292	0.307	0.371	0.346	0.433	0.446	0.445	0.439	0.448	0.453	0.488	0.448	0.458
榆林市	0.285	0.315	0.302	0.313	0.258	0.327	0.338	0.342	0.349	0.371	0.378	0.387	0.393	0.398
兰州市	0.419	0.458	0.393	0.414	0.501	0.399	0.399	0.435	0.432	0.448	0.466	0.470	0.482	0.480
白银市	0.307	0.288	0.299	0.305	0.213	0.309	0.306	0.322	0.308	0.319	0.314	0.312	0.312	0.304
定西市	0.253	0.253	0.282	0.289	0.213	0.299	0.295	0.306	0.291	0.300	0.299	0.295	0.294	0.280
西宁市	0.370	0.374	0.375	0.417	0.385	0.412	0.414	0.414	0.408	0.448	0.420	0.416	0.500	0.440
银川市	0.366	0.380	0.382	0.405	0.455	0.414	0.426	0.437	0.489	0.508	0.451	0.445	0.441	0.444
石嘴山市	0.311	0.342	0.366	0.443	0.326	0.368	0.370	0.364	0.357	0.460	0.466	0.476	0.458	0.467
吴忠市	0.307	0.306	0.300	0.311	0.224	0.341	0.332	0.321	0.284	0.273	0.297	0.358	0.291	0.286
中卫市	0.361	0.338	0.290	0.271	0.252	0.265	0.281	0.289	0.269	0.384	0.275	0.374	0.347	0.298
运城市	0.369	0.382	0.401	0.359	0.332	0.373	0.402	0.392	0.375	0.395	0.376	0.375	0.365	0.368
西安市	0.538	0.617	0.592	0.607	0.643	0.597	0.607	0.648	0.645	0.657	0.663	0.683	0.660	0.691
铜川市	0.338	0.312	0.314	0.316	0.250	0.299	0.301	0.346	0.329	0.343	0.348	0.341	0.337	0.337
宝鸡市	0.359	0.368	0.348	0.361	0.321	0.379	0.382	0.395	0.390	0.401	0.403	0.403	0.403	0.403
咸阳市	0.373	0.375	0.359	0.366	0.347	0.366	0.367	0.384	0.382	0.378	0.394	0.402	0.398	0.390
渭南市	0.375	0.392	0.373	0.396	0.286	0.376	0.365	0.371	0.355	0.369	0.376	0.396	0.394	0.395
天水市	0.307	0.282	0.291	0.323	0.286	0.341	0.336	0.345	0.336	0.349	0.354	0.354	0.354	0.350
平凉市	0.264	0.257	0.297	0.286	0.220	0.318	0.302	0.295	0.302	0.297	0.327	0.328	0.327	0.321
庆阳市	0.283	0.284	0.284	0.281	0.197	0.301	0.299	0.318	0.311	0.327	0.322	0.319	0.313	0.305
商洛市	0.256	0.280	0.278	0.285	0.231	0.356	0.311	0.313	0.291	0.305	0.305	0.321	0.332	0.341
晋城市	0.377	0.388	0.346	0.363	0.271	0.388	0.417	0.439	0.427	0.444	0.444	0.446	0.444	0.399
亳州市	0.298	0.345	0.338	0.324	0.253	0.319	0.351	0.360	0.336	0.368	0.353	0.347	0.356	0.357
郑州市	0.491	0.530	0.525	0.555	0.609	0.566	0.594	0.631	0.632	0.654	0.661	0.690	0.703	0.721
开封市	0.380	0.377	0.379	0.384	0.356	0.399	0.405	0.410	0.386	0.406	0.408	0.403	0.385	0.390
洛阳市	0.410	0.410	0.395	0.411	0.371	0.421	0.426	0.441	0.430	0.444	0.448	0.458	0.464	0.470
平顶山市	0.400	0.419	0.417	0.421	0.359	0.432	0.432	0.444	0.421	0.439	0.431	0.426	0.413	0.412
鹤壁市	0.359	0.353	0.343	0.361	0.288	0.372	0.361	0.374	0.358	0.367	0.362	0.339	0.333	0.341
新乡市	0.410	0.416	0.400	0.411	0.383	0.420	0.416	0.459	0.437	0.449	0.442	0.424	0.411	0.402
焦作市	0.411	0.409	0.394	0.396	0.370	0.400	0.411	0.435	0.417	0.435	0.438	0.422	0.396	0.400
许昌市	0.376	0.374	0.363	0.362	0.317	0.407	0.402	0.408	0.387	0.403	0.393	0.398	0.393	0.389
漯河市	0.364	0.371	0.366	0.374	0.319	0.374	0.379	0.398	0.361	0.393	0.387	0.381	0.390	0.368
商丘市	0.377	0.384	0.382	0.403	0.323	0.399	0.414	0.440	0.426	0.454	0.458	0.442	0.439	0.454
周口市	0.411	0.421	0.414	0.428	0.313	0.409	0.415	0.447	0.424	0.448	0.435	0.419	0.416	0.418
济南市	0.528	0.540	0.537	0.559	0.611	0.557	0.566	0.573	0.556	0.572	0.582	0.584	0.592	0.626
青岛市	0.521	0.564	0.573	0.603	0.539	0.577	0.582	0.610	0.609	0.614	0.664	0.673	0.687	0.693
淄博市	0.435	0.448	0.452	0.464	0.445	0.475	0.485	0.569	0.492	0.513	0.508	0.504	0.501	0.489
枣庄市	0.394	0.395	0.402	0.414	0.331	0.412	0.421	0.442	0.430	0.452	0.438	0.428	0.425	0.418
东营市	0.413	0.415	0.420	0.435	0.410	0.435	0.441	0.463	0.458	0.467	0.464	0.473	0.463	0.463

续表

地区	2006 年	2007 年	2008 年	2009 年	2010 年	2011 年	2012 年	2013 年	2014 年	2015 年	2016 年	2017 年	2018 年	2019 年
烟台市	0.447	0.456	0.451	0.467	0.426	0.482	0.482	0.498	0.484	0.505	0.490	0.488	0.469	0.481
潍坊市	0.426	0.454	0.458	0.475	0.405	0.461	0.475	0.484	0.458	0.480	0.473	0.487	0.501	0.504
济宁市	0.463	0.452	0.435	0.462	0.379	0.448	0.450	0.503	0.485	0.506	0.508	0.487	0.488	0.479
泰安市	0.437	0.441	0.434	0.454	0.383	0.457	0.455	0.466	0.444	0.461	0.469	0.454	0.444	0.448
威海市	0.378	0.380	0.379	0.391	0.385	0.413	0.415	0.418	0.435	0.450	0.451	0.444	0.435	0.431
日照市	0.363	0.362	0.363	0.373	0.300	0.373	0.377	0.409	0.384	0.408	0.409	0.407	0.405	0.399
临沂市	0.414	0.431	0.437	0.479	0.417	0.473	0.506	0.548	0.534	0.541	0.536	0.526	0.545	0.509
德州市	0.433	0.429	0.421	0.446	0.316	0.397	0.403	0.436	0.430	0.448	0.437	0.427	0.427	0.405
聊城市	0.413	0.424	0.423	0.425	0.346	0.423	0.425	0.449	0.425	0.440	0.439	0.419	0.421	0.424
滨州市	0.366	0.390	0.398	0.409	0.349	0.415	0.423	0.457	0.429	0.444	0.421	0.427	0.422	0.419
菏泽市	0.420	0.420	0.399	0.408	0.400	0.403	0.406	0.423	0.398	0.423	0.409	0.407	0.397	0.395

为横向比较黄河流域沿线各地级市就业规模与生态质量耦合协调发展情况，计算并整理出 2006~2019 年各地级市两大系统耦合协调度平均值（见表5－10）。从空间上看，沿线城市就业规模与生态质量耦合协调度与两大系统综合发展水平分布较为相似。其中，西安市耦合协调度最高，处于初级协调阶段；郑州市、青岛市耦合协调发展状况较好，也处于初级协调阶段，这些城市的就业规模发展水平较高，生态质量系统与其他城市比具有显著优势，在一定程度上弥补了生态质量系统的不均衡。太原市、济南市的两大系统发展水平属于勉强协调，呼和浩特市、包头市、鄂尔多斯市、兰州市、西宁市、银川市、洛阳市、平顶山市、新乡市、焦作市、商丘市、周口市、淄博市、枣庄市、东营市、烟台市、潍坊市、济宁市、泰安市、威海市、临沂市、德州市、聊城市、滨州市、菏泽市的两大系统发展水平属于濒临失调，自然条件的限制和落后的就业规模发展水平是阻碍其生态发展的重要因素。其他城市均处于轻度失调和中度失调阶段。从市域两大系统综合发展水平来看，制约其耦合协调发展的主导因素各有不同。太原市、长治市、晋中市、忻州市、临汾市、吕梁市、榆林市、兰州市、定西市、运城市、西安市、宝鸡市、咸阳市、渭南市、天水市、平凉市、庆阳市、商洛市、晋城市、郑州市、开封市、洛阳市、平顶山市、新乡市、焦作市、许昌市、商丘市、周口市、济南市、青岛市、烟台市、潍坊市、济宁市、泰安市、德州市、聊城市、菏泽市的就业规模评价值略高于生态质量评价值，为生态滞后型，自然资源和生态质量短板是牵制其协调发展的主导因素；而其他城市与各自生态质量系统相比，就业规模发展滞后明显。

表5－10　　　　　　　2006~2019 年黄河流域各地级市生态质量与就业规模耦合协调度均值比较

地区	生态质量综合指数	就业规模综合指数	耦合度	综合评价指数	耦合协调度	耦合协调等级
太原市	0.301	0.305	0.994	0.303	0.547	勉强协调
阳泉市	0.143	0.132	0.991	0.137	0.369	轻度失调
长治市	0.114	0.200	0.960	0.157	0.388	轻度失调
晋中市	0.118	0.181	0.975	0.150	0.382	轻度失调
忻州市	0.070	0.175	0.892	0.123	0.328	轻度失调
临汾市	0.101	0.204	0.938	0.153	0.378	轻度失调
吕梁市	0.097	0.276	0.869	0.187	0.399	轻度失调
呼和浩特市	0.273	0.181	0.962	0.227	0.465	濒临失调
包头市	0.235	0.184	0.991	0.209	0.454	濒临失调
鄂尔多斯市	0.253	0.120	0.911	0.187	0.406	濒临失调

续表

地区	生态质量综合指数	就业规模综合指数	耦合度	综合评价指数	耦合协调度	耦合协调等级
榆林市	0.083	0.166	0.938	0.125	0.340	轻度失调
兰州市	0.185	0.216	0.986	0.201	0.442	濒临失调
白银市	0.096	0.090	0.983	0.093	0.301	轻度失调
定西市	0.053	0.123	0.908	0.088	0.282	中度失调
西宁市	0.179	0.171	0.988	0.175	0.414	濒临失调
银川市	0.208	0.172	0.988	0.190	0.432	濒临失调
石嘴山市	0.206	0.133	0.948	0.169	0.398	轻度失调
吴忠市	0.102	0.089	0.963	0.095	0.302	轻度失调
中卫市	0.127	0.080	0.939	0.103	0.307	轻度失调
运城市	0.108	0.187	0.961	0.148	0.376	轻度失调
西安市	0.323	0.501	0.973	0.412	0.632	初级协调
铜川市	0.122	0.093	0.971	0.107	0.322	轻度失调
宝鸡市	0.133	0.159	0.990	0.146	0.380	轻度失调
咸阳市	0.098	0.208	0.933	0.153	0.377	轻度失调
渭南市	0.096	0.206	0.926	0.151	0.373	轻度失调
天水市	0.092	0.130	0.982	0.111	0.329	轻度失调
平凉市	0.068	0.119	0.951	0.093	0.296	中度失调
庆阳市	0.049	0.162	0.846	0.106	0.296	中度失调
商洛市	0.058	0.145	0.901	0.102	0.300	轻度失调
晋城市	0.155	0.173	0.985	0.164	0.400	轻度失调
亳州市	0.116	0.113	0.993	0.114	0.336	轻度失调
郑州市	0.327	0.445	0.981	0.386	0.612	初级协调
开封市	0.137	0.171	0.993	0.154	0.391	轻度失调
洛阳市	0.150	0.228	0.977	0.189	0.429	濒临失调
平顶山市	0.136	0.230	0.964	0.183	0.419	濒临失调
鹤壁市	0.156	0.099	0.967	0.127	0.351	轻度失调
新乡市	0.144	0.219	0.976	0.181	0.420	濒临失调
焦作市	0.162	0.175	0.996	0.169	0.410	濒临失调
许昌市	0.127	0.175	0.980	0.151	0.384	轻度失调
漯河市	0.151	0.131	0.990	0.141	0.373	轻度失调
商丘市	0.124	0.244	0.941	0.184	0.414	濒临失调
周口市	0.110	0.278	0.900	0.194	0.416	濒临失调
济南市	0.282	0.382	0.982	0.332	0.570	勉强协调
青岛市	0.365	0.389	0.987	0.377	0.608	初级协调
淄博市	0.242	0.230	0.998	0.236	0.484	濒临失调
枣庄市	0.195	0.154	0.985	0.175	0.414	濒临失调
东营市	0.257	0.154	0.965	0.206	0.444	濒临失调
烟台市	0.172	0.295	0.963	0.233	0.473	濒临失调
潍坊市	0.178	0.272	0.974	0.225	0.467	濒临失调

地区	生态质量综合指数	就业规模综合指数	耦合度	综合评价指数	耦合协调度	耦合协调等级
济宁市	0.183	0.269	0.972	0.226	0.468	濒临失调
泰安市	0.181	0.224	0.987	0.202	0.446	濒临失调
威海市	0.184	0.164	0.994	0.174	0.415	濒临失调
日照市	0.178	0.120	0.976	0.149	0.381	轻度失调
临沂市	0.255	0.238	0.991	0.247	0.493	濒临失调
德州市	0.167	0.188	0.991	0.178	0.418	濒临失调
聊城市	0.168	0.190	0.991	0.179	0.421	濒临失调
滨州市	0.174	0.168	0.994	0.171	0.412	濒临失调
菏泽市	0.146	0.190	0.991	0.168	0.408	濒临失调

　　将黄河流域各地级市就业结构和生态质量两大系统的综合指数分别代入耦合度和耦合协调度公式，从而得到各地级市就业结构与生态质量复合系统耦合协调度（见表5－11）。随着时间的推移，黄河流域沿线各地级市的耦合协调度变动以保持稳定和缓慢上升为主，总体上向着良性耦合协调方向演变，但部分个别城市存在小幅下滑趋势。具体而言，临汾市、定西市、吴忠市、平顶山市、德州市5个城市耦合协调度基本保持在固定区间，说明其就业结构与生态质量耦合协调发展关系比较稳定，呼和浩特市、西安市、郑州市、济南市、青岛市是流域内工业化、城镇化水平最高的城市，就业结构发展迅速，耦合协调度始终保持高位；白银市、中卫市、铜川市、宝鸡市、渭南市、商洛市、洛阳市、商丘市、枣庄市、东营市、烟台市、泰安市12个城市就业结构增长动力疲软，依靠环境投入与治理的加强，耦合协调度相对稳定。太原市、阳泉市、焦作市、忻州市、呼和浩特市、包头市、榆林市、白银市、石嘴山市、运城市、西安市、咸阳市、天水市、郑州市、济南市、青岛市、东营市、临沂市、滨州市19个城市的两大系统耦合协调度上升至优一级协调耦合协调区间，其中，阳泉市、晋中市、忻州市、榆林市、白银市、运城市、天水市、滨州市由轻度失调上升为濒临失调；太原市、呼和浩特市、包头市、石嘴山市、西安市、咸阳市、郑州市、济南市、青岛市、东营市、临沂市由濒临失调上升为勉强协调，主要得益于国家流域治理和就业结构开发制度的完善和生态环境保护力度的加大。此外，鄂尔多斯市的耦合协调度有大幅上涨，上升为勉强协调。长治市、吕梁市、咸阳市、晋城市、开封市、鹤壁市、新乡市、焦作市、许昌市、漯河市、周口市、菏泽市的耦合协调度有所下降，亟待提升就业结构与生态质量力度；与此同时，临汾市、定西市、吴忠市两大系统耦合协调度上升幅度较小。由于自身薄弱的就业结构和脆弱的生态环境，自2006年始，定西市耦合协调度始终在流域内垫底，亟须结合自身实际情况，制定相应的就业结构与生态质量耦合协调发展策略，采取综合性措施，推动二者向良性协调方向发展。

表5－11　　　　　　　2006～2019年黄河流域各地级市生态质量与就业结构耦合协调度年际变化

地区	2006年	2007年	2008年	2009年	2010年	2011年	2012年	2013年	2014年	2015年	2016年	2017年	2018年	2019年
太原市	0.456	0.444	0.451	0.476	0.492	0.483	0.490	0.497	0.491	0.506	0.518	0.526	0.526	0.523
阳泉市	0.382	0.385	0.390	0.401	0.417	0.411	0.413	0.416	0.414	0.427	0.432	0.443	0.420	0.412
长治市	0.399	0.397	0.393	0.393	0.410	0.415	0.410	0.402	0.379	0.384	0.387	0.395	0.383	0.383
晋中市	0.379	0.390	0.396	0.399	0.376	0.415	0.406	0.397	0.389	0.403	0.411	0.409	0.419	0.413
忻州市	0.370	0.361	0.354	0.360	0.358	0.376	0.378	0.392	0.404	0.408	0.407	0.403	0.408	0.403
临汾市	0.406	0.404	0.433	0.401	0.392	0.433	0.421	0.419	0.397	0.407	0.412	0.408	0.412	0.409
吕梁市	0.476	0.392	0.386	0.386	0.419	0.408	0.403	0.395	0.370	0.380	0.378	0.388	0.393	0.388
呼和浩特市	0.470	0.500	0.515	0.528	0.441	0.526	0.532	0.537	0.542	0.538	0.560	0.577	0.581	0.594
包头市	0.442	0.460	0.462	0.482	0.436	0.468	0.465	0.476	0.479	0.499	0.503	0.530	0.530	0.520

地区	2006年	2007年	2008年	2009年	2010年	2011年	2012年	2013年	2014年	2015年	2016年	2017年	2018年	2019年
鄂尔多斯市	0.367	0.381	0.408	0.509	0.468	0.569	0.537	0.507	0.486	0.548	0.528	0.558	0.522	0.523
榆林市	0.398	0.404	0.405	0.406	0.342	0.411	0.417	0.383	0.381	0.397	0.407	0.409	0.419	0.432
兰州市	0.404	0.445	0.408	0.426	0.392	0.410	0.411	0.428	0.423	0.447	0.467	0.475	0.486	0.487
白银市	0.389	0.373	0.393	0.395	0.309	0.389	0.396	0.397	0.387	0.394	0.394	0.396	0.406	0.414
定西市	0.357	0.348	0.386	0.390	0.319	0.400	0.396	0.372	0.344	0.370	0.370	0.373	0.369	0.358
西宁市	0.436	0.437	0.434	0.441	0.343	0.431	0.431	0.442	0.437	0.457	0.464	0.454	0.555	0.474
银川市	0.435	0.470	0.459	0.487	0.361	0.495	0.507	0.516	0.519	0.546	0.535	0.503	0.499	0.497
石嘴山市	0.452	0.502	0.492	0.474	0.348	0.499	0.486	0.488	0.474	0.494	0.490	0.490	0.517	0.518
吴忠市	0.445	0.443	0.443	0.456	0.444	0.481	0.470	0.445	0.430	0.431	0.458	0.453	0.444	0.454
中卫市	0.464	0.468	0.507	0.432	0.307	0.486	0.486	0.485	0.458	0.622	0.474	0.494	0.514	0.490
运城市	0.395	0.410	0.434	0.406	0.425	0.421	0.438	0.435	0.397	0.422	0.427	0.414	0.422	0.429
西安市	0.461	0.520	0.502	0.502	0.564	0.493	0.487	0.503	0.500	0.512	0.520	0.540	0.529	0.550
铜川市	0.371	0.374	0.374	0.395	0.338	0.421	0.428	0.424	0.414	0.418	0.418	0.409	0.399	0.397
宝鸡市	0.408	0.416	0.416	0.425	0.421	0.456	0.444	0.444	0.427	0.434	0.436	0.433	0.435	0.431
咸阳市	0.401	0.407	0.391	0.399	0.387	0.404	0.401	0.391	0.383	0.379	0.392	0.401	0.388	0.393
渭南市	0.407	0.418	0.406	0.421	0.406	0.413	0.413	0.397	0.376	0.392	0.398	0.418	0.417	0.417
天水市	0.374	0.379	0.391	0.411	0.349	0.426	0.405	0.423	0.409	0.428	0.431	0.434	0.445	0.405
平凉市	0.364	0.353	0.403	0.379	0.305	0.378	0.362	0.370	0.353	0.342	0.379	0.403	0.403	0.394
庆阳市	0.364	0.361	0.360	0.364	0.304	0.406	0.394	0.374	0.340	0.357	0.353	0.349	0.359	0.362
商洛市	0.355	0.376	0.378	0.372	0.322	0.416	0.391	0.366	0.320	0.341	0.344	0.358	0.368	0.376
晋城市	0.400	0.408	0.377	0.383	0.339	0.405	0.439	0.426	0.412	0.433	0.445	0.494	0.451	0.381
亳州市	0.407	0.437	0.431	0.435	0.368	0.432	0.446	0.452	0.426	0.440	0.447	0.449	0.448	0.440
郑州市	0.451	0.480	0.485	0.505	0.527	0.482	0.468	0.475	0.476	0.500	0.507	0.547	0.555	0.578
开封市	0.451	0.452	0.446	0.469	0.417	0.463	0.462	0.429	0.394	0.411	0.396	0.411	0.417	0.420
洛阳市	0.431	0.430	0.416	0.435	0.442	0.434	0.433	0.427	0.404	0.413	0.419	0.441	0.429	0.442
平顶山市	0.398	0.414	0.412	0.415	0.424	0.426	0.414	0.414	0.382	0.401	0.395	0.391	0.397	0.398
鹤壁市	0.449	0.437	0.430	0.438	0.379	0.457	0.454	0.450	0.418	0.425	0.425	0.414	0.436	0.428
新乡市	0.446	0.452	0.442	0.441	0.448	0.450	0.446	0.418	0.392	0.403	0.406	0.424	0.409	0.406
焦作市	0.450	0.454	0.446	0.450	0.433	0.466	0.448	0.446	0.417	0.426	0.424	0.439	0.438	0.423
许昌市	0.453	0.442	0.435	0.433	0.423	0.428	0.424	0.413	0.382	0.398	0.384	0.387	0.399	0.415
漯河市	0.440	0.453	0.443	0.442	0.386	0.443	0.439	0.439	0.404	0.425	0.417	0.397	0.407	0.430
商丘市	0.429	0.441	0.436	0.445	0.448	0.435	0.442	0.434	0.399	0.405	0.402	0.414	0.431	0.458
周口市	0.457	0.468	0.462	0.466	0.450	0.460	0.447	0.447	0.408	0.408	0.395	0.376	0.406	0.417
济南市	0.466	0.459	0.467	0.486	0.517	0.465	0.468	0.474	0.463	0.492	0.504	0.518	0.531	0.551
青岛市	0.446	0.485	0.493	0.523	0.516	0.496	0.504	0.520	0.514	0.523	0.574	0.599	0.594	0.589
淄博市	0.434	0.447	0.448	0.451	0.421	0.450	0.457	0.529	0.464	0.490	0.485	0.485	0.481	0.472
枣庄市	0.437	0.441	0.448	0.464	0.409	0.447	0.450	0.447	0.435	0.453	0.444	0.449	0.452	0.458
东营市	0.483	0.477	0.486	0.501	0.418	0.472	0.474	0.472	0.471	0.489	0.486	0.507	0.504	0.502
烟台市	0.415	0.414	0.422	0.431	0.437	0.414	0.415	0.436	0.416	0.442	0.426	0.430	0.423	0.442

续表

地区	2006 年	2007 年	2008 年	2009 年	2010 年	2011 年	2012 年	2013 年	2014 年	2015 年	2016 年	2017 年	2018 年	2019 年
潍坊市	0.408	0.435	0.441	0.449	0.496	0.466	0.426	0.433	0.411	0.487	0.488	0.503	0.449	0.453
济宁市	0.422	0.416	0.409	0.439	0.456	0.412	0.407	0.440	0.419	0.445	0.451	0.439	0.440	0.460
泰安市	0.427	0.432	0.421	0.435	0.420	0.423	0.420	0.427	0.413	0.438	0.455	0.445	0.443	0.452
威海市	0.410	0.422	0.414	0.427	0.338	0.434	0.437	0.431	0.455	0.469	0.476	0.471	0.465	0.472
日照市	0.428	0.433	0.422	0.443	0.357	0.453	0.455	0.439	0.415	0.437	0.438	0.443	0.446	0.489
临沂市	0.437	0.456	0.476	0.519	0.529	0.481	0.475	0.487	0.472	0.479	0.476	0.485	0.536	0.543
德州市	0.452	0.449	0.439	0.456	0.405	0.445	0.450	0.451	0.447	0.455	0.444	0.436	0.447	0.452
聊城市	0.445	0.458	0.453	0.458	0.413	0.444	0.446	0.452	0.434	0.450	0.453	0.434	0.456	0.476
滨州市	0.384	0.412	0.411	0.422	0.345	0.423	0.428	0.441	0.430	0.445	0.438	0.448	0.447	0.442
菏泽市	0.499	0.500	0.479	0.487	0.476	0.471	0.468	0.462	0.431	0.455	0.446	0.446	0.450	0.455

为横向比较黄河流域沿线各地级市就业结构与生态质量耦合协调发展情况，计算并整理出 2006～2019 年各地级市两大系统耦合协调度平均值（见表 5－12）。从空间上看，沿线城市就业结构与生态质量耦合协调度与两大系统综合发展水平分布较为相似。其中，呼和浩特市耦合协调度最高，处于初级协调阶段；西安市、郑州市、青岛市耦合协调发展状况较好，也处于初级协调阶段，这些城市的就业结构发展水平较高，生态质量系统与其他城市比具有显著优势，在一定程度上弥补了生态质量系统的不均衡。长治市、晋中市、忻州市、吕梁市、白银市、定西市、铜川市、咸阳市、平凉市、庆阳市、商洛市的两大系统发展水平属于轻度失调，自然条件的限制和落后的就业结构发展水平是阻碍其生态发展的重要因素。其他城市均处于濒临失调阶段。从市域两大系统综合发展水平来看，制约其耦合协调发展的主导因素各有不同。阳泉市、长治市、晋中市、忻州市、临汾市、吕梁市、呼和浩特市、鄂尔多斯市、榆林市、兰州市、白银市、定西市、西宁市、银川市、石嘴山市、吴忠市、中卫市、运城市、临汾市、铜川市、宝鸡市、咸阳市、渭南市、天水市、平凉市、庆阳市、商洛市、晋城市、亳州市、开封市、洛阳市、平顶山市、鹤壁市、新乡市、焦作市、许昌市、漯河市、商丘市、周口市、枣庄市、烟台市、潍坊市、济宁市、泰安市、威海市、日照市、德州市、聊城市、滨州市、菏泽市的就业结构评价值略高于生态质量评价值，为生态滞后型，自然资源和生态质量短板是牵制其协调发展的主导因素；而其他城市与各自生态质量系统相比，就业结构发展滞后明显。

表 5－12　　　　　2006～2019 年黄河流域各地级市生态质量与就业结构耦合协调度均值比较

地区	生态质量综合指数	就业结构综合指数	耦合度	综合评价指数	耦合协调度	耦合协调等级
太原市	0.301	0.196	0.976	0.248	0.491	濒临失调
阳泉市	0.143	0.202	0.984	0.172	0.412	濒临失调
长治市	0.114	0.214	0.952	0.164	0.395	轻度失调
晋中市	0.118	0.218	0.954	0.168	0.400	濒临失调
忻州市	0.070	0.320	0.759	0.195	0.384	轻度失调
临汾市	0.101	0.283	0.880	0.192	0.411	濒临失调
吕梁市	0.097	0.262	0.882	0.180	0.397	轻度失调
呼和浩特市	0.273	0.299	0.993	0.286	0.532	勉强协调
包头市	0.235	0.234	0.995	0.235	0.482	濒临失调
鄂尔多斯市	0.253	0.263	0.948	0.258	0.494	濒临失调
榆林市	0.083	0.330	0.795	0.207	0.401	濒临失调

续表

地区	生态质量综合指数	就业结构综合指数	耦合度	综合评价指数	耦合协调度	耦合协调等级
兰州市	0.185	0.200	0.996	0.192	0.436	濒临失调
白银市	0.096	0.243	0.897	0.169	0.388	轻度失调
定西市	0.053	0.354	0.678	0.204	0.368	轻度失调
西宁市	0.179	0.233	0.971	0.206	0.445	濒临失调
银川市	0.208	0.284	0.972	0.246	0.488	濒临失调
石嘴山市	0.206	0.275	0.964	0.240	0.480	濒临失调
吴忠市	0.102	0.415	0.793	0.258	0.450	濒临失调
中卫市	0.127	0.448	0.815	0.288	0.478	濒临失调
运城市	0.108	0.287	0.890	0.198	0.420	濒临失调
西安市	0.323	0.219	0.974	0.271	0.513	勉强协调
铜川市	0.122	0.212	0.957	0.167	0.399	轻度失调
宝鸡市	0.133	0.261	0.942	0.197	0.431	濒临失调
咸阳市	0.098	0.247	0.901	0.172	0.394	轻度失调
渭南市	0.096	0.288	0.864	0.192	0.407	濒临失调
天水市	0.092	0.308	0.838	0.200	0.408	濒临失调
平凉市	0.068	0.289	0.781	0.178	0.370	轻度失调
庆阳市	0.049	0.355	0.662	0.202	0.361	轻度失调
商洛市	0.058	0.308	0.733	0.183	0.363	轻度失调
晋城市	0.155	0.196	0.983	0.175	0.414	濒临失调
亳州市	0.116	0.308	0.889	0.212	0.433	濒临失调
郑州市	0.327	0.202	0.963	0.265	0.502	勉强协调
开封市	0.137	0.258	0.950	0.198	0.431	濒临失调
洛阳市	0.150	0.227	0.975	0.188	0.428	濒临失调
平顶山市	0.136	0.201	0.979	0.168	0.406	濒临失调
鹤壁市	0.156	0.224	0.981	0.190	0.431	濒临失调
新乡市	0.144	0.234	0.970	0.189	0.427	濒临失调
焦作市	0.162	0.233	0.982	0.197	0.440	濒临失调
许昌市	0.127	0.237	0.953	0.182	0.415	濒临失调
漯河市	0.151	0.220	0.982	0.186	0.426	濒临失调
商丘市	0.124	0.283	0.914	0.204	0.430	濒临失调
周口市	0.110	0.329	0.870	0.219	0.433	濒临失调
济南市	0.282	0.208	0.985	0.245	0.490	濒临失调
青岛市	0.365	0.220	0.963	0.292	0.527	勉强协调
淄博市	0.242	0.196	0.992	0.219	0.465	濒临失调
枣庄市	0.195	0.205	0.992	0.200	0.445	濒临失调
东营市	0.257	0.216	0.984	0.236	0.482	濒临失调
烟台市	0.172	0.193	0.994	0.183	0.426	濒临失调
潍坊市	0.178	0.244	0.980	0.211	0.453	濒临失调
济宁市	0.183	0.198	0.984	0.190	0.432	濒临失调

续表

地区	生态质量综合指数	就业结构综合指数	耦合度	综合评价指数	耦合协调度	耦合协调等级
泰安市	0.181	0.194	0.997	0.187	0.432	濒临失调
威海市	0.184	0.205	0.989	0.194	0.437	濒临失调
日照市	0.178	0.207	0.988	0.193	0.436	濒临失调
临沂市	0.255	0.235	0.978	0.245	0.489	濒临失调
德州市	0.167	0.237	0.981	0.202	0.445	濒临失调
聊城市	0.168	0.241	0.982	0.205	0.448	濒临失调
滨州市	0.174	0.187	0.992	0.181	0.423	濒临失调
菏泽市	0.146	0.326	0.924	0.236	0.466	濒临失调

2. 保护治理子系统与人口劳动力子系统耦合发展时空变化

将黄河流域各地级市人口状况和保护治理两大系统的综合指数分别代入耦合度和耦合协调度公式，从而得到各地级市人口状况与保护治理复合系统耦合协调度（见表5－13）。随着时间的推移，黄河流域沿线各地级市的耦合协调度变动以保持稳定和缓慢上升为主，总体上向着良性耦合协调方向演变，但部分个别城市存在小幅下滑趋势。具体而言忻州市、定西市、石嘴山市、宝鸡市、渭南市、济宁市、聊城市、菏泽市8个城市耦合协调度基本保持在固定区间，说明其人口状况与保护治理耦合协调发展关系比较稳定，西安市、郑州市、济南市、青岛市是流域内工业化、城镇化水平最高的城市，人口状况发展迅速，耦合协调度始终保持高位；白银市、石嘴山市由中度失调上升为轻度失调；长治市、临汾市、呼和浩特市、榆林市、西宁市、银川市、平凉市、商洛市、开封市、东营市、威海市由轻度失调上升为濒临失调，包头市、晋城市、洛阳市、枣庄市、烟台市、潍坊市、泰安市由濒临失调上升为勉强协调，主要得益于国家流域治理和人口状况开发制度的完善和生态环境保护力度的加大。此外，西安市的耦合协调度有大幅上涨，上升为良好协调。与此同时，阳泉市、白银市、石嘴山市两大系统耦合协调度上升幅度较小。由于自身薄弱的人口状况和脆弱的生态环境，自2006年始，石嘴山市耦合协调度始终在流域内垫底，亟须结合自身实际情况，制定相应的人口状况与保护治理耦合协调发展策略，采取综合性措施，推动二者向良性协调方向发展。

表5－13　　　　　2006～2019年黄河流域各地级市保护治理与人口状况耦合协调度年际变化

地区	2006年	2007年	2008年	2009年	2010年	2011年	2012年	2013年	2014年	2015年	2016年	2017年	2018年	2019年
太原市	0.526	0.481	0.500	0.530	0.441	0.541	0.551	0.571	0.577	0.610	0.611	0.642	0.655	0.671
阳泉市	0.330	0.325	0.333	0.339	0.403	0.368	0.371	0.357	0.342	0.366	0.354	0.363	0.367	0.371
长治市	0.396	0.419	0.421	0.443	0.522	0.414	0.417	0.419	0.411	0.426	0.414	0.408	0.431	0.417
晋中市	0.403	0.369	0.375	0.396	0.465	0.424	0.413	0.420	0.418	0.416	0.438	0.411	0.413	0.436
忻州市	0.432	0.421	0.435	0.444	0.572	0.393	0.398	0.416	0.408	0.419	0.454	0.443	0.440	0.432
临汾市	0.388	0.392	0.389	0.409	0.491	0.431	0.424	0.432	0.431	0.448	0.453	0.455	0.458	0.459
吕梁市	0.466	0.498	0.499	0.485	0.532	0.447	0.455	0.455	0.463	0.463	0.485	0.429	0.442	0.445
呼和浩特市	0.378	0.370	0.398	0.419	0.393	0.426	0.410	0.437	0.409	0.448	0.448	0.465	0.481	0.473
包头市	0.489	0.507	0.463	0.468	0.383	0.478	0.479	0.484	0.498	0.513	0.479	0.498	0.505	0.510
鄂尔多斯市	0.340	0.321	0.339	0.349	0.440	0.361	0.357	0.318	0.261	0.286	0.345	0.276	0.307	0.309
榆林市	0.330	0.365	0.397	0.365	0.472	0.425	0.428	0.412	0.393	0.415	0.430	0.431	0.430	0.434
兰州市	0.512	0.463	0.462	0.487	0.437	0.496	0.506	0.472	0.462	0.477	0.495	0.529	0.536	0.546
白银市	0.299	0.305	0.299	0.298	0.390	0.322	0.333	0.342	0.335	0.358	0.363	0.365	0.365	0.366

续表

地区	2006 年	2007 年	2008 年	2009 年	2010 年	2011 年	2012 年	2013 年	2014 年	2015 年	2016 年	2017 年	2018 年	2019 年
定西市	0.456	0.435	0.426	0.420	0.501	0.396	0.441	0.442	0.444	0.458	0.461	0.463	0.475	0.472
西宁市	0.384	0.402	0.412	0.418	0.397	0.418	0.433	0.443	0.430	0.444	0.444	0.447	0.449	0.467
银川市	0.382	0.395	0.400	0.402	0.375	0.409	0.430	0.423	0.412	0.427	0.429	0.421	0.414	0.439
石嘴山市	0.289	0.306	0.304	0.310	0.363	0.307	0.308	0.321	0.357	0.330	0.315	0.302	0.303	0.306
吴忠市	0.396	0.381	0.381	0.369	0.422	0.363	0.341	0.339	0.314	0.320	0.343	0.345	0.345	0.341
中卫市	0.381	0.375	0.335	0.351	0.383	0.348	0.354	0.366	0.341	0.374	0.365	0.366	0.359	0.371
运城市	0.411	0.415	0.466	0.442	0.523	0.454	0.464	0.465	0.440	0.462	0.449	0.433	0.432	0.440
西安市	0.679	0.661	0.652	0.646	0.533	0.667	0.709	0.710	0.719	0.750	0.686	0.745	0.772	0.870
铜川市	0.343	0.328	0.336	0.364	0.379	0.383	0.387	0.389	0.371	0.387	0.391	0.390	0.371	0.381
宝鸡市	0.448	0.456	0.438	0.439	0.449	0.458	0.465	0.463	0.460	0.458	0.463	0.464	0.464	0.456
咸阳市	0.440	0.432	0.423	0.414	0.490	0.430	0.454	0.454	0.441	0.456	0.448	0.455	0.445	0.461
渭南市	0.477	0.450	0.470	0.466	0.500	0.487	0.477	0.473	0.467	0.500	0.489	0.500	0.498	0.495
天水市	0.426	0.433	0.447	0.464	0.535	0.470	0.474	0.465	0.442	0.461	0.470	0.477	0.471	0.475
平凉市	0.340	0.349	0.366	0.388	0.527	0.421	0.368	0.381	0.384	0.421	0.422	0.414	0.416	0.410
庆阳市	0.494	0.498	0.493	0.486	0.483	0.400	0.438	0.449	0.418	0.422	0.431	0.434	0.440	0.441
商洛市	0.372	0.376	0.392	0.401	0.509	0.473	0.431	0.427	0.414	0.424	0.449	0.412	0.418	0.418
晋城市	0.452	0.513	0.508	0.521	0.473	0.521	0.528	0.528	0.522	0.533	0.525	0.443	0.441	0.521
亳州市	0.502	0.526	0.561	0.510	0.517	0.520	0.554	0.551	0.537	0.543	0.560	0.535	0.534	0.536
郑州市	0.507	0.541	0.555	0.561	0.495	0.562	0.629	0.639	0.683	0.710	0.698	0.741	0.757	0.767
开封市	0.396	0.390	0.422	0.441	0.488	0.442	0.438	0.431	0.419	0.464	0.467	0.503	0.492	0.496
洛阳市	0.443	0.466	0.481	0.474	0.526	0.498	0.510	0.513	0.503	0.514	0.536	0.552	0.529	0.559
平顶山市	0.456	0.460	0.462	0.472	0.520	0.472	0.474	0.478	0.469	0.485	0.484	0.491	0.492	0.492
鹤壁市	0.348	0.370	0.367	0.382	0.413	0.381	0.378	0.381	0.360	0.386	0.384	0.396	0.395	0.396
新乡市	0.442	0.459	0.468	0.468	0.547	0.467	0.465	0.466	0.460	0.473	0.463	0.474	0.490	0.498
焦作市	0.412	0.412	0.409	0.418	0.452	0.421	0.419	0.426	0.411	0.427	0.429	0.444	0.443	0.444
许昌市	0.437	0.418	0.388	0.413	0.495	0.413	0.413	0.404	0.390	0.406	0.412	0.479	0.482	0.482
漯河市	0.465	0.462	0.462	0.460	0.455	0.481	0.480	0.482	0.468	0.483	0.488	0.479	0.482	0.486
商丘市	0.518	0.545	0.548	0.547	0.588	0.550	0.535	0.545	0.545	0.555	0.558	0.510	0.512	0.511
周口市	0.531	0.543	0.550	0.539	0.619	0.527	0.522	0.513	0.510	0.519	0.534	0.521	0.519	0.518
济南市	0.564	0.554	0.566	0.605	0.490	0.621	0.623	0.626	0.639	0.617	0.620	0.672	0.685	0.774
青岛市	0.543	0.538	0.545	0.546	0.488	0.559	0.626	0.635	0.635	0.653	0.650	0.680	0.731	0.777
淄博市	0.536	0.540	0.529	0.546	0.433	0.563	0.565	0.565	0.556	0.566	0.562	0.563	0.574	0.592
枣庄市	0.481	0.499	0.514	0.514	0.391	0.504	0.520	0.529	0.525	0.539	0.532	0.543	0.544	0.536
东营市	0.400	0.401	0.396	0.401	0.417	0.404	0.405	0.408	0.393	0.412	0.410	0.437	0.438	0.460
烟台市	0.489	0.485	0.484	0.485	0.458	0.484	0.488	0.490	0.482	0.469	0.495	0.498	0.494	0.534
潍坊市	0.489	0.497	0.499	0.511	0.484	0.506	0.504	0.523	0.509	0.523	0.526	0.526	0.536	0.554
济宁市	0.525	0.536	0.510	0.515	0.531	0.473	0.492	0.523	0.513	0.528	0.507	0.536	0.527	0.541
泰安市	0.490	0.490	0.486	0.486	0.463	0.492	0.495	0.494	0.483	0.496	0.499	0.495	0.498	0.512
威海市	0.383	0.379	0.367	0.370	0.432	0.374	0.381	0.381	0.435	0.452	0.386	0.455	0.459	0.478

续表

地区	2006 年	2007 年	2008 年	2009 年	2010 年	2011 年	2012 年	2013 年	2014 年	2015 年	2016 年	2017 年	2018 年	2019 年
日照市	0.457	0.453	0.434	0.435	0.441	0.460	0.459	0.465	0.457	0.471	0.460	0.468	0.474	0.480
临沂市	0.527	0.536	0.527	0.534	0.532	0.569	0.567	0.561	0.569	0.579	0.574	0.578	0.584	0.592
德州市	0.457	0.460	0.459	0.476	0.481	0.434	0.411	0.416	0.453	0.468	0.420	0.471	0.477	0.486
聊城市	0.467	0.477	0.478	0.484	0.467	0.483	0.491	0.491	0.483	0.495	0.500	0.497	0.493	0.480
滨州市	0.406	0.381	0.395	0.395	0.434	0.414	0.379	0.413	0.388	0.441	0.402	0.436	0.443	0.440
菏泽市	0.535	0.536	0.536	0.536	0.542	0.529	0.524	0.526	0.519	0.529	0.530	0.548	0.557	0.545

　　为横向比较黄河流域沿线各地级市人口状况与保护治理耦合协调发展情况，计算并整理出 2006～2019 年各地级市两大系统耦合协调度平均值（见表 5－14）。从空间上看，沿线城市人口状况与保护治理耦合协调度与两大系统综合发展水平分布较为相似。其中，西安市、郑州市、济宁市、青岛市耦合协调度最高，处于初级协调阶段，太原市、晋城市、亳州市、洛阳市、商丘市、周口市、淄博市、枣庄市、潍坊市、济宁市、临沂市、菏泽市处于勉强协调阶段，这些城市的人口状况发展水平较高，保护治理系统与其他城市比具有显著优势，在一定程度上弥补了保护治理系统的不均衡。其他城市处于濒临失调、轻度失调状态，自然条件的限制和落后的人口状况发展水平是阻碍其生态发展的重要因素。从市域两大系统综合发展水平来看，制约其耦合协调发展的主导因素各有不同。西安市的人口状况评价值略高于保护治理评价值，为生态滞后型，自然资源和保护治理短板是牵制其协调发展的主导因素；而其他城市与各自保护治理系统相比，人口状况发展滞后明显。

表 5－14　　　　　2006～2019 年黄河流域各地级市保护治理与人口状况耦合协调度均值比较

地区	保护治理综合指数	人口状况综合指数	耦合度	综合评价指数	耦合协调度	耦合协调等级
太原市	0.421	0.253	0.962	0.337	0.565	勉强协调
阳泉市	0.234	0.070	0.842	0.152	0.356	轻度失调
长治市	0.299	0.112	0.884	0.206	0.426	濒临失调
晋中市	0.296	0.105	0.868	0.201	0.414	濒临失调
忻州市	0.257	0.152	0.941	0.204	0.436	濒临失调
临汾市	0.245	0.152	0.953	0.198	0.433	濒临失调
吕梁市	0.259	0.197	0.968	0.228	0.469	濒临失调
呼和浩特市	0.334	0.100	0.845	0.217	0.425	濒临失调
包头市	0.341	0.163	0.924	0.252	0.482	濒临失调
鄂尔多斯市	0.316	0.041	0.612	0.179	0.329	轻度失调
榆林市	0.270	0.108	0.899	0.189	0.409	濒临失调
兰州市	0.338	0.179	0.944	0.258	0.491	濒临失调
白银市	0.233	0.061	0.806	0.147	0.339	轻度失调
定西市	0.266	0.159	0.956	0.213	0.449	濒临失调
西宁市	0.295	0.115	0.899	0.205	0.428	濒临失调
银川市	0.362	0.080	0.766	0.221	0.411	濒临失调
石嘴山市	0.309	0.033	0.586	0.171	0.316	轻度失调
吴忠市	0.298	0.057	0.722	0.177	0.357	轻度失调
中卫市	0.305	0.058	0.730	0.181	0.362	轻度失调
运城市	0.286	0.150	0.932	0.218	0.450	濒临失调

地区	保护治理综合指数	人口状况综合指数	耦合度	综合评价指数	耦合协调度	耦合协调等级
西安市	0.446	0.561	0.982	0.503	0.700	中级协调
铜川市	0.293	0.067	0.781	0.180	0.371	轻度失调
宝鸡市	0.299	0.144	0.936	0.222	0.456	濒临失调
咸阳市	0.298	0.136	0.920	0.217	0.446	濒临失调
渭南市	0.315	0.177	0.948	0.246	0.482	濒临失调
天水市	0.284	0.167	0.962	0.225	0.465	濒临失调
平凉市	0.276	0.100	0.864	0.188	0.400	濒临失调
庆阳市	0.296	0.148	0.924	0.222	0.452	濒临失调
商洛市	0.225	0.148	0.965	0.186	0.423	濒临失调
晋城市	0.328	0.199	0.958	0.264	0.502	勉强协调
亳州市	0.346	0.239	0.979	0.292	0.535	勉强协调
郑州市	0.473	0.356	0.984	0.414	0.632	初级协调
开封市	0.307	0.135	0.920	0.221	0.449	濒临失调
洛阳市	0.343	0.196	0.960	0.270	0.507	勉强协调
平顶山市	0.344	0.154	0.923	0.249	0.479	濒临失调
鹤壁市	0.327	0.065	0.746	0.196	0.381	轻度失调
新乡市	0.366	0.140	0.891	0.253	0.474	濒临失调
焦作市	0.340	0.098	0.833	0.219	0.426	濒临失调
许昌市	0.352	0.101	0.822	0.227	0.431	濒临失调
漯河市	0.364	0.140	0.894	0.252	0.474	濒临失调
商丘市	0.346	0.250	0.981	0.298	0.541	勉强协调
周口市	0.327	0.257	0.976	0.292	0.533	勉强协调
济南市	0.472	0.326	0.966	0.399	0.618	初级协调
青岛市	0.496	0.299	0.965	0.398	0.615	初级协调
淄博市	0.407	0.229	0.951	0.318	0.549	勉强协调
枣庄市	0.364	0.194	0.942	0.279	0.512	勉强协调
东营市	0.379	0.077	0.748	0.228	0.413	濒临失调
烟台市	0.354	0.161	0.926	0.258	0.488	濒临失调
潍坊市	0.367	0.190	0.949	0.278	0.513	勉强协调
济宁市	0.413	0.176	0.913	0.295	0.518	勉强协调
泰安市	0.358	0.163	0.927	0.261	0.491	濒临失调
威海市	0.364	0.080	0.756	0.222	0.409	濒临失调
日照市	0.363	0.122	0.868	0.243	0.458	濒临失调
临沂市	0.384	0.255	0.979	0.320	0.559	勉强协调
德州市	0.353	0.125	0.868	0.239	0.455	濒临失调
聊城市	0.356	0.156	0.920	0.256	0.485	濒临失调
滨州市	0.322	0.090	0.826	0.206	0.412	濒临失调
菏泽市	0.349	0.237	0.979	0.293	0.535	勉强协调

　　将黄河流域各地级市就业规模和保护治理两大系统的综合指数分别代入耦合度和耦合协调度公式，从而得到各地级市就业规模与保护治理复合系统耦合协调度（见表5 – 15）。随着时间的推移，黄河流域沿线各地级市的耦合协调度变动以保持稳定和缓慢上升为主，总体上向着良性耦合协调方向演变，但部分个别城市存在小幅下滑趋势。具体而言吕梁市、泰安市、德州市3个城市耦合协调度基本保持在固定区间，说明其就业规模与保护治理耦合协调发展关系比较稳定，西安、郑州、青岛是流域内工业化、城镇化水平最高的城市，就业规模发展迅速，耦合协调度始终保持高位；其中，阳泉市、榆林市、白银市、石嘴山市、平凉市、商洛市、鹤壁市由轻度失调上升为濒临失调，长治市、晋中市、呼和浩特市、包头市、兰州市、西宁市、银川市、临汾市、咸阳市、渭南市、晋城市、开封市、洛阳市、新乡市、许昌市、商丘市、德州市、聊城市、菏泽市由濒临失调上升为勉强协调，主要得益于国家流域治理和就业规模开发制度的完善和生态环境保护力度的加大。此外，西安市的耦合协调度有大幅上涨，上升为良好协调。与此同时，白银市、平凉市、商洛市两大系统耦合协调度上升幅度较小。由于自身薄弱的就业规模和脆弱的生态环境，自2006年始，白银市耦合协调度始终在流域内垫底，亟须结合自身实际情况，制定相应的就业规模与保护治理耦合协调发展策略，采取综合性措施，推动二者向良性协调方向发展。

表5 – 15　　　　　　　　2006 ～ 2019 年黄河流域各地级市保护治理与就业规模耦合协调度年际变化

地区	2006 年	2007 年	2008 年	2009 年	2010 年	2011 年	2012 年	2013 年	2014 年	2015 年	2016 年	2017 年	2018 年	2019 年
太原市	0.513	0.497	0.512	0.543	0.641	0.553	0.582	0.590	0.608	0.635	0.645	0.643	0.655	0.667
阳泉市	0.393	0.389	0.392	0.403	0.352	0.446	0.451	0.441	0.428	0.445	0.423	0.419	0.423	0.422
长治市	0.455	0.487	0.486	0.514	0.438	0.489	0.492	0.507	0.503	0.512	0.497	0.490	0.517	0.513
晋中市	0.457	0.424	0.435	0.473	0.421	0.493	0.483	0.496	0.496	0.496	0.493	0.494	0.493	0.522
忻州市	0.462	0.448	0.459	0.470	0.370	0.428	0.437	0.458	0.451	0.459	0.489	0.485	0.476	0.472
临汾市	0.430	0.427	0.424	0.447	0.380	0.475	0.474	0.482	0.482	0.496	0.499	0.502	0.505	0.515
吕梁市	0.512	0.530	0.550	0.523	0.339	0.503	0.538	0.534	0.540	0.537	0.537	0.500	0.513	0.512
呼和浩特市	0.423	0.410	0.443	0.466	0.618	0.479	0.428	0.481	0.473	0.508	0.519	0.527	0.526	0.537
包头市	0.460	0.477	0.483	0.494	0.513	0.505	0.498	0.509	0.505	0.521	0.503	0.506	0.511	0.516
鄂尔多斯市	0.435	0.408	0.410	0.412	0.355	0.428	0.440	0.442	0.455	0.465	0.464	0.471	0.469	0.480
榆林市	0.365	0.389	0.416	0.394	0.396	0.469	0.477	0.497	0.483	0.503	0.502	0.487	0.486	0.500
兰州市	0.476	0.468	0.451	0.479	0.610	0.499	0.505	0.491	0.485	0.500	0.517	0.559	0.573	0.582
白银市	0.348	0.349	0.340	0.343	0.254	0.367	0.377	0.398	0.397	0.409	0.408	0.414	0.411	0.408
定西市	0.420	0.405	0.400	0.402	0.294	0.377	0.426	0.442	0.444	0.457	0.457	0.460	0.462	0.453
西宁市	0.424	0.443	0.458	0.476	0.452	0.471	0.480	0.484	0.472	0.509	0.476	0.474	0.476	0.521
银川市	0.457	0.471	0.474	0.472	0.528	0.479	0.489	0.496	0.560	0.566	0.491	0.485	0.485	0.507
石嘴山市	0.370	0.397	0.412	0.503	0.359	0.396	0.401	0.412	0.409	0.510	0.510	0.510	0.489	0.498
吴忠市	0.425	0.424	0.433	0.425	0.304	0.431	0.424	0.398	0.357	0.364	0.368	0.458	0.372	0.367
中卫市	0.465	0.465	0.333	0.348	0.314	0.352	0.361	0.380	0.358	0.388	0.364	0.471	0.426	0.380
运城市	0.426	0.431	0.482	0.477	0.441	0.487	0.519	0.511	0.491	0.504	0.476	0.477	0.470	0.479
西安市	0.604	0.613	0.605	0.604	0.707	0.658	0.679	0.710	0.717	0.737	0.680	0.722	0.718	0.814
铜川市	0.406	0.359	0.375	0.392	0.311	0.374	0.377	0.431	0.418	0.432	0.437	0.436	0.421	0.433
宝鸡市	0.453	0.466	0.445	0.446	0.387	0.454	0.463	0.476	0.484	0.485	0.491	0.492	0.496	0.481
咸阳市	0.467	0.459	0.460	0.456	0.450	0.472	0.495	0.529	0.523	0.536	0.522	0.530	0.526	0.533
渭南市	0.484	0.468	0.486	0.492	0.370	0.512	0.507	0.519	0.520	0.527	0.528	0.530	0.532	0.529
天水市	0.406	0.401	0.410	0.431	0.390	0.443	0.452	0.451	0.431	0.451	0.453	0.469	0.461	0.465

续表

地区	2006 年	2007 年	2008 年	2009 年	2010 年	2011 年	2012 年	2013 年	2014 年	2015 年	2016 年	2017 年	2018 年	2019 年
平凉市	0.365	0.377	0.401	0.430	0.324	0.448	0.406	0.412	0.427	0.463	0.466	0.454	0.461	0.453
庆阳市	0.476	0.477	0.477	0.484	0.292	0.421	0.468	0.503	0.470	0.467	0.485	0.481	0.497	0.491
商洛市	0.356	0.369	0.382	0.397	0.326	0.463	0.433	0.452	0.454	0.455	0.469	0.431	0.454	0.452
晋城市	0.426	0.477	0.464	0.485	0.357	0.490	0.492	0.518	0.508	0.518	0.509	0.504	0.499	0.515
亳州市	0.408	0.427	0.449	0.417	0.346	0.428	0.469	0.468	0.451	0.482	0.465	0.455	0.461	0.462
郑州市	0.539	0.554	0.566	0.570	0.659	0.609	0.644	0.670	0.714	0.736	0.748	0.783	0.784	0.787
开封市	0.429	0.420	0.446	0.470	0.437	0.483	0.481	0.483	0.475	0.515	0.521	0.519	0.491	0.502
洛阳市	0.467	0.494	0.497	0.486	0.451	0.507	0.523	0.543	0.536	0.548	0.571	0.585	0.565	0.597
平顶山市	0.514	0.511	0.516	0.526	0.449	0.528	0.536	0.549	0.539	0.552	0.555	0.548	0.537	0.538
鹤壁市	0.388	0.417	0.412	0.438	0.348	0.437	0.426	0.439	0.429	0.445	0.443	0.425	0.422	0.426
新乡市	0.488	0.504	0.510	0.516	0.484	0.520	0.510	0.557	0.560	0.566	0.550	0.549	0.555	0.547
焦作市	0.477	0.473	0.469	0.480	0.453	0.470	0.486	0.515	0.508	0.521	0.533	0.519	0.493	0.496
许昌市	0.460	0.458	0.431	0.466	0.416	0.522	0.519	0.529	0.521	0.527	0.525	0.523	0.522	0.516
漯河市	0.439	0.433	0.434	0.440	0.404	0.460	0.468	0.489	0.472	0.497	0.497	0.497	0.501	0.476
商丘市	0.496	0.513	0.519	0.520	0.428	0.530	0.521	0.552	0.564	0.589	0.605	0.561	0.550	0.547
周口市	0.526	0.535	0.542	0.537	0.398	0.535	0.541	0.575	0.570	0.582	0.590	0.575	0.561	0.569
济南市	0.571	0.577	0.592	0.638	0.730	0.664	0.671	0.677	0.683	0.645	0.655	0.653	0.658	0.673
青岛市	0.616	0.606	0.610	0.608	0.582	0.628	0.656	0.683	0.685	0.702	0.694	0.717	0.715	0.722
淄博市	0.510	0.516	0.507	0.526	0.522	0.557	0.568	0.591	0.577	0.580	0.573	0.568	0.573	0.558
枣庄市	0.454	0.468	0.483	0.483	0.388	0.473	0.490	0.519	0.502	0.514	0.509	0.502	0.502	0.493
东营市	0.474	0.478	0.474	0.482	0.475	0.504	0.508	0.515	0.502	0.503	0.497	0.493	0.486	0.489
烟台市	0.557	0.561	0.553	0.557	0.522	0.579	0.582	0.587	0.583	0.557	0.587	0.582	0.568	0.567
潍坊市	0.544	0.548	0.538	0.552	0.471	0.540	0.560	0.591	0.569	0.582	0.582	0.579	0.592	0.598
济宁市	0.580	0.589	0.575	0.577	0.495	0.558	0.580	0.595	0.583	0.591	0.595	0.590	0.577	0.574
泰安市	0.516	0.514	0.513	0.517	0.456	0.545	0.553	0.565	0.553	0.560	0.548	0.539	0.520	0.522
威海市	0.478	0.471	0.455	0.461	0.480	0.506	0.514	0.512	0.496	0.512	0.515	0.510	0.505	0.496
日照市	0.449	0.445	0.431	0.431	0.378	0.453	0.458	0.481	0.465	0.478	0.476	0.474	0.481	0.470
临沂市	0.521	0.527	0.514	0.520	0.463	0.535	0.549	0.593	0.579	0.589	0.586	0.571	0.567	0.559
德州市	0.500	0.507	0.503	0.520	0.398	0.491	0.492	0.529	0.515	0.526	0.523	0.519	0.518	0.505
聊城市	0.488	0.495	0.501	0.507	0.411	0.507	0.518	0.537	0.528	0.536	0.528	0.530	0.523	0.501
滨州市	0.471	0.446	0.468	0.468	0.422	0.500	0.464	0.523	0.501	0.511	0.484	0.492	0.492	0.487
菏泽市	0.490	0.495	0.495	0.497	0.502	0.501	0.504	0.524	0.513	0.525	0.513	0.510	0.511	0.513

为横向比较黄河流域沿线各地级市就业规模与保护治理耦合协调发展情况，计算并整理出 2006～2019 年各地级市两大系统耦合协调度平均值（见表 5-16）。从空间上看，沿线城市就业规模与保护治理耦合协调度与两大系统综合发展水平分布较为相似。其中，西安市、郑州市、济南市、青岛市耦合协调度最高，处于初级协调阶段，太原市、吕梁市、兰州市、洛阳市、平顶山市、新乡市、商丘市、周口市、淄博市、烟台市、潍坊市、济宁市、泰安市、临沂市、德州市、聊城市、菏泽市处于勉强协调阶段，这些城市的就业规模发展水平较高，保护治理系统与其他城市比具有显著优势，在一定程度上弥补了保护治理系统的不均衡。其他城市处于濒临失调、轻度失调状态，自然条件的限制和落后的就业规模发展水平

是阻碍其生态发展的重要因素。从市域两大系统综合发展水平来看，制约其耦合协调发展的主导因素各有不同。吕梁市、西安市的就业规模评价值略高于保护治理评价值，为生态滞后型，自然资源和保护治理短板是牵制其协调发展的主导因素；而其他56个城市与各自保护治理系统相比，就业规模发展滞后明显。

表 5－16 　　　　　　　2006～2019 年黄河流域各地级市保护治理与就业规模耦合协调度均值比较

地区	保护治理综合指数	就业规模综合指数	耦合度	综合评价指数	耦合协调度	耦合协调等级
太原市	0.421	0.305	0.977	0.363	0.592	勉强协调
阳泉市	0.234	0.132	0.950	0.183	0.416	濒临失调
长治市	0.299	0.200	0.974	0.250	0.493	濒临失调
晋中市	0.296	0.181	0.959	0.239	0.477	濒临失调
忻州市	0.257	0.175	0.961	0.216	0.455	濒临失调
临汾市	0.245	0.204	0.977	0.224	0.467	濒临失调
吕梁市	0.259	0.276	0.985	0.268	0.512	勉强协调
呼和浩特市	0.334	0.181	0.940	0.257	0.488	濒临失调
包头市	0.341	0.184	0.953	0.263	0.500	勉强协调
鄂尔多斯市	0.316	0.120	0.881	0.218	0.438	濒临失调
榆林市	0.270	0.166	0.959	0.218	0.455	濒临失调
兰州市	0.338	0.216	0.965	0.277	0.514	勉强协调
白银市	0.233	0.090	0.882	0.161	0.373	轻度失调
定西市	0.266	0.123	0.919	0.195	0.421	濒临失调
西宁市	0.295	0.171	0.962	0.233	0.472	濒临失调
银川市	0.362	0.172	0.927	0.267	0.497	濒临失调
石嘴山市	0.309	0.133	0.884	0.221	0.441	濒临失调
吴忠市	0.298	0.089	0.817	0.193	0.396	轻度失调
中卫市	0.305	0.080	0.782	0.192	0.386	轻度失调
运城市	0.286	0.187	0.963	0.236	0.477	濒临失调
西安市	0.446	0.501	0.994	0.474	0.683	初级协调
铜川市	0.293	0.093	0.840	0.193	0.400	濒临失调
宝鸡市	0.299	0.159	0.947	0.229	0.466	濒临失调
咸阳市	0.298	0.208	0.982	0.253	0.497	濒临失调
渭南市	0.315	0.206	0.965	0.261	0.500	勉强协调
天水市	0.284	0.130	0.925	0.207	0.437	濒临失调
平凉市	0.276	0.119	0.904	0.197	0.421	濒临失调
庆阳市	0.296	0.162	0.942	0.229	0.463	濒临失调
商洛市	0.225	0.145	0.966	0.185	0.421	濒临失调
晋城市	0.328	0.173	0.935	0.250	0.483	濒临失调
亳州市	0.346	0.113	0.853	0.230	0.442	濒临失调
郑州市	0.473	0.445	0.993	0.459	0.669	初级协调
开封市	0.307	0.171	0.957	0.239	0.477	濒临失调
洛阳市	0.343	0.228	0.978	0.285	0.526	勉强协调

地区	保护治理综合指数	就业规模综合指数	耦合度	综合评价指数	耦合协调度	耦合协调等级
平顶山市	0.344	0.230	0.975	0.287	0.528	勉强协调
鹤壁市	0.327	0.099	0.838	0.213	0.421	濒临失调
新乡市	0.366	0.219	0.962	0.292	0.530	勉强协调
焦作市	0.340	0.175	0.943	0.257	0.492	濒临失调
许昌市	0.352	0.175	0.934	0.264	0.495	濒临失调
漯河市	0.364	0.131	0.877	0.247	0.465	濒临失调
商丘市	0.346	0.244	0.974	0.295	0.535	勉强协调
周口市	0.327	0.278	0.987	0.302	0.546	勉强协调
济南市	0.472	0.382	0.991	0.427	0.649	初级协调
青岛市	0.496	0.389	0.988	0.443	0.659	初级协调
淄博市	0.407	0.230	0.959	0.318	0.552	勉强协调
枣庄市	0.364	0.154	0.907	0.259	0.484	濒临失调
东营市	0.379	0.154	0.906	0.267	0.491	濒临失调
烟台市	0.354	0.295	0.993	0.324	0.567	勉强协调
潍坊市	0.367	0.272	0.987	0.319	0.561	勉强协调
济宁市	0.413	0.269	0.971	0.341	0.576	勉强协调
泰安市	0.358	0.224	0.967	0.291	0.530	勉强协调
威海市	0.364	0.164	0.924	0.264	0.494	濒临失调
日照市	0.363	0.120	0.860	0.241	0.455	濒临失调
临沂市	0.384	0.238	0.967	0.311	0.548	勉强协调
德州市	0.353	0.188	0.939	0.270	0.503	勉强协调
聊城市	0.356	0.190	0.946	0.273	0.508	勉强协调
滨州市	0.322	0.168	0.945	0.245	0.481	濒临失调
菏泽市	0.349	0.190	0.954	0.269	0.507	勉强协调

将黄河流域各地级市就业结构和保护治理两大系统的综合指数分别代入耦合度和耦合协调度公式，从而得到各地级市就业结构与保护治理复合系统耦合协调度（见表 5 - 17）。随着时间的推移，黄河流域沿线各地级市的耦合协调度变动以保持稳定和缓慢上升为主，总体上向着良性耦合协调方向演变，但部分个别城市存在小幅下滑趋势。具体而言吕梁市、宝鸡市、商洛市、平顶山市、焦作市、烟台市 6 个城市耦合协调度基本保持在固定区间，说明其就业结构与保护治理耦合协调发展关系比较稳定，西安市、郑州市、中卫市、呼和浩特市是流域内工业化、城镇化水平最高的城市，就业结构发展迅速，耦合协调度始终保持高位；长治市、晋中市、临汾市、兰州市、白银市、西宁市、运城市、铜川市、天水市、洛阳市、鹤壁市、滨州市由濒临失调上升为勉强协调，呼和浩特市、中卫市、西安市、青岛市由勉强协调上升为初级协调，主要得益于国家流域治理和就业结构开发制度的完善和生态环境保护力度的加大。此外，太原市、呼和浩特市、中卫市、西安市、郑州市、青岛市的耦合协调度有大幅上涨，上升为初级协调。与此同时，阳泉市、铜川市、晋城市两大系统耦合协调度上升幅度较小。由于自身薄弱的就业结构和脆弱的生态环境，自 2006 年始，阳泉市耦合协调度始终在流域内垫底，亟须结合自身实际情况，制定相应的就业结构与保护治理耦合协调发展策略，采取综合性措施，推动二者向良性协调方向发展。

表 5－17　　　　2006～2019 年黄河流域各地级市保护治理与就业结构耦合协调度年际变化

地区	2006 年	2007 年	2008 年	2009 年	2010 年	2011 年	2012 年	2013 年	2014 年	2015 年	2016 年	2017 年	2018 年	2019 年
太原市	0.466	0.450	0.469	0.500	0.522	0.508	0.517	0.535	0.535	0.571	0.583	0.585	0.591	0.603
阳泉市	0.422	0.412	0.430	0.438	0.488	0.477	0.486	0.474	0.464	0.489	0.476	0.490	0.481	0.482
长治市	0.470	0.492	0.497	0.520	0.538	0.514	0.513	0.503	0.491	0.496	0.484	0.492	0.509	0.508
晋中市	0.472	0.437	0.446	0.468	0.456	0.497	0.502	0.513	0.517	0.530	0.538	0.535	0.553	0.544
忻州市	0.512	0.504	0.523	0.521	0.553	0.494	0.500	0.520	0.532	0.543	0.572	0.561	0.570	0.549
临汾市	0.454	0.459	0.457	0.473	0.463	0.516	0.514	0.523	0.524	0.536	0.544	0.543	0.556	0.552
吕梁市	0.518	0.518	0.506	0.507	0.506	0.493	0.506	0.508	0.505	0.507	0.511	0.493	0.518	0.523
呼和浩特市	0.504	0.494	0.532	0.558	0.480	0.569	0.547	0.556	0.544	0.580	0.596	0.611	0.617	0.626
包头市	0.509	0.532	0.536	0.538	0.493	0.535	0.517	0.531	0.532	0.546	0.526	0.542	0.548	0.552
鄂尔多斯市	0.527	0.531	0.545	0.564	0.479	0.562	0.530	0.504	0.504	0.570	0.540	0.538	0.546	0.548
榆林市	0.509	0.499	0.559	0.511	0.524	0.588	0.589	0.557	0.528	0.538	0.539	0.515	0.519	0.542
兰州市	0.460	0.455	0.467	0.493	0.477	0.513	0.521	0.484	0.475	0.500	0.518	0.564	0.579	0.590
白银市	0.441	0.452	0.446	0.444	0.369	0.462	0.488	0.490	0.498	0.506	0.511	0.524	0.535	0.557
定西市	0.592	0.557	0.549	0.541	0.439	0.505	0.572	0.537	0.525	0.563	0.566	0.581	0.581	0.579
西宁市	0.500	0.517	0.529	0.503	0.402	0.493	0.500	0.517	0.505	0.518	0.526	0.518	0.529	0.561
银川市	0.544	0.583	0.570	0.568	0.419	0.573	0.582	0.585	0.593	0.609	0.583	0.548	0.548	0.567
石嘴山市	0.537	0.583	0.554	0.538	0.383	0.537	0.526	0.552	0.542	0.547	0.537	0.525	0.551	0.553
吴忠市	0.617	0.615	0.639	0.623	0.604	0.607	0.600	0.551	0.540	0.575	0.567	0.579	0.568	0.583
中卫市	0.597	0.644	0.583	0.555	0.382	0.644	0.625	0.636	0.609	0.628	0.626	0.622	0.633	0.625
运城市	0.456	0.462	0.521	0.538	0.565	0.549	0.565	0.567	0.520	0.539	0.540	0.528	0.544	0.559
西安市	0.517	0.517	0.514	0.500	0.620	0.543	0.544	0.551	0.556	0.575	0.533	0.572	0.575	0.649
铜川市	0.446	0.430	0.446	0.489	0.421	0.527	0.536	0.529	0.525	0.527	0.525	0.523	0.498	0.509
宝鸡市	0.516	0.526	0.532	0.525	0.508	0.545	0.539	0.535	0.530	0.525	0.531	0.529	0.536	0.516
咸阳市	0.502	0.497	0.502	0.498	0.501	0.522	0.541	0.539	0.524	0.537	0.518	0.528	0.514	0.537
渭南市	0.524	0.498	0.529	0.523	0.525	0.563	0.574	0.556	0.550	0.559	0.559	0.558	0.563	0.559
天水市	0.495	0.538	0.552	0.548	0.476	0.553	0.544	0.554	0.526	0.554	0.551	0.575	0.580	0.537
平凉市	0.503	0.517	0.544	0.571	0.450	0.531	0.486	0.517	0.498	0.533	0.539	0.557	0.568	0.555
庆阳市	0.612	0.605	0.605	0.626	0.450	0.568	0.617	0.592	0.513	0.510	0.532	0.527	0.570	0.583
商洛市	0.492	0.495	0.520	0.519	0.455	0.540	0.544	0.528	0.499	0.509	0.529	0.481	0.503	0.497
晋城市	0.452	0.501	0.507	0.513	0.446	0.512	0.517	0.503	0.490	0.505	0.511	0.559	0.506	0.492
亳州市	0.559	0.542	0.573	0.560	0.502	0.580	0.595	0.587	0.573	0.577	0.588	0.588	0.581	0.570
郑州市	0.495	0.502	0.523	0.519	0.570	0.519	0.508	0.504	0.538	0.562	0.574	0.621	0.619	0.630
开封市	0.509	0.504	0.525	0.574	0.512	0.561	0.550	0.505	0.485	0.521	0.506	0.529	0.532	0.541
洛阳市	0.490	0.517	0.525	0.515	0.536	0.522	0.531	0.525	0.504	0.509	0.533	0.564	0.522	0.561
平顶山市	0.512	0.505	0.510	0.518	0.530	0.520	0.514	0.512	0.489	0.504	0.509	0.504	0.516	0.520
鹤壁市	0.485	0.516	0.516	0.531	0.458	0.537	0.537	0.529	0.502	0.515	0.521	0.520	0.552	0.535
新乡市	0.532	0.549	0.564	0.554	0.566	0.556	0.547	0.507	0.503	0.509	0.506	0.548	0.552	0.552
焦作市	0.523	0.525	0.531	0.545	0.530	0.548	0.530	0.528	0.508	0.511	0.516	0.539	0.544	0.526
许昌市	0.553	0.542	0.516	0.556	0.556	0.549	0.548	0.534	0.514	0.521	0.512	0.509	0.531	0.551

地区	2006 年	2007 年	2008 年	2009 年	2010 年	2011 年	2012 年	2013 年	2014 年	2015 年	2016 年	2017 年	2018 年	2019 年
漯河市	0.531	0.529	0.525	0.520	0.489	0.545	0.543	0.539	0.527	0.537	0.535	0.518	0.523	0.557
商丘市	0.565	0.588	0.593	0.574	0.594	0.578	0.556	0.544	0.529	0.525	0.531	0.525	0.539	0.552
周口市	0.585	0.595	0.604	0.585	0.572	0.602	0.582	0.575	0.548	0.531	0.536	0.516	0.548	0.568
济南市	0.504	0.490	0.514	0.554	0.618	0.555	0.555	0.560	0.568	0.554	0.567	0.580	0.590	0.592
青岛市	0.527	0.521	0.525	0.528	0.557	0.539	0.569	0.582	0.578	0.598	0.600	0.638	0.619	0.613
淄博市	0.509	0.515	0.503	0.512	0.494	0.528	0.535	0.549	0.544	0.553	0.547	0.546	0.549	0.539
枣庄市	0.503	0.522	0.539	0.542	0.480	0.513	0.524	0.525	0.508	0.515	0.516	0.526	0.535	0.540
东营市	0.555	0.549	0.549	0.555	0.485	0.548	0.545	0.524	0.516	0.528	0.520	0.529	0.529	0.530
烟台市	0.517	0.510	0.518	0.514	0.536	0.498	0.501	0.514	0.501	0.487	0.510	0.512	0.513	0.521
潍坊市	0.520	0.525	0.518	0.523	0.577	0.546	0.502	0.529	0.511	0.591	0.599	0.598	0.530	0.538
济宁市	0.528	0.542	0.541	0.548	0.595	0.514	0.525	0.521	0.504	0.518	0.527	0.532	0.520	0.550
泰安市	0.504	0.503	0.499	0.495	0.500	0.505	0.510	0.517	0.515	0.532	0.531	0.528	0.519	0.526
威海市	0.518	0.522	0.496	0.504	0.421	0.532	0.541	0.528	0.518	0.533	0.542	0.541	0.540	0.544
日照市	0.529	0.534	0.502	0.511	0.449	0.551	0.552	0.516	0.503	0.511	0.509	0.516	0.530	0.576
临沂市	0.549	0.558	0.560	0.563	0.587	0.544	0.514	0.527	0.512	0.521	0.521	0.526	0.557	0.597
德州市	0.523	0.531	0.525	0.532	0.510	0.550	0.550	0.547	0.536	0.534	0.531	0.529	0.542	0.564
聊城市	0.525	0.535	0.537	0.546	0.491	0.533	0.544	0.541	0.538	0.549	0.544	0.549	0.566	0.563
滨州市	0.494	0.471	0.483	0.483	0.418	0.509	0.470	0.504	0.502	0.513	0.503	0.516	0.521	0.513
菏泽市	0.582	0.589	0.593	0.593	0.597	0.585	0.581	0.572	0.556	0.564	0.559	0.560	0.580	0.592

　　为横向比较黄河流域沿线各地级市就业结构与保护治理耦合协调发展情况，计算并整理出 2006～2019 年各地级市两大系统耦合协调度平均值（见表 5－18）。从空间上看，沿线城市就业结构与保护治理耦合协调度和两大系统综合发展水平分布较为相似。其中，中卫市耦合协调度最高，处于初级协调阶段，太原市、长治市、晋中市、忻州市、临汾市、吕梁市、呼和浩特市、包头市、鄂尔多斯市、榆林市、兰州市、定西市、西宁市、银川市、石嘴山市、吴忠市、运城市、西安市、宝鸡市、咸阳市、渭南市、天水市、平凉市、庆阳市、商洛市、晋城市、亳州市、郑州市、开封市、洛阳市、平顶山市、鹤壁市、新乡市、焦作市、许昌市、漯河市、商丘市、周口市、济南市、青岛市、淄博市、枣庄市、东营市、烟台市、潍坊市、济宁市、泰安市、威海市、日照市、临沂市、德州市、聊城市、菏泽市处于勉强协调阶段，这些城市的就业结构发展水平较高，保护治理系统与其他城市比具有显著优势，在一定程度上弥补了保护治理系统的不均衡。其他城市处于濒临失调、轻度失调状态，自然条件的限制和落后的就业结构发展水平是阻碍其生态发展的重要因素。从市域两大系统综合发展水平来看，制约其耦合协调发展的主导因素各有不同。忻州市、临汾市、吕梁市、榆林市、白银市、定西市、吴忠市、中卫市、运城市、天水市、平凉市、庆阳市、商洛市、周口市 14 个城市的就业结构评价值略高于保护治理评价值，为生态滞后型，自然资源和保护治理短板是牵制其协调发展的主导因素；而其他城市与各自保护治理系统相比，就业结构发展滞后明显。

表 5－18　　　　　　　　2006～2019 年黄河流域各地级市保护治理与就业结构耦合协调度均值比较

地区	保护治理综合指数	就业结构综合指数	耦合度	综合评价指数	耦合协调度	耦合协调等级
太原市	0.421	0.196	0.932	0.308	0.531	勉强协调
阳泉市	0.234	0.202	0.995	0.218	0.465	濒临失调
长治市	0.299	0.214	0.983	0.257	0.502	勉强协调

地区	保护治理综合指数	就业结构综合指数	耦合度	综合评价指数	耦合协调度	耦合协调等级
晋中市	0.296	0.218	0.982	0.257	0.501	勉强协调
忻州市	0.257	0.320	0.984	0.288	0.532	勉强协调
临汾市	0.245	0.283	0.981	0.264	0.508	勉强协调
吕梁市	0.259	0.262	0.993	0.260	0.509	勉强协调
呼和浩特市	0.334	0.299	0.990	0.316	0.558	勉强协调
包头市	0.341	0.234	0.981	0.288	0.531	勉强协调
鄂尔多斯市	0.316	0.263	0.990	0.290	0.535	勉强协调
榆林市	0.270	0.330	0.964	0.300	0.537	勉强协调
兰州市	0.338	0.200	0.967	0.269	0.507	勉强协调
白银市	0.233	0.243	0.976	0.238	0.480	濒临失调
定西市	0.266	0.354	0.977	0.310	0.549	勉强协调
西宁市	0.295	0.233	0.981	0.264	0.508	勉强协调
银川市	0.362	0.284	0.980	0.323	0.562	勉强协调
石嘴山市	0.309	0.275	0.975	0.292	0.533	勉强协调
吴忠市	0.298	0.415	0.982	0.356	0.590	勉强协调
中卫市	0.305	0.448	0.968	0.376	0.601	初级协调
运城市	0.286	0.287	0.991	0.287	0.532	勉强协调
西安市	0.446	0.219	0.936	0.333	0.555	勉强协调
铜川市	0.293	0.212	0.977	0.252	0.495	濒临失调
宝鸡市	0.299	0.261	0.996	0.280	0.528	勉强协调
咸阳市	0.298	0.247	0.988	0.272	0.519	勉强协调
渭南市	0.315	0.288	0.989	0.302	0.546	勉强协调
天水市	0.284	0.308	0.993	0.296	0.542	勉强协调
平凉市	0.276	0.289	0.984	0.282	0.526	勉强协调
庆阳市	0.296	0.355	0.989	0.325	0.565	勉强协调
商洛市	0.225	0.308	0.973	0.266	0.508	勉强协调
晋城市	0.328	0.196	0.960	0.262	0.501	勉强协调
亳州市	0.346	0.308	0.993	0.327	0.570	勉强协调
郑州市	0.473	0.202	0.912	0.338	0.549	勉强协调
开封市	0.307	0.258	0.978	0.283	0.525	勉强协调
洛阳市	0.343	0.227	0.972	0.285	0.525	勉强协调
平顶山市	0.344	0.201	0.961	0.272	0.512	勉强协调
鹤壁市	0.327	0.224	0.976	0.275	0.518	勉强协调
新乡市	0.366	0.234	0.970	0.300	0.539	勉强协调
焦作市	0.340	0.233	0.978	0.286	0.529	勉强协调
许昌市	0.352	0.237	0.973	0.294	0.535	勉强协调
漯河市	0.364	0.220	0.963	0.292	0.530	勉强协调
商丘市	0.346	0.283	0.986	0.315	0.557	勉强协调
周口市	0.327	0.329	0.985	0.328	0.568	勉强协调

续表

地区	保护治理综合指数	就业结构综合指数	耦合度	综合评价指数	耦合协调度	耦合协调等级
济南市	0.472	0.208	0.919	0.340	0.557	勉强协调
青岛市	0.496	0.220	0.922	0.358	0.571	勉强协调
淄博市	0.407	0.196	0.935	0.301	0.530	勉强协调
枣庄市	0.364	0.205	0.954	0.285	0.521	勉强协调
东营市	0.379	0.216	0.955	0.297	0.533	勉强协调
烟台市	0.354	0.193	0.954	0.274	0.511	勉强协调
潍坊市	0.367	0.244	0.970	0.305	0.544	勉强协调
济宁市	0.413	0.198	0.931	0.306	0.533	勉强协调
泰安市	0.358	0.194	0.954	0.276	0.513	勉强协调
威海市	0.364	0.205	0.953	0.284	0.520	勉强协调
日照市	0.363	0.207	0.952	0.285	0.521	勉强协调
临沂市	0.384	0.235	0.961	0.310	0.545	勉强协调
德州市	0.353	0.237	0.975	0.295	0.536	勉强协调
聊城市	0.356	0.241	0.978	0.299	0.540	勉强协调
滨州市	0.322	0.187	0.957	0.254	0.493	濒临失调
菏泽市	0.349	0.326	0.993	0.337	0.579	勉强协调

二、黄河流域城市群经济发展子系统和生态保护子系统耦合协调发展状况评测与分析

（一）黄河流域城市群经济发展子系统和生态保护子系统耦合协调状况评价

1. 生态质量子系统与经济发展子系统耦合协调发展水平测度与评价

从表 5 - 19 来看，2006～2019 年，黄河流域生态质量与经济总量系统整体的耦合协调发展水平呈波动上升趋势且总体水平保持稳定，但是总体两个子系统的耦合协调发展水平等级处于濒临失调，由其中可以看出黄河流域的耦合度值明显总体高于黄河流域的耦合协调度值和综合评价指数值，这表明黄河流域的生态质量与经济总量子系统存在交互作用，且程度逐步加深，但各子系统的协调发展相对滞后。其中，生态质量和经济总量综合发展水平呈现直线上升趋势，2006～2016 年生态质量综合发展水平高于经济总量综合发展水平，2016 年之后生态质量综合发展水平低于经济总量综合发展水平；生态质量、经济总量以及综合评价指数三者波动变化趋势较一致，也说明黄河流域生态质量与经济总量存在交互作用关系，同时综合评价指数发展水平呈现出与子系统各自发展水平综合指数同步的波动上升趋势，表明其发展间确实存在相互作用关系，共同影响着黄河流域的协调发展质量。总体看来，子系统的发展水平和协调程度虽然较低，但是总体发展趋势向好，水平稳步提升，区域协调发展水平发展趋势良好。

表 5 - 19　　　　　　　　2006～2019 年黄河流域生态质量与经济总量系统耦合协调发展质量

年份	生态质量综合指数	经济总量综合指数	耦合度	综合评价指数	耦合协调度	耦合协调等级
2006	0.125	0.055	0.886	0.090	0.276	中度失调
2007	0.136	0.054	0.877	0.095	0.281	中度失调
2008	0.134	0.088	0.941	0.111	0.314	轻度失调
2009	0.152	0.080	0.919	0.116	0.317	轻度失调
2010	0.145	0.093	0.939	0.119	0.325	轻度失调

年份	生态质量综合指数	经济总量综合指数	耦合度	综合评价指数	耦合协调度	耦合协调等级
2011	0.156	0.107	0.941	0.131	0.342	轻度失调
2012	0.159	0.124	0.955	0.142	0.357	轻度失调
2013	0.169	0.141	0.964	0.155	0.374	轻度失调
2014	0.158	0.149	0.963	0.154	0.369	轻度失调
2015	0.178	0.172	0.970	0.175	0.396	轻度失调
2016	0.179	0.208	0.977	0.193	0.416	濒临失调
2017	0.186	0.203	0.976	0.194	0.417	濒临失调
2018	0.191	0.203	0.976	0.197	0.418	濒临失调
2019	0.190	0.230	0.979	0.210	0.432	濒临失调

从表5-20来看，2006~2019年，黄河流域生态质量与经济均量系统整体的耦合协调发展水平呈波动上升趋势且总体水平保持稳定，但是总体两个子系统的耦合协调发展水平等级由轻度失调转为濒临失调，由其中可以看出黄河流域的耦合度值明显总体高于黄河流域的耦合协调度值和综合评价指数值，这表明黄河流域的生态质量与经济均量子系统存在交互作用，且程度逐步加深，但各子系统的协调发展相对滞后。其中，生态质量和经济均量综合发展水平呈现直线上升趋势，且生态质量综合发展水平基本高于经济均量综合发展水平；生态质量、经济均量以及综合评价指数三者波动变化趋势较一致，也说明黄河流域生态质量与经济均量存在交互作用关系，同时综合评价指数发展水平呈现出与子系统各自发展水平综合指数同步的波动上升趋势，表明其发展间确实存在相互作用关系，共同影响着黄河流域的协调发展质量。总体看来，子系统的发展水平和协调程度虽然较低，但是总体发展趋势向好，水平稳步提升，区域协调发展水平发展趋势良好。

表5-20　　　　　　　　　2006~2019年黄河流域生态质量与经济均量系统耦合协调发展质量

年份	生态质量综合指数	经济均量综合指数	耦合度	综合评价指数	耦合协调度	耦合协调等级
2006	0.125	0.085	0.954	0.105	0.311	轻度失调
2007	0.136	0.097	0.957	0.116	0.326	轻度失调
2008	0.134	0.109	0.966	0.122	0.336	轻度失调
2009	0.152	0.120	0.972	0.136	0.355	轻度失调
2010	0.145	0.129	0.978	0.137	0.358	轻度失调
2011	0.156	0.134	0.978	0.145	0.368	轻度失调
2012	0.159	0.148	0.982	0.154	0.380	轻度失调
2013	0.169	0.162	0.983	0.166	0.394	轻度失调
2014	0.158	0.159	0.985	0.158	0.384	轻度失调
2015	0.178	0.179	0.985	0.178	0.408	濒临失调
2016	0.179	0.185	0.989	0.182	0.412	濒临失调
2017	0.186	0.202	0.988	0.194	0.426	濒临失调
2018	0.191	0.184	0.988	0.187	0.419	濒临失调
2019	0.190	0.200	0.987	0.195	0.427	濒临失调

从表5-21来看，2006~2019年，黄河流域生态质量与经济结构系统整体的耦合协调发展水平呈波动上升趋势且总体水平保持稳定，但是总体两个子系统的耦合协调发展水平等级处于轻度失调，由其中可以

看出黄河流域的耦合度值明显总体高于黄河流域的耦合协调度值和综合评价指数值，这表明黄河流域的生态质量与经济结构子系统存在交互作用，且程度逐步加深，但各子系统的协调发展相对滞后。其中，生态质量和经济结构综合发展水平呈现直线上升趋势，且生态质量综合发展水平基本高于经济结构综合发展水平；生态质量、经济结构以及综合评价指数三者波动变化趋势较一致，也说明黄河流域生态质量与经济结构存在交互作用关系，同时综合评价指数发展水平呈现出与子系统各自发展水平综合指数同步的波动上升趋势，表明其发展间确实存在相互作用关系，共同影响着黄河流域的协调发展质量。总体看来，子系统的发展水平和协调程度虽然较低，但是总体发展趋势向好，水平稳步提升，区域协调发展水平发展趋势良好。

表 5 – 21　　　　　　　　　2006～2019 年黄河流域生态质量与经济结构系统耦合协调发展质量

年份	生态质量综合指数	经济结构综合指数	耦合度	综合评价指数	耦合协调度	耦合协调等级
2006	0.125	0.084	0.948	0.105	0.309	轻度失调
2007	0.136	0.087	0.949	0.111	0.318	轻度失调
2008	0.134	0.088	0.955	0.111	0.319	轻度失调
2009	0.152	0.083	0.941	0.117	0.325	轻度失调
2010	0.145	0.086	0.948	0.116	0.324	轻度失调
2011	0.156	0.092	0.946	0.124	0.335	轻度失调
2012	0.159	0.093	0.943	0.126	0.337	轻度失调
2013	0.169	0.097	0.941	0.133	0.345	轻度失调
2014	0.158	0.097	0.945	0.128	0.337	轻度失调
2015	0.178	0.108	0.941	0.143	0.356	轻度失调
2016	0.179	0.100	0.940	0.139	0.351	轻度失调
2017	0.186	0.126	0.962	0.156	0.377	轻度失调
2018	0.191	0.135	0.958	0.163	0.385	轻度失调
2019	0.190	0.122	0.953	0.156	0.373	轻度失调

从表 5 – 22 来看，2006～2019 年，黄河流域生态质量与经济效率系统整体的耦合协调发展水平呈波动上升趋势且总体水平保持稳定，但是总体两个子系统的耦合协调发展水平等级处于濒临失调，由其中可以看出黄河流域的耦合度值明显总体高于黄河流域的耦合协调度值和综合评价指数值，这表明黄河流域的生态质量与经济效率子系统存在交互作用，且程度逐步加深，但各子系统的协调发展相对滞后。其中，生态质量和经济效率综合发展水平呈现上升趋势，且经济效率综合发展水平基本高于生态质量综合发展水平；生态质量、经济效率以及综合评价指数三者波动变化趋势较一致，也说明黄河流域生态质量与经济效率存在交互作用关系，同时综合评价指数发展水平呈现出与子系统各自发展水平综合指数同步的波动上升趋势，表明其发展间确实存在相互作用关系，共同影响着黄河流域的协调发展质量。总体看来，子系统的发展水平和协调程度虽然较低，但是总体发展趋势向好，水平稳步提升，区域协调发展水平发展趋势良好。

表 5 – 22　　　　　　　　　2006～2019 年黄河流域生态质量与经济效率系统耦合协调发展质量

年份	生态质量综合指数	经济效率综合指数	耦合度	综合评价指数	耦合协调度	耦合协调等级
2006	0.125	0.204	0.950	0.165	0.394	轻度失调
2007	0.136	0.202	0.958	0.169	0.399	轻度失调
2008	0.134	0.205	0.959	0.170	0.401	濒临失调
2009	0.152	0.207	0.967	0.179	0.413	濒临失调

年份	生态质量综合指数	经济效率综合指数	耦合度	综合评价指数	耦合协调度	耦合协调等级
2010	0.145	0.215	0.962	0.180	0.413	濒临失调
2011	0.156	0.208	0.971	0.182	0.418	濒临失调
2012	0.159	0.206	0.973	0.183	0.419	濒临失调
2013	0.169	0.207	0.975	0.188	0.425	濒临失调
2014	0.158	0.197	0.972	0.177	0.412	濒临失调
2015	0.178	0.208	0.974	0.193	0.430	濒临失调
2016	0.179	0.216	0.975	0.197	0.432	濒临失调
2017	0.186	0.209	0.979	0.198	0.435	濒临失调
2018	0.191	0.210	0.974	0.200	0.436	濒临失调
2019	0.190	0.207	0.975	0.198	0.435	濒临失调

2. 保护治理子系统与经济发展子系统耦合协调发展水平测度与评价

从表5-23来看，2006~2019年，黄河流域保护治理与经济总量系统整体的耦合协调发展水平呈波动上升趋势且总体水平保持稳定，但是总体两个子系统的耦合协调发展水平等级由轻度失调转为勉强协调，由其中可以看出黄河流域的耦合度值明显总体高于黄河流域的耦合协调度值和综合评价指数值，这表明黄河流域的保护治理与经济总量子系统存在交互作用，且程度逐步加深，但各子系统的协调发展相对滞后。其中，保护治理和经济总量综合发展水平呈现直线上升趋势，且保护治理综合发展水平基本高于经济总量综合发展水平；保护治理、经济总量以及综合评价指数三者波动变化趋势较一致，也说明黄河流域保护治理与经济总量存在交互作用关系，同时综合评价指数发展水平呈现出与子系统各自发展水平综合指数同步的波动上升趋势，表明其发展间确实存在相互作用关系，共同影响着黄河流域的协调发展质量。总体看来，子系统的发展水平和协调程度虽然较低，但是总体发展趋势向好，水平稳步提升，区域协调发展水平发展趋势良好。

表5-23　　　　　　　　　　2006~2019年黄河流域保护治理与经济总量系统耦合协调发展质量

年份	保护治理综合指数	经济总量综合指数	耦合度	综合评价指数	耦合协调度	耦合协调等级
2006	0.264	0.055	0.712	0.159	0.334	轻度失调
2007	0.271	0.054	0.705	0.162	0.335	轻度失调
2008	0.280	0.088	0.789	0.184	0.378	轻度失调
2009	0.300	0.080	0.759	0.190	0.377	轻度失调
2010	0.316	0.093	0.775	0.204	0.396	轻度失调
2011	0.319	0.107	0.798	0.213	0.410	濒临失调
2012	0.331	0.124	0.821	0.228	0.430	濒临失调
2013	0.342	0.141	0.839	0.242	0.448	濒临失调
2014	0.344	0.149	0.836	0.247	0.451	濒临失调
2015	0.363	0.172	0.862	0.268	0.477	濒临失调
2016	0.364	0.208	0.890	0.286	0.500	勉强协调
2017	0.375	0.203	0.883	0.289	0.500	濒临失调
2018	0.383	0.203	0.876	0.293	0.501	勉强协调
2019	0.399	0.230	0.896	0.315	0.524	勉强协调

从表5-24来看，2006~2019年，黄河流域保护治理与经济均量系统整体的耦合协调发展水平呈波动上升趋势且总体水平保持稳定，但是总体两个子系统的耦合协调发展水平等级由轻度失调转为勉强协调，其中可以看出黄河流域的耦合度值明显总体高于黄河流域的耦合协调度值和综合评价指数值，这表明黄河流域的保护治理与经济均量子系统存在交互作用，且程度逐步加深，但各子系统的协调发展相对滞后。其中，保护治理和经济均量综合发展水平呈现直线上升趋势，且保护治理综合发展水平基本高于经济均量综合发展水平；保护治理、经济均量以及综合评价指数三者波动变化趋势较一致，也说明黄河流域保护治理与经济均量存在交互作用关系，同时综合评价指数发展水平呈现出与子系统各自发展水平综合指数同步的波动上升趋势，表明其发展间确实存在相互作用关系，共同影响着黄河流域的协调发展质量。总体看来，子系统的发展水平和协调程度虽然较低，但是总体发展趋势向好，水平稳步提升，区域协调发展水平发展趋势良好。

表5-24　　　　　　　　　　2006~2019 年黄河流域保护治理与经济均量系统耦合协调发展质量

年份	保护治理综合指数	经济均量综合指数	耦合度	综合评价指数	耦合协调度	耦合协调等级
2006	0.264	0.085	0.827	0.174	0.377	轻度失调
2007	0.271	0.097	0.846	0.184	0.391	轻度失调
2008	0.280	0.109	0.860	0.194	0.406	濒临失调
2009	0.300	0.120	0.866	0.210	0.424	濒临失调
2010	0.316	0.129	0.872	0.222	0.438	濒临失调
2011	0.319	0.134	0.879	0.226	0.444	濒临失调
2012	0.331	0.148	0.889	0.240	0.459	濒临失调
2013	0.342	0.162	0.896	0.252	0.473	濒临失调
2014	0.344	0.159	0.891	0.252	0.471	濒临失调
2015	0.363	0.179	0.904	0.271	0.492	濒临失调
2016	0.364	0.185	0.911	0.274	0.497	濒临失调
2017	0.375	0.202	0.924	0.288	0.513	勉强协调
2018	0.383	0.184	0.908	0.284	0.504	勉强协调
2019	0.399	0.200	0.917	0.299	0.520	勉强协调

从表5-25来看，2006~2019年，黄河流域保护治理与经济结构系统整体的耦合协调发展水平呈波动上升趋势且总体水平保持稳定，但是总体两个子系统的耦合协调发展水平等级由轻度失调转为濒临失调，其中可以看出黄河流域的耦合度值明显总体高于黄河流域的耦合协调度值和综合评价指数值，这表明黄河流域的保护治理与经济结构子系统存在交互作用，且程度逐步加深，但各子系统的协调发展相对滞后。其中，保护治理和经济结构综合发展水平呈现直线上升趋势，且保护治理综合发展水平基本高于经济结构综合发展水平；保护治理、经济结构以及综合评价指数三者波动变化趋势较一致，也说明黄河流域保护治理与经济结构存在交互作用关系，同时综合评价指数发展水平呈现出与子系统各自发展水平综合指数同步的波动上升趋势，表明其发展间确实存在相互作用关系，共同影响着黄河流域的协调发展质量。总体看来，子系统的发展水平和协调程度虽然较低，但是总体发展趋势向好，水平稳步提升，区域协调发展水平发展趋势良好。

表5-25　　　　　　　　　　2006~2019 年黄河流域保护治理与经济结构系统耦合协调发展质量

年份	保护治理综合指数	经济结构综合指数	耦合度	综合评价指数	耦合协调度	耦合协调等级
2006	0.264	0.084	0.828	0.174	0.376	轻度失调
2007	0.271	0.087	0.828	0.179	0.381	轻度失调

续表

年份	保护治理综合指数	经济结构综合指数	耦合度	综合评价指数	耦合协调度	耦合协调等级
2008	0.280	0.088	0.822	0.184	0.386	轻度失调
2009	0.300	0.083	0.803	0.191	0.389	轻度失调
2010	0.316	0.086	0.795	0.201	0.397	轻度失调
2011	0.319	0.092	0.803	0.205	0.403	濒临失调
2012	0.331	0.093	0.792	0.212	0.408	濒临失调
2013	0.342	0.097	0.792	0.220	0.415	濒临失调
2014	0.344	0.097	0.780	0.221	0.413	濒临失调
2015	0.363	0.108	0.795	0.236	0.430	濒临失调
2016	0.364	0.100	0.783	0.232	0.424	濒临失调
2017	0.375	0.126	0.840	0.250	0.455	濒临失调
2018	0.383	0.135	0.850	0.259	0.466	濒临失调
2019	0.399	0.122	0.808	0.261	0.455	濒临失调

从表5－26来看，2006～2019年，黄河流域保护治理与经济效率系统整体的耦合协调发展水平呈波动上升趋势且总体水平保持稳定，但是总体两个子系统的耦合协调发展水平等级由濒临失调转为勉强协调，由其中可以看出黄河流域的耦合度值明显总体高于黄河流域的耦合协调度值和综合评价指数值，这表明黄河流域的保护治理与经济效率子系统存在交互作用，且程度逐步加深，但各子系统的协调发展相对滞后。其中，保护治理和经济效率综合发展水平呈现直线上升趋势，且保护治理综合发展水平基本高于经济效率综合发展水平；保护治理、经济效率以及综合评价指数三者波动变化趋势较一致，也说明黄河流域保护治理与经济效率存在交互作用关系，同时综合评价指数发展水平呈现出与子系统各自发展水平综合指数同步的波动上升趋势，表明其发展间确实存在相互作用关系，共同影响着黄河流域的协调发展质量。总体看来，子系统的发展水平和协调程度虽然较低，但是总体发展趋势向好，水平稳步提升，区域协调发展水平发展趋势良好。

表5－26　　　　2006～2019年黄河流域保护治理与经济效率系统耦合协调发展质量

年份	保护治理综合指数	经济效率综合指数	耦合度	综合评价指数	耦合协调度	耦合协调等级
2006	0.264	0.204	0.987	0.234	0.478	濒临失调
2007	0.271	0.202	0.981	0.236	0.479	濒临失调
2008	0.280	0.205	0.983	0.242	0.486	濒临失调
2009	0.300	0.207	0.978	0.253	0.496	濒临失调
2010	0.316	0.215	0.978	0.265	0.507	勉强协调
2011	0.319	0.208	0.974	0.263	0.505	勉强协调
2012	0.331	0.206	0.970	0.269	0.509	勉强协调
2013	0.342	0.207	0.967	0.275	0.514	勉强协调
2014	0.344	0.197	0.961	0.271	0.508	勉强协调
2015	0.363	0.208	0.961	0.286	0.522	勉强协调
2016	0.364	0.216	0.959	0.290	0.524	勉强协调
2017	0.375	0.209	0.958	0.292	0.526	勉强协调
2018	0.383	0.210	0.951	0.296	0.529	勉强协调
2019	0.399	0.207	0.949	0.303	0.533	勉强协调

（二）黄河流域城市群城市经济发展子系统和生态保护子系统耦合发展时空变化

1. 生态质量子系统与经济发展子系统耦合发展时空变化

将黄河流域各地级市经济总量和生态质量两大系统的综合指数分别代入耦合度和耦合协调度公式，从而得到各地级市经济总量与生态质量复合系统耦合协调度（见表5-27）。随着时间的推移，黄河流域沿线各地级市的耦合协调度变动以保持稳定和缓慢上升为主，总体向着良性耦合协调方向演变，但部分个别城市存在小幅下滑趋势。具体而言长治市、忻州市、临汾市、吕梁市、白银市、定西市、吴忠市、中卫市、运城市、天水市、平凉市、庆阳市、晋城市、鹤壁市14个城市耦合协调度基本保持在固定区间，说明其经济总量与生态质量耦合协调发展关系比较稳定，呼和浩特市、西安市、郑州市、济南市、青岛市是流域内工业化、城镇化水平最高的城市，经济总量发展迅速，耦合协调度始终保持高位；忻州市、定西市、吴忠市、天水市、平凉市、庆阳市、商洛市由严重失调上升为中度失调；阳泉市、长治市、晋中市、临汾市、吕梁市、石嘴山市、运城市、铜川市、咸阳市、渭南市、晋城市、亳州市、开封市、平顶山市、鹤壁市、新乡市、漯河市、周口市、日照市由中度失调上升为轻度失调；兰州市、洛阳市、枣庄市、泰安市、德州市由濒临失调上升为勉强协调，主要得益于国家流域治理和经济总量开发制度的完善和生态环境保护力度的加大。此外，郑州市、青岛市的耦合协调度有大幅上涨，上升为良好协调。太原市、阳泉市、长治市、晋中市、忻州市、临汾市、吕梁市、呼和浩特市、包头市、鄂尔多斯市、榆林市、兰州市、白银市、定西市、西宁市、银川市、石嘴山市、吴忠市、中卫市、运城市、西安市、铜川市、宝鸡市、咸阳市、渭南市、天水市、平凉市、庆阳市、商洛市、晋城市、亳州市、郑州市、开封市、洛阳市、平顶山市、鹤壁市、新乡市、焦作市、许昌市、漯河市、商丘市、周口市、济南市、青岛市、淄博市、枣庄市、东营市、烟台市、潍坊市、济宁市、泰安市、威海市、日照市、临沂市、德州市、聊城市、滨州市、菏泽市的耦合协调度有所下降，亟待提升经济总量与生态质量力度；与此同时，吕梁市、定西市两大系统耦合协调度上升幅度较小。由于自身薄弱的经济总量和脆弱的生态环境，自2006年始，定西市耦合协调度始终在流域内垫底，亟须结合自身实际情况，制定相应的经济总量与生态质量耦合协调发展策略，采取综合性措施，推动二者向良性协调方向发展。

表5-27　　　　　　2006～2019年黄河流域各地级市生态质量与经济总量耦合协调度年际变化

地区	2006年	2007年	2008年	2009年	2010年	2011年	2012年	2013年	2014年	2015年	2016年	2017年	2018年	2019年
太原市	0.387	0.381	0.435	0.438	0.449	0.478	0.491	0.511	0.520	0.537	0.569	0.571	0.591	0.596
阳泉市	0.255	0.260	0.286	0.288	0.303	0.314	0.322	0.332	0.331	0.345	0.363	0.355	0.355	0.356
长治市	0.257	0.257	0.275	0.303	0.290	0.304	0.315	0.326	0.319	0.335	0.344	0.335	0.322	0.352
晋中市	0.235	0.242	0.265	0.272	0.280	0.303	0.303	0.306	0.301	0.323	0.334	0.332	0.325	0.342
忻州市	0.186	0.181	0.187	0.197	0.201	0.219	0.229	0.246	0.243	0.265	0.274	0.277	0.270	0.285
临汾市	0.247	0.242	0.279	0.262	0.281	0.294	0.297	0.306	0.293	0.312	0.322	0.317	0.304	0.320
吕梁市	0.267	0.218	0.241	0.246	0.245	0.270	0.275	0.289	0.278	0.294	0.298	0.300	0.283	0.302
呼和浩特市	0.342	0.369	0.409	0.423	0.436	0.449	0.482	0.500	0.522	0.527	0.560	0.573	0.566	0.581
包头市	0.349	0.367	0.399	0.430	0.448	0.470	0.490	0.505	0.521	0.549	0.565	0.585	0.572	0.566
鄂尔多斯市	0.244	0.264	0.296	0.387	0.442	0.487	0.517	0.503	0.506	0.517	0.530	0.578	0.498	0.526
榆林市	0.195	0.202	0.220	0.239	0.248	0.261	0.297	0.304	0.317	0.336	0.345	0.359	0.346	0.387
兰州市	0.318	0.342	0.335	0.350	0.348	0.360	0.374	0.406	0.410	0.439	0.480	0.484	0.495	0.496
白银市	0.214	0.215	0.224	0.229	0.235	0.246	0.254	0.269	0.258	0.279	0.286	0.286	0.291	0.288
定西市	0.154	0.154	0.174	0.175	0.182	0.187	0.187	0.190	0.164	0.199	0.201	0.201	0.201	0.203
西宁市	0.253	0.258	0.284	0.295	0.303	0.322	0.340	0.354	0.355	0.389	0.410	0.408	0.492	0.416
银川市	0.273	0.283	0.308	0.328	0.342	0.359	0.380	0.402	0.396	0.427	0.456	0.450	0.450	0.452

续表

地区	2006 年	2007 年	2008 年	2009 年	2010 年	2011 年	2012 年	2013 年	2014 年	2015 年	2016 年	2017 年	2018 年	2019 年
石嘴山市	0.236	0.260	0.288	0.293	0.312	0.323	0.331	0.339	0.327	0.354	0.366	0.364	0.374	0.380
吴忠市	0.199	0.199	0.205	0.214	0.229	0.237	0.241	0.254	0.238	0.257	0.276	0.277	0.276	0.281
中卫市	0.211	0.203	0.223	0.210	0.216	0.219	0.237	0.246	0.227	0.332	0.260	0.267	0.270	0.273
运城市	0.235	0.242	0.275	0.260	0.273	0.286	0.296	0.304	0.293	0.314	0.327	0.322	0.310	0.326
西安市	0.387	0.439	0.469	0.478	0.486	0.505	0.532	0.564	0.574	0.605	0.643	0.658	0.679	0.709
铜川市	0.216	0.233	0.229	0.236	0.252	0.260	0.273	0.285	0.270	0.300	0.319	0.308	0.321	0.323
宝鸡市	0.252	0.253	0.276	0.289	0.305	0.323	0.339	0.352	0.346	0.366	0.386	0.385	0.390	0.403
咸阳市	0.241	0.242	0.255	0.259	0.270	0.283	0.299	0.305	0.314	0.322	0.353	0.361	0.348	0.355
渭南市	0.219	0.227	0.235	0.243	0.247	0.241	0.252	0.276	0.266	0.293	0.312	0.328	0.323	0.341
天水市	0.198	0.192	0.207	0.218	0.223	0.235	0.238	0.246	0.232	0.265	0.277	0.277	0.275	0.276
平凉市	0.194	0.175	0.206	0.194	0.198	0.203	0.207	0.214	0.204	0.218	0.248	0.252	0.249	0.251
庆阳市	0.167	0.168	0.174	0.177	0.185	0.200	0.211	0.219	0.212	0.241	0.239	0.236	0.231	0.237
商洛市	0.163	0.177	0.180	0.184	0.192	0.214	0.210	0.212	0.186	0.216	0.224	0.245	0.244	0.266
晋城市	0.247	0.253	0.262	0.265	0.280	0.299	0.336	0.345	0.339	0.362	0.378	0.373	0.371	0.339
亳州市	0.211	0.227	0.245	0.239	0.238	0.244	0.262	0.278	0.263	0.291	0.307	0.306	0.325	0.332
郑州市	0.387	0.404	0.483	0.486	0.478	0.504	0.532	0.565	0.587	0.630	0.681	0.706	0.741	0.804
开封市	0.255	0.274	0.289	0.277	0.269	0.298	0.313	0.325	0.312	0.345	0.370	0.358	0.367	0.386
洛阳市	0.314	0.305	0.341	0.352	0.356	0.373	0.392	0.412	0.413	0.435	0.454	0.466	0.461	0.494
平顶山市	0.264	0.279	0.312	0.304	0.317	0.337	0.344	0.351	0.338	0.355	0.370	0.362	0.353	0.374
鹤壁市	0.267	0.255	0.306	0.274	0.288	0.304	0.312	0.326	0.311	0.331	0.363	0.343	0.344	0.356
新乡市	0.278	0.275	0.314	0.303	0.313	0.331	0.345	0.362	0.350	0.373	0.392	0.382	0.374	0.394
焦作市	0.298	0.287	0.352	0.317	0.335	0.351	0.363	0.380	0.369	0.392	0.428	0.413	0.405	0.430
许昌市	0.281	0.270	0.319	0.294	0.304	0.319	0.333	0.346	0.335	0.361	0.387	0.391	0.385	0.408
漯河市	0.282	0.283	0.332	0.305	0.314	0.327	0.337	0.352	0.333	0.359	0.387	0.364	0.380	0.391
商丘市	0.235	0.245	0.268	0.272	0.270	0.280	0.299	0.316	0.302	0.328	0.343	0.355	0.357	0.401
周口市	0.237	0.238	0.264	0.262	0.264	0.270	0.288	0.307	0.295	0.326	0.338	0.334	0.331	0.360
济南市	0.443	0.440	0.498	0.496	0.501	0.527	0.542	0.559	0.556	0.593	0.632	0.641	0.676	0.714
青岛市	0.432	0.467	0.547	0.563	0.553	0.584	0.611	0.648	0.664	0.684	0.781	0.790	0.832	0.847
淄博市	0.399	0.403	0.475	0.464	0.476	0.500	0.516	0.605	0.544	0.580	0.608	0.596	0.597	0.596
枣庄市	0.312	0.306	0.374	0.358	0.373	0.383	0.406	0.417	0.422	0.445	0.464	0.444	0.437	0.445
东营市	0.386	0.388	0.443	0.451	0.442	0.460	0.482	0.522	0.543	0.576	0.604	0.623	0.620	0.619
烟台市	0.371	0.372	0.431	0.443	0.453	0.479	0.496	0.522	0.520	0.554	0.563	0.565	0.550	0.590
潍坊市	0.327	0.343	0.397	0.405	0.410	0.433	0.447	0.465	0.464	0.497	0.512	0.527	0.527	0.557
济宁市	0.322	0.312	0.358	0.369	0.366	0.383	0.392	0.446	0.446	0.473	0.503	0.482	0.483	0.503
泰安市	0.322	0.322	0.367	0.368	0.373	0.394	0.399	0.413	0.407	0.440	0.484	0.469	0.466	0.487
威海市	0.348	0.350	0.411	0.397	0.401	0.416	0.429	0.437	0.478	0.511	0.536	0.528	0.524	0.539
日照市	0.285	0.280	0.330	0.328	0.337	0.365	0.384	0.406	0.393	0.425	0.447	0.433	0.439	0.446
临沂市	0.312	0.317	0.381	0.416	0.416	0.436	0.474	0.493	0.504	0.526	0.547	0.552	0.572	0.570
德州市	0.307	0.304	0.343	0.344	0.342	0.363	0.383	0.405	0.420	0.457	0.472	0.468	0.472	0.482

地区	2006 年	2007 年	2008 年	2009 年	2010 年	2011 年	2012 年	2013 年	2014 年	2015 年	2016 年	2017 年	2018 年	2019 年
聊城市	0.291	0.297	0.343	0.334	0.351	0.356	0.377	0.401	0.404	0.436	0.458	0.441	0.439	0.482
滨州市	0.274	0.290	0.344	0.345	0.352	0.375	0.390	0.415	0.416	0.439	0.457	0.464	0.457	0.471
菏泽市	0.268	0.275	0.290	0.290	0.299	0.316	0.341	0.362	0.356	0.393	0.408	0.416	0.412	0.437

为横向比较黄河流域沿线各地级市经济总量与生态质量耦合协调发展情况，计算并整理出 2006～2019 年各地级市两大系统耦合协调度平均值（见表 5 - 28）。从空间上看，沿线城市经济总量与生态质量耦合协调度与两大系统综合发展水平分布较为相似。其中，青岛市耦合协调度最高，处于初级协调阶段；西安市、郑州市、济南市、淄博市、东营市耦合协调发展状况较好，处于勉强协调阶段，这些城市的经济总量发展水平较高，生态质量系统与其他城市比具有显著优势，在一定程度上弥补了生态质量系统的不均衡。太原市、呼和浩特市、包头市、鄂尔多斯市、兰州市、烟台市、潍坊市、济宁市、泰安市、威海市、临沂市的两大系统发展水平属于濒临失调，自然条件的限制和落后的经济总量发展水平是阻碍其生态发展的重要因素。其他城市均处于轻度失调、中度失调阶段。从市域两大系统综合发展水平来看，制约其耦合协调发展的主导因素各有不同。包头市、榆林市、郑州市、洛阳市、济南市、青岛市、淄博市、东营市、烟台市、潍坊市、威海市的经济总量评价值略高于生态质量评价值，为生态滞后型，自然资源和生态质量短板是牵制其协调发展的主导因素；而其他城市与各自生态质量系统相比，经济总量发展滞后明显。

表 5 - 28　　　　　　**2006～2019 年黄河流域各地级市生态质量与经济总量耦合协调度均值比较**

地区	生态质量综合指数	经济总量综合指数	耦合度	综合评价指数	耦合协调度	耦合协调等级
太原市	0.301	0.213	0.972	0.257	0.497	濒临失调
阳泉市	0.143	0.076	0.936	0.109	0.319	轻度失调
长治市	0.114	0.085	0.967	0.099	0.310	轻度失调
晋中市	0.118	0.069	0.946	0.094	0.297	中度失调
忻州市	0.070	0.044	0.967	0.057	0.233	中度失调
临汾市	0.101	0.074	0.973	0.087	0.291	中度失调
吕梁市	0.097	0.061	0.946	0.079	0.272	中度失调
呼和浩特市	0.273	0.209	0.978	0.241	0.481	濒临失调
包头市	0.235	0.256	0.988	0.245	0.487	濒临失调
鄂尔多斯市	0.253	0.183	0.978	0.218	0.450	濒临失调
榆林市	0.083	0.095	0.981	0.089	0.290	中度失调
兰州市	0.185	0.154	0.975	0.169	0.403	濒临失调
白银市	0.096	0.046	0.927	0.071	0.255	中度失调
定西市	0.053	0.022	0.900	0.038	0.184	严重失调
西宁市	0.179	0.091	0.926	0.135	0.349	轻度失调
银川市	0.208	0.107	0.926	0.157	0.379	轻度失调
石嘴山市	0.206	0.056	0.811	0.131	0.325	轻度失调
吴忠市	0.102	0.035	0.861	0.068	0.242	中度失调
中卫市	0.127	0.029	0.782	0.078	0.242	中度失调
运城市	0.108	0.068	0.960	0.088	0.290	中度失调
西安市	0.323	0.320	0.971	0.321	0.552	勉强协调
铜川市	0.122	0.049	0.883	0.085	0.273	中度失调

续表

地区	生态质量综合指数	经济总量综合指数	耦合度	综合评价指数	耦合协调度	耦合协调等级
宝鸡市	0.133	0.100	0.964	0.117	0.333	轻度失调
咸阳市	0.098	0.091	0.967	0.095	0.301	轻度失调
渭南市	0.096	0.062	0.942	0.079	0.272	中度失调
天水市	0.092	0.038	0.899	0.065	0.240	中度失调
平凉市	0.068	0.033	0.933	0.050	0.215	中度失调
庆阳市	0.049	0.039	0.981	0.044	0.207	中度失调
商洛市	0.058	0.034	0.947	0.046	0.208	中度失调
晋城市	0.155	0.070	0.913	0.112	0.318	轻度失调
亳州市	0.116	0.048	0.889	0.082	0.269	中度失调
郑州市	0.327	0.365	0.980	0.346	0.571	勉强协调
开封市	0.137	0.080	0.929	0.109	0.317	轻度失调
洛阳市	0.150	0.181	0.977	0.165	0.398	轻度失调
平顶山市	0.136	0.095	0.965	0.115	0.333	轻度失调
鹤壁市	0.156	0.065	0.884	0.111	0.313	轻度失调
新乡市	0.144	0.104	0.946	0.124	0.342	轻度失调
焦作市	0.162	0.120	0.955	0.141	0.366	轻度失调
许昌市	0.127	0.115	0.955	0.121	0.338	轻度失调
漯河市	0.151	0.094	0.939	0.123	0.339	轻度失调
商丘市	0.124	0.075	0.946	0.100	0.305	轻度失调
周口市	0.110	0.075	0.939	0.093	0.294	中度失调
济南市	0.282	0.367	0.983	0.325	0.559	勉强协调
青岛市	0.365	0.512	0.982	0.439	0.643	初级协调
淄博市	0.242	0.336	0.977	0.289	0.526	勉强协调
枣庄市	0.195	0.136	0.969	0.166	0.399	轻度失调
东营市	0.257	0.285	0.988	0.271	0.511	勉强协调
烟台市	0.172	0.369	0.932	0.270	0.493	濒临失调
潍坊市	0.178	0.253	0.971	0.215	0.451	濒临失调
济宁市	0.183	0.176	0.989	0.179	0.417	濒临失调
泰安市	0.181	0.165	0.972	0.173	0.408	濒临失调
威海市	0.184	0.237	0.987	0.210	0.450	濒临失调
日照市	0.178	0.123	0.962	0.151	0.378	轻度失调
临沂市	0.255	0.201	0.972	0.228	0.465	濒临失调
德州市	0.167	0.164	0.972	0.166	0.397	轻度失调
聊城市	0.168	0.147	0.959	0.158	0.386	轻度失调
滨州市	0.174	0.147	0.974	0.161	0.392	轻度失调
菏泽市	0.146	0.116	0.930	0.131	0.347	轻度失调

　　将黄河流域各地级市经济均量和生态质量两大系统的综合指数分别代入耦合度和耦合协调度公式，从而得到各地级市经济均量与生态质量复合系统耦合协调度（见表 5 – 29）。随着时间的推移，黄河流域沿

线各地级市的耦合协调度变动以保持稳定和缓慢上升为主，总体上向着良性耦合协调方向演变，但个别城市存在小幅下滑趋势。具体而言长治市、临汾市、运城市、庆阳市、许昌市、济宁市、聊城市、菏泽市8个城市耦合协调度基本保持在固定区间，说明其经济均量与生态质量耦合协调发展关系比较稳定，郑州市、青岛市是流域内工业化、城镇化水平最高的城市，经济均量发展迅速，耦合协调度始终保持高位；定西市由严重失调上升为中度失调；阳泉市、晋中市、忻州市、白银市、吴忠市、运城市、铜川市、咸阳市、渭南市、晋城市、亳州市、平顶山市、新乡市、商丘市、周口市由中度失调上升为轻度失调，主要得益于国家流域治理和经济均量开发制度的完善和生态环境保护力度的加大。此外，鄂尔多斯市、郑州市、济南市、青岛市、东营市的耦合协调度有大幅上涨，上升为初级协调。吕梁市、德州市的耦合协调度有所下降，急待提升经济均量与生态质量力度；与此同时，定西市、临汾市、菏泽市两大系统耦合协调度上升幅度较小，由于自身薄弱的经济均量和脆弱的生态环境。自2006年始，定西市耦合协调度始终在流域内垫底，亟须结合自身实际情况，制定相应的经济均量与生态质量耦合协调发展策略，采取综合性措施，推动二者向良性协调方向发展。

表 5 - 29　　　　　2006～2019 年黄河流域各地级市生态质量与经济均量耦合协调度年际变化

地区	2006 年	2007 年	2008 年	2009 年	2010 年	2011 年	2012 年	2013 年	2014 年	2015 年	2016 年	2017 年	2018 年	2019 年
太原市	0.384	0.384	0.402	0.431	0.436	0.459	0.476	0.495	0.496	0.516	0.535	0.558	0.567	0.573
阳泉市	0.294	0.303	0.313	0.328	0.344	0.356	0.365	0.374	0.371	0.382	0.388	0.397	0.389	0.397
长治市	0.305	0.307	0.315	0.340	0.324	0.339	0.346	0.352	0.334	0.346	0.350	0.360	0.352	0.364
晋中市	0.297	0.313	0.327	0.334	0.337	0.354	0.347	0.341	0.334	0.345	0.351	0.362	0.361	0.382
忻州市	0.256	0.252	0.250	0.253	0.253	0.270	0.281	0.295	0.289	0.303	0.306	0.315	0.315	0.332
临汾市	0.302	0.302	0.321	0.298	0.322	0.323	0.319	0.322	0.301	0.317	0.321	0.331	0.327	0.341
吕梁市	0.387	0.344	0.346	0.323	0.360	0.366	0.360	0.359	0.331	0.337	0.330	0.346	0.346	0.354
呼和浩特市	0.364	0.400	0.424	0.455	0.463	0.498	0.508	0.536	0.547	0.552	0.577	0.594	0.580	0.597
包头市	0.373	0.403	0.420	0.465	0.479	0.497	0.516	0.537	0.540	0.568	0.577	0.606	0.580	0.575
鄂尔多斯市	0.318	0.333	0.373	0.492	0.563	0.596	0.630	0.623	0.602	0.638	0.619	0.649	0.559	0.602
榆林市	0.236	0.280	0.302	0.309	0.319	0.345	0.368	0.348	0.371	0.380	0.387	0.414	0.419	0.436
兰州市	0.320	0.360	0.326	0.351	0.345	0.355	0.372	0.397	0.399	0.432	0.465	0.482	0.486	0.490
白银市	0.232	0.229	0.246	0.254	0.259	0.270	0.282	0.295	0.283	0.300	0.302	0.325	0.307	0.310
定西市	0.162	0.164	0.191	0.195	0.202	0.202	0.210	0.215	0.204	0.230	0.232	0.239	0.232	0.229
西宁市	0.272	0.288	0.295	0.329	0.329	0.345	0.367	0.377	0.380	0.414	0.425	0.440	0.511	0.432
银川市	0.304	0.323	0.334	0.368	0.380	0.399	0.423	0.451	0.433	0.465	0.482	0.484	0.474	0.483
石嘴山市	0.274	0.308	0.336	0.355	0.379	0.389	0.402	0.408	0.401	0.427	0.429	0.439	0.440	0.453
吴忠市	0.244	0.244	0.245	0.258	0.279	0.286	0.285	0.303	0.296	0.297	0.325	0.336	0.323	0.334
中卫市	0.247	0.234	0.255	0.247	0.252	0.253	0.278	0.291	0.278	0.394	0.297	0.328	0.317	0.327
运城市	0.297	0.309	0.316	0.286	0.302	0.311	0.327	0.329	0.309	0.336	0.327	0.339	0.332	0.345
西安市	0.348	0.408	0.404	0.432	0.431	0.443	0.462	0.491	0.494	0.525	0.540	0.564	0.566	0.583
铜川市	0.248	0.251	0.254	0.276	0.296	0.304	0.323	0.337	0.328	0.348	0.358	0.358	0.365	0.369
宝鸡市	0.275	0.285	0.279	0.301	0.316	0.333	0.348	0.359	0.354	0.374	0.390	0.405	0.401	0.410
咸阳市	0.262	0.269	0.263	0.287	0.297	0.304	0.320	0.321	0.330	0.335	0.355	0.400	0.360	0.361
渭南市	0.257	0.266	0.265	0.289	0.283	0.276	0.273	0.288	0.276	0.296	0.309	0.342	0.333	0.346
天水市	0.207	0.198	0.210	0.233	0.241	0.247	0.249	0.256	0.249	0.275	0.283	0.298	0.284	0.284
平凉市	0.206	0.184	0.213	0.208	0.229	0.230	0.232	0.238	0.234	0.239	0.266	0.276	0.265	0.275

续表

地区	2006 年	2007 年	2008 年	2009 年	2010 年	2011 年	2012 年	2013 年	2014 年	2015 年	2016 年	2017 年	2018 年	2019 年
庆阳市	0.215	0.222	0.215	0.217	0.230	0.247	0.254	0.273	0.260	0.270	0.264	0.279	0.263	0.268
商洛市	0.184	0.199	0.204	0.219	0.229	0.275	0.257	0.259	0.235	0.264	0.267	0.294	0.294	0.320
晋城市	0.297	0.315	0.298	0.322	0.337	0.355	0.396	0.398	0.385	0.407	0.412	0.428	0.424	0.392
亳州市	0.222	0.261	0.276	0.277	0.269	0.278	0.314	0.325	0.312	0.339	0.337	0.345	0.354	0.352
郑州市	0.372	0.415	0.425	0.466	0.447	0.456	0.470	0.496	0.503	0.543	0.562	0.600	0.614	0.654
开封市	0.284	0.299	0.315	0.328	0.320	0.339	0.353	0.356	0.342	0.364	0.370	0.372	0.364	0.376
洛阳市	0.320	0.333	0.330	0.358	0.355	0.366	0.380	0.389	0.383	0.399	0.409	0.437	0.427	0.447
平顶山市	0.288	0.323	0.329	0.343	0.351	0.358	0.356	0.364	0.349	0.370	0.371	0.382	0.366	0.379
鹤壁市	0.311	0.319	0.324	0.335	0.349	0.358	0.363	0.377	0.364	0.382	0.384	0.389	0.374	0.391
新乡市	0.300	0.322	0.325	0.335	0.345	0.353	0.358	0.367	0.350	0.370	0.374	0.384	0.360	0.377
焦作市	0.343	0.356	0.353	0.363	0.375	0.386	0.396	0.405	0.391	0.413	0.420	0.421	0.409	0.430
许昌市	0.349	0.345	0.351	0.352	0.354	0.369	0.376	0.376	0.367	0.392	0.383	0.395	0.384	0.398
漯河市	0.317	0.342	0.348	0.358	0.358	0.364	0.370	0.382	0.359	0.392	0.392	0.388	0.388	0.402
商丘市	0.254	0.278	0.291	0.310	0.309	0.315	0.332	0.346	0.332	0.362	0.367	0.348	0.357	0.385
周口市	0.283	0.308	0.329	0.337	0.332	0.334	0.340	0.350	0.335	0.361	0.353	0.356	0.353	0.363
济南市	0.412	0.422	0.430	0.461	0.461	0.477	0.492	0.512	0.509	0.545	0.560	0.579	0.599	0.611
青岛市	0.417	0.463	0.487	0.531	0.508	0.523	0.535	0.561	0.561	0.577	0.637	0.662	0.678	0.690
淄博市	0.397	0.420	0.434	0.460	0.465	0.480	0.494	0.567	0.499	0.533	0.539	0.548	0.541	0.536
枣庄市	0.337	0.353	0.373	0.397	0.400	0.401	0.410	0.421	0.422	0.449	0.442	0.440	0.429	0.426
东营市	0.435	0.451	0.474	0.497	0.490	0.502	0.530	0.570	0.575	0.594	0.594	0.624	0.605	0.604
烟台市	0.379	0.388	0.404	0.426	0.424	0.436	0.448	0.470	0.459	0.493	0.487	0.512	0.472	0.508
潍坊市	0.378	0.410	0.427	0.447	0.439	0.436	0.440	0.447	0.431	0.458	0.457	0.478	0.472	0.486
济宁市	0.398	0.412	0.404	0.439	0.429	0.372	0.383	0.427	0.419	0.453	0.463	0.474	0.450	0.455
泰安市	0.351	0.368	0.374	0.402	0.397	0.409	0.412	0.424	0.410	0.437	0.449	0.444	0.441	0.452
威海市	0.395	0.413	0.418	0.438	0.434	0.440	0.455	0.471	0.505	0.528	0.537	0.542	0.528	0.538
日照市	0.331	0.340	0.350	0.374	0.364	0.377	0.391	0.412	0.401	0.433	0.438	0.460	0.445	0.454
临沂市	0.351	0.381	0.390	0.446	0.432	0.431	0.460	0.472	0.467	0.480	0.482	0.497	0.503	0.474
德州市	0.433	0.444	0.453	0.493	0.409	0.427	0.421	0.442	0.434	0.455	0.449	0.455	0.442	0.426
聊城市	0.360	0.391	0.396	0.422	0.426	0.418	0.433	0.454	0.435	0.453	0.452	0.429	0.415	0.418
滨州市	0.328	0.363	0.377	0.401	0.389	0.400	0.417	0.447	0.428	0.446	0.432	0.452	0.436	0.450
菏泽市	0.344	0.360	0.353	0.380	0.370	0.387	0.396	0.404	0.388	0.420	0.406	0.408	0.389	0.380

为横向比较黄河流域沿线各地级市经济均量与生态质量耦合协调发展情况，计算并整理出 2006～2019 年各地级市两大系统耦合协调度平均值（见表 5-30）。从空间上看，沿线城市经济均量与生态质量耦合协调度和两大系统综合发展水平分布较为相似。其中，青岛市耦合协调度最高，处于勉强协调阶段；呼和浩特市、包头市、鄂尔多斯市、郑州市、济南市、东营市耦合协调发展状况较好，也处于勉强协调阶段，这些城市的经济均量发展水平较高，生态质量系统与其他城市比具有显著优势，在一定程度上弥补了生态质量系统的不均衡。忻州市、白银市、定西市、吴忠市、中卫市、渭南市、天水市、平凉市、庆阳市、商洛市的两大系统发展水平属于中度失调，自然条件的限制和落后的经济均量发展水平是阻碍其生态发展的重要因素。其他城市均处于轻度失调、濒临失调阶段。从市域两大系统综合发展水平来看，

制约其耦合协调发展的主导因素各有不同。长治市、忻州市、吕梁市、包头市、鄂尔多斯市、榆林市、咸阳市、庆阳市、商洛市、许昌市、周口市、淄博市、东营市、烟台市、潍坊市、济宁市、威海市、德州市、聊城市、菏泽市的经济均量评价值略高于生态质量评价值，为生态滞后型，自然资源和生态质量短板是牵制其协调发展的主导因素；而其他城市与各自生态质量系统相比，经济均量发展滞后明显。

表 5 – 30　　　　2006～2019 年黄河流域各地级市生态质量与经济均量耦合协调度均值比较

地区	生态质量综合指数	经济均量综合指数	耦合度	综合评价指数	耦合协调度	耦合协调等级
太原市	0.301	0.184	0.960	0.242	0.479	濒临失调
阳泉市	0.143	0.118	0.987	0.130	0.357	轻度失调
长治市	0.114	0.117	0.993	0.115	0.338	轻度失调
晋中市	0.118	0.116	0.998	0.117	0.342	轻度失调
忻州市	0.070	0.095	0.983	0.082	0.284	中度失调
临汾市	0.101	0.101	0.998	0.101	0.318	轻度失调
吕梁市	0.097	0.157	0.961	0.127	0.349	轻度失调
呼和浩特市	0.273	0.254	0.992	0.264	0.507	勉强协调
包头市	0.235	0.302	0.987	0.269	0.510	勉强协调
鄂尔多斯市	0.253	0.381	0.963	0.317	0.543	勉强协调
榆林市	0.083	0.193	0.918	0.138	0.351	轻度失调
兰州市	0.185	0.146	0.977	0.165	0.399	轻度失调
白银市	0.096	0.065	0.973	0.080	0.278	中度失调
定西市	0.053	0.037	0.966	0.045	0.208	中度失调
西宁市	0.179	0.116	0.964	0.147	0.372	轻度失调
银川市	0.208	0.149	0.977	0.179	0.414	濒临失调
石嘴山市	0.206	0.116	0.950	0.161	0.389	轻度失调
吴忠市	0.102	0.072	0.979	0.087	0.290	中度失调
中卫市	0.127	0.057	0.916	0.092	0.286	中度失调
运城市	0.108	0.097	0.996	0.102	0.319	轻度失调
西安市	0.323	0.173	0.929	0.248	0.478	濒临失调
铜川市	0.122	0.086	0.968	0.104	0.315	轻度失调
宝鸡市	0.133	0.114	0.980	0.123	0.345	轻度失调
咸阳市	0.098	0.113	0.978	0.106	0.319	轻度失调
渭南市	0.096	0.079	0.987	0.087	0.293	中度失调
天水市	0.092	0.045	0.931	0.068	0.251	中度失调
平凉市	0.068	0.047	0.976	0.057	0.235	中度失调
庆阳市	0.049	0.079	0.973	0.064	0.248	中度失调
商洛市	0.058	0.072	0.980	0.065	0.250	中度失调
晋城市	0.155	0.125	0.987	0.140	0.369	轻度失调
亳州市	0.116	0.078	0.965	0.097	0.304	轻度失调
郑州市	0.327	0.204	0.967	0.266	0.502	勉强协调
开封市	0.137	0.102	0.977	0.120	0.341	轻度失调

地区	生态质量综合指数	经济均量综合指数	耦合度	综合评价指数	耦合协调度	耦合协调等级
洛阳市	0.150	0.145	0.992	0.147	0.381	轻度失调
平顶山市	0.136	0.116	0.989	0.126	0.352	轻度失调
鹤壁市	0.156	0.109	0.971	0.133	0.359	轻度失调
新乡市	0.144	0.109	0.975	0.127	0.351	轻度失调
焦作市	0.162	0.146	0.990	0.154	0.390	轻度失调
许昌市	0.127	0.152	0.988	0.140	0.371	轻度失调
漯河市	0.151	0.126	0.983	0.139	0.369	轻度失调
商丘市	0.124	0.096	0.982	0.110	0.327	轻度失调
周口市	0.110	0.121	0.992	0.116	0.338	轻度失调
济南市	0.282	0.241	0.986	0.262	0.505	勉强协调
青岛市	0.365	0.281	0.990	0.323	0.559	勉强协调
淄博市	0.242	0.253	0.995	0.248	0.494	濒临失调
枣庄市	0.195	0.143	0.986	0.169	0.407	濒临失调
东营市	0.257	0.339	0.988	0.298	0.539	勉强协调
烟台市	0.172	0.245	0.983	0.209	0.450	濒临失调
潍坊市	0.178	0.220	0.993	0.199	0.443	濒临失调
济宁市	0.183	0.187	0.991	0.185	0.427	濒临失调
泰安市	0.181	0.164	0.990	0.172	0.412	濒临失调
威海市	0.184	0.283	0.977	0.233	0.474	濒临失调
日照市	0.178	0.145	0.990	0.162	0.398	轻度失调
临沂市	0.255	0.161	0.973	0.208	0.448	濒临失调
德州市	0.167	0.232	0.981	0.199	0.442	濒临失调
聊城市	0.168	0.191	0.993	0.180	0.421	濒临失调
滨州市	0.174	0.168	0.999	0.171	0.412	濒临失调
菏泽市	0.146	0.153	0.991	0.150	0.385	轻度失调

　　将黄河流域各地级市经济结构和生态质量两大系统的综合指数分别代入耦合度和耦合协调度公式，从而得到各地级市经济结构与生态质量复合系统耦合协调度（见表5－31）。随着时间的推移，黄河流域沿线各地级市的耦合协调度变动以保持稳定和缓慢上升为主，总体上向着良性耦合协调方向演变，但个别城市存在小幅下滑趋势。具体而言忻州市、白银市、中卫市、庆阳市4个城市耦合协调度基本保持在固定区间，说明其经济结构与生态质量耦合协调发展关系比较稳定，西安市、郑州市、青岛市是流域内工业化、城镇化水平最高的城市，经济结构发展迅速，耦合协调度始终保持高位；定西市由严重失调上升为中度失调；阳泉市、临汾市、石嘴山市、铜川市、宝鸡市、晋城市、亳州市、开封市、平顶山市、许昌市、漯河市、商丘市、周口市由中度失调上升为轻度失调，主要得益于国家流域治理和经济结构开发制度的完善和生态环境保护力度的加大。此外，青岛市的耦合协调度有大幅上涨，上升为中级协调。与此同时，庆阳市、忻州市、白银市两大系统耦合协调度上升幅度较小。由于自身薄弱的经济结构和脆弱的生态环境，自2006年始，庆阳市耦合协调度始终在流域内垫底，亟须结合自身实际情况，制定相应的经济结构与生态质量耦合协调发展策略，采取综合性措施，推动二者向良性协调方向发展。

表 5-31　　　　　　2006~2019 年黄河流域各地级市生态质量与经济结构耦合协调度年际变化

地区	2006 年	2007 年	2008 年	2009 年	2010 年	2011 年	2012 年	2013 年	2014 年	2015 年	2016 年	2017 年	2018 年	2019 年
太原市	0.421	0.431	0.427	0.425	0.421	0.445	0.447	0.457	0.461	0.459	0.459	0.442	0.449	0.447
阳泉市	0.290	0.284	0.291	0.299	0.308	0.302	0.307	0.311	0.317	0.331	0.322	0.343	0.334	0.318
长治市	0.276	0.280	0.287	0.290	0.283	0.293	0.293	0.299	0.296	0.311	0.295	0.331	0.339	0.290
晋中市	0.304	0.312	0.314	0.328	0.308	0.315	0.301	0.309	0.317	0.335	0.323	0.334	0.363	0.318
忻州市	0.277	0.281	0.261	0.262	0.275	0.269	0.259	0.269	0.273	0.286	0.281	0.296	0.333	0.285
临汾市	0.258	0.261	0.281	0.281	0.287	0.292	0.278	0.281	0.270	0.294	0.282	0.335	0.351	0.303
吕梁市	0.304	0.254	0.258	0.270	0.260	0.272	0.259	0.270	0.270	0.269	0.232	0.326	0.381	0.301
呼和浩特市	0.336	0.360	0.367	0.385	0.379	0.387	0.396	0.393	0.399	0.385	0.389	0.424	0.398	0.394
包头市	0.348	0.370	0.378	0.389	0.387	0.399	0.396	0.412	0.432	0.414	0.406	0.440	0.409	0.411
鄂尔多斯市	0.268	0.286	0.303	0.373	0.408	0.439	0.443	0.429	0.423	0.432	0.435	0.519	0.495	0.453
榆林市	0.236	0.238	0.228	0.263	0.232	0.243	0.241	0.240	0.233	0.267	0.259	0.272	0.321	0.272
兰州市	0.316	0.345	0.315	0.320	0.316	0.320	0.332	0.351	0.344	0.363	0.367	0.366	0.350	0.351
白银市	0.292	0.276	0.282	0.273	0.276	0.299	0.274	0.293	0.280	0.293	0.302	0.316	0.323	0.299
定西市	0.196	0.202	0.220	0.233	0.226	0.238	0.228	0.230	0.216	0.230	0.229	0.251	0.260	0.230
西宁市	0.325	0.331	0.315	0.329	0.319	0.329	0.333	0.331	0.366	0.351	0.341	0.355	0.411	0.338
银川市	0.334	0.350	0.348	0.353	0.359	0.360	0.356	0.365	0.377	0.370	0.380	0.511	0.405	0.377
石嘴山市	0.295	0.330	0.340	0.340	0.353	0.349	0.334	0.328	0.307	0.327	0.330	0.411	0.350	0.384
吴忠市	0.289	0.261	0.257	0.263	0.285	0.281	0.276	0.280	0.259	0.264	0.276	0.304	0.301	0.308
中卫市	0.278	0.281	0.283	0.281	0.273	0.290	0.297	0.298	0.269	0.381	0.300	0.379	0.316	0.287
运城市	0.274	0.298	0.316	0.306	0.293	0.303	0.308	0.304	0.267	0.295	0.292	0.320	0.345	0.293
西安市	0.391	0.463	0.457	0.468	0.452	0.463	0.478	0.513	0.526	0.555	0.564	0.600	0.602	0.635
铜川市	0.281	0.273	0.263	0.265	0.272	0.276	0.278	0.282	0.269	0.287	0.300	0.294	0.342	0.354
宝鸡市	0.286	0.289	0.279	0.281	0.292	0.297	0.295	0.293	0.274	0.328	0.289	0.296	0.302	0.311
咸阳市	0.277	0.279	0.272	0.267	0.269	0.267	0.266	0.263	0.248	0.257	0.271	0.294	0.296	0.298
渭南市	0.269	0.280	0.266	0.289	0.273	0.270	0.257	0.259	0.240	0.258	0.268	0.299	0.319	0.290
天水市	0.251	0.237	0.245	0.268	0.271	0.283	0.272	0.282	0.259	0.287	0.291	0.349	0.308	0.290
平凉市	0.284	0.214	0.253	0.235	0.234	0.233	0.229	0.241	0.236	0.245	0.261	0.303	0.296	0.259
庆阳市	0.217	0.216	0.213	0.213	0.216	0.240	0.239	0.238	0.204	0.241	0.229	0.248	0.249	0.223
商洛市	0.206	0.219	0.227	0.245	0.251	0.282	0.248	0.243	0.209	0.227	0.225	0.289	0.287	0.274
晋城市	0.269	0.286	0.281	0.284	0.289	0.308	0.334	0.332	0.330	0.344	0.345	0.395	0.417	0.303
亳州市	0.248	0.272	0.268	0.282	0.271	0.274	0.293	0.304	0.295	0.319	0.322	0.336	0.354	0.356
郑州市	0.358	0.400	0.418	0.451	0.439	0.471	0.523	0.542	0.549	0.574	0.581	0.616	0.635	0.648
开封市	0.284	0.292	0.293	0.293	0.291	0.299	0.307	0.311	0.295	0.337	0.330	0.339	0.359	0.340
洛阳市	0.308	0.310	0.322	0.346	0.338	0.355	0.374	0.385	0.395	0.401	0.411	0.436	0.446	0.433
平顶山市	0.284	0.294	0.297	0.291	0.290	0.298	0.316	0.319	0.311	0.318	0.319	0.330	0.345	0.323
鹤壁市	0.303	0.302	0.293	0.294	0.298	0.308	0.317	0.327	0.321	0.338	0.340	0.351	0.347	0.345
新乡市	0.327	0.338	0.320	0.318	0.316	0.332	0.333	0.338	0.316	0.357	0.345	0.369	0.370	0.480
焦作市	0.324	0.325	0.318	0.301	0.322	0.336	0.342	0.346	0.342	0.353	0.351	0.398	0.396	0.357

续表

地区	2006 年	2007 年	2008 年	2009 年	2010 年	2011 年	2012 年	2013 年	2014 年	2015 年	2016 年	2017 年	2018 年	2019 年
许昌市	0.298	0.300	0.291	0.294	0.293	0.305	0.311	0.313	0.309	0.323	0.315	0.334	0.346	0.321
漯河市	0.296	0.305	0.302	0.307	0.304	0.314	0.318	0.332	0.322	0.342	0.338	0.340	0.340	0.373
商丘市	0.259	0.268	0.269	0.273	0.272	0.277	0.289	0.296	0.282	0.305	0.303	0.323	0.350	0.338
周口市	0.269	0.280	0.268	0.281	0.271	0.281	0.290	0.301	0.277	0.317	0.298	0.328	0.365	0.307
济南市	0.402	0.407	0.402	0.419	0.415	0.427	0.435	0.431	0.421	0.454	0.467	0.471	0.487	0.536
青岛市	0.517	0.560	0.575	0.569	0.526	0.557	0.573	0.602	0.616	0.622	0.685	0.700	0.732	0.702
淄博市	0.358	0.372	0.376	0.381	0.380	0.391	0.390	0.439	0.382	0.400	0.403	0.408	0.422	0.435
枣庄市	0.306	0.308	0.314	0.323	0.333	0.333	0.331	0.337	0.339	0.351	0.343	0.340	0.352	0.367
东营市	0.340	0.347	0.348	0.364	0.369	0.377	0.382	0.397	0.395	0.409	0.420	0.447	0.456	0.473
烟台市	0.431	0.437	0.432	0.432	0.436	0.435	0.438	0.449	0.444	0.462	0.446	0.454	0.452	0.491
潍坊市	0.343	0.376	0.379	0.378	0.384	0.392	0.390	0.394	0.376	0.553	0.394	0.421	0.451	0.460
济宁市	0.336	0.336	0.331	0.343	0.337	0.345	0.351	0.387	0.376	0.401	0.407	0.383	0.403	0.385
泰安市	0.342	0.340	0.333	0.344	0.332	0.342	0.339	0.346	0.347	0.353	0.375	0.406	0.403	0.406
威海市	0.403	0.411	0.411	0.386	0.402	0.409	0.408	0.412	0.452	0.447	0.453	0.453	0.469	0.462
日照市	0.401	0.412	0.428	0.423	0.434	0.474	0.479	0.511	0.492	0.445	0.432	0.427	0.425	0.438
临沂市	0.341	0.378	0.387	0.395	0.398	0.419	0.432	0.433	0.425	0.425	0.421	0.412	0.473	0.469
德州市	0.317	0.317	0.320	0.321	0.311	0.324	0.329	0.340	0.338	0.344	0.342	0.344	0.370	0.362
聊城市	0.315	0.329	0.336	0.329	0.344	0.344	0.343	0.352	0.331	0.341	0.343	0.350	0.371	0.385
滨州市	0.321	0.344	0.357	0.364	0.359	0.377	0.398	0.400	0.370	0.389	0.387	0.413	0.419	0.407
菏泽市	0.321	0.329	0.313	0.318	0.315	0.326	0.320	0.324	0.303	0.330	0.332	0.348	0.353	0.390

为横向比较黄河流域沿线各地级市经济结构与生态质量耦合协调发展情况，计算并整理出 2006～2019 年各地级市两大系统耦合协调度平均值（见表 5－32）。从空间上看，沿线城市经济结构与生态质量耦合协调度和两大系统综合发展水平分布较为相似。其中，青岛市耦合协调度最高，处于初级协调阶段；西安市、郑州市耦合协调发展状况较好，处于勉强协调阶段，这些城市的经济结构发展水平较高，生态质量系统与其他城市比具有显著优势，在一定程度上弥补了生态质量系统的不均衡。长治市、忻州市、临汾市、吕梁市、榆林市、白银市、定西市、吴忠市、铜川市、宝鸡市、咸阳市、渭南市、天水市、平凉市、庆阳市、商洛市、亳州市、商丘市、周口市的两大系统发展水平属于中度失调，自然条件的限制和落后的经济结构发展水平是阻碍其生态发展的重要因素。其他城市均处于轻度失调、濒临失调阶段。从两大系统综合发展水平来看，制约其耦合协调发展的主导因素各有不同。忻州市、庆阳市、商洛市、青岛市、烟台市、日照市的经济结构评价值略高于生态质量评价值，为生态滞后型，自然资源和生态质量短板是牵制其协调发展的主导因素；而其他城市与各自生态质量系统相比，经济结构发展滞后明显。

表 5－32　　　　　2006～2019 年黄河流域各地级市生态质量与经济结构耦合协调度均值比较

地区	生态质量综合指数	经济结构综合指数	耦合度	综合评价指数	耦合协调度	耦合协调等级
太原市	0.301	0.130	0.914	0.215	0.442	濒临失调
阳泉市	0.143	0.066	0.929	0.105	0.311	轻度失调
长治市	0.114	0.070	0.960	0.092	0.297	中度失调
晋中市	0.118	0.090	0.985	0.104	0.320	轻度失调
忻州市	0.070	0.092	0.969	0.081	0.279	中度失调

续表

地区	生态质量综合指数	经济结构综合指数	耦合度	综合评价指数	耦合协调度	耦合协调等级
临汾市	0.101	0.073	0.971	0.087	0.290	中度失调
吕梁市	0.097	0.071	0.954	0.084	0.280	中度失调
呼和浩特市	0.273	0.082	0.844	0.178	0.385	轻度失调
包头市	0.235	0.111	0.930	0.173	0.399	轻度失调
鄂尔多斯市	0.253	0.121	0.926	0.187	0.408	濒临失调
榆林市	0.083	0.052	0.962	0.067	0.253	中度失调
兰州市	0.185	0.074	0.901	0.129	0.340	轻度失调
白银市	0.096	0.077	0.989	0.086	0.291	中度失调
定西市	0.053	0.051	0.994	0.052	0.228	中度失调
西宁市	0.179	0.079	0.920	0.129	0.341	轻度失调
银川市	0.208	0.101	0.919	0.155	0.375	轻度失调
石嘴山市	0.206	0.069	0.856	0.137	0.341	轻度失调
吴忠市	0.102	0.061	0.959	0.081	0.279	中度失调
中卫市	0.127	0.070	0.945	0.099	0.301	轻度失调
运城市	0.108	0.077	0.979	0.093	0.301	轻度失调
西安市	0.323	0.225	0.968	0.274	0.512	勉强协调
铜川市	0.122	0.060	0.922	0.091	0.288	中度失调
宝鸡市	0.133	0.057	0.911	0.095	0.294	中度失调
咸阳市	0.098	0.058	0.960	0.078	0.273	中度失调
渭南市	0.096	0.059	0.969	0.078	0.274	中度失调
天水市	0.092	0.067	0.982	0.079	0.278	中度失调
平凉市	0.068	0.062	0.986	0.065	0.251	中度失调
庆阳市	0.049	0.055	0.993	0.052	0.227	中度失调
商洛市	0.058	0.064	0.996	0.061	0.245	中度失调
晋城市	0.155	0.074	0.928	0.114	0.323	轻度失调
亳州市	0.116	0.072	0.963	0.094	0.300	中度失调
郑州市	0.327	0.232	0.967	0.280	0.515	勉强协调
开封市	0.137	0.071	0.938	0.104	0.312	轻度失调
洛阳市	0.150	0.140	0.985	0.145	0.376	轻度失调
平顶山市	0.136	0.069	0.937	0.102	0.310	轻度失调
鹤壁市	0.156	0.069	0.911	0.113	0.320	轻度失调
新乡市	0.144	0.114	0.954	0.129	0.347	轻度失调
焦作市	0.162	0.089	0.942	0.126	0.344	轻度失调
许昌市	0.127	0.075	0.957	0.101	0.311	轻度失调
漯河市	0.151	0.075	0.926	0.113	0.324	轻度失调
商丘市	0.124	0.061	0.935	0.093	0.293	中度失调
周口市	0.110	0.073	0.959	0.091	0.295	中度失调
济南市	0.282	0.136	0.937	0.209	0.441	濒临失调
青岛市	0.365	0.394	0.990	0.380	0.610	初级协调

地区	生态质量综合指数	经济结构综合指数	耦合度	综合评价指数	耦合协调度	耦合协调等级
淄博市	0.242	0.102	0.914	0.172	0.395	轻度失调
枣庄市	0.195	0.064	0.863	0.130	0.334	轻度失调
东营市	0.257	0.097	0.889	0.177	0.395	轻度失调
烟台市	0.172	0.232	0.986	0.202	0.446	濒临失调
潍坊市	0.178	0.166	0.983	0.172	0.406	濒临失调
济宁市	0.183	0.100	0.956	0.141	0.366	轻度失调
泰安市	0.181	0.092	0.940	0.137	0.358	轻度失调
威海市	0.184	0.184	0.995	0.184	0.427	濒临失调
日照市	0.178	0.227	0.981	0.203	0.444	濒临失调
临沂市	0.255	0.119	0.928	0.187	0.415	濒临失调
德州市	0.167	0.075	0.924	0.121	0.334	轻度失调
聊城市	0.168	0.084	0.939	0.126	0.344	轻度失调
滨州市	0.174	0.120	0.981	0.147	0.379	轻度失调
菏泽市	0.146	0.083	0.952	0.115	0.330	轻度失调

将黄河流域各地级市经济效率和生态质量两大系统的综合指数分别代入耦合度和耦合协调度公式，从而得到各地级市经济效率与生态质量复合系统耦合协调度（见表5－33）。随着时间的推移，黄河流域沿线各地级市的耦合协调度变动以保持稳定和缓慢上升为主，总体上向着良性耦合协调方向演变，但个别城市存在小幅下滑趋势。具体而言临汾市、中卫市、咸阳市、晋城市、焦作市、漯河市、菏泽市7个城市耦合协调度基本保持在固定区间，说明其经济效率与生态质量耦合协调发展关系比较稳定，郑州市、青岛市是流域内工业化、城镇化水平最高的城市，经济效率发展迅速，耦合协调度始终保持高位；定西市、庆阳市、商洛市由中度失调上升为轻度失调，阳泉市、鄂尔多斯市、西宁市、石嘴山市、宝鸡市、开封市、平顶山市、商丘市、滨州市由轻度失调上升为濒临失调，主要得益于国家流域治理和经济效率开发制度的完善和生态环境保护力度的加大。此外，郑州市、青岛市的耦合协调度有大幅上涨，上升为中级协调。与此同时，焦作市、菏泽市、定西市两大系统耦合协调度上升幅度较小。由于自身薄弱的经济效率和脆弱的生态环境，自2006年始，定西市耦合协调度始终在流域内垫底，亟须结合自身实际情况，制定相应的经济效率与生态质量耦合协调发展策略，采取综合性措施，推动二者向良性协调方向发展。

表5－33　　　　　　　　2006～2019年黄河流域各地级市生态质量与经济效率耦合协调度年际变化

地区	2006年	2007年	2008年	2009年	2010年	2011年	2012年	2013年	2014年	2015年	2016年	2017年	2018年	2019年
太原市	0.487	0.474	0.478	0.498	0.503	0.507	0.509	0.516	0.511	0.519	0.530	0.548	0.554	0.538
阳泉市	0.386	0.390	0.392	0.404	0.408	0.412	0.410	0.412	0.408	0.414	0.420	0.420	0.414	0.408
长治市	0.389	0.387	0.378	0.377	0.385	0.393	0.391	0.392	0.375	0.387	0.389	0.380	0.389	0.382
晋中市	0.364	0.374	0.378	0.388	0.394	0.399	0.388	0.382	0.375	0.389	0.392	0.390	0.397	0.392
忻州市	0.314	0.301	0.295	0.307	0.330	0.353	0.329	0.342	0.340	0.353	0.353	0.354	0.248	0.356
临汾市	0.367	0.358	0.384	0.357	0.387	0.416	0.377	0.375	0.354	0.367	0.372	0.370	0.354	0.372
吕梁市	0.427	0.349	0.353	0.354	0.362	0.369	0.361	0.361	0.344	0.358	0.357	0.364	0.373	0.360
呼和浩特市	0.436	0.458	0.464	0.485	0.480	0.476	0.492	0.496	0.504	0.504	0.519	0.532	0.519	0.526
包头市	0.439	0.452	0.453	0.492	0.484	0.476	0.480	0.483	0.484	0.503	0.505	0.522	0.510	0.500
鄂尔多斯市	0.341	0.357	0.376	0.471	0.508	0.545	0.549	0.515	0.504	0.508	0.507	0.536	0.506	0.495

右上角：续表

地区	2006 年	2007 年	2008 年	2009 年	2010 年	2011 年	2012 年	2013 年	2014 年	2015 年	2016 年	2017 年	2018 年	2019 年
榆林市	0.320	0.326	0.324	0.342	0.347	0.352	0.362	0.354	0.360	0.377	0.384	0.383	0.402	0.394
兰州市	0.424	0.463	0.410	0.429	0.421	0.413	0.417	0.437	0.433	0.452	0.472	0.478	0.477	0.472
白银市	0.352	0.331	0.345	0.349	0.354	0.358	0.360	0.364	0.358	0.371	0.371	0.373	0.375	0.368
定西市	0.279	0.276	0.306	0.308	0.315	0.321	0.315	0.314	0.300	0.318	0.313	0.313	0.317	0.306
西宁市	0.386	0.390	0.387	0.404	0.408	0.413	0.419	0.426	0.421	0.439	0.440	0.447	0.528	0.439
银川市	0.403	0.412	0.409	0.435	0.441	0.446	0.451	0.460	0.448	0.467	0.473	0.473	0.452	0.464
石嘴山市	0.371	0.405	0.416	0.423	0.433	0.443	0.441	0.439	0.422	0.446	0.444	0.446	0.451	0.452
吴忠市	0.338	0.334	0.336	0.344	0.355	0.366	0.364	0.377	0.361	0.362	0.378	0.374	0.374	0.370
中卫市	0.373	0.350	0.377	0.353	0.354	0.355	0.375	0.380	0.364	0.490	0.371	0.382	0.386	0.378
运城市	0.354	0.367	0.382	0.365	0.371	0.377	0.388	0.386	0.363	0.383	0.382	0.380	0.382	0.382
西安市	0.479	0.547	0.524	0.538	0.529	0.519	0.523	0.540	0.535	0.553	0.557	0.603	0.569	0.587
铜川市	0.360	0.358	0.352	0.369	0.375	0.381	0.389	0.391	0.376	0.388	0.393	0.388	0.387	0.390
宝鸡市	0.370	0.376	0.375	0.387	0.397	0.408	0.405	0.411	0.394	0.405	0.408	0.411	0.411	0.409
咸阳市	0.367	0.378	0.357	0.367	0.365	0.364	0.374	0.369	0.368	0.367	0.380	0.382	0.375	0.374
渭南市	0.353	0.368	0.352	0.373	0.368	0.363	0.359	0.359	0.341	0.357	0.365	0.384	0.387	0.387
天水市	0.336	0.320	0.333	0.344	0.353	0.361	0.355	0.358	0.348	0.367	0.301	0.372	0.374	0.370
平凉市	0.316	0.224	0.334	0.317	0.319	0.320	0.316	0.318	0.318	0.313	0.347	0.355	0.360	0.350
庆阳市	0.286	0.286	0.284	0.290	0.300	0.310	0.316	0.313	0.301	0.319	0.315	0.311	0.314	0.308
商洛市	0.286	0.304	0.303	0.304	0.323	0.342	0.324	0.317	0.288	0.308	0.307	0.332	0.335	0.342
晋城市	0.385	0.393	0.366	0.376	0.387	0.399	0.431	0.443	0.421	0.438	0.444	0.447	0.473	0.394
亳州市	0.346	0.374	0.372	0.377	0.370	0.364	0.376	0.388	0.369	0.388	0.387	0.389	0.397	0.400
郑州市	0.478	0.517	0.514	0.584	0.556	0.527	0.531	0.543	0.541	0.567	0.574	0.608	0.627	0.650
开封市	0.392	0.400	0.394	0.397	0.399	0.400	0.405	0.409	0.388	0.409	0.408	0.406	0.412	0.410
洛阳市	0.421	0.421	0.405	0.435	0.430	0.425	0.428	0.430	0.416	0.429	0.436	0.446	0.450	0.454
平顶山市	0.377	0.405	0.400	0.408	0.412	0.416	0.412	0.415	0.393	0.410	0.406	0.403	0.405	0.405
鹤壁市	0.409	0.402	0.395	0.404	0.409	0.415	0.413	0.419	0.398	0.413	0.410	0.407	0.405	0.406
新乡市	0.410	0.419	0.404	0.410	0.415	0.421	0.418	0.422	0.402	0.418	0.417	0.406	0.410	0.407
焦作市	0.423	0.422	0.417	0.413	0.420	0.427	0.426	0.429	0.409	0.417	0.428	0.424	0.434	0.425
许昌市	0.416	0.404	0.395	0.394	0.398	0.402	0.399	0.399	0.378	0.400	0.391	0.398	0.403	0.402
漯河市	0.403	0.413	0.407	0.384	0.396	0.409	0.407	0.413	0.386	0.409	0.404	0.396	0.405	0.408
商丘市	0.367	0.378	0.371	0.392	0.387	0.381	0.392	0.399	0.379	0.397	0.394	0.403	0.417	0.437
周口市	0.375	0.382	0.380	0.386	0.383	0.380	0.384	0.391	0.371	0.392	0.382	0.371	0.388	0.387
济南市	0.514	0.512	0.507	0.526	0.521	0.516	0.517	0.520	0.510	0.536	0.543	0.566	0.560	0.590
青岛市	0.500	0.544	0.559	0.590	0.574	0.559	0.567	0.580	0.576	0.583	0.804	0.665	0.663	0.660
淄博市	0.465	0.467	0.481	0.491	0.490	0.488	0.491	0.552	0.483	0.509	0.507	0.514	0.507	0.498
枣庄市	0.419	0.425	0.427	0.445	0.442	0.438	0.450	0.454	0.451	0.473	0.463	0.459	0.453	0.449
东营市	0.462	0.465	0.469	0.486	0.475	0.465	0.473	0.492	0.492	0.510	0.512	0.533	0.522	0.510
烟台市	0.448	0.453	0.456	0.472	0.470	0.467	0.469	0.480	0.464	0.490	0.476	0.476	0.471	0.484
潍坊市	0.419	0.456	0.480	0.466	0.463	0.459	0.456	0.461	0.442	0.464	0.460	0.464	0.484	0.484

续表

地区	2006 年	2007 年	2008 年	2009 年	2010 年	2011 年	2012 年	2013 年	2014 年	2015 年	2016 年	2017 年	2018 年	2019 年
济宁市	0.432	0.425	0.420	0.451	0.440	0.430	0.430	0.473	0.459	0.486	0.492	0.473	0.480	0.482
泰安市	0.441	0.446	0.438	0.458	0.453	0.447	0.443	0.446	0.426	0.448	0.466	0.454	0.468	0.466
威海市	0.423	0.441	0.432	0.446	0.439	0.433	0.438	0.445	0.467	0.483	0.482	0.481	0.476	0.475
日照市	0.406	0.405	0.400	0.422	0.424	0.427	0.430	0.444	0.429	0.454	0.453	0.458	0.448	0.449
临沂市	0.420	0.438	0.455	0.505	0.495	0.486	0.507	0.512	0.505	0.512	0.510	0.506	0.534	0.510
德州市	0.425	0.419	0.418	0.431	0.427	0.423	0.420	0.438	0.435	0.456	0.448	0.437	0.449	0.436
聊城市	0.415	0.426	0.425	0.431	0.427	0.423	0.426	0.438	0.424	0.442	0.442	0.417	0.433	0.442
滨州市	0.387	0.415	0.417	0.439	0.439	0.438	0.444	0.459	0.444	0.458	0.449	0.453	0.460	0.455
菏泽市	0.414	0.415	0.399	0.407	0.407	0.406	0.410	0.417	0.395	0.422	0.414	0.412	0.416	0.417

为横向比较黄河流域沿线各地级市经济效率与生态质量耦合协调发展情况，计算并整理出 2006～2019 年各地级市两大系统耦合协调度平均值（见表 5 - 34）。从空间上看，沿线城市经济效率与生态质量耦合协调度和两大系统综合发展水平分布较为相似。其中，青岛市耦合协调度最高，处于初级协调阶段；太原市、西安市、郑州市、济南市耦合协调发展状况较好，处于勉强协调阶段，这些城市的经济效率发展水平较高，生态质量系统与其他城市比具有显著优势，在一定程度上弥补了生态质量系统的不均衡。长治市、晋中市、忻州市、临汾市、吕梁市、榆林市、白银市、定西市、吴忠市、中卫市、运城市、铜川市、宝鸡市、咸阳市、渭南市、天水市、平凉市、庆阳市、商洛市、亳州市、许昌市、商丘市、周口市的两大系统发展水平属于中度失调，自然条件的限制和落后的经济效率发展水平是阻碍其生态发展的重要因素。其他城市均处于轻度失调、濒临失调阶段。从市域两大系统综合发展水平来看，制约其耦合协调发展的主导因素各有不同。阳泉市、长治市、晋中市、忻州市、临汾市、吕梁市、包头市、榆林市、兰州市、白银市、定西市、西宁市、吴忠市、中卫市、运城市、临汾市、铜川市、宝鸡市、咸阳市、渭南市、天水市、平凉市、庆阳市、商洛市、晋城市、亳州市、开封市、洛阳市、平顶山市、鹤壁市、新乡市、焦作市、许昌市、漯河市、商丘市、周口市、济南市、青岛市、淄博市、枣庄市、烟台市、潍坊市、济宁市、泰安市、威海市、日照市、德州市、聊城市、滨州市、菏泽市的经济效率评价值略高于生态质量评价值，为生态滞后型，自然资源和生态质量短板是牵制其协调发展的主导因素；而其他城市与各自生态质量系统相比，经济效率发展滞后明显。

表 5 - 34　　　　　　　2006～2019 年黄河流域各地级市生态质量与经济效率耦合协调度均值比较

地区	生态质量综合指数	经济效率综合指数	耦合度	综合评价指数	耦合协调度	耦合协调等级
太原市	0.301	0.231	0.989	0.266	0.512	勉强协调
阳泉市	0.143	0.193	0.987	0.168	0.407	濒临失调
长治市	0.114	0.194	0.966	0.154	0.385	轻度失调
晋中市	0.118	0.187	0.973	0.153	0.386	轻度失调
忻州市	0.070	0.171	0.886	0.120	0.327	轻度失调
临汾市	0.101	0.189	0.952	0.145	0.372	轻度失调
吕梁市	0.097	0.183	0.945	0.140	0.364	轻度失调
呼和浩特市	0.273	0.219	0.990	0.246	0.492	濒临失调
包头市	0.235	0.236	0.994	0.235	0.484	濒临失调
鄂尔多斯市	0.253	0.231	0.965	0.242	0.480	濒临失调
榆林市	0.083	0.204	0.896	0.143	0.359	轻度失调

地区	生态质量综合指数	经济效率综合指数	耦合度	综合评价指数	耦合协调度	耦合协调等级
兰州市	0.185	0.210	0.993	0.197	0.443	濒临失调
白银市	0.096	0.175	0.953	0.135	0.359	轻度失调
定西市	0.053	0.169	0.851	0.111	0.307	轻度失调
西宁市	0.179	0.189	0.989	0.184	0.425	濒临失调
银川市	0.208	0.192	0.993	0.200	0.445	濒临失调
石嘴山市	0.206	0.171	0.991	0.188	0.431	濒临失调
吴忠市	0.102	0.167	0.965	0.134	0.359	轻度失调
中卫市	0.127	0.169	0.974	0.148	0.378	轻度失调
运城市	0.108	0.186	0.963	0.147	0.376	轻度失调
西安市	0.323	0.272	0.995	0.297	0.543	勉强协调
铜川市	0.122	0.171	0.982	0.146	0.378	轻度失调
宝鸡市	0.133	0.190	0.982	0.161	0.398	轻度失调
咸阳市	0.098	0.193	0.944	0.146	0.370	轻度失调
渭南市	0.096	0.186	0.946	0.141	0.365	轻度失调
天水市	0.092	0.167	0.947	0.129	0.350	轻度失调
平凉市	0.068	0.164	0.905	0.116	0.322	轻度失调
庆阳市	0.049	0.173	0.829	0.111	0.304	轻度失调
商洛市	0.058	0.170	0.866	0.114	0.315	轻度失调
晋城市	0.155	0.194	0.985	0.175	0.414	濒临失调
亳州市	0.116	0.177	0.975	0.146	0.378	轻度失调
郑州市	0.327	0.301	0.993	0.314	0.558	勉强协调
开封市	0.137	0.191	0.986	0.164	0.402	濒临失调
洛阳市	0.150	0.230	0.976	0.190	0.431	濒临失调
平顶山市	0.136	0.198	0.982	0.167	0.405	濒临失调
鹤壁市	0.156	0.176	0.997	0.166	0.407	濒临失调
新乡市	0.144	0.202	0.985	0.173	0.413	濒临失调
焦作市	0.162	0.198	0.994	0.180	0.423	濒临失调
许昌市	0.127	0.199	0.974	0.163	0.398	轻度失调
漯河市	0.151	0.176	0.996	0.164	0.403	濒临失调
商丘市	0.124	0.192	0.973	0.158	0.392	轻度失调
周口市	0.110	0.194	0.961	0.152	0.382	轻度失调
济南市	0.282	0.286	0.997	0.284	0.531	勉强协调
青岛市	0.365	0.381	0.986	0.373	0.602	初级协调
淄博市	0.242	0.253	0.996	0.248	0.496	濒临失调
枣庄市	0.195	0.205	0.998	0.200	0.446	濒临失调
东营市	0.257	0.228	0.993	0.243	0.490	濒临失调
烟台市	0.172	0.286	0.966	0.229	0.470	濒临失调
潍坊市	0.178	0.258	0.979	0.218	0.461	濒临失调
济宁市	0.183	0.239	0.984	0.211	0.455	濒临失调

续表

地区	生态质量综合指数	经济效率综合指数	耦合度	综合评价指数	耦合协调度	耦合协调等级
泰安市	0.181	0.228	0.991	0.204	0.450	濒临失调
威海市	0.184	0.235	0.985	0.210	0.454	濒临失调
日照市	0.178	0.196	0.997	0.187	0.432	濒临失调
临沂市	0.255	0.235	0.991	0.245	0.492	濒临失调
德州市	0.167	0.210	0.991	0.188	0.433	濒临失调
聊城市	0.168	0.203	0.995	0.186	0.429	濒临失调
滨州市	0.174	0.216	0.991	0.195	0.440	濒临失调
菏泽市	0.146	0.195	0.989	0.171	0.411	濒临失调

2. 保护治理子系统与经济发展子系统耦合发展时空变化

将黄河流域各地级市经济总量和保护治理两大系统的综合指数分别代入耦合度和耦合协调度公式，从而得到各地级市经济总量与保护治理复合系统耦合协调度（见表5－35）。随着时间的推移，黄河流域沿线各地级市的耦合协调度变动以保持稳定和缓慢上升为主，总体上向着良性耦合协调方向演变，但个别城市存在小幅下滑趋势。具体而言定西市、吴忠市、中卫市、平凉市4个城市耦合协调度基本保持在固定区间，说明其经济总量与保护治理耦合协调发展关系比较稳定，西安市、郑州市、济南市、青岛市是流域内工业化、城镇化水平最高的城市，经济总量发展迅速，耦合协调度始终保持高位；吕梁市、天水市、庆阳市3个城市经济总量增长动力疲软，依靠环境投入与治理的加强，耦合协调度相对稳定。忻州市、白银市、定西市、吴忠市、中卫市、天水市、平凉市、庆阳市、商洛市由中度失调上升为轻度失调，长治市、宝鸡市、咸阳市、平顶山市、商丘市、周口市由轻度失调上升为濒临失调，包头市由濒临失调上升为勉强协调，主要得益于国家流域治理和经济总量开发制度的完善和生态环境保护力度的加大。此外，济南市、西安市、郑州市、青岛市的耦合协调度有大幅上涨，分别上升为中级协调、良好协调。与此同时，定西市、平凉市、商洛市两大系统耦合协调度上升幅度较小。由于自身薄弱的经济总量和脆弱的生态环境，自2006年始，定西市耦合协调度始终在流域内垫底，亟须结合自身实际情况，制定相应的经济总量与保护治理耦合协调发展策略，采取综合性措施，推动二者向良性协调方向发展。

表5－35　　　　2006～2019年黄河流域各地级市保护治理与经济总量耦合协调度年际变化

地区	2006年	2007年	2008年	2009年	2010年	2011年	2012年	2013年	2014年	2015年	2016年	2017年	2018年	2019年
太原市	0.395	0.386	0.452	0.461	0.476	0.503	0.517	0.551	0.566	0.606	0.641	0.635	0.665	0.687
阳泉市	0.282	0.278	0.315	0.315	0.355	0.364	0.379	0.378	0.370	0.395	0.400	0.392	0.407	0.417
长治市	0.302	0.318	0.348	0.402	0.381	0.377	0.395	0.408	0.412	0.433	0.431	0.417	0.428	0.467
晋中市	0.292	0.271	0.298	0.318	0.340	0.363	0.374	0.395	0.399	0.425	0.437	0.434	0.430	0.450
忻州市	0.257	0.252	0.276	0.285	0.310	0.288	0.302	0.326	0.328	0.353	0.386	0.385	0.377	0.389
临汾市	0.276	0.275	0.295	0.309	0.332	0.350	0.363	0.382	0.387	0.410	0.425	0.422	0.410	0.432
吕梁市	0.291	0.288	0.315	0.323	0.296	0.327	0.345	0.371	0.378	0.393	0.403	0.382	0.374	0.407
呼和浩特市	0.367	0.364	0.423	0.447	0.475	0.485	0.495	0.517	0.523	0.569	0.596	0.606	0.601	0.611
包头市	0.402	0.425	0.463	0.480	0.507	0.537	0.544	0.564	0.577	0.600	0.592	0.599	0.591	0.600
鄂尔多斯市	0.351	0.368	0.395	0.430	0.453	0.481	0.510	0.500	0.525	0.537	0.542	0.557	0.522	0.551
榆林市	0.250	0.249	0.303	0.301	0.380	0.374	0.419	0.442	0.440	0.456	0.458	0.452	0.428	0.486
兰州市	0.362	0.350	0.385	0.405	0.424	0.450	0.474	0.458	0.461	0.491	0.532	0.575	0.589	0.601
白银市	0.242	0.261	0.254	0.258	0.280	0.292	0.313	0.333	0.333	0.358	0.371	0.379	0.383	0.388

续表

地区	2006 年	2007 年	2008 年	2009 年	2010 年	2011 年	2012 年	2013 年	2014 年	2015 年	2016 年	2017 年	2018 年	2019 年
定西市	0.255	0.247	0.247	0.243	0.250	0.236	0.271	0.275	0.249	0.302	0.308	0.313	0.316	0.328
西宁市	0.290	0.306	0.346	0.337	0.355	0.368	0.394	0.414	0.410	0.442	0.464	0.465	0.469	0.492
银川市	0.341	0.351	0.382	0.383	0.397	0.415	0.436	0.456	0.453	0.476	0.496	0.490	0.495	0.516
石嘴山市	0.280	0.302	0.324	0.333	0.344	0.348	0.358	0.384	0.374	0.392	0.401	0.390	0.398	0.405
吴忠市	0.276	0.275	0.296	0.293	0.311	0.299	0.308	0.315	0.298	0.342	0.342	0.353	0.353	0.360
中卫市	0.271	0.280	0.256	0.270	0.269	0.291	0.304	0.323	0.302	0.336	0.343	0.336	0.333	0.348
运城市	0.272	0.273	0.330	0.345	0.363	0.373	0.381	0.396	0.383	0.401	0.414	0.410	0.400	0.424
西安市	0.435	0.437	0.480	0.476	0.533	0.556	0.594	0.618	0.638	0.679	0.659	0.696	0.738	0.837
铜川市	0.259	0.268	0.274	0.293	0.314	0.326	0.342	0.355	0.343	0.379	0.400	0.394	0.401	0.414
宝鸡市	0.318	0.320	0.353	0.357	0.368	0.386	0.411	0.424	0.430	0.443	0.470	0.470	0.481	0.482
咸阳市	0.302	0.297	0.327	0.323	0.350	0.365	0.403	0.421	0.430	0.457	0.468	0.475	0.460	0.485
渭南市	0.282	0.270	0.307	0.302	0.320	0.328	0.351	0.386	0.389	0.418	0.437	0.438	0.436	0.457
天水市	0.262	0.273	0.292	0.290	0.305	0.306	0.320	0.322	0.298	0.343	0.354	0.367	0.359	0.366
平凉市	0.268	0.257	0.278	0.293	0.292	0.285	0.278	0.299	0.288	0.340	0.352	0.348	0.351	0.354
庆阳市	0.282	0.282	0.292	0.304	0.274	0.281	0.331	0.346	0.320	0.344	0.359	0.357	0.367	0.383
商洛市	0.226	0.234	0.248	0.257	0.271	0.278	0.292	0.306	0.290	0.322	0.344	0.329	0.334	0.352
晋城市	0.279	0.310	0.351	0.354	0.368	0.378	0.396	0.407	0.403	0.423	0.434	0.422	0.416	0.438
亳州市	0.289	0.282	0.326	0.308	0.325	0.328	0.350	0.362	0.353	0.382	0.404	0.401	0.421	0.430
郑州市	0.425	0.423	0.521	0.499	0.518	0.542	0.577	0.599	0.663	0.709	0.770	0.801	0.826	0.878
开封市	0.288	0.305	0.340	0.339	0.330	0.360	0.372	0.383	0.385	0.438	0.473	0.462	0.467	0.496
洛阳市	0.357	0.367	0.430	0.417	0.432	0.448	0.480	0.507	0.515	0.537	0.578	0.596	0.562	0.628
平顶山市	0.340	0.340	0.386	0.380	0.396	0.411	0.427	0.434	0.433	0.447	0.478	0.466	0.458	0.489
鹤壁市	0.288	0.302	0.367	0.332	0.348	0.357	0.368	0.383	0.374	0.401	0.444	0.430	0.435	0.446
新乡市	0.331	0.334	0.401	0.380	0.396	0.410	0.423	0.439	0.449	0.470	0.488	0.494	0.505	0.537
焦作市	0.346	0.332	0.420	0.384	0.410	0.412	0.430	0.450	0.449	0.470	0.521	0.507	0.504	0.535
许昌市	0.343	0.330	0.379	0.378	0.399	0.409	0.431	0.447	0.451	0.473	0.516	0.514	0.512	0.542
漯河市	0.340	0.330	0.393	0.359	0.398	0.402	0.417	0.432	0.435	0.453	0.497	0.475	0.487	0.506
商丘市	0.309	0.326	0.364	0.351	0.358	0.372	0.377	0.396	0.400	0.425	0.453	0.451	0.447	0.483
周口市	0.303	0.302	0.345	0.329	0.337	0.353	0.375	0.396	0.396	0.424	0.458	0.458	0.447	0.490
济南市	0.479	0.470	0.549	0.566	0.599	0.628	0.643	0.660	0.682	0.669	0.711	0.717	0.752	0.767
青岛市	0.510	0.503	0.583	0.568	0.597	0.635	0.690	0.727	0.747	0.782	0.817	0.842	0.866	0.882
淄博市	0.468	0.465	0.533	0.526	0.559	0.586	0.604	0.628	0.638	0.656	0.685	0.672	0.683	0.680
枣庄市	0.360	0.363	0.450	0.418	0.438	0.439	0.473	0.490	0.493	0.506	0.539	0.521	0.516	0.525
东营市	0.443	0.446	0.500	0.500	0.512	0.534	0.555	0.580	0.595	0.621	0.647	0.649	0.651	0.654
烟台市	0.463	0.458	0.528	0.528	0.554	0.576	0.599	0.615	0.627	0.611	0.675	0.673	0.666	0.695
潍坊市	0.417	0.414	0.467	0.471	0.478	0.508	0.527	0.568	0.577	0.604	0.629	0.627	0.623	0.661
济宁市	0.404	0.406	0.474	0.461	0.477	0.477	0.506	0.528	0.537	0.552	0.588	0.583	0.571	0.602
泰安市	0.380	0.375	0.435	0.419	0.444	0.469	0.485	0.501	0.508	0.534	0.565	0.557	0.546	0.567
威海市	0.440	0.432	0.493	0.469	0.499	0.510	0.531	0.536	0.544	0.581	0.611	0.606	0.608	0.621

续表

地区	2006 年	2007 年	2008 年	2009 年	2010 年	2011 年	2012 年	2013 年	2014 年	2015 年	2016 年	2017 年	2018 年	2019 年
日照市	0.353	0.345	0.391	0.378	0.424	0.445	0.466	0.477	0.476	0.497	0.520	0.504	0.521	0.526
临沂市	0.392	0.387	0.448	0.452	0.462	0.492	0.514	0.533	0.547	0.572	0.598	0.599	0.594	0.626
德州市	0.355	0.359	0.410	0.401	0.430	0.449	0.468	0.491	0.503	0.537	0.565	0.569	0.572	0.601
聊城市	0.344	0.346	0.407	0.398	0.417	0.427	0.459	0.479	0.501	0.531	0.551	0.557	0.545	0.570
滨州市	0.353	0.332	0.404	0.395	0.427	0.451	0.428	0.475	0.486	0.506	0.525	0.534	0.533	0.547
菏泽市	0.313	0.324	0.360	0.354	0.376	0.392	0.423	0.448	0.458	0.487	0.511	0.522	0.530	0.569

为横向比较黄河流域沿线各地级市经济总量与保护治理耦合协调发展情况，计算并整理出 2006～2019 年各地级市两大系统耦合协调度平均值（见表 5－36）。从空间上看，沿线城市经济总量与保护治理耦合协调度与两大系统综合发展水平分布较为相似。其中，青岛市耦合协调度最高，处于初级协调阶段，太原市、呼和浩特市、包头市、西安市、淄博市、东营市、烟台市、潍坊市、济宁市、威海市、临沂市处于勉强协调阶段，这些城市的经济总量发展水平较高，保护治理系统与其他城市比具有显著优势，在一定程度上弥补了保护治理系统的不均衡。其他城市处于濒临失调、轻度失调状态，自然条件的限制和落后的经济总量发展水平是阻碍其生态发展的重要因素。从市域两大系统综合发展水平来看，制约其耦合协调发展的主导因素各有不同。青岛市、烟台市 2 个城市的经济总量评价值略高于保护治理评价值，为生态滞后型，自然资源和保护治理短板是牵制其协调发展的主导因素；而其他城市与各自保护治理系统相比，经济总量发展滞后明显。

表 5－36　　　　　　　2006～2019 年黄河流域各地级市保护治理与经济总量耦合协调度均值比较

地区	保护治理综合指数	经济总量综合指数	耦合度	综合评价指数	耦合协调度	耦合协调等级
太原市	0.421	0.213	0.939	0.317	0.538	勉强协调
阳泉市	0.234	0.076	0.846	0.155	0.361	轻度失调
长治市	0.299	0.085	0.811	0.192	0.394	轻度失调
晋中市	0.296	0.069	0.775	0.183	0.373	轻度失调
忻州市	0.257	0.044	0.698	0.151	0.322	轻度失调
临汾市	0.245	0.074	0.843	0.159	0.362	轻度失调
吕梁市	0.259	0.061	0.767	0.160	0.350	轻度失调
呼和浩特市	0.334	0.209	0.959	0.271	0.506	勉强协调
包头市	0.341	0.256	0.962	0.299	0.534	勉强协调
鄂尔多斯市	0.316	0.183	0.926	0.250	0.480	濒临失调
榆林市	0.270	0.095	0.842	0.182	0.388	轻度失调
兰州市	0.338	0.154	0.906	0.246	0.468	濒临失调
白银市	0.233	0.046	0.745	0.140	0.318	轻度失调
定西市	0.266	0.022	0.529	0.144	0.274	中度失调
西宁市	0.295	0.091	0.820	0.193	0.397	轻度失调
银川市	0.362	0.107	0.807	0.234	0.435	濒临失调
石嘴山市	0.309	0.056	0.709	0.183	0.360	轻度失调
吴忠市	0.298	0.035	0.603	0.166	0.316	轻度失调
中卫市	0.305	0.029	0.560	0.167	0.304	轻度失调
运城市	0.286	0.068	0.781	0.177	0.369	轻度失调

地区	保护治理综合指数	经济总量综合指数	耦合度	综合评价指数	耦合协调度	耦合协调等级
西安市	0.446	0.320	0.957	0.383	0.598	勉强协调
铜川市	0.293	0.049	0.686	0.171	0.340	轻度失调
宝鸡市	0.299	0.100	0.834	0.200	0.408	濒临失调
咸阳市	0.298	0.091	0.816	0.195	0.397	轻度失调
渭南市	0.315	0.062	0.715	0.188	0.366	轻度失调
天水市	0.284	0.038	0.633	0.161	0.318	轻度失调
平凉市	0.276	0.033	0.614	0.154	0.306	轻度失调
庆阳市	0.296	0.039	0.630	0.168	0.323	轻度失调
商洛市	0.225	0.034	0.662	0.129	0.292	中度失调
晋城市	0.328	0.070	0.745	0.199	0.384	轻度失调
亳州市	0.346	0.048	0.637	0.197	0.354	轻度失调
郑州市	0.473	0.365	0.971	0.419	0.625	初级协调
开封市	0.307	0.080	0.785	0.194	0.388	轻度失调
洛阳市	0.343	0.181	0.926	0.262	0.490	濒临失调
平顶山市	0.344	0.095	0.806	0.219	0.420	濒临失调
鹤壁市	0.327	0.065	0.726	0.196	0.377	轻度失调
新乡市	0.366	0.104	0.798	0.235	0.433	濒临失调
焦作市	0.340	0.120	0.847	0.230	0.441	濒临失调
许昌市	0.352	0.115	0.823	0.233	0.437	濒临失调
漯河市	0.364	0.094	0.784	0.229	0.423	濒临失调
商丘市	0.346	0.075	0.738	0.210	0.394	轻度失调
周口市	0.327	0.075	0.744	0.201	0.387	轻度失调
济南市	0.472	0.367	0.976	0.420	0.635	初级协调
青岛市	0.496	0.512	0.990	0.504	0.696	初级协调
淄博市	0.407	0.336	0.974	0.371	0.599	勉强协调
枣庄市	0.364	0.136	0.873	0.250	0.466	濒临失调
东营市	0.379	0.285	0.962	0.332	0.563	勉强协调
烟台市	0.354	0.369	0.976	0.361	0.591	勉强协调
潍坊市	0.367	0.253	0.953	0.310	0.541	勉强协调
济宁市	0.413	0.176	0.890	0.295	0.512	勉强协调
泰安市	0.358	0.165	0.900	0.262	0.485	濒临失调
威海市	0.364	0.237	0.956	0.300	0.535	勉强协调
日照市	0.363	0.123	0.843	0.243	0.452	濒临失调
临沂市	0.384	0.201	0.911	0.293	0.515	勉强协调
德州市	0.353	0.164	0.894	0.259	0.479	濒临失调
聊城市	0.356	0.147	0.869	0.251	0.467	濒临失调
滨州市	0.322	0.147	0.895	0.234	0.457	濒临失调
菏泽市	0.349	0.116	0.809	0.233	0.433	濒临失调

　　将黄河流域各地级市经济均量和保护治理两大系统的综合指数分别代入耦合度和耦合协调度公式，从而得到各地级市经济均量与保护治理复合系统耦合协调度（见表5－37）。随着时间的推移，黄河流域沿线各地级市的耦合协调度变动以保持稳定和缓慢上升为主，总体上向着良性耦合协调方向演变，但部分个别城市存在小幅下滑趋势。具体而言吕梁市、庆阳市、济宁市、德州市、聊城市等城市耦合协调度基本保持在固定区间，说明其经济均量与保护治理耦合协调发展关系比较稳定，西安、郑州、青岛是流域内工业化、城镇化水平最高的城市，经济均量发展迅速，耦合协调度始终保持高位；吕梁市、聊城市、菏泽市3个城市经济均量增长动力疲软，依靠环境投入与治理的加强，耦合协调度相对稳定。定西市、天水市、平凉市由中度失调上升为轻度失调，阳泉市、长治市、忻州市、临汾市、石嘴山市、吴忠市、中卫市、运城市、宝鸡市、咸阳市、渭南市、庆阳市、滨州市、开封市、平顶山市、鹤壁市商丘市、周口市由轻度失调上升为濒临失调，许昌市、烟台市、潍坊市、济宁市、泰安市、日照市、临沂市、滨州市由濒临失调上升为勉强协调，主要得益于国家流域治理和经济均量开发制度的完善和生态环境保护力度的加大。此外，郑州市、青岛市的耦合协调度有大幅上涨，上升为中级协调。与此同时，济宁市、德州市两大系统耦合协调度上升幅度较小。由于自身薄弱的经济均量和脆弱的生态环境，自2006年始，商洛市耦合协调度始终在流域内垫底，亟须结合自身实际情况，制定相应的经济均量与保护治理耦合协调发展策略，采取综合性措施，推动二者向良性协调方向发展。

表5－37　　　　　　　　　2006～2019年黄河流域各地级市保护治理与经济均量耦合协调度年际变化

地区	2006年	2007年	2008年	2009年	2010年	2011年	2012年	2013年	2014年	2015年	2016年	2017年	2018年	2019年
太原市	0.392	0.389	0.417	0.453	0.463	0.483	0.502	0.534	0.540	0.583	0.602	0.621	0.638	0.660
阳泉市	0.325	0.325	0.345	0.359	0.403	0.414	0.430	0.426	0.415	0.438	0.427	0.439	0.446	0.464
长治市	0.359	0.381	0.398	0.451	0.425	0.420	0.433	0.441	0.432	0.447	0.437	0.449	0.467	0.484
晋中市	0.370	0.350	0.369	0.391	0.409	0.423	0.429	0.440	0.443	0.453	0.459	0.474	0.477	0.503
忻州市	0.355	0.351	0.369	0.365	0.390	0.354	0.371	0.392	0.389	0.404	0.430	0.439	0.439	0.453
临汾市	0.338	0.342	0.339	0.352	0.380	0.385	0.391	0.402	0.398	0.417	0.424	0.441	0.441	0.460
吕梁市	0.421	0.454	0.453	0.425	0.435	0.443	0.452	0.461	0.451	0.450	0.446	0.440	0.456	0.478
呼和浩特市	0.390	0.395	0.438	0.481	0.505	0.538	0.522	0.555	0.549	0.596	0.614	0.629	0.616	0.629
包头市	0.429	0.466	0.488	0.519	0.542	0.567	0.573	0.599	0.599	0.621	0.604	0.620	0.599	0.609
鄂尔多斯市	0.457	0.465	0.497	0.546	0.577	0.589	0.622	0.619	0.624	0.663	0.634	0.625	0.585	0.631
榆林市	0.302	0.346	0.417	0.389	0.489	0.493	0.519	0.506	0.515	0.515	0.513	0.520	0.519	0.547
兰州市	0.364	0.368	0.374	0.406	0.420	0.445	0.471	0.449	0.448	0.482	0.516	0.572	0.578	0.594
白银市	0.262	0.277	0.280	0.286	0.309	0.320	0.347	0.365	0.364	0.385	0.393	0.430	0.405	0.417
定西市	0.268	0.262	0.271	0.270	0.278	0.255	0.304	0.311	0.311	0.350	0.354	0.371	0.365	0.371
西宁市	0.311	0.340	0.360	0.376	0.386	0.395	0.425	0.441	0.439	0.469	0.481	0.501	0.487	0.512
银川市	0.380	0.400	0.415	0.430	0.442	0.462	0.485	0.512	0.496	0.518	0.525	0.527	0.521	0.551
石嘴山市	0.326	0.358	0.379	0.403	0.417	0.418	0.435	0.462	0.459	0.473	0.470	0.470	0.469	0.483
吴忠市	0.339	0.339	0.354	0.352	0.380	0.361	0.365	0.375	0.372	0.396	0.402	0.429	0.414	0.428
中卫市	0.319	0.321	0.293	0.317	0.314	0.336	0.358	0.381	0.370	0.398	0.393	0.413	0.390	0.417
运城市	0.343	0.348	0.380	0.380	0.403	0.405	0.422	0.428	0.405	0.429	0.414	0.432	0.428	0.450
西安市	0.390	0.406	0.413	0.430	0.473	0.489	0.517	0.537	0.550	0.589	0.553	0.597	0.616	0.687
铜川市	0.298	0.288	0.303	0.342	0.368	0.381	0.404	0.420	0.416	0.439	0.449	0.457	0.456	0.473
宝鸡市	0.348	0.361	0.356	0.371	0.381	0.399	0.423	0.432	0.440	0.453	0.475	0.495	0.494	0.490
咸阳市	0.329	0.329	0.338	0.358	0.385	0.392	0.431	0.443	0.450	0.475	0.470	0.527	0.476	0.494

地区	2006 年	2007 年	2008 年	2009 年	2010 年	2011 年	2012 年	2013 年	2014 年	2015 年	2016 年	2017 年	2018 年	2019 年
渭南市	0.331	0.317	0.345	0.359	0.366	0.375	0.380	0.403	0.403	0.422	0.434	0.458	0.450	0.464
天水市	0.273	0.282	0.296	0.311	0.328	0.321	0.335	0.336	0.319	0.356	0.363	0.394	0.371	0.377
平凉市	0.286	0.269	0.288	0.314	0.337	0.324	0.313	0.333	0.330	0.373	0.378	0.382	0.373	0.388
庆阳市	0.362	0.372	0.361	0.373	0.340	0.346	0.398	0.432	0.393	0.386	0.398	0.421	0.418	0.432
商洛市	0.255	0.263	0.281	0.305	0.323	0.357	0.357	0.374	0.367	0.393	0.411	0.395	0.402	0.424
晋城市	0.336	0.387	0.400	0.431	0.444	0.449	0.467	0.469	0.458	0.475	0.473	0.484	0.476	0.506
亳州市	0.305	0.323	0.366	0.356	0.368	0.373	0.419	0.423	0.419	0.445	0.444	0.452	0.459	0.455
郑州市	0.409	0.434	0.458	0.479	0.484	0.491	0.510	0.526	0.569	0.611	0.635	0.681	0.685	0.713
开封市	0.321	0.333	0.370	0.402	0.393	0.411	0.420	0.419	0.421	0.462	0.472	0.479	0.464	0.483
洛阳市	0.364	0.400	0.416	0.423	0.431	0.440	0.465	0.479	0.477	0.493	0.521	0.559	0.520	0.568
平顶山市	0.371	0.394	0.407	0.428	0.440	0.437	0.442	0.451	0.447	0.466	0.479	0.492	0.475	0.495
鹤壁市	0.336	0.377	0.388	0.406	0.421	0.420	0.429	0.443	0.437	0.463	0.470	0.488	0.474	0.489
新乡市	0.357	0.390	0.414	0.421	0.437	0.436	0.439	0.445	0.448	0.466	0.466	0.497	0.486	0.513
焦作市	0.399	0.412	0.421	0.440	0.459	0.455	0.468	0.479	0.476	0.495	0.511	0.517	0.508	0.534
许昌市	0.426	0.422	0.417	0.453	0.465	0.472	0.486	0.487	0.493	0.513	0.511	0.519	0.510	0.529
漯河市	0.382	0.400	0.413	0.421	0.454	0.448	0.458	0.470	0.469	0.494	0.503	0.506	0.498	0.521
商丘市	0.334	0.370	0.397	0.400	0.410	0.418	0.417	0.434	0.440	0.469	0.484	0.442	0.447	0.465
周口市	0.363	0.391	0.431	0.423	0.423	0.437	0.443	0.450	0.450	0.470	0.479	0.488	0.476	0.495
济南市	0.445	0.450	0.473	0.526	0.551	0.568	0.583	0.605	0.624	0.614	0.630	0.648	0.666	0.657
青岛市	0.492	0.498	0.519	0.536	0.549	0.569	0.604	0.629	0.631	0.660	0.666	0.706	0.706	0.719
淄博市	0.466	0.485	0.487	0.522	0.546	0.563	0.578	0.589	0.585	0.602	0.608	0.618	0.618	0.612
枣庄市	0.389	0.418	0.448	0.463	0.469	0.460	0.477	0.494	0.493	0.511	0.514	0.515	0.507	0.502
东营市	0.499	0.519	0.536	0.551	0.567	0.582	0.610	0.633	0.630	0.641	0.637	0.651	0.635	0.639
烟台市	0.472	0.478	0.495	0.507	0.520	0.524	0.542	0.554	0.554	0.543	0.584	0.610	0.572	0.598
潍坊市	0.482	0.495	0.501	0.520	0.511	0.512	0.519	0.546	0.536	0.556	0.562	0.569	0.557	0.576
济宁市	0.498	0.536	0.534	0.549	0.560	0.463	0.494	0.505	0.503	0.528	0.541	0.575	0.532	0.545
泰安市	0.413	0.429	0.443	0.458	0.472	0.488	0.501	0.514	0.512	0.530	0.524	0.527	0.516	0.527
威海市	0.500	0.511	0.502	0.517	0.540	0.540	0.564	0.578	0.575	0.600	0.612	0.622	0.613	0.620
日照市	0.410	0.419	0.416	0.431	0.458	0.459	0.475	0.484	0.486	0.506	0.509	0.535	0.529	0.536
临沂市	0.441	0.465	0.459	0.485	0.480	0.487	0.498	0.510	0.507	0.523	0.527	0.540	0.523	0.521
德州市	0.501	0.525	0.541	0.574	0.515	0.528	0.514	0.536	0.520	0.534	0.537	0.553	0.536	0.531
聊城市	0.425	0.456	0.470	0.502	0.506	0.502	0.528	0.542	0.540	0.552	0.543	0.542	0.515	0.494
滨州市	0.422	0.415	0.443	0.460	0.471	0.481	0.457	0.512	0.500	0.514	0.496	0.520	0.508	0.523
菏泽市	0.401	0.424	0.437	0.463	0.464	0.481	0.492	0.499	0.500	0.521	0.508	0.511	0.501	0.494

　　为横向比较黄河流域沿线各地级市经济均量与保护治理耦合协调发展情况，计算并整理出 2006～2019 年各地级市两大系统耦合协调度平均值（见表 5-38）。从空间上看，沿线城市经济均量与保护治理耦合协调度与两大系统综合发展水平分布较为相似。其中，青岛市耦合协调度最高，处于初级协调阶段，太原市、呼和浩特市、包头市、鄂尔多斯市、西安市、郑州市、济南市、淄博市、东营市、烟台市、潍坊市、

济宁市、威海市、德州市、聊城市处于勉强协调阶段，这些城市的经济均量发展水平较高，保护治理系统与其他城市比具有显著优势，在一定程度上弥补了保护治理系统的不均衡。其他城市处于濒临失调、轻度失调状态，自然条件的限制和落后的经济均量发展水平是阻碍其生态发展的重要因素。从市域两大系统综合发展水平来看，制约其耦合协调发展的主导因素各有不同。鄂尔多斯市的经济均量评价值略高于保护治理评价值，为生态滞后型，自然资源和保护治理短板是牵制其协调发展的主导因素；而其他城市与各自保护治理系统相比，经济均量发展滞后明显。

表 5 - 38 　　　　　2006～2019 年黄河流域各地级市保护治理与经济均量耦合协调度均值比较

地区	保护治理综合指数	经济均量综合指数	耦合度	综合评价指数	耦合协调度	耦合协调等级
太原市	0.421	0.184	0.916	0.302	0.520	勉强协调
阳泉市	0.234	0.118	0.936	0.176	0.404	濒临失调
长治市	0.299	0.117	0.893	0.208	0.430	濒临失调
晋中市	0.296	0.116	0.901	0.206	0.428	濒临失调
忻州市	0.257	0.095	0.889	0.176	0.393	轻度失调
临汾市	0.245	0.101	0.913	0.173	0.394	轻度失调
吕梁市	0.259	0.157	0.963	0.208	0.448	濒临失调
呼和浩特市	0.334	0.254	0.982	0.294	0.533	勉强协调
包头市	0.341	0.302	0.980	0.322	0.560	勉强协调
鄂尔多斯市	0.316	0.381	0.981	0.348	0.581	勉强协调
榆林市	0.270	0.193	0.977	0.232	0.471	濒临失调
兰州市	0.338	0.146	0.901	0.242	0.463	濒临失调
白银市	0.233	0.065	0.827	0.149	0.346	轻度失调
定西市	0.266	0.037	0.642	0.151	0.310	轻度失调
西宁市	0.295	0.116	0.878	0.205	0.423	濒临失调
银川市	0.362	0.149	0.886	0.256	0.476	濒临失调
石嘴山市	0.309	0.116	0.873	0.213	0.430	濒临失调
吴忠市	0.298	0.072	0.780	0.185	0.379	轻度失调
中卫市	0.305	0.057	0.716	0.181	0.359	轻度失调
运城市	0.286	0.097	0.868	0.191	0.405	濒临失调
西安市	0.446	0.173	0.878	0.310	0.518	勉强协调
铜川市	0.293	0.086	0.823	0.190	0.393	轻度失调
宝鸡市	0.299	0.114	0.867	0.207	0.423	濒临失调
咸阳市	0.298	0.113	0.869	0.206	0.421	濒临失调
渭南市	0.315	0.079	0.795	0.197	0.393	轻度失调
天水市	0.284	0.045	0.676	0.164	0.333	轻度失调
平凉市	0.276	0.047	0.702	0.162	0.335	轻度失调
庆阳市	0.296	0.079	0.809	0.188	0.388	轻度失调
商洛市	0.225	0.072	0.833	0.148	0.350	轻度失调
晋城市	0.328	0.125	0.885	0.227	0.447	濒临失调
亳州市	0.346	0.078	0.757	0.212	0.400	濒临失调
郑州市	0.473	0.204	0.915	0.339	0.549	勉强协调

续表

地区	保护治理综合指数	经济均量综合指数	耦合度	综合评价指数	耦合协调度	耦合协调等级
开封市	0.307	0.102	0.860	0.205	0.418	濒临失调
洛阳市	0.343	0.145	0.907	0.244	0.468	濒临失调
平顶山市	0.344	0.116	0.861	0.230	0.444	濒临失调
鹤壁市	0.327	0.109	0.858	0.218	0.432	濒临失调
新乡市	0.366	0.109	0.831	0.238	0.444	濒临失调
焦作市	0.340	0.146	0.910	0.243	0.470	濒临失调
许昌市	0.352	0.152	0.913	0.252	0.479	濒临失调
漯河市	0.364	0.126	0.866	0.245	0.460	濒临失调
商丘市	0.346	0.096	0.811	0.221	0.423	濒临失调
周口市	0.327	0.121	0.882	0.224	0.444	濒临失调
济南市	0.472	0.241	0.934	0.357	0.574	勉强协调
青岛市	0.496	0.281	0.960	0.389	0.606	初级协调
淄博市	0.407	0.253	0.964	0.330	0.563	勉强协调
枣庄市	0.364	0.143	0.896	0.253	0.476	濒临失调
东营市	0.379	0.339	0.991	0.359	0.595	勉强协调
烟台市	0.354	0.245	0.974	0.300	0.539	勉强协调
潍坊市	0.367	0.220	0.967	0.293	0.532	勉强协调
济宁市	0.413	0.187	0.923	0.300	0.526	勉强协调
泰安市	0.358	0.164	0.920	0.261	0.490	濒临失调
威海市	0.364	0.283	0.987	0.324	0.564	勉强协调
日照市	0.363	0.145	0.893	0.254	0.475	濒临失调
临沂市	0.384	0.161	0.909	0.273	0.497	濒临失调
德州市	0.353	0.232	0.969	0.292	0.532	勉强协调
聊城市	0.356	0.191	0.949	0.273	0.509	勉强协调
滨州市	0.322	0.168	0.945	0.245	0.480	濒临失调
菏泽市	0.349	0.153	0.914	0.251	0.478	濒临失调

　　将黄河流域各地级市经济结构和保护治理两大系统的综合指数分别代入耦合度和耦合协调度公式，从而得到各地级市经济结构与保护治理复合系统耦合协调度（见表 5－39）。随着时间的推移，黄河流域沿线各地级市的耦合协调度变动以保持稳定和缓慢上升为主，总体上向着良性耦合协调方向演变，但个别城市存在小幅下滑趋势。具体而言忻州市、银川市、中卫市、宝鸡市等城市耦合协调度基本保持在固定区间，说明其经济结构与保护治理耦合协调发展关系比较稳定，西安、郑州、青岛是流域内工业化、城镇化水平最高的城市，经济结构发展迅速，耦合协调度始终保持高位；晋中市、吕梁市、呼和浩特市、鄂尔多斯市、兰州市、白银市、石嘴山市、铜川市、咸阳市、滨州市、开封市、平顶山市、鹤壁市、焦作市、许昌市、漯河市、商丘市、周口市、东营市、德州市、聊城市 21 个城市由轻度失调上升为濒临失调，太原市、济南市、潍坊市、日照市、临沂市由濒临失调上升为勉强协调，主要得益于国家流域治理和经济结构开发制度的完善和生态环境保护力度的加大。此外，西安市、郑州市、青岛市的耦合协调度有大幅上涨，上升为中级协调。与此同时，忻州市、中卫市、宝鸡市、商洛市两大系统耦合协调度上升幅度较小。由于自身薄弱的经济结构和脆弱的生态环境，自 2006 年始，商洛市耦合协调度始终在流域内垫底，亟须结合自身实际情况，制定相应的经济结构与保护治理耦合协调发展策略，采取综合性措施，推动二者向良性协调方向发展。

表5-39　　　　　　　　2006~2019年黄河流域各地级市保护治理与经济结构耦合协调度年际变化

地区	2006年	2007年	2008年	2009年	2010年	2011年	2012年	2013年	2014年	2015年	2016年	2017年	2018年	2019年
太原市	0.430	0.436	0.444	0.446	0.446	0.468	0.471	0.492	0.502	0.518	0.516	0.492	0.505	0.515
阳泉市	0.321	0.305	0.321	0.327	0.361	0.350	0.362	0.354	0.355	0.379	0.354	0.379	0.382	0.373
长治市	0.325	0.347	0.362	0.384	0.372	0.363	0.366	0.375	0.383	0.401	0.369	0.412	0.450	0.385
晋中市	0.379	0.349	0.354	0.385	0.374	0.376	0.372	0.399	0.421	0.441	0.422	0.437	0.480	0.418
忻州市	0.383	0.391	0.385	0.379	0.424	0.352	0.342	0.357	0.368	0.382	0.395	0.412	0.465	0.388
临汾市	0.288	0.296	0.296	0.332	0.338	0.348	0.340	0.351	0.357	0.387	0.372	0.446	0.473	0.409
吕梁市	0.331	0.335	0.337	0.355	0.314	0.329	0.326	0.348	0.368	0.360	0.314	0.414	0.503	0.406
呼和浩特市	0.360	0.355	0.379	0.407	0.413	0.418	0.407	0.406	0.400	0.416	0.414	0.449	0.422	0.415
包头市	0.401	0.428	0.438	0.435	0.438	0.455	0.439	0.460	0.479	0.453	0.425	0.450	0.423	0.436
鄂尔多斯市	0.385	0.399	0.404	0.413	0.419	0.434	0.438	0.426	0.438	0.449	0.445	0.500	0.518	0.475
榆林市	0.302	0.294	0.315	0.331	0.356	0.347	0.340	0.349	0.323	0.362	0.343	0.343	0.397	0.342
兰州市	0.359	0.353	0.361	0.370	0.385	0.400	0.421	0.396	0.386	0.406	0.407	0.435	0.416	0.426
白银市	0.331	0.334	0.320	0.308	0.329	0.355	0.338	0.363	0.361	0.376	0.393	0.418	0.425	0.402
定西市	0.326	0.323	0.313	0.323	0.311	0.300	0.329	0.332	0.330	0.350	0.351	0.390	0.409	0.372
西宁市	0.372	0.392	0.384	0.375	0.374	0.376	0.386	0.387	0.423	0.398	0.386	0.405	0.391	0.400
银川市	0.417	0.435	0.432	0.412	0.417	0.417	0.409	0.414	0.431	0.413	0.413	0.556	0.445	0.430
石嘴山市	0.351	0.384	0.383	0.386	0.389	0.375	0.361	0.372	0.351	0.363	0.361	0.440	0.374	0.409
吴忠市	0.400	0.363	0.371	0.360	0.388	0.355	0.352	0.347	0.325	0.352	0.341	0.388	0.385	0.395
中卫市	0.358	0.386	0.326	0.361	0.339	0.385	0.381	0.392	0.357	0.385	0.397	0.477	0.388	0.367
运城市	0.317	0.336	0.379	0.406	0.390	0.396	0.397	0.396	0.350	0.377	0.369	0.408	0.444	0.381
西安市	0.438	0.460	0.468	0.466	0.497	0.511	0.534	0.562	0.585	0.622	0.578	0.635	0.655	0.749
铜川市	0.337	0.314	0.313	0.328	0.339	0.345	0.347	0.351	0.342	0.361	0.377	0.376	0.427	0.454
宝鸡市	0.361	0.366	0.356	0.347	0.352	0.355	0.358	0.353	0.340	0.396	0.353	0.361	0.372	0.371
咸阳市	0.347	0.341	0.349	0.333	0.349	0.344	0.359	0.363	0.339	0.364	0.359	0.387	0.392	0.407
渭南市	0.347	0.333	0.347	0.359	0.353	0.368	0.357	0.363	0.350	0.368	0.376	0.399	0.431	0.389
天水市	0.332	0.337	0.346	0.357	0.369	0.367	0.365	0.368	0.333	0.371	0.372	0.462	0.401	0.384
平凉市	0.393	0.314	0.341	0.353	0.344	0.327	0.307	0.337	0.333	0.381	0.372	0.419	0.417	0.365
庆阳市	0.366	0.362	0.357	0.367	0.320	0.335	0.374	0.376	0.307	0.345	0.345	0.374	0.395	0.359
商洛市	0.285	0.289	0.312	0.342	0.355	0.366	0.344	0.351	0.327	0.339	0.346	0.387	0.393	0.363
晋城市	0.304	0.352	0.377	0.380	0.380	0.390	0.395	0.392	0.393	0.402	0.396	0.447	0.469	0.391
亳州市	0.340	0.337	0.356	0.362	0.370	0.368	0.391	0.395	0.396	0.418	0.424	0.440	0.459	0.461
郑州市	0.393	0.418	0.451	0.463	0.475	0.507	0.567	0.576	0.621	0.645	0.657	0.699	0.708	0.707
开封市	0.320	0.325	0.345	0.358	0.358	0.361	0.365	0.366	0.363	0.428	0.422	0.437	0.458	0.438
洛阳市	0.351	0.373	0.405	0.409	0.410	0.427	0.459	0.474	0.493	0.495	0.523	0.557	0.544	0.551
平顶山市	0.365	0.358	0.367	0.363	0.363	0.364	0.393	0.394	0.398	0.400	0.411	0.424	0.448	0.422
鹤壁市	0.327	0.357	0.352	0.356	0.360	0.361	0.375	0.384	0.385	0.411	0.417	0.440	0.439	0.432
新乡市	0.389	0.410	0.408	0.400	0.400	0.410	0.409	0.410	0.405	0.451	0.430	0.478	0.500	0.654
焦作市	0.376	0.376	0.379	0.364	0.394	0.395	0.405	0.410	0.416	0.423	0.427	0.488	0.492	0.443

地区	2006 年	2007 年	2008 年	2009 年	2010 年	2011 年	2012 年	2013 年	2014 年	2015 年	2016 年	2017 年	2018 年	2019 年
许昌市	0.364	0.367	0.346	0.377	0.385	0.391	0.402	0.405	0.415	0.423	0.420	0.439	0.460	0.426
漯河市	0.356	0.356	0.357	0.360	0.386	0.387	0.393	0.407	0.420	0.432	0.433	0.443	0.436	0.482
商丘市	0.341	0.358	0.365	0.352	0.360	0.368	0.364	0.371	0.373	0.395	0.400	0.410	0.438	0.407
周口市	0.344	0.356	0.350	0.353	0.345	0.368	0.378	0.387	0.373	0.412	0.405	0.450	0.493	0.418
济南市	0.435	0.434	0.443	0.479	0.496	0.510	0.516	0.509	0.517	0.512	0.525	0.527	0.542	0.575
青岛市	0.610	0.602	0.612	0.574	0.569	0.605	0.646	0.675	0.693	0.711	0.716	0.746	0.763	0.731
淄博市	0.420	0.429	0.422	0.433	0.446	0.458	0.456	0.456	0.447	0.452	0.454	0.459	0.483	0.496
枣庄市	0.353	0.365	0.378	0.377	0.391	0.383	0.385	0.396	0.396	0.399	0.399	0.398	0.416	0.433
东营市	0.391	0.399	0.393	0.403	0.427	0.437	0.439	0.441	0.433	0.441	0.450	0.465	0.478	0.500
烟台市	0.537	0.538	0.530	0.515	0.534	0.523	0.529	0.530	0.536	0.509	0.535	0.541	0.548	0.578
潍坊市	0.437	0.454	0.445	0.440	0.447	0.459	0.460	0.481	0.467	0.671	0.484	0.501	0.533	0.545
济宁市	0.420	0.437	0.437	0.429	0.440	0.430	0.453	0.457	0.452	0.468	0.477	0.464	0.477	0.461
泰安市	0.403	0.397	0.394	0.391	0.395	0.408	0.412	0.420	0.428	0.429	0.438	0.481	0.472	0.473
威海市	0.510	0.508	0.494	0.456	0.500	0.502	0.505	0.505	0.514	0.508	0.516	0.520	0.545	0.532
日照市	0.496	0.508	0.509	0.488	0.546	0.576	0.582	0.601	0.597	0.521	0.502	0.498	0.504	0.517
临沂市	0.428	0.462	0.455	0.429	0.442	0.473	0.469	0.469	0.461	0.463	0.460	0.448	0.491	0.515
德州市	0.367	0.375	0.382	0.375	0.392	0.400	0.401	0.412	0.405	0.405	0.409	0.419	0.448	0.452
聊城市	0.373	0.384	0.398	0.392	0.410	0.412	0.418	0.421	0.410	0.415	0.412	0.442	0.461	0.455
滨州市	0.412	0.393	0.419	0.417	0.434	0.453	0.437	0.458	0.432	0.448	0.445	0.475	0.489	0.472
菏泽市	0.375	0.388	0.388	0.387	0.396	0.404	0.397	0.401	0.391	0.409	0.415	0.437	0.454	0.507

　　为横向比较黄河流域沿线各地级市经济结构与保护治理耦合协调发展情况，计算并整理出 2006～2019 年各地级市两大系统耦合协调度平均值（见表 5-40）。从空间上看，沿线城市经济结构与保护治理耦合协调度和两大系统综合发展水平分布较为相似。其中，青岛市耦合协调度最高，处于初级协调阶段，西安市、郑州市、济南市、烟台市、威海市、日照市处于勉强协调阶段，这些城市的经济结构发展水平较高，保护治理系统与其他城市比具有显著优势，在一定程度上弥补了保护治理系统的不均衡。其他城市处于濒临失调、轻度失调状态，自然条件的限制和落后的经济结构发展水平是阻碍其生态发展的重要因素。从市域两大系统综合发展水平来看，制约其耦合协调发展的主导因素各有不同。黄河流域 58 个城市的经济结构评价值都略低于保护治理评价值，为经济滞后型，经济资源短板是牵制其协调发展的主导因素。

表 5-40　　　　　　2006～2019 年黄河流域各地级市保护治理与经济结构耦合协调度均值比较

地区	保护治理综合指数	经济结构综合指数	耦合度	综合评价指数	耦合协调度	耦合协调等级
太原市	0.421	0.130	0.850	0.275	0.477	濒临失调
阳泉市	0.234	0.066	0.830	0.150	0.352	轻度失调
长治市	0.299	0.070	0.777	0.185	0.378	轻度失调
晋中市	0.296	0.090	0.845	0.193	0.400	濒临失调
忻州市	0.257	0.092	0.872	0.174	0.387	轻度失调
临汾市	0.245	0.073	0.836	0.159	0.360	轻度失调
吕梁市	0.259	0.071	0.789	0.165	0.360	轻度失调

续表

地区	保护治理综合指数	经济结构综合指数	耦合度	综合评价指数	耦合协调度	耦合协调等级
呼和浩特市	0.334	0.082	0.800	0.208	0.404	濒临失调
包头市	0.341	0.111	0.857	0.226	0.440	濒临失调
鄂尔多斯市	0.316	0.121	0.883	0.219	0.439	濒临失调
榆林市	0.270	0.052	0.735	0.161	0.339	轻度失调
兰州市	0.338	0.074	0.771	0.206	0.394	轻度失调
白银市	0.233	0.077	0.865	0.155	0.361	轻度失调
定西市	0.266	0.051	0.737	0.159	0.340	轻度失调
西宁市	0.295	0.079	0.816	0.187	0.389	轻度失调
银川市	0.362	0.101	0.805	0.232	0.432	濒临失调
石嘴山市	0.309	0.069	0.762	0.189	0.378	轻度失调
吴忠市	0.298	0.061	0.747	0.179	0.366	轻度失调
中卫市	0.305	0.070	0.770	0.188	0.379	轻度失调
运城市	0.286	0.077	0.815	0.182	0.382	轻度失调
西安市	0.446	0.225	0.931	0.335	0.554	勉强协调
铜川市	0.293	0.060	0.741	0.176	0.358	轻度失调
宝鸡市	0.299	0.057	0.730	0.178	0.360	轻度失调
咸阳市	0.298	0.058	0.736	0.178	0.360	轻度失调
渭南市	0.315	0.059	0.731	0.187	0.367	轻度失调
天水市	0.284	0.067	0.779	0.175	0.369	轻度失调
平凉市	0.276	0.062	0.764	0.169	0.357	轻度失调
庆阳市	0.296	0.055	0.727	0.176	0.356	轻度失调
商洛市	0.225	0.064	0.823	0.144	0.343	轻度失调
晋城市	0.328	0.074	0.763	0.201	0.391	轻度失调
亳州市	0.346	0.072	0.744	0.209	0.394	轻度失调
郑州市	0.473	0.232	0.925	0.353	0.563	勉强协调
开封市	0.307	0.071	0.777	0.189	0.382	轻度失调
洛阳市	0.343	0.140	0.892	0.242	0.462	濒临失调
平顶山市	0.344	0.069	0.741	0.206	0.391	轻度失调
鹤壁市	0.327	0.069	0.753	0.198	0.385	轻度失调
新乡市	0.366	0.114	0.810	0.240	0.440	濒临失调
焦作市	0.340	0.089	0.799	0.214	0.413	濒临失调
许昌市	0.352	0.075	0.757	0.214	0.401	濒临失调
漯河市	0.364	0.075	0.744	0.219	0.403	濒临失调
商丘市	0.346	0.061	0.706	0.203	0.379	轻度失调
周口市	0.327	0.073	0.754	0.200	0.388	轻度失调
济南市	0.472	0.136	0.833	0.304	0.501	勉强协调
青岛市	0.496	0.394	0.991	0.445	0.661	初级协调
淄博市	0.407	0.102	0.801	0.254	0.451	濒临失调
枣庄市	0.364	0.064	0.715	0.214	0.391	轻度失调

地区	保护治理综合指数	经济结构综合指数	耦合度	综合评价指数	耦合协调度	耦合协调等级
东营市	0.379	0.097	0.798	0.238	0.436	濒临失调
烟台市	0.354	0.232	0.977	0.293	0.534	勉强协调
潍坊市	0.367	0.166	0.899	0.266	0.487	濒临失调
济宁市	0.413	0.100	0.791	0.257	0.450	濒临失调
泰安市	0.358	0.092	0.801	0.225	0.425	濒临失调
威海市	0.364	0.184	0.943	0.274	0.508	勉强协调
日照市	0.363	0.227	0.962	0.295	0.532	勉强协调
临沂市	0.384	0.119	0.848	0.252	0.462	濒临失调
德州市	0.353	0.075	0.762	0.214	0.403	濒临失调
聊城市	0.356	0.084	0.783	0.220	0.414	濒临失调
滨州市	0.322	0.120	0.887	0.221	0.442	濒临失调
菏泽市	0.349	0.083	0.782	0.216	0.411	濒临失调

将黄河流域各地级市经济效率和保护治理两大系统的综合指数分别代入耦合度和耦合协调度公式，从而得到各地级市经济效率与保护治理复合系统耦合协调度（见表5–41）。随着时间的推移，黄河流域沿线各地级市的耦合协调度变动以保持稳定和缓慢上升为主，总体上向着良性耦合协调方向演变，但部分个别城市存在小幅下滑趋势。具体而言吴忠市、中卫市、庆阳市、东营市、烟台市、威海市等城市耦合协调度基本保持在固定区间，说明其经济效率与保护治理耦合协调发展关系比较稳定，西安市、郑州市、青岛市是流域内工业化、城镇化水平最高的城市，经济效率发展迅速，耦合协调度始终保持高位；白银市、商洛市2个城市由轻度失调上升为濒临失调，长治市、晋中市、临汾市、呼和浩特市、鄂尔多斯市、兰州市、西宁市、咸阳市、渭南市、晋城市、滨州市、开封市、洛阳市、平顶山市、鹤壁市、新乡市、焦作市、漯河市、商丘市、周口市、枣庄市、德州市、聊城市、滨州市、菏泽市由濒临失调上升为勉强协调，西安市、济南市、青岛市由勉强协调上升为初级协调，主要得益于国家流域治理和经济效率开发制度的完善和生态环境保护力度的加大。此外，郑州市的耦合协调度有大幅上涨，上升为中级协调。与此同时，吴忠市、中卫市、东营市两大系统耦合协调度上升幅度较小。由于自身薄弱的经济效率和脆弱的生态环境，自2006年始，商洛市耦合协调度始终在流域内垫底，亟须结合自身实际情况，制定相应的经济效率与保护治理耦合协调发展策略，采取综合性措施，推动二者向良性协调方向发展。

表5–41　　　　　　2006～2019年黄河流域各地级市保护治理与经济效率耦合协调度年际变化

地区	2006年	2007年	2008年	2009年	2010年	2011年	2012年	2013年	2014年	2015年	2016年	2017年	2018年	2019年
太原市	0.497	0.481	0.496	0.523	0.503	0.534	0.536	0.556	0.556	0.585	0.596	0.610	0.624	0.620
阳泉市	0.427	0.419	0.432	0.442	0.408	0.478	0.483	0.469	0.457	0.474	0.462	0.465	0.475	0.477
长治市	0.458	0.479	0.478	0.500	0.385	0.486	0.489	0.491	0.485	0.499	0.486	0.474	0.517	0.507
晋中市	0.454	0.418	0.426	0.455	0.394	0.477	0.480	0.493	0.497	0.511	0.513	0.510	0.525	0.515
忻州市	0.434	0.419	0.435	0.445	0.330	0.463	0.435	0.453	0.458	0.470	0.496	0.493	0.347	0.485
临汾市	0.410	0.406	0.405	0.422	0.387	0.495	0.461	0.467	0.467	0.483	0.491	0.492	0.477	0.501
吕梁市	0.464	0.461	0.462	0.466	0.362	0.446	0.453	0.463	0.469	0.479	0.482	0.463	0.491	0.485
呼和浩特市	0.467	0.452	0.479	0.513	0.480	0.514	0.505	0.514	0.506	0.544	0.552	0.564	0.551	0.554
包头市	0.506	0.522	0.525	0.549	0.484	0.544	0.533	0.539	0.537	0.550	0.528	0.534	0.528	0.530
鄂尔多斯市	0.490	0.498	0.501	0.522	0.508	0.539	0.542	0.511	0.522	0.528	0.518	0.516	0.530	0.519

续表

地区	2006 年	2007 年	2008 年	2009 年	2010 年	2011 年	2012 年	2013 年	2014 年	2015 年	2016 年	2017 年	2018 年	2019 年
榆林市	0.409	0.402	0.446	0.430	0.347	0.504	0.511	0.515	0.499	0.512	0.509	0.482	0.497	0.495
兰州市	0.482	0.473	0.470	0.496	0.421	0.516	0.527	0.493	0.486	0.505	0.524	0.568	0.567	0.572
白银市	0.399	0.401	0.392	0.392	0.354	0.425	0.444	0.451	0.461	0.475	0.483	0.493	0.495	0.495
定西市	0.462	0.441	0.435	0.428	0.315	0.405	0.455	0.453	0.458	0.484	0.479	0.487	0.499	0.496
西宁市	0.443	0.462	0.472	0.461	0.408	0.473	0.486	0.499	0.486	0.498	0.499	0.510	0.503	0.520
银川市	0.503	0.511	0.508	0.508	0.441	0.515	0.518	0.523	0.512	0.520	0.515	0.515	0.497	0.529
石嘴山市	0.440	0.471	0.468	0.481	0.433	0.477	0.477	0.498	0.484	0.494	0.486	0.477	0.481	0.482
吴忠市	0.469	0.463	0.485	0.470	0.355	0.462	0.465	0.467	0.453	0.482	0.467	0.478	0.479	0.475
中卫市	0.479	0.482	0.433	0.453	0.354	0.471	0.482	0.499	0.484	0.495	0.491	0.481	0.475	0.483
运城市	0.409	0.413	0.459	0.485	0.371	0.492	0.501	0.503	0.475	0.489	0.485	0.484	0.492	0.497
西安市	0.538	0.543	0.536	0.535	0.529	0.572	0.585	0.591	0.594	0.620	0.571	0.638	0.618	0.692
铜川市	0.432	0.411	0.419	0.457	0.375	0.478	0.487	0.487	0.478	0.489	0.493	0.496	0.483	0.500
宝鸡市	0.467	0.475	0.479	0.477	0.397	0.488	0.492	0.495	0.489	0.490	0.497	0.502	0.507	0.490
咸阳市	0.459	0.462	0.458	0.458	0.365	0.469	0.505	0.510	0.504	0.520	0.503	0.503	0.495	0.511
渭南市	0.455	0.438	0.460	0.463	0.368	0.494	0.500	0.503	0.499	0.510	0.512	0.513	0.522	0.519
天水市	0.445	0.454	0.470	0.460	0.353	0.469	0.478	0.468	0.447	0.475	0.385	0.493	0.488	0.491
平凉市	0.437	0.328	0.452	0.478	0.319	0.450	0.425	0.445	0.449	0.488	0.493	0.491	0.508	0.494
庆阳市	0.482	0.480	0.476	0.498	0.300	0.434	0.494	0.495	0.454	0.455	0.474	0.469	0.498	0.497
商洛市	0.397	0.400	0.418	0.424	0.323	0.445	0.451	0.458	0.449	0.459	0.472	0.445	0.458	0.454
晋城市	0.435	0.482	0.491	0.503	0.387	0.504	0.509	0.523	0.500	0.512	0.509	0.506	0.531	0.510
亳州市	0.475	0.464	0.494	0.484	0.370	0.488	0.501	0.504	0.495	0.508	0.509	0.510	0.515	0.518
郑州市	0.525	0.541	0.554	0.600	0.556	0.567	0.576	0.577	0.612	0.637	0.649	0.690	0.699	0.709
开封市	0.442	0.446	0.463	0.486	0.399	0.485	0.481	0.482	0.478	0.519	0.521	0.523	0.525	0.528
洛阳市	0.480	0.506	0.510	0.515	0.430	0.512	0.524	0.529	0.519	0.530	0.556	0.571	0.548	0.578
平顶山市	0.485	0.493	0.495	0.509	0.412	0.507	0.511	0.513	0.503	0.516	0.524	0.519	0.525	0.528
鹤壁市	0.441	0.475	0.474	0.489	0.409	0.487	0.488	0.492	0.478	0.501	0.502	0.511	0.513	0.507
新乡市	0.488	0.508	0.515	0.515	0.415	0.520	0.513	0.512	0.515	0.527	0.519	0.526	0.554	0.554
焦作市	0.492	0.488	0.497	0.500	0.420	0.502	0.504	0.508	0.498	0.500	0.521	0.521	0.540	0.528
许昌市	0.508	0.495	0.469	0.506	0.398	0.515	0.516	0.517	0.509	0.524	0.521	0.523	0.535	0.534
漯河市	0.485	0.482	0.482	0.451	0.396	0.504	0.503	0.507	0.503	0.516	0.519	0.517	0.520	0.529
商丘市	0.482	0.503	0.505	0.506	0.387	0.506	0.493	0.501	0.502	0.515	0.520	0.512	0.522	0.527
周口市	0.480	0.485	0.497	0.484	0.383	0.497	0.501	0.504	0.498	0.510	0.519	0.509	0.524	0.527
济南市	0.556	0.546	0.559	0.600	0.521	0.615	0.613	0.614	0.626	0.604	0.611	0.634	0.623	0.634
青岛市	0.590	0.585	0.596	0.595	0.574	0.608	0.639	0.651	0.648	0.666	0.840	0.709	0.690	0.688
淄博市	0.546	0.538	0.540	0.557	0.490	0.573	0.575	0.574	0.566	0.575	0.572	0.579	0.580	0.568
枣庄市	0.483	0.504	0.514	0.519	0.442	0.503	0.524	0.533	0.527	0.538	0.538	0.538	0.535	0.529
东营市	0.530	0.535	0.530	0.538	0.475	0.539	0.544	0.547	0.539	0.550	0.549	0.556	0.548	0.539
烟台市	0.558	0.557	0.559	0.563	0.470	0.562	0.566	0.565	0.560	0.540	0.571	0.567	0.571	0.569
潍坊市	0.535	0.551	0.564	0.543	0.463	0.539	0.538	0.563	0.550	0.563	0.565	0.553	0.572	0.574

地区	2006 年	2007 年	2008 年	2009 年	2010 年	2011 年	2012 年	2013 年	2014 年	2015 年	2016 年	2017 年	2018 年	2019 年
济宁市	0.541	0.554	0.556	0.563	0.440	0.535	0.554	0.560	0.552	0.567	0.576	0.573	0.568	0.577
泰安市	0.520	0.519	0.519	0.522	0.453	0.533	0.538	0.540	0.532	0.543	0.544	0.539	0.548	0.543
威海市	0.534	0.545	0.519	0.526	0.439	0.531	0.542	0.545	0.532	0.548	0.549	0.552	0.553	0.547
日照市	0.502	0.498	0.475	0.487	0.424	0.519	0.522	0.522	0.520	0.531	0.526	0.533	0.532	0.530
临沂市	0.527	0.535	0.535	0.548	0.495	0.549	0.549	0.554	0.548	0.557	0.558	0.549	0.555	0.561
德州市	0.491	0.496	0.499	0.503	0.427	0.523	0.514	0.531	0.521	0.536	0.536	0.531	0.544	0.544
聊城市	0.490	0.498	0.504	0.514	0.427	0.508	0.520	0.523	0.526	0.539	0.531	0.528	0.538	0.523
滨州市	0.497	0.475	0.490	0.503	0.439	0.527	0.488	0.525	0.519	0.527	0.516	0.521	0.536	0.528
菏泽市	0.483	0.489	0.495	0.496	0.407	0.504	0.509	0.516	0.509	0.523	0.518	0.517	0.536	0.542

为横向比较黄河流域沿线各地级市经济效率与保护治理耦合协调发展情况，计算并整理出 2006～2019 年各地级市两大系统耦合协调度平均值（见表 5－42）。从空间上看，沿线城市经济效率与保护治理耦合协调度和两大系统综合发展水平分布较为相似。其中，枣庄市、青岛市耦合协调度最高，处于初级协调阶段，太原市、呼和浩特市、包头市、鄂尔多斯市、兰州市、银川市、西安市、洛阳市、平顶山市、新乡市、焦作市、许昌市、济南市、淄博市、枣庄市、东营市、烟台市、潍坊市、济宁市、泰安市、威海市、日照市、德州市、聊城市、滨州市、菏泽市处于勉强协调阶段，这些城市的经济效率发展水平较高，保护治理系统与其他城市比具有显著优势，在一定程度上弥补了保护治理系统的不均衡。其他城市处于濒临失调、轻度失调状态，自然条件的限制和落后的经济效率发展水平是阻碍其生态发展的重要因素。从市域两大系统综合发展水平来看，制约其耦合协调发展的主导因素各有不同。黄河流域 58 个城市的经济效率评价值都略低于保护治理评价值，为经济滞后型，经济资源短板是牵制其协调发展的主导因素。

表 5－42　　　　2006～2019 年黄河流域各地级市保护治理与经济效率耦合协调度均值比较

地区	保护治理综合指数	经济效率综合指数	耦合度	综合评价指数	耦合协调度	耦合协调等级
太原市	0.421	0.231	0.953	0.326	0.551	勉强协调
阳泉市	0.234	0.193	0.992	0.214	0.455	濒临失调
长治市	0.299	0.194	0.976	0.247	0.481	濒临失调
晋中市	0.296	0.187	0.969	0.242	0.476	濒临失调
忻州市	0.257	0.171	0.955	0.214	0.440	濒临失调
临汾市	0.245	0.189	0.978	0.217	0.455	濒临失调
吕梁市	0.259	0.183	0.983	0.221	0.461	濒临失调
呼和浩特市	0.334	0.219	0.975	0.277	0.514	勉强协调
包头市	0.341	0.236	0.982	0.289	0.529	勉强协调
鄂尔多斯市	0.316	0.231	0.987	0.274	0.517	勉强协调
榆林市	0.270	0.204	0.984	0.237	0.468	濒临失调
兰州市	0.338	0.210	0.971	0.274	0.507	勉强协调
白银市	0.233	0.175	0.979	0.204	0.440	濒临失调
定西市	0.266	0.169	0.972	0.218	0.450	濒临失调
西宁市	0.295	0.189	0.974	0.242	0.480	濒临失调
银川市	0.362	0.192	0.951	0.277	0.508	勉强协调
石嘴山市	0.309	0.171	0.956	0.240	0.475	濒临失调

地区	保护治理综合指数	经济效率综合指数	耦合度	综合评价指数	耦合协调度	耦合协调等级
吴忠市	0.298	0.167	0.960	0.232	0.462	濒临失调
中卫市	0.305	0.169	0.957	0.237	0.469	濒临失调
运城市	0.286	0.186	0.972	0.236	0.468	濒临失调
西安市	0.446	0.272	0.969	0.359	0.583	勉强协调
铜川市	0.293	0.171	0.960	0.232	0.463	濒临失调
宝鸡市	0.299	0.190	0.974	0.245	0.482	濒临失调
咸阳市	0.298	0.193	0.975	0.245	0.480	濒临失调
渭南市	0.315	0.186	0.964	0.250	0.483	濒临失调
天水市	0.284	0.167	0.959	0.225	0.455	濒临失调
平凉市	0.276	0.164	0.957	0.220	0.447	濒临失调
庆阳市	0.296	0.173	0.963	0.234	0.465	濒临失调
商洛市	0.225	0.170	0.988	0.197	0.432	濒临失调
晋城市	0.328	0.194	0.965	0.261	0.493	濒临失调
亳州市	0.346	0.177	0.946	0.261	0.488	濒临失调
郑州市	0.473	0.301	0.970	0.387	0.607	初级协调
开封市	0.307	0.191	0.971	0.249	0.484	濒临失调
洛阳市	0.343	0.230	0.978	0.287	0.522	勉强协调
平顶山市	0.344	0.198	0.963	0.271	0.503	勉强协调
鹤壁市	0.327	0.176	0.954	0.251	0.483	濒临失调
新乡市	0.366	0.202	0.957	0.284	0.513	勉强协调
焦作市	0.340	0.198	0.964	0.269	0.501	勉强协调
许昌市	0.352	0.199	0.960	0.275	0.505	勉强协调
漯河市	0.364	0.176	0.938	0.270	0.494	濒临失调
商丘市	0.346	0.192	0.958	0.269	0.499	濒临失调
周口市	0.327	0.194	0.966	0.261	0.494	濒临失调
济南市	0.472	0.286	0.967	0.379	0.597	勉强协调
青岛市	0.496	0.381	0.979	0.439	0.649	初级协调
淄博市	0.407	0.253	0.972	0.330	0.559	勉强协调
枣庄市	0.364	0.205	0.959	0.285	0.516	勉强协调
东营市	0.379	0.228	0.968	0.304	0.537	勉强协调
烟台市	0.354	0.286	0.993	0.320	0.556	勉强协调
潍坊市	0.367	0.258	0.982	0.312	0.548	勉强协调
济宁市	0.413	0.239	0.963	0.326	0.551	勉强协调
泰安市	0.358	0.228	0.974	0.293	0.528	勉强协调
威海市	0.364	0.235	0.976	0.300	0.533	勉强协调
日照市	0.363	0.196	0.954	0.279	0.509	勉强协调
临沂市	0.384	0.235	0.970	0.310	0.544	勉强协调
德州市	0.353	0.210	0.966	0.281	0.514	勉强协调
聊城市	0.356	0.203	0.962	0.280	0.512	勉强协调
滨州市	0.322	0.216	0.980	0.269	0.507	勉强协调
菏泽市	0.349	0.195	0.959	0.272	0.503	勉强协调

三、黄河流域城市群社会和谐发展子系统和生态保护子系统耦合协调发展状况评测与分析

（一）黄河流域城市群社会和谐子系统和生态保护子系统耦合协调状况评价

1. 生态质量子系统与社会和谐子系统耦合协调发展水平测度与评价

从表 5 – 43 来看，2006～2019 年，黄河流域生态质量与生活质量系统整体的耦合协调发展水平呈波动上升趋势，在 2009 年有所下降，随后保持平稳，到 2011 年有所上升，但是总体两个子系统的耦合协调发展水平等级处于濒临失调，由其中可以看出黄河流域的耦合度值明显总体高于黄河流域的耦合协调度值和综合评价指数值，这表明黄河流域的生态质量和生活质量子系统存在交互作用，且程度逐步加深，但各子系统的协调发展相对滞后，其中，生态质量综合发展水平呈现波动上升趋势，且总体高于生活质量发展综合水平；除去 2009 年和 2010 年，生态质量、生活质量以及综合评价指数三者波动变化趋势基本一致，也说明黄河流域生态质量与生活质量存在交互作用关系，同时综合评价指数发展水平呈现出与子系统各自发展水平综合指数同步的波动上升趋势，表明其发展间确实存在相互作用关系，共同影响着黄河流域的协调发展质量。总体看来，子系统的发展水平和协调程度虽然较低，但是总体发展趋势向好，水平稳步提升，区域协调发展水平发展趋势良好。

表 5 – 43　　　　　　　　　**2006～2019 年黄河流域生态质量与生活质量系统耦合协调发展质量**

年份	生态质量综合指数	生活质量综合指数	耦合度	综合评价指数	耦合协调度	耦合协调等级
2006	0.125	0.107	0.959	0.116	0.324	轻度失调
2007	0.136	0.106	0.964	0.121	0.331	轻度失调
2008	0.134	0.114	0.963	0.124	0.335	轻度失调
2009	0.152	0.026	0.707	0.089	0.243	中度失调
2010	0.145	0.026	0.719	0.086	0.242	中度失调
2011	0.156	0.101	0.952	0.128	0.341	轻度失调
2012	0.159	0.108	0.958	0.134	0.349	轻度失调
2013	0.169	0.137	0.972	0.153	0.374	轻度失调
2014	0.158	0.136	0.971	0.147	0.364	轻度失调
2015	0.178	0.154	0.977	0.166	0.389	轻度失调
2016	0.179	0.162	0.985	0.170	0.395	轻度失调
2017	0.186	0.175	0.990	0.180	0.408	濒临失调
2018	0.191	0.176	0.989	0.183	0.411	濒临失调
2019	0.190	0.187	0.991	0.188	0.416	濒临失调

从表 5 – 44 来看，2006～2019 年，黄河流域生态质量与收入分配系统整体的耦合协调发展水平呈波动上升趋势，在 2009 年有所下降，随后保持平稳，到 2011 年有所上升，但是总体两个子系统的耦合协调发展水平等级处于濒临失调，由其中可以看出黄河流域的耦合度值明显总体高于黄河流域的耦合协调度值和综合评价指数值，这表明黄河流域的生态质量和收入分配子系统存在交互作用，且程度逐步加深，但各子系统的协调发展相对滞后，其中，生态质量综合发展水平呈现波动上升趋势；除去 2009 年和 2010 年，生态质量、收入分配以及综合评价指数三者波动变化趋势基本一致，也说明黄河流域生态质量与收入分配存在交互作用关系，同时综合评价指数发展水平呈现出与子系统各自发展水平综合指数同步的波动上升趋势，表明其发展间确实存在相互作用关系，共同影响着黄河流域的协调发展质量。总体看来，子系统的发展水平和协调程度虽然较低，但是总体发展趋势向好，水平稳步提升，区域协调发展水平发展趋势良好。

表 5 －44　　　　　　　　2006～2019 年黄河流域生态质量与收入分配系统耦合协调发展质量

年份	生态质量综合指数	收入分配综合指数	耦合度	综合评价指数	耦合协调度	耦合协调等级
2006	0.125	0.131	0.976	0.128	0.345	轻度失调
2007	0.136	0.137	0.983	0.137	0.357	轻度失调
2008	0.134	0.150	0.984	0.142	0.365	轻度失调
2009	0.152	0.031	0.759	0.092	0.256	中度失调
2010	0.145	0.033	0.779	0.089	0.257	中度失调
2011	0.156	0.153	0.992	0.154	0.384	轻度失调
2012	0.159	0.165	0.990	0.162	0.394	轻度失调
2013	0.169	0.236	0.975	0.203	0.434	濒临失调
2014	0.158	0.234	0.971	0.196	0.425	濒临失调
2015	0.178	0.257	0.969	0.217	0.448	濒临失调
2016	0.179	0.267	0.969	0.223	0.454	濒临失调
2017	0.186	0.283	0.965	0.235	0.465	濒临失调
2018	0.191	0.292	0.963	0.241	0.471	濒临失调
2019	0.190	0.305	0.957	0.247	0.476	濒临失调

从表 5 －45 来看，2006～2019 年，黄河流域生态质量与政府治理现代化系统整体的耦合协调发展水平呈波动上升趋势，在 2009 年有所下降，随后保持平稳，到 2011 年有所上升，但是总体两个子系统的耦合协调发展水平等级由轻度失调转为濒临失调，由其中可以看出黄河流域的耦合度值明显总体高于黄河流域的耦合协调度值和综合评价指数值，这表明黄河流域的生态质量和政府治理现代化子系统存在交互作用，且程度逐步加深，但各子系统的协调发展相对滞后，其中，生态质量综合发展水平呈现波动上升趋势；除去 2009 年和 2010 年，生态质量、政府治理现代化以及综合评价指数三者波动变化趋势基本一致，也说明黄河流域生态质量与政府治理现代化存在交互作用关系，同时综合评价指数发展水平呈现出与子系统各自发展水平综合指数同步的波动上升趋势，表明其发展间确实存在相互作用关系，共同影响着黄河流域的协调发展质量。总体看来，子系统的发展水平和协调程度虽然较低，但是总体发展趋势向好，水平稳步提升，区域协调发展水平发展趋势良好。

表 5 －45　　　　　　　　2006～2019 年黄河流域生态质量与政府治理现代化系统耦合协调发展质量

年份	生态质量综合指数	政府治理现代化综合指数	耦合度	综合评价指数	耦合协调度	耦合协调等级
2006	0.125	0.109	0.957	0.117	0.330	轻度失调
2007	0.136	0.157	0.954	0.146	0.370	轻度失调
2008	0.134	0.159	0.957	0.147	0.372	轻度失调
2009	0.152	0.022	0.681	0.087	0.234	中度失调
2010	0.145	0.022	0.694	0.084	0.234	中度失调
2011	0.156	0.166	0.968	0.161	0.391	轻度失调
2012	0.159	0.169	0.964	0.164	0.394	轻度失调
2013	0.169	0.129	0.954	0.149	0.371	轻度失调
2014	0.158	0.119	0.949	0.139	0.355	轻度失调
2015	0.178	0.173	0.961	0.175	0.405	濒临失调
2016	0.179	0.177	0.963	0.178	0.408	濒临失调

年份	生态质量综合指数	政府治理现代化综合指数	耦合度	综合评价指数	耦合协调度	耦合协调等级
2017	0.186	0.184	0.956	0.185	0.417	濒临失调
2018	0.191	0.187	0.960	0.189	0.419	濒临失调
2019	0.190	0.191	0.963	0.191	0.422	濒临失调

2. 保护治理子系统与社会和谐子系统耦合协调发展水平测度与评价

从表5-46来看，2006~2019年，黄河流域保护治理与生活质量系统整体的耦合协调发展水平呈波动上升趋势，在2009年有所下降，随后保持平稳，到2011年有所上升，但是总体两个子系统的耦合协调发展水平等级由轻度失调转为勉强协调，由其中可以看出黄河流域的耦合度值明显总体高于黄河流域的耦合协调度值和综合评价指数值，这表明黄河流域的保护治理和生活质量子系统存在交互作用，且程度逐步加深，但各子系统的协调发展相对滞后，其中，保护治理综合发展水平呈现波动上升趋势；除去2009年和2010年，保护治理、生活质量以及综合评价指数三者波动变化趋势基本一致，也说明黄河流域保护治理与生活质量存在交互作用关系，同时综合评价指数发展水平呈现出与子系统各自发展水平综合指数同步的波动上升趋势，表明其发展间确实存在相互作用关系，共同影响着黄河流域的协调发展质量。总体看来，子系统的发展水平和协调程度虽然较低，但是总体发展趋势向好，水平稳步提升，区域协调发展水平发展趋势良好。

表5-46　　　　　　　　　　2006~2019年黄河流域保护治理与生活质量系统耦合协调发展质量

年份	保护治理综合指数	生活质量综合指数	耦合度	综合评价指数	耦合协调度	耦合协调等级
2006	0.264	0.107	0.838	0.185	0.390	轻度失调
2007	0.271	0.106	0.838	0.188	0.393	轻度失调
2008	0.280	0.114	0.838	0.197	0.403	濒临失调
2009	0.300	0.026	0.529	0.163	0.291	中度失调
2010	0.316	0.026	0.520	0.171	0.296	中度失调
2011	0.319	0.101	0.807	0.210	0.409	濒临失调
2012	0.331	0.108	0.813	0.220	0.421	濒临失调
2013	0.342	0.137	0.844	0.240	0.448	濒临失调
2014	0.344	0.136	0.831	0.240	0.444	濒临失调
2015	0.363	0.154	0.858	0.259	0.468	濒临失调
2016	0.364	0.162	0.867	0.263	0.475	濒临失调
2017	0.375	0.175	0.888	0.275	0.490	濒临失调
2018	0.383	0.176	0.886	0.280	0.494	濒临失调
2019	0.399	0.187	0.894	0.293	0.507	勉强协调

从表5-47来看，2006~2019年，黄河流域保护治理与收入分配系统整体的耦合协调发展水平呈波动上升趋势，在2009年有所下降，随后保持平稳，到2011年有所上升，但是总体两个子系统的耦合协调发展水平等级由濒临失调转为勉强协调，其中可以看出黄河流域的耦合度值明显总体高于黄河流域的耦合协调度值和综合评价指数值，这表明黄河流域的保护治理和收入分配子系统存在交互作用，且程度逐步加深，但各子系统的协调发展相对滞后，其中，保护治理综合发展水平呈现波动上升趋势；除去2009年和2010年，保护治理、收入分配以及综合评价指数三者波动变化趋势基本一致，也说明黄河流域保护治理与收入分配存在交互作用关系，同时综合评价指数发展水平呈现出与子系统各自发展水平综合指数同步的波

动上升趋势，表明其发展间确实存在相互作用关系，共同影响着黄河流域的协调发展质量。总体看来，子系统的发展水平和协调程度虽然较低，但是总体发展趋势向好，水平稳步提升，区域协调发展水平发展趋势良好。

表 5－47　　　　　　　　2006～2019 年黄河流域保护治理与收入分配系统耦合协调发展质量

年份	保护治理综合指数	收入分配综合指数	耦合度	综合评价指数	耦合协调度	耦合协调等级
2006	0.264	0.131	0.897	0.197	0.417	濒临失调
2007	0.271	0.137	0.906	0.204	0.425	濒临失调
2008	0.280	0.150	0.917	0.215	0.440	濒临失调
2009	0.300	0.031	0.576	0.165	0.306	轻度失调
2010	0.316	0.033	0.576	0.174	0.315	轻度失调
2011	0.319	0.153	0.918	0.236	0.462	濒临失调
2012	0.331	0.165	0.925	0.248	0.477	濒临失调
2013	0.342	0.236	0.958	0.289	0.522	勉强协调
2014	0.344	0.234	0.957	0.289	0.521	勉强协调
2015	0.363	0.257	0.961	0.310	0.541	勉强协调
2016	0.364	0.267	0.969	0.316	0.548	勉强协调
2017	0.375	0.283	0.976	0.329	0.561	勉强协调
2018	0.383	0.292	0.978	0.337	0.569	勉强协调
2019	0.399	0.305	0.980	0.352	0.581	勉强协调

　　从表 5－48 来看，2006～2019 年，黄河流域保护治理与政府治理现代化系统整体的耦合协调发展水平呈波动上升趋势，在 2009 年有所下降，随后保持平稳，到 2011 年有所上升，但是总体两个子系统的耦合协调发展水平等级由濒临失调转为勉强协调，由其中可以看出黄河流域的耦合度值明显总体高于黄河流域的耦合协调度值和综合评价指数值，这表明黄河流域的保护治理和政府治理现代化子系统存在交互作用，且程度逐步加深，但各子系统的协调发展相对滞后，其中，保护治理综合发展水平呈现波动上升趋势；除去 2009 年和 2010 年，保护治理、政府治理现代化以及综合评价指数三者波动变化趋势基本一致，也说明黄河流域保护治理与政府治理现代化存在交互作用关系，同时综合评价指数发展水平呈现出与子系统各自发展水平综合指数同步的波动上升趋势，表明其发展间确实存在相互作用关系，共同影响着黄河流域的协调发展质量。总体看来，子系统的发展水平和协调程度虽然较低，但是总体发展趋势向好，水平稳步提升，区域协调发展水平发展趋势良好。

表 5－48　　　　　　2006～2019 年黄河流域保护治理与政府治理现代化系统耦合协调发展质量

年份	保护治理综合指数	政府治理现代化综合指数	耦合度	综合评价指数	耦合协调度	耦合协调等级
2006	0.264	0.109	0.882	0.186	0.402	濒临失调
2007	0.271	0.157	0.941	0.214	0.446	濒临失调
2008	0.280	0.159	0.939	0.219	0.452	濒临失调
2009	0.300	0.022	0.505	0.161	0.282	中度失调
2010	0.316	0.022	0.498	0.169	0.287	中度失调
2011	0.319	0.166	0.928	0.242	0.472	濒临失调
2012	0.331	0.169	0.928	0.250	0.480	濒临失调
2013	0.342	0.129	0.864	0.236	0.449	濒临失调

年份	保护治理综合指数	政府治理现代化综合指数	耦合度	综合评价指数	耦合协调度	耦合协调等级
2014	0.344	0.119	0.842	0.232	0.439	濒临失调
2015	0.363	0.173	0.917	0.268	0.493	濒临失调
2016	0.364	0.177	0.921	0.271	0.497	濒临失调
2017	0.375	0.184	0.928	0.280	0.507	勉强协调
2018	0.383	0.187	0.922	0.285	0.510	勉强协调
2019	0.399	0.191	0.921	0.295	0.518	勉强协调

（二）黄河流域城市群城市社会和谐子系统和生态保护子系统耦合发展时空变化

1. 生态质量子系统与社会和谐子系统耦合发展时空变化

将黄河流域各地级市生活质量和生态质量两大系统的综合指数分别代入耦合度和耦合协调度公式，从而得到各地级市生活质量与生态质量复合系统耦合协调度（见表5-49）。随着时间的推移，黄河流域沿线各地级市的耦合协调度变动以保持稳定和缓慢上升为主，总体上向着良性耦合协调方向演变，但部分个别城市存在小幅下滑趋势。具体而言平顶山市、鹤壁市、新乡市3个城市耦合协调度基本保持在固定区间，说明其生活质量与生态质量耦合协调发展关系比较稳定，郑州、青岛是流域内工业化、城镇化水平最高的城市，生活质量发展迅速，耦合协调度始终保持高位；长治市、吕梁市、天水市、庆阳市、漯河市5个城市生活质量增长动力疲软，依靠环境投入与治理的加强，耦合协调度相对稳定。定西市、平凉市、庆阳市、商洛市严重失调上升至中度失调；晋中市、忻州市、临汾市、吕梁市、榆林市、吴忠市、运城市、咸阳市、渭南市、晋城市、亳州市、许昌市、商丘市、周口市由中度失调上升为轻度失调；石嘴山市、洛阳市、枣庄市、烟台市、潍坊市、济宁市、泰安市、威海市、日照市、临沂市、聊城市由轻度失调上升为濒临失调，主要得益于国家流域治理和生活质量开发制度的完善和生态环境保护力度的加大。此外，郑州市、青岛市的耦合协调度有大幅上涨，上升为中级协调。与此同时，鹤壁市、新乡市、平顶山市、定西市两大系统耦合协调度上升幅度较小。由于自身薄弱的生活质量和脆弱的生态环境，自2006年始，定西市耦合协调度始终在流域内垫底，亟须结合自身实际情况，制定相应的生活质量与生态质量耦合协调发展策略，采取综合性措施，推动二者向良性协调方向发展。

表5-49　　　　2006～2019年黄河流域各地级市生态质量与生活质量耦合协调度年际变化

地区	2006年	2007年	2008年	2009年	2010年	2011年	2012年	2013年	2014年	2015年	2016年	2017年	2018年	2019年
太原市	0.523	0.507	0.519	0.361	0.346	0.526	0.544	0.596	0.612	0.61	0.618	0.627	0.644	0.677
阳泉市	0.331	0.346	0.368	0.249	0.251	0.341	0.334	0.356	0.354	0.402	0.379	0.367	0.386	0.394
长治市	0.308	0.311	0.325	0.229	0.236	0.317	0.334	0.354	0.34	0.356	0.365	0.349	0.347	0.355
晋中市	0.253	0.277	0.269	0.214	0.212	0.292	0.293	0.295	0.288	0.31	0.318	0.347	0.351	0.354
忻州市	0.214	0.207	0.208	0.167	0.167	0.227	0.234	0.252	0.248	0.268	0.276	0.295	0.297	0.304
临汾市	0.272	0.263	0.28	0.197	0.209	0.284	0.29	0.297	0.279	0.294	0.301	0.317	0.32	0.323
吕梁市	0.265	0.223	0.225	0.184	0.185	0.236	0.237	0.243	0.222	0.252	0.251	0.298	0.301	0.306
呼和浩特市	0.464	0.445	0.442	0.306	0.307	0.474	0.482	0.511	0.528	0.512	0.532	0.551	0.566	0.576
包头市	0.421	0.419	0.427	0.304	0.314	0.469	0.465	0.496	0.506	0.544	0.554	0.571	0.542	0.521
鄂尔多斯市	0.269	0.278	0.281	0.261	0.295	0.472	0.46	0.462	0.439	0.455	0.475	0.544	0.491	0.495
榆林市	0.21	0.209	0.235	0.178	0.174	0.243	0.249	0.254	0.259	0.285	0.298	0.323	0.337	0.342
兰州市	0.446	0.477	0.426	0.311	0.297	0.433	0.441	0.489	0.49	0.536	0.542	0.553	0.559	0.556
白银市	0.329	0.309	0.326	0.223	0.225	0.304	0.307	0.361	0.354	0.357	0.355	0.342	0.326	0.328

续表

地区	2006 年	2007 年	2008 年	2009 年	2010 年	2011 年	2012 年	2013 年	2014 年	2015 年	2016 年	2017 年	2018 年	2019 年
定西市	0.157	0.159	0.178	0.158	0.161	0.194	0.19	0.191	0.178	0.204	0.198	0.223	0.22	0.221
西宁市	0.398	0.399	0.463	0.277	0.27	0.396	0.423	0.456	0.473	0.5	0.502	0.5	0.601	0.51
银川市	0.413	0.437	0.45	0.314	0.317	0.443	0.45	0.512	0.511	0.479	0.536	0.531	0.523	0.473
石嘴山市	0.361	0.389	0.414	0.267	0.265	0.364	0.394	0.407	0.392	0.471	0.475	0.451	0.408	0.443
吴忠市	0.255	0.263	0.258	0.192	0.202	0.275	0.269	0.289	0.268	0.298	0.325	0.325	0.309	0.316
中卫市	0.245	0.221	0.255	0.19	0.191	0.243	0.258	0.285	0.265	0.422	0.312	0.311	0.298	0.298
运城市	0.262	0.264	0.282	0.199	0.205	0.28	0.289	0.294	0.278	0.311	0.313	0.331	0.331	0.335
西安市	0.464	0.534	0.563	0.369	0.353	0.517	0.536	0.62	0.627	0.65	0.663	0.704	0.673	0.697
铜川市	0.319	0.26	0.26	0.218	0.237	0.324	0.337	0.358	0.347	0.364	0.372	0.363	0.367	0.371
宝鸡市	0.32	0.325	0.315	0.225	0.234	0.32	0.34	0.36	0.343	0.362	0.365	0.381	0.378	0.381
咸阳市	0.291	0.31	0.297	0.218	0.209	0.3	0.304	0.301	0.302	0.317	0.331	0.379	0.342	0.364
渭南市	0.248	0.26	0.252	0.201	0.196	0.267	0.272	0.277	0.261	0.286	0.293	0.346	0.32	0.326
天水市	0.254	0.252	0.27	0.204	0.204	0.284	0.286	0.302	0.292	0.312	0.315	0.306	0.307	0.297
平凉市	0.198	0.191	0.219	0.17	0.171	0.214	0.216	0.227	0.227	0.235	0.27	0.295	0.289	0.28
庆阳市	0.188	0.19	0.189	0.152	0.152	0.206	0.197	0.204	0.195	0.216	0.214	0.221	0.225	0.236
商洛市	0.193	0.21	0.211	0.166	0.169	0.225	0.216	0.222	0.194	0.219	0.222	0.254	0.267	0.282
晋城市	0.25	0.278	0.261	0.207	0.212	0.286	0.305	0.327	0.316	0.344	0.354	0.377	0.384	0.342
亳州市	0.234	0.263	0.266	0.205	0.199	0.279	0.294	0.31	0.286	0.305	0.316	0.31	0.318	0.327
郑州市	0.463	0.51	0.517	0.358	0.342	0.51	0.525	0.568	0.576	0.627	0.633	0.687	0.719	0.755
开封市	0.303	0.31	0.327	0.233	0.23	0.323	0.331	0.349	0.334	0.366	0.366	0.365	0.373	0.393
洛阳市	0.374	0.382	0.362	0.257	0.252	0.377	0.381	0.404	0.392	0.407	0.413	0.437	0.434	0.453
平顶山市	0.327	0.311	0.308	0.227	0.227	0.308	0.319	0.347	0.318	0.341	0.339	0.363	0.361	0.366
鹤壁市	0.359	0.351	0.348	0.246	0.25	0.329	0.335	0.372	0.355	0.367	0.369	0.366	0.364	0.365
新乡市	0.337	0.341	0.33	0.237	0.238	0.339	0.338	0.354	0.326	0.346	0.352	0.356	0.366	0.371
焦作市	0.331	0.334	0.329	0.237	0.241	0.336	0.341	0.364	0.343	0.366	0.364	0.383	0.379	0.386
许昌市	0.292	0.294	0.299	0.22	0.218	0.305	0.31	0.317	0.298	0.32	0.329	0.345	0.348	0.365
漯河市	0.347	0.36	0.354	0.247	0.247	0.352	0.348	0.368	0.345	0.367	0.371	0.364	0.372	0.394
商丘市	0.299	0.289	0.288	0.22	0.218	0.304	0.321	0.334	0.313	0.338	0.351	0.372	0.376	0.39
周口市	0.262	0.268	0.265	0.207	0.204	0.279	0.284	0.295	0.266	0.296	0.289	0.298	0.31	0.317
济南市	0.541	0.545	0.52	0.353	0.341	0.512	0.53	0.56	0.547	0.572	0.596	0.602	0.619	0.654
青岛市	0.461	0.5	0.509	0.376	0.338	0.496	0.52	0.547	0.574	0.584	0.646	0.659	0.691	0.707
淄博市	0.458	0.444	0.479	0.312	0.306	0.443	0.46	0.544	0.48	0.509	0.499	0.496	0.505	0.515
枣庄市	0.331	0.366	0.369	0.262	0.269	0.373	0.376	0.408	0.403	0.427	0.426	0.416	0.428	0.422
东营市	0.402	0.419	0.408	0.294	0.284	0.404	0.403	0.448	0.446	0.471	0.497	0.509	0.511	0.519
烟台市	0.366	0.37	0.378	0.268	0.267	0.395	0.397	0.428	0.424	0.443	0.438	0.453	0.448	0.467
潍坊市	0.315	0.348	0.365	0.264	0.257	0.377	0.358	0.397	0.379	0.416	0.398	0.434	0.454	0.46
济宁市	0.314	0.31	0.316	0.242	0.224	0.308	0.337	0.408	0.394	0.433	0.442	0.436	0.436	0.449
泰安市	0.362	0.366	0.323	0.249	0.243	0.331	0.338	0.36	0.339	0.368	0.395	0.4	0.411	0.416
威海市	0.358	0.372	0.375	0.258	0.248	0.341	0.348	0.372	0.427	0.445	0.45	0.464	0.474	0.474

地区	2006 年	2007 年	2008 年	2009 年	2010 年	2011 年	2012 年	2013 年	2014 年	2015 年	2016 年	2017 年	2018 年	2019 年
日照市	0.337	0.336	0.34	0.247	0.242	0.362	0.382	0.408	0.392	0.421	0.431	0.431	0.431	0.443
临沂市	0.346	0.368	0.387	0.292	0.286	0.42	0.445	0.469	0.464	0.48	0.485	0.473	0.498	0.489
德州市	0.306	0.307	0.302	0.233	0.224	0.309	0.324	0.354	0.362	0.38	0.378	0.391	0.402	0.398
聊城市	0.307	0.321	0.316	0.237	0.237	0.317	0.322	0.354	0.347	0.37	0.375	0.369	0.368	0.402
滨州市	0.296	0.322	0.328	0.244	0.244	0.334	0.344	0.372	0.37	0.393	0.391	0.414	0.429	0.43
菏泽市	0.312	0.319	0.311	0.23	0.228	0.312	0.32	0.335	0.313	0.343	0.347	0.367	0.37	0.389

为横向比较黄河流域沿线各地级市生活质量与生态质量耦合协调发展情况，计算并整理出 2006～2019 年各地级市两大系统耦合协调度平均值（见表 5－50）。从空间上看，沿线城市生活质量与生态质量耦合协调度与两大系统综合发展水平分布较为相似。其中，西安市耦合协调度最高，处于勉强协调阶段；太原市、郑州市、济南市、青岛市耦合协调发展状况较好，也处于勉强协调阶段，这些城市的生活质量发展水平较高，生态质量系统与其他城市比具有显著优势，在一定程度上弥补了生态质量系统的不均衡。定西市、庆阳市的两大系统发展水平属于严重失调，晋中市、忻州市、临汾市、吕梁市、榆林市、吴忠市、中卫市、运城市、渭南市、天水市、平凉市、商洛市、亳州市、周口市的两大系统发展水平属于中度失调，自然条件的限制和落后的生活质量发展水平是阻碍其生态发展的重要因素。其他城市均处于轻度失调、濒临失调阶段。从市域两大系统综合发展水平来看，制约其耦合协调发展的主导因素各有不同。太原市、兰州市、白银市、西宁市、银川市、西安市、郑州市、洛阳市、济南市的生活质量评价值略高于生态质量评价值，为生态滞后型，自然资源和生态质量短板是牵制其协调发展的主导因素；而其他城市与各自生态质量系统相比，生活质量发展滞后明显。

表 5－50　　　　2006～2019 年黄河流域各地级市生态质量与生活质量耦合协调度均值比较

城市	生态质量综合指数	生活质量综合指数	耦合度	综合评价指数	耦合协调度	耦合协调等级
太原市	0.301	0.341	0.959	0.321	0.551	勉强协调
阳泉市	0.143	0.111	0.955	0.127	0.347	轻度失调
长治市	0.114	0.104	0.963	0.109	0.323	轻度失调
晋中市	0.118	0.067	0.918	0.093	0.291	中度失调
忻州市	0.07	0.052	0.968	0.061	0.24	中度失调
临汾市	0.101	0.066	0.942	0.084	0.28	中度失调
吕梁市	0.097	0.042	0.87	0.07	0.245	中度失调
呼和浩特市	0.273	0.213	0.948	0.243	0.478	濒临失调
包头市	0.235	0.227	0.96	0.231	0.468	濒临失调
鄂尔多斯市	0.253	0.129	0.902	0.191	0.406	濒临失调
榆林市	0.083	0.058	0.955	0.071	0.257	中度失调
兰州市	0.185	0.287	0.952	0.236	0.468	濒临失调
白银市	0.096	0.115	0.967	0.105	0.318	轻度失调
定西市	0.053	0.025	0.905	0.039	0.188	严重失调
西宁市	0.179	0.242	0.948	0.21	0.441	濒临失调
银川市	0.208	0.229	0.963	0.219	0.456	濒临失调
石嘴山市	0.206	0.131	0.92	0.168	0.393	轻度失调
吴忠市	0.102	0.061	0.936	0.081	0.275	中度失调

城市	生态质量综合指数	生活质量综合指数	耦合度	综合评价指数	耦合协调度	耦合协调等级
中卫市	0.127	0.048	0.866	0.088	0.271	中度失调
运城市	0.108	0.066	0.931	0.087	0.284	中度失调
西安市	0.323	0.374	0.949	0.348	0.569	勉强协调
铜川市	0.122	0.097	0.956	0.109	0.321	轻度失调
宝鸡市	0.133	0.1	0.951	0.117	0.332	轻度失调
咸阳市	0.098	0.097	0.961	0.098	0.305	轻度失调
渭南市	0.096	0.062	0.939	0.079	0.272	中度失调
天水市	0.092	0.069	0.964	0.08	0.278	中度失调
平凉市	0.068	0.045	0.949	0.056	0.229	中度失调
庆阳市	0.049	0.033	0.964	0.041	0.199	严重失调
商洛市	0.058	0.042	0.959	0.05	0.218	中度失调
晋城市	0.155	0.06	0.866	0.108	0.303	轻度失调
亳州市	0.116	0.057	0.91	0.086	0.279	中度失调
郑州市	0.327	0.335	0.958	0.331	0.556	勉强协调
开封市	0.137	0.094	0.939	0.115	0.329	轻度失调
洛阳市	0.15	0.153	0.963	0.151	0.38	轻度失调
平顶山市	0.136	0.084	0.927	0.11	0.319	轻度失调
鹤壁市	0.156	0.093	0.934	0.125	0.341	轻度失调
新乡市	0.144	0.09	0.934	0.117	0.331	轻度失调
焦作市	0.162	0.088	0.916	0.125	0.338	轻度失调
许昌市	0.127	0.075	0.92	0.101	0.304	轻度失调
漯河市	0.151	0.102	0.942	0.127	0.345	轻度失调
商丘市	0.124	0.087	0.947	0.106	0.315	轻度失调
周口市	0.11	0.055	0.91	0.083	0.274	中度失调
济南市	0.282	0.321	0.961	0.301	0.535	勉强协调
青岛市	0.365	0.269	0.95	0.317	0.543	勉强协调
淄博市	0.242	0.203	0.957	0.223	0.461	濒临失调
枣庄市	0.195	0.112	0.929	0.154	0.377	轻度失调
东营市	0.257	0.145	0.927	0.201	0.43	濒临失调
烟台市	0.172	0.157	0.96	0.164	0.396	轻度失调
潍坊市	0.178	0.121	0.94	0.149	0.373	轻度失调
济宁市	0.183	0.105	0.917	0.144	0.361	轻度失调
泰安市	0.181	0.091	0.905	0.136	0.35	轻度失调
威海市	0.184	0.135	0.947	0.16	0.386	轻度失调
日照市	0.178	0.118	0.94	0.148	0.372	轻度失调
临沂市	0.255	0.137	0.917	0.196	0.422	濒临失调
德州市	0.167	0.082	0.897	0.125	0.334	轻度失调
聊城市	0.168	0.079	0.893	0.123	0.332	轻度失调
滨州市	0.174	0.096	0.916	0.135	0.351	轻度失调
菏泽市	0.146	0.081	0.912	0.113	0.321	轻度失调

　　将黄河流域各地级市收入分配和生态质量两大系统的综合指数分别代入耦合度和耦合协调度公式，从而得到各地级市收入分配与生态质量复合系统耦合协调度（见表5－51）。随着时间的推移，黄河流域沿线各地级市的耦合协调度变动以保持稳定和缓慢上升为主，总体上向着良性耦合协调方向演变，但部分个别城市存在小幅下滑趋势。具体而言阳泉市、长治市、临汾市、吕梁市、运城市、咸阳市、晋城市、开封市、平顶山市、鹤壁市、新乡市、焦作市、许昌市、周口市14个城市耦合协调度基本保持在固定区间，说明其收入分配与生态质量耦合协调发展关系比较稳定，西安市、郑州市、济南市、青岛市是流域内工业化、城镇化水平最高的城市，收入分配发展迅速，耦合协调度始终保持高位；临汾市、吕梁市、天水市、鹤壁市4个城市收入分配增长动力疲软，依靠环境投入与治理的加强，耦合协调度相对稳定。忻州市、白银市、吴忠市、中卫市、铜川市、平凉市、庆阳市、商洛市由中度失调上升为轻度失调；阳泉市、长治市、晋中市、西宁市、运城市、宝鸡市、咸阳市、晋城市、开封市、平顶山市、新乡市、焦作市、许昌市、漯河市、商丘市、周口市、枣庄市、日照市、德州市、聊城市、滨州市、菏泽市由轻度失调上升为濒临失调，主要得益于国家流域治理和收入分配等经济制度的完善和生态环境保护力度的加大。此外，西安市、郑州市、济南市、青岛市的耦合协调度有大幅上涨，上升为中级协调。与此同时，商洛市、庆阳市两大系统耦合协调度上升幅度较小。由于自身薄弱的收入分配和脆弱的生态环境，自2006年始，庆阳市耦合协调度始终在流域内垫底，亟须结合自身实际情况，制定相应的收入分配与生态质量耦合协调发展策略，采取综合性措施，推动二者向良性协调方向发展。

表5－51　　　　　　　　2006～2019年黄河流域各地级市生态质量与收入分配耦合协调度年际变化

地区	2006年	2007年	2008年	2009年	2010年	2011年	2012年	2013年	2014年	2015年	2016年	2017年	2018年	2019年
太原市	0.513	0.51	0.527	0.356	0.355	0.528	0.536	0.614	0.617	0.621	0.634	0.654	0.662	0.662
阳泉市	0.326	0.34	0.356	0.249	0.257	0.402	0.407	0.415	0.408	0.414	0.417	0.425	0.424	0.419
长治市	0.337	0.346	0.368	0.236	0.244	0.363	0.369	0.398	0.385	0.398	0.399	0.403	0.401	0.406
晋中市	0.318	0.337	0.35	0.242	0.244	0.37	0.368	0.395	0.388	0.405	0.41	0.422	0.422	0.423
忻州市	0.262	0.26	0.263	0.188	0.189	0.28	0.291	0.333	0.332	0.352	0.354	0.366	0.364	0.374
临汾市	0.33	0.333	0.357	0.225	0.236	0.335	0.338	0.374	0.355	0.376	0.382	0.392	0.393	0.395
吕梁市	0.361	0.305	0.316	0.217	0.224	0.333	0.349	0.365	0.349	0.366	0.365	0.391	0.385	0.382
呼和浩特市	0.41	0.444	0.466	0.316	0.316	0.512	0.541	0.562	0.571	0.568	0.588	0.601	0.605	0.605
包头市	0.404	0.426	0.439	0.305	0.307	0.503	0.504	0.53	0.534	0.556	0.561	0.581	0.587	0.586
鄂尔多斯市	0.294	0.318	0.343	0.293	0.326	0.556	0.567	0.558	0.541	0.552	0.557	0.606	0.568	0.564
榆林市	0.254	0.272	0.293	0.211	0.208	0.313	0.329	0.353	0.363	0.384	0.394	0.407	0.424	0.431
兰州市	0.412	0.447	0.406	0.284	0.276	0.409	0.418	0.485	0.488	0.521	0.545	0.552	0.566	0.57
白银市	0.259	0.255	0.279	0.204	0.208	0.319	0.325	0.337	0.33	0.352	0.355	0.363	0.37	0.367
定西市	0.197	0.203	0.233	0.175	0.182	0.265	0.267	0.271	0.261	0.228	0.293	0.301	0.307	0.339
西宁市	0.333	0.342	0.35	0.251	0.251	0.39	0.407	0.431	0.446	0.467	0.472	0.48	0.584	0.497
银川市	0.353	0.373	0.384	0.277	0.282	0.443	0.452	0.489	0.475	0.514	0.519	0.523	0.525	0.539
石嘴山市	0.288	0.324	0.347	0.253	0.264	0.403	0.408	0.413	0.403	0.434	0.431	0.437	0.449	0.457
吴忠市	0.254	0.261	0.27	0.2	0.213	0.321	0.326	0.334	0.332	0.339	0.363	0.367	0.377	0.376
中卫市	0.263	0.26	0.288	0.201	0.205	0.301	0.324	0.335	0.321	0.452	0.349	0.366	0.379	0.382
运城市	0.306	0.322	0.341	0.222	0.228	0.334	0.344	0.374	0.357	0.387	0.389	0.4	0.397	0.401
西安市	0.546	0.623	0.603	0.395	0.386	0.531	0.535	0.668	0.668	0.695	0.704	0.734	0.72	0.757
铜川市	0.26	0.268	0.276	0.214	0.222	0.335	0.351	0.364	0.355	0.372	0.381	0.382	0.391	0.393
宝鸡市	0.321	0.332	0.336	0.238	0.248	0.371	0.377	0.413	0.399	0.416	0.424	0.432	0.435	0.441

续表

地区	2006年	2007年	2008年	2009年	2010年	2011年	2012年	2013年	2014年	2015年	2016年	2017年	2018年	2019年
咸阳市	0.312	0.322	0.313	0.223	0.227	0.324	0.335	0.366	0.366	0.369	0.388	0.396	0.392	0.401
渭南市	0.297	0.31	0.307	0.226	0.219	0.296	0.323	0.348	0.335	0.357	0.371	0.401	0.401	0.405
天水市	0.383	0.234	0.259	0.202	0.204	0.3	0.305	0.326	0.319	0.349	0.358	0.366	0.369	0.366
平凉市	0.223	0.229	0.27	0.186	0.188	0.278	0.286	0.298	0.298	0.299	0.333	0.35	0.354	0.351
庆阳市	0.209	0.219	0.224	0.166	0.17	0.268	0.267	0.284	0.281	0.31	0.311	0.315	0.319	0.311
商洛市	0.206	0.229	0.237	0.177	0.18	0.286	0.274	0.278	0.257	0.285	0.287	0.315	0.317	0.334
晋城市	0.336	0.355	0.34	0.236	0.243	0.38	0.419	0.441	0.431	0.447	0.451	0.466	0.47	0.412
亳州市	0.267	0.3	0.303	0.219	0.215	0.308	0.335	0.374	0.344	0.373	0.376	0.388	0.401	0.411
郑州市	0.512	0.553	0.554	0.377	0.359	0.499	0.505	0.629	0.631	0.673	0.687	0.728	0.756	0.793
开封市	0.32	0.327	0.327	0.231	0.237	0.349	0.354	0.39	0.364	0.402	0.407	0.411	0.415	0.417
洛阳市	0.389	0.39	0.385	0.268	0.264	0.388	0.402	0.446	0.436	0.453	0.464	0.485	0.491	0.504
平顶山市	0.334	0.357	0.362	0.249	0.253	0.374	0.377	0.413	0.391	0.412	0.408	0.419	0.421	0.423
鹤壁市	0.305	0.306	0.306	0.228	0.235	0.36	0.366	0.378	0.356	0.375	0.378	0.383	0.386	0.4
新乡市	0.354	0.364	0.356	0.248	0.25	0.357	0.363	0.409	0.391	0.414	0.416	0.416	0.417	0.421
焦作市	0.35	0.359	0.356	0.248	0.253	0.381	0.387	0.411	0.398	0.422	0.426	0.436	0.431	0.44
许昌市	0.331	0.336	0.333	0.236	0.236	0.35	0.353	0.383	0.368	0.392	0.39	0.408	0.41	0.415
漯河市	0.309	0.324	0.324	0.235	0.236	0.36	0.369	0.389	0.368	0.397	0.393	0.397	0.405	0.417
商丘市	0.305	0.325	0.322	0.234	0.232	0.319	0.337	0.388	0.377	0.399	0.402	0.429	0.438	0.462
周口市	0.319	0.332	0.331	0.235	0.231	0.319	0.335	0.389	0.371	0.399	0.393	0.401	0.404	0.408
济南市	0.526	0.531	0.536	0.358	0.351	0.533	0.543	0.612	0.605	0.639	0.654	0.663	0.685	0.727
青岛市	0.512	0.563	0.581	0.394	0.374	0.543	0.556	0.661	0.664	0.677	0.741	0.755	0.781	0.797
淄博市	0.438	0.459	0.469	0.315	0.315	0.484	0.49	0.609	0.535	0.567	0.57	0.572	0.57	0.577
枣庄市	0.346	0.359	0.374	0.264	0.268	0.404	0.419	0.45	0.45	0.477	0.47	0.472	0.469	0.477
东营市	0.419	0.424	0.437	0.302	0.295	0.466	0.48	0.528	0.532	0.555	0.56	0.582	0.585	0.592
烟台市	0.444	0.454	0.462	0.31	0.307	0.451	0.456	0.535	0.526	0.557	0.544	0.549	0.54	0.557
潍坊市	0.401	0.438	0.453	0.305	0.301	0.425	0.43	0.503	0.489	0.511	0.516	0.538	0.548	0.555
济宁市	0.398	0.399	0.402	0.284	0.276	0.401	0.411	0.505	0.491	0.522	0.532	0.521	0.526	0.537
泰安市	0.386	0.395	0.395	0.279	0.274	0.413	0.415	0.459	0.443	0.47	0.491	0.491	0.495	0.511
威海市	0.384	0.402	0.409	0.281	0.279	0.446	0.448	0.484	0.518	0.534	0.537	0.539	0.533	0.531
日照市	0.327	0.338	0.349	0.253	0.252	0.395	0.404	0.442	0.431	0.462	0.467	0.47	0.474	0.481
临沂市	0.384	0.413	0.437	0.318	0.311	0.444	0.471	0.547	0.549	0.559	0.559	0.556	0.596	0.576
德州市	0.364	0.37	0.374	0.262	0.252	0.379	0.39	0.444	0.449	0.477	0.476	0.476	0.482	0.47
聊城市	0.357	0.375	0.379	0.261	0.264	0.373	0.382	0.434	0.428	0.455	0.464	0.454	0.463	0.489
滨州市	0.315	0.347	0.36	0.257	0.256	0.396	0.412	0.455	0.445	0.466	0.462	0.478	0.481	0.475
菏泽市	0.353	0.363	0.351	0.249	0.249	0.352	0.363	0.418	0.402	0.435	0.436	0.447	0.448	0.456

为横向比较黄河流域沿线各地级市收入分配与生态质量耦合协调发展情况，计算并整理出2006～2019年各地级市两大系统耦合协调度平均值（见表5-52）。从空间上看，沿线城市收入分配与生态质量耦合协调度与两大系统综合发展水平分布较为相似。其中，西安市、青岛市耦合协调度最高，处于初级协调阶

段；太原市、呼和浩特市、郑州市、济南市耦合协调发展状况较好，处于勉强协调阶段，这些城市的收入分配发展水平较高，生态质量系统与其他城市比具有显著优势，在一定程度上弥补了生态质量系统的不均衡。包头市、鄂尔多斯市、兰州市、西宁市、银川市、洛阳市、淄博市、枣庄市、东营市、烟台市、潍坊市、济宁市、泰安市、威海市、临沂市、德州市的两大系统发展水平属于濒临失调，其他城市处于轻度失调和中度失调状态，自然条件的限制和落后的收入分配发展水平是阻碍其生态发展的重要因素。从市域两大系统综合发展水平来看，制约其耦合协调发展的主导因素各有不同。太原市、阳泉市、长治市、晋中市、忻州市等城市的收入分配评价值略高于生态质量评价值，为生态滞后型，自然资源和生态质量短板是牵制其协调发展的主导因素；而鄂尔多斯市、西宁市等城市与各自生态质量系统相比，收入分配发展滞后明显。

表 5 – 52　　　　　2006 ~ 2019 年黄河流域各地级市生态质量与收入分配耦合协调度均值比较

地区	生态质量综合指数	收入分配综合指数	耦合度	综合评价指数	耦合协调度	耦合协调等级
太原市	0.301	0.356	0.957	0.328	0.556	勉强协调
阳泉市	0.143	0.155	0.959	0.149	0.376	轻度失调
长治市	0.114	0.166	0.944	0.14	0.361	轻度失调
晋中市	0.118	0.166	0.946	0.142	0.364	轻度失调
忻州市	0.07	0.13	0.942	0.1	0.3	轻度失调
临汾市	0.101	0.155	0.942	0.128	0.344	轻度失调
吕梁市	0.097	0.151	0.93	0.124	0.336	轻度失调
呼和浩特市	0.273	0.275	0.955	0.274	0.508	勉强协调
包头市	0.235	0.272	0.953	0.254	0.487	濒临失调
鄂尔多斯市	0.253	0.245	0.94	0.249	0.475	濒临失调
榆林市	0.083	0.165	0.932	0.124	0.331	轻度失调
兰州市	0.185	0.267	0.948	0.226	0.456	濒临失调
白银市	0.096	0.107	0.961	0.101	0.309	轻度失调
定西市	0.053	0.091	0.93	0.072	0.252	中度失调
西宁市	0.179	0.178	0.957	0.179	0.407	濒临失调
银川市	0.208	0.204	0.955	0.206	0.439	濒临失调
石嘴山市	0.206	0.113	0.913	0.159	0.379	轻度失调
吴忠市	0.102	0.102	0.96	0.102	0.309	轻度失调
中卫市	0.127	0.093	0.936	0.11	0.316	轻度失调
运城市	0.108	0.143	0.952	0.126	0.343	轻度失调
西安市	0.323	0.495	0.94	0.409	0.612	初级协调
铜川市	0.122	0.106	0.948	0.114	0.326	轻度失调
宝鸡市	0.133	0.159	0.954	0.146	0.37	轻度失调
咸阳市	0.098	0.151	0.94	0.124	0.338	轻度失调
渭南市	0.096	0.138	0.943	0.117	0.328	轻度失调
天水市	0.092	0.119	0.945	0.105	0.31	轻度失调
平凉市	0.068	0.106	0.945	0.087	0.282	中度失调
庆阳市	0.049	0.108	0.921	0.079	0.261	中度失调
商洛市	0.058	0.091	0.946	0.075	0.261	中度失调

续表

地区	生态质量综合指数	收入分配综合指数	耦合度	综合评价指数	耦合协调度	耦合协调等级
晋城市	0.155	0.162	0.968	0.159	0.388	轻度失调
亳州市	0.116	0.116	0.955	0.116	0.33	轻度失调
郑州市	0.327	0.429	0.948	0.378	0.59	勉强协调
开封市	0.137	0.13	0.945	0.134	0.354	轻度失调
洛阳市	0.15	0.217	0.946	0.183	0.412	濒临失调
平顶山市	0.136	0.155	0.954	0.146	0.371	轻度失调
鹤壁市	0.156	0.097	0.917	0.127	0.34	轻度失调
新乡市	0.144	0.147	0.945	0.146	0.37	轻度失调
焦作市	0.162	0.142	0.946	0.152	0.378	轻度失调
许昌市	0.127	0.14	0.943	0.134	0.353	轻度失调
漯河市	0.151	0.117	0.924	0.134	0.352	轻度失调
商丘市	0.124	0.146	0.953	0.135	0.355	轻度失调
周口市	0.11	0.152	0.94	0.131	0.348	轻度失调
济南市	0.282	0.422	0.942	0.352	0.569	勉强协调
青岛市	0.365	0.449	0.951	0.407	0.614	初级协调
淄博市	0.242	0.286	0.952	0.264	0.498	濒临失调
枣庄市	0.195	0.158	0.946	0.177	0.407	濒临失调
东营市	0.257	0.239	0.954	0.248	0.483	濒临失调
烟台市	0.172	0.341	0.916	0.257	0.478	濒临失调
潍坊市	0.178	0.282	0.936	0.23	0.458	濒临失调
济宁市	0.183	0.238	0.958	0.21	0.443	濒临失调
泰安市	0.181	0.201	0.947	0.191	0.423	濒临失调
威海市	0.184	0.257	0.949	0.22	0.452	濒临失调
日照市	0.178	0.157	0.951	0.168	0.396	轻度失调
临沂市	0.255	0.239	0.95	0.247	0.48	濒临失调
德州市	0.167	0.182	0.954	0.175	0.405	濒临失调
聊城市	0.168	0.171	0.946	0.17	0.398	轻度失调
滨州市	0.174	0.169	0.951	0.172	0.4	濒临失调
菏泽市	0.146	0.167	0.939	0.157	0.38	轻度失调

将黄河流域各地级市政府治理现代化和生态质量两大系统的综合指数分别代入耦合度和耦合协调度公式，从而得到各地级市政府治理现代化与生态质量复合系统耦合协调度（见表 5－53）。随着时间的推移，黄河流域沿线各地级市的耦合协调度变动以保持稳定和缓慢上升为主，总体上向着良性耦合协调方向演变，但部分城市存在小幅下滑趋势。具体而言吕梁市、开封市、鹤壁市、焦作市、许昌市、漯河市、周口市、烟台市、菏泽市 9 个城市耦合协调度基本保持在固定区间，说明其政府治理现代化与生态质量耦合协调发展关系比较稳定，郑州、青岛是流域内工业化、城镇化水平最高的城市，政府治理现代化发展迅速，耦合协调度始终保持高位；长治市、晋中市、白银市、宝鸡市、咸阳市、渭南市、天水市、开封市、平顶山市、鹤壁市、新乡市、焦作市、许昌市、漯河市、周口市、德州市 16 个城市政府治理现代化增长动力疲软，依靠环境投入与治理的加强，耦合协调度相对稳定。阳泉市、忻州市、临汾市、定西市、吴忠市、运城市、铜川市、平凉市、庆阳市、商洛市、晋城市由中度失调上升为轻度失调；呼和浩特市、包头市、

兰州市、西宁市、中卫市、洛阳市、商丘市、淄博市、枣庄市、东营市、烟台市、潍坊市、济宁市、泰安市、威海市、聊城市、菏泽市由轻度失调上升为濒临失调，主要得益于国家流域治理和政府治理现代化开发制度的完善和生态环境保护力度的加大。此外，郑州市、青岛市的耦合协调度有大幅上涨，上升为中级协调。与此同时，吕梁市、焦作市、烟台市两大系统耦合协调度上升幅度较小。由于自身薄弱的政府治理现代化和脆弱的生态环境，自 2006 年始，焦作市耦合协调度始终在流域内垫底，亟须结合自身实际情况，制定相应的政府治理现代化与生态质量耦合协调发展策略，采取综合性措施，推动二者向良性协调方向发展。

表 5 – 53　　　　　2006～2019 年黄河流域各地级市生态质量与政府治理现代化耦合协调度年际变化

地区	2006 年	2007 年	2008 年	2009 年	2010 年	2011 年	2012 年	2013 年	2014 年	2015 年	2016 年	2017 年	2018 年	2019 年
太原市	0.397	0.46	0.465	0.269	0.265	0.475	0.482	0.425	0.409	0.494	0.498	0.473	0.523	0.522
阳泉市	0.27	0.345	0.35	0.211	0.213	0.362	0.361	0.3	0.288	0.366	0.368	0.368	0.365	0.365
长治市	0.306	0.38	0.373	0.207	0.212	0.374	0.377	0.322	0.303	0.362	0.358	0.37	0.362	0.369
晋中市	0.31	0.366	0.362	0.212	0.212	0.382	0.377	0.313	0.299	0.371	0.374	0.395	0.384	0.391
忻州市	0.265	0.303	0.3	0.18	0.179	0.323	0.33	0.3	0.29	0.354	0.353	0.38	0.357	0.364
临汾市	0.298	0.346	0.368	0.203	0.214	0.366	0.366	0.325	0.306	0.357	0.365	0.381	0.371	0.372
吕梁市	0.352	0.337	0.35	0.2	0.203	0.363	0.374	0.31	0.289	0.354	0.35	0.38	0.381	0.377
呼和浩特市	0.346	0.403	0.429	0.266	0.256	0.437	0.437	0.413	0.41	0.44	0.475	0.476	0.459	0.481
包头市	0.365	0.403	0.398	0.264	0.256	0.391	0.389	0.411	0.4	0.42	0.43	0.465	0.459	0.448
鄂尔多斯市	0.271	0.334	0.363	0.27	0.3	0.617	0.583	0.495	0.474	0.513	0.507	0.575	0.532	0.565
榆林市	0.256	0.316	0.31	0.195	0.192	0.346	0.367	0.321	0.319	0.385	0.368	0.417	0.413	0.41
兰州市	0.334	0.422	0.373	0.237	0.226	0.371	0.371	0.361	0.355	0.417	0.452	0.428	0.459	0.439
白银市	0.322	0.338	0.358	0.213	0.215	0.356	0.356	0.336	0.319	0.37	0.376	0.378	0.377	0.379
定西市	0.3	0.318	0.361	0.211	0.211	0.36	0.352	0.327	0.302	0.339	0.335	0.352	0.352	0.341
西宁市	0.305	0.357	0.364	0.232	0.231	0.396	0.405	0.371	0.368	0.425	0.429	0.428	0.507	0.426
银川市	0.282	0.368	0.371	0.232	0.24	0.425	0.43	0.372	0.366	0.465	0.465	0.441	0.451	0.436
石嘴山市	0.273	0.365	0.379	0.238	0.251	0.409	0.411	0.33	0.329	0.416	0.417	0.435	0.439	0.456
吴忠市	0.26	0.324	0.332	0.208	0.22	0.377	0.375	0.342	0.324	0.366	0.386	0.397	0.39	0.388
中卫市	0.326	0.341	0.38	0.22	0.222	0.367	0.388	0.362	0.337	0.499	0.385	0.403	0.405	0.404
运城市	0.295	0.337	0.358	0.216	0.22	0.369	0.383	0.364	0.338	0.382	0.382	0.393	0.375	0.38
西安市	0.411	0.503	0.497	0.308	0.303	0.521	0.534	0.546	0.55	0.596	0.581	0.53	0.556	0.549
铜川市	0.288	0.331	0.334	0.212	0.223	0.372	0.377	0.336	0.325	0.378	0.389	0.396	0.394	0.391
宝鸡市	0.312	0.353	0.358	0.225	0.233	0.385	0.386	0.364	0.347	0.379	0.392	0.4	0.395	0.399
咸阳市	0.31	0.342	0.334	0.213	0.216	0.35	0.358	0.337	0.331	0.345	0.37	0.383	0.371	0.373
渭南市	0.302	0.349	0.342	0.221	0.218	0.359	0.357	0.337	0.321	0.357	0.371	0.404	0.394	0.397
天水市	0.313	0.328	0.352	0.224	0.222	0.379	0.372	0.345	0.329	0.381	0.385	0.389	0.39	0.387
平凉市	0.274	0.298	0.348	0.203	0.199	0.331	0.329	0.301	0.299	0.325	0.359	0.379	0.374	0.373
庆阳市	0.258	0.289	0.285	0.17	0.173	0.315	0.307	0.27	0.261	0.319	0.321	0.324	0.319	0.316
商洛市	0.265	0.313	0.316	0.193	0.197	0.355	0.335	0.301	0.272	0.314	0.322	0.367	0.369	0.398
晋城市	0.288	0.374	0.341	0.201	0.205	0.357	0.384	0.331	0.312	0.396	0.397	0.42	0.413	0.365
亳州市	0.32	0.388	0.382	0.225	0.218	0.359	0.371	0.345	0.326	0.385	0.38	0.391	0.392	0.385

续表

地区	2006 年	2007 年	2008 年	2009 年	2010 年	2011 年	2012 年	2013 年	2014 年	2015 年	2016 年	2017 年	2018 年	2019 年
郑州市	0.497	0.575	0.558	0.337	0.321	0.592	0.599	0.589	0.597	0.669	0.681	0.617	0.739	0.732
开封市	0.352	0.38	0.376	0.231	0.229	0.374	0.376	0.347	0.322	0.376	0.377	0.388	0.385	0.386
洛阳市	0.364	0.389	0.371	0.24	0.233	0.384	0.385	0.373	0.362	0.394	0.399	0.42	0.408	0.407
平顶山市	0.316	0.373	0.361	0.224	0.224	0.373	0.377	0.341	0.317	0.371	0.367	0.387	0.377	0.375
鹤壁市	0.324	0.369	0.361	0.225	0.23	0.384	0.381	0.329	0.298	0.37	0.365	0.366	0.359	0.363
新乡市	0.334	0.379	0.365	0.232	0.232	0.387	0.388	0.361	0.334	0.379	0.376	0.385	0.374	0.375
焦作市	0.331	0.377	0.358	0.227	0.231	0.374	0.373	0.346	0.322	0.367	0.361	0.393	0.367	0.364
许昌市	0.316	0.346	0.336	0.22	0.217	0.35	0.349	0.326	0.301	0.342	0.339	0.367	0.349	0.354
漯河市	0.325	0.382	0.376	0.233	0.23	0.376	0.378	0.338	0.305	0.374	0.37	0.358	0.364	0.364
商丘市	0.347	0.379	0.374	0.236	0.23	0.375	0.389	0.374	0.352	0.385	0.384	0.414	0.408	0.419
周口市	0.352	0.38	0.374	0.237	0.232	0.381	0.392	0.38	0.356	0.389	0.382	0.407	0.392	0.39
济南市	0.472	0.449	0.446	0.295	0.29	0.465	0.469	0.485	0.479	0.522	0.531	0.473	0.573	0.586
青岛市	0.545	0.571	0.573	0.373	0.347	0.569	0.577	0.64	0.641	0.629	0.704	0.598	0.727	0.722
淄博市	0.38	0.374	0.376	0.257	0.256	0.394	0.396	0.448	0.382	0.41	0.42	0.413	0.425	0.472
枣庄市	0.307	0.354	0.358	0.236	0.238	0.382	0.39	0.356	0.345	0.402	0.395	0.399	0.387	0.407
东营市	0.341	0.335	0.334	0.247	0.242	0.358	0.362	0.379	0.363	0.379	0.392	0.424	0.4	0.439
烟台市	0.398	0.35	0.353	0.26	0.258	0.388	0.396	0.443	0.429	0.428	0.42	0.434	0.42	0.415
潍坊市	0.357	0.379	0.382	0.26	0.256	0.419	0.416	0.422	0.403	0.437	0.451	0.475	0.469	0.483
济宁市	0.371	0.377	0.368	0.248	0.239	0.389	0.393	0.42	0.405	0.452	0.462	0.446	0.443	0.461
泰安市	0.353	0.389	0.365	0.243	0.237	0.374	0.369	0.354	0.336	0.367	0.382	0.41	0.395	0.428
威海市	0.337	0.35	0.355	0.233	0.229	0.369	0.373	0.348	0.361	0.414	0.41	0.412	0.404	0.41
日照市	0.301	0.349	0.347	0.224	0.221	0.371	0.369	0.338	0.312	0.381	0.386	0.39	0.389	0.401
临沂市	0.351	0.369	0.384	0.278	0.271	0.421	0.447	0.452	0.447	0.465	0.467	0.476	0.489	0.475
德州市	0.34	0.354	0.356	0.236	0.227	0.359	0.374	0.365	0.35	0.397	0.386	0.41	0.4	0.397
聊城市	0.334	0.369	0.366	0.235	0.238	0.36	0.371	0.367	0.351	0.392	0.391	0.414	0.39	0.424
滨州市	0.3	0.365	0.366	0.234	0.231	0.389	0.391	0.365	0.346	0.405	0.401	0.422	0.414	0.423
菏泽市	0.363	0.408	0.388	0.234	0.231	0.388	0.392	0.365	0.345	0.393	0.39	0.414	0.4	0.401

为横向比较黄河流域沿线各地级市政府治理现代化与生态质量耦合协调发展情况，计算并整理出 2006 ~ 2019 年各地级市两大系统耦合协调度平均值（见表 5 - 54）。从空间上看，沿线城市政府治理现代化与生态质量耦合协调度与两大系统综合发展水平分布较为相似。其中，郑州市、青岛市耦合协调度最高，处于勉强协调阶段，这些城市的政府治理现代化发展水平较高，生态质量系统与其他城市比具有显著优势，在一定程度上弥补了生态质量系统的不均衡。太原市、呼和浩特市、鄂尔多斯市、西安市、济南市、潍坊市、临沂市耦合协调发展状况处于濒临失调阶段，其他城市处于轻度失调和中度失调状态，自然条件的限制和落后的政府治理现代化发展水平是阻碍其生态发展的重要因素。从市域两大系统综合发展水平来看，制约其耦合协调发展的主导因素各有不同。长治市、晋中市、忻州市、临汾市、吕梁市、榆林市等城市的政府治理现代化评价值略高于生态质量评价值，为生态滞后型，自然资源和生态质量短板是牵制其协调发展的主导因素；而太原市、阳泉市、呼和浩特市、包头市、鄂尔多斯市、西宁市等 34 城市与各自生态质量系统相比，政府治理现代化发展滞后明显。

表 5 - 54　　　　　2006～2019 年黄河流域各地级市生态质量与政府治理现代化耦合协调度均值比较

地区	生态质量综合指数	政府治理现代化综合指数	耦合度	综合评价指数	耦合协调度	耦合协调等级
太原市	0.301	0.143	0.876	0.222	0.44	濒临失调
阳泉市	0.143	0.088	0.91	0.115	0.324	轻度失调
长治市	0.114	0.125	0.94	0.119	0.334	轻度失调
晋中市	0.118	0.128	0.941	0.123	0.339	轻度失调
忻州市	0.07	0.143	0.914	0.106	0.306	轻度失调
临汾市	0.101	0.135	0.942	0.118	0.331	轻度失调
吕梁市	0.097	0.144	0.921	0.12	0.33	轻度失调
呼和浩特市	0.273	0.114	0.871	0.194	0.409	濒临失调
包头市	0.235	0.112	0.896	0.173	0.393	轻度失调
鄂尔多斯市	0.253	0.215	0.925	0.234	0.457	濒临失调
榆林市	0.083	0.164	0.917	0.124	0.33	轻度失调
兰州市	0.185	0.12	0.93	0.152	0.375	轻度失调
白银市	0.096	0.147	0.94	0.121	0.335	轻度失调
定西市	0.053	0.218	0.79	0.136	0.319	轻度失调
西宁市	0.179	0.126	0.938	0.152	0.375	轻度失调
银川市	0.208	0.118	0.901	0.163	0.382	轻度失调
石嘴山市	0.206	0.103	0.887	0.154	0.368	轻度失调
吴忠市	0.102	0.141	0.944	0.121	0.335	轻度失调
中卫市	0.127	0.153	0.95	0.14	0.36	轻度失调
运城市	0.108	0.141	0.952	0.125	0.342	轻度失调
西安市	0.323	0.22	0.923	0.271	0.499	濒临失调
铜川市	0.122	0.123	0.948	0.122	0.339	轻度失调
宝鸡市	0.133	0.128	0.955	0.131	0.352	轻度失调
咸阳市	0.098	0.136	0.946	0.117	0.331	轻度失调
渭南市	0.096	0.152	0.934	0.124	0.338	轻度失调
天水市	0.092	0.167	0.924	0.129	0.342	轻度失调
平凉市	0.068	0.161	0.892	0.114	0.314	轻度失调
庆阳市	0.049	0.14	0.87	0.095	0.28	中度失调
商洛市	0.058	0.176	0.855	0.117	0.308	轻度失调
晋城市	0.155	0.102	0.919	0.128	0.342	轻度失调
亳州市	0.116	0.141	0.951	0.129	0.348	轻度失调
郑州市	0.327	0.401	0.935	0.364	0.579	勉强协调
开封市	0.137	0.121	0.952	0.129	0.35	轻度失调
洛阳市	0.15	0.133	0.954	0.141	0.366	轻度失调
平顶山市	0.136	0.112	0.944	0.124	0.342	轻度失调
鹤壁市	0.156	0.093	0.915	0.125	0.337	轻度失调
新乡市	0.144	0.116	0.944	0.13	0.35	轻度失调
焦作市	0.162	0.093	0.919	0.128	0.342	轻度失调

续表

地区	生态质量综合指数	政府治理现代化综合指数	耦合度	综合评价指数	耦合协调度	耦合协调等级
许昌市	0.127	0.094	0.943	0.11	0.322	轻度失调
漯河市	0.151	0.099	0.93	0.125	0.341	轻度失调
商丘市	0.124	0.153	0.95	0.139	0.362	轻度失调
周口市	0.11	0.17	0.936	0.14	0.36	轻度失调
济南市	0.282	0.189	0.932	0.235	0.467	濒临失调
青岛市	0.365	0.377	0.939	0.371	0.587	勉强协调
淄博市	0.242	0.101	0.873	0.172	0.386	轻度失调
枣庄市	0.195	0.089	0.885	0.142	0.354	轻度失调
东营市	0.257	0.069	0.79	0.163	0.357	轻度失调
烟台市	0.172	0.141	0.953	0.157	0.385	轻度失调
潍坊市	0.178	0.164	0.948	0.171	0.401	濒临失调
济宁市	0.183	0.143	0.947	0.163	0.391	轻度失调
泰安市	0.181	0.099	0.915	0.14	0.357	轻度失调
威海市	0.184	0.098	0.913	0.141	0.358	轻度失调
日照市	0.178	0.085	0.889	0.132	0.341	轻度失调
临沂市	0.255	0.128	0.903	0.192	0.414	濒临失调
德州市	0.167	0.103	0.93	0.135	0.354	轻度失调
聊城市	0.168	0.108	0.927	0.138	0.357	轻度失调
滨州市	0.174	0.109	0.924	0.142	0.361	轻度失调
菏泽市	0.146	0.136	0.947	0.141	0.365	轻度失调

2. 保护治理子系统与社会和谐子系统耦合发展时空变化

将黄河流域各地级市生活质量和保护治理两大系统的综合指数分别代入耦合度和耦合协调度公式，从而得到各地级市生活质量与保护治理复合系统耦合协调度（见表5－55）。随着时间的推移，黄河流域沿线各地级市的耦合协调度变动以保持稳定和缓慢上升为主，总体上向着良性耦合协调方向演变，但部分个别城市存在小幅下滑趋势。具体而言银川市、石嘴山市、吴忠市、宝鸡市、天水市、平顶山市、淄博市、泰安市等城市耦合协调度基本保持在固定区间，说明其生活质量与保护治理耦合协调发展关系比较稳定，西安市、郑州市、济南市、青岛市是流域内工业化、城镇化水平最高的城市，生活质量发展迅速，耦合协调度始终保持高位；银川市、石嘴山市、中卫市、宝鸡市、天水市、庆阳市、平顶山市、淄博市、泰安市9个城市生活质量增长动力疲软，依靠环境投入与治理的加强，耦合协调度相对稳定。定西市、平凉市、商洛市由中度失调上升为轻度失调，阳泉市、长治市、晋中市、临汾市、白银市、吴忠市、运城市、铜川市、咸阳市、渭南市、亳州市、鹤壁市、焦作市、许昌市、商丘市、周口市、枣庄市、德州市、聊城市、滨州市20个城市由轻度失调上升为濒临失调，包头市、洛阳市、新乡市、漯河市、东营市、烟台市、潍坊市、威海市、日照市、临沂市由濒临失调上升为勉强协调，兰州市由勉强协调上升为初级协调，主要得益于国家流域治理和生活质量开发制度的完善和生态环境保护力度的加大。此外，西安市、郑州市的耦合协调度有大幅上涨，上升为良好协调。与此同时，银川市、石嘴山市两大系统耦合协调度上升幅度较小。由于自身薄弱的生活质量和脆弱的生态环境，自2006年始，定西市耦合协调度始终在流域内垫底，亟须结合自身实际情况，制定相应的生活质量与保护治理耦合协调发展策略，采取综合性措施，推动二者向良性协调方向发展。

表 5－55　　　　　2006～2019 年黄河流域各地级市保护治理与生活质量耦合协调度年际变化

地区	2006 年	2007 年	2008 年	2009 年	2010 年	2011 年	2012 年	2013 年	2014 年	2015 年	2016 年	2017 年	2018 年	2019 年
太原市	0.534	0.514	0.539	0.379	0.367	0.553	0.574	0.642	0.666	0.689	0.696	0.698	0.725	0.78
阳泉市	0.366	0.371	0.406	0.272	0.294	0.396	0.393	0.406	0.396	0.46	0.417	0.406	0.442	0.461
长治市	0.363	0.385	0.411	0.304	0.309	0.393	0.417	0.444	0.44	0.459	0.456	0.435	0.461	0.471
晋中市	0.315	0.31	0.303	0.251	0.258	0.349	0.363	0.381	0.382	0.407	0.416	0.453	0.464	0.466
忻州市	0.296	0.289	0.307	0.241	0.258	0.298	0.309	0.334	0.334	0.357	0.388	0.411	0.414	0.415
临汾市	0.304	0.298	0.295	0.233	0.246	0.339	0.355	0.371	0.369	0.387	0.397	0.422	0.431	0.437
吕梁市	0.288	0.295	0.294	0.242	0.224	0.285	0.298	0.312	0.303	0.336	0.339	0.38	0.397	0.413
呼和浩特市	0.497	0.44	0.457	0.323	0.335	0.513	0.495	0.529	0.53	0.552	0.566	0.583	0.601	0.606
包头市	0.486	0.484	0.495	0.339	0.355	0.535	0.516	0.553	0.561	0.595	0.579	0.585	0.56	0.552
鄂尔多斯市	0.387	0.388	0.375	0.29	0.302	0.467	0.454	0.459	0.455	0.473	0.486	0.524	0.514	0.519
榆林市	0.269	0.258	0.324	0.224	0.268	0.347	0.352	0.37	0.359	0.386	0.395	0.406	0.417	0.429
兰州市	0.507	0.487	0.488	0.36	0.362	0.541	0.558	0.552	0.551	0.599	0.602	0.657	0.665	0.674
白银市	0.373	0.375	0.37	0.251	0.268	0.361	0.378	0.447	0.456	0.458	0.462	0.453	0.43	0.441
定西市	0.26	0.254	0.252	0.219	0.222	0.245	0.274	0.276	0.272	0.31	0.303	0.346	0.347	0.357
西宁市	0.456	0.472	0.564	0.316	0.317	0.453	0.49	0.534	0.547	0.567	0.569	0.57	0.573	0.604
银川市	0.516	0.542	0.559	0.367	0.368	0.512	0.516	0.582	0.585	0.534	0.583	0.578	0.576	0.54
石嘴山市	0.429	0.453	0.466	0.303	0.292	0.392	0.426	0.461	0.448	0.522	0.52	0.482	0.435	0.472
吴忠市	0.353	0.365	0.372	0.262	0.275	0.347	0.344	0.359	0.336	0.397	0.402	0.415	0.396	0.405
中卫市	0.315	0.305	0.293	0.244	0.238	0.323	0.332	0.375	0.353	0.426	0.413	0.391	0.366	0.38
运城市	0.303	0.298	0.338	0.264	0.274	0.366	0.373	0.383	0.364	0.397	0.396	0.422	0.426	0.437
西安市	0.521	0.53	0.576	0.367	0.388	0.57	0.599	0.679	0.697	0.729	0.68	0.745	0.732	0.822
铜川市	0.383	0.299	0.31	0.27	0.294	0.406	0.421	0.447	0.44	0.46	0.467	0.464	0.459	0.476
宝鸡市	0.404	0.411	0.402	0.278	0.282	0.383	0.412	0.434	0.426	0.438	0.444	0.466	0.466	0.455
咸阳市	0.365	0.379	0.382	0.272	0.271	0.386	0.41	0.415	0.414	0.449	0.438	0.499	0.452	0.497
渭南市	0.32	0.31	0.328	0.25	0.254	0.363	0.378	0.388	0.382	0.409	0.412	0.463	0.432	0.437
天水市	0.337	0.358	0.381	0.273	0.279	0.37	0.385	0.395	0.376	0.404	0.403	0.405	0.401	0.394
平凉市	0.274	0.28	0.296	0.256	0.252	0.301	0.29	0.317	0.321	0.366	0.385	0.409	0.407	0.394
庆阳市	0.317	0.318	0.317	0.261	0.225	0.288	0.309	0.324	0.294	0.308	0.322	0.334	0.357	0.38
商洛市	0.267	0.276	0.291	0.231	0.238	0.292	0.3	0.321	0.303	0.326	0.342	0.341	0.366	0.373
晋城市	0.282	0.342	0.351	0.276	0.279	0.361	0.36	0.386	0.375	0.401	0.406	0.426	0.431	0.442
亳州市	0.321	0.326	0.353	0.264	0.272	0.375	0.391	0.403	0.383	0.399	0.415	0.406	0.412	0.424
郑州市	0.508	0.534	0.557	0.368	0.371	0.549	0.57	0.603	0.651	0.705	0.716	0.779	0.801	0.824
开封市	0.341	0.346	0.384	0.285	0.283	0.391	0.394	0.411	0.411	0.464	0.467	0.471	0.475	0.505
洛阳市	0.426	0.459	0.457	0.305	0.306	0.453	0.467	0.498	0.489	0.502	0.526	0.559	0.529	0.576
平顶山市	0.421	0.379	0.381	0.284	0.284	0.376	0.397	0.429	0.408	0.428	0.437	0.467	0.469	0.478
鹤壁市	0.387	0.415	0.418	0.298	0.302	0.386	0.396	0.437	0.426	0.445	0.452	0.459	0.461	0.457
新乡市	0.402	0.414	0.421	0.298	0.301	0.419	0.414	0.429	0.418	0.436	0.438	0.46	0.494	0.505
焦作市	0.385	0.387	0.392	0.287	0.295	0.395	0.403	0.431	0.418	0.439	0.443	0.47	0.471	0.479

地区	2006 年	2007 年	2008 年	2009 年	2010 年	2011 年	2012 年	2013 年	2014 年	2015 年	2016 年	2017 年	2018 年	2019 年
许昌市	0.357	0.36	0.355	0.282	0.287	0.391	0.401	0.41	0.401	0.419	0.439	0.454	0.463	0.485
漯河市	0.419	0.42	0.42	0.291	0.313	0.433	0.431	0.452	0.45	0.463	0.476	0.475	0.477	0.511
商丘市	0.393	0.386	0.392	0.284	0.289	0.404	0.404	0.419	0.415	0.439	0.463	0.473	0.471	0.47
周口市	0.335	0.34	0.346	0.26	0.26	0.365	0.37	0.379	0.357	0.385	0.393	0.409	0.419	0.432
济南市	0.585	0.582	0.573	0.403	0.408	0.611	0.628	0.662	0.672	0.645	0.671	0.674	0.688	0.703
青岛市	0.545	0.538	0.542	0.379	0.365	0.539	0.587	0.613	0.646	0.667	0.675	0.702	0.719	0.737
淄博市	0.537	0.512	0.538	0.354	0.36	0.519	0.538	0.564	0.562	0.575	0.562	0.558	0.577	0.588
枣庄市	0.381	0.435	0.444	0.305	0.316	0.428	0.438	0.479	0.471	0.486	0.495	0.488	0.506	0.498
东营市	0.462	0.482	0.461	0.326	0.329	0.469	0.463	0.497	0.488	0.508	0.532	0.53	0.537	0.549
烟台市	0.455	0.456	0.464	0.319	0.327	0.475	0.48	0.504	0.512	0.489	0.525	0.54	0.542	0.55
潍坊市	0.402	0.421	0.429	0.307	0.3	0.442	0.423	0.485	0.471	0.505	0.49	0.516	0.536	0.546
济宁市	0.393	0.403	0.417	0.303	0.293	0.384	0.435	0.483	0.474	0.505	0.517	0.529	0.515	0.537
泰安市	0.426	0.427	0.382	0.283	0.289	0.394	0.411	0.437	0.423	0.446	0.461	0.474	0.481	0.485
威海市	0.452	0.46	0.45	0.305	0.309	0.418	0.43	0.455	0.486	0.506	0.514	0.532	0.551	0.546
日照市	0.416	0.414	0.403	0.285	0.305	0.44	0.464	0.479	0.475	0.492	0.501	0.502	0.512	0.522
临沂市	0.434	0.45	0.455	0.317	0.317	0.475	0.482	0.507	0.504	0.522	0.53	0.514	0.517	0.538
德州市	0.354	0.364	0.361	0.271	0.282	0.382	0.396	0.429	0.434	0.446	0.452	0.475	0.487	0.496
聊城市	0.362	0.375	0.375	0.282	0.282	0.38	0.393	0.423	0.431	0.451	0.451	0.466	0.457	0.476
滨州市	0.381	0.368	0.385	0.279	0.295	0.402	0.377	0.426	0.432	0.453	0.449	0.477	0.5	0.499
菏泽市	0.364	0.376	0.385	0.28	0.286	0.388	0.397	0.415	0.403	0.425	0.435	0.46	0.477	0.506

为横向比较黄河流域沿线各地级市生活质量与保护治理耦合协调发展情况，计算并整理出 2006～2019 年各地级市两大系统耦合协调度平均值（见表 5－56）。从空间上看，沿线城市生活质量与保护治理耦合协调度与两大系统综合发展水平分布较为相似。其中，西安市、郑州市、济南市耦合协调度最高，处于初级协调阶段，太原市、呼和浩特市、包头市、兰州市、西宁市、银川市、青岛市、淄博市处于勉强协调阶段，这些城市的生活质量发展水平较高，保护治理系统与其他城市比具有显著优势，在一定程度上弥补了保护治理系统的不均衡。其他城市处于濒临失调、轻度失调状态，自然条件的限制和落后的生活质量发展水平是阻碍其生态发展的重要因素。从市域两大系统综合发展水平来看，制约其耦合协调发展的主导因素各有不同。黄河流域 58 个城市的生活质量评价值都略低于保护治理评价值，为生活质量滞后型，生活质量短板是牵制其协调发展的主导因素。

表 5－56　　　　　　　2006～2019 年黄河流域各地级市保护治理与生活质量耦合协调度均值比较

地区	保护治理综合指数	生活质量综合指数	耦合度	综合评价指数	耦合协调度	耦合协调等级
太原市	0.421	0.341	0.954	0.381	0.597	勉强协调
阳泉市	0.234	0.111	0.897	0.172	0.392	轻度失调
长治市	0.299	0.104	0.843	0.202	0.411	濒临失调
晋中市	0.296	0.067	0.748	0.182	0.366	轻度失调
忻州市	0.257	0.052	0.726	0.154	0.332	轻度失调
临汾市	0.245	0.066	0.8	0.155	0.349	轻度失调
吕梁市	0.259	0.042	0.659	0.151	0.315	轻度失调

地区	保护治理综合指数	生活质量综合指数	耦合度	综合评价指数	耦合协调度	耦合协调等级
呼和浩特市	0.334	0.213	0.929	0.274	0.502	勉强协调
包头市	0.341	0.227	0.932	0.284	0.514	勉强协调
鄂尔多斯市	0.316	0.129	0.854	0.223	0.435	濒临失调
榆林市	0.27	0.058	0.736	0.164	0.343	轻度失调
兰州市	0.338	0.287	0.957	0.312	0.543	勉强协调
白银市	0.233	0.115	0.91	0.174	0.394	轻度失调
定西市	0.266	0.025	0.548	0.146	0.281	中度失调
西宁市	0.295	0.242	0.949	0.268	0.502	勉强协调
银川市	0.362	0.229	0.935	0.296	0.525	勉强协调
石嘴山市	0.309	0.131	0.866	0.22	0.436	濒临失调
吴忠市	0.298	0.061	0.726	0.179	0.359	轻度失调
中卫市	0.305	0.048	0.657	0.176	0.34	轻度失调
运城市	0.286	0.066	0.754	0.176	0.36	轻度失调
西安市	0.446	0.374	0.947	0.41	0.617	初级协调
铜川市	0.293	0.097	0.831	0.195	0.4	轻度失调
宝鸡市	0.299	0.1	0.832	0.2	0.407	濒临失调
咸阳市	0.298	0.097	0.825	0.198	0.402	濒临失调
渭南市	0.315	0.062	0.716	0.189	0.366	轻度失调
天水市	0.284	0.069	0.774	0.176	0.369	轻度失调
平凉市	0.276	0.045	0.669	0.16	0.325	轻度失调
庆阳市	0.296	0.033	0.593	0.165	0.311	轻度失调
商洛市	0.225	0.042	0.706	0.133	0.305	轻度失调
晋城市	0.328	0.06	0.695	0.194	0.366	轻度失调
亳州市	0.346	0.057	0.674	0.201	0.367	轻度失调
郑州市	0.473	0.335	0.946	0.404	0.61	初级协调
开封市	0.307	0.094	0.816	0.2	0.402	濒临失调
洛阳市	0.343	0.153	0.889	0.248	0.468	濒临失调
平顶山市	0.344	0.084	0.762	0.214	0.403	濒临失调
鹤壁市	0.327	0.093	0.806	0.21	0.41	濒临失调
新乡市	0.366	0.09	0.77	0.228	0.418	濒临失调
焦作市	0.34	0.088	0.778	0.214	0.407	濒临失调
许昌市	0.352	0.075	0.729	0.213	0.393	轻度失调
漯河市	0.364	0.102	0.8	0.233	0.431	濒临失调
商丘市	0.346	0.087	0.769	0.217	0.407	濒临失调
周口市	0.327	0.055	0.681	0.191	0.361	轻度失调
济南市	0.472	0.321	0.935	0.396	0.607	初级协调
青岛市	0.496	0.269	0.921	0.383	0.59	勉强协调
淄博市	0.407	0.203	0.904	0.305	0.525	勉强协调
枣庄市	0.364	0.112	0.819	0.238	0.441	濒临失调

地区	保护治理综合指数	生活质量综合指数	耦合度	综合评价指数	耦合协调度	耦合协调等级
东营市	0.379	0.145	0.859	0.262	0.474	濒临失调
烟台市	0.354	0.157	0.882	0.255	0.474	濒临失调
潍坊市	0.367	0.121	0.825	0.244	0.448	濒临失调
济宁市	0.413	0.105	0.757	0.259	0.442	濒临失调
泰安市	0.358	0.091	0.772	0.225	0.416	濒临失调
威海市	0.364	0.135	0.844	0.25	0.458	濒临失调
日照市	0.363	0.118	0.822	0.24	0.444	濒临失调
临沂市	0.384	0.137	0.845	0.261	0.469	濒临失调
德州市	0.353	0.082	0.747	0.218	0.402	濒临失调
聊城市	0.356	0.079	0.741	0.217	0.4	濒临失调
滨州市	0.322	0.096	0.804	0.209	0.409	濒临失调
菏泽市	0.349	0.081	0.747	0.215	0.4	轻度失调

将黄河流域各地级市收入分配和保护治理两大系统的综合指数分别代入耦合度和耦合协调度公式，从而得到各地级市收入分配与保护治理复合系统耦合协调度（见表5－57）。随着时间的推移，黄河流域沿线各地级市的耦合协调度变动以保持稳定和缓慢上升为主，总体上向着良性耦合协调方向演变，但部分个别城市存在小幅下滑趋势。具体而言吕梁市、宝鸡市、平顶山市、烟台市、威海市等城市耦合协调度基本保持在固定区间，说明其收入分配与保护治理耦合协调发展关系比较稳定，西安、郑州、青岛是流域内工业化、城镇化水平最高的城市，收入分配发展迅速，耦合协调度始终保持高位；阳泉市、长治市、忻州市、石嘴山市、吴忠市、中卫市、焦作市、许昌市、周口市、淄博市、东营市、潍坊市、济宁市、泰安市、滨州市等城市收入分配增长动力疲软，依靠环境投入与治理的加强，耦合协调度相对稳定。阳泉市、石嘴山市、吴忠市、中卫市、平凉市由轻度失调上升为濒临失调，鄂尔多斯市、宝鸡市、平顶山市、新乡市、焦作市、许昌市、商丘市、周口市、泰安市、日照市、德州市、聊城市、滨州市、菏泽市由濒临失调上升为勉强协调，淄博市、烟台市、潍坊市由勉强协调上升为初级协调，主要得益于国家流域治理和收入分配开发制度的完善和生态环境保护力度的加大。此外，西安市、郑州市、青岛市的耦合协调度有大幅上涨，上升为良好协调。与此同时，吕梁市、宝鸡市、平顶山市、烟台市、威海市两大系统耦合协调度上升幅度较小。由于自身薄弱的收入分配和脆弱的生态环境，自2006年始，商洛市耦合协调度始终在流域内垫底，亟须结合自身实际情况，制定相应的收入分配与保护治理耦合协调发展策略，采取综合性措施，推动二者向良性协调方向发展。

表5－57　　　　　　2006～2019年黄河流域各地级市保护治理与收入分配耦合协调度年际变化

地区	2006年	2007年	2008年	2009年	2010年	2011年	2012年	2013年	2014年	2015年	2016年	2017年	2018年	2019年
太原市	0.524	0.517	0.547	0.374	0.377	0.555	0.566	0.661	0.671	0.701	0.714	0.727	0.745	0.763
阳泉市	0.36	0.365	0.392	0.272	0.301	0.466	0.479	0.472	0.457	0.474	0.459	0.471	0.486	0.49
长治市	0.397	0.429	0.465	0.313	0.32	0.45	0.461	0.499	0.498	0.514	0.499	0.502	0.533	0.538
晋中市	0.396	0.378	0.394	0.284	0.296	0.442	0.456	0.509	0.515	0.533	0.536	0.552	0.558	0.556
忻州市	0.362	0.362	0.388	0.271	0.291	0.367	0.384	0.442	0.446	0.469	0.497	0.51	0.508	0.509
临汾市	0.369	0.377	0.377	0.265	0.278	0.399	0.413	0.467	0.469	0.495	0.504	0.521	0.53	0.534
吕梁市	0.393	0.403	0.413	0.286	0.27	0.403	0.439	0.469	0.476	0.489	0.494	0.497	0.508	0.515
呼和浩特市	0.44	0.438	0.481	0.334	0.344	0.554	0.555	0.582	0.573	0.613	0.626	0.636	0.643	0.637

地区	2006 年	2007 年	2008 年	2009 年	2010 年	2011 年	2012 年	2013 年	2014 年	2015 年	2016 年	2017 年	2018 年	2019 年
包头市	0.465	0.492	0.509	0.34	0.347	0.575	0.559	0.591	0.593	0.607	0.587	0.594	0.607	0.621
鄂尔多斯市	0.423	0.443	0.457	0.325	0.334	0.55	0.56	0.554	0.561	0.574	0.57	0.584	0.594	0.592
榆林市	0.324	0.336	0.403	0.266	0.319	0.447	0.464	0.513	0.503	0.521	0.523	0.512	0.524	0.54
兰州市	0.468	0.457	0.466	0.329	0.336	0.512	0.529	0.547	0.548	0.582	0.605	0.656	0.674	0.692
白银市	0.293	0.309	0.317	0.23	0.248	0.379	0.4	0.417	0.425	0.451	0.461	0.48	0.488	0.493
定西市	0.327	0.324	0.331	0.243	0.25	0.335	0.386	0.391	0.398	0.347	0.448	0.469	0.483	0.549
西宁市	0.382	0.405	0.426	0.286	0.294	0.447	0.471	0.505	0.515	0.53	0.534	0.547	0.556	0.588
银川市	0.441	0.463	0.477	0.323	0.328	0.513	0.519	0.556	0.544	0.572	0.566	0.569	0.577	0.616
石嘴山市	0.342	0.377	0.391	0.287	0.291	0.434	0.441	0.468	0.462	0.482	0.472	0.467	0.479	0.487
吴忠市	0.352	0.362	0.39	0.273	0.289	0.406	0.416	0.414	0.416	0.452	0.449	0.47	0.482	0.482
中卫市	0.339	0.357	0.331	0.258	0.255	0.399	0.417	0.439	0.427	0.456	0.461	0.461	0.466	0.487
运城市	0.353	0.362	0.409	0.295	0.304	0.436	0.444	0.488	0.467	0.495	0.492	0.509	0.511	0.522
西安市	0.613	0.62	0.617	0.393	0.424	0.586	0.598	0.731	0.743	0.779	0.722	0.776	0.783	0.893
铜川市	0.312	0.307	0.33	0.265	0.276	0.42	0.439	0.454	0.451	0.469	0.478	0.488	0.489	0.504
宝鸡市	0.406	0.42	0.429	0.294	0.299	0.444	0.457	0.497	0.495	0.504	0.516	0.527	0.536	0.528
咸阳市	0.391	0.394	0.401	0.278	0.294	0.418	0.452	0.504	0.502	0.523	0.514	0.521	0.518	0.549
渭南市	0.383	0.37	0.401	0.281	0.283	0.403	0.449	0.488	0.49	0.51	0.521	0.536	0.541	0.544
天水市	0.507	0.333	0.365	0.269	0.279	0.39	0.41	0.427	0.409	0.452	0.459	0.484	0.481	0.486
平凉市	0.308	0.336	0.365	0.28	0.277	0.391	0.384	0.416	0.42	0.466	0.473	0.484	0.5	0.495
庆阳市	0.352	0.367	0.376	0.285	0.251	0.375	0.418	0.45	0.424	0.443	0.468	0.476	0.507	0.502
商洛市	0.286	0.301	0.326	0.247	0.255	0.371	0.381	0.401	0.401	0.425	0.442	0.423	0.433	0.442
晋城市	0.38	0.436	0.457	0.316	0.32	0.481	0.494	0.52	0.513	0.521	0.517	0.527	0.528	0.533
亳州市	0.366	0.372	0.403	0.281	0.293	0.413	0.447	0.486	0.463	0.488	0.494	0.509	0.52	0.532
郑州市	0.562	0.578	0.597	0.387	0.389	0.537	0.548	0.668	0.714	0.756	0.777	0.826	0.843	0.865
开封市	0.361	0.364	0.385	0.283	0.291	0.423	0.42	0.46	0.449	0.51	0.519	0.53	0.529	0.536
洛阳市	0.443	0.47	0.485	0.318	0.321	0.467	0.493	0.549	0.544	0.559	0.591	0.62	0.598	0.64
平顶山市	0.429	0.435	0.448	0.311	0.317	0.456	0.468	0.51	0.501	0.518	0.527	0.539	0.546	0.552
鹤壁市	0.329	0.361	0.367	0.277	0.284	0.422	0.433	0.444	0.427	0.455	0.463	0.481	0.488	0.501
新乡市	0.422	0.441	0.454	0.312	0.316	0.442	0.446	0.497	0.501	0.522	0.518	0.538	0.563	0.573
焦作市	0.406	0.415	0.424	0.3	0.309	0.448	0.457	0.487	0.484	0.506	0.519	0.536	0.536	0.546
许昌市	0.405	0.411	0.396	0.303	0.311	0.449	0.457	0.496	0.495	0.514	0.52	0.537	0.544	0.552
漯河市	0.372	0.379	0.383	0.277	0.299	0.443	0.456	0.477	0.481	0.501	0.504	0.518	0.52	0.54
商丘市	0.401	0.433	0.438	0.301	0.308	0.424	0.424	0.486	0.5	0.517	0.531	0.545	0.548	0.557
周口市	0.409	0.422	0.432	0.294	0.295	0.417	0.437	0.5	0.498	0.519	0.533	0.55	0.545	0.556
济南市	0.569	0.567	0.591	0.408	0.419	0.636	0.643	0.723	0.743	0.721	0.736	0.742	0.762	0.781
青岛市	0.604	0.605	0.619	0.397	0.403	0.59	0.627	0.741	0.747	0.774	0.774	0.805	0.814	0.83
淄博市	0.514	0.529	0.527	0.357	0.369	0.568	0.574	0.633	0.627	0.641	0.642	0.644	0.652	0.658
枣庄市	0.399	0.426	0.45	0.308	0.315	0.463	0.488	0.528	0.526	0.542	0.547	0.553	0.554	0.562
东营市	0.481	0.488	0.494	0.335	0.342	0.541	0.552	0.587	0.583	0.599	0.6	0.606	0.614	0.626

地区	2006 年	2007 年	2008 年	2009 年	2010 年	2011 年	2012 年	2013 年	2014 年	2015 年	2016 年	2017 年	2018 年	2019 年
烟台市	0.553	0.559	0.567	0.369	0.376	0.542	0.551	0.631	0.635	0.614	0.652	0.654	0.654	0.656
潍坊市	0.512	0.529	0.532	0.355	0.351	0.498	0.508	0.614	0.608	0.62	0.634	0.64	0.648	0.658
济宁市	0.498	0.52	0.532	0.355	0.36	0.499	0.53	0.597	0.59	0.609	0.623	0.632	0.623	0.643
泰安市	0.454	0.461	0.468	0.318	0.326	0.492	0.505	0.556	0.552	0.57	0.573	0.583	0.58	0.595
威海市	0.485	0.497	0.491	0.331	0.347	0.546	0.555	0.593	0.59	0.607	0.613	0.619	0.619	0.612
日照市	0.404	0.417	0.415	0.292	0.318	0.481	0.49	0.519	0.522	0.541	0.543	0.547	0.563	0.567
临沂市	0.483	0.504	0.514	0.345	0.345	0.502	0.511	0.592	0.596	0.609	0.612	0.604	0.619	0.634
德州市	0.421	0.438	0.447	0.306	0.318	0.469	0.477	0.539	0.537	0.561	0.569	0.578	0.584	0.586
聊城市	0.422	0.437	0.45	0.311	0.314	0.447	0.465	0.519	0.531	0.555	0.558	0.574	0.575	0.578
滨州市	0.405	0.396	0.423	0.294	0.309	0.477	0.451	0.52	0.52	0.537	0.531	0.55	0.561	0.552
菏泽市	0.412	0.428	0.435	0.304	0.312	0.438	0.451	0.517	0.518	0.539	0.546	0.561	0.577	0.593

为横向比较黄河流域沿线各地级市收入分配与保护治理耦合协调发展情况，计算并整理出 2006～2019 年各地级市两大系统耦合协调度平均值（见表 5-58）。从空间上看，沿线城市收入分配与保护治理耦合协调度和两大系统综合发展水平分布较为相似。其中，太原市、西安市、郑州市、济南市、青岛市耦合协调度最高，处于初级协调阶段，呼和浩特市、包头市、鄂尔多斯市、兰州市、银川市、洛阳市、淄博市、东营市、烟台市、潍坊市、济宁市、泰安市、威海市、临沂市处于勉强协调阶段，这些城市的收入分配发展水平较高，保护治理系统与其他城市比具有显著优势，在一定程度上弥补了保护治理系统的不均衡。其他城市处于濒临失调、轻度失调状态，自然条件的限制和落后的收入分配发展水平是阻碍其生态发展的重要因素。从市域两大系统综合发展水平来看，制约其耦合协调发展的主导因素各有不同。西安市的收入分配评价值略高于保护治理评价值，为生态滞后型，自然资源和保护治理短板是牵制其协调发展的主导因素，而其他城市与各自保护治理系统相比，收入分配发展滞后明显。

表 5-58　　　　　　　2006～2019 年黄河流域各地级市保护治理与收入分配耦合协调度均值比较

地区	保护治理综合指数	收入分配综合指数	耦合度	综合评价指数	耦合协调度	耦合协调等级
太原市	0.421	0.356	0.956	0.388	0.603	初级协调
阳泉市	0.234	0.155	0.936	0.194	0.425	濒临失调
长治市	0.299	0.166	0.909	0.233	0.458	濒临失调
晋中市	0.296	0.166	0.92	0.231	0.458	濒临失调
忻州市	0.257	0.13	0.903	0.193	0.415	濒临失调
临汾市	0.245	0.155	0.937	0.2	0.428	濒临失调
吕梁市	0.259	0.151	0.917	0.205	0.433	濒临失调
呼和浩特市	0.334	0.275	0.946	0.304	0.533	勉强协调
包头市	0.341	0.272	0.937	0.307	0.535	勉强协调
鄂尔多斯市	0.316	0.245	0.928	0.281	0.509	勉强协调
榆林市	0.27	0.165	0.922	0.217	0.443	濒临失调
兰州市	0.338	0.267	0.941	0.302	0.529	勉强协调
白银市	0.233	0.107	0.896	0.17	0.385	轻度失调
定西市	0.266	0.091	0.807	0.179	0.377	轻度失调
西宁市	0.295	0.178	0.917	0.237	0.463	濒临失调

续表

地区	保护治理综合指数	收入分配综合指数	耦合度	综合评价指数	耦合协调度	耦合协调等级
银川市	0.362	0.204	0.902	0.283	0.504	勉强协调
石嘴山市	0.309	0.113	0.84	0.211	0.42	濒临失调
吴忠市	0.298	0.102	0.821	0.2	0.404	濒临失调
中卫市	0.305	0.093	0.795	0.199	0.397	轻度失调
运城市	0.286	0.143	0.895	0.214	0.435	濒临失调
西安市	0.446	0.495	0.955	0.471	0.663	初级协调
铜川市	0.293	0.106	0.838	0.2	0.406	濒临失调
宝鸡市	0.299	0.159	0.9	0.229	0.454	濒临失调
咸阳市	0.298	0.151	0.899	0.224	0.447	濒临失调
渭南市	0.315	0.138	0.875	0.226	0.443	濒临失调
天水市	0.284	0.119	0.842	0.201	0.411	濒临失调
平凉市	0.276	0.106	0.849	0.191	0.4	轻度失调
庆阳市	0.296	0.108	0.826	0.202	0.407	濒临失调
商洛市	0.225	0.091	0.86	0.158	0.367	轻度失调
晋城市	0.328	0.162	0.897	0.245	0.467	濒临失调
亳州市	0.346	0.116	0.817	0.231	0.433	濒临失调
郑州市	0.473	0.429	0.955	0.451	0.646	初级协调
开封市	0.307	0.13	0.867	0.219	0.433	濒临失调
洛阳市	0.343	0.217	0.928	0.28	0.507	勉强协调
平顶山市	0.344	0.155	0.882	0.25	0.468	濒临失调
鹤壁市	0.327	0.097	0.797	0.212	0.409	濒临失调
新乡市	0.366	0.147	0.856	0.257	0.467	濒临失调
焦作市	0.34	0.142	0.865	0.241	0.455	濒临失调
许昌市	0.352	0.14	0.851	0.246	0.456	濒临失调
漯河市	0.364	0.117	0.807	0.24	0.439	濒临失调
商丘市	0.346	0.146	0.856	0.246	0.458	濒临失调
周口市	0.327	0.152	0.877	0.24	0.458	濒临失调
济南市	0.472	0.422	0.944	0.447	0.646	初级协调
青岛市	0.496	0.449	0.958	0.473	0.666	初级协调
淄博市	0.407	0.286	0.932	0.346	0.567	勉强协调
枣庄市	0.364	0.158	0.871	0.261	0.476	濒临失调
东营市	0.379	0.239	0.918	0.309	0.532	勉强协调
烟台市	0.354	0.341	0.948	0.348	0.572	勉强协调
潍坊市	0.367	0.282	0.943	0.324	0.551	勉强协调
济宁市	0.413	0.238	0.911	0.326	0.544	勉强协调
泰安市	0.358	0.201	0.906	0.28	0.502	勉强协调
威海市	0.364	0.257	0.93	0.31	0.536	勉强协调
日照市	0.363	0.157	0.864	0.26	0.473	濒临失调
临沂市	0.384	0.239	0.918	0.312	0.534	勉强协调

续表

地区	保护治理综合指数	收入分配综合指数	耦合度	综合评价指数	耦合协调度	耦合协调等级
德州市	0.353	0.182	0.895	0.268	0.488	濒临失调
聊城市	0.356	0.171	0.883	0.264	0.481	濒临失调
滨州市	0.322	0.169	0.892	0.245	0.466	濒临失调
菏泽市	0.349	0.167	0.875	0.258	0.474	濒临失调

　　将黄河流域各地级市政府治理现代化和保护治理两大系统的综合指数分别代入耦合度和耦合协调度公式，从而得到各地级市政府治理现代化与保护治理复合系统耦合协调度（见表5－59）。随着时间的推移，黄河流域沿线各地级市的耦合协调度变动以保持稳定和缓慢上升为主，总体上向着良性耦合协调方向演变，但部分个别城市存在小幅下滑趋势。具体而言包头市、定西市、亳州市、焦作市、商丘市、威海市等城市耦合协调度基本保持在固定区间，说明其政府治理现代化与保护治理耦合协调发展关系比较稳定，西安、郑州、青岛是流域内工业化、城镇化水平最高的城市，政府治理现代化发展迅速，耦合协调度始终保持高位；包头市、亳州市、平顶山市、烟台市、泰安市、威海市6个城市政府治理现代化增长动力疲软，依靠环境投入与治理的加强，耦合协调度相对稳定。长治市、忻州市、银川市、石嘴山市、吴忠市、运城市、宝鸡市、晋城市、运城市、开封市、鹤壁市、焦作市、许昌市、漯河市、枣庄市、东营市、日照市、德州市、滨州市由轻度失调上升为濒临失调，定西市、中卫市、庆阳市、洛阳市、商丘市、周口市、淄博市、潍坊市、济宁市、临沂市、菏泽市由濒临失调上升为勉强协调，济南市由勉强协调上升为初级协调，主要得益于国家流域治理和政府治理现代化开发制度的完善和生态环境保护力度的加大。此外，郑州市、青岛市的耦合协调度有大幅上涨，上升为中级协调。与此同时，包头市、定西市、亳州市、商丘市、威海市两大系统耦合协调度上升幅度较小。由于自身薄弱的政府治理现代化和脆弱的生态环境，自2006年始，阳泉市耦合协调度始终在流域内垫底，亟须结合自身实际情况，制定相应的政府治理现代化与保护治理耦合协调发展策略，采取综合性措施，推动二者向良性协调方向发展。

表5－59　　　　　　　2006～2019年黄河流域各地级市保护治理与政府治理现代化耦合协调度年际变化

地区	2006年	2007年	2008年	2009年	2010年	2011年	2012年	2013年	2014年	2015年	2016年	2017年	2018年	2019年
太原市	0.406	0.466	0.483	0.283	0.281	0.499	0.508	0.458	0.446	0.558	0.56	0.526	0.588	0.602
阳泉市	0.298	0.37	0.386	0.23	0.249	0.42	0.426	0.341	0.322	0.419	0.405	0.407	0.419	0.427
长治市	0.36	0.472	0.471	0.273	0.278	0.463	0.472	0.403	0.393	0.467	0.449	0.461	0.481	0.49
晋中市	0.386	0.409	0.408	0.249	0.258	0.457	0.466	0.404	0.397	0.488	0.489	0.517	0.507	0.515
忻州市	0.366	0.423	0.443	0.26	0.276	0.424	0.436	0.398	0.39	0.471	0.495	0.529	0.498	0.496
临汾市	0.334	0.393	0.389	0.239	0.252	0.437	0.447	0.405	0.404	0.47	0.482	0.507	0.5	0.502
吕梁市	0.383	0.445	0.458	0.264	0.245	0.438	0.469	0.399	0.395	0.472	0.473	0.484	0.503	0.508
呼和浩特市	0.371	0.398	0.443	0.281	0.279	0.472	0.448	0.427	0.411	0.474	0.505	0.504	0.487	0.506
包头市	0.421	0.466	0.462	0.294	0.29	0.446	0.432	0.458	0.444	0.459	0.45	0.476	0.475	0.475
鄂尔多斯市	0.389	0.466	0.485	0.299	0.307	0.61	0.575	0.492	0.491	0.533	0.519	0.554	0.557	0.592
榆林市	0.328	0.39	0.428	0.245	0.295	0.495	0.518	0.467	0.443	0.523	0.489	0.524	0.512	0.515
兰州市	0.38	0.431	0.428	0.274	0.275	0.465	0.47	0.407	0.399	0.466	0.501	0.509	0.546	0.532
白银市	0.365	0.41	0.406	0.24	0.256	0.422	0.438	0.416	0.41	0.475	0.489	0.5	0.497	0.51
定西市	0.498	0.509	0.513	0.292	0.29	0.455	0.509	0.473	0.46	0.516	0.512	0.548	0.554	0.552
西宁市	0.35	0.422	0.444	0.264	0.271	0.453	0.469	0.434	0.425	0.482	0.486	0.487	0.483	0.504
银川市	0.353	0.456	0.46	0.271	0.279	0.491	0.493	0.423	0.418	0.518	0.507	0.48	0.496	0.497

地区	2006年	2007年	2008年	2009年	2010年	2011年	2012年	2013年	2014年	2015年	2016年	2017年	2018年	2019年
石嘴山市	0.325	0.424	0.427	0.271	0.276	0.44	0.445	0.374	0.377	0.461	0.457	0.465	0.468	0.486
吴忠市	0.36	0.449	0.479	0.284	0.299	0.476	0.479	0.423	0.407	0.489	0.478	0.507	0.499	0.498
中卫市	0.42	0.47	0.437	0.283	0.276	0.486	0.499	0.475	0.448	0.503	0.509	0.507	0.498	0.515
运城市	0.341	0.38	0.43	0.287	0.293	0.481	0.495	0.474	0.443	0.488	0.484	0.5	0.483	0.494
西安市	0.461	0.5	0.509	0.307	0.333	0.575	0.596	0.598	0.611	0.668	0.596	0.561	0.604	0.648
铜川市	0.346	0.38	0.399	0.263	0.277	0.466	0.471	0.418	0.412	0.477	0.488	0.506	0.492	0.501
宝鸡市	0.394	0.447	0.458	0.278	0.281	0.46	0.469	0.439	0.431	0.459	0.478	0.488	0.487	0.477
咸阳市	0.388	0.419	0.429	0.265	0.28	0.452	0.482	0.465	0.454	0.489	0.489	0.504	0.491	0.509
渭南市	0.39	0.416	0.446	0.275	0.282	0.489	0.496	0.472	0.47	0.51	0.521	0.54	0.532	0.532
天水市	0.415	0.465	0.496	0.299	0.302	0.492	0.5	0.451	0.422	0.493	0.493	0.516	0.508	0.513
平凉市	0.379	0.436	0.47	0.305	0.293	0.466	0.443	0.421	0.422	0.506	0.511	0.524	0.528	0.526
庆阳市	0.434	0.485	0.478	0.293	0.256	0.441	0.481	0.428	0.394	0.455	0.482	0.489	0.506	0.51
商洛市	0.368	0.412	0.435	0.27	0.278	0.461	0.466	0.434	0.425	0.468	0.495	0.493	0.505	0.527
晋城市	0.325	0.459	0.458	0.268	0.269	0.452	0.453	0.39	0.372	0.462	0.455	0.475	0.463	0.472
亳州市	0.44	0.48	0.508	0.29	0.297	0.482	0.495	0.449	0.438	0.505	0.5	0.513	0.509	0.499
郑州市	0.546	0.602	0.602	0.346	0.348	0.637	0.65	0.625	0.675	0.753	0.77	0.7	0.824	0.799
开封市	0.397	0.423	0.442	0.282	0.281	0.452	0.447	0.409	0.397	0.477	0.482	0.5	0.491	0.496
洛阳市	0.415	0.468	0.468	0.284	0.282	0.463	0.472	0.46	0.451	0.486	0.508	0.538	0.497	0.518
平顶山市	0.406	0.454	0.447	0.279	0.281	0.456	0.468	0.422	0.406	0.467	0.474	0.497	0.489	0.49
鹤壁市	0.35	0.436	0.432	0.272	0.277	0.451	0.45	0.387	0.357	0.449	0.447	0.46	0.455	0.454
新乡市	0.398	0.459	0.465	0.292	0.293	0.478	0.476	0.438	0.428	0.477	0.468	0.498	0.505	0.511
焦作市	0.384	0.436	0.427	0.275	0.282	0.44	0.441	0.409	0.392	0.44	0.44	0.483	0.456	0.452
许昌市	0.386	0.423	0.399	0.283	0.285	0.449	0.452	0.422	0.405	0.448	0.451	0.482	0.464	0.47
漯河市	0.392	0.446	0.445	0.274	0.291	0.463	0.467	0.415	0.398	0.472	0.475	0.467	0.467	0.471
商丘市	0.457	0.505	0.509	0.304	0.305	0.498	0.489	0.469	0.466	0.499	0.507	0.526	0.511	0.505
周口市	0.451	0.482	0.488	0.298	0.295	0.499	0.511	0.49	0.478	0.506	0.519	0.558	0.53	0.53
济南市	0.51	0.479	0.491	0.337	0.347	0.554	0.556	0.573	0.588	0.588	0.598	0.529	0.637	0.629
青岛市	0.643	0.614	0.61	0.377	0.375	0.619	0.651	0.717	0.721	0.719	0.736	0.637	0.757	0.752
淄博市	0.445	0.431	0.422	0.292	0.3	0.462	0.464	0.465	0.448	0.463	0.473	0.466	0.485	0.539
枣庄市	0.353	0.419	0.43	0.275	0.279	0.438	0.455	0.418	0.403	0.457	0.459	0.468	0.458	0.48
东营市	0.391	0.386	0.377	0.274	0.281	0.416	0.417	0.42	0.397	0.409	0.42	0.442	0.42	0.464
烟台市	0.496	0.431	0.433	0.309	0.317	0.467	0.478	0.523	0.517	0.472	0.503	0.518	0.509	0.489
潍坊市	0.456	0.457	0.449	0.302	0.298	0.491	0.491	0.515	0.501	0.531	0.554	0.565	0.554	0.573
济宁市	0.464	0.491	0.487	0.309	0.311	0.485	0.507	0.497	0.487	0.527	0.54	0.54	0.524	0.552
泰安市	0.416	0.454	0.432	0.276	0.282	0.446	0.449	0.43	0.419	0.446	0.446	0.487	0.462	0.498
威海市	0.427	0.433	0.426	0.275	0.285	0.452	0.461	0.427	0.411	0.471	0.467	0.473	0.469	0.473
日照市	0.372	0.43	0.412	0.258	0.278	0.451	0.448	0.397	0.378	0.445	0.448	0.455	0.462	0.473
临沂市	0.441	0.451	0.451	0.302	0.3	0.476	0.484	0.489	0.485	0.506	0.511	0.517	0.508	0.523

地区	2006 年	2007 年	2008 年	2009 年	2010 年	2011 年	2012 年	2013 年	2014 年	2015 年	2016 年	2017 年	2018 年	2019 年
德州市	0.393	0.418	0.426	0.275	0.286	0.444	0.457	0.442	0.419	0.466	0.461	0.498	0.484	0.494
聊城市	0.395	0.431	0.434	0.28	0.283	0.432	0.452	0.439	0.436	0.477	0.47	0.524	0.485	0.502
滨州市	0.386	0.417	0.43	0.268	0.279	0.469	0.429	0.417	0.405	0.467	0.46	0.486	0.483	0.491
菏泽市	0.424	0.481	0.481	0.285	0.29	0.482	0.486	0.452	0.444	0.487	0.488	0.52	0.515	0.521

为横向比较黄河流域沿线各地级市政府治理现代化与保护治理耦合协调发展情况，计算并整理出 2006～2019 年各地级市两大系统耦合协调度平均值（见表 5－60）。从空间上看，沿线城市政府治理现代化与保护治理耦合协调度和两大系统综合发展水平分布较为相似。其中，郑州市、青岛市耦合协调度最高，处于初级协调阶段，西安市、济南市处于勉强协调阶段，这些城市的政府治理现代化发展水平较高，保护治理系统与其他城市比具有显著优势，在一定程度上弥补了保护治理系统的不均衡。其他城市处于濒临失调、轻度失调状态，自然条件的限制和落后的政府治理现代化发展水平是阻碍其生态发展的重要因素。从市域两大系统综合发展水平来看，制约其耦合协调发展的主导因素各有不同。黄河流域 58 个城市的政府治理现代化评价值都略低于保护治理评价值，为政府治理滞后型，政府治理短板是牵制其协调发展的主导因素。

表 5－60　　　　　　2006～2019 年黄河流域各地级市保护治理与政府治理现代化耦合协调度均值比较

地区	保护治理综合指数	政府治理现代化综合指数	耦合度	综合评价指数	耦合协调度	耦合协调等级
太原市	0.421	0.143	0.82	0.282	0.476	濒临失调
阳泉市	0.234	0.088	0.837	0.161	0.366	轻度失调
长治市	0.299	0.125	0.855	0.212	0.424	濒临失调
晋中市	0.296	0.128	0.86	0.212	0.425	濒临失调
忻州市	0.257	0.143	0.9	0.2	0.422	濒临失调
临汾市	0.245	0.135	0.906	0.19	0.411	濒临失调
吕梁市	0.259	0.144	0.895	0.201	0.424	濒临失调
呼和浩特市	0.334	0.114	0.834	0.224	0.429	濒临失调
包头市	0.341	0.112	0.827	0.227	0.432	濒临失调
鄂尔多斯市	0.316	0.215	0.913	0.266	0.491	濒临失调
榆林市	0.27	0.164	0.911	0.217	0.441	濒临失调
兰州市	0.338	0.12	0.837	0.229	0.435	濒临失调
白银市	0.233	0.147	0.928	0.19	0.417	濒临失调
定西市	0.266	0.218	0.946	0.242	0.477	濒临失调
西宁市	0.295	0.126	0.871	0.21	0.427	濒临失调
银川市	0.362	0.118	0.804	0.24	0.439	濒临失调
石嘴山市	0.309	0.103	0.81	0.206	0.407	濒临失调
吴忠市	0.298	0.141	0.877	0.219	0.438	濒临失调
中卫市	0.305	0.153	0.895	0.229	0.452	濒临失调
运城市	0.286	0.141	0.895	0.213	0.434	濒临失调
西安市	0.446	0.22	0.888	0.333	0.54	勉强协调
铜川市	0.293	0.123	0.863	0.208	0.421	濒临失调

续表

地区	保护治理综合指数	政府治理现代化综合指数	耦合度	综合评价指数	耦合协调度	耦合协调等级
宝鸡市	0.299	0.128	0.873	0.214	0.432	濒临失调
咸阳市	0.298	0.136	0.885	0.217	0.437	濒临失调
渭南市	0.315	0.152	0.894	0.234	0.455	濒临失调
天水市	0.284	0.167	0.921	0.225	0.455	濒临失调
平凉市	0.276	0.161	0.915	0.219	0.445	濒临失调
庆阳市	0.296	0.14	0.884	0.218	0.438	濒临失调
商洛市	0.225	0.176	0.937	0.2	0.431	濒临失调
晋城市	0.328	0.102	0.8	0.215	0.412	濒临失调
亳州市	0.346	0.141	0.861	0.244	0.457	濒临失调
郑州市	0.473	0.401	0.937	0.437	0.634	初级协调
开封市	0.307	0.121	0.86	0.214	0.427	濒临失调
洛阳市	0.343	0.133	0.859	0.238	0.451	濒临失调
平顶山市	0.344	0.112	0.819	0.228	0.431	濒临失调
鹤壁市	0.327	0.093	0.791	0.21	0.406	濒临失调
新乡市	0.366	0.116	0.816	0.241	0.442	濒临失调
焦作市	0.34	0.093	0.787	0.216	0.411	濒临失调
许昌市	0.352	0.094	0.782	0.223	0.416	濒临失调
漯河市	0.364	0.099	0.784	0.231	0.425	濒临失调
商丘市	0.346	0.153	0.879	0.25	0.468	濒临失调
周口市	0.327	0.17	0.905	0.249	0.474	濒临失调
济南市	0.472	0.189	0.858	0.33	0.53	勉强协调
青岛市	0.496	0.377	0.939	0.437	0.638	初级协调
淄博市	0.407	0.101	0.766	0.254	0.44	濒临失调
枣庄市	0.364	0.089	0.761	0.227	0.414	濒临失调
东营市	0.379	0.069	0.696	0.224	0.394	轻度失调
烟台市	0.354	0.141	0.863	0.248	0.462	濒临失调
潍坊市	0.367	0.164	0.876	0.265	0.481	濒临失调
济宁市	0.413	0.143	0.834	0.278	0.48	濒临失调
泰安市	0.358	0.099	0.79	0.229	0.424	濒临失调
威海市	0.364	0.098	0.785	0.231	0.425	濒临失调
日照市	0.363	0.085	0.747	0.224	0.408	濒临失调
临沂市	0.384	0.128	0.829	0.256	0.46	濒临失调
德州市	0.353	0.103	0.802	0.228	0.426	濒临失调
聊城市	0.356	0.108	0.806	0.232	0.431	濒临失调
滨州市	0.322	0.109	0.825	0.216	0.42	濒临失调
菏泽市	0.349	0.136	0.853	0.242	0.454	濒临失调

四、黄河流域城市群基础设施发展子系统和生态保护子系统耦合协调发展状况评测与分析

（一）黄河流域城市群基础设施子系统和生态保护子系统耦合协调状况评价

1. 生态质量子系统与基础设施子系统耦合协调发展水平测度与评价

从表5－61来看，2006～2019年，黄河流域生态质量与交通物流系统整体的耦合协调发展水平呈波动上升趋势，但是总体两个子系统的耦合协调发展水平等级处于轻度失调，由其中可以看出黄河流域的耦合度值明显总体高于黄河流域的耦合协调度值和综合评价指数值，这表明黄河流域的生态质量和交通物流子系统存在交互作用，且程度逐步加深，但各子系统的协调发展相对滞后，其中，生态质量综合发展水平呈现波动上升趋势，且生态质量综合发展水平高于交通物流；生态质量、交通物流以及综合评价指数三者波动变化趋势基本一致，也说明黄河流域生态质量与交通物流存在交互作用关系，同时综合评价指数发展水平呈现出与子系统各自发展水平综合指数同步的波动上升趋势，表明其发展间确实存在相互作用关系，共同影响着黄河流域的协调发展质量。总体看来，子系统的发展水平和协调程度虽然较低，但是总体发展趋势向好，水平稳步提升，区域协调发展水平发展趋势良好。

表5－61　　　　　　　　　2006～2019年黄河流域生态质量与交通物流系统耦合协调发展质量

年份	生态质量综合指数	交通物流综合指数	耦合度	综合评价指数	耦合协调度	耦合协调等级
2006	0.125	0.102	0.943	0.113	0.315	轻度失调
2007	0.136	0.11	0.948	0.123	0.328	轻度失调
2008	0.134	0.114	0.954	0.124	0.331	轻度失调
2009	0.152	0.119	0.949	0.136	0.344	轻度失调
2010	0.145	0.126	0.954	0.135	0.346	轻度失调
2011	0.156	0.13	0.948	0.143	0.354	轻度失调
2012	0.159	0.134	0.949	0.147	0.358	轻度失调
2013	0.169	0.153	0.964	0.161	0.378	轻度失调
2014	0.158	0.127	0.949	0.143	0.353	轻度失调
2015	0.178	0.129	0.939	0.154	0.365	轻度失调
2016	0.179	0.129	0.949	0.154	0.367	轻度失调
2017	0.186	0.132	0.95	0.159	0.372	轻度失调
2018	0.191	0.134	0.95	0.162	0.375	轻度失调
2019	0.19	0.136	0.95	0.163	0.375	轻度失调

从表5－62来看，2006～2019年，黄河流域生态质量与数字通信系统整体的耦合协调发展水平呈波动上升趋势，但是总体两个子系统的耦合协调发展水平等级处于轻度失调，由其中可以看出黄河流域的耦合度值明显总体高于黄河流域的耦合协调度值和综合评价指数值，这表明黄河流域的生态质量和数字通信子系统存在交互作用，且程度逐步加深，但各子系统的协调发展相对滞后。其中，生态质量综合发展水平呈现波动上升趋势，而数字通信综合发展水平有所下降；生态质量以及综合评价指数二者波动变化趋势基本一致，且呈现出与生态质量子系统发展水平综合指数同步的波动上升趋势，表明其发展间确实存在相互作用关系，共同影响着黄河流域的协调发展质量。总体看来，子系统的发展水平和协调程度虽然较低，但是生态质量总体发展趋势向好，水平稳步提升，区域协调发展水平发展趋势良好，数字通信发展趋势有待改善。

表 5 - 62　　　　　　　　2006～2019 年黄河流域生态质量与数字通信系统耦合协调发展质量

年份	生态质量综合指数	数字通信综合指数	耦合度	综合评价指数	耦合协调度	耦合协调等级
2006	0.125	0.193	0.95	0.159	0.381	轻度失调
2007	0.136	0.193	0.951	0.165	0.387	轻度失调
2008	0.134	0.183	0.954	0.159	0.381	轻度失调
2009	0.152	0.177	0.954	0.165	0.388	轻度失调
2010	0.145	0.168	0.949	0.156	0.379	轻度失调
2011	0.156	0.163	0.955	0.159	0.383	轻度失调
2012	0.159	0.157	0.954	0.158	0.381	轻度失调
2013	0.169	0.156	0.951	0.162	0.385	轻度失调
2014	0.158	0.143	0.94	0.151	0.368	轻度失调
2015	0.178	0.163	0.946	0.17	0.394	轻度失调
2016	0.179	0.157	0.951	0.168	0.391	轻度失调
2017	0.186	0.142	0.942	0.164	0.385	轻度失调
2018	0.191	0.143	0.945	0.167	0.388	轻度失调
2019	0.19	0.142	0.946	0.166	0.388	轻度失调

　　从表 5 - 63 来看，2006～2019 年，黄河流域生态质量与设施建设系统整体的耦合协调发展水平呈波动上升趋势且总体水平保持稳定，但是总体两个子系统的耦合协调发展水平等级处于轻度失调，由其中可以看出黄河流域的耦合度值明显总体高于黄河流域的耦合协调度值和综合评价指数值，这表明黄河流域的生态质量与设施建设子系统存在交互作用，且程度逐步加深，但各子系统的协调发展相对滞后。其中，生态质量和设施建设综合发展水平呈现直线上升趋势，且生态质量综合发展水平基本高于设施建设综合发展水平；生态质量、设施建设以及综合评价指数三者波动变化趋势较一致，也说明黄河流域生态质量与设施建设存在交互作用关系，同时综合评价指数发展水平呈现出与子系统各自发展水平综合指数同步的波动上升趋势，表明其发展间确实存在相互作用关系，共同影响着黄河流域的协调发展质量。总体看来，子系统的发展水平和协调程度虽然较低，但是总体发展趋势向好，水平稳步提升，区域协调发展水平发展趋势良好。

表 5 - 63　　　　　　　　2006～2019 年黄河流域生态质量与设施建设系统耦合协调发展质量

年份	生态质量综合指数	设施建设综合指数	耦合度	综合评价指数	耦合协调度	耦合协调等级
2006	0.125	0.069	0.904	0.097	0.288	中度失调
2007	0.136	0.075	0.912	0.105	0.3	中度失调
2008	0.134	0.087	0.922	0.111	0.309	轻度失调
2009	0.152	0.088	0.914	0.12	0.319	轻度失调
2010	0.145	0.097	0.924	0.121	0.323	轻度失调
2011	0.156	0.104	0.921	0.13	0.335	轻度失调
2012	0.159	0.114	0.928	0.137	0.344	轻度失调
2013	0.169	0.124	0.932	0.147	0.355	轻度失调
2014	0.158	0.131	0.932	0.145	0.351	轻度失调
2015	0.178	0.144	0.945	0.161	0.374	轻度失调
2016	0.179	0.15	0.953	0.165	0.379	轻度失调
2017	0.186	0.156	0.949	0.171	0.384	轻度失调
2018	0.191	0.165	0.95	0.178	0.39	轻度失调
2019	0.19	0.164	0.955	0.177	0.389	轻度失调

2. 保护治理子系统与基础设施子系统耦合协调发展水平测度与评价

从表5－64来看，2006～2019年，黄河流域保护治理与交通物流系统整体的耦合协调发展水平呈波动上升趋势且总体水平保持稳定，但是总体两个子系统的耦合协调发展水平等级由轻度失调转为濒临失调，由其中可以看出黄河流域的耦合度值明显总体高于黄河流域的耦合协调度值和综合评价指数值，这表明黄河流域的保护治理与交通物流子系统存在交互作用，且程度逐步加深，但各子系统的协调发展相对滞后。其中，保护治理和交通物流综合发展水平呈现直线上升趋势，且保护治理综合发展水平基本高于交通物流综合发展水平；保护治理、交通物流以及综合评价指数三者波动变化趋势较一致，也说明黄河流域保护治理与交通物流存在交互作用关系，同时综合评价指数发展水平呈现出与子系统各自发展水平综合指数同步的波动上升趋势，表明其发展间确实存在相互作用关系，共同影响着黄河流域的协调发展质量。总体看来，子系统的发展水平和协调程度虽然较低，但是总体发展趋势向好，水平稳步提升，区域协调发展水平发展趋势良好。

表5－64　　　　　　　　　2006～2019年黄河流域保护治理与交通物流系统耦合协调发展质量

年份	保护治理综合指数	交通物流综合指数	耦合度	综合评价指数	耦合协调度	耦合协调等级
2006	0.264	0.102	0.809	0.183	0.38	轻度失调
2007	0.271	0.11	0.822	0.19	0.39	轻度失调
2008	0.28	0.114	0.819	0.197	0.398	轻度失调
2009	0.3	0.119	0.811	0.209	0.408	濒临失调
2010	0.316	0.126	0.818	0.221	0.421	濒临失调
2011	0.319	0.13	0.822	0.224	0.425	濒临失调
2012	0.331	0.134	0.819	0.233	0.433	濒临失调
2013	0.342	0.153	0.849	0.248	0.454	濒临失调
2014	0.344	0.127	0.805	0.236	0.432	濒临失调
2015	0.363	0.129	0.797	0.246	0.44	濒临失调
2016	0.364	0.129	0.799	0.246	0.441	濒临失调
2017	0.375	0.132	0.804	0.253	0.447	濒临失调
2018	0.383	0.134	0.801	0.258	0.451	濒临失调
2019	0.399	0.136	0.795	0.268	0.457	濒临失调

从表5－65来看，2006～2019年，黄河流域保护治理与数字通信系统整体的耦合协调发展水平呈波动上升趋势且总体水平保持稳定，但是总体两个子系统的耦合协调发展水平等级处于濒临失调，由其中可以看出黄河流域的耦合度值明显总体高于黄河流域的耦合协调度值和综合评价指数值，这表明黄河流域的保护治理与数字通信子系统存在交互作用，且程度逐步加深，但各子系统的协调发展相对滞后。其中，保护治理综合发展水平呈现直线上升趋势，且保护治理综合发展水平基本高于数字通信综合发展水平；保护治理以及综合评价指数二者波动变化趋势较一致，同时综合评价指数发展水平呈现出与子系统各自发展水平综合指数同步的波动上升趋势，表明其发展间确实存在相互作用关系，共同影响着黄河流域的协调发展质量。总体看来，子系统的发展水平和协调程度虽然较低，但是保护治理综合发展水平总体发展趋势向好，水平稳步提升，区域协调发展水平发展趋势良好，数字通信综合发展水平有待提升。

表5－65　　　　　　　　　2006～2019年黄河流域保护治理与数字通信系统耦合协调发展质量

年份	保护治理综合指数	数字通信综合指数	耦合度	综合评价指数	耦合协调度	耦合协调等级
2006	0.264	0.193	0.952	0.228	0.462	濒临失调
2007	0.271	0.193	0.942	0.232	0.463	濒临失调

续表

年份	保护治理综合指数	数字通信综合指数	耦合度	综合评价指数	耦合协调度	耦合协调等级
2008	0.28	0.183	0.935	0.232	0.462	濒临失调
2009	0.3	0.177	0.919	0.239	0.465	濒临失调
2010	0.316	0.168	0.906	0.242	0.465	濒临失调
2011	0.319	0.163	0.903	0.241	0.463	濒临失调
2012	0.331	0.157	0.889	0.244	0.463	濒临失调
2013	0.342	0.156	0.882	0.249	0.466	濒临失调
2014	0.344	0.143	0.857	0.244	0.454	濒临失调
2015	0.363	0.163	0.883	0.263	0.479	濒临失调
2016	0.364	0.157	0.874	0.261	0.474	濒临失调
2017	0.375	0.142	0.856	0.258	0.467	濒临失调
2018	0.383	0.143	0.855	0.263	0.471	濒临失调
2019	0.399	0.142	0.85	0.271	0.476	濒临失调

从表 5 - 66 来看，2006～2019 年，黄河流域保护治理与设施建设系统整体的耦合协调发展水平呈波动上升趋势且总体水平保持稳定，但是总体两个子系统的耦合协调发展水平等级由轻度失调转为濒临失调，由其中可以看出黄河流域的耦合度值明显总体高于黄河流域的耦合协调度值和综合评价指数值，这表明黄河流域的保护治理与设施建设子系统存在交互作用，且程度逐步加深，但各子系统的协调发展相对滞后。其中，保护治理和设施建设综合发展水平呈现直线上升趋势，且保护治理综合发展水平基本高于设施建设综合发展水平；保护治理、设施建设以及综合评价指数三者波动变化趋势较一致，也说明黄河流域保护治理与设施建设存在交互作用关系，同时综合评价指数发展水平呈现出与子系统各自发展水平综合指数同步的波动上升趋势，表明其发展间确实存在相互作用关系，共同影响着黄河流域的协调发展质量。总体看来，子系统的发展水平和协调程度虽然较低，但是总体发展趋势向好，水平稳步提升，区域协调发展水平发展趋势良好。

表 5 - 66   **2006～2019 年黄河流域保护治理与设施建设系统耦合协调发展质量**

年份	保护治理综合指数	设施建设综合指数	耦合度	综合评价指数	耦合协调度	耦合协调等级
2006	0.264	0.069	0.739	0.166	0.347	轻度失调
2007	0.271	0.075	0.753	0.173	0.357	轻度失调
2008	0.28	0.087	0.765	0.184	0.372	轻度失调
2009	0.3	0.088	0.752	0.194	0.379	轻度失调
2010	0.316	0.097	0.757	0.206	0.393	轻度失调
2011	0.319	0.104	0.772	0.211	0.401	濒临失调
2012	0.331	0.114	0.78	0.223	0.414	濒临失调
2013	0.342	0.124	0.785	0.233	0.425	濒临失调
2014	0.344	0.131	0.78	0.238	0.427	濒临失调
2015	0.363	0.144	0.809	0.253	0.45	濒临失调
2016	0.364	0.15	0.814	0.257	0.454	濒临失调
2017	0.375	0.156	0.814	0.266	0.461	濒临失调
2018	0.383	0.165	0.815	0.274	0.467	濒临失调
2019	0.399	0.164	0.81	0.281	0.472	濒临失调

（二）黄河流域城市群城市基础设施子系统和生态保护子系统耦合发展时空变化

1. 生态质量子系统与基础设施子系统耦合发展时空变化

将黄河流域各地级市政府治理现代化和生态质量两大系统的综合指数分别代入耦合度和耦合协调度公式，从而得到各地级市政府治理现代化与生态质量复合系统耦合协调度（见表5 - 67）。随着时间的推移，黄河流域沿线各地级市的耦合协调度变动以保持稳定和缓慢上升为主，总体上向着良性耦合协调方向演变，但部分个别城市存在小幅下滑趋势。具体而言长治市、临汾市、晋城市、焦作市、许昌市、德州市6个城市耦合协调度基本保持在固定区间，说明其政府治理现代化与生态质量耦合协调发展关系比较稳定，西安市、郑州市、济南市、青岛市是流域内工业化、城镇化水平最高的城市，政府治理现代化发展迅速，耦合协调度始终保持高位；阳泉市、长治市、晋中市、鄂尔多斯市、榆林市、石嘴山市、运城市、咸阳市、天水市、鹤壁市、滨州市、菏泽市由中度失调上升为轻度失调；西宁市、银川市、洛阳市、东营市、烟台市、潍坊市、济宁市、威海市、临沂市由轻度失调上升为濒临失调，主要得益于国家流域治理和政府治理现代化开发制度的完善和生态环境保护力度的加大。此外，西安市、郑州市、青岛市的耦合协调度有大幅上涨，上升为中级协调。与此同时，临汾市、晋城市、许昌市、焦作市两大系统耦合协调度上升幅度较小。由于自身薄弱的政府治理现代化和脆弱的生态环境，自2006年始，定西市耦合协调度始终在流域内垫底，亟须结合自身实际情况，制定相应的政府治理现代化与生态质量耦合协调发展策略，采取综合性措施，推动二者向良性协调方向发展。

表5 - 67　　　　　2006～2019年黄河流域各地级市生态质量与交通物流耦合协调度年际变化

地区	2006年	2007年	2008年	2009年	2010年	2011年	2012年	2013年	2014年	2015年	2016年	2017年	2018年	2019年
太原市	0.49	0.477	0.485	0.506	0.506	0.543	0.545	0.555	0.552	0.551	0.555	0.557	0.553	0.561
阳泉市	0.3	0.297	0.31	0.322	0.314	0.333	0.334	0.349	0.337	0.346	0.35	0.345	0.343	0.34
长治市	0.296	0.299	0.301	0.301	0.295	0.312	0.311	0.321	0.293	0.312	0.298	0.303	0.3	0.314
晋中市	0.25	0.266	0.273	0.279	0.28	0.286	0.283	0.297	0.312	0.297	0.314	0.315	0.299	0.301
忻州市	0.21	0.203	0.2	0.208	0.207	0.217	0.21	0.245	0.233	0.236	0.24	0.245	0.241	0.242
临汾市	0.278	0.28	0.301	0.282	0.291	0.291	0.292	0.312	0.288	0.288	0.293	0.294	0.292	0.293
吕梁市	0.26	0.216	0.221	0.221	0.234	0.224	0.22	0.246	0.227	0.225	0.233	0.241	0.241	0.238
呼和浩特市	0.394	0.429	0.444	0.48	0.457	0.457	0.477	0.509	0.507	0.49	0.519	0.532	0.53	0.543
包头市	0.416	0.435	0.443	0.474	0.434	0.421	0.42	0.433	0.438	0.447	0.464	0.478	0.489	0.472
鄂尔多斯市	0.247	0.27	0.276	0.344	0.368	0.403	0.409	0.406	0.37	0.373	0.383	0.42	0.387	0.379
榆林市	0.203	0.202	0.218	0.237	0.234	0.261	0.275	0.287	0.284	0.274	0.284	0.29	0.324	0.326
兰州市	0.433	0.481	0.424	0.447	0.424	0.437	0.446	0.483	0.486	0.495	0.52	0.533	0.544	0.54
白银市	0.25	0.253	0.277	0.28	0.277	0.284	0.28	0.316	0.305	0.283	0.284	0.292	0.302	0.279
定西市	0.173	0.245	0.193	0.193	0.21	0.203	0.202	0.2	0.2	0.2	0.206	0.202	0.204	0.2
西宁市	0.395	0.41	0.411	0.425	0.405	0.418	0.426	0.438	0.427	0.45	0.452	0.435	0.524	0.44
银川市	0.352	0.367	0.377	0.411	0.421	0.419	0.432	0.462	0.446	0.463	0.464	0.465	0.457	0.452
石嘴山市	0.264	0.294	0.311	0.333	0.341	0.326	0.327	0.337	0.302	0.333	0.342	0.341	0.369	0.334
吴忠市	0.228	0.225	0.233	0.242	0.267	0.272	0.271	0.29	0.258	0.258	0.275	0.266	0.248	0.263
中卫市	0.223	0.21	0.245	0.232	0.247	0.248	0.27	0.295	0.27	0.35	0.271	0.278	0.274	0.27
运城市	0.265	0.278	0.294	0.283	0.288	0.292	0.297	0.323	0.298	0.288	0.293	0.299	0.298	0.335
西安市	0.569	0.664	0.65	0.677	0.651	0.674	0.684	0.715	0.694	0.712	0.71	0.722	0.712	0.751
铜川市	0.231	0.231	0.231	0.251	0.257	0.266	0.273	0.28	0.262	0.276	0.278	0.274	0.292	0.279

续表

地区	2006 年	2007 年	2008 年	2009 年	2010 年	2011 年	2012 年	2013 年	2014 年	2015 年	2016 年	2017 年	2018 年	2019 年
宝鸡市	0.329	0.335	0.317	0.336	0.331	0.354	0.373	0.39	0.372	0.38	0.385	0.38	0.372	0.368
咸阳市	0.282	0.286	0.276	0.288	0.296	0.314	0.334	0.333	0.326	0.318	0.328	0.323	0.313	0.316
渭南市	0.244	0.256	0.251	0.268	0.279	0.279	0.281	0.302	0.269	0.273	0.279	0.296	0.295	0.297
天水市	0.247	0.235	0.247	0.261	0.257	0.275	0.284	0.292	0.286	0.297	0.29	0.301	0.317	0.31
平凉市	0.203	0.195	0.223	0.21	0.228	0.216	0.223	0.236	0.229	0.22	0.252	0.265	0.264	0.259
庆阳市	0.186	0.196	0.202	0.202	0.233	0.248	0.227	0.238	0.216	0.223	0.222	0.216	0.22	0.22
商洛市	0.176	0.191	0.19	0.19	0.167	0.27	0.213	0.213	0.19	0.206	0.201	0.217	0.216	0.227
晋城市	0.282	0.298	0.281	0.287	0.275	0.286	0.322	0.339	0.311	0.321	0.324	0.328	0.329	0.293
亳州市	0.232	0.261	0.26	0.265	0.256	0.262	0.276	0.307	0.301	0.312	0.293	0.292	0.293	0.299
郑州市	0.521	0.566	0.576	0.621	0.597	0.613	0.623	0.649	0.631	0.646	0.651	0.68	0.714	0.727
开封市	0.313	0.328	0.323	0.321	0.326	0.341	0.35	0.375	0.377	0.419	0.348	0.354	0.353	0.354
洛阳市	0.382	0.386	0.382	0.393	0.392	0.41	0.418	0.432	0.412	0.418	0.415	0.43	0.417	0.438
平顶山市	0.306	0.318	0.329	0.331	0.337	0.356	0.352	0.377	0.349	0.359	0.341	0.338	0.338	0.338
鹤壁市	0.274	0.269	0.269	0.275	0.304	0.308	0.309	0.328	0.299	0.308	0.308	0.308	0.305	0.317
新乡市	0.366	0.376	0.362	0.37	0.35	0.354	0.352	0.366	0.34	0.345	0.345	0.34	0.339	0.333
焦作市	0.32	0.324	0.324	0.323	0.333	0.336	0.337	0.363	0.333	0.337	0.331	0.334	0.325	0.327
许昌市	0.314	0.3	0.297	0.306	0.311	0.31	0.314	0.34	0.286	0.299	0.3	0.305	0.324	0.326
漯河市	0.314	0.324	0.32	0.325	0.327	0.332	0.333	0.35	0.308	0.329	0.329	0.322	0.332	0.305
商丘市	0.307	0.32	0.306	0.343	0.348	0.347	0.362	0.39	0.351	0.358	0.358	0.375	0.382	0.393
周口市	0.269	0.279	0.278	0.282	0.282	0.289	0.298	0.329	0.289	0.299	0.284	0.287	0.288	0.29
济南市	0.54	0.542	0.555	0.577	0.558	0.567	0.573	0.585	0.56	0.584	0.591	0.612	0.628	0.667
青岛市	0.524	0.582	0.6	0.633	0.596	0.61	0.624	0.656	0.642	0.648	0.712	0.727	0.744	0.751
淄博市	0.444	0.478	0.484	0.495	0.516	0.528	0.516	0.592	0.443	0.495	0.483	0.488	0.489	0.494
枣庄市	0.337	0.34	0.338	0.337	0.364	0.35	0.36	0.373	0.338	0.363	0.375	0.363	0.359	0.358
东营市	0.359	0.365	0.372	0.385	0.376	0.372	0.38	0.41	0.394	0.409	0.414	0.425	0.405	0.416
烟台市	0.375	0.387	0.395	0.416	0.438	0.452	0.455	0.477	0.416	0.427	0.414	0.418	0.415	0.428
潍坊市	0.327	0.36	0.375	0.402	0.411	0.413	0.428	0.439	0.368	0.373	0.394	0.417	0.404	0.404
济宁市	0.327	0.339	0.342	0.369	0.355	0.355	0.36	0.409	0.37	0.389	0.395	0.397	0.412	0.419
泰安市	0.323	0.336	0.332	0.342	0.34	0.343	0.341	0.355	0.322	0.353	0.37	0.375	0.387	0.394
威海市	0.311	0.326	0.332	0.352	0.372	0.372	0.37	0.381	0.38	0.392	0.401	0.416	0.419	0.425
日照市	0.303	0.314	0.312	0.314	0.307	0.316	0.321	0.34	0.309	0.331	0.33	0.336	0.337	0.347
临沂市	0.383	0.403	0.418	0.461	0.476	0.472	0.477	0.488	0.424	0.437	0.45	0.453	0.468	0.446
德州市	0.329	0.337	0.335	0.354	0.353	0.353	0.359	0.379	0.327	0.36	0.346	0.351	0.347	0.347
聊城市	0.306	0.318	0.32	0.33	0.342	0.332	0.339	0.36	0.35	0.371	0.35	0.344	0.349	0.371
滨州市	0.254	0.279	0.285	0.296	0.313	0.338	0.343	0.344	0.324	0.352	0.353	0.386	0.375	0.329
菏泽市	0.294	0.3	0.29	0.307	0.344	0.343	0.346	0.356	0.304	0.343	0.344	0.354	0.36	0.368

　　为横向比较黄河流域沿线各地级市政府治理现代化与生态质量耦合协调发展情况，计算并整理出 2006 ~ 2019 年各地级市两大系统耦合协调度平均值（见表 5 - 68）。从空间上看，沿线城市政府治理现代化与生

态质量耦合协调度与两大系统综合发展水平分布较为相似。其中，西安市、郑州市、青岛市耦合协调度最高，处于初级协调阶段，这些城市的政府治理现代化发展水平较高，生态质量系统与其他城市比具有显著优势，在一定程度上弥补了生态质量系统的不均衡。太原市、济南市耦合协调发展状况处于勉强协调阶段，其他城市处于濒临失调、轻度失调和中度失调状态，自然条件的限制和落后的政府治理现代化发展水平是阻碍其生态发展的重要因素。从市域两大系统综合发展水平来看，制约其耦合协调发展的主导因素各有不同。兰州市、西宁市、西安市、郑州市、洛阳市、商丘市、济南市、青岛市、淄博市、烟台市10个城市的政府治理现代化评价值略高于生态质量评价值，为生态滞后型，自然资源和生态质量短板是牵制其协调发展的主导因素；而太原市、阳泉市、呼和浩特市、包头市、鄂尔多斯市等48个城市与各自生态质量系统相比，政府治理现代化发展滞后明显。

表 5－68　　　　　2006～2019 年黄河流域各地级市生态质量与交通物流耦合协调度均值比较

地区	生态质量综合指数	交通物流综合指数	耦合度	综合评价指数	耦合协调度	耦合协调等级
太原市	0.301	0.268	0.971	0.284	0.531	勉强协调
阳泉市	0.143	0.084	0.882	0.113	0.33	轻度失调
长治市	0.114	0.075	0.801	0.095	0.304	轻度失调
晋中市	0.118	0.06	0.752	0.089	0.289	中度失调
忻州市	0.07	0.037	0.669	0.053	0.224	中度失调
临汾市	0.101	0.071	0.842	0.086	0.291	中度失调
吕梁市	0.097	0.031	0.614	0.064	0.232	中度失调
呼和浩特市	0.273	0.203	0.97	0.238	0.483	濒临失调
包头市	0.235	0.175	0.943	0.205	0.447	濒临失调
鄂尔多斯市	0.253	0.072	0.777	0.163	0.36	轻度失调
榆林市	0.083	0.062	0.772	0.073	0.264	中度失调
兰州市	0.185	0.288	0.995	0.237	0.478	濒临失调
白银市	0.096	0.068	0.841	0.082	0.283	中度失调
定西市	0.053	0.036	0.631	0.045	0.205	中度失调
西宁市	0.179	0.204	0.98	0.192	0.432	濒临失调
银川市	0.208	0.163	0.923	0.186	0.428	濒临失调
石嘴山市	0.206	0.055	0.716	0.131	0.325	轻度失调
吴忠市	0.102	0.044	0.665	0.073	0.257	中度失调
中卫市	0.127	0.041	0.638	0.084	0.263	中度失调
运城市	0.108	0.071	0.8	0.09	0.295	中度失调
西安市	0.323	0.69	0.971	0.507	0.685	初级协调
铜川市	0.122	0.04	0.653	0.081	0.263	中度失调
宝鸡市	0.133	0.126	0.91	0.13	0.359	轻度失调
咸阳市	0.098	0.095	0.855	0.097	0.309	轻度失调
渭南市	0.096	0.062	0.74	0.079	0.276	中度失调
天水市	0.092	0.067	0.782	0.079	0.278	中度失调
平凉市	0.068	0.043	0.682	0.055	0.23	中度失调
庆阳市	0.049	0.047	0.683	0.048	0.218	中度失调
商洛市	0.058	0.031	0.649	0.045	0.205	中度失调

续表

地区	生态质量综合指数	交通物流综合指数	耦合度	综合评价指数	耦合协调度	耦合协调等级
晋城市	0.155	0.058	0.715	0.106	0.305	轻度失调
亳州市	0.116	0.054	0.678	0.085	0.279	中度失调
郑州市	0.327	0.494	0.989	0.411	0.63	初级协调
开封市	0.137	0.112	0.876	0.124	0.349	轻度失调
洛阳市	0.15	0.188	0.956	0.169	0.409	濒临失调
平顶山市	0.136	0.1	0.833	0.118	0.341	轻度失调
鹤壁市	0.156	0.052	0.684	0.104	0.299	中度失调
新乡市	0.144	0.108	0.837	0.126	0.353	轻度失调
焦作市	0.162	0.075	0.77	0.119	0.332	轻度失调
许昌市	0.127	0.073	0.753	0.1	0.309	轻度失调
漯河市	0.151	0.074	0.75	0.113	0.325	轻度失调
商丘市	0.124	0.127	0.881	0.125	0.353	轻度失调
周口市	0.11	0.064	0.736	0.087	0.289	中度失调
济南市	0.282	0.409	0.996	0.346	0.581	勉强协调
青岛市	0.365	0.496	0.996	0.43	0.646	初级协调
淄博市	0.242	0.256	0.967	0.249	0.496	濒临失调
枣庄市	0.195	0.081	0.772	0.138	0.354	轻度失调
东营市	0.257	0.093	0.795	0.175	0.391	轻度失调
烟台市	0.172	0.189	0.945	0.18	0.422	濒临失调
潍坊市	0.178	0.139	0.884	0.158	0.394	轻度失调
济宁市	0.183	0.11	0.812	0.146	0.374	轻度失调
泰安市	0.181	0.085	0.784	0.133	0.351	轻度失调
威海市	0.184	0.111	0.84	0.147	0.375	轻度失调
日照市	0.178	0.061	0.705	0.12	0.323	轻度失调
临沂市	0.255	0.162	0.907	0.209	0.447	濒临失调
德州市	0.167	0.09	0.801	0.128	0.348	轻度失调
聊城市	0.168	0.082	0.778	0.125	0.342	轻度失调
滨州市	0.174	0.068	0.746	0.121	0.326	轻度失调
菏泽市	0.146	0.087	0.787	0.117	0.332	轻度失调

　　将黄河流域各地级市数字通信和生态质量两大系统的综合指数分别代入耦合度和耦合协调度公式，从而得到各地级市数字通信与生态质量复合系统耦合协调度（见表5-69）。随着时间的推移，黄河流域沿线各地级市的耦合协调度变动以保持稳定和缓慢上升为主，总体上向着良性耦合协调方向演变，但部分个别城市存在小幅下滑趋势。具体而言太原市、晋中市、洛阳市、枣庄市、威海市、日照市6个城市耦合协调度基本保持在固定区间，说明其数字通信与生态质量耦合协调发展关系比较稳定，西安市、郑州市、青岛市是流域内工业化、城镇化水平最高的城市，数字通信发展迅速，耦合协调度始终保持高位；定西市、天水市、平凉市、商洛市由中度失调上升为轻度失调；呼和浩特市、商丘市由轻度失调上升为濒临失调，临沂市由濒临失调上升为勉强协调，主要得益于国家流域治理和数字通信开发制度的完善和生态环境保护力度的加大。此外，西安市、郑州市、青岛市的耦合协调度有大幅上涨，上升为初级协调。与此同时，太原市、晋中市、威海市两大系统耦合协调度上升幅度较小。由于自身薄弱的数字通信和脆弱的生态环境，

自 2006 年始，平凉市耦合协调度始终在流域内垫底，亟须结合自身实际情况，制定相应的数字通信与生态质量耦合协调发展策略，采取综合性措施，推动二者向良性协调方向发展。

表 5－69 　　　　　2006～2019 年黄河流域各地级市生态质量与数字通信耦合协调度年际变化

地区	2006 年	2007 年	2008 年	2009 年	2010 年	2011 年	2012 年	2013 年	2014 年	2015 年	2016 年	2017 年	2018 年	2019 年
太原市	0.512	0.501	0.498	0.522	0.508	0.525	0.52	0.518	0.505	0.538	0.541	0.503	0.511	0.513
阳泉市	0.31	0.317	0.316	0.325	0.325	0.324	0.318	0.317	0.301	0.325	0.325	0.307	0.305	0.307
长治市	0.362	0.367	0.36	0.357	0.36	0.362	0.349	0.349	0.322	0.356	0.346	0.351	0.345	0.338
晋中市	0.356	0.375	0.374	0.379	0.378	0.388	0.364	0.359	0.343	0.378	0.365	0.346	0.346	0.36
忻州市	0.342	0.328	0.318	0.329	0.317	0.335	0.336	0.345	0.336	0.367	0.36	0.36	0.353	0.359
临汾市	0.372	0.377	0.403	0.379	0.394	0.378	0.361	0.36	0.334	0.364	0.356	0.355	0.351	0.35
吕梁市	0.445	0.386	0.387	0.384	0.384	0.359	0.35	0.345	0.338	0.35	0.347	0.364	0.365	0.364
呼和浩特市	0.397	0.414	0.417	0.436	0.409	0.411	0.421	0.422	0.419	0.43	0.444	0.439	0.488	0.496
包头市	0.379	0.391	0.378	0.396	0.382	0.369	0.371	0.381	0.374	0.389	0.394	0.401	0.402	0.389
鄂尔多斯市	0.303	0.288	0.307	0.372	0.402	0.432	0.412	0.391	0.353	0.402	0.384	0.394	0.368	0.368
榆林市	0.307	0.33	0.315	0.33	0.31	0.334	0.339	0.32	0.32	0.357	0.362	0.358	0.367	0.365
兰州市	0.422	0.467	0.404	0.375	0.383	0.379	0.373	0.4	0.392	0.411	0.417	0.434	0.442	0.438
白银市	0.276	0.264	0.277	0.273	0.267	0.277	0.283	0.292	0.274	0.287	0.292	0.292	0.3	0.298
定西市	0.258	0.258	0.285	0.289	0.292	0.293	0.293	0.293	0.275	0.286	0.29	0.306	0.312	0.302
西宁市	0.342	0.345	0.336	0.36	0.35	0.351	0.385	0.384	0.382	0.372	0.403	0.373	0.465	0.391
银川市	0.345	0.349	0.343	0.333	0.355	0.371	0.381	0.389	0.372	0.393	0.4	0.394	0.393	0.391
石嘴山市	0.279	0.301	0.307	0.305	0.291	0.292	0.298	0.282	0.248	0.296	0.301	0.273	0.28	0.277
吴忠市	0.28	0.263	0.256	0.257	0.272	0.267	0.254	0.258	0.237	0.262	0.263	0.258	0.272	0.268
中卫市	0.292	0.271	0.283	0.226	0.225	0.246	0.257	0.268	0.239	0.338	0.257	0.287	0.284	0.284
运城市	0.374	0.402	0.424	0.379	0.38	0.383	0.392	0.385	0.36	0.386	0.387	0.374	0.341	0.363
西安市	0.558	0.642	0.607	0.635	0.608	0.61	0.615	0.644	0.627	0.643	0.65	0.657	0.634	0.646
铜川市	0.336	0.257	0.253	0.268	0.269	0.268	0.267	0.271	0.245	0.272	0.269	0.273	0.271	0.264
宝鸡市	0.352	0.36	0.355	0.365	0.362	0.373	0.365	0.366	0.354	0.368	0.363	0.369	0.367	0.37
咸阳市	0.356	0.356	0.339	0.349	0.342	0.336	0.352	0.338	0.332	0.328	0.353	0.353	0.345	0.344
渭南市	0.377	0.389	0.37	0.394	0.377	0.373	0.355	0.35	0.335	0.367	0.36	0.376	0.369	0.368
天水市	0.284	0.274	0.283	0.312	0.333	0.326	0.316	0.318	0.315	0.332	0.329	0.345	0.341	0.345
平凉市	0.243	0.25	0.271	0.261	0.307	0.3	0.274	0.274	0.274	0.293	0.298	0.327	0.329	0.333
庆阳市	0.301	0.305	0.303	0.291	0.288	0.301	0.287	0.293	0.286	0.306	0.294	0.305	0.293	0.294
商洛市	0.256	0.276	0.279	0.278	0.281	0.345	0.295	0.286	0.251	0.309	0.278	0.311	0.305	0.324
晋城市	0.348	0.362	0.321	0.33	0.336	0.353	0.375	0.376	0.359	0.387	0.383	0.379	0.386	0.341
亳州市	0.361	0.418	0.361	0.33	0.321	0.323	0.331	0.343	0.329	0.343	0.339	0.345	0.349	0.349
郑州市	0.557	0.6	0.579	0.609	0.571	0.575	0.573	0.582	0.575	0.609	0.61	0.634	0.663	0.679
开封市	0.367	0.368	0.359	0.358	0.35	0.351	0.348	0.358	0.327	0.355	0.345	0.346	0.344	0.345
洛阳市	0.425	0.426	0.406	0.422	0.407	0.419	0.418	0.428	0.409	0.424	0.424	0.435	0.44	0.433
平顶山市	0.368	0.385	0.375	0.372	0.366	0.373	0.367	0.371	0.351	0.369	0.36	0.351	0.35	0.351
鹤壁市	0.316	0.309	0.296	0.298	0.296	0.303	0.301	0.302	0.277	0.298	0.295	0.285	0.283	0.287

续表

地区	2006 年	2007 年	2008 年	2009 年	2010 年	2011 年	2012 年	2013 年	2014 年	2015 年	2016 年	2017 年	2018 年	2019 年
新乡市	0.424	0.428	0.407	0.413	0.417	0.412	0.407	0.413	0.382	0.405	0.399	0.391	0.392	0.382
焦作市	0.391	0.392	0.371	0.373	0.366	0.378	0.368	0.366	0.342	0.376	0.366	0.367	0.36	0.36
许昌市	0.393	0.381	0.363	0.365	0.355	0.361	0.349	0.345	0.322	0.354	0.338	0.34	0.341	0.338
漯河市	0.331	0.342	0.332	0.332	0.32	0.322	0.315	0.318	0.282	0.319	0.309	0.269	0.273	0.307
商丘市	0.365	0.376	0.365	0.385	0.386	0.391	0.396	0.405	0.381	0.404	0.393	0.392	0.398	0.415
周口市	0.386	0.394	0.383	0.392	0.371	0.37	0.37	0.38	0.358	0.379	0.364	0.365	0.375	0.376
济南市	0.563	0.554	0.542	0.558	0.54	0.536	0.54	0.544	0.525	0.558	0.566	0.554	0.565	0.589
青岛市	0.571	0.614	0.625	0.651	0.58	0.593	0.596	0.604	0.668	0.62	0.668	0.656	0.666	0.656
淄博市	0.444	0.451	0.455	0.45	0.432	0.433	0.435	0.49	0.413	0.451	0.449	0.436	0.437	0.435
枣庄市	0.367	0.372	0.379	0.406	0.383	0.375	0.379	0.389	0.38	0.402	0.389	0.376	0.375	0.375
东营市	0.404	0.41	0.409	0.422	0.392	0.395	0.391	0.396	0.386	0.431	0.425	0.396	0.4	0.396
烟台市	0.476	0.47	0.467	0.478	0.462	0.465	0.462	0.471	0.449	0.491	0.472	0.438	0.427	0.442
潍坊市	0.457	0.486	0.494	0.495	0.469	0.487	0.545	0.544	0.515	0.489	0.545	0.47	0.481	0.484
济宁市	0.449	0.436	0.424	0.447	0.421	0.415	0.415	0.449	0.433	0.467	0.472	0.439	0.44	0.441
泰安市	0.453	0.415	0.415	0.442	0.421	0.422	0.411	0.412	0.388	0.421	0.432	0.404	0.413	0.413
威海市	0.382	0.396	0.391	0.408	0.379	0.375	0.378	0.377	0.385	0.415	0.416	0.39	0.386	0.387
日照市	0.345	0.356	0.349	0.36	0.337	0.35	0.36	0.367	0.344	0.369	0.376	0.359	0.352	0.354
临沂市	0.446	0.474	0.473	0.513	0.497	0.498	0.516	0.519	0.503	0.523	0.518	0.502	0.527	0.503
德州市	0.443	0.442	0.434	0.45	0.406	0.419	0.398	0.403	0.387	0.448	0.415	0.396	0.403	0.392
聊城市	0.41	0.421	0.416	0.421	0.406	0.403	0.395	0.408	0.384	0.42	0.409	0.377	0.393	0.401
滨州市	0.36	0.388	0.389	0.409	0.386	0.394	0.39	0.407	0.38	0.412	0.394	0.39	0.389	0.39
菏泽市	0.469	0.47	0.45	0.456	0.433	0.438	0.4	0.408	0.379	0.448	0.401	0.389	0.386	0.388

为横向比较黄河流域沿线各地级市数字通信与生态质量耦合协调发展情况，计算并整理出 2006～2019 年各地级市两大系统耦合协调度平均值（见表 5－70）。从空间上看，沿线城市数字通信与生态质量耦合协调度与两大系统综合发展水平分布较为相似。其中，西安市、郑州市、青岛市耦合协调度最高，处于初级协调阶段，这些城市的数字通信发展水平较高，生态质量系统与其他城市比具有显著优势，在一定程度上弥补了生态质量系统的不均衡。太原市、济南市、临沂市耦合协调发展状况处于勉强协调阶段，其他城市处于濒临失调、轻度失调和中度失调状态，自然条件的限制和落后的数字通信发展水平是阻碍其生态发展的重要因素。从市域两大系统综合发展水平来看，制约其耦合协调发展的主导因素各有不同。长治市、晋中市、忻州市、临汾市、吕梁市、榆林市、定西市、运城市等城市的数字通信评价值略高于生态质量评价值，为生态滞后型，自然资源和生态质量短板是牵制其协调发展的主导因素；而太原市、阳泉市、呼和浩特市、包头市、鄂尔多斯市等城市与各自生态质量系统相比，数字通信发展滞后明显。

表 5－70　　　　　　2006～2019 年黄河流域各地级市生态质量与数字通信耦合协调度均值比较

地区	生态质量综合指数	数字通信综合指数	耦合度	综合评价指数	耦合协调度	耦合协调等级
太原市	0.301	0.241	0.982	0.271	0.515	勉强协调
阳泉市	0.143	0.071	0.937	0.107	0.316	轻度失调
长治市	0.114	0.135	0.994	0.125	0.352	轻度失调
晋中市	0.118	0.152	0.987	0.135	0.365	轻度失调

续表

地区	生态质量综合指数	数字通信综合指数	耦合度	综合评价指数	耦合协调度	耦合协调等级
忻州市	0.07	0.202	0.862	0.136	0.342	轻度失调
临汾市	0.101	0.181	0.956	0.141	0.367	轻度失调
吕梁市	0.097	0.197	0.933	0.147	0.369	轻度失调
呼和浩特市	0.273	0.13	0.93	0.202	0.432	濒临失调
包头市	0.235	0.097	0.901	0.166	0.385	轻度失调
鄂尔多斯市	0.253	0.084	0.841	0.169	0.37	轻度失调
榆林市	0.083	0.16	0.935	0.122	0.337	轻度失调
兰州市	0.185	0.156	0.989	0.171	0.41	濒临失调
白银市	0.096	0.067	0.982	0.081	0.282	中度失调
定西市	0.053	0.13	0.904	0.092	0.288	中度失调
西宁市	0.179	0.114	0.971	0.146	0.374	轻度失调
银川市	0.208	0.094	0.923	0.151	0.372	轻度失调
石嘴山市	0.206	0.035	0.698	0.121	0.288	中度失调
吴忠市	0.102	0.048	0.918	0.075	0.262	中度失调
中卫市	0.127	0.044	0.873	0.086	0.269	中度失调
运城市	0.108	0.198	0.952	0.153	0.381	轻度失调
西安市	0.323	0.484	0.975	0.403	0.627	初级协调
铜川市	0.122	0.047	0.869	0.084	0.27	中度失调
宝鸡市	0.133	0.133	0.994	0.133	0.364	轻度失调
咸阳市	0.098	0.144	0.98	0.121	0.344	轻度失调
渭南市	0.096	0.195	0.936	0.146	0.369	轻度失调
天水市	0.092	0.113	0.992	0.102	0.318	轻度失调
平凉市	0.068	0.106	0.969	0.087	0.288	中度失调
庆阳市	0.049	0.16	0.846	0.105	0.296	中度失调
商洛市	0.058	0.125	0.928	0.092	0.291	中度失调
晋城市	0.155	0.111	0.978	0.133	0.36	轻度失调
亳州市	0.116	0.13	0.983	0.123	0.346	轻度失调
郑州市	0.327	0.413	0.978	0.37	0.601	初级协调
开封市	0.137	0.112	0.993	0.125	0.352	轻度失调
洛阳市	0.15	0.214	0.982	0.182	0.423	濒临失调
平顶山市	0.136	0.132	0.996	0.134	0.365	轻度失调
鹤壁市	0.156	0.05	0.853	0.103	0.296	中度失调
新乡市	0.144	0.188	0.99	0.166	0.405	濒临失调
焦作市	0.162	0.116	0.983	0.139	0.37	轻度失调
许昌市	0.127	0.124	0.998	0.125	0.353	轻度失调
漯河市	0.151	0.064	0.907	0.108	0.312	轻度失调
商丘市	0.124	0.187	0.974	0.156	0.389	轻度失调
周口市	0.11	0.182	0.968	0.146	0.376	轻度失调
济南市	0.282	0.336	0.989	0.309	0.552	勉强协调

续表

地区	生态质量综合指数	数字通信综合指数	耦合度	综合评价指数	耦合协调度	耦合协调等级
青岛市	0.365	0.45	0.966	0.407	0.626	初级协调
淄博市	0.242	0.164	0.972	0.203	0.444	濒临失调
枣庄市	0.195	0.111	0.956	0.153	0.382	轻度失调
东营市	0.257	0.108	0.9	0.182	0.404	濒临失调
烟台市	0.172	0.272	0.966	0.222	0.462	濒临失调
潍坊市	0.178	0.357	0.935	0.267	0.497	濒临失调
济宁市	0.183	0.21	0.983	0.196	0.439	濒临失调
泰安市	0.181	0.172	0.993	0.177	0.419	濒临失调
威海市	0.184	0.131	0.971	0.157	0.39	轻度失调
日照市	0.178	0.091	0.941	0.135	0.356	轻度失调
临沂市	0.255	0.255	0.985	0.255	0.501	勉强协调
德州市	0.167	0.187	0.985	0.177	0.417	濒临失调
聊城市	0.168	0.161	0.996	0.165	0.405	濒临失调
滨州市	0.174	0.137	0.984	0.156	0.391	轻度失调
菏泽市	0.146	0.224	0.974	0.185	0.422	濒临失调

　　将黄河流域各地级市设施建设和生态质量两大系统的综合指数分别代入耦合度和耦合协调度公式，从而得到各地级市设施建设与生态质量复合系统耦合协调度（见表5－71）。随着时间的推移，黄河流域沿线各地级市的耦合协调度变动以保持稳定和缓慢上升为主，总体上向着良性耦合协调方向演变，但部分个别城市存在小幅下滑趋势。具体而言临汾市、定西市、吴忠市、中卫市、鹤壁市、焦作市、漯河市7个城市耦合协调度基本保持在固定区间，说明其设施建设与生态质量耦合协调发展关系比较稳定，西安市、郑州市、济南市、青岛市是流域内工业化、城镇化水平最高的城市，设施建设发展迅速，耦合协调度始终保持高位；有长治市、临汾市、吕梁市、白银市、定西市、中卫市、运城市、天水市、晋城市、焦作市、菏泽市11个城市设施建设增长动力疲软，依靠环境投入与治理的加强，耦合协调度相对稳定。忻州市、吴忠市、平凉市、庆阳市、商洛市由严重失调上升至中度失调，阳泉市、晋中市、石嘴山市、铜川市、宝鸡市、咸阳市、渭南市、亳州市、开封市、平顶山市、鹤壁市、新乡市、许昌市、漯河市、周口市由中度失调上升为轻度失调；包头市、洛阳市、枣庄市、东营市、烟台市、潍坊市、济宁市、泰安市、威海市、日照市、德州市、聊城市由轻度失调上升为濒临失调，主要得益于国家流域治理和设施建设开发制度的完善和生态环境保护力度的加大。此外，西安市、郑州市、济南市、青岛市的耦合协调度有大幅上涨，上升为中级协调。与此同时，定西市、庆阳市、商洛市两大系统耦合协调度上升幅度较小。由于自身薄弱的设施建设和脆弱的生态环境，自2006年始，定西市耦合协调度始终在流域内垫底，亟须结合自身实际情况，制定相应的设施建设与生态质量耦合协调发展策略，采取综合性措施，推动二者向良性协调方向发展。

表5－71　　　　　　　　2006～2019年黄河流域各地级市生态质量与设施建设耦合协调度年际变化

地区	2006 年	2007 年	2008 年	2009 年	2010 年	2011 年	2012 年	2013 年	2014 年	2015 年	2016 年	2017 年	2018 年	2019 年
太原市	0.457	0.412	0.433	0.463	0.468	0.497	0.509	0.565	0.546	0.543	0.627	0.625	0.634	0.646
阳泉市	0.25	0.26	0.263	0.276	0.283	0.286	0.291	0.296	0.3	0.312	0.311	0.321	0.307	0.309
长治市	0.253	0.255	0.256	0.253	0.26	0.271	0.273	0.281	0.27	0.29	0.293	0.289	0.283	0.297
晋中市	0.234	0.244	0.254	0.263	0.268	0.28	0.283	0.286	0.28	0.303	0.313	0.316	0.327	0.319

地区	2006 年	2007 年	2008 年	2009 年	2010 年	2011 年	2012 年	2013 年	2014 年	2015 年	2016 年	2017 年	2018 年	2019 年
忻州市	0.181	0.176	0.173	0.18	0.183	0.197	0.222	0.236	0.219	0.24	0.243	0.252	0.254	0.26
临汾市	0.219	0.223	0.244	0.227	0.236	0.247	0.249	0.259	0.218	0.241	0.255	0.244	0.244	0.24
吕梁市	0.25	0.211	0.216	0.222	0.218	0.23	0.225	0.225	0.21	0.235	0.241	0.246	0.244	0.231
呼和浩特市	0.31	0.341	0.361	0.374	0.376	0.402	0.407	0.41	0.469	0.453	0.513	0.52	0.508	0.514
包头市	0.352	0.372	0.382	0.41	0.413	0.419	0.429	0.43	0.445	0.467	0.468	0.486	0.476	0.464
鄂尔多斯市	0.214	0.23	0.287	0.366	0.43	0.494	0.475	0.43	0.422	0.429	0.434	0.463	0.435	0.429
榆林市	0.18	0.187	0.197	0.213	0.204	0.217	0.233	0.238	0.236	0.267	0.277	0.283	0.289	0.305
兰州市	0.351	0.421	0.415	0.396	0.418	0.426	0.444	0.497	0.51	0.534	0.543	0.554	0.569	0.527
白银市	0.213	0.21	0.21	0.228	0.221	0.226	0.23	0.238	0.23	0.253	0.262	0.268	0.263	0.256
定西市	0.155	0.153	0.171	0.176	0.18	0.186	0.183	0.186	0.187	0.211	0.201	0.201	0.201	0.186
西宁市	0.272	0.287	0.301	0.306	0.316	0.34	0.357	0.37	0.372	0.398	0.4	0.418	0.507	0.414
银川市	0.298	0.312	0.36	0.342	0.386	0.385	0.394	0.411	0.419	0.449	0.447	0.456	0.459	0.427
石嘴山市	0.246	0.277	0.295	0.289	0.299	0.319	0.309	0.314	0.311	0.352	0.347	0.351	0.362	0.354
吴忠市	0.2	0.195	0.207	0.204	0.236	0.24	0.242	0.249	0.223	0.241	0.25	0.249	0.251	0.234
中卫市	0.216	0.206	0.224	0.211	0.218	0.213	0.227	0.24	0.21	0.307	0.237	0.24	0.245	0.243
运城市	0.204	0.222	0.227	0.22	0.231	0.238	0.247	0.247	0.231	0.269	0.261	0.258	0.264	0.267
西安市	0.446	0.548	0.586	0.578	0.607	0.602	0.623	0.66	0.684	0.694	0.697	0.734	0.729	0.734
铜川市	0.244	0.242	0.321	0.249	0.353	0.368	0.383	0.392	0.396	0.41	0.397	0.4	0.423	0.367
宝鸡市	0.281	0.28	0.279	0.292	0.303	0.327	0.315	0.311	0.295	0.314	0.329	0.323	0.315	0.326
咸阳市	0.261	0.273	0.261	0.263	0.279	0.279	0.294	0.293	0.307	0.314	0.317	0.317	0.314	0.302
渭南市	0.224	0.249	0.242	0.251	0.249	0.265	0.265	0.271	0.267	0.289	0.295	0.305	0.303	0.306
天水市	0.234	0.256	0.23	0.248	0.244	0.257	0.253	0.258	0.24	0.266	0.273	0.282	0.278	0.28
平凉市	0.189	0.183	0.216	0.206	0.197	0.198	0.202	0.213	0.201	0.219	0.234	0.25	0.242	0.242
庆阳市	0.158	0.162	0.168	0.165	0.178	0.189	0.189	0.191	0.183	0.217	0.213	0.213	0.21	0.203
商洛市	0.17	0.184	0.178	0.188	0.189	0.209	0.198	0.197	0.188	0.219	0.213	0.233	0.236	0.243
晋城市	0.227	0.232	0.225	0.236	0.242	0.259	0.29	0.289	0.27	0.302	0.307	0.31	0.31	0.279
亳州市	0.262	0.286	0.289	0.297	0.296	0.3	0.317	0.333	0.317	0.338	0.341	0.306	0.315	0.32
郑州市	0.425	0.491	0.492	0.53	0.506	0.521	0.533	0.562	0.579	0.618	0.626	0.683	0.71	0.743
开封市	0.286	0.294	0.295	0.304	0.307	0.322	0.331	0.339	0.332	0.362	0.361	0.362	0.367	0.366
洛阳市	0.335	0.331	0.323	0.34	0.334	0.349	0.363	0.373	0.367	0.381	0.388	0.405	0.408	0.422
平顶山市	0.255	0.273	0.278	0.286	0.289	0.304	0.304	0.311	0.292	0.317	0.315	0.316	0.317	0.32
鹤壁市	0.269	0.265	0.264	0.273	0.282	0.298	0.294	0.298	0.28	0.3	0.297	0.303	0.3	0.307
新乡市	0.3	0.312	0.309	0.315	0.319	0.328	0.334	0.337	0.359	0.375	0.371	0.366	0.356	0.359
焦作市	0.314	0.319	0.314	0.317	0.323	0.335	0.343	0.355	0.338	0.353	0.347	0.35	0.35	0.35
许昌市	0.264	0.276	0.27	0.272	0.27	0.28	0.285	0.288	0.272	0.297	0.287	0.295	0.307	0.331
漯河市	0.282	0.293	0.287	0.293	0.289	0.295	0.297	0.302	0.27	0.309	0.311	0.305	0.316	0.321
商丘市	0.252	0.263	0.261	0.278	0.273	0.274	0.296	0.307	0.297	0.322	0.317	0.345	0.351	0.401
周口市	0.246	0.244	0.252	0.259	0.268	0.273	0.279	0.286	0.288	0.315	0.305	0.298	0.305	0.312
济南市	0.542	0.544	0.569	0.604	0.584	0.596	0.602	0.616	0.615	0.646	0.672	0.683	0.713	0.76

地区	2006 年	2007 年	2008 年	2009 年	2010 年	2011 年	2012 年	2013 年	2014 年	2015 年	2016 年	2017 年	2018 年	2019 年
青岛市	0.474	0.493	0.541	0.586	0.568	0.584	0.62	0.635	0.653	0.655	0.725	0.747	0.796	0.799
淄博市	0.414	0.436	0.435	0.45	0.449	0.461	0.478	0.548	0.5	0.529	0.53	0.538	0.546	0.55
枣庄市	0.343	0.34	0.351	0.369	0.365	0.363	0.397	0.409	0.415	0.432	0.425	0.421	0.423	0.427
东营市	0.359	0.367	0.37	0.392	0.367	0.371	0.397	0.417	0.425	0.444	0.472	0.489	0.482	0.476
烟台市	0.364	0.347	0.38	0.396	0.393	0.409	0.424	0.441	0.428	0.454	0.445	0.457	0.464	0.491
潍坊市	0.324	0.365	0.379	0.397	0.389	0.406	0.408	0.421	0.413	0.431	0.428	0.44	0.46	0.463
济宁市	0.332	0.338	0.324	0.36	0.348	0.357	0.371	0.441	0.441	0.472	0.485	0.47	0.479	0.482
泰安市	0.354	0.38	0.375	0.389	0.38	0.39	0.409	0.408	0.387	0.411	0.438	0.447	0.451	0.46
威海市	0.355	0.377	0.378	0.394	0.371	0.392	0.403	0.407	0.461	0.487	0.494	0.492	0.492	0.477
日照市	0.331	0.334	0.335	0.351	0.347	0.365	0.364	0.386	0.383	0.408	0.404	0.4	0.411	0.416
临沂市	0.35	0.389	0.426	0.468	0.454	0.455	0.493	0.511	0.514	0.512	0.509	0.522	0.551	0.535
德州市	0.308	0.289	0.304	0.322	0.309	0.321	0.342	0.354	0.378	0.41	0.405	0.4	0.418	0.406
聊城市	0.334	0.341	0.344	0.351	0.351	0.347	0.353	0.372	0.368	0.389	0.39	0.376	0.384	0.41
滨州市	0.264	0.333	0.345	0.362	0.354	0.377	0.393	0.41	0.405	0.426	0.418	0.426	0.432	0.434
菏泽市	0.346	0.349	0.337	0.347	0.345	0.352	0.349	0.355	0.346	0.373	0.377	0.385	0.39	0.395

为横向比较黄河流域沿线各地级市设施建设与生态质量耦合协调发展情况，计算并整理出 2006～2019 年各地级市两大系统耦合协调度平均值（见表 5 - 72）。从空间上看，沿线城市设施建设与生态质量耦合协调度与两大系统综合发展水平分布较为相似。其中，西安市、济南市、青岛市耦合协调度最高，处于初级协调阶段，这些城市的设施建设发展水平较高，生态质量系统与其他城市比具有显著优势，在一定程度上弥补了生态质量系统的不均衡。太原市、郑州市耦合协调发展状况处于勉强协调阶段，其他城市处于濒临失调、轻度失调和中度失调状态，自然条件的限制和落后的设施建设发展水平是阻碍其生态发展的重要因素。从市域两大系统综合发展水平来看，制约其耦合协调发展的主导因素各有不同。兰州市、西安市、铜川市、郑州市、济南市、青岛市、淄博市、烟台市、威海市 9 个城市的设施建设评价值略高于生态质量评价值，为生态滞后型，自然资源和生态质量短板是牵制其协调发展的主导因素；而太原市、阳泉市、呼和浩特市、包头市、鄂尔多斯市等 49 个城市与各自生态质量系统相比，设施建设发展滞后明显。

表 5 - 72　　　　　2006～2019 年黄河流域各地级市生态质量与设施建设耦合协调度均值比较

地区	生态质量综合指数	设施建设综合指数	耦合度	综合评价指数	耦合协调度	耦合协调等级
太原市	0.301	0.279	0.989	0.29	0.53	勉强协调
阳泉市	0.143	0.051	0.875	0.097	0.29	中度失调
长治市	0.114	0.05	0.911	0.082	0.273	中度失调
晋中市	0.118	0.057	0.921	0.088	0.284	中度失调
忻州市	0.07	0.032	0.923	0.051	0.215	中度失调
临汾市	0.101	0.033	0.855	0.067	0.239	中度失调
吕梁市	0.097	0.029	0.841	0.063	0.229	中度失调
呼和浩特市	0.273	0.128	0.915	0.201	0.426	濒临失调
包头市	0.235	0.148	0.973	0.191	0.43	濒临失调
鄂尔多斯市	0.253	0.107	0.918	0.18	0.396	轻度失调
榆林市	0.083	0.041	0.93	0.062	0.237	中度失调

地区	生态质量综合指数	设施建设综合指数	耦合度	综合评价指数	耦合协调度	耦合协调等级
兰州市	0.185	0.288	0.964	0.236	0.472	濒临失调
白银市	0.096	0.033	0.871	0.064	0.236	中度失调
定西市	0.053	0.022	0.903	0.038	0.184	严重失调
西宁市	0.179	0.102	0.953	0.141	0.361	轻度失调
银川市	0.208	0.123	0.959	0.166	0.396	轻度失调
石嘴山市	0.206	0.05	0.788	0.128	0.316	轻度失调
吴忠市	0.102	0.028	0.822	0.065	0.23	中度失调
中卫市	0.127	0.024	0.742	0.075	0.231	中度失调
运城市	0.108	0.032	0.833	0.07	0.242	中度失调
西安市	0.323	0.538	0.963	0.431	0.637	初级协调
铜川市	0.122	0.142	0.966	0.132	0.353	轻度失调
宝鸡市	0.133	0.067	0.943	0.1	0.306	轻度失调
咸阳市	0.098	0.075	0.982	0.087	0.291	中度失调
渭南市	0.096	0.057	0.953	0.077	0.27	中度失调
天水市	0.092	0.049	0.945	0.07	0.257	中度失调
平凉市	0.068	0.032	0.93	0.05	0.214	中度失调
庆阳市	0.049	0.026	0.945	0.038	0.188	严重失调
商洛市	0.058	0.031	0.937	0.045	0.203	中度失调
晋城市	0.155	0.036	0.779	0.095	0.27	中度失调
亳州市	0.116	0.08	0.978	0.098	0.308	轻度失调
郑州市	0.327	0.346	0.998	0.337	0.573	勉强协调
开封市	0.137	0.091	0.963	0.114	0.33	轻度失调
洛阳市	0.15	0.122	0.99	0.136	0.366	轻度失调
平顶山市	0.136	0.059	0.913	0.098	0.298	中度失调
鹤壁市	0.156	0.045	0.826	0.1	0.288	中度失调
新乡市	0.144	0.095	0.959	0.12	0.338	轻度失调
焦作市	0.162	0.08	0.936	0.121	0.336	轻度失调
许昌市	0.127	0.054	0.902	0.09	0.285	中度失调
漯河市	0.151	0.053	0.87	0.102	0.298	中度失调
商丘市	0.124	0.071	0.949	0.098	0.303	轻度失调
周口市	0.11	0.059	0.934	0.085	0.281	中度失调
济南市	0.282	0.552	0.947	0.417	0.625	初级协调
青岛市	0.365	0.468	0.989	0.416	0.634	初级协调
淄博市	0.242	0.246	0.995	0.244	0.49	濒临失调
枣庄市	0.195	0.122	0.97	0.159	0.391	轻度失调
东营市	0.257	0.12	0.929	0.189	0.416	濒临失调
烟台市	0.172	0.188	0.995	0.18	0.421	濒临失调
潍坊市	0.178	0.161	0.995	0.169	0.409	濒临失调
济宁市	0.183	0.159	0.99	0.171	0.407	濒临失调

地区	生态质量综合指数	设施建设综合指数	耦合度	综合评价指数	耦合协调度	耦合协调等级
泰安市	0.181	0.153	0.99	0.167	0.406	濒临失调
威海市	0.184	0.187	0.998	0.185	0.427	濒临失调
日照市	0.178	0.111	0.972	0.145	0.374	轻度失调
临沂市	0.255	0.21	0.994	0.233	0.478	濒临失调
德州市	0.167	0.1	0.948	0.134	0.355	轻度失调
聊城市	0.168	0.107	0.971	0.138	0.365	轻度失调
滨州市	0.174	0.13	0.981	0.152	0.384	轻度失调
菏泽市	0.146	0.118	0.987	0.132	0.36	轻度失调

2. 保护治理子系统与基础设施子系统耦合发展时空变化

将黄河流域各地级市交通物流和保护治理两大系统的综合指数分别代入耦合度和耦合协调度公式，从而得到各地级市交通物流与保护治理复合系统耦合协调度（见表 5-73）。随着时间的推移，黄河流域沿线各地级市的耦合协调度变动以保持稳定和缓慢上升为主，总体上向着良性耦合协调方向演变，但部分个别城市存在小幅下滑趋势。具体而言包头市、吴忠市、宝鸡市、新乡市、漯河市、东营市、临沂市等城市耦合协调度基本保持在固定区间，说明其交通物流与保护治理耦合协调发展关系比较稳定，西安市、郑州市、青岛市是流域内工业化、城镇化水平最高的城市，交通物流发展迅速，耦合协调度始终保持高位；忻州市、吕梁市、定西市、中卫市、铜川市、平凉市、商洛市、鹤壁市由中度失调上升为轻度失调，长治市、运城市、咸阳市、天水市、开封市、平顶山市、焦作市、许昌市、枣庄市、泰安市、威海市、日照市、德州市、聊城市、菏泽市由轻度失调上升为濒临失调，呼和浩特市、西宁市、银川市、洛阳市、烟台市、济宁市由濒临失调上升为勉强协调，主要得益于国家流域治理和交通物流开发制度的完善和生态环境保护力度的加大。此外，西安市的耦合协调度有大幅上涨，上升为良好协调。与此同时，榆林市、铜川市、平凉市、商洛市两大系统耦合协调度上升幅度较小。由于自身薄弱的交通物流和脆弱的生态环境，自2006年始，商洛市耦合协调度始终在流域内垫底，亟须结合自身实际情况，制定相应的交通物流与保护治理耦合协调发展策略，采取综合性措施，推动二者向良性协调方向发展。

表 5-73　　　　2006~2019 年黄河流域各地级市保护治理与交通物流耦合协调度年际变化

地区	2006 年	2007 年	2008 年	2009 年	2010 年	2011 年	2012 年	2013 年	2014 年	2015 年	2016 年	2017 年	2018 年	2019 年
太原市	0.5	0.484	0.504	0.532	0.537	0.571	0.575	0.598	0.601	0.623	0.624	0.619	0.623	0.646
阳泉市	0.332	0.318	0.342	0.352	0.368	0.386	0.394	0.397	0.377	0.396	0.385	0.382	0.394	0.398
长治市	0.349	0.371	0.38	0.398	0.388	0.386	0.389	0.402	0.38	0.403	0.373	0.377	0.399	0.417
晋中市	0.311	0.298	0.308	0.327	0.34	0.342	0.349	0.383	0.414	0.39	0.411	0.412	0.395	0.396
忻州市	0.291	0.284	0.295	0.3	0.319	0.285	0.278	0.325	0.314	0.314	0.337	0.341	0.337	0.33
临汾市	0.311	0.318	0.318	0.333	0.343	0.347	0.357	0.39	0.381	0.38	0.387	0.391	0.393	0.395
吕梁市	0.283	0.285	0.29	0.291	0.283	0.271	0.276	0.316	0.309	0.301	0.315	0.306	0.318	0.32
呼和浩特市	0.423	0.423	0.459	0.507	0.498	0.494	0.49	0.527	0.508	0.529	0.553	0.563	0.563	0.572
包头市	0.479	0.503	0.514	0.529	0.491	0.48	0.467	0.483	0.486	0.489	0.486	0.489	0.506	0.5
鄂尔多斯市	0.356	0.376	0.368	0.381	0.377	0.398	0.404	0.404	0.383	0.388	0.392	0.405	0.406	0.397
榆林市	0.259	0.249	0.301	0.298	0.359	0.373	0.388	0.418	0.393	0.372	0.377	0.365	0.401	0.41
兰州市	0.492	0.492	0.487	0.517	0.517	0.547	0.565	0.546	0.545	0.554	0.577	0.633	0.647	0.655
白银市	0.283	0.307	0.314	0.315	0.331	0.338	0.345	0.39	0.392	0.363	0.369	0.387	0.399	0.375

续表

地区	2006 年	2007 年	2008 年	2009 年	2010 年	2011 年	2012 年	2013 年	2014 年	2015 年	2016 年	2017 年	2018 年	2019 年
定西市	0.287	0.391	0.275	0.269	0.289	0.256	0.292	0.326	0.316	0.304	0.314	0.315	0.322	0.324
西宁市	0.452	0.485	0.5	0.485	0.474	0.479	0.493	0.512	0.493	0.51	0.512	0.496	0.499	0.521
银川市	0.44	0.456	0.467	0.479	0.489	0.485	0.496	0.524	0.511	0.516	0.506	0.506	0.502	0.516
石嘴山市	0.313	0.341	0.351	0.378	0.376	0.351	0.353	0.382	0.346	0.369	0.374	0.365	0.393	0.356
吴忠市	0.315	0.312	0.336	0.331	0.364	0.344	0.346	0.359	0.324	0.344	0.34	0.34	0.318	0.337
中卫市	0.287	0.289	0.281	0.298	0.307	0.329	0.347	0.387	0.359	0.353	0.358	0.35	0.337	0.345
运城市	0.306	0.313	0.353	0.376	0.383	0.381	0.383	0.421	0.39	0.368	0.372	0.38	0.384	0.436
西安市	0.639	0.66	0.665	0.674	0.715	0.744	0.765	0.783	0.772	0.798	0.728	0.765	0.774	0.886
铜川市	0.277	0.265	0.275	0.311	0.319	0.333	0.341	0.35	0.333	0.348	0.349	0.351	0.365	0.358
宝鸡市	0.416	0.423	0.406	0.415	0.399	0.424	0.453	0.47	0.462	0.459	0.469	0.464	0.458	0.44
咸阳市	0.353	0.349	0.354	0.36	0.384	0.406	0.45	0.459	0.447	0.451	0.434	0.426	0.414	0.432
渭南市	0.314	0.305	0.327	0.333	0.361	0.38	0.391	0.423	0.393	0.39	0.392	0.396	0.398	0.398
天水市	0.327	0.334	0.348	0.348	0.35	0.357	0.382	0.382	0.368	0.384	0.372	0.398	0.413	0.412
平凉市	0.281	0.285	0.301	0.317	0.336	0.304	0.3	0.33	0.323	0.344	0.359	0.367	0.372	0.365
庆阳市	0.314	0.329	0.338	0.348	0.344	0.347	0.355	0.376	0.325	0.319	0.335	0.326	0.35	0.355
商洛市	0.244	0.251	0.262	0.265	0.236	0.35	0.296	0.307	0.297	0.307	0.31	0.292	0.295	0.301
晋城市	0.319	0.367	0.377	0.384	0.362	0.361	0.379	0.4	0.37	0.375	0.372	0.371	0.37	0.378
亳州市	0.318	0.324	0.346	0.341	0.35	0.352	0.368	0.399	0.404	0.409	0.386	0.383	0.38	0.387
郑州市	0.572	0.593	0.621	0.638	0.646	0.66	0.676	0.688	0.714	0.727	0.736	0.772	0.796	0.793
开封市	0.354	0.365	0.38	0.393	0.401	0.413	0.416	0.442	0.465	0.531	0.444	0.456	0.45	0.455
洛阳市	0.435	0.465	0.481	0.465	0.476	0.494	0.512	0.532	0.514	0.516	0.529	0.551	0.508	0.556
平顶山市	0.394	0.387	0.408	0.413	0.421	0.435	0.437	0.467	0.447	0.451	0.44	0.435	0.438	0.442
鹤壁市	0.296	0.318	0.322	0.333	0.368	0.362	0.366	0.386	0.359	0.373	0.377	0.387	0.386	0.396
新乡市	0.436	0.455	0.462	0.465	0.443	0.438	0.431	0.444	0.435	0.435	0.43	0.44	0.457	0.454
焦作市	0.372	0.375	0.386	0.391	0.407	0.395	0.399	0.43	0.406	0.404	0.403	0.41	0.404	0.406
许昌市	0.384	0.367	0.353	0.393	0.409	0.398	0.407	0.44	0.384	0.392	0.4	0.4	0.431	0.432
漯河市	0.379	0.378	0.38	0.382	0.415	0.408	0.412	0.43	0.401	0.416	0.422	0.42	0.426	0.395
商丘市	0.404	0.427	0.416	0.442	0.462	0.461	0.455	0.489	0.465	0.464	0.472	0.476	0.479	0.474
周口市	0.344	0.355	0.364	0.354	0.359	0.378	0.388	0.424	0.389	0.389	0.385	0.393	0.389	0.395
济南市	0.585	0.579	0.611	0.658	0.667	0.676	0.679	0.692	0.688	0.658	0.664	0.685	0.698	0.717
青岛市	0.619	0.626	0.64	0.639	0.643	0.663	0.704	0.735	0.722	0.741	0.744	0.775	0.775	0.782
淄博市	0.521	0.551	0.544	0.562	0.606	0.62	0.604	0.614	0.519	0.559	0.544	0.55	0.559	0.563
枣庄市	0.389	0.403	0.406	0.393	0.427	0.402	0.42	0.438	0.395	0.413	0.436	0.426	0.424	0.422
东营市	0.412	0.42	0.42	0.426	0.436	0.431	0.437	0.455	0.431	0.441	0.443	0.443	0.425	0.439
烟台市	0.467	0.476	0.484	0.495	0.537	0.544	0.55	0.563	0.502	0.47	0.496	0.498	0.503	0.504
潍坊市	0.417	0.435	0.44	0.468	0.478	0.484	0.505	0.536	0.457	0.453	0.485	0.496	0.478	0.479
济宁市	0.409	0.442	0.452	0.46	0.463	0.442	0.464	0.484	0.445	0.454	0.462	0.481	0.487	0.502
泰安市	0.38	0.392	0.393	0.39	0.405	0.409	0.415	0.431	0.402	0.428	0.432	0.445	0.453	0.459
威海市	0.394	0.404	0.399	0.415	0.463	0.456	0.458	0.467	0.433	0.445	0.457	0.478	0.486	0.489

地区	2006 年	2007 年	2008 年	2009 年	2010 年	2011 年	2012 年	2013 年	2014 年	2015 年	2016 年	2017 年	2018 年	2019 年
日照市	0.375	0.387	0.37	0.362	0.387	0.384	0.389	0.399	0.375	0.387	0.383	0.391	0.4	0.409
临沂市	0.481	0.492	0.492	0.501	0.528	0.534	0.517	0.528	0.46	0.476	0.492	0.492	0.487	0.49
德州市	0.381	0.398	0.4	0.413	0.444	0.437	0.438	0.46	0.392	0.423	0.414	0.426	0.421	0.433
聊城市	0.362	0.371	0.38	0.393	0.407	0.399	0.414	0.431	0.434	0.452	0.42	0.434	0.434	0.439
滨州市	0.326	0.319	0.335	0.339	0.378	0.407	0.376	0.394	0.378	0.405	0.405	0.444	0.437	0.382
菏泽市	0.342	0.353	0.359	0.374	0.432	0.427	0.429	0.441	0.391	0.425	0.431	0.443	0.464	0.479

为横向比较黄河流域沿线各地级市交通物流与保护治理耦合协调发展情况，计算并整理出 2006～2019 年各地级市两大系统耦合协调度平均值（见表 5-74）。从空间上看，沿线城市交通物流与保护治理耦合协调度与两大系统综合发展水平分布较为相似。其中，西安市、青岛市耦合协调度最高，处于中级协调阶段；郑州市、济南市处于初级协调阶段；太原市、呼和浩特市、兰州市、洛阳市、淄博市、烟台市处于勉强协调阶段。这些城市的交通物流发展水平较高，保护治理系统与其他城市比具有显著优势，在一定程度上弥补了保护治理系统的不均衡。其他城市处于濒临失调、轻度失调状态，自然条件的限制和落后的交通物流发展水平是阻碍其生态发展的重要因素。从市域两大系统综合发展水平来看，制约其耦合协调发展的主导因素各有不同。西安市、郑州市 2 个城市的交通物流评价值都略高于保护治理评价值，为生态滞后型，自然资源和保护治理短板是牵制其协调发展的主导因素，而其他 56 个城市的交通物流评价值都略低于保护治理评价，为交通物流滞后型，交通物流短板是牵制其协调发展的主导因素。

表 5-74　　　　　　2006～2019 年黄河流域各地级市保护治理与交通物流耦合协调度均值比较

地区	保护治理综合指数	交通物流综合指数	耦合度	综合评价指数	耦合协调度	耦合协调等级
太原市	0.421	0.268	0.971	0.344	0.574	勉强协调
阳泉市	0.234	0.084	0.882	0.159	0.373	轻度失调
长治市	0.299	0.075	0.801	0.187	0.387	轻度失调
晋中市	0.296	0.06	0.752	0.178	0.363	轻度失调
忻州市	0.257	0.037	0.669	0.147	0.311	轻度失调
临汾市	0.245	0.071	0.842	0.158	0.36	轻度失调
吕梁市	0.259	0.031	0.614	0.145	0.297	中度失调
呼和浩特市	0.334	0.203	0.97	0.269	0.508	勉强协调
包头市	0.341	0.175	0.943	0.258	0.493	濒临失调
鄂尔多斯市	0.316	0.072	0.777	0.194	0.388	轻度失调
榆林市	0.27	0.062	0.772	0.166	0.354	轻度失调
兰州市	0.338	0.288	0.995	0.313	0.555	勉强协调
白银市	0.233	0.068	0.841	0.151	0.351	轻度失调
定西市	0.266	0.036	0.631	0.151	0.306	轻度失调
西宁市	0.295	0.204	0.98	0.249	0.494	濒临失调
银川市	0.362	0.163	0.923	0.263	0.492	濒临失调
石嘴山市	0.309	0.055	0.716	0.182	0.361	轻度失调
吴忠市	0.298	0.044	0.665	0.171	0.336	轻度失调
中卫市	0.305	0.041	0.638	0.173	0.331	轻度失调
运城市	0.286	0.071	0.8	0.178	0.375	轻度失调

地区	保护治理综合指数	交通物流综合指数	耦合度	综合评价指数	耦合协调度	耦合协调等级
西安市	0.446	0.69	0.971	0.568	0.74	中级协调
铜川市	0.293	0.04	0.653	0.167	0.327	轻度失调
宝鸡市	0.299	0.126	0.91	0.213	0.44	濒临失调
咸阳市	0.298	0.095	0.855	0.197	0.408	濒临失调
渭南市	0.315	0.062	0.74	0.189	0.371	轻度失调
天水市	0.284	0.067	0.782	0.175	0.37	轻度失调
平凉市	0.276	0.043	0.682	0.159	0.327	轻度失调
庆阳市	0.296	0.047	0.683	0.172	0.34	轻度失调
商洛市	0.225	0.031	0.649	0.128	0.287	中度失调
晋城市	0.328	0.058	0.715	0.193	0.37	轻度失调
亳州市	0.346	0.054	0.678	0.2	0.368	轻度失调
郑州市	0.473	0.494	0.989	0.484	0.688	初级协调
开封市	0.307	0.112	0.876	0.209	0.426	濒临失调
洛阳市	0.343	0.188	0.956	0.266	0.502	勉强协调
平顶山市	0.344	0.1	0.833	0.222	0.43	濒临失调
鹤壁市	0.327	0.052	0.684	0.189	0.359	轻度失调
新乡市	0.366	0.108	0.837	0.237	0.445	濒临失调
焦作市	0.34	0.075	0.77	0.207	0.399	轻度失调
许昌市	0.352	0.073	0.753	0.212	0.399	轻度失调
漯河市	0.364	0.074	0.75	0.219	0.405	濒临失调
商丘市	0.346	0.127	0.881	0.236	0.456	濒临失调
周口市	0.327	0.064	0.736	0.195	0.379	轻度失调
济南市	0.472	0.409	0.996	0.441	0.661	初级协调
青岛市	0.496	0.496	0.996	0.496	0.701	中级协调
淄博市	0.407	0.256	0.967	0.331	0.565	勉强协调
枣庄市	0.364	0.081	0.772	0.223	0.414	濒临失调
东营市	0.379	0.093	0.795	0.236	0.433	濒临失调
烟台市	0.354	0.189	0.945	0.272	0.506	勉强协调
潍坊市	0.367	0.139	0.884	0.253	0.472	濒临失调
济宁市	0.413	0.11	0.812	0.262	0.461	濒临失调
泰安市	0.358	0.085	0.784	0.222	0.417	濒临失调
威海市	0.364	0.111	0.84	0.237	0.446	濒临失调
日照市	0.363	0.061	0.705	0.212	0.386	轻度失调
临沂市	0.384	0.162	0.907	0.273	0.498	濒临失调
德州市	0.353	0.09	0.801	0.221	0.42	濒临失调
聊城市	0.356	0.082	0.778	0.219	0.412	濒临失调
滨州市	0.322	0.068	0.746	0.195	0.38	轻度失调
菏泽市	0.349	0.087	0.787	0.218	0.414	濒临失调

　　将黄河流域各地级市数字通信和保护治理两大系统的综合指数分别代入耦合度和耦合协调度公式，从而得到各地级市数字通信与保护治理复合系统耦合协调度（见表5-75）。随着时间的推移，黄河流域沿线各地级市的耦合协调度变动以保持稳定和缓慢上升为主，总体上向着良性耦合协调方向演变，但部分个别城市存在小幅下滑趋势。具体而言，吕梁市、渭南市、青岛市等城市耦合协调度基本保持在固定区间，说明其数字通信与保护治理耦合协调发展关系比较稳定；西安、郑州、青岛是流域内工业化、城镇化水平最高的城市，数字通信发展迅速，耦合协调度始终保持高位；榆林市、白银市、西宁市、天水市、平凉市、商洛市、晋城市由轻度失调上升为濒临失调，呼和浩特市、兰州市、洛阳市、商丘市、周口市由濒临失调上升为勉强协调，主要得益于国家流域治理和数字通信开发制度的完善和生态环境保护力度的加大。此外，西安市、郑州市的耦合协调度有大幅上涨，上升为中级协调。与此同时，阳泉市、石嘴山市、平凉市两大系统耦合协调度上升幅度较小。由于自身薄弱的数字通信和脆弱的生态环境，自2006年始，白银市耦合协调度始终在流域内垫底，亟须结合自身实际情况，制定相应的数字通信与保护治理耦合协调发展策略，采取综合性措施，推动二者向良性协调方向发展。

表5-75　　　　　　　　2006~2019年黄河流域各地级市保护治理与数字通信耦合协调度年际变化

地区	2006年	2007年	2008年	2009年	2010年	2011年	2012年	2013年	2014年	2015年	2016年	2017年	2018年	2019年
太原市	0.523	0.507	0.517	0.548	0.539	0.552	0.549	0.557	0.55	0.608	0.609	0.56	0.575	0.591
阳泉市	0.342	0.34	0.349	0.355	0.381	0.376	0.375	0.361	0.337	0.372	0.358	0.34	0.349	0.359
长治市	0.427	0.455	0.455	0.473	0.472	0.448	0.437	0.437	0.417	0.46	0.433	0.437	0.458	0.449
晋中市	0.444	0.42	0.421	0.445	0.459	0.464	0.45	0.463	0.455	0.497	0.477	0.453	0.458	0.474
忻州市	0.473	0.457	0.469	0.476	0.489	0.44	0.444	0.457	0.452	0.488	0.505	0.501	0.492	0.489
临汾市	0.416	0.428	0.425	0.447	0.465	0.45	0.441	0.449	0.441	0.48	0.471	0.472	0.473	0.472
吕梁市	0.484	0.51	0.506	0.505	0.464	0.434	0.44	0.443	0.461	0.467	0.469	0.463	0.481	0.49
呼和浩特市	0.425	0.409	0.431	0.46	0.445	0.445	0.433	0.437	0.42	0.464	0.473	0.465	0.518	0.522
包头市	0.437	0.452	0.439	0.442	0.432	0.421	0.412	0.425	0.415	0.426	0.412	0.41	0.415	0.412
鄂尔多斯市	0.435	0.401	0.41	0.413	0.412	0.427	0.407	0.389	0.366	0.417	0.393	0.379	0.386	0.386
榆林市	0.392	0.408	0.435	0.415	0.475	0.478	0.479	0.465	0.443	0.485	0.48	0.451	0.455	0.458
兰州市	0.479	0.477	0.463	0.434	0.467	0.474	0.472	0.452	0.44	0.459	0.462	0.516	0.526	0.531
白银市	0.313	0.32	0.314	0.307	0.318	0.329	0.348	0.361	0.353	0.368	0.38	0.386	0.396	0.401
定西市	0.427	0.412	0.404	0.401	0.403	0.369	0.424	0.423	0.419	0.435	0.443	0.476	0.491	0.488
西宁市	0.392	0.408	0.409	0.411	0.411	0.402	0.446	0.449	0.441	0.422	0.456	0.425	0.443	0.462
银川市	0.431	0.433	0.425	0.388	0.413	0.429	0.437	0.442	0.426	0.438	0.436	0.429	0.432	0.447
石嘴山市	0.332	0.35	0.346	0.346	0.321	0.314	0.323	0.319	0.284	0.328	0.33	0.292	0.299	0.295
吴忠市	0.388	0.365	0.37	0.351	0.37	0.338	0.324	0.32	0.297	0.35	0.326	0.33	0.349	0.344
中卫市	0.375	0.373	0.326	0.291	0.28	0.325	0.331	0.352	0.318	0.341	0.34	0.362	0.35	0.363
运城市	0.431	0.452	0.51	0.503	0.506	0.499	0.506	0.502	0.472	0.493	0.49	0.477	0.44	0.473
西安市	0.627	0.638	0.621	0.632	0.668	0.673	0.688	0.705	0.697	0.721	0.666	0.695	0.69	0.762
铜川市	0.403	0.295	0.302	0.331	0.334	0.335	0.334	0.338	0.311	0.343	0.338	0.349	0.338	0.339
宝鸡市	0.444	0.456	0.453	0.451	0.437	0.446	0.443	0.441	0.439	0.446	0.442	0.451	0.452	0.442
咸阳市	0.446	0.435	0.435	0.436	0.444	0.433	0.474	0.466	0.455	0.465	0.468	0.464	0.456	0.47
渭南市	0.486	0.464	0.483	0.49	0.488	0.508	0.494	0.49	0.489	0.525	0.506	0.502	0.498	0.494
天水市	0.376	0.39	0.399	0.416	0.454	0.424	0.424	0.416	0.404	0.429	0.421	0.457	0.445	0.457
平凉市	0.335	0.366	0.365	0.394	0.452	0.422	0.369	0.383	0.387	0.457	0.423	0.453	0.464	0.47

地区	2006年	2007年	2008年	2009年	2010年	2011年	2012年	2013年	2014年	2015年	2016年	2017年	2018年	2019年
庆阳市	0.507	0.512	0.508	0.501	0.425	0.421	0.45	0.463	0.431	0.437	0.443	0.46	0.466	0.475
商洛市	0.355	0.363	0.384	0.387	0.397	0.448	0.409	0.412	0.392	0.461	0.427	0.417	0.418	0.43
晋城市	0.393	0.445	0.431	0.441	0.442	0.446	0.442	0.443	0.427	0.451	0.44	0.429	0.433	0.44
亳州市	0.496	0.518	0.479	0.424	0.438	0.433	0.441	0.446	0.442	0.45	0.445	0.451	0.452	0.452
郑州市	0.611	0.628	0.625	0.625	0.618	0.619	0.621	0.618	0.65	0.684	0.69	0.719	0.74	0.74
开封市	0.414	0.409	0.422	0.439	0.43	0.425	0.414	0.421	0.404	0.451	0.441	0.445	0.439	0.444
洛阳市	0.484	0.512	0.512	0.5	0.494	0.505	0.513	0.527	0.511	0.523	0.54	0.556	0.536	0.55
平顶山市	0.473	0.469	0.464	0.464	0.458	0.455	0.456	0.459	0.45	0.464	0.465	0.451	0.454	0.458
鹤壁市	0.342	0.365	0.355	0.361	0.358	0.355	0.356	0.355	0.333	0.362	0.362	0.358	0.359	0.358
新乡市	0.505	0.519	0.519	0.519	0.527	0.509	0.5	0.501	0.49	0.51	0.498	0.506	0.529	0.519
焦作市	0.454	0.453	0.442	0.451	0.448	0.445	0.435	0.433	0.416	0.45	0.445	0.45	0.448	0.447
许昌市	0.48	0.466	0.431	0.469	0.466	0.462	0.452	0.447	0.433	0.464	0.451	0.447	0.453	0.449
漯河市	0.399	0.4	0.394	0.39	0.405	0.396	0.389	0.39	0.368	0.402	0.396	0.351	0.35	0.397
商丘市	0.48	0.501	0.496	0.497	0.512	0.52	0.498	0.509	0.504	0.524	0.519	0.498	0.498	0.501
周口市	0.493	0.5	0.5	0.491	0.473	0.484	0.483	0.49	0.481	0.493	0.495	0.501	0.507	0.512
济南市	0.608	0.591	0.597	0.637	0.645	0.639	0.64	0.643	0.644	0.629	0.637	0.62	0.628	0.633
青岛市	0.674	0.66	0.666	0.657	0.627	0.645	0.673	0.677	0.751	0.709	0.699	0.699	0.694	0.683
淄博市	0.521	0.52	0.511	0.51	0.507	0.509	0.509	0.509	0.484	0.51	0.506	0.492	0.5	0.496
枣庄市	0.422	0.441	0.456	0.473	0.45	0.431	0.442	0.457	0.443	0.458	0.452	0.441	0.444	0.442
东营市	0.464	0.472	0.462	0.467	0.454	0.458	0.45	0.44	0.422	0.465	0.455	0.413	0.42	0.418
烟台市	0.593	0.578	0.573	0.569	0.566	0.559	0.558	0.555	0.541	0.541	0.566	0.523	0.517	0.52
潍坊市	0.583	0.586	0.581	0.576	0.547	0.57	0.643	0.665	0.64	0.594	0.671	0.559	0.569	0.574
济宁市	0.562	0.568	0.56	0.559	0.549	0.516	0.535	0.531	0.521	0.544	0.552	0.532	0.52	0.528
泰安市	0.534	0.484	0.491	0.503	0.501	0.503	0.499	0.5	0.484	0.511	0.504	0.479	0.483	0.482
威海市	0.483	0.489	0.469	0.482	0.472	0.46	0.468	0.462	0.439	0.472	0.474	0.447	0.448	0.446
日照市	0.427	0.439	0.414	0.415	0.424	0.426	0.437	0.431	0.417	0.432	0.438	0.418	0.418	0.418
临沂市	0.561	0.579	0.556	0.557	0.552	0.563	0.559	0.561	0.546	0.57	0.566	0.545	0.548	0.553
德州市	0.513	0.522	0.519	0.525	0.511	0.518	0.486	0.488	0.464	0.527	0.497	0.481	0.488	0.489
聊城市	0.485	0.491	0.494	0.502	0.483	0.484	0.482	0.488	0.476	0.512	0.491	0.477	0.488	0.474
滨州市	0.462	0.443	0.457	0.468	0.467	0.474	0.428	0.465	0.444	0.474	0.453	0.448	0.453	0.453
菏泽市	0.547	0.554	0.558	0.556	0.543	0.544	0.496	0.505	0.488	0.555	0.502	0.488	0.497	0.505

　　为横向比较黄河流域沿线各地级市数字通信与保护治理耦合协调发展情况，计算并整理出2006～2019年各地级市两大系统耦合协调度平均值（见表5－76）。从空间上看，沿线城市数字通信与保护治理耦合协调度与两大系统综合发展水平分布较为相似。其中，西安市、郑州市、济南市、青岛市耦合协调度最高，处于初级协调阶段；太原市、洛阳市、新乡市、商丘市、淄博市、烟台市、潍坊市、济宁市、临沂市、德州市、菏泽市处于勉强协调阶段。这些城市的数字通信发展水平较高，保护治理系统与其他城市比具有显著优势，在一定程度上弥补了保护治理系统的不均衡。其他城市处于濒临失调、轻度失调状态，自然条件的限制和落后的数字通信发展水平是阻碍其生态发展的重要因素。从市域两大系统综合发展水平来看，制约其耦合协调发展的主导因素各有不同。西安市的数字通信评价值略高于保护治理评价值，为生态

滞后型，自然资源和保护治理短板是牵制其协调发展的主导因素，而其他城市的数字通信评价值都略低于保护治理评价值，为数字通信滞后型，数字通信短板是牵制其协调发展的主导因素。

表 5－76　　　　　　　　2006～2019 年黄河流域各地级市保护治理与数字通信耦合协调度均值比较

地区	保护治理综合指数	数字通信综合指数	耦合度	综合评价指数	耦合协调度	耦合协调等级
太原市	0.421	0.241	0.946	0.331	0.556	勉强协调
阳泉市	0.234	0.071	0.842	0.152	0.357	轻度失调
长治市	0.299	0.135	0.922	0.217	0.447	濒临失调
晋中市	0.296	0.152	0.933	0.224	0.456	濒临失调
忻州市	0.257	0.202	0.982	0.229	0.474	濒临失调
临汾市	0.245	0.181	0.963	0.213	0.452	濒临失调
吕梁市	0.259	0.197	0.981	0.228	0.473	濒临失调
呼和浩特市	0.334	0.13	0.896	0.232	0.453	濒临失调
包头市	0.341	0.097	0.825	0.219	0.425	濒临失调
鄂尔多斯市	0.316	0.084	0.807	0.2	0.402	濒临失调
榆林市	0.27	0.16	0.954	0.215	0.451	濒临失调
兰州市	0.338	0.156	0.923	0.247	0.475	濒临失调
白银市	0.233	0.067	0.84	0.15	0.35	轻度失调
定西市	0.266	0.13	0.939	0.198	0.43	濒临失调
西宁市	0.295	0.114	0.896	0.204	0.427	濒临失调
银川市	0.362	0.094	0.807	0.228	0.429	濒临失调
石嘴山市	0.309	0.035	0.6	0.172	0.32	轻度失调
吴忠市	0.298	0.048	0.687	0.173	0.344	轻度失调
中卫市	0.305	0.044	0.66	0.174	0.338	轻度失调
运城市	0.286	0.198	0.964	0.242	0.482	濒临失调
西安市	0.446	0.484	0.991	0.465	0.677	初级协调
铜川市	0.293	0.047	0.676	0.17	0.335	轻度失调
宝鸡市	0.299	0.133	0.92	0.216	0.446	濒临失调
咸阳市	0.298	0.144	0.934	0.221	0.453	濒临失调
渭南市	0.315	0.195	0.959	0.255	0.494	濒临失调
天水市	0.284	0.113	0.902	0.198	0.422	濒临失调
平凉市	0.276	0.106	0.89	0.191	0.41	濒临失调
庆阳市	0.296	0.16	0.948	0.228	0.464	濒临失调
商洛市	0.225	0.125	0.954	0.175	0.407	濒临失调
晋城市	0.328	0.111	0.868	0.22	0.436	濒临失调
亳州市	0.346	0.13	0.87	0.238	0.455	濒临失调
郑州市	0.473	0.413	0.98	0.443	0.656	初级协调
开封市	0.307	0.112	0.882	0.21	0.428	濒临失调
洛阳市	0.343	0.214	0.969	0.279	0.519	勉强协调
平顶山市	0.344	0.132	0.891	0.238	0.46	濒临失调
鹤壁市	0.327	0.05	0.677	0.188	0.355	轻度失调

地区	保护治理综合指数	数字通信综合指数	耦合度	综合评价指数	耦合协调度	耦合协调等级
新乡市	0.366	0.188	0.944	0.277	0.511	勉强协调
焦作市	0.34	0.116	0.867	0.228	0.444	濒临失调
许昌市	0.352	0.124	0.873	0.238	0.455	濒临失调
漯河市	0.364	0.064	0.708	0.214	0.388	轻度失调
商丘市	0.346	0.187	0.953	0.267	0.504	勉强协调
周口市	0.327	0.182	0.956	0.255	0.493	濒临失调
济南市	0.472	0.336	0.978	0.404	0.628	初级协调
青岛市	0.496	0.45	0.979	0.473	0.68	初级协调
淄博市	0.407	0.164	0.899	0.285	0.506	勉强协调
枣庄市	0.364	0.111	0.843	0.237	0.447	濒临失调
东营市	0.379	0.108	0.822	0.243	0.447	濒临失调
烟台市	0.354	0.272	0.983	0.313	0.554	勉强协调
潍坊市	0.367	0.357	0.989	0.362	0.597	勉强协调
济宁市	0.413	0.21	0.94	0.312	0.541	勉强协调
泰安市	0.358	0.172	0.931	0.265	0.497	濒临失调
威海市	0.364	0.131	0.875	0.247	0.465	濒临失调
日照市	0.363	0.091	0.8	0.227	0.425	濒临失调
临沂市	0.384	0.255	0.976	0.319	0.558	勉强协调
德州市	0.353	0.187	0.935	0.27	0.502	勉强协调
聊城市	0.356	0.161	0.921	0.258	0.488	濒临失调
滨州市	0.322	0.137	0.911	0.229	0.456	濒临失调
菏泽市	0.349	0.224	0.96	0.286	0.524	勉强协调

　　将黄河流域各地级市设施建设和保护治理两大系统的综合指数分别代入耦合度和耦合协调度公式，从而得到各地级市设施建设与保护治理复合系统耦合协调度（见表5-77）。随着时间的推移，黄河流域沿线各地级市的耦合协调度变动以保持稳定和缓慢上升为主，总体上向着良性耦合协调方向演变，但部分个别城市存在小幅下滑趋势。具体而言，吕梁市、定西市、吴忠市、中卫市、宝鸡市等城市耦合协调度基本保持在固定区间，说明其设施建设与保护治理耦合协调发展关系比较稳定；西安市、郑州市、青岛市是流域内工业化、城镇化水平最高的城市，设施建设发展迅速，耦合协调度始终保持高位；包头市、吴忠市、宝鸡市、天水市4个城市设施建设增长动力疲软，依靠环境投入与治理的加强，耦合协调度相对稳定。阳泉市、长治市、忻州市、临汾市、吕梁市、榆林市、白银市、定西市、石嘴山市、中卫市、运城市、平凉市、庆阳市、商洛市、晋城市、鹤壁市由中度失调上升为轻度失调，鄂尔多斯市、西宁市、银川市、咸阳市、亳州市、开封市、平顶山市、新乡市、焦作市、许昌市、漯河市、商丘市、周口市、聊城市由轻度失调上升为濒临失调，东营市、烟台市、潍坊市、济宁市、泰安市、威海市、临沂市、菏泽市濒临失调上升为勉强协调，主要得益于国家流域治理和设施建设开发制度的完善和生态环境保护力度的加大。此外，西安市、郑州市、济南市、青岛市的耦合协调度有大幅上涨，上升为良好协调。与此同时，吕梁市、定西市、吴忠市、中卫市、庆阳市两大系统耦合协调度上升幅度较小。由于自身薄弱的设施建设和脆弱的生态环境，自2006年始，定西市耦合协调度始终在流域内垫底，亟须结合自身实际情况，制定相应的设施建设与保护治理耦合协调发展策略，采取综合性措施，推动二者向良性协调方向发展。

表 5 – 77　　　　　　　2006 ~ 2019 年黄河流域各地级市保护治理与设施建设耦合协调度年际变化

地区	2006 年	2007 年	2008 年	2009 年	2010 年	2011 年	2012 年	2013 年	2014 年	2015 年	2016 年	2017 年	2018 年	2019 年
太原市	0.467	0.417	0.449	0.486	0.496	0.523	0.537	0.609	0.594	0.613	0.705	0.695	0.713	0.745
阳泉市	0.277	0.279	0.29	0.301	0.331	0.332	0.343	0.337	0.336	0.358	0.343	0.355	0.352	0.361
长治市	0.298	0.316	0.323	0.335	0.341	0.335	0.342	0.352	0.35	0.374	0.367	0.361	0.376	0.394
晋中市	0.291	0.273	0.287	0.308	0.326	0.335	0.35	0.369	0.372	0.399	0.409	0.414	0.432	0.42
忻州市	0.251	0.245	0.255	0.261	0.283	0.258	0.293	0.313	0.295	0.32	0.341	0.351	0.355	0.355
临汾市	0.245	0.253	0.257	0.267	0.279	0.294	0.304	0.323	0.288	0.317	0.336	0.325	0.329	0.324
吕梁市	0.272	0.278	0.282	0.291	0.264	0.279	0.282	0.289	0.286	0.313	0.326	0.312	0.322	0.311
呼和浩特市	0.333	0.336	0.373	0.395	0.41	0.435	0.418	0.425	0.471	0.489	0.546	0.551	0.539	0.541
包头市	0.406	0.431	0.443	0.458	0.467	0.479	0.477	0.479	0.493	0.511	0.49	0.497	0.492	0.491
鄂尔多斯市	0.308	0.32	0.383	0.406	0.44	0.488	0.469	0.428	0.437	0.446	0.444	0.446	0.455	0.45
榆林市	0.23	0.232	0.271	0.268	0.313	0.31	0.329	0.345	0.328	0.362	0.367	0.356	0.358	0.383
兰州市	0.399	0.431	0.476	0.459	0.51	0.534	0.563	0.561	0.573	0.596	0.603	0.658	0.677	0.639
白银市	0.242	0.255	0.239	0.256	0.263	0.269	0.283	0.295	0.296	0.325	0.34	0.354	0.347	0.345
定西市	0.257	0.245	0.243	0.245	0.248	0.235	0.265	0.268	0.286	0.32	0.307	0.312	0.316	0.301
西宁市	0.312	0.34	0.367	0.349	0.371	0.389	0.413	0.433	0.429	0.452	0.454	0.476	0.483	0.49
银川市	0.372	0.387	0.447	0.399	0.448	0.445	0.453	0.467	0.479	0.5	0.487	0.497	0.505	0.487
石嘴山市	0.292	0.322	0.332	0.329	0.329	0.343	0.335	0.355	0.356	0.39	0.381	0.375	0.386	0.377
吴忠市	0.277	0.271	0.298	0.279	0.321	0.303	0.309	0.308	0.28	0.322	0.309	0.318	0.322	0.3
中卫市	0.277	0.284	0.257	0.271	0.272	0.283	0.293	0.314	0.279	0.31	0.313	0.302	0.302	0.309
运城市	0.236	0.25	0.273	0.292	0.307	0.311	0.319	0.322	0.303	0.344	0.331	0.328	0.34	0.347
西安市	0.501	0.545	0.599	0.575	0.667	0.664	0.697	0.723	0.76	0.778	0.714	0.776	0.793	0.866
铜川市	0.293	0.278	0.383	0.308	0.438	0.461	0.479	0.489	0.503	0.517	0.499	0.511	0.529	0.471
宝鸡市	0.355	0.354	0.357	0.361	0.365	0.391	0.382	0.374	0.367	0.38	0.401	0.394	0.388	0.39
咸阳市	0.328	0.334	0.334	0.329	0.362	0.36	0.397	0.405	0.421	0.445	0.419	0.417	0.416	0.412
渭南市	0.288	0.296	0.316	0.312	0.322	0.36	0.369	0.379	0.391	0.413	0.414	0.408	0.409	0.411
天水市	0.309	0.364	0.325	0.331	0.333	0.334	0.34	0.337	0.308	0.344	0.349	0.374	0.363	0.372
平凉市	0.262	0.268	0.292	0.311	0.29	0.278	0.272	0.297	0.284	0.342	0.333	0.346	0.341	0.341
庆阳市	0.266	0.271	0.282	0.284	0.264	0.265	0.296	0.302	0.276	0.309	0.32	0.321	0.333	0.327
商洛市	0.236	0.242	0.245	0.262	0.267	0.272	0.276	0.285	0.293	0.327	0.327	0.312	0.323	0.322
晋城市	0.257	0.285	0.302	0.316	0.318	0.328	0.342	0.341	0.321	0.353	0.352	0.35	0.348	0.36
亳州市	0.36	0.354	0.384	0.382	0.404	0.402	0.423	0.433	0.425	0.443	0.448	0.401	0.408	0.414
郑州市	0.467	0.514	0.53	0.544	0.548	0.561	0.578	0.597	0.655	0.695	0.708	0.774	0.791	0.81
开封市	0.323	0.327	0.346	0.372	0.377	0.39	0.393	0.399	0.409	0.46	0.46	0.467	0.468	0.471
洛阳市	0.382	0.398	0.407	0.403	0.405	0.42	0.445	0.46	0.458	0.47	0.494	0.519	0.496	0.536
平顶山市	0.328	0.332	0.344	0.357	0.362	0.371	0.377	0.385	0.374	0.399	0.406	0.407	0.412	0.417
鹤壁市	0.291	0.313	0.316	0.33	0.34	0.35	0.348	0.35	0.336	0.364	0.364	0.38	0.38	0.384
新乡市	0.358	0.378	0.394	0.396	0.403	0.405	0.409	0.409	0.461	0.473	0.462	0.473	0.481	0.488
焦作市	0.365	0.369	0.374	0.383	0.395	0.394	0.406	0.42	0.411	0.424	0.423	0.43	0.435	＼ 0.435

地区	2006 年	2007 年	2008 年	2009 年	2010 年	2011 年	2012 年	2013 年	2014 年	2015 年	2016 年	2017 年	2018 年	2019 年
许昌市	0.322	0.338	0.32	0.35	0.355	0.359	0.369	0.373	0.366	0.389	0.383	0.387	0.407	0.44
漯河市	0.34	0.343	0.34	0.345	0.366	0.363	0.368	0.37	0.353	0.39	0.399	0.398	0.406	0.416
商丘市	0.332	0.351	0.356	0.359	0.362	0.364	0.373	0.385	0.394	0.417	0.419	0.437	0.439	0.483
周口市	0.314	0.31	0.329	0.325	0.342	0.357	0.364	0.368	0.387	0.41	0.415	0.409	0.412	0.424
济南市	0.586	0.58	0.627	0.689	0.698	0.71	0.714	0.728	0.755	0.728	0.756	0.765	0.793	0.816
青岛市	0.559	0.53	0.576	0.591	0.613	0.635	0.7	0.712	0.734	0.749	0.758	0.796	0.829	0.832
淄博市	0.486	0.502	0.489	0.511	0.527	0.541	0.56	0.568	0.586	0.598	0.597	0.606	0.624	0.628
枣庄市	0.396	0.404	0.422	0.43	0.428	0.416	0.462	0.48	0.484	0.491	0.495	0.494	0.499	0.503
东营市	0.412	0.422	0.418	0.434	0.425	0.431	0.457	0.463	0.466	0.479	0.505	0.51	0.506	0.503
烟台市	0.453	0.427	0.466	0.472	0.482	0.492	0.513	0.519	0.516	0.5	0.534	0.545	0.563	0.578
潍坊市	0.413	0.44	0.445	0.462	0.453	0.476	0.482	0.514	0.513	0.523	0.526	0.523	0.543	0.55
济宁市	0.416	0.44	0.429	0.449	0.454	0.445	0.478	0.521	0.53	0.551	0.568	0.57	0.566	0.577
泰安市	0.417	0.443	0.444	0.443	0.452	0.465	0.497	0.495	0.483	0.498	0.511	0.53	0.528	0.536
威海市	0.449	0.466	0.454	0.465	0.462	0.481	0.498	0.499	0.525	0.553	0.563	0.565	0.571	0.549
日照市	0.41	0.411	0.397	0.405	0.437	0.445	0.442	0.453	0.464	0.477	0.47	0.465	0.488	0.491
临沂市	0.44	0.475	0.501	0.508	0.504	0.514	0.535	0.553	0.558	0.558	0.556	0.567	0.572	0.589
德州市	0.356	0.342	0.363	0.376	0.389	0.397	0.418	0.429	0.453	0.482	0.485	0.486	0.506	0.506
聊城市	0.395	0.398	0.408	0.418	0.418	0.417	0.431	0.445	0.456	0.474	0.469	0.476	0.477	0.484
滨州市	0.34	0.381	0.405	0.414	0.428	0.454	0.431	0.469	0.474	0.491	0.48	0.49	0.504	0.504
菏泽市	0.404	0.411	0.418	0.423	0.433	0.438	0.433	0.44	0.445	0.462	0.473	0.483	0.502	0.514

为横向比较黄河流域沿线各地级市设施建设与保护治理耦合协调发展情况，计算并整理出 2006～2019 年各地级市两大系统耦合协调度平均值（见表 5－78）。从空间上看，沿线城市设施建设与保护治理耦合协调度与两大系统综合发展水平分布较为相似。其中，济南市耦合协调度最高，处于中级协调阶段；西安市、郑州市、青岛市处于初级协调阶段；太原市、兰州市、淄博市、烟台市、威海市、临沂市处于勉强协调阶段。这些城市的设施建设发展水平较高，保护治理系统与其他城市比具有显著优势，在一定程度上弥补了保护治理系统的不均衡。其他城市处于濒临失调、轻度失调状态，自然条件的限制和落后的设施建设发展水平是阻碍其生态发展的重要因素。从市域两大系统综合发展水平来看，制约其耦合协调发展的主导因素各有不同。西安市、济南市的设施建设评价值略高于保护治理评价值，为生态滞后型，自然资源和保护治理短板是牵制其协调发展的主导因素，而其他 56 个城市的设施建设评价值都略低于保护治理评价值，为设施建设滞后型，设施建设短板是牵制其协调发展的主导因素。

表 5－78　　　　　　　2006～2019 年黄河流域各地级市保护治理与设施建设耦合协调度均值比较

地区	保护治理综合指数	设施建设综合指数	耦合度	综合评价指数	耦合协调度	耦合协调等级
太原市	0.421	0.279	0.973	0.35	0.575	勉强协调
阳泉市	0.234	0.051	0.763	0.142	0.328	轻度失调
长治市	0.299	0.05	0.694	0.175	0.347	轻度失调
晋中市	0.296	0.057	0.73	0.177	0.356	轻度失调
忻州市	0.257	0.032	0.623	0.144	0.298	中度失调
临汾市	0.245	0.033	0.653	0.139	0.296	中度失调

续表

地区	保护治理综合指数	设施建设综合指数	耦合度	综合评价指数	耦合协调度	耦合协调等级
吕梁市	0.259	0.029	0.601	0.144	0.293	中度失调
呼和浩特市	0.334	0.128	0.878	0.231	0.447	濒临失调
包头市	0.341	0.148	0.914	0.245	0.472	濒临失调
鄂尔多斯市	0.316	0.107	0.846	0.212	0.423	濒临失调
榆林市	0.27	0.041	0.666	0.155	0.318	轻度失调
兰州市	0.338	0.288	0.978	0.313	0.548	勉强协调
白银市	0.233	0.033	0.67	0.133	0.293	中度失调
定西市	0.266	0.022	0.531	0.144	0.275	中度失调
西宁市	0.295	0.102	0.857	0.198	0.411	濒临失调
银川市	0.362	0.123	0.855	0.243	0.455	濒临失调
石嘴山市	0.309	0.05	0.685	0.18	0.35	轻度失调
吴忠市	0.298	0.028	0.559	0.163	0.301	轻度失调
中卫市	0.305	0.024	0.519	0.164	0.291	中度失调
运城市	0.286	0.032	0.605	0.159	0.307	轻度失调
西安市	0.446	0.538	0.987	0.492	0.69	初级协调
铜川市	0.293	0.142	0.901	0.218	0.44	濒临失调
宝鸡市	0.299	0.067	0.772	0.183	0.376	轻度失调
咸阳市	0.298	0.075	0.797	0.186	0.384	轻度失调
渭南市	0.315	0.057	0.715	0.186	0.363	轻度失调
天水市	0.284	0.049	0.705	0.166	0.342	轻度失调
平凉市	0.276	0.032	0.609	0.154	0.304	轻度失调
庆阳市	0.296	0.026	0.544	0.161	0.294	中度失调
商洛市	0.225	0.031	0.642	0.128	0.285	中度失调
晋城市	0.328	0.036	0.59	0.182	0.327	轻度失调
亳州市	0.346	0.08	0.776	0.213	0.406	濒临失调
郑州市	0.473	0.346	0.987	0.409	0.627	初级协调
开封市	0.307	0.091	0.83	0.199	0.404	濒临失调
洛阳市	0.343	0.122	0.876	0.232	0.449	濒临失调
平顶山市	0.344	0.059	0.704	0.202	0.377	轻度失调
鹤壁市	0.327	0.045	0.648	0.186	0.346	轻度失调
新乡市	0.366	0.095	0.796	0.23	0.428	濒临失调
焦作市	0.34	0.08	0.782	0.21	0.405	濒临失调
许昌市	0.352	0.054	0.671	0.203	0.368	轻度失调
漯河市	0.364	0.053	0.664	0.208	0.371	轻度失调
商丘市	0.346	0.071	0.733	0.208	0.391	轻度失调
周口市	0.327	0.059	0.706	0.193	0.369	轻度失调
济南市	0.472	0.552	0.995	0.512	0.71	中级协调
青岛市	0.496	0.468	0.997	0.482	0.687	初级协调
淄博市	0.407	0.246	0.961	0.326	0.559	勉强协调

地区	保护治理综合指数	设施建设综合指数	耦合度	综合评价指数	耦合协调度	耦合协调等级
枣庄市	0.364	0.122	0.863	0.243	0.458	濒临失调
东营市	0.379	0.12	0.846	0.25	0.459	濒临失调
烟台市	0.354	0.188	0.941	0.271	0.504	勉强协调
潍坊市	0.367	0.161	0.914	0.264	0.49	濒临失调
济宁市	0.413	0.159	0.873	0.286	0.5	濒临失调
泰安市	0.358	0.153	0.909	0.256	0.482	濒临失调
威海市	0.364	0.187	0.937	0.275	0.507	勉强协调
日照市	0.363	0.111	0.845	0.237	0.447	濒临失调
临沂市	0.384	0.21	0.949	0.297	0.531	勉强协调
德州市	0.353	0.1	0.81	0.227	0.428	濒临失调
聊城市	0.356	0.107	0.84	0.231	0.44	濒临失调
滨州市	0.322	0.13	0.89	0.226	0.447	濒临失调
菏泽市	0.349	0.118	0.864	0.233	0.448	濒临失调

五、黄河流域城市群科教文卫发展子系统和生态保护子系统耦合协调发展状况评测与分析

（一）黄河流域城市群科教文卫子系统和生态保护子系统耦合协调状况评价

1. 生态质量子系统与科教文卫子系统耦合协调发展水平测度与评价

从表 5 - 79 来看，2006 ~ 2019 年，黄河流域生态质量与科技教育系统整体的耦合协调发展水平呈波动上升趋势且总体水平保持稳定，但是总体两个子系统的耦合协调发展水平等级由轻度失调转为濒临失调，由其中可以看出黄河流域的耦合度值明显总体高于黄河流域的耦合协调度值和综合评价指数值，这表明黄河流域的生态质量与科技教育子系统存在交互作用，且程度逐步加深，但各子系统的协调发展相对滞后。其中，生态质量综合发展水平呈现直线上升趋势，科技教育综合发展水平有所下降；生态质量以及综合评价指数二者波动变化趋势较一致，且呈现出与生态质量子系统发展水平综合指数同步的波动上升趋势，表明其发展间确实存在相互作用关系，共同影响着黄河流域的协调发展质量。总体来看，子系统的发展水平和协调程度虽然较低，但是总体发展趋势向好，水平稳步提升，区域协调发展水平发展趋势良好。

表 5 - 79　　　　　　　　　2006 ~ 2019 年黄河流域生态质量与科技教育系统耦合协调发展质量

年份	生态质量综合指数	科技教育综合指数	耦合度	综合评价指数	耦合协调度	耦合协调等级
2006	0.125	0.198	0.937	0.162	0.383	轻度失调
2007	0.136	0.203	0.938	0.169	0.392	轻度失调
2008	0.134	0.2	0.942	0.167	0.391	轻度失调
2009	0.152	0.19	0.947	0.171	0.397	轻度失调
2010	0.145	0.183	0.951	0.164	0.39	轻度失调
2011	0.156	0.183	0.959	0.169	0.398	轻度失调
2012	0.159	0.182	0.958	0.171	0.4	轻度失调
2013	0.169	0.207	0.947	0.188	0.42	濒临失调
2014	0.158	0.166	0.957	0.162	0.388	轻度失调
2015	0.178	0.177	0.958	0.177	0.405	濒临失调

年份	生态质量综合指数	科技教育综合指数	耦合度	综合评价指数	耦合协调度	耦合协调等级
2016	0.179	0.175	0.965	0.177	0.405	濒临失调
2017	0.186	0.168	0.969	0.177	0.406	濒临失调
2018	0.191	0.166	0.97	0.178	0.407	濒临失调
2019	0.19	0.167	0.974	0.179	0.407	濒临失调

从表5-80来看，2006~2019年，黄河流域生态质量与文化体育系统整体的耦合协调发展水平呈波动上升趋势且总体水平保持稳定，但是总体两个子系统的耦合协调发展水平等级处于轻度失调，由其中可以看出黄河流域的耦合度值明显总体高于黄河流域的耦合协调度值和综合评价指数值，这表明黄河流域的生态质量与文化体育子系统存在交互作用，且程度逐步加深，但各子系统的协调发展相对滞后。其中，生态质量和文化体育综合发展水平呈现直线上升趋势，且生态质量综合发展水平基本高于文化体育综合发展水平；生态质量、文化体育以及综合评价指数三者波动变化趋势较一致，也说明黄河流域生态质量与文化体育存在交互作用关系，同时综合评价指数发展水平呈现出与子系统各自发展水平综合指数同步的波动上升趋势，表明其发展间确实存在相互作用关系，共同影响着黄河流域的协调发展质量。总体来看，子系统的发展水平和协调程度虽然较低，但是总体发展趋势向好，水平稳步提升，区域协调发展水平发展趋势良好。

表5-80　　　　　　　　　2006~2019年黄河流域生态质量与文化体育系统耦合协调发展质量

年份	生态质量综合指数	文化体育综合指数	耦合度	综合评价指数	耦合协调度	耦合协调等级
2006	0.125	0.068	0.893	0.097	0.287	中度失调
2007	0.136	0.071	0.89	0.103	0.294	中度失调
2008	0.134	0.079	0.886	0.107	0.297	中度失调
2009	0.152	0.1	0.92	0.126	0.329	轻度失调
2010	0.145	0.1	0.924	0.123	0.326	轻度失调
2011	0.156	0.076	0.865	0.116	0.307	轻度失调
2012	0.159	0.076	0.858	0.118	0.308	轻度失调
2013	0.169	0.078	0.858	0.124	0.315	轻度失调
2014	0.158	0.074	0.821	0.116	0.297	中度失调
2015	0.178	0.082	0.861	0.13	0.323	轻度失调
2016	0.179	0.084	0.87	0.132	0.326	轻度失调
2017	0.186	0.083	0.87	0.134	0.33	轻度失调
2018	0.191	0.085	0.875	0.138	0.334	轻度失调
2019	0.19	0.083	0.867	0.136	0.33	轻度失调

从表5-81来看，2006~2019年，黄河流域生态质量与医疗卫生系统整体的耦合协调发展水平呈波动上升趋势且总体水平保持稳定，但是总体两个子系统的耦合协调发展水平等级由轻度失调转为濒临失调，由其中可以看出黄河流域的耦合度值明显总体高于黄河流域的耦合协调度值和综合评价指数值，这表明黄河流域的生态质量与医疗卫生子系统存在交互作用，且程度逐步加深，但各子系统的协调发展相对滞后。其中，生态质量和医疗卫生综合发展水平呈现直线上升趋势，且医疗卫生综合发展水平基本高于生态质量综合发展水平；生态质量、医疗卫生以及综合评价指数三者波动变化趋势较一致，也说明黄河流域生态质量与文化体育存在交互作用关系，同时综合评价指数发展水平呈现出与子系统各自发展水平综合指数同步的波动上升趋势，表明其发展间确实存在相互作用关系，共同影响着黄河流域的协调发展质量。总体来

看，子系统的发展水平和协调程度虽然较低，但是总体发展趋势向好，水平稳步提升，区域协调发展水平
发展趋势良好。

表 5 - 81　　　　　　　　　　　2006 ~ 2019 年黄河流域生态质量与医疗卫生系统耦合协调发展质量

年份	生态质量综合指数	医疗卫生综合指数	耦合度	综合评价指数	耦合协调度	耦合协调等级
2006	0. 125	0. 118	0. 966	0. 122	0. 337	轻度失调
2007	0. 136	0. 124	0. 961	0. 13	0. 346	轻度失调
2008	0. 134	0. 131	0. 962	0. 133	0. 351	轻度失调
2009	0. 152	0. 163	0. 953	0. 157	0. 379	轻度失调
2010	0. 145	0. 195	0. 946	0. 17	0. 393	轻度失调
2011	0. 156	0. 132	0. 96	0. 144	0. 366	轻度失调
2012	0. 159	0. 141	0. 958	0. 15	0. 373	轻度失调
2013	0. 169	0. 182	0. 952	0. 175	0. 4	濒临失调
2014	0. 158	0. 179	0. 943	0. 168	0. 39	轻度失调
2015	0. 178	0. 196	0. 948	0. 187	0. 412	濒临失调
2016	0. 179	0. 202	0. 954	0. 19	0. 416	濒临失调
2017	0. 186	0. 211	0. 978	0. 198	0. 43	濒临失调
2018	0. 191	0. 229	0. 973	0. 21	0. 44	濒临失调
2019	0. 19	0. 232	0. 975	0. 211	0. 442	濒临失调

2. 保护治理子系统与科教文卫子系统耦合协调发展水平测度与评价

从表 5 - 82 来看，2006 ~ 2019 年，黄河流域保护治理与科技教育系统整体的耦合协调发展水平呈波动
上升趋势且总体水平保持稳定，但是总体两个子系统的耦合协调发展水平等级处于濒临失调，由其中可以
看出黄河流域的耦合度值明显总体高于黄河流域的耦合协调度值和综合评价指数值，这表明黄河流域的保
护治理与科技教育子系统存在交互作用，且程度逐步加深，但各子系统的协调发展相对滞后。其中，保护
治理综合发展水平呈现直线上升趋势，且保护治理综合发展水平基本高于科技教育综合发展水平；保护治
理以及综合评价指数二者波动变化趋势较一致，同时综合评价指数发展水平呈现出与子系统各自发展水平
综合指数同步的波动上升趋势，表明其发展间确实存在相互作用关系，共同影响着黄河流域的协调发展质
量。总体来看，子系统的发展水平和协调程度虽然较低，但是保护治理综合发展水平总体发展趋势向好，
水平稳步提升，区域协调发展水平发展趋势良好，科技教育综合发展水平有待提升。

表 5 - 82　　　　　　　　　　　2006 ~ 2019 年黄河流域保护治理与科技教育系统耦合协调发展质量

年份	保护治理综合指数	科技教育综合指数	耦合度	综合评价指数	耦合协调度	耦合协调等级
2006	0. 264	0. 198	0. 948	0. 231	0. 465	濒临失调
2007	0. 271	0. 203	0. 949	0. 237	0. 471	濒临失调
2008	0. 28	0. 2	0. 95	0. 24	0. 475	濒临失调
2009	0. 3	0. 19	0. 941	0. 245	0. 478	濒临失调
2010	0. 316	0. 183	0. 931	0. 249	0. 48	濒临失调
2011	0. 319	0. 183	0. 933	0. 251	0. 481	濒临失调
2012	0. 331	0. 182	0. 93	0. 257	0. 487	濒临失调
2013	0. 342	0. 207	0. 951	0. 275	0. 51	勉强协调
2014	0. 344	0. 166	0. 907	0. 255	0. 479	濒临失调

年份	保护治理综合指数	科技教育综合指数	耦合度	综合评价指数	耦合协调度	耦合协调等级
2015	0.363	0.177	0.909	0.27	0.493	濒临失调
2016	0.364	0.175	0.908	0.269	0.492	濒临失调
2017	0.375	0.168	0.903	0.272	0.492	濒临失调
2018	0.383	0.166	0.899	0.275	0.494	濒临失调
2019	0.399	0.167	0.892	0.283	0.499	濒临失调

从表5－83来看，2006～2019年，黄河流域保护治理与文化体育系统整体的耦合协调发展水平呈波动上升趋势且总体水平保持稳定，但是总体两个子系统的耦合协调发展水平等级处于轻度失调，由其中可以看出黄河流域的耦合度值明显总体高于黄河流域的耦合协调度值和综合评价指数值，这表明黄河流域的保护治理与文化体育子系统存在交互作用，且程度逐步加深，但各子系统的协调发展相对滞后。其中，保护治理和文化体育综合发展水平呈现直线上升趋势，且保护治理综合发展水平基本高于文化体育综合发展水平；保护治理、文化体育以及综合评价指数三者波动变化趋势较一致，也说明黄河流域保护治理与文化体育存在交互作用关系，同时综合评价指数发展水平呈现出与子系统各自发展水平综合指数同步的波动上升趋势，表明其发展间确实存在相互作用关系，共同影响着黄河流域的协调发展质量。总体来看，子系统的发展水平和协调程度虽然较低，但是总体发展趋势向好，水平稳步提升，区域协调发展水平发展趋势良好。

表5－83　　　　　　　　　　2006～2019年黄河流域保护治理与文化体育系统耦合协调发展质量

年份	保护治理综合指数	文化体育综合指数	耦合度	综合评价指数	耦合协调度	耦合协调等级
2006	0.264	0.068	0.74	0.166	0.346	轻度失调
2007	0.271	0.071	0.732	0.171	0.349	轻度失调
2008	0.28	0.079	0.727	0.179	0.358	轻度失调
2009	0.3	0.1	0.782	0.2	0.392	轻度失调
2010	0.316	0.1	0.771	0.208	0.397	轻度失调
2011	0.319	0.076	0.703	0.197	0.37	轻度失调
2012	0.331	0.076	0.692	0.204	0.373	轻度失调
2013	0.342	0.078	0.692	0.21	0.379	轻度失调
2014	0.344	0.074	0.642	0.209	0.363	轻度失调
2015	0.363	0.082	0.693	0.223	0.39	轻度失调
2016	0.364	0.084	0.698	0.224	0.393	轻度失调
2017	0.375	0.083	0.7	0.229	0.398	轻度失调
2018	0.383	0.085	0.703	0.234	0.403	濒临失调
2019	0.399	0.083	0.682	0.241	0.402	濒临失调

从表5－84来看，2006～2019年，黄河流域保护治理与医疗卫生系统整体的耦合协调发展水平呈波动上升趋势且总体水平保持稳定，但是总体两个子系统的耦合协调发展水平等级处于轻度失调，由其中可以看出黄河流域的耦合度值明显总体高于黄河流域的耦合协调度值和综合评价指数值，这表明黄河流域的保护治理与医疗卫生子系统存在交互作用，且程度逐步加深，但各子系统的协调发展相对滞后。其中，保护治理和医疗卫生综合发展水平呈现直线上升趋势，且保护治理综合发展水平基本高于医疗卫生综合发展水平；保护治理、医疗卫生以及综合评价指数三者波动变化趋势较一致，也说明黄河流域保护治理与医疗卫生存在交互作用关系，同时综合评价指数发展水平呈现出与子系统各自发展水平综合指数同步的波动上升

趋势，表明其发展间确实存在相互作用关系，共同影响着黄河流域的协调发展质量。总体来看，子系统的发展水平和协调程度虽然较低，但是总体发展趋势向好，水平稳步提升，区域协调发展水平发展趋势良好。

表 5 - 84　　　　　　　　2006～2019 年黄河流域保护治理与医疗卫生系统耦合协调发展质量

年份	保护治理综合指数	医疗卫生综合指数	耦合度	综合评价指数	耦合协调度	耦合协调等级
2006	0.264	0.118	0.883	0.191	0.407	濒临失调
2007	0.271	0.124	0.884	0.198	0.414	濒临失调
2008	0.28	0.131	0.889	0.206	0.425	濒临失调
2009	0.3	0.163	0.904	0.231	0.454	濒临失调
2010	0.316	0.195	0.923	0.255	0.482	濒临失调
2011	0.319	0.132	0.877	0.226	0.443	濒临失调
2012	0.331	0.141	0.879	0.236	0.454	濒临失调
2013	0.342	0.182	0.903	0.262	0.483	濒临失调
2014	0.344	0.179	0.896	0.262	0.481	濒临失调
2015	0.363	0.196	0.908	0.279	0.501	勉强协调
2016	0.364	0.202	0.912	0.283	0.505	勉强协调
2017	0.375	0.211	0.936	0.293	0.519	勉强协调
2018	0.383	0.229	0.943	0.306	0.533	勉强协调
2019	0.399	0.232	0.944	0.316	0.54	勉强协调

（二）黄河流域城市群城市科教文卫子系统和生态保护子系统耦合发展时空变化

1. 生态质量子系统与科教文卫子系统耦合发展时空变化

将黄河流域各地级市科技教育和生态质量两大系统的综合指数分别代入耦合度和耦合协调度公式，从而得到各地级市科技教育与生态质量复合系统耦合协调度（见表 5 - 85）。随着时间的推移，黄河流域沿线各地级市的耦合协调度变动以保持稳定和缓慢上升为主，总体上向着良性耦合协调方向演变，但部分个别城市存在小幅下滑趋势。具体而言，榆林市、定西市、吴忠市、宝鸡市、天水市、洛阳市、聊城市 7 个城市耦合协调度基本保持在固定区间，说明其科技教育与生态质量耦合协调发展关系比较稳定；西安市、郑州市、青岛市是流域内工业化、城镇化水平最高的城市，科技教育发展迅速，耦合协调度始终保持高位；鄂尔多斯市、石嘴山市、吴忠市由中度失调上升为轻度失调；晋中市、包头市、西宁市、银川市、洛阳市、商丘市、淄博市、烟台市、潍坊市、济宁市、泰安市、威海市、临沂市由轻度失调上升为濒临失调，主要得益于国家流域治理和科技教育开发制度的完善和生态环境保护力度的加大。此外，郑州市的耦合协调度有大幅上涨，上升为中级协调。与此同时，定西市、吴忠市两大系统耦合协调度上升幅度较小。由于自身薄弱的科技教育和脆弱的生态环境，自 2006 年始，定西市耦合协调度始终在流域内垫底，亟须结合自身实际情况，制定相应的科技教育与生态质量耦合协调发展策略，采取综合性措施，推动二者向良性协调方向发展。

表 5 - 85　　　　　2006～2019 年黄河流域各地级市生态质量与科技教育耦合协调度年际变化

地区	2006 年	2007 年	2008 年	2009 年	2010 年	2011 年	2012 年	2013 年	2014 年	2015 年	2016 年	2017 年	2018 年	2019 年
太原市	0.526	0.525	0.534	0.557	0.552	0.574	0.583	0.472	0.595	0.607	0.624	0.633	0.634	0.646
阳泉市	0.327	0.337	0.34	0.346	0.355	0.363	0.363	0.412	0.355	0.362	0.367	0.367	0.358	0.354
长治市	0.407	0.406	0.387	0.387	0.385	0.384	0.379	0.409	0.351	0.359	0.364	0.35	0.342	0.337

续表

地区	2006 年	2007 年	2008 年	2009 年	2010 年	2011 年	2012 年	2013 年	2014 年	2015 年	2016 年	2017 年	2018 年	2019 年
晋中市	0.372	0.381	0.387	0.391	0.384	0.401	0.391	0.374	0.401	0.422	0.427	0.429	0.429	0.434
忻州市	0.408	0.39	0.375	0.374	0.342	0.354	0.359	0.383	0.338	0.345	0.341	0.341	0.333	0.336
临汾市	0.409	0.402	0.419	0.379	0.391	0.389	0.378	0.393	0.347	0.363	0.365	0.36	0.353	0.353
吕梁市	0.545	0.445	0.437	0.419	0.412	0.407	0.39	0.407	0.352	0.356	0.348	0.353	0.341	0.335
呼和浩特市	0.466	0.498	0.518	0.536	0.53	0.535	0.55	0.434	0.564	0.562	0.579	0.59	0.585	0.595
包头市	0.383	0.397	0.405	0.435	0.434	0.424	0.425	0.409	0.428	0.452	0.461	0.475	0.478	0.466
鄂尔多斯市	0.249	0.257	0.264	0.316	0.366	0.396	0.404	0.439	0.363	0.366	0.372	0.416	0.384	0.392
榆林市	0.32	0.334	0.321	0.312	0.301	0.315	0.322	0.354	0.307	0.301	0.321	0.323	0.324	0.321
兰州市	0.442	0.493	0.448	0.488	0.469	0.478	0.486	0.443	0.52	0.553	0.575	0.571	0.554	0.557
白银市	0.316	0.304	0.32	0.317	0.318	0.329	0.333	0.403	0.335	0.349	0.343	0.344	0.35	0.338
定西市	0.292	0.288	0.342	0.341	0.339	0.343	0.34	0.369	0.32	0.328	0.314	0.309	0.304	0.293
西宁市	0.361	0.367	0.365	0.382	0.38	0.382	0.403	0.366	0.391	0.419	0.415	0.422	0.499	0.417
银川市	0.369	0.394	0.4	0.426	0.428	0.442	0.45	0.483	0.445	0.478	0.482	0.48	0.475	0.474
石嘴山市	0.279	0.355	0.346	0.342	0.354	0.371	0.373	0.399	0.349	0.375	0.378	0.38	0.387	0.393
吴忠市	0.298	0.3	0.29	0.288	0.3	0.302	0.301	0.35	0.281	0.284	0.3	0.307	0.307	0.304
中卫市	0.327	0.301	0.324	0.313	0.312	0.283	0.297	0.302	0.287	0.402	0.296	0.307	0.305	0.296
运城市	0.394	0.403	0.415	0.369	0.364	0.366	0.379	0.447	0.357	0.375	0.373	0.374	0.364	0.366
西安市	0.514	0.605	0.572	0.583	0.574	0.567	0.575	0.531	0.587	0.612	0.615	0.608	0.581	0.623
铜川市	0.326	0.324	0.322	0.331	0.325	0.335	0.348	0.389	0.327	0.34	0.333	0.325	0.334	0.322
宝鸡市	0.365	0.371	0.352	0.355	0.359	0.374	0.378	0.405	0.36	0.366	0.365	0.353	0.362	0.371
咸阳市	0.396	0.397	0.376	0.381	0.379	0.379	0.388	0.402	0.371	0.366	0.376	0.382	0.373	0.37
渭南市	0.395	0.4	0.376	0.385	0.359	0.361	0.355	0.375	0.317	0.329	0.332	0.35	0.347	0.347
天水市	0.345	0.33	0.342	0.367	0.362	0.377	0.37	0.396	0.362	0.374	0.369	0.358	0.354	0.35
平凉市	0.303	0.292	0.334	0.311	0.339	0.336	0.323	0.361	0.314	0.308	0.336	0.34	0.341	0.338
庆阳市	0.344	0.342	0.332	0.321	0.31	0.333	0.326	0.359	0.316	0.334	0.325	0.314	0.309	0.272
商洛市	0.332	0.351	0.343	0.335	0.34	0.387	0.331	0.333	0.274	0.288	0.281	0.302	0.299	0.308
晋城市	0.394	0.394	0.349	0.35	0.351	0.362	0.396	0.455	0.375	0.393	0.392	0.396	0.389	0.335
亳州市	0.349	0.393	0.388	0.36	0.344	0.348	0.371	0.409	0.347	0.359	0.356	0.357	0.36	0.365
郑州市	0.485	0.534	0.541	0.575	0.526	0.534	0.534	0.458	0.559	0.605	0.617	0.65	0.676	0.706
开封市	0.382	0.388	0.388	0.381	0.377	0.39	0.394	0.422	0.386	0.389	0.378	0.376	0.377	0.379
洛阳市	0.396	0.4	0.389	0.405	0.393	0.408	0.414	0.432	0.389	0.397	0.402	0.397	0.398	0.403
平顶山市	0.369	0.393	0.39	0.391	0.389	0.403	0.401	0.423	0.375	0.39	0.381	0.387	0.379	0.38
鹤壁市	0.344	0.336	0.333	0.329	0.332	0.351	0.348	0.424	0.336	0.341	0.341	0.344	0.344	0.362
新乡市	0.404	0.419	0.405	0.408	0.408	0.422	0.421	0.439	0.4	0.413	0.409	0.398	0.396	0.399
焦作市	0.375	0.383	0.375	0.375	0.383	0.396	0.399	0.423	0.391	0.406	0.392	0.397	0.394	0.4
许昌市	0.392	0.379	0.37	0.364	0.357	0.37	0.368	0.405	0.345	0.363	0.351	0.356	0.357	0.358
漯河市	0.347	0.362	0.363	0.358	0.353	0.366	0.366	0.413	0.34	0.359	0.354	0.345	0.357	0.364
商丘市	0.39	0.407	0.403	0.419	0.406	0.407	0.417	0.45	0.396	0.411	0.405	0.403	0.409	0.421
周口市	0.439	0.45	0.442	0.451	0.431	0.432	0.436	0.463	0.416	0.432	0.406	0.388	0.378	0.376

地区	2006 年	2007 年	2008 年	2009 年	2010 年	2011 年	2012 年	2013 年	2014 年	2015 年	2016 年	2017 年	2018 年	2019 年
济南市	0.544	0.546	0.55	0.571	0.556	0.563	0.571	0.472	0.568	0.596	0.606	0.576	0.59	0.59
青岛市	0.442	0.484	0.495	0.52	0.49	0.499	0.507	0.508	0.513	0.524	0.574	0.583	0.606	0.614
淄博市	0.398	0.417	0.428	0.434	0.427	0.433	0.436	0.521	0.422	0.453	0.455	0.455	0.457	0.462
枣庄市	0.35	0.359	0.367	0.374	0.367	0.375	0.379	0.438	0.368	0.393	0.386	0.385	0.41	0.391
东营市	0.409	0.418	0.424	0.438	0.418	0.418	0.397	0.467	0.41	0.432	0.444	0.457	0.449	0.454
烟台市	0.382	0.391	0.393	0.406	0.401	0.402	0.407	0.433	0.4	0.428	0.42	0.416	0.424	0.437
潍坊市	0.382	0.414	0.422	0.428	0.412	0.418	0.413	0.455	0.395	0.427	0.417	0.434	0.442	0.45
济宁市	0.397	0.397	0.386	0.41	0.389	0.388	0.387	0.445	0.401	0.427	0.435	0.421	0.424	0.429
泰安市	0.39	0.398	0.395	0.406	0.39	0.396	0.392	0.412	0.374	0.399	0.422	0.415	0.423	0.434
威海市	0.352	0.369	0.373	0.391	0.388	0.388	0.391	0.404	0.422	0.44	0.453	0.443	0.447	0.461
日照市	0.342	0.35	0.351	0.366	0.349	0.366	0.368	0.426	0.357	0.387	0.386	0.379	0.373	0.386
临沂市	0.381	0.404	0.413	0.453	0.431	0.437	0.455	0.494	0.438	0.446	0.444	0.445	0.468	0.449
德州市	0.398	0.396	0.39	0.399	0.36	0.383	0.381	0.409	0.378	0.399	0.397	0.388	0.394	0.389
聊城市	0.378	0.391	0.382	0.382	0.377	0.378	0.385	0.408	0.361	0.374	0.378	0.364	0.369	0.382
滨州市	0.335	0.366	0.372	0.401	0.369	0.379	0.385	0.445	0.382	0.396	0.387	0.395	0.394	0.394
菏泽市	0.415	0.417	0.396	0.418	0.383	0.388	0.389	0.427	0.367	0.39	0.377	0.373	0.369	0.37

为横向比较黄河流域沿线各地级市科技教育与生态质量耦合协调发展情况，计算并整理出 2006～2019 年各地级市两大系统耦合协调度平均值（见表 5－86）。从空间上看，沿线城市科技教育与生态质量耦合协调度与两大系统综合发展水平分布较为相似。其中，太原市、呼和浩特市、兰州市、西安市、郑州市、济南市、青岛市耦合协调度最高，处于勉强协调阶段，这些城市的科技教育发展水平较高，生态质量系统与其他城市比具有显著优势，在一定程度上弥补了生态质量系统的不均衡。其他城市处于濒临失调、轻度失调状态，自然条件的限制和落后的科技教育发展水平是阻碍其生态发展的重要因素。从市域两大系统综合发展水平来看，制约其耦合协调发展的主导因素各有不同。太原市、长治市、晋中市、忻州市、吕梁市、呼和浩特市、榆林市、兰州市、白银市、定西市、运城市、临汾市、西安市、宝鸡市、咸阳市、渭南市、天水市、平凉市、庆阳市、商洛市、亳州市、郑州市、开封市、洛阳市、平顶山市、新乡市、许昌市、商丘市、周口市、济南市、潍坊市、菏泽市 32 个城市的科技教育评价值略高于生态质量评价值，为生态滞后型，自然资源和生态质量短板是牵制其协调发展的主导因素；而阳泉市、包头市、鄂尔多斯市等其他 26 个城市与各自生态质量系统相比，科技教育发展滞后明显。

表 5－86　　　　　　　　2006～2019 年黄河流域各地级市生态质量与科技教育耦合协调度均值比较

地区	生态质量综合指数	科技教育综合指数	耦合度	综合评价指数	耦合协调度	耦合协调等级
太原市	0.301	0.375	0.987	0.338	0.576	勉强协调
阳泉市	0.143	0.116	0.992	0.129	0.358	轻度失调
长治市	0.114	0.177	0.974	0.145	0.375	轻度失调
晋中市	0.118	0.222	0.951	0.17	0.402	濒临失调
忻州市	0.07	0.27	0.808	0.17	0.359	轻度失调
临汾市	0.101	0.208	0.937	0.154	0.379	轻度失调
吕梁市	0.097	0.275	0.882	0.186	0.396	轻度失调
呼和浩特市	0.273	0.318	0.987	0.296	0.539	勉强协调

续表

地区	生态质量综合指数	科技教育综合指数	耦合度	综合评价指数	耦合协调度	耦合协调等级
包头市	0.235	0.153	0.976	0.194	0.434	濒临失调
鄂尔多斯市	0.253	0.07	0.831	0.162	0.356	轻度失调
榆林市	0.083	0.137	0.939	0.11	0.32	轻度失调
兰州市	0.185	0.364	0.94	0.275	0.505	勉强协调
白银市	0.096	0.136	0.982	0.116	0.336	轻度失调
定西市	0.053	0.209	0.806	0.131	0.323	轻度失调
西宁市	0.179	0.146	0.987	0.162	0.398	轻度失调
银川市	0.208	0.191	0.998	0.199	0.445	濒临失调
石嘴山市	0.206	0.086	0.91	0.146	0.363	轻度失调
吴忠市	0.102	0.083	0.982	0.092	0.301	轻度失调
中卫市	0.127	0.079	0.962	0.103	0.311	轻度失调
运城市	0.108	0.203	0.949	0.155	0.382	轻度失调
西安市	0.323	0.36	0.994	0.342	0.582	勉强协调
铜川市	0.122	0.105	0.988	0.113	0.334	轻度失调
宝鸡市	0.133	0.139	0.992	0.136	0.367	轻度失调
咸阳市	0.098	0.217	0.924	0.158	0.381	轻度失调
渭南市	0.096	0.18	0.945	0.138	0.359	轻度失调
天水市	0.092	0.19	0.93	0.141	0.361	轻度失调
平凉市	0.068	0.175	0.889	0.121	0.327	轻度失调
庆阳市	0.049	0.235	0.763	0.142	0.324	轻度失调
商洛市	0.058	0.197	0.84	0.128	0.322	轻度失调
晋城市	0.155	0.143	0.98	0.149	0.381	轻度失调
亳州市	0.116	0.157	0.981	0.136	0.365	轻度失调
郑州市	0.327	0.339	0.992	0.333	0.572	勉强协调
开封市	0.137	0.163	0.995	0.15	0.386	轻度失调
洛阳市	0.15	0.176	0.992	0.163	0.402	濒临失调
平顶山市	0.136	0.17	0.993	0.153	0.389	轻度失调
鹤壁市	0.156	0.095	0.963	0.126	0.347	轻度失调
新乡市	0.144	0.197	0.988	0.17	0.41	濒临失调
焦作市	0.162	0.146	0.998	0.154	0.392	轻度失调
许昌市	0.127	0.144	0.997	0.135	0.367	轻度失调
漯河市	0.151	0.112	0.987	0.132	0.36	轻度失调
商丘市	0.124	0.233	0.945	0.179	0.41	濒临失调
周口市	0.11	0.3	0.888	0.205	0.424	濒临失调
济南市	0.282	0.369	0.982	0.325	0.564	勉强协调
青岛市	0.365	0.217	0.964	0.291	0.526	勉强协调
淄博市	0.242	0.16	0.979	0.201	0.443	濒临失调
枣庄市	0.195	0.11	0.956	0.153	0.381	轻度失调
东营市	0.257	0.138	0.946	0.197	0.431	濒临失调

地区	生态质量综合指数	科技教育综合指数	耦合度	综合评价指数	耦合协调度	耦合协调等级
烟台市	0.172	0.165	0.999	0.169	0.41	濒临失调
潍坊市	0.178	0.181	0.997	0.179	0.422	濒临失调
济宁市	0.183	0.158	0.989	0.17	0.41	濒临失调
泰安市	0.181	0.147	0.994	0.164	0.403	濒临失调
威海市	0.184	0.155	0.995	0.169	0.409	濒临失调
日照市	0.178	0.107	0.965	0.143	0.37	轻度失调
临沂市	0.255	0.151	0.958	0.203	0.44	濒临失调
德州市	0.167	0.14	0.991	0.154	0.39	轻度失调
聊城市	0.168	0.124	0.985	0.146	0.379	轻度失调
滨州市	0.174	0.129	0.985	0.152	0.386	轻度失调
菏泽市	0.146	0.162	0.996	0.154	0.391	轻度失调

　　将黄河流域各地级市文化体育和生态质量两大系统的综合指数分别代入耦合度和耦合协调度公式，从而得到各地级市文化体育与生态质量复合系统耦合协调度（见表5-87）。随着时间的推移，黄河流域沿线各地级市的耦合协调度变动以保持稳定和缓慢上升为主，总体上向着良性耦合协调方向演变，但部分个别城市存在小幅下滑趋势。具体而言，开封市、枣庄市、聊城市3个城市耦合协调度基本保持在固定区间，说明其文化体育与生态质量耦合协调发展关系比较稳定；西安市、郑州市、青岛市是流域内工业化、城镇化水平最高的城市，文化体育发展迅速，耦合协调度始终保持高位；中卫市、平凉市、庆阳市、商洛市由严重失调上升至中度失调；晋中市、鄂尔多斯市、运城市、宝鸡市、咸阳市、渭南市、平顶山市、商丘市、东营市、潍坊市、泰安市、威海市、德州市由中度失调上升为轻度失调；包头市、临沂市由轻度失调上升为濒临失调，主要得益于国家流域治理和文化体育开发制度的完善和生态环境保护力度的加大。此外，西安市、郑州市的耦合协调度有大幅上涨，上升为初级协调。与此同时，平凉市、庆阳市两大系统耦合协调度上升幅度较小。由于自身薄弱的文化体育和脆弱的生态环境，自2006年始，庆阳市耦合协调度始终在流域内垫底，亟须结合自身实际情况，制定相应的文化体育与生态质量耦合协调发展策略，采取综合性措施，推动二者向良性协调方向发展。

表5-87　　　　　2006～2019年黄河流域各地级市生态质量与文化体育耦合协调度年际变化

地区	2006年	2007年	2008年	2009年	2010年	2011年	2012年	2013年	2014年	2015年	2016年	2017年	2018年	2019年
太原市	0.483	0.476	0.486	0.54	0.538	0.523	0.524	0.52	0.529	0.562	0.562	0.565	0.562	0.553
阳泉市	0.232	0.239	0.242	0.271	0.276	0.257	0.256	0.25	0.226	0.253	0.258	0.259	0.255	0.281
长治市	0.331	0.332	0.327	0.345	0.323	0.306	0.307	0.313	0.301	0.314	0.301	0.306	0.292	0.299
晋中市	0.272	0.303	0.47	0.363	0.352	0.299	0.294	0.291	0.277	0.295	0.299	0.305	0.301	0.303
忻州市	0.216	0.209	0.207	0.227	0.225	0.22	0.225	0.228	0.217	0.241	0.235	0.242	0.244	0.243
临汾市	0.292	0.297	0.319	0.347	0.309	0.297	0.296	0.301	0.277	0.292	0.295	0.294	0.295	0.285
吕梁市	0.309	0.252	0.264	0.277	0.274	0.284	0.27	0.269	0.267	0.276	0.27	0.276	0.273	0.269
呼和浩特市	0.405	0.429	0.44	0.48	0.472	0.445	0.45	0.464	0.484	0.489	0.498	0.509	0.509	0.503
包头市	0.304	0.313	0.327	0.399	0.403	0.345	0.334	0.338	0.336	0.353	0.354	0.37	0.408	0.427
鄂尔多斯市	0.219	0.232	0.242	0.326	0.358	0.36	0.365	0.362	0.339	0.359	0.461	0.409	0.386	0.34
榆林市	0.255	0.252	0.253	0.282	0.256	0.253	0.264	0.255	0.261	0.287	0.294	0.297	0.308	0.299
兰州市	0.404	0.437	0.388	0.443	0.428	0.404	0.403	0.41	0.415	0.425	0.437	0.441	0.465	0.459

续表

地区	2006 年	2007 年	2008 年	2009 年	2010 年	2011 年	2012 年	2013 年	2014 年	2015 年	2016 年	2017 年	2018 年	2019 年
白银市	0.203	0.188	0.197	0.22	0.221	0.199	0.184	0.212	0.174	0.214	0.205	0.199	0.214	0.219
定西市	0.224	0.162	0.191	0.209	0.212	0.203	0.193	0.192	0.167	0.194	0.198	0.199	0.206	0.195
西宁市	0.303	0.307	0.304	0.326	0.363	0.336	0.337	0.348	0.345	0.368	0.369	0.357	0.435	0.356
银川市	0.333	0.332	0.344	0.401	0.409	0.372	0.377	0.385	0.373	0.453	0.483	0.42	0.411	0.399
石嘴山市	0.228	0.272	0.28	0.299	0.304	0.238	0.24	0.24	0.207	0.255	0.28	0.259	0.262	0.261
吴忠市	0.201	0.199	0.199	0.231	0.248	0.21	0.199	0.206	0.19	0.22	0.228	0.303	0.306	0.226
中卫市	0.192	0.181	0.193	0.209	0.218	0.189	0.194	0.207	0.165	0.273	0.234	0.248	0.253	0.253
运城市	0.276	0.28	0.293	0.293	0.333	0.325	0.34	0.337	0.317	0.31	0.31	0.31	0.305	0.313
西安市	0.494	0.568	0.538	0.575	0.594	0.587	0.596	0.622	0.585	0.584	0.612	0.627	0.628	0.653
铜川市	0.205	0.204	0.202	0.231	0.248	0.216	0.22	0.216	0.196	0.236	0.237	0.228	0.234	0.231
宝鸡市	0.26	0.266	0.26	0.296	0.299	0.282	0.292	0.293	0.275	0.296	0.304	0.307	0.311	0.312
咸阳市	0.276	0.283	0.272	0.295	0.293	0.283	0.287	0.279	0.277	0.286	0.31	0.319	0.303	0.301
渭南市	0.267	0.276	0.267	0.294	0.286	0.284	0.292	0.289	0.263	0.284	0.286	0.309	0.313	0.321
天水市	0.229	0.218	0.227	0.281	0.282	0.26	0.26	0.258	0.214	0.242	0.246	0.258	0.253	0.242
平凉市	0.184	0.178	0.231	0.209	0.209	0.193	0.196	0.201	0.186	0.2	0.219	0.227	0.225	0.217
庆阳市	0.179	0.175	0.176	0.185	0.188	0.187	0.186	0.192	0.167	0.209	0.208	0.21	0.209	0.202
商洛市	0.195	0.199	0.211	0.217	0.219	0.23	0.223	0.215	0.183	0.213	0.211	0.227	0.226	0.235
晋城市	0.245	0.247	0.233	0.25	0.256	0.265	0.284	0.287	0.263	0.298	0.295	0.3	0.299	0.282
亳州市	0.213	0.231	0.236	0.249	0.24	0.235	0.242	0.244	0.219	0.247	0.25	0.25	0.258	0.26
郑州市	0.455	0.561	0.574	0.623	0.584	0.559	0.568	0.584	0.655	0.616	0.616	0.643	0.658	0.684
开封市	0.288	0.287	0.274	0.283	0.326	0.322	0.323	0.331	0.294	0.323	0.316	0.311	0.31	0.295
洛阳市	0.319	0.319	0.308	0.345	0.336	0.332	0.339	0.327	0.325	0.349	0.368	0.372	0.371	0.372
平顶山市	0.273	0.29	0.286	0.301	0.314	0.31	0.307	0.311	0.292	0.313	0.31	0.317	0.322	0.303
鹤壁市	0.243	0.237	0.228	0.254	0.255	0.241	0.23	0.249	0.168	0.226	0.224	0.219	0.218	0.231
新乡市	0.311	0.321	0.311	0.323	0.313	0.305	0.308	0.31	0.268	0.292	0.289	0.285	0.275	0.263
焦作市	0.29	0.297	0.288	0.305	0.3	0.289	0.29	0.298	0.264	0.292	0.292	0.298	0.296	0.28
许昌市	0.294	0.281	0.27	0.281	0.298	0.286	0.277	0.275	0.239	0.29	0.281	0.287	0.29	0.286
漯河市	0.254	0.275	0.275	0.287	0.284	0.281	0.28	0.274	0.242	0.271	0.268	0.278	0.276	0.276
商丘市	0.266	0.282	0.269	0.295	0.265	0.255	0.256	0.273	0.235	0.265	0.277	0.294	0.305	0.306
周口市	0.264	0.279	0.273	0.289	0.278	0.275	0.277	0.281	0.257	0.278	0.275	0.287	0.291	0.281
济南市	0.494	0.493	0.494	0.56	0.552	0.522	0.528	0.53	0.525	0.545	0.553	0.554	0.559	0.579
青岛市	0.404	0.455	0.466	0.526	0.509	0.482	0.478	0.487	0.51	0.518	0.56	0.567	0.587	0.599
淄博市	0.296	0.305	0.305	0.398	0.399	0.378	0.391	0.454	0.389	0.418	0.426	0.422	0.427	0.43
枣庄市	0.271	0.273	0.273	0.309	0.315	0.293	0.29	0.296	0.264	0.296	0.292	0.291	0.295	0.276
东营市	0.26	0.261	0.264	0.306	0.295	0.266	0.274	0.293	0.262	0.3	0.301	0.319	0.321	0.327
烟台市	0.353	0.362	0.362	0.422	0.412	0.373	0.381	0.382	0.373	0.403	0.39	0.391	0.39	0.396
潍坊市	0.287	0.309	0.308	0.346	0.337	0.326	0.304	0.312	0.32	0.383	0.317	0.334	0.337	0.343
济宁市	0.331	0.326	0.323	0.361	0.356	0.331	0.333	0.395	0.376	0.357	0.351	0.353	0.352	0.363
泰安市	0.296	0.3	0.302	0.422	0.305	0.311	0.305	0.302	0.261	0.318	0.337	0.334	0.333	0.335

地区	2006 年	2007 年	2008 年	2009 年	2010 年	2011 年	2012 年	2013 年	2014 年	2015 年	2016 年	2017 年	2018 年	2019 年
威海市	0.295	0.291	0.273	0.309	0.309	0.285	0.288	0.3	0.297	0.32	0.324	0.327	0.336	0.357
日照市	0.246	0.249	0.249	0.268	0.249	0.266	0.267	0.276	0.232	0.276	0.276	0.282	0.311	0.28
临沂市	0.317	0.332	0.335	0.435	0.419	0.344	0.351	0.354	0.367	0.381	0.377	0.376	0.394	0.416
德州市	0.27	0.267	0.265	0.291	0.279	0.28	0.268	0.275	0.272	0.299	0.291	0.312	0.33	0.311
聊城市	0.288	0.297	0.294	0.369	0.375	0.295	0.288	0.301	0.301	0.322	0.32	0.308	0.308	0.296
滨州市	0.225	0.242	0.242	0.28	0.275	0.245	0.262	0.305	0.268	0.271	0.289	0.273	0.285	0.269
菏泽市	0.309	0.302	0.287	0.328	0.33	0.294	0.301	0.305	0.278	0.303	0.3	0.306	0.301	0.283

为横向比较黄河流域沿线各地级市文化体育与生态质量耦合协调发展情况，计算并整理出 2006～2019 年各地级市两大系统耦合协调度平均值（见表 5－88）。从空间上看，沿线城市文化体育与生态质量耦合协调度与两大系统综合发展水平分布较为相似。其中，太原市、西安市、郑州市、济南市、青岛市耦合协调度最高，处于勉强协调阶段，这些城市的文化体育发展水平较高，生态质量系统与其他城市比具有显著优势，在一定程度上弥补了生态质量系统的不均衡。其他城市处于濒临失调、轻度失调状态，自然条件的限制和落后的文化体育发展水平是阻碍其生态发展的重要因素。从市域两大系统综合发展水平来看，制约其耦合协调发展的主导因素各有不同。西安市、郑州市、济宁市 3 个城市的文化体育评价值略高于生态质量评价值，为生态滞后型，自然资源和生态质量短板是牵制其协调发展的主导因素；而太原市、呼和浩特市、阳泉市、包头市、鄂尔多斯市等其他城市与各自生态质量系统相比，文化体育发展滞后明显。

表 5－88　　　　　　　2006～2019 年黄河流域各地级市生态质量与文化体育耦合协调度均值比较

地区	生态质量综合指数	文化体育综合指数	耦合度	综合评价指数	耦合协调度	耦合协调等级
太原市	0.301	0.266	0.995	0.284	0.53	勉强协调
阳泉市	0.143	0.03	0.75	0.086	0.254	中度失调
长治市	0.114	0.087	0.983	0.101	0.314	轻度失调
晋中市	0.118	0.102	0.945	0.11	0.316	轻度失调
忻州市	0.07	0.039	0.949	0.055	0.227	中度失调
临汾市	0.101	0.082	0.984	0.092	0.3	中度失调
吕梁市	0.097	0.059	0.966	0.078	0.273	中度失调
呼和浩特市	0.273	0.181	0.977	0.227	0.47	濒临失调
包头市	0.235	0.073	0.84	0.154	0.358	轻度失调
鄂尔多斯市	0.253	0.06	0.791	0.157	0.34	轻度失调
榆林市	0.083	0.069	0.985	0.076	0.273	中度失调
兰州市	0.185	0.182	0.991	0.183	0.426	濒临失调
白银市	0.096	0.019	0.731	0.057	0.204	中度失调
定西市	0.053	0.029	0.933	0.041	0.196	严重失调
西宁市	0.179	0.084	0.933	0.132	0.347	轻度失调
银川市	0.208	0.118	0.953	0.163	0.392	轻度失调
石嘴山市	0.206	0.024	0.598	0.115	0.259	中度失调
吴忠市	0.102	0.029	0.791	0.065	0.226	中度失调
中卫市	0.127	0.019	0.667	0.073	0.215	中度失调
运城市	0.108	0.087	0.989	0.098	0.31	轻度失调

地区	生态质量综合指数	文化体育综合指数	耦合度	综合评价指数	耦合协调度	耦合协调等级
西安市	0.323	0.383	0.991	0.353	0.59	勉强协调
铜川市	0.122	0.02	0.699	0.071	0.222	中度失调
宝鸡市	0.133	0.054	0.902	0.093	0.29	中度失调
咸阳市	0.098	0.073	0.987	0.086	0.29	中度失调
渭南市	0.096	0.072	0.988	0.084	0.288	中度失调
天水市	0.092	0.043	0.917	0.067	0.248	中度失调
平凉市	0.068	0.027	0.901	0.047	0.205	中度失调
庆阳市	0.049	0.028	0.951	0.039	0.191	严重失调
商洛市	0.058	0.037	0.971	0.048	0.214	中度失调
晋城市	0.155	0.036	0.788	0.096	0.272	中度失调
亳州市	0.116	0.03	0.804	0.073	0.241	中度失调
郑州市	0.327	0.408	0.984	0.368	0.598	勉强协调
开封市	0.137	0.065	0.928	0.101	0.306	轻度失调
洛阳市	0.15	0.092	0.969	0.121	0.342	轻度失调
平顶山市	0.136	0.063	0.928	0.099	0.304	轻度失调
鹤壁市	0.156	0.019	0.609	0.088	0.23	中度失调
新乡市	0.144	0.056	0.89	0.1	0.298	中度失调
焦作市	0.162	0.045	0.821	0.103	0.291	中度失调
许昌市	0.127	0.05	0.895	0.088	0.281	中度失调
漯河市	0.151	0.037	0.792	0.094	0.273	中度失调
商丘市	0.124	0.047	0.885	0.086	0.274	中度失调
周口市	0.11	0.054	0.937	0.082	0.277	中度失调
济南市	0.282	0.295	0.994	0.289	0.535	勉强协调
青岛市	0.365	0.193	0.951	0.279	0.51	勉强协调
淄博市	0.242	0.099	0.89	0.171	0.389	轻度失调
枣庄市	0.195	0.036	0.723	0.116	0.288	中度失调
东营市	0.257	0.028	0.596	0.143	0.289	中度失调
烟台市	0.172	0.13	0.986	0.151	0.385	轻度失调
潍坊市	0.178	0.065	0.879	0.121	0.326	轻度失调
济宁市	0.183	0.086	0.924	0.134	0.351	轻度失调
泰安市	0.181	0.06	0.845	0.121	0.319	轻度失调
威海市	0.184	0.05	0.82	0.117	0.308	轻度失调
日照市	0.178	0.029	0.69	0.103	0.266	中度失调
临沂市	0.255	0.079	0.838	0.167	0.371	轻度失调
德州市	0.167	0.041	0.791	0.104	0.286	中度失调
聊城市	0.168	0.059	0.857	0.113	0.311	轻度失调
滨州市	0.174	0.03	0.702	0.102	0.266	中度失调
菏泽市	0.146	0.058	0.895	0.102	0.302	轻度失调

将黄河流域各地级市医疗卫生和生态质量两大系统的综合指数分别代入耦合度和耦合协调度公式，从而得到各地级市医疗卫生与生态质量复合系统耦合协调度（见表5－89）。随着时间的推移，黄河流域沿线各地级市的耦合协调度变动以保持稳定和缓慢上升为主，总体上向着良性耦合协调方向演变，但部分个别城市存在小幅下滑趋势。具体而言，长治市、忻州市、临汾市、新乡市、许昌市5个城市耦合协调度基本保持在固定区间，说明其医疗卫生与生态质量耦合协调发展关系比较稳定；西安市、郑州市、青岛市是流域内工业化、城镇化水平最高的城市，医疗卫生发展迅速，耦合协调度始终保持高位；阳泉市、榆林市、白银市、吴忠市、中卫市、铜川市、天水市、平凉市、商洛市、亳州市、鹤壁市由中度失调上升为轻度失调；运城市、银川市、宝鸡市、咸阳市、开封市、洛阳市、平顶山市、新乡市、焦作市、商丘市、周口市、枣庄市、东营市、泰安市、威海市、德州市、聊城市、菏泽市由轻度失调上升为濒临失调，淄博市、济宁市由濒临失调上升为勉强协调，主要得益于国家流域治理和医疗卫生开发制度的完善和生态环境保护力度的加大。此外，青岛市、郑州市的耦合协调度有大幅上涨，上升为中级协调。与此同时，定西市、庆阳市两大系统耦合协调度上升幅度较小。由于自身薄弱的医疗卫生和脆弱的生态环境，自2006年始，庆阳市耦合协调度始终在流域内垫底，亟须结合自身实际情况，制定相应的医疗卫生与生态质量耦合协调发展策略，采取综合性措施，推动二者向良性协调方向发展。

表5－89　　　　　　　　2006～2019年黄河流域各地级市生态质量与医疗卫生耦合协调度年际变化

地区	2006年	2007年	2008年	2009年	2010年	2011年	2012年	2013年	2014年	2015年	2016年	2017年	2018年	2019年
太原市	0.485	0.472	0.484	0.539	0.527	0.503	0.515	0.552	0.554	0.568	0.584	0.63	0.629	0.629
阳泉市	0.279	0.284	0.288	0.307	0.371	0.362	0.356	0.306	0.302	0.306	0.317	0.363	0.362	0.358
长治市	0.34	0.325	0.341	0.406	0.403	0.357	0.355	0.373	0.36	0.37	0.371	0.371	0.373	0.373
晋中市	0.318	0.328	0.337	0.361	0.357	0.35	0.337	0.351	0.343	0.359	0.366	0.362	0.367	0.371
忻州市	0.304	0.297	0.296	0.313	0.316	0.33	0.339	0.369	0.372	0.391	0.331	0.324	0.326	0.33
临汾市	0.336	0.339	0.369	0.35	0.369	0.356	0.353	0.373	0.357	0.372	0.381	0.377	0.388	0.385
吕梁市	0.4	0.334	0.338	0.342	0.375	0.375	0.374	0.373	0.35	0.366	0.386	0.33	0.332	0.331
呼和浩特市	0.351	0.376	0.39	0.42	0.43	0.393	0.395	0.423	0.43	0.456	0.478	0.537	0.535	0.549
包头市	0.353	0.367	0.372	0.425	0.42	0.385	0.388	0.41	0.415	0.432	0.443	0.506	0.518	0.509
鄂尔多斯市	0.245	0.257	0.29	0.382	0.439	0.428	0.439	0.424	0.415	0.428	0.412	0.501	0.472	0.472
榆林市	0.276	0.286	0.272	0.304	0.299	0.323	0.332	0.332	0.384	0.36	0.372	0.371	0.382	0.386
兰州市	0.391	0.434	0.39	0.426	0.419	0.38	0.385	0.425	0.427	0.444	0.467	0.504	0.514	0.514
白银市	0.247	0.237	0.248	0.256	0.279	0.261	0.264	0.277	0.266	0.285	0.288	0.333	0.338	0.335
定西市	0.215	0.216	0.241	0.276	0.281	0.255	0.256	0.272	0.256	0.276	0.276	0.282	0.289	0.274
西宁市	0.3	0.304	0.353	0.376	0.339	0.384	0.397	0.379	0.38	0.406	0.409	0.465	0.566	0.48
银川市	0.375	0.382	0.385	0.412	0.351	0.359	0.369	0.395	0.387	0.417	0.429	0.494	0.496	0.488
石嘴山市	0.231	0.256	0.266	0.254	0.267	0.299	0.312	0.291	0.268	0.304	0.307	0.397	0.404	0.419
吴忠市	0.223	0.26	0.265	0.272	0.362	0.362	0.354	0.365	0.354	0.359	0.38	0.325	0.323	0.321
中卫市	0.254	0.208	0.224	0.22	0.227	0.229	0.24	0.247	0.219	0.326	0.252	0.305	0.31	0.306
运城市	0.343	0.381	0.401	0.409	0.422	0.404	0.415	0.409	0.386	0.412	0.411	0.405	0.4	0.41
西安市	0.506	0.57	0.56	0.611	0.603	0.535	0.547	0.605	0.608	0.634	0.645	0.668	0.668	0.692
铜川市	0.249	0.244	0.235	0.261	0.286	0.285	0.282	0.279	0.256	0.279	0.289	0.367	0.37	0.372
宝鸡市	0.338	0.345	0.343	0.387	0.397	0.363	0.359	0.382	0.371	0.397	0.399	0.416	0.419	0.421
咸阳市	0.341	0.348	0.335	0.357	0.364	0.35	0.363	0.382	0.386	0.385	0.406	0.401	0.397	0.401
渭南市	0.316	0.327	0.316	0.337	0.366	0.357	0.361	0.378	0.363	0.381	0.393	0.389	0.39	0.397

续表

地区	2006年	2007年	2008年	2009年	2010年	2011年	2012年	2013年	2014年	2015年	2016年	2017年	2018年	2019年
天水市	0.264	0.255	0.275	0.309	0.312	0.3	0.294	0.304	0.291	0.321	0.328	0.328	0.34	0.354
平凉市	0.229	0.225	0.251	0.262	0.264	0.252	0.253	0.268	0.269	0.268	0.299	0.343	0.349	0.344
庆阳市	0.208	0.219	0.22	0.239	0.258	0.242	0.243	0.251	0.242	0.264	0.262	0.261	0.281	0.282
商洛市	0.228	0.238	0.237	0.275	0.292	0.278	0.263	0.27	0.245	0.267	0.263	0.32	0.315	0.344
晋城市	0.308	0.328	0.307	0.3	0.314	0.331	0.361	0.371	0.368	0.389	0.383	0.403	0.41	0.362
亳州市	0.258	0.281	0.29	0.319	0.313	0.283	0.298	0.335	0.321	0.348	0.35	0.335	0.353	0.364
郑州市	0.473	0.523	0.518	0.571	0.569	0.506	0.519	0.604	0.596	0.646	0.666	0.71	0.746	0.77
开封市	0.341	0.344	0.344	0.356	0.412	0.355	0.359	0.425	0.401	0.398	0.398	0.405	0.409	0.415
洛阳市	0.388	0.388	0.382	0.421	0.446	0.397	0.403	0.442	0.436	0.456	0.467	0.467	0.477	0.487
平顶山市	0.338	0.353	0.348	0.373	0.427	0.381	0.381	0.413	0.394	0.415	0.41	0.4	0.404	0.406
鹤壁市	0.285	0.277	0.291	0.274	0.34	0.296	0.306	0.314	0.291	0.314	0.312	0.362	0.359	0.368
新乡市	0.382	0.397	0.38	0.4	0.453	0.39	0.392	0.417	0.399	0.42	0.432	0.412	0.418	0.422
焦作市	0.355	0.357	0.345	0.364	0.411	0.363	0.366	0.37	0.374	0.397	0.405	0.411	0.409	0.414
许昌市	0.338	0.339	0.334	0.353	0.407	0.357	0.357	0.377	0.356	0.376	0.371	0.38	0.414	0.383
漯河市	0.304	0.316	0.299	0.308	0.34	0.311	0.317	0.344	0.323	0.353	0.349	0.355	0.366	0.373
商丘市	0.336	0.353	0.377	0.402	0.451	0.364	0.38	0.439	0.405	0.428	0.425	0.41	0.423	0.445
周口市	0.358	0.365	0.366	0.395	0.445	0.364	0.381	0.415	0.405	0.434	0.425	0.39	0.468	0.411
济南市	0.495	0.495	0.499	0.567	0.552	0.49	0.497	0.523	0.557	0.605	0.621	0.621	0.65	0.683
青岛市	0.459	0.501	0.519	0.573	0.548	0.517	0.541	0.601	0.604	0.617	0.68	0.711	0.732	0.749
淄博市	0.406	0.42	0.429	0.45	0.452	0.423	0.444	0.532	0.466	0.499	0.502	0.512	0.52	0.523
枣庄市	0.356	0.357	0.363	0.394	0.393	0.35	0.363	0.407	0.402	0.43	0.427	0.442	0.44	0.445
东营市	0.355	0.356	0.362	0.375	0.392	0.355	0.362	0.391	0.387	0.411	0.424	0.491	0.492	0.49
烟台市	0.403	0.433	0.425	0.461	0.462	0.435	0.445	0.494	0.478	0.502	0.49	0.485	0.482	0.499
潍坊市	0.399	0.447	0.461	0.522	0.527	0.474	0.483	0.534	0.501	0.517	0.515	0.514	0.538	0.549
济宁市	0.413	0.43	0.415	0.497	0.475	0.402	0.454	0.536	0.504	0.537	0.544	0.509	0.525	0.533
泰安市	0.397	0.393	0.388	0.458	0.457	0.395	0.396	0.44	0.418	0.442	0.466	0.457	0.47	0.481
威海市	0.324	0.346	0.36	0.379	0.373	0.349	0.344	0.376	0.398	0.413	0.415	0.427	0.456	0.465
日照市	0.297	0.297	0.303	0.312	0.322	0.331	0.337	0.365	0.344	0.379	0.382	0.397	0.404	0.412
临沂市	0.392	0.42	0.439	0.497	0.553	0.468	0.494	0.555	0.555	0.569	0.57	0.548	0.592	0.574
德州市	0.365	0.365	0.37	0.414	0.4	0.369	0.374	0.435	0.424	0.448	0.444	0.433	0.447	0.442
聊城市	0.357	0.369	0.375	0.384	0.392	0.375	0.392	0.442	0.43	0.451	0.457	0.429	0.445	0.465
滨州市	0.3	0.324	0.328	0.367	0.374	0.368	0.388	0.418	0.415	0.429	0.418	0.434	0.438	0.441
菏泽市	0.395	0.397	0.398	0.412	0.416	0.397	0.401	0.458	0.441	0.471	0.472	0.459	0.461	0.465

　　为横向比较黄河流域沿线各地级市医疗卫生与生态质量耦合协调发展情况，计算并整理出2006～2019年各地级市两大系统耦合协调度平均值（见表5－90）。从空间上看，沿线城市医疗卫生与生态质量耦合协调度与两大系统综合发展水平分布较为相似。其中，西安市、郑州市耦合协调度最高，处于初级协调阶段；太原市、济南市、青岛市、临沂市处于勉强协调阶段。这些城市的医疗卫生发展水平较高，生态质量系统与其他城市比具有显著优势，在一定程度上弥补了生态质量系统的不均衡。其他城市处于濒临失调、轻度失调状态，自然条件的限制和落后的医疗卫生发展水平是阻碍其生态发展的重要因素。从市域两大系

统综合发展水平来看，制约其耦合协调发展的主导因素各有不同。太原市、长治市、晋中市、忻州市、临汾市、吕梁市、榆林市、兰州市、定西市、吴忠市、运城市、西安市、宝鸡市、咸阳市、渭南市、天水市、平凉市、庆阳市、商洛市、郑州市、开封市、洛阳市、平顶山市、新乡市、许昌市、商丘市、周口市、济南市、烟台市、潍坊市、济宁市、泰安市、临沂市、德州市、聊城市、菏泽市 36 个城市的医疗卫生评价值略高于生态质量评价值，为生态滞后型，自然资源和生态质量短板是牵制其协调发展的主导因素；而呼和浩特市、阳泉市、包头市、鄂尔多斯市等 22 个城市与各自生态质量系统相比，医疗卫生发展滞后明显。

表 5－90　　　　　　　2006～2019 年黄河流域各地级市生态质量与医疗卫生耦合协调度均值比较

地区	生态质量综合指数	医疗卫生综合指数	耦合度	综合评价指数	耦合协调度	耦合协调等级
太原市	0.301	0.307	0.998	0.304	0.548	勉强协调
阳泉市	0.143	0.083	0.946	0.113	0.326	轻度失调
长治市	0.114	0.16	0.98	0.137	0.366	轻度失调
晋中市	0.118	0.128	0.997	0.123	0.35	轻度失调
忻州市	0.07	0.181	0.885	0.125	0.331	轻度失调
临汾市	0.101	0.176	0.961	0.139	0.365	轻度失调
吕梁市	0.097	0.175	0.947	0.136	0.358	轻度失调
呼和浩特市	0.273	0.145	0.941	0.209	0.44	濒临失调
包头市	0.235	0.143	0.964	0.189	0.424	濒临失调
鄂尔多斯市	0.253	0.112	0.923	0.183	0.4	濒临失调
榆林市	0.083	0.156	0.949	0.12	0.334	轻度失调
兰州市	0.185	0.204	0.995	0.194	0.437	濒临失调
白银市	0.096	0.067	0.97	0.081	0.279	中度失调
定西市	0.053	0.09	0.963	0.072	0.262	中度失调
西宁市	0.179	0.148	0.985	0.163	0.396	轻度失调
银川市	0.208	0.145	0.961	0.177	0.41	濒临失调
石嘴山市	0.206	0.049	0.739	0.127	0.305	轻度失调
吴忠市	0.102	0.115	0.982	0.108	0.323	轻度失调
中卫市	0.127	0.037	0.821	0.082	0.255	中度失调
运城市	0.108	0.24	0.925	0.174	0.401	濒临失调
西安市	0.323	0.421	0.988	0.372	0.604	初级协调
铜川市	0.122	0.065	0.91	0.093	0.29	中度失调
宝鸡市	0.133	0.162	0.99	0.148	0.381	轻度失调
咸阳市	0.098	0.2	0.939	0.149	0.373	轻度失调
渭南市	0.096	0.185	0.944	0.141	0.362	轻度失调
天水市	0.092	0.097	0.997	0.094	0.305	轻度失调
平凉市	0.068	0.092	0.984	0.08	0.277	中度失调
庆阳市	0.049	0.079	0.969	0.064	0.248	中度失调
商洛市	0.058	0.101	0.959	0.08	0.274	中度失调
晋城市	0.155	0.103	0.976	0.129	0.352	轻度失调
亳州市	0.116	0.091	0.986	0.103	0.318	轻度失调

地区	生态质量综合指数	医疗卫生综合指数	耦合度	综合评价指数	耦合协调度	耦合协调等级
郑州市	0.327	0.42	0.99	0.374	0.601	初级协调
开封市	0.137	0.162	0.987	0.15	0.383	轻度失调
洛阳市	0.15	0.239	0.971	0.195	0.433	濒临失调
平顶山市	0.136	0.172	0.988	0.154	0.389	轻度失调
鹤壁市	0.156	0.066	0.885	0.111	0.313	轻度失调
新乡市	0.144	0.197	0.982	0.17	0.408	濒临失调
焦作市	0.162	0.134	0.986	0.148	0.382	轻度失调
许昌市	0.127	0.149	0.985	0.138	0.367	轻度失调
漯河市	0.151	0.085	0.94	0.118	0.333	轻度失调
商丘市	0.124	0.219	0.958	0.172	0.403	濒临失调
周口市	0.11	0.245	0.925	0.178	0.402	濒临失调
济南市	0.282	0.364	0.989	0.323	0.561	勉强协调
青岛市	0.365	0.364	0.998	0.364	0.597	勉强协调
淄博市	0.242	0.206	0.993	0.224	0.47	濒临失调
枣庄市	0.195	0.131	0.974	0.163	0.398	轻度失调
东营市	0.257	0.107	0.902	0.182	0.403	濒临失调
烟台市	0.172	0.272	0.974	0.222	0.464	濒临失调
潍坊市	0.178	0.356	0.942	0.267	0.499	濒临失调
济宁市	0.183	0.309	0.964	0.246	0.484	濒临失调
泰安市	0.181	0.198	0.994	0.189	0.433	濒临失调
威海市	0.184	0.127	0.978	0.155	0.387	轻度失调
日照市	0.178	0.086	0.927	0.132	0.349	轻度失调
临沂市	0.255	0.289	0.993	0.272	0.516	勉强协调
德州市	0.167	0.171	0.996	0.169	0.409	濒临失调
聊城市	0.168	0.177	0.992	0.172	0.412	濒临失调
滨州市	0.174	0.135	0.985	0.155	0.389	轻度失调
菏泽市	0.146	0.246	0.961	0.196	0.432	濒临失调

2. 保护治理子系统与科教文卫子系统耦合发展时空变化

将黄河流域各地级市科技教育和保护治理两大系统的综合指数分别代入耦合度和耦合协调度公式，从而得到各地级市科技教育与保护治理复合系统耦合协调度（见表5-91）。随着时间的推移，黄河流域沿线各地级市的耦合协调度变动以保持稳定和缓慢上升为主，总体上向着良性耦合协调方向演变，但部分个别城市存在小幅下滑趋势。具体而言，咸阳市、聊城市、天水市等城市耦合协调度基本保持在固定区间，说明其科技教育与保护治理耦合协调发展关系比较稳定；西安市、郑州市、青岛市是流域内工业化、城镇化水平最高的城市，科技教育发展迅速，耦合协调度始终保持高位；阳泉市、鄂尔多斯市、白银市、石嘴山市、铜川市、鹤壁市由轻度失调上升为濒临失调，晋中市、银川市、咸阳市、洛阳市、新乡市、淄博市、烟台市、潍坊市、济宁市、泰安市、威海市由濒临失调上升为勉强协调，兰州市、济南市、青岛市由勉强协调上升为初级协调，主要得益于国家流域治理和科技教育开发制度的完善和生态环境保护力度的加大。此外，太原市、西安市、郑州市的耦合协调度有大幅上涨，上升为中级协调。与此同时，阳泉市、铜川市、鄂尔多斯市、枣庄市两大系统耦合协调度上升幅度较小。由于自身薄弱的科技教育和脆弱的生态环境，自 2006 年始，鄂尔多斯市耦合协调度始终在流域内垫底，亟须结合自身实际情况，制定相应的科技教育与保护治理耦合协调发展策略，采取综合性措施，推动二者向良性协调方向发展。

表 5 - 91　　　　　　　2006～2019 年黄河流域各地级市保护治理与科技教育耦合协调度年际变化

地区	2006 年	2007 年	2008 年	2009 年	2010 年	2011 年	2012 年	2013 年	2014 年	2015 年	2016 年	2017 年	2018 年	2019 年
太原市	0.537	0.532	0.555	0.585	0.586	0.604	0.615	0.508	0.648	0.685	0.703	0.704	0.714	0.745
阳泉市	0.362	0.361	0.374	0.378	0.416	0.421	0.428	0.469	0.398	0.415	0.405	0.406	0.41	0.414
长治市	0.48	0.503	0.49	0.512	0.505	0.476	0.474	0.512	0.454	0.463	0.455	0.436	0.455	0.447
晋中市	0.463	0.426	0.435	0.458	0.467	0.48	0.483	0.483	0.533	0.555	0.558	0.561	0.566	0.571
忻州市	0.564	0.543	0.554	0.541	0.527	0.465	0.474	0.509	0.455	0.46	0.479	0.475	0.465	0.458
临汾市	0.457	0.455	0.442	0.447	0.461	0.464	0.462	0.49	0.458	0.477	0.482	0.478	0.476	0.476
吕梁市	0.592	0.588	0.572	0.551	0.498	0.492	0.49	0.523	0.48	0.476	0.471	0.449	0.449	0.452
呼和浩特市	0.5	0.491	0.535	0.566	0.578	0.579	0.564	0.449	0.566	0.606	0.616	0.625	0.621	0.626
包头市	0.442	0.46	0.47	0.485	0.491	0.484	0.472	0.456	0.475	0.494	0.483	0.486	0.494	0.494
鄂尔多斯市	0.358	0.358	0.352	0.35	0.375	0.392	0.399	0.437	0.376	0.38	0.381	0.401	0.402	0.411
榆林市	0.41	0.413	0.443	0.392	0.462	0.451	0.455	0.515	0.426	0.409	0.425	0.407	0.401	0.403
兰州市	0.502	0.504	0.514	0.565	0.571	0.598	0.615	0.5	0.584	0.618	0.637	0.679	0.659	0.676
白银市	0.358	0.369	0.364	0.357	0.379	0.391	0.411	0.498	0.431	0.447	0.446	0.456	0.461	0.454
定西市	0.484	0.461	0.485	0.474	0.467	0.433	0.491	0.533	0.488	0.499	0.479	0.48	0.478	0.473
西宁市	0.414	0.435	0.445	0.436	0.446	0.437	0.467	0.428	0.451	0.476	0.47	0.481	0.475	0.494
银川市	0.461	0.489	0.496	0.497	0.498	0.511	0.517	0.549	0.508	0.532	0.525	0.523	0.522	0.541
石嘴山市	0.331	0.412	0.389	0.388	0.39	0.399	0.404	0.452	0.399	0.416	0.415	0.406	0.413	0.419
吴忠市	0.413	0.416	0.418	0.393	0.408	0.381	0.384	0.433	0.353	0.379	0.372	0.392	0.393	0.391
中卫市	0.421	0.415	0.372	0.403	0.388	0.375	0.383	0.396	0.382	0.406	0.392	0.387	0.375	0.377
运城市	0.455	0.454	0.499	0.489	0.485	0.478	0.489	0.582	0.468	0.479	0.472	0.476	0.469	0.476
西安市	0.577	0.601	0.585	0.58	0.631	0.625	0.643	0.581	0.653	0.687	0.63	0.643	0.632	0.735
铜川市	0.391	0.373	0.384	0.409	0.404	0.419	0.435	0.485	0.416	0.428	0.418	0.415	0.417	0.413
宝鸡市	0.461	0.469	0.45	0.439	0.433	0.448	0.459	0.487	0.447	0.443	0.444	0.431	0.446	0.444
咸阳市	0.496	0.486	0.482	0.475	0.492	0.489	0.524	0.554	0.508	0.52	0.497	0.504	0.493	0.506
渭南市	0.51	0.477	0.49	0.478	0.465	0.491	0.494	0.525	0.464	0.469	0.466	0.468	0.468	0.466
天水市	0.456	0.468	0.483	0.49	0.494	0.49	0.497	0.518	0.464	0.484	0.472	0.474	0.462	0.464
平凉市	0.419	0.427	0.452	0.469	0.499	0.472	0.434	0.505	0.443	0.48	0.477	0.47	0.481	0.477
庆阳市	0.579	0.573	0.558	0.552	0.459	0.466	0.51	0.568	0.477	0.477	0.49	0.474	0.49	0.438
商洛市	0.461	0.463	0.473	0.467	0.48	0.502	0.461	0.481	0.428	0.429	0.432	0.405	0.409	0.408
晋城市	0.445	0.484	0.468	0.468	0.462	0.458	0.467	0.537	0.446	0.459	0.45	0.448	0.437	0.432
亳州市	0.479	0.487	0.515	0.462	0.47	0.467	0.495	0.532	0.466	0.471	0.468	0.467	0.467	0.472
郑州市	0.533	0.559	0.583	0.591	0.57	0.575	0.58	0.486	0.632	0.68	0.698	0.737	0.753	0.771
开封市	0.431	0.432	0.456	0.467	0.463	0.472	0.468	0.498	0.475	0.494	0.482	0.485	0.481	0.487
洛阳市	0.451	0.481	0.49	0.48	0.477	0.491	0.508	0.532	0.485	0.49	0.512	0.507	0.484	0.513
平顶山市	0.475	0.479	0.482	0.488	0.487	0.492	0.498	0.523	0.481	0.491	0.492	0.497	0.492	0.496
鹤壁市	0.371	0.397	0.399	0.399	0.401	0.412	0.412	0.499	0.403	0.413	0.417	0.432	0.435	0.452

地区	2006 年	2007 年	2008 年	2009 年	2010 年	2011 年	2012 年	2013 年	2014 年	2015 年	2016 年	2017 年	2018 年	2019 年
新乡市	0.482	0.508	0.517	0.513	0.516	0.521	0.516	0.533	0.513	0.521	0.509	0.515	0.535	0.543
焦作市	0.436	0.443	0.447	0.454	0.469	0.466	0.472	0.501	0.475	0.487	0.477	0.487	0.49	0.497
许昌市	0.479	0.464	0.439	0.468	0.469	0.475	0.475	0.524	0.465	0.476	0.469	0.468	0.475	0.475
漯河市	0.418	0.423	0.43	0.42	0.448	0.45	0.452	0.507	0.443	0.452	0.455	0.45	0.458	0.471
商丘市	0.513	0.542	0.549	0.541	0.539	0.54	0.525	0.565	0.525	0.533	0.535	0.512	0.512	0.508
周口市	0.561	0.572	0.578	0.566	0.549	0.565	0.568	0.596	0.558	0.562	0.551	0.532	0.51	0.512
济南市	0.589	0.583	0.606	0.652	0.665	0.672	0.677	0.557	0.697	0.672	0.682	0.644	0.656	0.633
青岛市	0.522	0.52	0.528	0.525	0.529	0.543	0.572	0.569	0.577	0.599	0.6	0.622	0.631	0.639
淄博市	0.467	0.481	0.481	0.492	0.501	0.509	0.51	0.541	0.495	0.513	0.513	0.513	0.523	0.527
枣庄市	0.403	0.425	0.442	0.436	0.43	0.43	0.442	0.514	0.429	0.447	0.449	0.451	0.485	0.461
东营市	0.469	0.481	0.479	0.485	0.484	0.486	0.456	0.519	0.449	0.466	0.475	0.477	0.471	0.48
烟台市	0.476	0.481	0.482	0.484	0.491	0.483	0.491	0.511	0.483	0.471	0.503	0.496	0.514	0.515
潍坊市	0.488	0.5	0.496	0.498	0.48	0.49	0.488	0.556	0.491	0.518	0.513	0.517	0.522	0.534
济宁市	0.497	0.516	0.511	0.512	0.507	0.483	0.499	0.526	0.482	0.498	0.509	0.51	0.502	0.513
泰安市	0.46	0.464	0.468	0.462	0.463	0.473	0.477	0.499	0.467	0.484	0.493	0.492	0.495	0.505
威海市	0.445	0.456	0.448	0.462	0.483	0.476	0.484	0.495	0.481	0.5	0.517	0.509	0.519	0.531
日照市	0.423	0.431	0.417	0.422	0.439	0.445	0.447	0.5	0.433	0.453	0.448	0.441	0.444	0.456
临沂市	0.479	0.493	0.486	0.491	0.478	0.494	0.493	0.534	0.476	0.486	0.485	0.483	0.486	0.494
德州市	0.46	0.468	0.466	0.466	0.454	0.473	0.465	0.496	0.453	0.469	0.475	0.471	0.477	0.485
聊城市	0.447	0.456	0.454	0.456	0.448	0.453	0.47	0.488	0.448	0.456	0.454	0.461	0.459	0.451
滨州市	0.43	0.418	0.437	0.459	0.447	0.456	0.422	0.51	0.446	0.456	0.444	0.454	0.459	0.457
菏泽市	0.484	0.491	0.491	0.509	0.481	0.482	0.483	0.528	0.473	0.483	0.472	0.467	0.475	0.482

为横向比较黄河流域沿线各地级市科技教育与保护治理耦合协调发展情况，计算并整理出 2006 ～ 2019 年各地级市两大系统耦合协调度平均值（见表 5 - 92）。从空间上看，沿线城市科技教育与保护治理耦合协调度与两大系统综合发展水平分布较为相似。其中，西安市耦合协调度最高，处于初级协调阶段；太原市、郑州市、青岛市也处于初级协调阶段；晋中市、吕梁市、呼和浩特市、兰州市、银川市、咸阳市、庆阳市、新乡市、商丘市、周口市、青岛市、淄博市、潍坊市、济宁市处于勉强协调阶段。这些城市的科技教育发展水平较高，保护治理系统与其他城市比具有显著优势，在一定程度上弥补了保护治理系统的不均衡。其他城市处于濒临失调、轻度失调状态，自然条件的限制和落后的科技教育发展水平是阻碍其生态发展的重要因素。从市域两大系统综合发展水平来看，制约其耦合协调发展的主导因素各有不同。忻州市、吕梁市、兰州市的科技教育评价值略高于保护治理评价值，为生态滞后型，自然资源和保护治理短板是牵制其协调发展的主导因素，而其他 55 个城市的科技教育评价值都略低于保护治理评价值，为科技教育滞后型，科技教育短板是牵制其协调发展的主导因素。

表 5 - 92　　　　　　　　2006 ～ 2019 年黄河流域各地级市保护治理与科技教育耦合协调度均值比较

地区	保护治理综合指数	科技教育综合指数	耦合度	综合评价指数	耦合协调度	耦合协调等级
太原市	0.421	0.375	0.987	0.398	0.623	初级协调
阳泉市	0.234	0.116	0.938	0.175	0.404	濒临失调
长治市	0.299	0.177	0.953	0.238	0.476	濒临失调

地区	保护治理综合指数	科技教育综合指数	耦合度	综合评价指数	耦合协调度	耦合协调等级
晋中市	0.296	0.222	0.986	0.259	0.503	勉强协调
忻州市	0.257	0.27	0.949	0.263	0.498	濒临失调
临汾市	0.245	0.208	0.963	0.226	0.466	濒临失调
吕梁市	0.259	0.275	0.967	0.267	0.506	勉强协调
呼和浩特市	0.334	0.318	0.989	0.326	0.566	勉强协调
包头市	0.341	0.153	0.923	0.247	0.477	濒临失调
鄂尔多斯市	0.316	0.07	0.764	0.193	0.384	轻度失调
榆林市	0.27	0.137	0.913	0.203	0.429	濒临失调
兰州市	0.338	0.364	0.994	0.351	0.587	勉强协调
白银市	0.233	0.136	0.956	0.184	0.416	濒临失调
定西市	0.266	0.209	0.975	0.237	0.48	濒临失调
西宁市	0.295	0.146	0.939	0.22	0.454	濒临失调
银川市	0.362	0.191	0.949	0.276	0.512	勉强协调
石嘴山市	0.309	0.086	0.822	0.198	0.402	濒临失调
吴忠市	0.298	0.083	0.82	0.19	0.395	轻度失调
中卫市	0.305	0.079	0.803	0.192	0.391	轻度失调
运城市	0.286	0.203	0.96	0.244	0.484	濒临失调
西安市	0.446	0.36	0.987	0.403	0.629	初级协调
铜川市	0.293	0.105	0.874	0.199	0.415	濒临失调
宝鸡市	0.299	0.139	0.925	0.219	0.45	濒临失调
咸阳市	0.298	0.217	0.98	0.258	0.502	勉强协调
渭南市	0.315	0.18	0.935	0.248	0.481	濒临失调
天水市	0.284	0.19	0.974	0.237	0.48	濒临失调
平凉市	0.276	0.175	0.963	0.225	0.465	濒临失调
庆阳市	0.296	0.235	0.977	0.266	0.508	勉强协调
商洛市	0.225	0.197	0.962	0.211	0.45	濒临失调
晋城市	0.328	0.143	0.906	0.236	0.462	濒临失调
亳州市	0.346	0.157	0.917	0.251	0.48	濒临失调
郑州市	0.473	0.339	0.98	0.406	0.625	初级协调
开封市	0.307	0.163	0.947	0.235	0.471	濒临失调
洛阳市	0.343	0.176	0.941	0.26	0.493	濒临失调
平顶山市	0.344	0.17	0.939	0.257	0.491	濒临失调
鹤壁市	0.327	0.095	0.829	0.211	0.417	濒临失调
新乡市	0.366	0.197	0.953	0.281	0.517	勉强协调
焦作市	0.34	0.146	0.917	0.243	0.471	濒临失调
许昌市	0.352	0.144	0.904	0.248	0.473	濒临失调
漯河市	0.364	0.112	0.847	0.238	0.448	濒临失调
商丘市	0.346	0.233	0.976	0.289	0.531	勉强协调
周口市	0.327	0.3	0.986	0.313	0.556	勉强协调

地区	保护治理综合指数	科技教育综合指数	耦合度	综合评价指数	耦合协调度	耦合协调等级
济南市	0.472	0.369	0.983	0.42	0.642	初级协调
青岛市	0.496	0.217	0.921	0.357	0.57	勉强协调
淄博市	0.407	0.16	0.9	0.283	0.505	勉强协调
枣庄市	0.364	0.11	0.841	0.237	0.446	濒临失调
东营市	0.379	0.138	0.881	0.259	0.477	濒临失调
烟台市	0.354	0.165	0.931	0.26	0.492	濒临失调
潍坊市	0.367	0.181	0.939	0.274	0.506	勉强协调
济宁市	0.413	0.158	0.893	0.286	0.505	勉强协调
泰安市	0.358	0.147	0.908	0.253	0.479	濒临失调
威海市	0.364	0.155	0.913	0.259	0.486	濒临失调
日照市	0.363	0.107	0.837	0.235	0.443	濒临失调
临沂市	0.384	0.151	0.897	0.268	0.49	濒临失调
德州市	0.353	0.14	0.898	0.247	0.47	濒临失调
聊城市	0.356	0.124	0.873	0.24	0.457	濒临失调
滨州市	0.322	0.129	0.901	0.225	0.45	濒临失调
菏泽市	0.349	0.162	0.925	0.255	0.486	濒临失调

　　将黄河流域各地级市文化体育和保护治理两大系统的综合指数分别代入耦合度和耦合协调度公式，从而得到各地级市文化体育与保护治理复合系统耦合协调度（见表5－93）。随着时间的推移，黄河流域沿线各地级市的耦合协调度变动以保持稳定和缓慢上升为主，总体上向着良性耦合协调方向演变，但个别城市存在小幅下滑趋势。具体而言，长治、石嘴山市、吴忠市、天水市、焦作市、商丘市、枣庄市、济宁市、聊城市、菏泽市等城市耦合协调度基本保持在固定区间，说明其文化体育与保护治理耦合协调发展关系比较稳定；西安市、郑州市、青岛市是流域内工业化、城镇化水平最高的城市，文化体育发展迅速，耦合协调度始终保持高位；阳泉市、忻州市、中卫市、平凉市、商洛市、晋城市、亳州市、东营市、滨州市由中度失调上升为轻度失调；包头市、西宁市、运城市、咸阳市、渭南市、洛阳市、淄博市、潍坊市、威海市、临沂市由轻度失调上升为濒临失调；呼和浩特市、兰州市由濒临失调上升为勉强协调；济南市由勉强协调上升为初级协调，主要得益于国家流域治理和文化体育开发制度的完善和生态环境保护力度的加大。此外，西安市、郑州市的耦合协调度有大幅上涨，上升为中级协调。与此同时，阳泉市、白银市、中卫市、铜川市、平凉市、鹤壁市两大系统耦合协调度上升幅度较小。由于自身薄弱的文化体育和脆弱的生态环境，自2006年始，白银市耦合协调度始终在流域内垫底，亟须结合自身实际情况，制定相应的文化体育与保护治理耦合协调发展策略，采取综合性措施，推动二者向良性协调方向发展。

表5－93　　　　　　　2006～2019年黄河流域各地级市保护治理与文化体育耦合协调度年际变化

地区	2006年	2007年	2008年	2009年	2010年	2011年	2012年	2013年	2014年	2015年	2016年	2017年	2018年	2019年
太原市	0.494	0.482	0.505	0.567	0.57	0.55	0.553	0.56	0.576	0.635	0.632	0.629	0.632	0.637
阳泉市	0.257	0.256	0.266	0.296	0.322	0.299	0.301	0.284	0.253	0.29	0.284	0.286	0.292	0.329
长治市	0.39	0.412	0.414	0.457	0.424	0.379	0.384	0.392	0.39	0.405	0.377	0.381	0.388	0.397
晋中市	0.338	0.34	0.529	0.425	0.428	0.357	0.363	0.376	0.368	0.388	0.391	0.399	0.398	0.399
忻州市	0.299	0.291	0.305	0.328	0.347	0.289	0.297	0.303	0.292	0.321	0.33	0.337	0.34	0.331
临汾市	0.327	0.337	0.337	0.409	0.364	0.354	0.361	0.376	0.366	0.385	0.389	0.39	0.398	0.385

续表

地区	2006 年	2007 年	2008 年	2009 年	2010 年	2011 年	2012 年	2013 年	2014 年	2015 年	2016 年	2017 年	2018 年	2019 年
吕梁市	0.336	0.332	0.346	0.364	0.331	0.343	0.34	0.345	0.364	0.369	0.365	0.35	0.359	0.362
呼和浩特市	0.434	0.423	0.454	0.507	0.514	0.482	0.462	0.48	0.485	0.527	0.53	0.538	0.541	0.53
包头市	0.35	0.362	0.38	0.445	0.456	0.394	0.371	0.377	0.372	0.386	0.371	0.379	0.422	0.453
鄂尔多斯市	0.315	0.324	0.323	0.362	0.367	0.356	0.36	0.359	0.352	0.373	0.471	0.394	0.404	0.357
榆林市	0.326	0.311	0.349	0.354	0.393	0.362	0.372	0.371	0.362	0.39	0.39	0.374	0.381	0.375
兰州市	0.459	0.446	0.445	0.513	0.521	0.505	0.51	0.463	0.466	0.475	0.484	0.525	0.553	0.556
白银市	0.23	0.228	0.223	0.248	0.264	0.237	0.227	0.262	0.224	0.274	0.266	0.264	0.282	0.295
定西市	0.372	0.26	0.271	0.29	0.292	0.256	0.278	0.277	0.254	0.295	0.303	0.31	0.324	0.316
西宁市	0.347	0.364	0.371	0.372	0.426	0.384	0.391	0.407	0.398	0.417	0.418	0.407	0.415	0.422
银川市	0.416	0.412	0.427	0.467	0.476	0.431	0.432	0.437	0.427	0.504	0.526	0.457	0.452	0.455
石嘴山市	0.271	0.316	0.316	0.339	0.335	0.256	0.26	0.272	0.237	0.283	0.307	0.277	0.279	0.278
吴忠市	0.278	0.276	0.288	0.316	0.337	0.266	0.255	0.255	0.238	0.293	0.282	0.387	0.392	0.291
中卫市	0.247	0.249	0.222	0.269	0.272	0.25	0.25	0.272	0.22	0.275	0.309	0.312	0.311	0.323
运城市	0.318	0.315	0.352	0.389	0.444	0.424	0.439	0.439	0.415	0.396	0.393	0.395	0.392	0.408
西安市	0.555	0.565	0.55	0.573	0.653	0.647	0.666	0.681	0.65	0.655	0.628	0.664	0.683	0.77
铜川市	0.246	0.235	0.24	0.286	0.308	0.271	0.275	0.27	0.248	0.298	0.297	0.291	0.292	0.297
宝鸡市	0.328	0.337	0.332	0.366	0.361	0.337	0.355	0.353	0.342	0.358	0.37	0.375	0.384	0.373
咸阳市	0.346	0.346	0.349	0.368	0.381	0.365	0.387	0.385	0.379	0.405	0.41	0.42	0.401	0.412
渭南市	0.344	0.329	0.349	0.365	0.37	0.386	0.406	0.405	0.385	0.406	0.401	0.413	0.422	0.43
天水市	0.303	0.31	0.32	0.375	0.385	0.338	0.349	0.337	0.275	0.313	0.315	0.342	0.33	0.322
平凉市	0.254	0.261	0.312	0.314	0.307	0.272	0.263	0.281	0.262	0.311	0.312	0.314	0.318	0.306
庆阳市	0.302	0.293	0.295	0.319	0.278	0.261	0.292	0.303	0.252	0.299	0.313	0.316	0.331	0.326
商洛市	0.27	0.262	0.291	0.302	0.309	0.299	0.309	0.311	0.285	0.317	0.324	0.305	0.309	0.312
晋城市	0.277	0.303	0.313	0.334	0.337	0.335	0.335	0.338	0.312	0.348	0.339	0.339	0.335	0.365
亳州市	0.293	0.286	0.313	0.32	0.328	0.315	0.323	0.316	0.293	0.324	0.329	0.327	0.335	0.336
郑州市	0.499	0.588	0.618	0.639	0.632	0.602	0.616	0.619	0.741	0.692	0.696	0.73	0.733	0.747
开封市	0.325	0.32	0.322	0.346	0.4	0.389	0.384	0.39	0.362	0.41	0.404	0.401	0.395	0.38
洛阳市	0.363	0.384	0.388	0.408	0.408	0.4	0.415	0.403	0.405	0.431	0.469	0.475	0.452	0.473
平顶山市	0.351	0.353	0.354	0.375	0.393	0.378	0.382	0.385	0.374	0.394	0.4	0.407	0.418	0.396
鹤壁市	0.262	0.28	0.273	0.308	0.307	0.283	0.272	0.293	0.202	0.274	0.275	0.275	0.276	0.289
新乡市	0.37	0.389	0.396	0.406	0.395	0.377	0.378	0.376	0.344	0.368	0.36	0.368	0.371	0.357
焦作市	0.337	0.343	0.343	0.369	0.367	0.34	0.343	0.353	0.322	0.35	0.356	0.366	0.368	0.347
许昌市	0.359	0.344	0.32	0.361	0.391	0.367	0.358	0.355	0.322	0.38	0.374	0.377	0.385	0.38
漯河市	0.306	0.321	0.326	0.337	0.36	0.346	0.346	0.337	0.316	0.342	0.344	0.362	0.354	0.358
商丘市	0.351	0.376	0.366	0.381	0.352	0.338	0.322	0.342	0.311	0.344	0.365	0.373	0.382	0.368
周口市	0.338	0.355	0.357	0.362	0.354	0.36	0.362	0.361	0.345	0.361	0.373	0.394	0.393	0.382
济南市	0.534	0.527	0.544	0.64	0.66	0.622	0.626	0.627	0.644	0.614	0.623	0.62	0.622	0.623
青岛市	0.477	0.489	0.496	0.531	0.55	0.524	0.539	0.546	0.573	0.592	0.585	0.604	0.612	0.624
淄博市	0.347	0.352	0.342	0.452	0.468	0.444	0.457	0.472	0.456	0.473	0.48	0.476	0.488	0.491

续表

地区	2006 年	2007 年	2008 年	2009 年	2010 年	2011 年	2012 年	2013 年	2014 年	2015 年	2016 年	2017 年	2018 年	2019 年
枣庄市	0.313	0.323	0.329	0.361	0.37	0.337	0.338	0.348	0.308	0.337	0.34	0.341	0.348	0.325
东营市	0.299	0.3	0.299	0.339	0.342	0.309	0.315	0.325	0.287	0.324	0.322	0.333	0.336	0.345
烟台市	0.44	0.445	0.445	0.503	0.505	0.449	0.461	0.45	0.45	0.444	0.468	0.466	0.473	0.466
潍坊市	0.366	0.373	0.362	0.402	0.393	0.382	0.358	0.381	0.397	0.465	0.39	0.397	0.398	0.407
济宁市	0.415	0.425	0.427	0.451	0.465	0.412	0.429	0.467	0.452	0.416	0.41	0.427	0.417	0.434
泰安市	0.349	0.349	0.357	0.481	0.362	0.37	0.37	0.367	0.325	0.386	0.394	0.396	0.39	0.39
威海市	0.373	0.36	0.328	0.365	0.385	0.349	0.357	0.367	0.338	0.364	0.369	0.375	0.39	0.411
日照市	0.304	0.306	0.295	0.309	0.313	0.323	0.325	0.325	0.281	0.323	0.321	0.328	0.369	0.33
临沂市	0.399	0.406	0.394	0.472	0.465	0.389	0.381	0.383	0.398	0.414	0.412	0.408	0.41	0.457
德州市	0.312	0.316	0.316	0.339	0.352	0.347	0.327	0.333	0.326	0.352	0.349	0.38	0.4	0.387
聊城市	0.34	0.347	0.349	0.44	0.446	0.354	0.351	0.36	0.373	0.393	0.384	0.389	0.382	0.35
滨州市	0.289	0.277	0.284	0.321	0.332	0.295	0.288	0.349	0.313	0.312	0.332	0.314	0.332	0.313
菏泽市	0.36	0.356	0.356	0.4	0.414	0.366	0.373	0.377	0.358	0.375	0.376	0.383	0.387	0.368

　　为横向比较黄河流域沿线各地级市文化体育与保护治理耦合协调发展情况，计算并整理出 2006～2019 年各地级市两大系统耦合协调度平均值（见表 5 - 94）。从空间上看，沿线城市文化体育与保护治理耦合协调度与两大系统综合发展水平分布较为相似。其中，郑州市耦合协调度最高，处于初级协调阶段；西安市、济南市也处于初级协调阶段；太原市、青岛市处于勉强协调阶段。这些城市的文化体育发展水平较高，保护治理系统与其他城市比具有显著优势，在一定程度上弥补了保护治理系统的不均衡。呼和浩特市、兰州市、银川市、洛阳市、淄博市、烟台市、济宁市、临沂市处于濒临失调阶段，其他城市处于轻度失调和中度失调状态，自然条件的限制和落后的文化体育发展水平是阻碍其生态发展的重要因素。从市域两大系统综合发展水平来看，制约其耦合协调发展的主导因素各有不同。黄河流域 58 个城市的文化体育评价值都略低于保护治理评价值，为文化体育滞后型，文化体育短板是牵制其协调发展的主导因素。

表 5 - 94　　　　　　　　　　2006～2019 年黄河流域各地级市保护治理与文化体育耦合协调度均值比较

地区	保护治理综合指数	文化体育综合指数	耦合度	综合评价指数	耦合协调度	耦合协调等级
太原市	0.421	0.266	0.969	0.344	0.573	勉强协调
阳泉市	0.234	0.03	0.631	0.132	0.287	中度失调
长治市	0.299	0.087	0.828	0.193	0.399	轻度失调
晋中市	0.296	0.102	0.79	0.199	0.393	轻度失调
忻州市	0.257	0.039	0.683	0.148	0.315	轻度失调
临汾市	0.245	0.082	0.856	0.163	0.37	轻度失调
吕梁市	0.259	0.059	0.777	0.159	0.351	轻度失调
呼和浩特市	0.334	0.181	0.954	0.258	0.493	濒临失调
包头市	0.341	0.073	0.75	0.207	0.394	轻度失调
鄂尔多斯市	0.316	0.06	0.711	0.188	0.366	轻度失调
榆林市	0.27	0.069	0.805	0.169	0.365	轻度失调
兰州市	0.338	0.182	0.951	0.26	0.494	濒临失调
白银市	0.233	0.019	0.536	0.126	0.252	中度失调
定西市	0.266	0.029	0.592	0.148	0.293	中度失调

地区	保护治理综合指数	文化体育综合指数	耦合度	综合评价指数	耦合协调度	耦合协调等级
西宁市	0.295	0.084	0.831	0.19	0.396	轻度失调
银川市	0.362	0.118	0.849	0.24	0.451	濒临失调
石嘴山市	0.309	0.024	0.504	0.167	0.288	中度失调
吴忠市	0.298	0.029	0.541	0.163	0.297	中度失调
中卫市	0.305	0.019	0.46	0.162	0.27	中度失调
运城市	0.286	0.087	0.846	0.186	0.394	轻度失调
西安市	0.446	0.383	0.993	0.414	0.639	初级协调
铜川市	0.293	0.02	0.498	0.157	0.275	中度失调
宝鸡市	0.299	0.054	0.715	0.177	0.355	轻度失调
咸阳市	0.298	0.073	0.796	0.186	0.382	轻度失调
渭南市	0.315	0.072	0.781	0.194	0.387	轻度失调
天水市	0.284	0.043	0.668	0.163	0.33	轻度失调
平凉市	0.276	0.027	0.572	0.152	0.292	中度失调
庆阳市	0.296	0.028	0.557	0.162	0.299	中度失调
商洛市	0.225	0.037	0.699	0.131	0.3	轻度失调
晋城市	0.328	0.036	0.599	0.182	0.329	轻度失调
亳州市	0.346	0.03	0.538	0.188	0.317	轻度失调
郑州市	0.473	0.408	0.985	0.44	0.654	初级协调
开封市	0.307	0.065	0.758	0.186	0.373	轻度失调
洛阳市	0.343	0.092	0.817	0.218	0.42	濒临失调
平顶山市	0.344	0.063	0.722	0.203	0.383	轻度失调
鹤壁市	0.327	0.019	0.449	0.173	0.276	中度失调
新乡市	0.366	0.056	0.673	0.211	0.375	轻度失调
焦作市	0.34	0.045	0.641	0.192	0.35	轻度失调
许昌市	0.352	0.05	0.657	0.201	0.363	轻度失调
漯河市	0.364	0.037	0.579	0.2	0.34	轻度失调
商丘市	0.346	0.047	0.644	0.196	0.355	轻度失调
周口市	0.327	0.054	0.697	0.191	0.364	轻度失调
济南市	0.472	0.295	0.971	0.384	0.609	初级协调
青岛市	0.496	0.193	0.898	0.345	0.553	勉强协调
淄博市	0.407	0.099	0.776	0.253	0.443	濒临失调
枣庄市	0.364	0.036	0.572	0.2	0.337	轻度失调
东营市	0.379	0.028	0.503	0.204	0.32	轻度失调
烟台市	0.354	0.13	0.883	0.242	0.462	濒临失调
潍坊市	0.367	0.065	0.71	0.216	0.391	轻度失调
济宁市	0.413	0.086	0.75	0.249	0.432	濒临失调
泰安市	0.358	0.06	0.683	0.209	0.378	轻度失调
威海市	0.364	0.05	0.65	0.207	0.367	轻度失调
日照市	0.363	0.029	0.52	0.196	0.318	轻度失调

续表

地区	保护治理综合指数	文化体育综合指数	耦合度	综合评价指数	耦合协调度	耦合协调等级
临沂市	0.384	0.079	0.74	0.232	0.413	濒临失调
德州市	0.353	0.041	0.609	0.197	0.345	轻度失调
聊城市	0.356	0.059	0.683	0.207	0.375	轻度失调
滨州市	0.322	0.03	0.553	0.176	0.311	轻度失调
菏泽市	0.349	0.058	0.695	0.203	0.375	轻度失调

　　将黄河流域各地级市医疗卫生和保护治理两大系统的综合指数分别代入耦合度和耦合协调度公式，从而得到各地级市医疗卫生与保护治理复合系统耦合协调度（见表 5 - 95）。随着时间的推移，黄河流域沿线各地级市的耦合协调度变动以保持稳定和缓慢上升为主，总体上向着良性耦合协调方向演变，但部分个别城市存在小幅下滑趋势。具体而言，长治市、晋中市、忻州市、吕梁市、定西市、银川市、中卫市、宝鸡市、平顶山市、许昌市、商丘市、烟台市、泰安市 13 个城市耦合协调度基本保持在固定区间，说明其医疗卫生与保护治理耦合协调发展关系比较稳定；西安市、郑州市、青岛市是流域内工业化、城镇化水平最高的城市，医疗卫生发展迅速，耦合协调度始终保持高位；长治市、忻州市、吕梁市、中卫市、烟台市 5 个城市医疗卫生增长动力疲软，依靠环境投入与治理的加强，耦合协调度相对稳定。阳泉市、晋中市、鄂尔多斯市、榆林市、定西市、吴忠市、天水市、平凉市、庆阳市、商洛市、晋城市、亳州市、鹤壁市、漯河市、日照市由轻度失调上升为濒临失调；包头市、银川市、宝鸡市、咸阳市、渭南市、平顶山市、新乡市、焦作市、许昌市、商丘市、周口市、淄博市、枣庄市、东营市、泰安市、威海市、德州市、聊城市由濒临失调上升为勉强协调；潍坊市、济宁市由勉强协调上升为初级协调，主要得益于国家流域治理和医疗卫生开发制度的完善和生态环境保护力度的加大。此外，西安市、郑州市的耦合协调度有大幅上涨，上升为良好协调。与此同时，中卫市、晋中市、长治市、忻州市、定西市、银川市、吕梁市两大系统耦合协调度上升幅度较小。由于自身薄弱的医疗卫生和脆弱的生态环境，自 2006 年始，中卫市耦合协调度始终在流域内垫底，亟须结合自身实际情况，制定相应的医疗卫生与保护治理耦合协调发展策略，采取综合性措施，推动二者向良性协调方向发展。

表 5 - 95　　　　　　　　　　2006 ~ 2019 年黄河流域各地级市保护治理与医疗卫生耦合协调度年际变化

地区	2006 年	2007 年	2008 年	2009 年	2010 年	2011 年	2012 年	2013 年	2014 年	2015 年	2016 年	2017 年	2018 年	2019 年
太原市	0.496	0.479	0.503	0.566	0.559	0.529	0.543	0.595	0.603	0.641	0.657	0.701	0.708	0.725
阳泉市	0.309	0.304	0.317	0.335	0.434	0.421	0.42	0.349	0.338	0.351	0.349	0.401	0.415	0.419
长治市	0.401	0.403	0.431	0.537	0.529	0.442	0.445	0.468	0.466	0.477	0.464	0.462	0.496	0.495
晋中市	0.396	0.367	0.379	0.423	0.434	0.419	0.417	0.452	0.455	0.472	0.478	0.473	0.485	0.488
忻州市	0.42	0.414	0.436	0.452	0.487	0.433	0.448	0.489	0.501	0.521	0.465	0.452	0.454	0.45
临汾市	0.375	0.385	0.39	0.413	0.435	0.424	0.431	0.466	0.471	0.49	0.503	0.502	0.523	0.519
吕梁市	0.435	0.441	0.443	0.45	0.453	0.453	0.469	0.479	0.478	0.489	0.522	0.42	0.438	0.446
呼和浩特市	0.377	0.371	0.403	0.444	0.468	0.426	0.406	0.438	0.431	0.492	0.508	0.568	0.569	0.578
包头市	0.406	0.424	0.431	0.474	0.477	0.439	0.431	0.457	0.46	0.473	0.463	0.517	0.536	0.54
鄂尔多斯市	0.352	0.358	0.386	0.424	0.45	0.424	0.433	0.422	0.43	0.444	0.422	0.482	0.494	0.495
榆林市	0.353	0.353	0.375	0.382	0.459	0.462	0.469	0.482	0.533	0.489	0.494	0.467	0.472	0.485
兰州市	0.444	0.444	0.448	0.493	0.511	0.476	0.488	0.48	0.48	0.496	0.518	0.599	0.611	0.623
白银市	0.279	0.287	0.282	0.288	0.332	0.309	0.325	0.343	0.342	0.365	0.375	0.441	0.445	0.45
定西市	0.357	0.345	0.342	0.383	0.388	0.322	0.369	0.393	0.391	0.421	0.421	0.439	0.456	0.444

地区	2006 年	2007 年	2008 年	2009 年	2010 年	2011 年	2012 年	2013 年	2014 年	2015 年	2016 年	2017 年	2018 年	2019 年
西宁市	0.344	0.36	0.431	0.429	0.397	0.439	0.46	0.443	0.439	0.461	0.464	0.53	0.539	0.568
银川市	0.469	0.474	0.478	0.48	0.408	0.415	0.423	0.448	0.443	0.465	0.467	0.538	0.545	0.557
石嘴山市	0.275	0.297	0.3	0.289	0.294	0.322	0.338	0.33	0.306	0.337	0.337	0.424	0.431	0.447
吴忠市	0.309	0.361	0.382	0.371	0.492	0.457	0.453	0.453	0.444	0.479	0.47	0.415	0.414	0.412
中卫市	0.327	0.286	0.257	0.283	0.282	0.304	0.309	0.324	0.291	0.329	0.333	0.384	0.381	0.39
运城市	0.396	0.429	0.481	0.542	0.561	0.528	0.535	0.533	0.506	0.526	0.521	0.515	0.516	0.534
西安市	0.568	0.566	0.573	0.608	0.663	0.59	0.612	0.663	0.676	0.711	0.662	0.707	0.726	0.816
铜川市	0.299	0.281	0.28	0.324	0.355	0.357	0.353	0.347	0.326	0.352	0.363	0.47	0.462	0.477
宝鸡市	0.427	0.437	0.438	0.478	0.478	0.435	0.435	0.46	0.46	0.48	0.486	0.508	0.516	0.504
咸阳市	0.428	0.426	0.43	0.445	0.472	0.452	0.489	0.527	0.529	0.546	0.537	0.528	0.525	0.548
渭南市	0.408	0.39	0.413	0.419	0.473	0.485	0.502	0.53	0.532	0.545	0.552	0.52	0.526	0.532
天水市	0.349	0.362	0.387	0.412	0.426	0.389	0.396	0.397	0.374	0.415	0.42	0.434	0.443	0.469
平凉市	0.316	0.33	0.339	0.395	0.389	0.355	0.34	0.375	0.38	0.418	0.425	0.475	0.492	0.485
庆阳市	0.35	0.367	0.369	0.412	0.382	0.339	0.38	0.397	0.366	0.377	0.394	0.394	0.445	0.454
商洛市	0.316	0.314	0.326	0.384	0.412	0.361	0.366	0.39	0.382	0.399	0.404	0.429	0.431	0.456
晋城市	0.348	0.402	0.412	0.402	0.413	0.418	0.426	0.438	0.438	0.454	0.439	0.456	0.46	0.468
亳州市	0.354	0.348	0.384	0.41	0.427	0.379	0.398	0.435	0.431	0.456	0.461	0.439	0.458	0.471
郑州市	0.519	0.548	0.559	0.587	0.616	0.545	0.563	0.641	0.673	0.726	0.753	0.806	0.832	0.841
开封市	0.385	0.383	0.404	0.436	0.505	0.429	0.427	0.501	0.495	0.505	0.508	0.521	0.521	0.533
洛阳市	0.442	0.466	0.481	0.499	0.542	0.478	0.494	0.544	0.543	0.562	0.595	0.597	0.581	0.619
平顶山市	0.435	0.43	0.431	0.466	0.534	0.465	0.473	0.51	0.505	0.521	0.529	0.514	0.524	0.53
鹤壁市	0.308	0.327	0.348	0.332	0.411	0.347	0.361	0.369	0.35	0.381	0.382	0.455	0.454	0.46
新乡市	0.455	0.482	0.485	0.503	0.572	0.482	0.48	0.506	0.511	0.53	0.538	0.533	0.564	0.575
焦作市	0.412	0.413	0.411	0.441	0.503	0.427	0.433	0.438	0.455	0.476	0.493	0.505	0.508	0.515
许昌市	0.413	0.415	0.397	0.453	0.535	0.458	0.461	0.488	0.479	0.493	0.495	0.5	0.549	0.509
漯河市	0.366	0.369	0.355	0.362	0.431	0.382	0.392	0.422	0.422	0.446	0.447	0.463	0.47	0.484
商丘市	0.443	0.471	0.513	0.519	0.597	0.483	0.478	0.551	0.537	0.555	0.561	0.521	0.53	0.537
周口市	0.458	0.464	0.478	0.495	0.567	0.475	0.496	0.533	0.544	0.565	0.577	0.536	0.632	0.559
济南市	0.535	0.528	0.549	0.648	0.66	0.584	0.59	0.617	0.684	0.682	0.699	0.695	0.723	0.734
青岛市	0.542	0.539	0.553	0.579	0.591	0.563	0.611	0.673	0.679	0.706	0.711	0.757	0.762	0.78
淄博市	0.476	0.485	0.482	0.511	0.531	0.497	0.519	0.552	0.547	0.564	0.566	0.577	0.595	0.596
枣庄市	0.411	0.423	0.436	0.46	0.461	0.402	0.423	0.478	0.469	0.489	0.497	0.518	0.519	0.524
东营市	0.407	0.409	0.409	0.415	0.454	0.412	0.416	0.434	0.424	0.443	0.454	0.512	0.517	0.518
烟台市	0.502	0.533	0.521	0.549	0.566	0.524	0.538	0.582	0.576	0.553	0.587	0.579	0.584	0.587
潍坊市	0.509	0.54	0.542	0.607	0.613	0.556	0.57	0.653	0.623	0.628	0.633	0.612	0.636	0.651
济宁市	0.517	0.56	0.549	0.62	0.62	0.501	0.586	0.634	0.605	0.626	0.636	0.617	0.621	0.638
泰安市	0.468	0.458	0.459	0.521	0.543	0.471	0.481	0.534	0.521	0.536	0.544	0.542	0.55	0.561
威海市	0.41	0.428	0.432	0.447	0.464	0.428	0.425	0.46	0.454	0.47	0.473	0.49	0.529	0.536
日照市	0.367	0.366	0.359	0.359	0.405	0.403	0.409	0.429	0.417	0.443	0.444	0.462	0.48	0.486

续表

地区	2006 年	2007 年	2008 年	2009 年	2010 年	2011 年	2012 年	2013 年	2014 年	2015 年	2016 年	2017 年	2018 年	2019 年
临沂市	0.493	0.514	0.517	0.54	0.613	0.529	0.535	0.6	0.603	0.619	0.623	0.596	0.615	0.631
德州市	0.422	0.431	0.442	0.482	0.504	0.456	0.457	0.528	0.508	0.527	0.531	0.526	0.541	0.551
聊城市	0.422	0.431	0.445	0.458	0.466	0.45	0.478	0.528	0.534	0.55	0.55	0.543	0.553	0.55
滨州市	0.386	0.371	0.386	0.42	0.453	0.442	0.425	0.479	0.485	0.494	0.481	0.499	0.511	0.512
菏泽市	0.46	0.467	0.493	0.502	0.522	0.493	0.497	0.566	0.568	0.584	0.592	0.575	0.594	0.606

　　为横向比较黄河流域沿线各地级市医疗卫生与保护治理耦合协调发展情况，计算并整理出 2006～2019 年各地级市两大系统耦合协调度平均值（见表 5 - 96）。从空间上看，沿线城市医疗卫生与保护治理耦合协调度与两大系统综合发展水平分布较为相似。其中，郑州市耦合协调度最高，处于初级协调阶段；西安市、济南市、青岛市也处于初级协调阶段；太原市、兰州市、运城市、洛阳市、新乡市、商丘市、周口市、淄博市、烟台市、潍坊市、济宁市泰安市、临沂市、菏泽市处于勉强协调阶段。这些城市的医疗卫生发展水平较高，保护治理系统与其他城市比具有显著优势，在一定程度上弥补了保护治理系统的不均衡。其他城市处于濒临失调和轻度失调阶段，自然条件的限制和落后的医疗卫生发展水平是阻碍其生态发展的重要因素。从市域两大系统综合发展水平来看，制约其耦合协调发展的主导因素各有不同。黄河流域 58 个城市的医疗卫生评价值都略低于保护治理评价值，为医疗卫生滞后型，医疗卫生短板是牵制其协调发展的主导因素。

表 5 - 96　　　　　　　　2006～2019 年黄河流域各地级市保护治理与医疗卫生耦合协调度均值比较

地区	保护治理综合指数	医疗卫生综合指数	耦合度	综合评价指数	耦合协调度	耦合协调等级
太原市	0.421	0.307	0.986	0.364	0.593	勉强协调
阳泉市	0.234	0.083	0.865	0.158	0.369	轻度失调
长治市	0.299	0.16	0.947	0.23	0.465	濒临失调
晋中市	0.296	0.128	0.919	0.212	0.439	濒临失调
忻州市	0.257	0.181	0.968	0.219	0.459	濒临失调
临汾市	0.245	0.176	0.984	0.21	0.452	濒临失调
吕梁市	0.259	0.175	0.969	0.217	0.458	濒临失调
呼和浩特市	0.334	0.145	0.909	0.239	0.463	濒临失调
包头市	0.341	0.143	0.899	0.242	0.466	濒临失调
鄂尔多斯市	0.316	0.112	0.863	0.214	0.43	濒临失调
榆林市	0.27	0.156	0.959	0.213	0.448	濒临失调
兰州市	0.338	0.204	0.966	0.271	0.508	勉强协调
白银市	0.233	0.067	0.829	0.15	0.347	轻度失调
定西市	0.266	0.09	0.865	0.178	0.391	轻度失调
西宁市	0.295	0.148	0.924	0.221	0.45	濒临失调
银川市	0.362	0.145	0.881	0.254	0.472	濒临失调
石嘴山市	0.309	0.049	0.641	0.179	0.338	轻度失调
吴忠市	0.298	0.115	0.865	0.206	0.422	濒临失调
中卫市	0.305	0.037	0.605	0.171	0.32	轻度失调
运城市	0.286	0.24	0.993	0.263	0.509	勉强协调
西安市	0.446	0.421	0.995	0.433	0.653	初级协调

地区	保护治理综合指数	医疗卫生综合指数	耦合度	综合评价指数	耦合协调度	耦合协调等级
铜川市	0.293	0.065	0.737	0.179	0.36	轻度失调
宝鸡市	0.299	0.162	0.948	0.231	0.467	濒临失调
咸阳市	0.298	0.2	0.978	0.249	0.492	濒临失调
渭南市	0.315	0.185	0.962	0.25	0.488	濒临失调
天水市	0.284	0.097	0.866	0.19	0.405	濒临失调
平凉市	0.276	0.092	0.852	0.184	0.394	轻度失调
庆阳市	0.296	0.079	0.807	0.188	0.388	轻度失调
商洛市	0.225	0.101	0.911	0.163	0.384	轻度失调
晋城市	0.328	0.103	0.849	0.216	0.427	濒临失调
亳州市	0.346	0.091	0.802	0.218	0.418	濒临失调
郑州市	0.473	0.42	0.995	0.447	0.658	初级协调
开封市	0.307	0.162	0.943	0.235	0.468	濒临失调
洛阳市	0.343	0.239	0.979	0.291	0.532	勉强协调
平顶山市	0.344	0.172	0.936	0.258	0.491	濒临失调
鹤壁市	0.327	0.066	0.728	0.196	0.377	轻度失调
新乡市	0.366	0.197	0.948	0.281	0.515	勉强协调
焦作市	0.34	0.134	0.893	0.237	0.459	濒临失调
许昌市	0.352	0.149	0.904	0.25	0.475	濒临失调
漯河市	0.364	0.085	0.771	0.224	0.415	濒临失调
商丘市	0.346	0.219	0.964	0.282	0.521	勉强协调
周口市	0.327	0.245	0.977	0.286	0.527	勉强协调
济南市	0.472	0.364	0.982	0.418	0.638	初级协调
青岛市	0.496	0.364	0.986	0.43	0.646	初级协调
淄博市	0.407	0.206	0.939	0.306	0.535	勉强协调
枣庄市	0.364	0.131	0.875	0.248	0.465	濒临失调
东营市	0.379	0.107	0.814	0.243	0.445	濒临失调
烟台市	0.354	0.272	0.988	0.313	0.556	勉强协调
潍坊市	0.367	0.356	0.995	0.361	0.598	勉强协调
济宁市	0.413	0.309	0.984	0.361	0.595	勉强协调
泰安市	0.358	0.198	0.95	0.278	0.514	勉强协调
威海市	0.364	0.127	0.866	0.245	0.46	濒临失调
日照市	0.363	0.086	0.775	0.224	0.416	濒临失调
临沂市	0.384	0.289	0.98	0.337	0.573	勉强协调
德州市	0.353	0.171	0.933	0.262	0.493	濒临失调
聊城市	0.356	0.177	0.932	0.266	0.497	濒临失调
滨州市	0.322	0.135	0.901	0.229	0.453	濒临失调
菏泽市	0.349	0.246	0.976	0.297	0.537	勉强协调

第六章 黄河流域城市群城市生态保护发展质量研究

本书通过建立黄河流域城市群的生态保护水平的指标与数学模型评估方法对黄河流域城市群2006～2019年的生态保护水平展开评估分析。由表6-1至表6-66对黄河流域城市群58个城市的生态保护发展水平的排名序列及变化情况展开分析。

一、黄河流域城市生态保护水平排名及得分情况

（一）黄河流域城市群生态保护一级指标排名及得分情况

由表6-1对2006年黄河流域城市群生态保护水平得分情况展开分析。将黄河流域城市群内58个城市按照得分排名划分为上游、中游和下游，对比分析表明山东、河南、陕西地区生态保护水平较高，相较宁夏、内蒙古、甘肃地区更具备优势。黄河流域城市群各城市生态保护水平得分区间为15～53分。其中生态保护水平得分最高为济南市（52.116分），最低为商洛市（15.858分）。

表6-1   2006年黄河流域城市群城市生态保护水平评价比较

地区	得分	优劣度	排名
太原市	38.686	中游	30
阳泉市	25.152	下游	53
长治市	31.895	下游	42
晋中市	31.507	下游	44
忻州市	27.715	下游	50
临汾市	23.208	下游	55
吕梁市	39.168	中游	29
呼和浩特市	29.868	下游	47
包头市	37.503	中游	34
鄂尔多斯市	33.697	中游	40
榆林市	18.969	下游	57
兰州市	37.634	中游	33
白银市	20.835	下游	56
定西市	30.655	下游	45
西宁市	30.094	下游	46
银川市	42.713	中游	23
石嘴山市	31.589	下游	43
吴忠市	36.715	中游	35

续表

地区	得分	优劣度	排名
中卫市	41.100	中游	27
运城市	24.932	下游	54
西安市	44.549	上游	19
铜川市	26.435	下游	51
宝鸡市	34.174	中游	38
咸阳市	33.178	下游	41
渭南市	33.726	中游	39
天水市	28.993	下游	48
平凉市	25.593	下游	52
庆阳市	38.641	中游	31
商洛市	15.858	下游	58
晋城市	28.011	下游	49
亳州市	41.328	中游	26
郑州市	44.557	上游	18
开封市	35.835	中游	36
洛阳市	34.220	中游	37
平顶山市	43.844	上游	20
鹤壁市	38.318	中游	32
新乡市	45.506	上游	14
焦作市	43.038	中游	22
许昌市	48.432	上游	7
漯河市	47.673	上游	9
商丘市	40.938	中游	28
周口市	41.733	中游	25
济南市	52.116	上游	1
青岛市	49.670	上游	5
淄博市	50.066	上游	3
枣庄市	42.480	中游	24
东营市	50.055	上游	4
烟台市	44.735	上游	17
潍坊市	46.942	上游	13
济宁市	47.775	上游	8
泰安市	51.364	上游	2
威海市	45.026	上游	15
日照市	47.491	上游	10
临沂市	47.138	上游	12
德州市	44.767	上游	16
聊城市	47.211	上游	11

续表

地区	得分	优劣度	排名
滨州市	43.800	中游	21
菏泽市	48.786	上游	6
最高分	52.116		
最低分	15.858		

由表 6 - 2 对 2007 年黄河流域城市群生态保护水平得分情况展开分析。将黄河流域城市群内 58 个城市按照得分排名划分为上游、中游和下游，对比分析表明山东、河南地区生态保护水平较高，相较宁夏、山西、陕西、内蒙古、甘肃地区更具备优势。黄河流域城市群各城市生态保护水平得分区间为 18～53 分。其中生态保护水平得分最高为济宁市（52.746 分），最低为商洛市（18.299 分）。

表 6 - 2　　　　　　　　　　　　**2007 年黄河流域城市群城市生态保护水平评价比较**

地区	得分	优劣度	排名
太原市	35.480	下游	43
阳泉市	24.962	下游	52
长治市	40.093	中游	34
晋中市	28.206	下游	49
忻州市	26.471	下游	50
临汾市	23.840	下游	55
吕梁市	36.861	中游	38
呼和浩特市	29.148	下游	47
包头市	42.633	中游	27
鄂尔多斯市	37.128	中游	37
榆林市	19.330	下游	57
兰州市	38.889	中游	36
白银市	21.672	下游	56
定西市	25.203	下游	51
西宁市	36.059	下游	42
银川市	48.425	上游	15
石嘴山市	40.323	中游	32
吴忠市	36.762	中游	40
中卫市	41.080	中游	31
运城市	24.771	下游	53
西安市	50.993	上游	7
铜川市	24.318	下游	54
宝鸡市	36.806	中游	39

续表

地区	得分	优劣度	排名
咸阳市	33.605	下游	44
渭南市	31.261	下游	46
天水市	31.789	下游	45
平凉市	29.089	下游	48
庆阳市	40.197	中游	33
商洛市	18.299	下游	58
晋城市	41.534	中游	29
亳州市	41.372	中游	30
郑州市	49.692	上游	12
开封市	36.490	下游	41
洛阳市	39.645	中游	35
平顶山市	44.366	中游	25
鹤壁市	45.235	中游	22
新乡市	52.221	上游	3
焦作市	43.604	中游	26
许昌市	47.819	上游	18
漯河市	48.926	上游	14
商丘市	47.969	上游	16
周口市	44.907	中游	24
济南市	49.303	上游	13
青岛市	51.367	上游	5
淄博市	51.862	上游	4
枣庄市	46.645	中游	21
东营市	51.144	上游	6
烟台市	45.059	中游	23
潍坊市	50.231	上游	10
济宁市	52.746	上游	1
泰安市	52.277	上游	2
威海市	46.971	上游	20
日照市	47.871	上游	17
临沂市	50.980	上游	8
德州市	47.130	上游	19
聊城市	50.107	上游	11
滨州市	42.016	中游	28
菏泽市	50.953	上游	9
最高分	52.746		
最低分	18.299		

　　由表 6 - 3 对 2008 年黄河流域城市群生态保护水平得分情况展开分析。将黄河流域城市群内 58 个城市按照得分排名划分为上游、中游和下游，对比分析表明山东、河南地区保护治理水平较高，相较宁夏、山西、陕西、内蒙古、甘肃地区更具备优势。黄河流域城市群各城市生态保护水平得分区间为 20 ~ 54 分。其中生态保护水平得分最高为青岛市（53.997 分），最低为白银市（20.206 分）。

表 6 - 3　　　　　　　　　　2008 年黄河流域城市群城市生态保护水平评价比较

地区	得分	优劣度	排名
太原市	38.187	中游	37
阳泉市	27.295	下游	53
长治市	38.722	中游	35
晋中市	27.942	下游	52
忻州市	28.493	下游	51
临汾市	24.219	下游	56
吕梁市	36.095	下游	42
呼和浩特市	38.756	中游	34
包头市	44.327	中游	23
鄂尔多斯市	36.380	下游	41
榆林市	28.834	下游	50
兰州市	33.464	下游	47
白银市	20.206	下游	57
定西市	25.408	下游	55
西宁市	38.647	中游	36
银川市	47.384	上游	17
石嘴山市	40.933	中游	31
吴忠市	42.042	中游	28
中卫市	32.005	下游	49
运城市	35.171	下游	44
西安市	47.487	上游	14
铜川市	25.445	下游	54
宝鸡市	35.844	下游	43
咸阳市	32.949	下游	48
渭南市	33.657	下游	46
天水市	36.668	中游	40
平凉市	34.885	下游	45
庆阳市	37.984	中游	38
商洛市	21.679	下游	57
晋城市	41.523	中游	29
亳州市	48.063	上游	13

续表

地区	得分	优劣度	排名
郑州市	51.391	上游	4
开封市	39.269	中游	33
洛阳市	40.579	中游	32
平顶山市	43.361	中游	24
鹤壁市	43.352	中游	25
新乡市	52.338	上游	3
焦作市	42.188	中游	26
许昌市	37.572	中游	39
漯河市	46.171	上游	18
商丘市	47.399	上游	16
周口市	44.624	中游	22
济南市	50.503	上游	6
青岛市	53.997	上游	1
淄博市	49.978	上游	10
枣庄市	50.013	上游	9
东营市	49.617	上游	11
烟台市	45.649	上游	19
潍坊市	47.411	上游	15
济宁市	52.647	上游	2
泰安市	50.020	上游	8
威海市	42.115	中游	27
日照市	41.378	中游	30
临沂市	51.046	上游	5
德州市	45.304	中游	21
聊城市	50.452	上游	7
滨州市	45.507	上游	20
菏泽市	48.498	上游	12
最高分	53.997		
最低分	20.206		

由表 6 - 4 对 2009 年黄河流域城市群生态保护水平得分情况展开分析。将黄河流域城市群内 58 个城市按照得分排名划分为上游、中游和下游，对比分析表明山东、河南地区保护治理水平较高，相较宁夏、山西、陕西、内蒙古、甘肃地区更具备优势。黄河流域城市群各城市生态保护水平得分区间为 20 ~ 58 分。其中生态保护水平得分最高为青岛市（57.315 分），最低为白银市（20.805 分）。

表 6 - 4   **2009 年黄河流域城市群城市生态保护水平评价比较**

地区	得分	优劣度	排名
太原市	44.089	中游	33
阳泉市	28.680	下游	53
长治市	44.272	中游	32
晋中市	32.648	下游	51
忻州市	30.243	下游	52
临汾市	26.425	下游	54
吕梁市	37.395	下游	43
呼和浩特市	44.849	中游	29
包头市	46.598	中游	22
鄂尔多斯市	44.369	中游	31
榆林市	25.327	下游	55
兰州市	41.101	中游	40
白银市	20.805	下游	58
定西市	24.595	下游	57
西宁市	37.223	下游	44
银川市	51.151	上游	12
石嘴山市	46.072	中游	24
吴忠市	39.910	下游	41
中卫市	33.880	下游	49
运城市	41.689	中游	38
西安市	48.286	上游	16
铜川市	36.084	下游	48
宝鸡市	36.995	下游	45
咸阳市	33.140	下游	50
渭南市	36.241	下游	47
天水市	38.531	下游	42
平凉市	41.343	中游	39
庆阳市	43.232	中游	36
商洛市	24.757	下游	56
晋城市	45.048	中游	27
亳州市	42.600	中游	37
郑州市	55.073	上游	4
开封市	44.457	中游	30
洛阳市	36.635	下游	46
平顶山市	46.717	中游	21
鹤壁市	47.418	上游	19
新乡市	52.722	上游	9
焦作市	45.161	中游	26

地区	得分	优劣度	排名
许昌市	51.848	上游	11
漯河市	45.036	中游	28
商丘市	48.211	上游	18
周口市	44.073	中游	34
济南市	54.232	上游	6
青岛市	57.315	上游	1
淄博市	54.556	上游	5
枣庄市	50.760	上游	14
东营市	53.215	上游	7
烟台市	48.257	上游	17
潍坊市	50.668	上游	15
济宁市	56.007	上游	3
泰安市	52.046	上游	10
威海市	45.594	中游	25
日照市	43.713	中游	35
临沂市	56.860	上游	2
德州市	47.408	上游	20
聊城市	53.095	上游	8
滨州市	46.268	中游	23
菏泽市	50.781	上游	13
最高分		57.315	
最低分		20.805	

由表 6-5 对 2009 年黄河流域城市群保护治理水平得分情况展开分析。将黄河流域城市群内 58 个城市按照得分排名划分为上游、中游和下游，对比分析表明山东、河南地区保护治理水平较高，相较宁夏、山西、陕西、内蒙古、甘肃地区更具备优势。黄河流域城市群各城市保护治理水平得分区间为 15～44 分。其中保护治理水平得分最高为济宁市（43.522 分），最低为白银市（15.842 分）。

表 6-5　　　　　　　　　2009 年黄河流域城市群城市保护治理水平评价比较

地区	得分	优劣度	排名
太原市	32.005	下游	42
阳泉市	20.355	下游	57
长治市	36.710	中游	25
晋中市	24.797	下游	52
忻州市	26.752	下游	51
临汾市	20.537	下游	56
吕梁市	32.004	下游	43

续表

地区	得分	优劣度	排名
呼和浩特市	34.492	中游	32
包头市	37.248	中游	21
鄂尔多斯市	36.811	中游	23
榆林市	21.320	下游	54
兰州市	32.975	下游	41
白银市	15.842	下游	58
定西市	21.115	下游	55
西宁市	29.991	下游	45
银川市	41.022	上游	6
石嘴山市	36.229	中游	27
吴忠市	34.965	中游	29
中卫市	28.530	下游	47
运城市	34.281	中游	33
西安市	35.275	中游	28
铜川市	29.809	下游	46
宝鸡市	30.707	下游	44
咸阳市	26.950	下游	50
渭南市	28.420	下游	48
天水市	33.800	中游	36
平凉市	37.940	上游	20
庆阳市	40.648	上游	8
商洛市	21.655	下游	53
晋城市	38.390	上游	18
亳州市	34.214	中游	34
郑州市	38.749	上游	16
开封市	33.610	中游	38
洛阳市	28.072	下游	49
平顶山市	36.753	中游	24
鹤壁市	36.311	中游	26
新乡市	41.214	上游	4
焦作市	33.619	中游	37
许昌市	40.897	上游	7
漯河市	33.030	中游	40
商丘市	37.995	上游	19
周口市	34.084	中游	35
济南市	38.845	上游	15
青岛市	41.647	上游	3

地区	得分	优劣度	排名
淄博市	41.038	上游	5
枣庄市	38.487	上游	17
东营市	40.132	上游	10
烟台市	39.130	上游	13
潍坊市	39.378	上游	11
济宁市	43.522	上游	1
泰安市	38.852	上游	14
威海市	37.166	中游	22
日照市	33.138	中游	39
临沂市	42.222	上游	2
德州市	34.908	中游	30
聊城市	40.420	上游	9
滨州市	34.604	中游	31
菏泽市	39.232	上游	12
最高分	43.522		
最低分	15.842		

由表 6－6 对 2010 年黄河流域城市群保护治理水平得分情况展开分析。将黄河流域城市群内 58 个城市按照得分排名划分为上游、中游和下游，对比分析表明，山东、河南地区保护治理水平较高，相较宁夏、山西、陕西、内蒙古、甘肃地区更具备优势。黄河流域城市群各城市保护治理水平得分区间为 20～44 分。其中保护治理水平得分最高为济宁市（43.849 分），最低为白银市（20.215 分）。

表 6－6　　　　　　　　　　2010 年黄河流域城市群城市保护治理水平评价比较

地区	得分	优劣度	排名
太原市	32.537	下游	43
阳泉市	30.373	下游	48
长治市	38.756	中游	28
晋中市	28.463	下游	51
忻州市	33.074	下游	42
临汾市	24.921	下游	54
吕梁市	22.812	下游	56
呼和浩特市	34.821	中游	37
包头市	38.415	中游	29
鄂尔多斯市	36.513	中游	33
榆林市	40.944	上游	15
兰州市	33.809	中游	40
白银市	20.215	下游	58

续表

地区	得分	优劣度	排名
定西市	22.484	下游	57
西宁市	30.787	下游	47
银川市	39.842	中游	21
石嘴山市	34.785	中游	38
吴忠市	41.318	上游	12
中卫市	25.726	下游	52
运城市	37.802	中游	31
西安市	41.106	上游	14
铜川市	34.520	中游	39
宝鸡市	31.417	下游	46
咸阳市	31.763	下游	45
渭南市	28.843	下游	50
天水市	36.168	中游	35
平凉市	35.337	中游	36
庆阳市	24.216	下游	55
商洛市	25.019	下游	53
晋城市	39.191	中游	24
亳州市	40.365	上游	18
郑州市	39.915	上游	20
开封市	33.644	下游	41
洛阳市	28.987	下游	49
平顶山市	38.950	中游	27
鹤壁市	39.048	中游	26
新乡市	42.595	上游	9
焦作市	37.757	中游	32
许昌市	43.175	上游	2
漯河市	43.149	上游	3
商丘市	39.163	中游	25
周口市	32.192	下游	44
济南市	43.027	上游	6
青岛市	42.606	上游	8
淄博市	43.147	上游	4
枣庄市	39.263	中游	23
东营市	41.992	上游	10
烟台市	41.582	上游	11
潍坊市	36.433	中游	34
济宁市	43.849	上游	1

地区	得分	优劣度	排名
泰安市	40.444	上游	17
威海市	42.893	上游	7
日照市	43.046	上游	5
临沂市	38.231	中游	30
德州市	39.448	中游	22
聊城市	40.060	上游	19
滨州市	40.445	上游	16
菏泽市	41.263	上游	13
最高分	43.849		
最低分	20.215		

　　由表6－7对2011年黄河流域城市群保护治理水平得分情况展开分析。将黄河流域城市群内58个城市按照得分排名划分为上游、中游和下游，对比分析表明，山东、河南地区保护治理水平较高，相较宁夏、山西、陕西、内蒙古、甘肃地区更具备优势。黄河流域城市群各城市保护治理水平得分区间为17～45分。其中保护治理水平得分最高为济南市（44.848分），最低为定西市（17.031分）。

表6－7　　　　　　　　　　　　2011年黄河流域城市群城市保护治理水平评价比较

地区	得分	优劣度	排名
太原市	35.082	中游	34
阳泉市	30.274	下游	50
长治市	31.525	下游	47
晋中市	30.906	下游	48
忻州市	21.298	下游	57
临汾市	25.911	下游	54
吕梁市	25.019	下游	55
呼和浩特市	34.719	中游	36
包头市	38.574	中游	24
鄂尔多斯市	40.084	上游	17
榆林市	37.089	中游	32
兰州市	38.885	上游	20
白银市	21.894	下游	56
定西市	17.031	下游	58
西宁市	31.598	下游	46
银川市	40.783	上游	14
石嘴山市	33.378	下游	43
吴忠市	33.931	中游	39
中卫市	33.664	下游	42

续表

地区	得分	优劣度	排名
运城市	36.910	中游	33
西安市	40.811	上游	13
铜川市	37.325	中游	30
宝鸡市	34.213	中游	38
咸阳市	31.771	下游	45
渭南市	37.420	中游	29
天水市	33.330	下游	44
平凉市	28.929	下游	51
庆阳市	26.214	下游	53
商洛市	26.226	下游	52
晋城市	38.661	中游	23
亳州市	37.854	中游	27
郑州市	38.848	中游	21
开封市	33.772	下游	41
洛阳市	30.679	下游	49
平顶山市	38.817	中游	22
鹤壁市	38.072	中游	25
新乡市	41.947	上游	9
焦作市	34.545	中游	37
许昌市	42.763	上游	6
漯河市	41.709	上游	10
商丘市	39.628	上游	19
周口市	37.885	中游	26
济南市	44.848	上游	1
青岛市	44.035	上游	2
淄博市	43.923	上游	3
枣庄市	33.834	中游	40
东营市	42.290	上游	7
烟台市	39.867	上游	18
潍坊市	37.197	中游	31
济宁市	35.047	中游	35
泰安市	41.602	上游	11
威海市	40.375	上游	16
日照市	42.912	上游	4
临沂市	42.843	上游	5
德州市	41.565	上游	12
聊城市	37.842	中游	28

续表

地区	得分	优劣度	排名
滨州市	41.956	上游	8
菏泽市	40.444	上游	15
最高分		44.848	
最低分		17.031	

由表6-8对2013年黄河流域城市群生态保护水平得分情况展开分析。将黄河流域城市群内58个城市按照得分排名划分为上游、中游和下游，对比分析表明，山东、河南地区保护治理水平较高，相较宁夏、山西、陕西、内蒙古、甘肃地区更具备优势。黄河流域城市群各城市生态保护水平得分区间为33~65分。其中生态保护水平得分最高为淄博市（64.956分），最低为忻州市（33.275分）。

表6-8　　　　　　　　**2013年黄河流域城市群城市生态保护水平评价比较**

地区	得分	优劣度	排名
太原市	52.417	中游	25
阳泉市	36.412	下游	53
长治市	43.144	下游	47
晋中市	45.007	下游	42
忻州市	33.275	下游	58
临汾市	37.763	下游	51
吕梁市	35.976	下游	54
呼和浩特市	44.328	下游	44
包头市	44.138	下游	45
鄂尔多斯市	43.546	下游	46
榆林市	45.345	下游	41
兰州市	38.122	下游	50
白银市	36.431	下游	52
定西市	34.990	下游	56
西宁市	47.869	中游	37
银川市	54.814	上游	20
石嘴山市	52.506	中游	24
吴忠市	40.793	下游	48
中卫市	50.854	中游	30
运城市	48.743	中游	34
西安市	60.154	上游	4
铜川市	49.672	中游	33
宝鸡市	44.665	下游	43
咸阳市	48.092	中游	36

续表

地区	得分	优劣度	排名
渭南市	48.510	中游	35
天水市	38.495	下游	49
平凉市	33.907	下游	57
庆阳市	46.037	中游	39
商洛市	35.072	下游	55
晋城市	50.618	中游	32
亳州市	54.033	中游	23
郑州市	57.091	上游	11
开封市	45.439	中游	40
洛阳市	46.612	中游	38
平顶山市	54.206	中游	22
鹤壁市	54.356	中游	21
新乡市	55.354	上游	19
焦作市	51.098	中游	29
许昌市	56.093	上游	17
漯河市	56.616	上游	13
商丘市	50.672	中游	31
周口市	52.010	中游	26
济南市	61.283	上游	3
青岛市	62.439	上游	2
淄博市	64.956	上游	1
枣庄市	58.073	上游	9
东营市	58.587	上游	6
烟台市	51.958	中游	27
潍坊市	56.572	上游	15
济宁市	58.109	上游	8
泰安市	57.242	上游	10
威海市	51.945	中游	28
日照市	56.486	上游	16
临沂市	59.140	上游	5
德州市	56.912	上游	12
聊城市	58.326	上游	7
滨州市	55.716	上游	18
菏泽市	56.600	上游	14
最高分	64.956		
最低分	33.275		

由表 6－9 对 2014 年黄河流域城市群生态保护水平得分情况展开分析。将黄河流域城市群内 58 个城市按照得分排名划分为上游、中游和下游，对比分析表明，山东、河南地区保护治理水平较高，相较宁夏、山西、陕西、内蒙古、甘肃地区更具备优势。黄河流域城市群各城市生态保护水平得分区间为 33～65 分。其中生态保护水平得分最高为青岛市（64.065 分），最低为商洛市（35.163 分）。

表 6－9　　　　　　　　　　　　2014 年黄河流域城市群城市生态保护水平评价比较

地区	得分	优劣度	排名
太原市	54.255	中游	22
阳泉市	36.520	下游	56
长治市	44.698	下游	44
晋中市	50.042	中游	33
忻州市	36.943	下游	55
临汾市	41.065	下游	49
吕梁市	42.255	下游	47
呼和浩特市	46.865	中游	40
包头市	49.018	中游	37
鄂尔多斯市	48.235	中游	39
榆林市	45.377	下游	43
兰州市	38.807	下游	52
白银市	42.111	下游	48
定西市	37.323	下游	54
西宁市	49.468	中游	36
银川市	55.008	上游	19
石嘴山市	53.491	中游	23
吴忠市	40.812	下游	50
中卫市	50.373	中游	31
运城市	44.640	下游	45
西安市	59.858	上游	5
铜川市	49.772	中游	34
宝鸡市	46.201	下游	42
咸阳市	49.722	中游	35
渭南市	50.197	中游	32
天水市	35.519	下游	57
平凉市	39.462	下游	51
庆阳市	38.609	下游	53
商洛市	35.163	下游	58
晋城市	51.115	中游	29
亳州市	53.472	中游	24

地区	得分	优劣度	排名
郑州市	60.064	上游	4
开封市	43.977	下游	46
洛阳市	46.779	下游	41
平顶山市	52.528	中游	26
鹤壁市	50.815	中游	30
新乡市	55.453	上游	16
焦作市	48.987	中游	38
许昌市	54.478	中游	21
漯河市	56.043	上游	14
商丘市	52.255	中游	27
周口市	51.283	中游	28
济南市	63.010	上游	2
青岛市	64.065	上游	1
淄博市	58.556	上游	7
枣庄市	58.018	上游	8
东营市	59.468	上游	6
烟台市	53.049	中游	25
潍坊市	54.826	上游	20
济宁市	57.240	上游	10
泰安市	55.955	上游	15
威海市	55.357	上游	17
日照市	56.284	上游	12
临沂市	60.246	上游	3
德州市	56.382	上游	11
聊城市	57.813	上游	9
滨州市	56.217	上游	13
菏泽市	55.046	上游	18
最高分	64.956		
最低分	33.275		

由表 6－10 对 2015 年黄河流域城市群生态保护水平得分情况展开分析。将黄河流域城市群内 58 个城市按照得分排名划分为上游、中游和下游，对比分析表明山东、河南地区保护治理水平较高，相较宁夏、山西、陕西、内蒙古、甘肃地区更具备优势。黄河流域城市群各城市生态保护水平得分区间为 34～65 分。其中生态保护水平得分最高为青岛市（64.020 分），最低为庆阳市（34.947 分）。

表 6－10　　　　　　　　2015 年黄河流域城市群城市生态保护水平评价比较

地区	得分	优劣度	排名
太原市	56.247	上游	18
阳泉市	38.229	下游	55

续表

地区	得分	优劣度	排名
长治市	45.386	下游	45
晋中市	51.282	中游	33
忻州市	37.281	下游	56
临汾市	42.573	下游	50
吕梁市	41.772	下游	53
呼和浩特市	48.274	中游	39
包头市	51.573	中游	32
鄂尔多斯市	46.781	下游	41
榆林市	46.673	下游	42
兰州市	39.539	下游	55
白银市	43.088	下游	48
定西市	40.619	下游	54
西宁市	49.214	中游	38
银川市	53.810	中游	26
石嘴山市	52.790	中游	29
吴忠市	44.338	下游	47
中卫市	58.828	上游	12
运城市	45.706	下游	43
西安市	61.107	上游	5
铜川市	49.500	中游	37
宝鸡市	42.700	下游	49
咸阳市	49.537	中游	36
渭南市	50.159	中游	35
天水市	41.820	下游	52
平凉市	45.127	下游	46
庆阳市	34.947	下游	58
商洛市	35.032	下游	57
晋城市	51.607	中游	31
亳州市	53.609	中游	27
郑州市	63.681	上游	3
开封市	56.087	上游	20
洛阳市	47.681	中游	40
平顶山市	54.575	中游	24
鹤壁市	54.032	中游	25
新乡市	56.170	上游	19
焦作市	50.987	中游	34

地区	得分	优劣度	排名
许昌市	55.579	中游	22
漯河市	57.097	上游	16
商丘市	53.157	中游	28
周口市	52.667	中游	30
济南市	63.858	上游	2
青岛市	64.020	上游	1
淄博市	61.040	上游	6
枣庄市	60.414	上游	8
东营市	61.040	上游	7
烟台市	45.615	下游	44
潍坊市	57.034	上游	17
济宁市	60.161	上游	9
泰安市	58.087	上游	13
威海市	55.462	中游	23
日照市	58.083	上游	14
临沂市	61.124	上游	4
德州市	59.263	上游	11
聊城市	59.428	上游	10
滨州市	55.981	中游	21
菏泽市	57.175	上游	15
最高分	64.020		
最低分	34.947		
平均分	51.528		
标准差	7.623		

　　由表6－11对2016年黄河流域城市群生态保护水平得分情况展开分析。将黄河流域城市群内58个城市按照得分排名划分为上游、中游和下游，对比分析表明山东、河南地区保护治理水平较高，相较宁夏、山西、陕西、内蒙古、甘肃地区更具备优势。黄河流域城市群各城市生态保护水平得分区间为35～69分。其中生态保护水平得分最高为青岛市（68.151分），最低为阳泉市（35.708分）。

表6－11　　　　　　　　　**2016年黄河流域城市群城市生态保护水平评价比较**

地区	得分	优劣度	排名
太原市	57.401	上游	11
阳泉市	35.708	下游	58
长治市	38.938	下游	57
晋中市	51.891	中游	30
忻州市	47.029	下游	43

续表

地区	得分	优劣度	排名
临汾市	45.117	下游	47
吕梁市	42.107	下游	52
呼和浩特市	52.259	中游	28
包头市	48.059	下游	42
鄂尔多斯市	48.754	中游	38
榆林市	46.481	下游	45
兰州市	44.990	下游	48
白银市	44.882	下游	49
定西市	40.534	下游	54
西宁市	49.111	中游	36
银川市	52.279	中游	27
石嘴山市	49.079	中游	37
吴忠市	42.130	下游	51
中卫市	48.751	中游	39
运城市	44.373	下游	50
西安市	58.616	上游	9
铜川市	50.385	中游	33
宝鸡市	45.606	下游	46
咸阳市	46.881	下游	44
渭南市	50.890	中游	32
天水市	41.683	下游	53
平凉市	48.241	中游	40
庆阳市	39.176	下游	56
商洛市	39.300	下游	55
晋城市	49.678	中游	35
亳州市	53.071	中游	24
郑州市	64.832	上游	2
开封市	53.936	中游	21
洛阳市	48.238	下游	41
平顶山市	55.312	上游	18
鹤壁市	53.949	上游	20
新乡市	51.259	中游	31
焦作市	51.978	中游	29
许昌市	52.882	中游	26
漯河市	56.001	上游	15
商丘市	53.634	中游	22
周口市	53.227	中游	23

地区	得分	优劣度	排名
济南市	63.944	上游	3
青岛市	68.151	上游	1
淄博市	59.823	上游	7
枣庄市	58.905	上游	8
东营市	60.220	上游	5
烟台市	52.923	中游	25
潍坊市	56.331	上游	14
济宁市	60.060	上游	6
泰安市	58.034	上游	10
威海市	55.538	上游	17
日照市	55.673	上游	16
临沂市	60.276	上游	4
德州市	56.835	上游	12
聊城市	56.687	上游	13
滨州市	50.305	中游	34
菏泽市	54.948	上游	19
最高分	68.151		
最低分	35.708		

由表 6 - 12 对 2017 年黄河流域城市群生态保护水平得分情况展开分析。将黄河流域城市群内 58 个城市按照得分排名划分为上游、中游和下游，对比分析表明山东、河南地区保护治理水平较高，相较宁夏、山西、陕西、内蒙古、甘肃地区更具备优势。黄河流域城市群各城市生态保护水平得分区间为 33 ~ 71 分。其中生态保护水平得分最高为青岛市（70.306 分），最低为商洛市（33.460 分）。

表 6 - 12　　　　　　　　**2017 年黄河流域城市群城市生态保护水平评价比较**

地区	得分	优劣度	排名
太原市	57.673	上游	10
阳泉市	36.826	下游	56
长治市	36.666	下游	57
晋中市	52.348	中游	33
忻州市	47.422	下游	43
临汾市	46.893	下游	46
吕梁市	38.948	下游	54
呼和浩特市	54.444	上游	18
包头市	50.574	中游	36
鄂尔多斯市	52.595	中游	32
榆林市	40.286	下游	53

地区	得分	优劣度	排名
兰州市	56.723	上游	11
白银市	47.911	下游	41
定西市	44.213	下游	52
西宁市	48.768	中游	40
银川市	49.396	中游	38
石嘴山市	46.719	下游	48
吴忠市	45.529	下游	51
中卫市	46.281	下游	49
运城市	45.764	下游	50
西安市	63.277	上游	3
铜川市	49.256	中游	39
宝鸡市	46.727	下游	47
咸阳市	47.810	下游	42
渭南市	53.576	中游	23
天水市	47.238	下游	45
平凉市	47.326	下游	44
庆阳市	37.602	下游	55
商洛市	33.460	下游	58
晋城市	50.423	中游	37
亳州市	53.450	中游	25
郑州市	69.126	上游	2
开封市	53.883	中游	22
洛阳市	54.097	上游	20
平顶山市	53.477	中游	24
鹤壁市	55.453	上游	15
新乡市	53.284	中游	26
焦作市	53.278	中游	27
许昌市	54.145	上游	19
漯河市	52.968	中游	30
商丘市	52.615	中游	31
周口市	51.416	中游	34
济南市	62.392	上游	4
青岛市	70.306	上游	1
淄博市	58.112	上游	7
枣庄市	57.705	上游	9
东营市	60.715	上游	5
烟台市	51.104	中游	35

地区	得分	优劣度	排名
潍坊市	55.877	上游	14
济宁市	58.628	上游	6
泰安市	56.367	上游	12
威海市	55.127	上游	16
日照市	53.168	中游	28
临沂市	58.036	上游	8
德州市	55.996	上游	13
聊城市	53.010	中游	29
滨州市	53.898	中游	21
菏泽市	54.610	上游	17
最高分	70.306		
最低分	33.460		

　　由表 6-13 对 2018 年黄河流域城市群生态保护水平得分情况展开分析。将黄河流域城市群内 58 个城市按照得分排名划分为上游、中游和下游，对比分析表明山东、河南地区保护治理水平较高，相较宁夏、山西、陕西、内蒙古、甘肃地区更具备优势。黄河流域城市群各城市生态保护水平得分区间为 35~72 分。其中生态保护水平得分最高为青岛市（71.921 分），最低为商洛市（35.559 分）。

表 6-13　　　　　　　　　　　　2018 年黄河流域城市群城市生态保护水平评价比较

地区	得分	优劣度	排名
太原市	59.252	上游	6
阳泉市	38.802	下游	57
长治市	45.944	下游	48
晋中市	52.715	中游	27
忻州市	46.638	下游	47
临汾市	48.293	下游	41
吕梁市	42.599	下游	55
呼和浩特市	52.467	中游	30
包头市	51.423	中游	35
鄂尔多斯市	50.688	中游	37
榆林市	41.589	下游	56
兰州市	58.399	上游	8
白银市	47.905	下游	43
定西市	48.574	中游	40
西宁市	55.273	上游	16
银川市	48.256	下游	42
石嘴山市	47.791	下游	44

续表

地区	得分	优劣度	排名
吴忠市	45.660	下游	49
中卫市	43.704	下游	54
运城市	45.061	下游	52
西安市	58.468	上游	7
铜川市	45.592	下游	50
宝鸡市	47.731	下游	45
咸阳市	44.547	下游	53
渭南市	53.135	中游	25
天水市	45.516	下游	51
平凉市	49.841	中游	38
庆阳市	47.674	下游	46
商洛市	35.559	下游	58
晋城市	49.667	中游	39
亳州市	53.499	中游	24
郑州市	70.614	上游	2
开封市	53.008	中游	26
洛阳市	52.698	中游	28
平顶山市	51.815	中游	34
鹤壁市	53.987	中游	22
新乡市	52.334	中游	31
焦作市	52.558	中游	29
许昌市	54.676	上游	19
漯河市	54.076	上游	20
商丘市	53.684	中游	23
周口市	51.829	中游	33
济南市	63.919	上游	3
青岛市	71.921	上游	1
淄博市	56.719	上游	13
枣庄市	57.179	上游	10
东营市	59.570	上游	5
烟台市	51.006	中游	36
潍坊市	56.930	上游	11
济宁市	57.833	上游	9
泰安市	56.912	上游	12
威海市	55.338	上游	15
日照市	55.055	上游	17
临沂市	60.626	上游	4

地区	得分	优劣度	排名
德州市	56.133	上游	14
聊城市	52.026	中游	32
滨州市	54.040	中游	21
菏泽市	54.903	上游	18
最高分		71.921	
最低分		35.559	

　　由表6-14对2019年黄河流域城市群生态保护水平得分情况展开分析。将黄河流域城市群内58个城市按照得分排名划分为上游、中游和下游，对比分析表明山东、河南地区保护治理水平较高，相较宁夏、山西、陕西、内蒙古、甘肃地区更具备优势。黄河流域城市群各城市生态保护水平得分区间为35~75分。其中生态保护水平得分最高为郑州市（74.665分），最低为商洛市（35.824分）。

表6-14　　　　　　　　　　　　**2019年黄河流域城市群城市生态保护水平评价比较**

地区	得分	优劣度	排名
太原市	60.430	上游	5
阳泉市	40.417	下游	57
长治市	46.397	下游	50
晋中市	51.730	中游	35
忻州市	43.569	下游	55
临汾市	48.865	下游	42
吕梁市	43.926	下游	53
呼和浩特市	54.483	中游	22
包头市	51.401	中游	36
鄂尔多斯市	50.000	中游	38
榆林市	41.669	下游	56
兰州市	58.603	上游	9
白银市	47.646	下游	45
定西市	47.132	下游	47
西宁市	52.752	中游	32
银川市	49.925	中游	39
石嘴山市	49.695	下游	41
吴忠市	44.030	下游	52
中卫市	46.489	下游	48
运城市	46.082	下游	51
西安市	68.309	上游	3
铜川市	50.611	中游	37
宝鸡市	43.645	下游	54

地区	得分	优劣度	排名
咸阳市	49.715	中游	40
渭南市	53.534	中游	27
天水市	46.404	下游	49
平凉市	47.330	下游	46
庆阳市	47.771	下游	44
商洛市	35.824	下游	58
晋城市	48.009	下游	43
亳州市	53.848	中游	25
郑州市	74.665	上游	1
开封市	54.235	中游	24
洛阳市	53.239	中游	29
平顶山市	52.553	中游	33
鹤壁市	54.331	中游	23
新乡市	53.665	中游	26
焦作市	52.834	中游	31
许昌市	54.525	上游	20
漯河市	56.340	上游	15
商丘市	54.978	上游	19
周口市	52.931	中游	30
济南市	65.874	上游	4
青岛市	72.309	上游	2
淄博市	56.807	上游	13
枣庄市	57.508	上游	12
东营市	59.675	上游	6
烟台市	52.262	中游	34
潍坊市	58.065	上游	10
济宁市	59.065	上游	8
泰安市	57.778	上游	11
威海市	56.105	上游	16
日照市	56.763	上游	14
临沂市	59.220	上游	7
德州市	55.598	上游	18
聊城市	53.263	中游	28
滨州市	54.512	中游	21
菏泽市	55.843	上游	17
最高分	74.665		
最低分	35.824		

（二）黄河流域城市群生态保护二级指标排名及得分情况

由表6-15对2006年黄河流域城市群生态质量水平得分情况展开分析。将黄河流域城市群内58个城市按照得分排名划分为上游、中游和下游，对比分析表明山东、河南、山西地区生态质量水平较高，相较宁夏、内蒙古、甘肃地区更具备优势。黄河流域城市群各城市生态质量水平得分区间为2~17分。其中生态质量水平得分最高为济南市（16.415分），最低为定西市（2.648分）。

表6-15　　　　　　　　　　2006年黄河流域城市群城市生态质量水平评价比较

地区	得分	优劣度	排名
太原市	13.449	上游	15
阳泉市	9.309	中游	31
长治市	10.187	中游	28
晋中市	8.896	中游	35
忻州市	5.293	下游	51
临汾市	8.213	中游	40
吕梁市	9.275	中游	32
呼和浩特市	8.364	中游	39
包头市	8.145	下游	41
鄂尔多斯市	4.547	下游	53
榆林市	4.660	下游	52
兰州市	9.248	中游	33
白银市	6.100	下游	49
定西市	2.648	下游	58
西宁市	6.626	下游	48
银川市	8.429	中游	37
石嘴山市	8.125	下游	42
吴忠市	6.034	下游	50
中卫市	7.260	下游	45
运城市	9.564	中游	29
西安市	12.061	上游	18
铜川市	6.671	下游	47
宝鸡市	6.775	下游	46
咸阳市	7.465	下游	44
渭南市	9.151	中游	34
天水市	4.446	下游	54
平凉市	3.461	下游	56
庆阳市	3.472	下游	55
商洛市	3.136	下游	57
晋城市	9.330	中游	30
亳州市	8.412	中游	38

地区	得分	优劣度	排名
郑州市	15.285	上游	2
开封市	12.706	上游	17
洛阳市	10.426	中游	26
平顶山市	11.090	上游	20
鹤壁市	14.957	上游	4
新乡市	14.266	上游	9
焦作市	14.683	上游	6
许昌市	13.904	上游	11
漯河市	13.915	上游	10
商丘市	10.298	中游	27
周口市	10.961	中游	22
济南市	16.415	上游	1
青岛市	11.144	上游	19
淄博市	13.750	上游	14
枣庄市	12.744	上游	16
东营市	13.778	上游	13
烟台市	8.677	中游	36
潍坊市	10.501	中游	25
济宁市	13.797	上游	12
泰安市	14.406	上游	8
威海市	7.674	下游	43
日照市	10.665	中游	24
临沂市	11.001	中游	21
德州市	14.621	上游	7
聊城市	14.847	上游	5
滨州市	10.756	中游	23
菏泽市	15.137	上游	3
最高分	16.415		
最低分	2.648		

由表 6－16 对 2006 年黄河流域城市群保护治理水平得分情况展开分析。将黄河流域城市群内 58 个城市按照得分排名划分为上游、中游和下游，对比分析表明山东、河南、地区保护治理水平较高，相较陕西、山西、宁夏、内蒙古、甘肃地区更具备优势。黄河流域城市群各城市保护治理水平得分区间为 12～39 分。其中保护治理水平得分最高为青岛市（38.526 分），最低为商洛市（12.722 分）。

表 6－16　　　　　　　　　　2006 年黄河流域城市群城市保护治理水平评价比较

地区	得分	优劣度	排名
太原市	25.237	中游	38
阳泉市	15.843	下游	53

续表

地区	得分	优劣度	排名
长治市	21.707	下游	49
晋中市	22.611	下游	46
忻州市	22.422	下游	47
临汾市	14.995	下游	55
吕梁市	29.892	中游	28
呼和浩特市	21.504	下游	50
包头市	29.358	中游	30
鄂尔多斯市	29.150	中游	32
榆林市	14.309	下游	57
兰州市	28.386	中游	33
白银市	14.735	下游	56
定西市	28.007	中游	35
西宁市	23.468	下游	42
银川市	34.284	上游	13
石嘴山市	23.465	下游	43
吴忠市	30.680	中游	25
中卫市	33.839	上游	15
运城市	15.368	下游	54
西安市	32.487	中游	21
铜川市	19.764	下游	51
宝鸡市	27.398	中游	36
咸阳市	25.713	中游	37
渭南市	24.575	中游	39
天水市	24.547	中游	40
平凉市	22.132	下游	48
庆阳市	35.169	上游	11
商洛市	12.722	下游	58
晋城市	18.681	下游	52
亳州市	32.916	上游	19
郑州市	29.273	中游	31
开封市	23.129	下游	45
洛阳市	23.793	下游	41
平顶山市	32.754	上游	20
鹤壁市	23.361	下游	44
新乡市	31.241	中游	23
焦作市	28.355	中游	34

续表

地区	得分	优劣度	排名
许昌市	34.528	上游	12
漯河市	33.757	上游	16
商丘市	30.640	中游	26
周口市	30.772	中游	24
济南市	35.700	上游	10
青岛市	38.526	上游	1
淄博市	36.316	上游	6
枣庄市	29.737	中游	29
东营市	36.277	上游	7
烟台市	36.058	上游	9
潍坊市	36.441	上游	5
济宁市	33.978	上游	14
泰安市	36.958	上游	3
威海市	37.352	上游	2
日照市	36.826	上游	4
临沂市	36.137	上游	8
德州市	30.146	中游	27
聊城市	32.365	中游	22
滨州市	33.044	上游	18
菏泽市	33.648	上游	17
最高分	38.526		
最低分	12.722		

由表 6-17 对 2007 年黄河流域城市群生态质量水平得分情况展开分析。将黄河流域城市群内 58 个城市按照得分排名划分为上游、中游和下游，对比分析表明山东、河南地区生态质量水平较高，相较宁夏、陕西、山西、内蒙古、甘肃地区更具备优势。黄河流域城市群各城市生态质量水平得分区间为 2~18 分。其中生态质量水平得分最高为西安市（17.032 分），最低为定西市（2.375 分）。

表 6-17　　　　　　　　　2007 年黄河流域城市群城市生态质量水平评价比较

地区	得分	优劣度	排名
太原市	11.753	上游	20
阳泉市	8.926	中游	37
长治市	9.851	中游	29
晋中市	8.743	中游	38
忻州市	4.290	下游	52
临汾市	7.552	下游	43
吕梁市	6.399	下游	47

地区	得分	优劣度	排名
呼和浩特市	9.292	中游	34
包头市	7.896	下游	41
鄂尔多斯市	4.152	下游	53
榆林市	4.458	下游	51
兰州市	11.607	中游	23
白银市	5.074	下游	50
定西市	2.375	下游	58
西宁市	6.724	下游	46
银川市	9.228	中游	35
石嘴山市	8.957	中游	36
吴忠市	5.186	下游	48
中卫市	5.089	下游	49
运城市	9.642	中游	31
西安市	17.032	上游	1
铜川市	6.936	下游	44
宝鸡市	6.927	下游	45
咸阳市	7.631	下游	42
渭南市	9.359	中游	33
天水市	3.577	下游	55
平凉市	2.961	下游	57
庆阳市	3.202	下游	56
商洛市	3.657	下游	54
晋城市	9.411	中游	32
亳州市	10.108	中游	28
郑州市	16.835	上游	2
开封市	12.506	上游	18
洛阳市	9.790	中游	30
平顶山市	11.670	中游	21
鹤壁市	13.714	上游	11
新乡市	14.102	上游	9
焦作市	14.260	上游	6
许昌市	13.403	上游	13
漯河市	14.230	上游	7
商丘市	10.972	中游	26
周口市	11.571	中游	24
济南市	15.587	上游	3
青岛市	13.033	上游	14

地区	得分	优劣度	排名
淄博市	13.819	上游	10
枣庄市	12.790	上游	17
东营市	12.831	上游	16
烟台市	8.653	中游	39
潍坊市	11.377	中游	25
济宁市	13.013	上游	15
泰安市	14.127	上游	8
威海市	7.898	中游	40
日照市	10.398	中游	27
临沂市	11.654	中游	22
德州市	13.429	上游	12
聊城市	14.421	上游	5
滨州市	11.771	上游	19
菏泽市	14.652	上游	4
最高分	17.032		
最低分	2.375		

由表 6-18 对 2007 年黄河流域城市群保护治理水平得分情况展开分析。将黄河流域城市群内 58 个城市按照得分排名划分为上游、中游和下游，对比分析表明山东、河南地区保护治理水平较高，相较宁夏、山西、陕西、内蒙古、甘肃地区更具备优势。黄河流域城市群各城市保护治理水平得分区间为 14～40 分。其中保护治理水平得分最高为济宁市（39.733 分），最低为商洛市（14.642 分）。

表 6-18   2007 年黄河流域城市群城市保护治理水平评价比较

地区	得分	优劣度	排名
太原市	23.728	下游	46
阳泉市	16.036	下游	55
长治市	30.242	中游	36
晋中市	19.463	下游	50
忻州市	22.181	下游	48
临汾市	16.287	下游	54
吕梁市	30.462	中游	34
呼和浩特市	19.856	下游	50
包头市	34.736	上游	18
鄂尔多斯市	32.977	中游	26
榆林市	14.872	下游	57
兰州市	27.282	下游	42
白银市	16.599	下游	53

地区	得分	优劣度	排名
定西市	22.828	下游	47
西宁市	29.334	中游	40
银川市	39.197	上游	3
石嘴山市	31.366	中游	32
吴忠市	31.576	中游	30
中卫市	35.992	上游	16
运城市	15.129	下游	56
西安市	33.961	中游	21
铜川市	17.383	下游	52
宝鸡市	29.880	中游	37
咸阳市	25.974	下游	44
渭南市	21.902	下游	49
天水市	28.212	下游	41
平凉市	26.127	下游	43
庆阳市	36.995	上游	13
商洛市	14.642	下游	58
晋城市	32.123	中游	29
亳州市	31.263	中游	33
郑州市	32.857	中游	27
开封市	23.984	下游	45
洛阳市	29.854	中游	38
平顶山市	32.696	中游	28
鹤壁市	31.521	中游	31
新乡市	38.119	上游	9
焦作市	29.344	中游	39
许昌市	34.416	上游	20
漯河市	34.696	上游	19
商丘市	36.997	上游	12
周口市	33.336	中游	25
济南市	33.716	中游	23
青岛市	38.334	上游	6
淄博市	38.043	上游	10
枣庄市	33.855	中游	22
东营市	38.313	上游	7
烟台市	36.406	上游	14
潍坊市	38.855	上游	5
济宁市	39.733	上游	1

地区	得分	优劣度	排名
泰安市	38.150	上游	8
威海市	39.072	上游	4
日照市	37.473	上游	11
临沂市	39.326	上游	2
德州市	33.701	中游	24
聊城市	35.687	上游	17
滨州市	30.246	中游	35
菏泽市	36.301	上游	15
最高分	39.733		
最低分	14.642		

由表6－19对2008年黄河流域城市群生态质量水平得分情况展开分析。将黄河流域城市群内58个城市按照得分排名划分为上游、中游和下游，对比分析表明山东、河南地区保护治理水平较高，相较宁夏、山西、陕西、内蒙古、甘肃地区更具备优势。黄河流域城市群各城市生态质量水平得分区间为2～15分，其中生态质量水平得分最高为郑州市（14.474分），最低为庆阳市（2.808分）。

表6－19　　　　　　　　　　　　2008年黄河流域城市群城市生态质量水平评价比较

地区	得分	优劣度	排名
太原市	11.320	上游	19
阳泉市	8.257	中游	32
长治市	8.257	中游	33
晋中市	7.997	中游	35
忻州市	3.519	下游	55
临汾市	8.095	中游	34
吕梁市	5.865	下游	46
呼和浩特市	9.841	中游	25
包头市	7.948	中游	37
鄂尔多斯市	4.369	下游	52
榆林市	4.039	下游	53
兰州市	7.653	下游	41
白银市	5.171	下游	49
定西市	3.506	下游	56
西宁市	6.618	下游	43
银川市	7.984	中游	36
石嘴山市	9.321	中游	27
吴忠市	4.859	下游	50
中卫市	7.747	下游	40

续表

地区	得分	优劣度	排名
运城市	9.175	中游	28
西安市	13.919	上游	3
铜川市	5.468	下游	48
宝鸡市	5.602	下游	47
咸阳市	6.242	下游	45
渭南市	7.431	下游	42
天水市	3.851	下游	54
平凉市	4.740	下游	51
庆阳市	2.808	下游	58
商洛市	3.222	下游	57
晋城市	6.436	下游	44
亳州市	8.881	中游	30
郑州市	14.474	上游	1
开封市	10.888	中游	22
洛阳市	7.931	中游	38
平顶山市	9.905	中游	24
鹤壁市	11.530	上游	15
新乡市	11.381	上游	16
焦作市	11.679	上游	14
许昌市	10.954	中游	21
漯河市	12.080	上游	11
商丘市	9.172	中游	29
周口市	9.604	中游	26
济南市	14.275	上游	2
青岛市	13.564	上游	4
淄博市	13.263	上游	5
枣庄市	12.243	上游	9
东营市	12.672	上游	7
烟台市	8.469	中游	31
潍坊市	11.162	上游	20
济宁市	11.724	上游	13
泰安市	12.590	上游	8
威海市	7.831	中游	39
日照市	9.915	中游	23
临沂市	12.130	上游	10
德州市	11.764	上游	12

地区	得分	优劣度	排名
聊城市	12.726	上游	6
滨州市	11.328	上游	18
菏泽市	11.377	上游	17
最高分	14.474		
最低分	2.808		

由表6－20对2008年黄河流域城市群保护治理水平得分情况展开分析。将黄河流域城市群内58个城市按照得分排名划分为上游、中游和下游，对比分析表明山东、河南地区保护治理水平较高，相较宁夏、山西、陕西、内蒙古、甘肃地区更具备优势。黄河流域城市群各城市保护治理水平得分区间为15～41分，其中保护治理水平得分最高为新乡市（40.957分），最低为白银市（15.035分）。

表6－20　　　　　　　　　　　2008年黄河流域城市群城市保护治理水平评价比较

地区	得分	优劣度	排名
太原市	26.867	下游	43
阳泉市	19.038	下游	55
长治市	30.466	中游	37
晋中市	19.944	下游	54
忻州市	24.974	下游	49
临汾市	16.125	下游	57
吕梁市	30.229	中游	39
呼和浩特市	28.915	下游	41
包头市	36.379	上游	17
鄂尔多斯市	32.012	中游	32
榆林市	24.795	下游	50
兰州市	25.810	下游	48
白银市	15.035	下游	58
定西市	21.902	下游	52
西宁市	32.029	中游	31
银川市	39.400	上游	4
石嘴山市	31.612	中游	34
吴忠市	37.183	上游	11
中卫市	24.258	下游	51
运城市	25.996	下游	47
西安市	33.568	中游	26
铜川市	19.977	下游	53
宝鸡市	30.242	中游	38
咸阳市	26.708	下游	44

地区	得分	优劣度	排名
渭南市	26.226	下游	46
天水市	32.817	中游	29
平凉市	30.145	中游	40
庆阳市	35.176	上游	20
商洛市	18.458	下游	56
晋城市	35.088	中游	21
亳州市	39.181	上游	5
郑州市	36.917	上游	15
开封市	28.381	下游	42
洛阳市	32.648	中游	30
平顶山市	33.456	中游	28
鹤壁市	31.822	中游	33
新乡市	40.957	上游	1
焦作市	30.509	中游	36
许昌市	26.618	下游	45
漯河市	34.091	中游	25
商丘市	38.227	上游	7
周口市	35.020	中游	22
济南市	36.228	上游	19
青岛市	40.433	上游	3
淄博市	36.716	上游	16
枣庄市	37.771	上游	8
东营市	36.945	上游	14
烟台市	37.181	上游	12
潍坊市	36.248	上游	18
济宁市	40.923	上游	2
泰安市	37.429	上游	10
威海市	34.283	中游	23
日照市	31.463	中游	35
临沂市	38.917	上游	6
德州市	33.540	中游	27
聊城市	37.726	上游	9
滨州市	34.179	中游	24
菏泽市	37.121	上游	13
最高分	40.957		
最低分	15.035		

由表6 - 21对2009年黄河流域城市群生态质量水平得分情况展开分析。将黄河流域城市群内58个城市按照得分排名划分为上游、中游和下游，对比分析表明山东、河南地区保护治理水平较高，相较宁夏、山西、陕西、内蒙古、甘肃地区更具备优势。黄河流域城市群各城市生态质量水平得分区间为2~17分，其中生态质量水平得分最高为郑州市（16.323 分），最低为庆阳市（2.584 分）。

表 6 - 21　　　　　　　　　　2009 年黄河流域城市群城市生态质量水平评价比较

地区	得分	优劣度	排名
太原市	12.085	上游	13
阳泉市	8.326	中游	35
长治市	7.562	中游	39
晋中市	7.850	中游	37
忻州市	3.491	下游	54
临汾市	5.888	下游	47
吕梁市	5.390	下游	48
呼和浩特市	10.356	中游	24
包头市	9.350	中游	30
鄂尔多斯市	7.558	中游	40
榆林市	4.006	下游	53
兰州市	8.126	中游	36
白银市	4.962	下游	50
定西市	3.480	下游	55
西宁市	7.231	下游	42
银川市	10.129	中游	26
石嘴山市	9.844	中游	29
吴忠市	4.945	下游	51
中卫市	5.350	下游	49
运城市	7.408	下游	41
西安市	13.011	上游	8
铜川市	6.274	下游	45
宝鸡市	6.288	下游	44
咸阳市	6.190	下游	46
渭南市	7.821	中游	38
天水市	4.732	下游	52
平凉市	3.403	下游	56
庆阳市	2.584	下游	58
商洛市	3.102	下游	57
晋城市	6.658	下游	43
亳州市	8.386	中游	34

续表

地区	得分	优劣度	排名
郑州市	16.323	上游	1
开封市	10.847	中游	22
洛阳市	8.563	中游	32
平顶山市	9.964	中游	28
鹤壁市	11.108	上游	20
新乡市	11.508	上游	18
焦作市	11.542	上游	17
许昌市	10.951	中游	21
漯河市	12.007	上游	14
商丘市	10.217	中游	25
周口市	9.988	中游	27
济南市	15.387	上游	3
青岛市	15.668	上游	2
淄博市	13.518	上游	5
枣庄市	12.273	上游	12
东营市	13.082	上游	7
烟台市	9.127	中游	31
潍坊市	11.290	上游	19
济宁市	12.485	上游	11
泰安市	13.194	上游	6
威海市	8.428	中游	33
日照市	10.574	中游	23
临沂市	14.638	上游	4
德州市	12.501	上游	10
聊城市	12.675	上游	9
滨州市	11.665	上游	15
菏泽市	11.549	上游	16
最高分	16.323		
最低分	2.584		

由表 6 - 22 对 2010 年黄河流域城市群生态保护水平得分情况展开分析。将黄河流域城市群内 58 个城市按照得分排名划分为上游、中游和下游，对比分析表明山东、河南地区保护治理水平较高，相较宁夏、山西、陕西、内蒙古、甘肃地区更具备优势。黄河流域城市群各城市生态保护水平得分区间为 25 ~ 57 分，其中生态保护水平得分最高为济南市（56.921 分），最低为白银市（25.497 分）。

表 6 - 22　　　　　　　　　**2010 年黄河流域城市群城市生态保护水平评价比较**

地区	得分	优劣度	排名
太原市	44.879	中游	36
阳泉市	39.509	下游	43

地区	得分	优劣度	排名
长治市	47.272	中游	30
晋中市	36.685	下游	50
忻州市	37.113	下游	49
临汾市	32.463	下游	52
吕梁市	28.931	下游	54
呼和浩特市	44.864	中游	37
包头市	47.755	中游	28
鄂尔多斯市	48.261	中游	26
榆林市	45.274	中游	35
兰州市	41.025	下游	42
白银市	25.497	下游	58
定西市	26.390	下游	57
西宁市	37.958	下游	47
银川市	50.188	上游	20
石嘴山市	46.299	中游	33
吴忠市	47.607	中游	29
中卫市	31.391	下游	53
运城市	46.006	中游	34
西安市	53.679	上游	8
铜川市	41.714	中游	39
宝鸡市	38.641	下游	45
咸阳市	38.626	下游	46
渭南市	36.502	下游	51
天水市	41.197	下游	41
平凉市	39.093	下游	44
庆阳市	27.162	下游	56
商洛市	28.477	下游	55
晋城市	46.471	中游	32
亳州市	47.946	中游	27
郑州市	54.045	上游	6
开封市	43.905	中游	38
洛阳市	37.309	下游	48
平顶山市	49.297	中游	24
鹤壁市	50.561	上游	18
新乡市	53.896	上游	7
焦作市	49.775	中游	23

续表

地区	得分	优劣度	排名
许昌市	53.620	上游	9
漯河市	54.520	上游	5
商丘市	48.601	中游	25
周口市	41.455	中游	40
济南市	56.921	上游	1
青岛市	55.115	上游	4
淄博市	56.080	上游	2
枣庄市	51.459	上游	15
东营市	53.494	上游	10
烟台市	49.876	中游	21
潍坊市	46.787	中游	31
济宁市	55.319	上游	3
泰安市	52.617	上游	12
威海市	50.336	上游	19
日照市	52.761	上游	11
临沂市	51.358	上游	17
德州市	49.796	中游	22
聊城市	51.831	上游	14
滨州市	51.391	上游	16
菏泽市	52.266	上游	13
最高分	56.921		
最低分	25.497		

由表 6-23 对 2010 年黄河流域城市群生态质量水平得分情况展开分析。将黄河流域城市群内 58 个城市按照得分排名划分为上游、中游和下游，对比分析表明山东、河南地区保护治理水平较高，相较宁夏、山西、陕西、内蒙古、甘肃地区更具备优势。黄河流域城市群各城市生态质量水平得分区间为 2～15 分，其中生态质量水平得分最高为郑州市（14.130 分），最低为庆阳市（2.947 分）。

表 6-23　　　　　　　　　　　**2010 年黄河流域城市群城市生态质量水平评价比较**

地区	得分	优劣度	排名
太原市	12.342	上游	7
阳泉市	9.136	中游	32
长治市	8.516	中游	33
晋中市	8.221	中游	36
忻州市	4.040	下游	54
临汾市	7.542	中游	40
吕梁市	6.119	下游	50

地区	得分	优劣度	排名
呼和浩特市	10.044	中游	27
包头市	9.340	中游	30
鄂尔多斯市	11.748	上游	12
榆林市	4.330	下游	53
兰州市	7.216	下游	45
白银市	5.282	下游	52
定西市	3.905	下游	55
西宁市	7.171	下游	47
银川市	10.346	中游	25
石嘴山市	11.514	上游	13
吴忠市	6.289	下游	49
中卫市	5.665	下游	51
运城市	8.204	中游	37
西安市	12.574	上游	5
铜川市	7.194	下游	46
宝鸡市	7.224	下游	44
咸阳市	6.864	下游	48
渭南市	7.660	中游	38
天水市	5.029	下游	53
平凉市	3.757	下游	56
庆阳市	2.947	下游	58
商洛市	3.459	下游	57
晋城市	7.280	下游	43
亳州市	7.581	中游	39
郑州市	14.130	上游	1
开封市	10.260	中游	26
洛阳市	8.322	中游	34
平顶山市	10.348	中游	23
鹤壁市	11.513	上游	14
新乡市	11.301	上游	18
焦作市	12.018	上游	10
许昌市	10.445	中游	21
漯河市	11.371	上游	17
商丘市	9.438	中游	29
周口市	9.264	中游	31
济南市	13.894	上游	2
青岛市	12.509	上游	6

地区	得分	优劣度	排名
淄博市	12.933	上游	4
枣庄市	12.196	上游	8
东营市	11.502	上游	15
烟台市	8.294	中游	35
潍坊市	10.354	中游	22
济宁市	11.470	上游	16
泰安市	12.173	上游	9
威海市	7.442	下游	42
日照市	9.715	中游	28
临沂市	13.128	上游	3
德州市	10.348	中游	24
聊城市	11.771	上游	11
滨州市	10.947	上游	20
菏泽市	11.003	上游	19
最高分	14.130		
最低分	2.947		

由表 6-24 对 2011 年黄河流域城市群生态保护水平得分情况展开分析。将黄河流域城市群内 58 个城市按照得分排名划分为上游、中游和下游，对比分析表明山东、河南地区保护治理水平较高，相较宁夏、山西、陕西、内蒙古、甘肃地区更具备优势。黄河流域城市群各城市生态保护水平得分区间为 21~60 分，其中生态保护水平得分最高为济南市（59.614 分），最低为定西市（21.601 分）。

表 6-24　　　　　　　　　　　**2011 年黄河流域城市群城市生态保护水平评价比较**

地区	得分	优劣度	排名
太原市	49.859	中游	21
阳泉市	40.399	下游	46
长治市	41.334	下游	42
晋中市	41.268	下游	43
忻州市	26.652	下游	57
临汾市	34.687	下游	51
吕梁市	32.885	下游	53
呼和浩特市	45.172	中游	38
包头市	47.863	中游	28
鄂尔多斯市	56.497	上游	5
榆林市	42.712	下游	41
兰州市	46.864	中游	30
白银市	27.822	下游	56

地区	得分	优劣度	排名
定西市	21.601	下游	58
西宁市	39.989	下游	47
银川市	51.154	上游	19
石嘴山市	44.775	中游	39
吴忠市	40.818	下游	44
中卫市	39.296	下游	48
运城市	46.413	中游	32
西安市	54.989	上游	9
铜川市	45.332	中游	37
宝鸡市	42.971	中游	40
咸阳市	39.264	下游	49
渭南市	45.888	中游	34
天水市	39.004	下游	50
平凉市	32.905	下游	52
庆阳市	30.569	下游	55
商洛市	32.039	下游	54
晋城市	47.787	中游	29
亳州市	45.814	中游	35
郑州市	55.640	上游	6
开封市	45.685	中游	36
洛阳市	40.513	下游	45
平顶山市	51.209	上游	18
鹤壁市	51.925	上游	17
新乡市	55.475	上游	7
焦作市	49.185	中游	23
许昌市	55.326	上游	8
漯河市	54.961	上游	10
商丘市	49.563	中游	22
周口市	48.119	中游	27
济南市	59.614	上游	1
青岛市	57.903	上游	3
淄博市	57.954	上游	2
枣庄市	45.992	中游	33
东营市	54.318	上游	11
烟台市	49.015	中游	25
潍坊市	49.020	中游	24

地区	得分	优劣度	排名
济宁市	46.447	中游	31
泰安市	54.308	上游	12
威海市	48.152	中游	26
日照市	53.865	上游	14
临沂市	56.566	上游	4
德州市	53.761	上游	15
聊城市	50.686	上游	20
滨州市	53.901	上游	13
菏泽市	52.100	上游	16
最高分	59.614		
最低分	21.601		

　　由表6-25对2011年黄河流域城市群生态质量水平得分情况展开分析。将黄河流域城市群内58个城市按照得分排名划分为上游、中游和下游，对比分析表明山东、河南地区保护治理水平较高，相较宁夏、山西、陕西、内蒙古、甘肃地区更具备优势。黄河流域城市群各城市生态质量水平得分区间为3~17分，其中生态质量水平得分最高为郑州市（16.792分），最低为平凉市（3.976分）。

表6-25　　　　　　　　　　　**2011年黄河流域城市群城市生态质量水平评价比较**

地区	得分	优劣度	排名
太原市	14.777	上游	3
阳泉市	10.125	中游	31
长治市	9.809	中游	34
晋中市	10.362	中游	29
忻州市	5.354	下游	55
临汾市	8.776	中游	39
吕梁市	7.866	下游	46
呼和浩特市	10.452	中游	27
包头市	9.289	中游	36
鄂尔多斯市	16.413	上游	2
榆林市	5.623	下游	54
兰州市	7.980	下游	44
白银市	5.928	下游	50
定西市	4.570	下游	56
西宁市	8.391	下游	42
银川市	10.371	中游	28
石嘴山市	11.397	中游	25
吴忠市	6.888	下游	49
中卫市	5.632	下游	53

续表

地区	得分	优劣度	排名
运城市	9.503	中游	35
西安市	14.178	上游	6
铜川市	8.007	下游	43
宝鸡市	8.757	下游	40
咸阳市	7.493	下游	48
渭南市	8.468	下游	41
天水市	5.674	下游	52
平凉市	3.976	下游	58
庆阳市	4.355	下游	57
商洛市	5.813	下游	51
晋城市	9.126	中游	38
亳州市	7.960	下游	45
郑州市	16.792	上游	1
开封市	11.914	中游	21
洛阳市	9.833	中游	33
平顶山市	12.392	上游	16
鹤壁市	13.853	上游	9
新乡市	13.528	上游	11
焦作市	14.641	上游	5
许昌市	12.563	上游	15
漯河市	13.252	上游	12
商丘市	9.935	中游	32
周口市	10.234	中游	30
济南市	14.766	上游	4
青岛市	13.868	上游	8
淄博市	14.031	上游	7
枣庄市	12.159	上游	18
东营市	12.028	上游	19
烟台市	9.148	中游	37
潍坊市	11.824	中游	22
济宁市	11.400	中游	24
泰安市	12.707	上游	14
威海市	7.777	下游	47
日照市	10.952	中游	26
临沂市	13.723	上游	10
德州市	12.196	上游	17

地区	得分	优劣度	排名
聊城市	12.844	上游	13
滨州市	11.945	上游	20
菏泽市	11.656	中游	23
最高分	16.792		
最低分	3.976		

　　由表 6-26 对 2012 年黄河流域城市群生态保护水平得分情况展开分析。将黄河流域城市群内 58 个城市按照得分排名划分为上游、中游和下游，对比分析表明山东、河南地区保护治理水平较高，相较宁夏、山西、陕西、内蒙古、甘肃地区更具备优势。黄河流域城市群各城市生态保护水平得分区间为 28~60 分，其中生态保护水平得分最高为济南市（59.989 分），最低为忻州市（28.484 分）。

表 6-26　　　　　　　　　　**2012 年黄河流域城市群城市生态保护水平评价比较**

地区	得分	优劣度	排名
太原市	50.914	中游	24
阳泉市	41.301	下游	48
长治市	42.040	下游	45
晋中市	41.919	下游	46
忻州市	28.484	下游	58
临汾市	35.550	下游	52
吕梁市	33.486	下游	54
呼和浩特市	42.434	下游	43
包头市	43.353	下游	42
鄂尔多斯市	56.776	上游	6
榆林市	44.332	中游	39
兰州市	49.894	中游	27
白银市	31.666	下游	56
定西市	34.753	下游	53
西宁市	44.010	下游	41
银川市	53.218	上游	19
石嘴山市	46.005	中游	36
吴忠市	40.135	下游	51
中卫市	42.382	下游	44
运城市	48.755	中游	30
西安市	58.789	上游	4
铜川市	48.437	中游	32
宝鸡市	45.578	中游	37
咸阳市	47.915	中游	33

续表

地区	得分	优劣度	排名
渭南市	47.431	中游	34
天水市	40.914	下游	50
平凉市	28.791	下游	57
庆阳市	41.720	下游	47
商洛市	33.323	下游	55
晋城市	51.573	中游	22
亳州市	51.610	中游	21
郑州市	56.332	上游	7
开封市	44.303	中游	40
洛阳市	44.433	中游	38
平顶山市	52.526	上游	20
鹤壁市	51.556	中游	23
新乡市	54.092	上游	14
焦作市	48.734	中游	31
许昌市	55.175	上游	11
漯河市	54.244	上游	13
商丘市	46.216	中游	35
周口市	49.617	中游	28
济南市	59.989	上游	1
青岛市	59.601	上游	2
淄博市	58.943	上游	3
枣庄市	53.526	上游	17
东营市	55.682	上游	9
烟台市	50.528	中游	26
潍坊市	48.778	中游	29
济宁市	53.777	上游	16
泰安市	56.274	上游	8
威海市	50.867	中游	25
日照市	54.980	上游	12
临沂市	58.118	上游	5
德州市	53.791	上游	15
聊城市	55.533	上游	10
滨州市	41.089	下游	49
菏泽市	53.264	上游	18
最高分		59.989	
最低分		28.484	

　　由表 6 - 27 对 2012 年黄河流域城市群生态质量水平得分情况展开分析。将黄河流域城市群内 58 个城市按照得分排名划分为上游、中游和下游，对比分析表明山东、河南地区保护治理水平较高，相较宁夏、山西、陕西、内蒙古、甘肃地区更具备优势。黄河流域城市群各城市生态质量水平得分区间为 3 ~ 16 分，其中生态质量水平得分最高为郑州市（15.823 分），最低为平凉市（3.659 分）。

表 6 - 27　　　　　　　　　　　　2012 年黄河流域城市群城市生态质量水平评价比较

地区	得分	优劣度	排名
太原市	13.594	上游	8
阳泉市	9.219	中游	34
长治市	9.074	中游	35
晋中市	8.753	中游	37
忻州市	4.772	下游	54
临汾市	7.751	下游	45
吕梁市	6.336	下游	48
呼和浩特市	10.868	中游	25
包头市	8.975	中游	36
鄂尔多斯市	15.557	上游	2
榆林市	5.063	下游	52
兰州市	7.798	下游	43
白银市	5.334	下游	51
定西市	3.724	下游	56
西宁市	7.975	下游	41
银川市	10.541	中游	28
石嘴山市	10.927	中游	24
吴忠市	5.973	下游	50
中卫市	6.193	下游	49
运城市	9.728	中游	32
西安市	13.956	上游	5
铜川市	7.868	下游	42
宝鸡市	8.359	中游	39
咸阳市	7.438	下游	47
渭南市	7.754	下游	44
天水市	4.896	下游	53
平凉市	3.659	下游	58
庆阳市	3.707	下游	57
商洛市	4.354	下游	55
晋城市	10.033	中游	30
亳州市	8.292	中游	40

续表

地区	得分	优劣度	排名
郑州市	15.823	上游	1
开封市	11.623	上游	18
洛阳市	9.436	中游	33
平顶山市	11.194	中游	22
鹤壁市	12.969	上游	10
新乡市	12.595	上游	11
焦作市	13.379	上游	9
许昌市	11.442	上游	20
漯河市	12.150	上游	15
商丘市	10.061	中游	29
周口市	9.871	中游	31
济南市	14.573	上游	4
青岛市	13.655	上游	6
淄博市	13.611	上游	7
枣庄市	12.551	上游	12
东营市	11.891	上游	16
烟台市	8.589	中游	38
潍坊市	10.821	中游	26
济宁市	10.973	中游	23
泰安市	12.313	上游	14
威海市	7.479	下游	46
日照市	10.645	中游	27
临沂市	14.743	上游	3
德州市	11.518	上游	19
聊城市	12.545	上游	13
滨州市	11.668	上游	17
菏泽市	11.404	中游	21
最高分	15.823		
最低分	3.659		

由表 6 – 28 对 2012 年黄河流域城市群保护治理水平得分情况展开分析。将黄河流域城市群内 58 个城市按照得分排名划分为上游、中游和下游，对比分析表明山东、河南地区保护治理水平较高，相较宁夏、山西、陕西、内蒙古、甘肃地区更具备优势。黄河流域城市群各城市保护治理水平得分区间为 23 ~ 46 分，其中保护治理水平得分最高为青岛市（45.947 分），最低为忻州市（23.712 分）。

表 6 – 28　　　　　　　　　　2012 年黄河流域城市群城市保护治理水平评价比较

地区	得分	优劣度	排名
太原市	37.320	中游	35
阳泉市	32.081	下游	49

续表

地区	得分	优劣度	排名
长治市	32.966	下游	47
晋中市	33.166	下游	46
忻州市	23.712	下游	58
临汾市	27.799	下游	54
吕梁市	27.149	下游	55
呼和浩特市	31.566	下游	50
包头市	34.378	下游	44
鄂尔多斯市	41.219	中游	23
榆林市	39.269	中游	30
兰州市	42.096	上游	16
白银市	26.332	下游	56
定西市	31.029	下游	51
西宁市	36.034	中游	39
银川市	42.677	上游	14
石嘴山市	35.078	下游	42
吴忠市	34.162	下游	45
中卫市	36.190	中游	37
运城市	39.027	中游	31
西安市	44.833	上游	4
铜川市	40.569	中游	25
宝鸡市	37.220	中游	36
咸阳市	40.477	中游	27
渭南市	39.677	中游	29
天水市	36.018	中游	40
平凉市	25.132	下游	57
庆阳市	38.013	中游	33
商洛市	28.969	下游	53
晋城市	41.540	上游	20
亳州市	43.318	上游	11
郑州市	40.509	中游	26
开封市	32.679	下游	48
洛阳市	34.997	下游	43
平顶山市	41.333	中游	22
鹤壁市	38.587	中游	32
新乡市	41.497	中游	21
焦作市	35.355	下游	41

续表

地区	得分	优劣度	排名
许昌市	43.733	上游	8
漯河市	42.094	上游	17
商丘市	36.155	中游	38
周口市	39.746	中游	28
济南市	45.416	上游	2
青岛市	45.946	上游	1
淄博市	45.332	上游	3
枣庄市	40.976	中游	24
东营市	43.792	上游	7
烟台市	41.939	上游	18
潍坊市	37.957	中游	34
济宁市	42.804	上游	13
泰安市	43.961	上游	6
威海市	43.388	上游	9
日照市	44.335	上游	5
临沂市	43.375	上游	10
德州市	42.273	上游	15
聊城市	42.988	上游	12
滨州市	29.421	下游	52
菏泽市	41.860	上游	19
最高分		45.946	
最低分		23.712	

由表 6－29 对 2013 年黄河流域城市群生态质量水平得分情况展开分析。将黄河流域城市群内 58 个城市按照得分排名划分为上游、中游和下游，对比分析表明山东、河南地区保护治理水平较高，相较宁夏、山西、陕西、内蒙古、甘肃地区更具备优势。黄河流域城市群各城市生态质量水平得分区间为 3～20 分，其中生态质量水平得分最高为淄博市（19.603 分），最低为平凉市（3.694 分）。

表 6－29　　　　　　　　　2013 年黄河流域城市群城市生态质量水平评价比较

地区	得分	优劣度	排名
太原市	13.766	上游	11
阳泉市	9.446	中游	34
长治市	9.138	中游	37
晋中市	8.478	下游	41
忻州市	5.357	下游	52
临汾市	7.395	下游	45
吕梁市	6.114	下游	51

续表

地区	得分	优劣度	排名
呼和浩特市	10.971	中游	28
包头市	8.775	中游	39
鄂尔多斯市	11.396	中游	24
榆林市	4.559	下游	54
兰州市	9.128	中游	38
白银市	6.228	下游	50
定西市	3.777	下游	57
西宁市	8.670	中游	40
银川市	10.924	中游	29
石嘴山市	10.543	中游	30
吴忠市	6.264	下游	49
中卫市	6.688	下游	48
运城市	9.245	中游	36
西安市	14.609	上游	6
铜川市	7.990	下游	43
宝鸡市	7.895	下游	44
咸阳市	6.863	下游	47
渭南市	7.241	下游	46
天水市	4.942	下游	53
平凉市	3.694	下游	58
庆阳市	3.938	下游	55
商洛市	3.845	下游	56
晋城市	9.768	中游	32
亳州市	9.955	中游	31
郑州市	16.920	上游	2
开封市	12.482	上游	20
洛阳市	9.556	中游	33
平顶山市	11.780	中游	22
鹤壁市	14.193	上游	7
新乡市	13.604	上游	12
焦作市	13.782	上游	10
许昌市	11.849	中游	21
漯河市	13.244	上游	15
商丘市	11.335	中游	25
周口市	11.054	中游	27
济南市	15.057	上游	4
青岛市	15.035	上游	5

地区	得分	优劣度	排名
淄博市	19.603	上游	1
枣庄市	13.076	上游	16
东营市	13.587	上游	14
烟台市	9.420	中游	35
潍坊市	11.200	中游	26
济宁市	13.597	上游	13
泰安市	12.790	上游	18
威海市	8.000	下游	42
日照市	11.678	中游	23
临沂市	15.347	上游	3
德州市	12.929	上游	17
聊城市	13.999	上游	8
滨州市	13.795	上游	9
菏泽市	12.516	上游	19
最高分		19.603	
最低分		3.694	

由表6－30对2013年黄河流域城市群保护治理水平得分情况展开分析。将黄河流域城市群内58个城市按照得分排名划分为上游、中游和下游，对比分析表明山东、河南地区保护治理水平较高，相较宁夏、山西、陕西、内蒙古、甘肃地区更具备优势。黄河流域城市群各城市保护治理水平得分区间为26～48分，其中保护治理水平得分最高为青岛市（47.404分），最低为阳泉市（26.966分）。

表6－30　　　　　　　　　2013年黄河流域城市群城市保护治理水平评价比较

地区	得分	优劣度	排名
太原市	38.652	中游	38
阳泉市	26.966	下游	58
长治市	34.006	下游	45
晋中市	36.530	下游	42
忻州市	27.918	下游	57
临汾市	30.368	下游	52
吕梁市	29.862	下游	55
呼和浩特市	33.358	下游	47
包头市	35.363	下游	43
鄂尔多斯市	32.151	下游	49
榆林市	40.786	中游	32
兰州市	28.994	下游	56
白银市	30.203	下游	54

续表

地区	得分	优劣度	排名
定西市	31.213	下游	51
西宁市	39.199	中游	37
银川市	43.891	上游	18
石嘴山市	41.963	中游	24
吴忠市	34.529	下游	44
中卫市	44.165	上游	13
运城市	39.497	中游	35
西安市	45.544	上游	3
铜川市	41.682	中游	27
宝鸡市	36.770	下游	41
咸阳市	41.230	中游	29
渭南市	41.268	中游	28
天水市	33.553	下游	46
平凉市	30.213	下游	53
庆阳市	42.099	中游	23
商洛市	31.227	下游	50
晋城市	40.850	中游	31
亳州市	44.078	上游	15
郑州市	40.171	中游	33
开封市	32.957	下游	48
洛阳市	37.057	中游	40
平顶山市	42.426	中游	22
鹤壁市	40.163	中游	34
新乡市	41.750	中游	26
焦作市	37.316	中游	39
许昌市	44.243	上游	12
漯河市	43.371	上游	20
商丘市	39.337	中游	36
周口市	40.956	中游	30
济南市	46.226	上游	2
青岛市	47.404	上游	1
淄博市	45.353	上游	5
枣庄市	44.998	上游	7
东营市	45.000	上游	6
烟台市	42.537	中游	21
潍坊市	45.372	上游	4

地区	得分	优劣度	排名
济宁市	44.512	上游	9
泰安市	44.451	上游	10
威海市	43.945	上游	17
日照市	44.808	上游	8
临沂市	43.793	上游	19
德州市	43.983	上游	16
聊城市	44.328	上游	11
滨州市	41.921	中游	25
菏泽市	44.083	上游	14
最高分	47.404		
最低分	26.966		

由表6－31对2014年黄河流域城市群生态质量水平得分情况展开分析。将黄河流域城市群内58个城市按照得分排名划分为上游、中游和下游，对比分析表明山东、河南地区保护治理水平较高，相较宁夏、山西、陕西、内蒙古、甘肃地区更具备优势。黄河流域城市群各城市生态质量水平得分区间为2～16分，其中生态质量水平得分最高为郑州市（15.398分），最低为商洛市（2.810分）。

表6－31　　　　　　　　　　2014年黄河流域城市群城市生态质量水平评价比较

地区	得分	优劣度	排名
太原市	13.792	上游	5
阳泉市	8.969	中游	34
长治市	7.829	中游	40
晋中市	7.550	下游	41
忻州市	5.436	下游	52
临汾市	6.217	下游	46
吕梁市	5.587	下游	51
呼和浩特市	12.104	上游	9
包头市	9.838	中游	25
鄂尔多斯市	11.152	上游	15
榆林市	5.126	下游	53
兰州市	9.215	中游	30
白银市	6.129	下游	49
定西市	3.791	下游	57
西宁市	8.997	中游	33
银川市	10.397	上游	20
石嘴山市	9.888	中游	23
吴忠市	6.024	下游	50

地区	得分	优劣度	排名
中卫市	6.149	下游	48
运城市	7.489	下游	42
西安市	13.922	上游	4
铜川市	7.213	下游	43
宝鸡市	7.031	下游	44
咸阳市	6.409	下游	45
渭南市	6.172	下游	47
天水市	4.933	下游	54
平凉市	4.311	下游	55
庆阳市	4.007	下游	56
商洛市	2.810	下游	58
晋城市	8.573	中游	37
亳州市	8.454	中游	38
郑州市	15.398	上游	1
开封市	9.526	中游	28
洛阳市	8.267	中游	39
平顶山市	9.178	中游	31
鹤壁市	11.072	上游	16
新乡市	10.432	上游	19
焦作市	10.896	上游	17
许昌市	9.289	中游	29
漯河市	9.704	中游	26
商丘市	9.005	中游	32
周口市	8.775	中游	36
济南市	13.209	上游	7
青岛市	14.722	上游	2
淄博市	12.244	上游	8
枣庄市	11.679	上游	13
东营市	13.319	上游	6
烟台市	8.926	中游	35
潍坊市	9.703	中游	27
济宁市	11.319	上游	14
泰安市	10.468	上游	18
威海市	10.127	中游	22
日照市	10.312	中游	21
临沂市	14.306	上游	3

续表

地区	得分	优劣度	排名
德州市	11.874	上游	11
聊城市	11.760	上游	12
滨州市	12.041	上游	10
菏泽市	9.847	中游	24
最高分		15.398	
最低分		2.810	

由表 6 – 32 对 2014 年黄河流域城市群保护治理水平得分情况展开分析。将黄河流域城市群内 58 个城市按照得分排名划分为上游、中游和下游，对比分析表明山东、河南地区保护治理水平较高，相较宁夏、山西、陕西、内蒙古、甘肃地区更具备优势。黄河流域城市群各城市保护治理水平得分区间为 27 ~ 50 分，其中保护治理水平得分最高为济南市（49.801 分），最低为阳泉市（27.551 分）。

表 6 – 32　　　　　　　　　2014 年黄河流域城市群城市保护治理水平评价比较

地区	得分	优劣度	排名
太原市	40.464	中游	35
阳泉市	27.551	下游	58
长治市	36.869	下游	44
晋中市	42.492	中游	33
忻州市	31.507	下游	55
临汾市	34.848	下游	48
吕梁市	36.668	下游	45
呼和浩特市	34.761	下游	50
包头市	39.181	中游	38
鄂尔多斯市	37.083	下游	43
榆林市	40.251	中游	36
兰州市	29.593	下游	57
白银市	35.982	下游	46
定西市	33.533	下游	53
西宁市	40.471	中游	34
银川市	44.611	上游	20
石嘴山市	43.603	中游	26
吴忠市	34.788	下游	49
中卫市	44.225	中游	22
运城市	37.151	下游	42
西安市	45.936	上游	10
铜川市	42.559	中游	30
宝鸡市	39.170	中游	39

续表

地区	得分	优劣度	排名
咸阳市	43.312	中游	28
渭南市	44.025	中游	25
天水市	30.586	下游	56
平凉市	35.151	下游	47
庆阳市	34.602	下游	51
商洛市	32.353	下游	54
晋城市	42.542	中游	31
亳州市	45.018	上游	18
郑州市	44.666	上游	19
开封市	34.451	下游	52
洛阳市	38.512	中游	40
平顶山市	43.350	中游	27
鹤壁市	39.743	中游	37
新乡市	45.020	上游	17
焦作市	38.092	下游	41
许昌市	45.189	上游	15
漯河市	46.339	上游	3
商丘市	43.251	中游	29
周口市	42.508	中游	32
济南市	49.801	上游	1
青岛市	49.343	上游	2
淄博市	46.313	上游	5
枣庄市	46.339	上游	4
东营市	46.149	上游	6
烟台市	44.123	中游	24
潍坊市	45.123	上游	16
济宁市	45.921	上游	11
泰安市	45.486	上游	12
威海市	45.230	上游	13
日照市	45.972	上游	8
临沂市	45.940	上游	9
德州市	44.509	中游	21
聊城市	46.052	上游	7
滨州市	44.177	中游	23
菏泽市	45.199	上游	14
最高分	49.801		
最低分	27.551		

由表6－33对2015年黄河流域城市群生态质量水平得分情况展开分析。将黄河流域城市群内58个城市按照得分排名划分为上游、中游和下游，对比分析表明山东、河南地区保护治理水平较高，相较宁夏、山西、陕西、内蒙古、甘肃地区更具备优势。黄河流域城市群各城市生态质量水平得分区间为2～18分，其中生态质量水平得分最高为郑州市（17.045分），最低为商洛市（2.751分）。

表6－33　　　　　　　　　　　2015年黄河流域城市群城市生态质量水平评价比较

地区	得分	优劣度	排名
太原市	13.222	上游	13
阳泉市	8.029	中游	40
长治市	7.507	下游	42
晋中市	7.087	下游	43
忻州市	5.238	下游	53
临汾市	6.094	下游	46
吕梁市	5.524	下游	50
呼和浩特市	11.169	中游	21
包头市	10.418	中游	27
鄂尔多斯市	10.400	中游	28
榆林市	5.317	下游	52
兰州市	8.925	中游	35
白银市	5.951	下游	48
定西市	3.372	下游	56
西宁市	8.644	中游	37
银川市	11.150	中游	22
石嘴山市	10.828	中游	25
吴忠市	4.725	下游	55
中卫市	14.530	上游	7
运城市	8.012	下游	41
西安市	13.907	上游	10
铜川市	6.866	下游	44
宝鸡市	6.667	下游	45
咸阳市	5.491	下游	51
渭南市	5.893	下游	49
天水市	5.006	下游	54
平凉市	3.048	下游	57
庆阳市	3.941	下游	55
商洛市	2.751	下游	58
晋城市	8.905	中游	36
亳州市	8.373	中游	39
郑州市	17.045	上游	1

续表

地区	得分	优劣度	排名
开封市	10.460	中游	26
洛阳市	8.516	中游	38
平顶山市	10.171	中游	30
鹤壁市	11.224	上游	20
新乡市	11.124	中游	23
焦作市	11.913	上游	16
许昌市	10.270	中游	29
漯河市	11.411	上游	19
商丘市	9.688	中游	33
周口市	9.786	中游	32
济南市	15.996	上游	2
青岛市	14.562	上游	5
淄博市	14.540	上游	6
枣庄市	13.968	上游	9
东营市	15.053	上游	3
烟台市	9.597	中游	34
潍坊市	11.051	中游	24
济宁市	14.243	上游	8
泰安市	12.341	上游	15
威海市	9.946	中游	31
日照市	11.630	上游	18
临沂市	14.768	上游	4
德州市	13.726	上游	11
聊城市	13.261	上游	12
滨州市	12.684	上游	14
菏泽市	11.904	上游	17
最高分	17.045		
最低分	2.751		

由表6-34对2015年黄河流域城市群保护治理水平得分情况展开分析。将黄河流域城市群内58个城市按照得分排名划分为上游、中游和下游，对比分析表明山东、河南地区保护治理水平较高，相较宁夏、山西、陕西、内蒙古、甘肃地区更具备优势。黄河流域城市群各城市保护治理水平得分区间为30~50分，其中保护治理水平得分最高为青岛市（49.458分），最低为阳泉市（30.200分）。

表6-34　　　　　　　　2015年黄河流域城市群城市保护治理水平评价比较

地区	得分	优劣度	排名
太原市	43.025	中游	29
阳泉市	30.200	下游	58

地区	得分	优劣度	排名
长治市	37.878	下游	43
晋中市	44.195	中游	25
忻州市	32.044	下游	55
临汾市	36.478	下游	49
吕梁市	36.248	下游	51
呼和浩特市	37.105	下游	47
包头市	41.155	中游	38
鄂尔多斯市	36.382	下游	50
榆林市	41.356	中游	37
兰州市	30.613	下游	57
白银市	37.137	下游	46
定西市	37.247	下游	45
西宁市	40.570	中游	39
银川市	42.660	中游	33
石嘴山市	41.962	中游	36
吴忠市	39.612	中游	40
中卫市	44.298	中游	23
运城市	37.693	下游	44
西安市	47.200	上游	3
铜川市	42.633	中游	34
宝鸡市	36.032	下游	52
咸阳市	44.046	中游	26
渭南市	44.266	中游	24
天水市	36.815	下游	48
平凉市	42.080	中游	35
庆阳市	31.006	下游	56
商洛市	32.281	下游	54
晋城市	42.702	中游	32
亳州市	45.236	上游	20
郑州市	46.636	上游	4
开封市	45.627	上游	15
洛阳市	39.165	下游	41
平顶山市	44.404	中游	22
鹤壁市	42.808	中游	31
新乡市	45.045	中游	21
焦作市	39.075	下游	42

地区	得分	优劣度	排名
许昌市	45.310	上游	18
漯河市	45.686	上游	14
商丘市	43.469	中游	27
周口市	42.881	中游	30
济南市	47.862	上游	2
青岛市	49.458	上游	1
淄博市	46.500	上游	5
枣庄市	46.446	上游	7
东营市	45.987	上游	10
烟台市	36.018	下游	53
潍坊市	45.984	上游	11
济宁市	45.918	上游	12
泰安市	45.746	上游	13
威海市	45.516	上游	17
日照市	46.453	上游	6
临沂市	46.356	上游	8
德州市	45.537	上游	16
聊城市	46.167	上游	9
滨州市	43.296	中游	28
菏泽市	45.271	上游	19
最高分	49.458		
最低分	30.200		

　　由表 6 – 35 对 2016 年黄河流域城市群生态质量水平得分情况展开分析。将黄河流域城市群内 58 个城市按照得分排名划分为上游、中游和下游，对比分析表明山东、河南地区保护治理水平较高，相较宁夏、山西、陕西、内蒙古、甘肃地区更具备优势。黄河流域城市群各城市生态质量水平得分区间为 2 ~ 19 分，其中生态质量水平得分最高为青岛市（18.008 分），最低为商洛市（2.573 分）。

表 6 – 35　　　　　　　　　2016 年黄河流域城市群城市生态质量水平评价比较

地区	得分	优劣度	排名
太原市	13.938	上游	6
阳泉市	8.256	中游	35
长治市	7.432	下游	41
晋中市	7.169	下游	42
忻州市	5.173	下游	53
临汾市	6.178	下游	47
吕梁市	5.144	下游	54

续表

地区	得分	优劣度	排名
呼和浩特市	12.225	上游	10
包头市	10.705	上游	18
鄂尔多斯市	10.702	上游	19
榆林市	5.355	下游	50
兰州市	9.590	中游	28
白银市	5.709	下游	49
定西市	3.033	下游	57
西宁市	8.441	中游	34
银川市	12.018	上游	14
石嘴山市	10.394	中游	21
吴忠市	6.112	下游	48
中卫市	5.325	下游	51
运城市	7.571	中游	40
西安市	14.832	上游	4
铜川市	7.105	下游	43
宝鸡市	6.902	下游	44
咸阳市	6.639	下游	45
渭南市	6.229	下游	46
天水市	5.208	下游	52
平凉市	4.754	下游	55
庆阳市	3.478	下游	56
商洛市	2.573	下游	58
晋城市	8.969	中游	30
亳州市	7.714	中游	39
郑州市	15.878	上游	2
开封市	9.323	中游	29
洛阳市	8.202	中游	37
平顶山市	8.723	中游	31
鹤壁市	10.242	中游	22
新乡市	9.875	中游	24
焦作市	10.941	上游	16
许昌市	8.244	中游	36
漯河市	10.023	中游	23
商丘市	8.640	中游	33
周口市	7.860	中游	38
济南市	15.282	上游	3
青岛市	18.008	上游	1

地区	得分	优劣度	排名
淄博市	13.167	上游	8
枣庄市	12.182	上游	11
东营市	14.234	上游	5
烟台市	8.716	中游	32
潍坊市	9.736	中游	25
济宁市	13.154	上游	9
泰安市	12.025	上游	13
威海市	9.627	中游	27
日照市	10.798	上游	17
临沂市	13.592	上游	7
德州市	11.813	上游	15
聊城市	12.027	上游	12
滨州市	10.578	上游	20
菏泽市	9.706	中游	26
最高分	18.008		
最低分	2.573		

由表 6-36 对 2016 年黄河流域城市群保护治理水平得分情况展开分析。将黄河流域城市群内 58 个城市按照得分排名划分为上游、中游和下游，对比分析表明山东、河南地区保护治理水平较高，相较宁夏、山西、陕西、内蒙古、甘肃地区更具备优势。黄河流域城市群各城市保护治理水平得分区间为 27～51 分，其中保护治理水平得分最高为青岛市（50.143 分），最低为阳泉市（27.452 分）。

表 6-36　　　　　　　　　　　　**2016 年黄河流域城市群城市保护治理水平评价比较**

地区	得分	优劣度	排名
太原市	43.463	中游	29
阳泉市	27.452	下游	58
长治市	31.506	下游	57
晋中市	44.723	上游	20
忻州市	41.855	中游	32
临汾市	38.938	下游	44
吕梁市	36.962	下游	50
呼和浩特市	40.034	下游	41
包头市	37.353	下游	49
鄂尔多斯市	38.053	下游	47
榆林市	41.126	中游	34
兰州市	35.400	下游	56
白银市	39.174	下游	43

地区	得分	优劣度	排名
定西市	37.501	下游	48
西宁市	40.670	中游	37
银川市	40.261	中游	38
石嘴山市	38.686	下游	46
吴忠市	36.017	下游	54
中卫市	43.426	中游	30
运城市	36.803	下游	51
西安市	43.784	中游	26
铜川市	43.280	中游	31
宝鸡市	38.704	下游	45
咸阳市	40.241	中游	39
渭南市	44.661	中游	21
天水市	36.476	下游	53
平凉市	43.487	中游	28
庆阳市	35.698	下游	55
商洛市	36.727	下游	52
晋城市	40.709	中游	36
亳州市	45.358	上游	15
郑州市	48.954	上游	2
开封市	44.613	中游	24
洛阳市	40.036	中游	40
平顶山市	46.589	上游	9
鹤壁市	43.707	中游	27
新乡市	41.385	中游	33
焦作市	41.038	中游	35
许昌市	44.639	中游	23
漯河市	45.978	上游	12
商丘市	44.995	上游	18
周口市	45.367	上游	14
济南市	48.662	上游	3
青岛市	50.143	上游	1
淄博市	46.656	上游	7
枣庄市	46.723	上游	5
东营市	45.986	上游	11
烟台市	44.207	中游	25
潍坊市	46.595	上游	8
济宁市	46.906	上游	4

续表

地区	得分	优劣度	排名
泰安市	46.009	上游	10
威海市	45.911	上游	13
日照市	44.876	上游	19
临沂市	46.684	上游	6
德州市	45.021	上游	17
聊城市	44.660	中游	22
滨州市	39.727	下游	42
菏泽市	45.241	上游	16
最高分	50.143		
最低分	27.452		

由表6-37对2017年黄河流域城市群生态质量水平得分情况展开分析。将黄河流域城市群内58个城市按照得分排名划分为上游、中游和下游，对比分析表明山东、河南地区保护治理水平较高，相较宁夏、山西、陕西、内蒙古、甘肃地区更具备优势。黄河流域城市群各城市生态质量水平得分区间为2～19分，其中生态质量水平得分最高为青岛市（18.341分），最低为定西市（2.886分）。

表6-37　　　　　　　　　**2017年黄河流域城市群城市生态质量水平评价比较**

地区	得分	优劣度	排名
太原市	14.726	上游	4
阳泉市	8.276	中游	34
长治市	7.024	下游	43
晋中市	7.120	下游	41
忻州市	5.178	下游	53
临汾市	6.352	下游	46
吕梁市	5.812	下游	49
呼和浩特市	13.327	上游	8
包头市	11.565	上游	11
鄂尔多斯市	14.300	上游	7
榆林市	5.405	下游	51
兰州市	9.698	中游	23
白银市	5.356	下游	52
定西市	2.886	下游	58
西宁市	8.028	中游	37
银川市	10.957	上游	13
石嘴山市	10.428	上游	17
吴忠市	5.740	下游	50
中卫市	6.129	下游	48

续表

地区	得分	优劣度	排名
运城市	7.434	中游	39
西安市	16.143	上游	3
铜川市	6.250	下游	47
宝鸡市	6.728	下游	44
咸阳市	6.509	下游	45
渭南市	7.406	中游	40
天水市	4.961	下游	54
平凉市	4.570	下游	55
庆阳市	3.237	下游	57
商洛市	3.512	下游	56
晋城市	9.285	中游	25
亳州市	7.739	中游	38
郑州市	17.661	上游	2
开封市	8.664	中游	30
洛阳市	8.667	中游	29
平顶山市	8.146	中游	36
鹤壁市	9.399	中游	24
新乡市	8.593	中游	31
焦作市	10.165	上游	19
许昌市	8.266	中游	35
漯河市	8.467	中游	32
商丘市	8.711	中游	28
周口市	7.064	下游	42
济南市	14.644	上游	6
青岛市	18.341	上游	1
淄博市	12.338	上游	10
枣庄市	10.892	上游	14
东营市	14.724	上游	5
烟台市	8.342	中游	33
潍坊市	9.714	中游	22
济宁市	11.197	上游	12
泰安市	10.605	上游	16
威海市	9.043	中游	26
日照市	9.889	中游	21
临沂市	12.636	上游	9
德州市	10.303	上游	18

续表

地区	得分	优劣度	排名
聊城市	10.050	上游	20
滨州市	10.649	上游	15
菏泽市	9.038	中游	27
最高分	18.341		
最低分	2.886		

　　由表 6 - 38 对 2017 年黄河流域城市群保护治理水平得分情况展开分析。将黄河流域城市群内 58 个城市按照得分排名划分为上游、中游和下游，对比分析表明山东、河南地区保护治理水平较高，相较宁夏、山西、陕西、内蒙古、甘肃地区更具备优势。黄河流域城市群各城市保护治理水平得分区间为 28 ~ 52 分，其中保护治理水平得分最高为青岛市（51.966 分），最低为阳泉市（28.550 分）。

表 6 - 38　　　　　　　　　　　　**2017 年黄河流域城市群城市保护治理水平评价比较**

地区	得分	优劣度	排名
太原市	42.947	中游	33
阳泉市	28.550	下游	58
长治市	29.642	下游	57
晋中市	45.227	中游	22
忻州市	42.244	中游	38
临汾市	40.540	下游	44
吕梁市	33.136	下游	55
呼和浩特市	41.117	下游	42
包头市	39.010	下游	48
鄂尔多斯市	38.295	下游	51
榆林市	34.882	下游	53
兰州市	47.025	上游	6
白银市	42.555	中游	36
定西市	41.326	中游	39
西宁市	40.741	下游	43
银川市	38.440	下游	49
石嘴山市	36.291	下游	52
吴忠市	39.789	下游	47
中卫市	40.153	下游	45
运城市	38.330	下游	50
西安市	47.134	上游	5
铜川市	43.007	中游	31
宝鸡市	39.999	下游	46
咸阳市	41.300	中游	40

续表

地区	得分	优劣度	排名
渭南市	46.170	上游	8
天水市	42.276	中游	37
平凉市	42.755	中游	35
庆阳市	34.365	下游	54
商洛市	29.948	下游	56
晋城市	41.139	下游	41
亳州市	45.711	上游	16
郑州市	51.465	上游	2
开封市	45.219	中游	23
洛阳市	45.431	上游	19
平顶山市	45.331	中游	21
鹤壁市	46.054	上游	11
新乡市	44.691	中游	24
焦作市	43.112	中游	30
许昌市	45.879	上游	13
漯河市	44.502	中游	25
商丘市	43.905	中游	27
周口市	44.352	中游	26
济南市	47.748	上游	3
青岛市	51.966	上游	1
淄博市	45.774	上游	14
枣庄市	46.813	上游	7
东营市	45.990	上游	12
烟台市	42.762	中游	34
潍坊市	46.163	上游	9
济宁市	47.431	上游	4
泰安市	45.762	上游	15
威海市	46.084	上游	10
日照市	43.279	中游	28
临沂市	45.401	上游	20
德州市	45.693	上游	17
聊城市	42.960	中游	32
滨州市	43.248	中游	29
菏泽市	45.572	上游	18
最高分	51.966		
最低分	28.550		

由表 6 - 39 对 2018 年黄河流域城市群生态质量水平得分情况展开分析。将黄河流域城市群内 58 个城市按照得分排名划分为上游、中游和下游，对比分析表明山东、河南地区保护治理水平较高，相较宁夏、山西、陕西、内蒙古、甘肃地区更具备优势。黄河流域城市群各城市生态质量水平得分区间为 2 ~ 20 分，其中生态质量水平得分最高为青岛市（19.531 分），最低为定西市（2.874 分）。

表 6 - 39　　　　　　　　　　2018 年黄河流域城市群城市生态质量水平评价比较

地区	得分	优劣度	排名
太原市	14.502	上游	3
阳泉市	7.240	中游	38
长治市	6.139	下游	44
晋中市	6.386	下游	42
忻州市	4.709	下游	54
临汾市	5.570	下游	47
吕梁市	5.240	下游	52
呼和浩特市	12.442	上游	9
包头市	11.536	上游	11
鄂尔多斯市	10.644	上游	12
榆林市	5.432	下游	49
兰州市	9.891	上游	18
白银市	5.350	下游	51
定西市	2.874	下游	58
西宁市	14.070	上游	5
银川市	10.080	上游	16
石嘴山市	10.132	上游	15
吴忠市	5.416	下游	50
中卫市	5.976	下游	45
运城市	6.406	下游	41
西安市	13.700	上游	7
铜川市	5.845	下游	46
宝鸡市	6.291	下游	43
咸阳市	5.490	下游	48
渭南市	6.453	中游	39
天水市	4.917	下游	53
平凉市	4.419	下游	55
庆阳市	3.010	下游	57
商洛市	3.267	下游	56
晋城市	8.834	中游	25
亳州市	7.240	中游	37
郑州市	18.560	上游	2

续表

地区	得分	优劣度	排名
开封市	8.281	中游	30
洛阳市	8.012	中游	32
平顶山市	7.402	中游	35
鹤壁市	8.303	中游	29
新乡市	7.743	中游	33
焦作市	8.936	中游	24
许昌市	7.725	中游	34
漯河市	8.445	中游	27
商丘市	8.437	中游	28
周口市	6.748	中游	39
济南市	14.488	上游	4
青岛市	19.531	上游	1
淄博市	11.616	上游	10
枣庄市	9.922	上游	17
东营市	13.443	上游	8
烟台市	7.368	中游	36
潍坊市	9.641	上游	19
济宁市	10.558	上游	13
泰安市	10.204	上游	14
威海市	8.574	中游	26
日照市	9.088	中游	23
临沂市	13.883	上游	6
德州市	9.483	中游	21
聊城市	9.263	中游	22
滨州市	9.609	上游	20
菏泽市	8.242	中游	31
最高分	19.531		
最低分	2.874		

由表 6 – 40 对 2018 年黄河流域城市群保护治理水平得分情况展开分析。将黄河流域城市群内 58 个城市按照得分排名划分为上游、中游和下游,对比分析表明山东、河南地区保护治理水平较高,相较宁夏、山西、陕西、内蒙古、甘肃地区更具备优势。黄河流域城市群各城市保护治理水平得分区间为 31 ~ 53 分,其中保护治理水平得分最高为青岛市 (52.390 分),最低为阳泉市 (31.562 分)。

表 6 – 40　　　　　　　　　　2018 年黄河流域城市群城市保护治理水平评价比较

地区	得分	优劣度	排名
太原市	44.750	中游	27
阳泉市	31.562	下游	58

续表

地区	得分	优劣度	排名
长治市	39.805	下游	48
晋中市	46.329	上游	15
忻州市	41.929	中游	39
临汾市	42.722	中游	37
吕梁市	37.358	下游	55
呼和浩特市	40.026	下游	46
包头市	39.887	下游	47
鄂尔多斯市	40.044	下游	45
榆林市	36.156	下游	56
兰州市	48.508	上游	4
白银市	42.555	中游	38
定西市	45.699	上游	19
西宁市	41.203	下游	41
银川市	38.177	下游	52
石嘴山市	37.659	下游	54
吴忠市	40.244	下游	44
中卫市	37.727	下游	53
运城市	38.655	下游	51
西安市	44.768	中游	26
铜川市	39.747	下游	49
宝鸡市	41.440	下游	40
咸阳市	39.058	下游	50
渭南市	46.682	上游	12
天水市	40.599	下游	43
平凉市	45.422	中游	22
庆阳市	44.664	中游	30
商洛市	32.292	下游	57
晋城市	40.834	下游	42
亳州市	46.259	上游	16
郑州市	52.054	上游	2
开封市	44.727	中游	28
洛阳市	44.685	中游	29
平顶山市	44.413	中游	33
鹤壁市	45.684	上游	20
新乡市	44.592	中游	31
焦作市	43.622	中游	35

续表

地区	得分	优劣度	排名
许昌市	46.951	上游	8
漯河市	45.632	中游	21
商丘市	45.248	中游	23
周口市	45.080	中游	25
济南市	49.432	上游	3
青岛市	52.390	上游	1
淄博市	45.103	中游	24
枣庄市	47.257	上游	7
东营市	46.127	上游	17
烟台市	43.638	中游	34
潍坊市	47.289	上游	5
济宁市	47.275	上游	6
泰安市	46.708	上游	11
威海市	46.763	上游	9
日照市	45.967	上游	18
临沂市	46.744	上游	10
德州市	46.650	上游	14
聊城市	42.764	中游	36
滨州市	44.431	中游	32
菏泽市	46.661	上游	13
最高分	52.390		
最低分	31.562		
平均分	43.459		
标准差	4.179		

　　由表6－41对2019年黄河流域城市群生态质量水平得分情况展开分析。将黄河流域城市群内58个城市按照得分排名划分为上游、中游和下游，对比分析表明山东、河南、山西地区生态质量水平较高，相较宁夏、内蒙古、甘肃地区更具备优势。黄河流域城市群各城市生态质量水平得分区间为2~21分，其中生态质量水平得分最高为青岛市（20.082分），最低为定西市（2.211分）。

表6－41　　　　　　　　　　2019年黄河流域城市群城市就业保障水平评价比较

地区	得分	优劣度	排名
太原市	14.064	上游	5
阳泉市	6.735	中游	37
长治市	5.885	下游	44
晋中市	6.103	下游	43
忻州市	4.545	下游	53
临汾市	5.462	下游	46

续表

地区	得分	优劣度	排名
吕梁市	4.694	下游	51
呼和浩特市	13.292	上游	6
包头市	10.795	上游	10
鄂尔多斯市	10.228	上游	13
榆林市	5.191	下游	49
兰州市	9.062	中游	21
白银市	4.548	下游	52
定西市	2.211	下游	58
西宁市	7.395	中游	34
银川市	9.358	上游	19
石嘴山市	10.110	上游	15
吴忠市	4.907	下游	50
中卫市	5.303	下游	48
运城市	6.551	中游	39
西安市	14.978	上游	4
铜川市	5.883	下游	45
宝鸡市	6.137	下游	42
咸阳市	5.372	下游	47
渭南市	6.607	中游	38
天水市	4.419	下游	54
平凉市	3.917	下游	55
庆阳市	2.650	下游	57
商洛市	3.542	下游	56
晋城市	6.267	下游	41
亳州市	7.087	中游	36
郑州市	19.897	上游	2
开封市	8.112	中游	31
洛阳市	8.128	中游	30
平顶山市	7.226	中游	35
鹤壁市	8.641	中游	26
新乡市	7.597	中游	32
焦作市	8.733	中游	25
许昌市	7.487	中游	33
漯河市	8.256	中游	29
商丘市	8.984	中游	23
周口市	6.523	中游	40

续表

续表

地区	得分	优劣度	排名
济南市	16.134	上游	3
青岛市	20.082	上游	1
淄博市	11.672	上游	9
枣庄市	10.120	上游	14
东营市	13.266	上游	7
烟台市	8.374	中游	27
潍坊市	10.015	上游	17
济宁市	10.780	上游	11
泰安市	10.671	上游	12
威海市	9.012	中游	22
日照市	9.354	上游	20
临沂市	12.332	上游	8
德州市	8.851	中游	24
聊城市	10.040	上游	16
滨州市	9.594	上游	18
菏泽市	8.281	中游	28
最高分	20.082		
最低分	2.211		

由表 6－42 对 2019 年黄河流域城市群保护治理水平得分情况展开分析。将黄河流域城市群内 58 个城市按照得分排名划分为上游、中游和下游，对比分析表明山东、河南、山西地区保护治理水平较高，相较宁夏、内蒙古、甘肃地区更具备优势。黄河流域城市群各城市保护治理水平得分区间为 32～55 分，其中保护治理水平得分最高为郑州市（54.769 分），最低为商洛市（32.283 分）。

表 6－43　　　　　　　　　2019 年黄河流域城市群城市保护治理水平评价比较

地区	得分	优劣度	排名
太原市	46.365	中游	21
阳泉市	33.682	下游	57
长治市	40.512	下游	48
晋中市	45.627	中游	26
忻州市	39.024	下游	54
临汾市	43.403	中游	39
吕梁市	39.232	下游	52
呼和浩特市	41.192	下游	44
包头市	40.606	下游	46
鄂尔多斯市	39.772	下游	49
榆林市	36.478	下游	56

续表

地区	得分	优劣度	排名
兰州市	49.541	上游	5
白银市	43.099	下游	41
定西市	44.920	中游	32
西宁市	45.358	中游	27
银川市	40.568	下游	47
石嘴山市	39.585	下游	50
吴忠市	39.123	下游	53
中卫市	41.186	下游	45
运城市	39.531	下游	51
西安市	53.330	上游	2
铜川市	44.728	中游	34
宝鸡市	37.508	下游	55
咸阳市	44.344	中游	35
渭南市	46.927	上游	15
天水市	41.985	下游	42
平凉市	43.414	中游	38
庆阳市	45.121	中游	30
商洛市	32.283	下游	58
晋城市	41.743	下游	43
亳州市	46.762	上游	17
郑州市	54.769	上游	1
开封市	46.123	中游	22
洛阳市	45.111	中游	31
平顶山市	45.327	中游	28
鹤壁市	45.690	中游	25
新乡市	46.068	中游	23
焦作市	44.100	中游	36
许昌市	47.038	上游	14
漯河市	48.084	上游	7
商丘市	45.994	中游	24
周口市	46.408	上游	20
济南市	49.739	上游	4
青岛市	52.226	上游	3
淄博市	45.135	中游	29
枣庄市	47.388	上游	11
东营市	46.409	上游	19
烟台市	43.888	中游	37

地区	得分	优劣度	排名
潍坊市	48.050	上游	8
济宁市	48.285	上游	6
泰安市	47.107	上游	12
威海市	47.093	上游	13
日照市	47.410	上游	10
临沂市	46.888	上游	16
德州市	46.746	上游	18
聊城市	43.223	下游	40
滨州市	44.918	中游	33
菏泽市	47.562	上游	9
最高分	54.769		
最低分	32.283		

二、黄河流域城市生态保护水平分布情况

（一）黄河流域城市生态保护水平分布比较与评析

由表6－43、表6－44对2006～2007年黄河流域城市群生态保护及各三级指标的城市平均得分情况展开分析。2006～2007年，黄河流域城市群上、中、下游生态保护平均得分分别上涨了2.564分、2.486分、0.868分，表明黄河流域城市群内部生态保护差距呈现扩大的势态。在三级指标中，黄河流域城市群上、中、下游在保护治理的得分呈现上涨势态。其余部分中，上游区城市在生态质量的平均得分上升；中游区城市在生态质量的平均得分上升；下游区城市在生态质量的平均得分下降。

表6－43　　　　　2006～2007年黄河流域城市群城市生态保护水平平均得分情况

指标	2006年			2007年		
	上游	中游	下游	上游	中游	下游
生态保护	47.385	38.772	26.743	49.949	41.258	27.611
生态质量	13.848	9.518	5.697	13.865	9.655	5.443
保护治理	34.303	28.898	19.643	36.792	31.716	20.323

表6－44　　　　　2006～2007年长江经济带城市生态保护水平平均得分变化情况

指标	上游	中游	下游
生态保护	2.564	2.486	0.868
生态质量	0.017	0.137	-0.254
保护治理	2.489	2.818	0.680

由表6－45、表6－46对2007～2008年黄河流域城市群生态保护及各三级指标的城市平均得分情况展开分析。2007～2008年，黄河流域城市群上、中游生态保护平均得分分别下降了0.670分、0.381分，下游生态保护平均得分上涨了2.083分，表明黄河流域城市群上中游生态保护差距呈现扩大的势态，下游生

态保护差距呈现缩小的态势。在三级指标中，黄河流域城市群上、中、下游在保护治理的得分呈现上涨势态，黄河流域城市群在生态质量的得分呈现下降势态。

表 6 - 45　　　　　　　2007～2008 年黄河流域城市群城市生态保护水平平均得分情况

指标	2007 年			2008 年		
	上游	中游	下游	上游	中游	下游
生态保护	49.949	41.258	27.611	49.279	40.877	29.694
生态质量	13.865	9.655	5.443	12.360	8.926	5.218
保护治理	36.792	31.716	20.323	37.853	32.461	22.955

表 6 - 46　　　　　　　2007～2008 年长江经济带城市生态保护水平平均得分变化情况

指标	上游	中游	下游
生态保护	- 0.670	- 0.381	2.083
生态质量	- 1.505	- 0.729	- 0.225
保护治理	1.061	0.745	2.632

　　由表 6 - 47、表 6 - 48 对 2008～2009 年黄河流域城市群生态保护及各三级指标的城市平均得分情况展开分析。2008～2009 年，黄河流域城市群上、中、下游生态保护平均得分分别上涨了 2.716 分、3.437 分、2.197 分，表明黄河流域城市群内部生态保护差距呈现扩大的势态。在三级指标中，黄河流域城市群上、中、下游在保护治理的得分呈现上涨势态，在其余部分中，上游区城市在生态质量的平均得分上升；中游区城市在生态质量的平均得分上升；下游区城市在生态质量的平均得分下降。

表 6 - 47　　　　　　　2008～2009 年黄河流域城市群城市生态保护水平平均得分情况

指标	2008 年			2009 年		
	上游	中游	下游	上游	中游	下游
生态保护	49.279	40.877	29.694	51.995	44.314	31.891
生态质量	12.360	8.926	5.218	12.875	9.198	5.120
保护治理	37.853	32.461	22.955	39.988	35.062	25.914

表 6 - 48　　　　　　　2008～2009 年长江经济带城市生态保护水平平均得分变化情况

指标	上游	中游	下游
生态保护	2.716	3.437	2.197
生态质量	0.515	0.272	- 0.098
保护治理	2.135	2.601	2.959

　　由表 6 - 49、表 6 - 50 对 2009～2010 年黄河流域城市群生态保护及各三级指标的城市平均得分情况展开分析。2009～2010 年，黄河流域城市群上、中、下游生态保护平均得分分别上涨了 1.078 分、2.378 分、2.658 分，表明黄河流域城市群内部生态保护差距呈现扩大的势态。在三级指标中，黄河流域城市群上、中、下游在保护治理的得分呈现上涨势态，在其余部分中，上游区城市在生态质量的平均得分下降；中游区城市在生态质量的平均得分下降；下游区城市在生态质量的平均得分上升。

表 6－49　　　　　　　2009～2010 年黄河流域城市群城市生态保护水平平均得分情况

指标	2009 年			2010 年		
	上游	中游	下游	上游	中游	下游
生态保护	51.995	44.314	31.891	53.073	46.692	34.549
生态质量	12.875	9.198	5.120	12.102	9.089	5.808
保护治理	39.988	35.062	25.914	41.846	37.413	28.021

表 6－50　　　　　　　2009～2010 年长江经济带城市生态保护水平平均得分变化情况

指标	上游	中游	下游
生态保护	1.078	2.378	2.658
生态质量	－0.773	－0.109	0.688
保护治理	1.858	2.351	2.107

由表 6－51、表 6－52 对 2010～2011 年黄河流域城市群生态保护及各三级指标的城市平均得分情况展开分析。2010～2011 年，黄河流域城市群上、中、下游生态保护平均得分分别上涨了 1.535 分、0.304 分、1.161 分，表明黄河流域城市群内部生态保护差距呈现扩大的态势。在三级指标中，黄河流域城市群上、中、下游在生态质量的得分呈现上涨势态，在其余部分中，上游区城市在保护治理的平均得分下降；中游区城市在保护治理的平均得分下降；下游区城市在保护治理的平均得分上升。

表 6－51　　　　　　　2010～2011 年黄河流域城市群城市生态保护水平平均得分情况

指标	2010 年			2011 年		
	上游	中游	下游	上游	中游	下游
生态保护	53.073	46.692	34.549	54.608	46.996	35.710
生态质量	12.102	9.089	5.808	13.633	10.244	6.658
保护治理	41.846	37.413	28.021	41.664	36.693	28.388

表 6－52　　　　　　　2010～2011 年长江经济带城市生态保护水平平均得分变化情况

指标	上游	中游	下游
生态保护	1.535	0.304	1.161
生态质量	1.531	1.155	0.850
保护治理	－0.182	－0.720	0.367

由表 6－53、表 6－54 对 2011～2012 年黄河流域城市群生态保护及各三级指标的城市平均得分情况展开分析。2011～2012 年，黄河流域城市群上、中、下游生态保护平均得分分别上涨了 1.124 分、1.378 分、2.339 分，表明黄河流域城市群内部生态保护差距呈现扩大的态势。在三级指标中，黄河流域城市群上、中、下游在生态质量的得分呈现下降势态，黄河流域城市群上、中、下游在保护治理的得分呈现上涨势态。

表 6－53　　　　　　　2011～2012 年黄河流域城市群城市生态保护水平平均得分情况

指标	2011 年			2012 年		
	上游	中游	下游	上游	中游	下游
生态保护	54.608	46.996	35.710	55.732	48.374	38.049
生态质量	13.633	10.244	6.658	13.108	9.888	6.096
保护治理	41.664	36.693	28.388	43.385	38.890	30.727

表 6－54　　　　　　　　　　　**2011～2012 年长江经济带城市生态保护水平平均得分变化情况**

指标	上游	中游	下游
生态保护	1.124	1.378	2.339
生态质量	－0.525	－0.356	－0.562
保护治理	1.721	2.197	2.339

　　由表 6－55、表 6－56 对 2012～2013 年黄河流域城市群生态保护及各三级指标的城市平均得分情况展开分析。2012～2013 年，黄河流域城市群上、中、下游生态保护平均得分分别上涨了 2.296 分、2.008 分、1.383 分，表明黄河流域城市群内部生态保护差距呈现扩大的势态。在三级指标中，黄河流域城市群上、中、下游在生态质量的得分呈现上涨势态，黄河流域城市群上、中、下游在保护治理的得分呈现上涨势态。

表 6－55　　　　　　　　　**2012～2013 年黄河流域城市群城市生态保护水平平均得分情况**

指标	2012 年			2013 年		
	上游	中游	下游	上游	中游	下游
生态保护	55.732	48.374	38.049	58.028	50.382	39.432
生态质量	13.108	9.888	6.096	14.197	10.292	6.140
保护治理	43.385	38.890	30.727	44.677	40.543	31.926

表 6－56　　　　　　　　　**2012～2013 年长江经济带城市生态保护水平平均得分变化情况**

指标	上游	中游	下游
生态保护	2.296	2.008	1.383
生态质量	1.089	0.404	0.044
保护治理	1.292	1.653	1.199

　　由表 6－57、表 6－58 对 2013～2014 年黄河流域城市群生态保护及各三级指标的城市平均得分情况展开分析。2013～2014 年，黄河流域城市群上游生态保护平均得分下降了 0.282 分，中、下游生态保护平均得分分别上涨了 0.589 分、1.478 分，表明黄河流域城市群上游生态保护差距呈现缩小势态，中、下游生态保护差距呈现扩大的势态。在三级指标中，黄河流域城市群上、中、下游在生态质量的得分呈现下降势态，黄河流域城市群上、中、下游在保护治理的的得分呈现上涨势态。

表 6－57　　　　　　　　　**2013～2014 年黄河流域城市群城市生态保护水平平均得分情况**

指标	2013 年			2014 年		
	上游	中游	下游	上游	中游	下游
生态保护	58.028	50.382	39.432	57.746	50.971	40.910
生态质量	14.197	10.292	6.140	12.305	9.221	5.716
保护治理	44.677	40.543	31.926	45.982	42.123	34.231

表 6－58　　　　　　　　　**2013～2014 年长江经济带城市生态保护水平平均得分变化情况**

指标	上游	中游	下游
生态保护	－0.282	0.589	1.478
生态质量	－1.892	－1.071	－0.424
保护治理	1.305	1.580	2.305

由表6-59、表6-60对2014~2015年黄河流域城市群生态保护及各三级指标的城市平均得分情况展开分析。2014~2015年，黄河流域城市群上、中、下游生态保护平均得分分别上涨了1.751分、1.103分、1.185分，表明黄河流域城市群内部生态保护差距呈现扩大的势态。在三级指标中，黄河流域城市群上、中、下游在保护治理的得分呈现上涨势态，在其余部分中，黄河流域城市群上游在生态质量的得分呈现上涨势态，中游在生态质量的的得分呈现上涨势态，下游在生态质量的得分呈现下降势态。

表6-59　　　　　　　　　　2014~2015年黄河流域城市群城市生态保护水平平均得分情况

指标	2014 年			2015 年		
	上游	中游	下游	上游	中游	下游
生态保护	57.746	50.971	40.910	59.497	52.074	42.095
生态质量	12.305	9.221	5.716	13.596	9.872	5.505
保护治理	45.982	42.123	34.231	46.245	42.823	35.573

表6-60　　　　　　　　　　2014~2015年长江经济带城市生态保护水平平均得分变化情况

指标	上游	中游	下游
生态保护	1.751	1.103	1.185
生态质量	1.291	0.651	−0.211
保护治理	0.263	0.700	1.342

由表6-61、表6-62对2015~2016年黄河流域城市群生态保护及各三级指标的城市平均得分情况展开分析。2015~2016年，黄河流域城市群上、中游生态保护平均得分分别下降了0.920分、0.847分，下游生态保护平均得分上涨了1.397分，表明黄河流域城市群上、中游生态保护差距呈现缩小的势态，下游生态保护差距呈现扩大的势态。在三级指标中，黄河流域城市群上游在保护治理的得分呈现上涨势态，中游在保护治理的得分呈现下降势态，下游在保护治理的得分呈现上涨势态，在其余部分中，黄河流域城市群上游在生态质量的得分呈现下降势态，中游在生态质量的得分呈现下降势态，下游在生态质量的的得分呈现上涨势态。

表6-61　　　　　　　　　　2015~2016年黄河流域城市群城市生态保护水平平均得分情况

指标	2015 年			2016 年		
	上游	中游	下游	上游	中游	下游
生态保护	59.497	52.074	42.095	58.577	51.227	43.492
生态质量	13.596	9.872	5.505	12.905	8.992	5.563
保护治理	46.245	42.823	35.573	46.369	42.562	36.850

表6-62　　　　　　　　　　2015~2016年长江经济带城市生态保护水平平均得分变化情况

指标	上游	中游	下游
生态保护	−0.920	−0.847	1.397
生态质量	−0.691	−0.88	0.058
保护治理	0.124	−0.261	1.277

由表 6 - 63、表 6 - 64 对 2016 ~ 2017 年黄河流域城市群生态保护及各三级指标的城市平均得分情况展开分析。2016 ~ 2017 年，黄河流域城市群上游生态保护平均得分下降了 0.136 分，中、下游生态保护平均得分分别上涨了 0.897 分、0.219 分，表明黄河流域城市群上游生态保护差距呈现缩小的势态，中、下游生态保护差距呈现扩大的势态。在三级指标中，黄河流域城市群上、中、下游在保护治理的得分呈现上涨势态，在其余部分中，黄河流域城市群上游在生态质量的得分呈现下降势态，中游在生态质量的得分呈现下降势态，下游在生态质量的得分呈现上涨势态。

表 6 - 63　　　　　**2016 ~ 2017 年黄河流域城市群城市生态保护水平平均得分情况**

指标	2016 年			2017 年		
	上游	中游	下游	上游	中游	下游
生态保护	58.577	51.227	43.492	58.441	52.124	43.711
生态质量	12.905	8.992	5.563	12.783	8.640	5.589
保护治理	46.369	42.562	36.850	46.763	43.350	37.100

表 6 - 64　　　　　**2016 ~ 2017 年长江经济带城市生态保护水平平均得分变化情况**

指标	上游	中游	下游
生态保护	- 0.136	0.897	0.219
生态质量	- 0.122	- 0.352	0.026
保护治理	0.394	0.788	0.250

由表 6 - 65、表 6 - 66 对 2017 ~ 2018 年黄河流域城市群生态保护及各三级指标的城市平均得分情况展开分析。2017 ~ 2018 年，黄河流域城市群上、下游生态保护平均得分分别上涨了 0.249 分、1.402 分，中游生态保护平均得分下降了 0.074 分，表明黄河流域城市群上、下游生态保护差距呈现扩大的势态，中游生态保护差距呈现缩小的势态。在三级指标中，黄河流域城市群上、中、下游在生态质量的得分呈现下降势态，在其余部分中，黄河流域城市群上、中、下游在生态质量的得分呈现上涨势态。

表 6 - 65　　　　　**2017 ~ 2018 年黄河流域城市群城市生态保护水平平均得分情况**

指标	2017 年			2018 年		
	上游	中游	下游	上游	中游	下游
生态保护	58.441	52.124	43.711	58.690	52.050	45.113
生态质量	12.783	8.640	5.589	12.423	8.091	5.174
保护治理	46.763	43.350	37.100	47.371	44.173	38.551

表 6 - 66　　　　　**2017 ~ 2018 年长江经济带城市生态保护水平平均得分变化情况**

指标	上游	中游	下游
生态保护	0.249	- 0.074	1.402
生态质量	- 0.360	- 0.549	- 0.415
保护治理	0.608	0.823	1.451

由表 6 - 67、表 6 - 68 对 2018 ~ 2019 年黄河流域城市群生态保护及各三级指标的城市平均得分情况展开分析。2018 ~ 2019 年，黄河流域城市群上、中、下游生态保护平均得分分别上涨了 1.233 分、0.541

分、0.348 分，表明黄河流域城市群内部生态保护差距呈现扩大的势态。在三级指标中，黄河流域城市群上、中、下游在生态质量的得分呈现下降势态，在其余部分中，黄河流域城市群上、中、下游在生态质量的得分呈现上涨势态。

表 6 – 67　　　　　　　　　　2018 ~ 2019 年黄河流域城市群城市生态保护水平平均得分情况

指标	2018 年			2019 年		
	上游	中游	下游	上游	中游	下游
生态保护	58.690	52.050	45.113	59.923	52.591	45.461
生态质量	12.423	8.091	5.174	12.339	7.882	4.868
保护治理	47.371	44.173	38.551	48.388	44.951	39.491

表 6 – 68　　　　　　　　　2018 ~ 2019 年长江经济带城市生态保护水平平均得分变化情况

指标	上游	中游	下游
生态保护	1.233	0.541	0.348
生态质量	− 0.084	− 0.209	− 0.306
保护治理	1.017	0.778	0.940

（二）黄河流域城市生态保护水平分布情况

进一步说明黄河流域城市群各城市的生态保护水平差异变化及分布情况，通过图 6 – 1 至图 6 – 3 对 2006 年黄河流域城市群各城市生态保护水平得分情况分布进行统计分析。

由图 6 – 1 表明，2006 年黄河流域城市群各城市生态保护水平得分分布较不均衡，绝大部分城市分布于 38 ~ 56 分，除此之外，分布在 20 ~ 38 分的城市有 24 个，高于 56 分的城市有 0 个，低于 20 分的城市有 2 个。这说明黄河流域城市群绝大部分城市的生态保护水平比较接近，城市之间的差距较小。

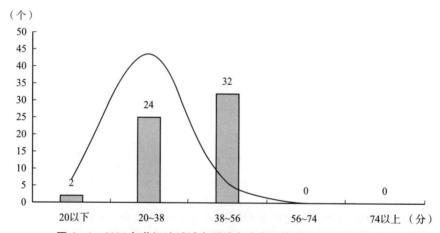

图 6 – 1　2006 年黄河流域城市群城市生态保护水平评价分值分布

由图 6 – 2 对 2006 年黄河流域城市群各城市生态质量水平得分情况分布进行统计分析，2006 年黄河流域城市群各城市保护治理水平绝大部分城市分布集中于 8 ~ 14 分。高于 14 分的城市为 9 个，低于 8 分的城市为 16 个。这说明黄河流域城市群绝大部分城市的生态质量水平相近。

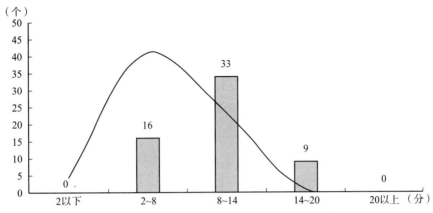

图 6 - 2　2006 年黄河流域城市群城市生态质量水平评价分值分布

由图 6 - 3 对 2006 年黄河流域城市群各城市保护治理水平得分情况分布进行统计分析，2006 年黄河流域城市群各城市保护治理水平得分分布较不均匀，绝大部分城市的得分分布于 28 ~ 41 分，此外，分布在 15 ~ 28 分的城市有 20 个，高于 41 分的城市有 0 个，低于 15 分的城市为 3 个。这说明黄河流域城市群绝大部分城市的保护治理水平差异不大。

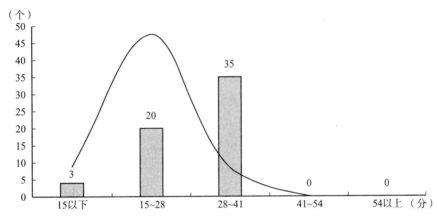

图 6 - 3　2006 年黄河流域城市群城市保护治理水平评价分值分布

进一步说明黄河流域城市群各城市的生态保护水平差异变化及分布情况，通过图 6 - 4 至图 6 - 6 对 2007 年黄河流域城市群各城市生态保护水平得分情况分布进行统计分析。

由图 6 - 4 表明，2007 年黄河流域城市群各城市生态保护水平得分分布较不均衡，绝大部分城市分布于 38 ~ 56 分，除此之外，分布在 20 ~ 38 分的城市有 21 个，高于 56 分的城市有 0 个，低于 20 分的城市有 2 个。这说明黄河流域城市群绝大部分城市的生态保护水平比较接近，城市之间的差距较小。

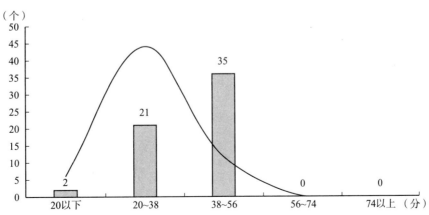

图 6 - 4　2007 年黄河流域城市群城市生态保护水平评价分值分布

由图 6－5 对 2007 年黄河流域城市群各城市生态质量水平得分情况分布进行统计分析，2007 年黄河流域城市群各城市保护治理水平绝大部分城市分布集中于 8～14 分。高于 14 分的城市为 9 个，低于 8 分的城市为 19 个。这说明黄河流域城市群绝大部分城市的生态质量水平相近。

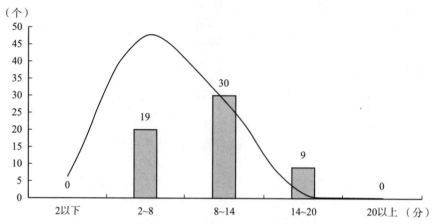

图 6－5　2007 年黄河流域城市群城市生态质量水平评价分值分布

由图 6－6 对 2007 年黄河流域城市群各城市保护治理水平得分情况分布进行统计分析，2007 年黄河流域城市群各城市保护治理水平得分分布较不均匀，绝大部分城市的得分分布于 28～41 分，此外，分布在 15～28 分的城市有 15 个，高于 41 分的城市有 0 个，低于 15 分的城市为 2 个。这说明黄河流域城市群绝大部分城市的保护治理水平差异不大。

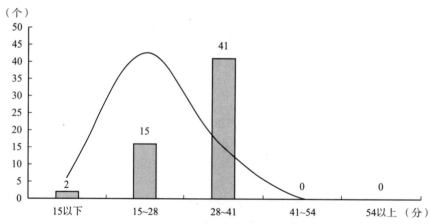

图 6－6　2007 年黄河流域城市群城市保护治理水平评价分值分布

进一步说明黄河流域城市群各城市的生态保护水平差异变化及分布情况，通过图 6－7 至图 6－9 对 2008 年黄河流域城市群各城市生态保护水平得分情况分布进行统计分析。

由图 6－7 表明，2008 年黄河流域城市群各城市生态保护水平得分分布较不均衡，绝大部分城市分布于 38～56 分，除此之外，分布在 20～38 分的城市有 21 个，高于 56 分的城市有 0 个，低于 20 分的城市有 0 个。这说明黄河流域城市群绝大部分城市的生态保护水平比较接近，城市之间的差距较小。

由图 6－8 对 2008 年黄河流域城市群各城市生态质量水平得分情况分布进行统计分析，2008 年黄河流域城市群各城市保护治理水平绝大部分城市分布集中于 8～14 分，此外分布在 2～8 分的城市有 24 个。高于 14 分的城市为 2 个，低于 2 分的城市为 0 个。这说明黄河流域城市群绝大部分城市的生态质量水平相近。

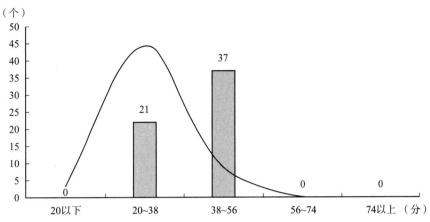

图 6 - 7　2008 年黄河流域城市群城市生态保护水平评价分值分布

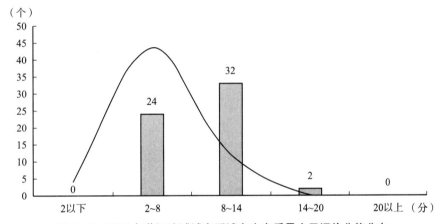

图 6 - 8　2008 年黄河流域城市群城市生态质量水平评价分值分布

由图 6 - 9 对 2008 年黄河流域城市群各城市保护治理水平得分情况分布进行统计分析，2008 年黄河流域城市群各城市保护治理水平得分分布较不均匀，绝大部分城市的得分分布于 28 ~ 41 分，此外，分布在 15 ~ 28 分的城市有 16 个，高于 41 分的城市有 0 个，低于 15 分的城市为 0 个。这说明黄河流域城市群绝大部分城市的保护治理水平差异不大。

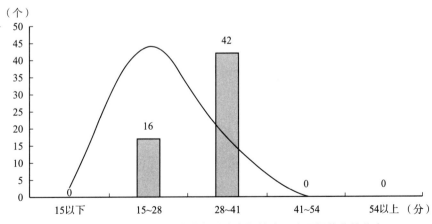

图 6 - 9　2008 年黄河流域城市群城市保护治理水平评价分值分布

进一步说明黄河流域城市群各城市的生态保护水平差异变化及分布情况，通过图 6 - 10 至图 6 - 12 对 2009 年黄河流域城市群各城市生态保护水平得分情况分布进行统计分析。

由图 6 - 10 表明，2009 年黄河流域城市群各城市生态保护水平得分分布较不均衡，绝大部分城市分布于 38 ~ 56 分，除此之外，分布在 20 ~ 38 分的城市有 16 个，高于 56 分的城市有 3 个，低于 20 分的城市有

0个。这说明黄河流域城市群绝大部分城市的生态保护水平比较接近，城市之间的差距较小。

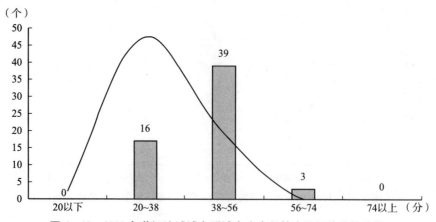

图6－10　2009年黄河流域城市群城市生态保护水平评价分值分布

由图6－11对2009年黄河流域城市群各城市生态质量水平得分情况分布进行统计分析，2009年黄河流域城市群各城市保护治理水平绝大部分城市分布集中于8～14分，此外分布在2～8分的城市有22个。高于14分的城市为4个，低于2分的城市为0个。这说明黄河流域城市群绝大部分城市的生态质量水平相近。

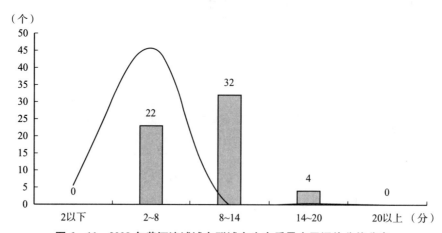

图6－11　2009年黄河流域城市群城市生态质量水平评价分值分布

由图6－12对2009年黄河流域城市群各城市保护治理水平得分情况分布进行统计分析，2009年黄河流域城市群各城市保护治理水平得分分布较不均匀，绝大部分城市的得分分布于28～41分。高于41分的城市有6个，低于28分的城市为10个。研究说明黄河流域城市群绝大部分城市的保护治理水平差异不大。

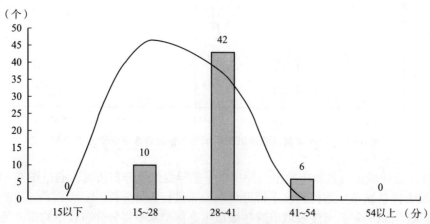

图6－12　2009年黄河流域城市群城市保护治理水平评价分值分布

　　进一步说明黄河流域城市群各城市的生态保护水平差异变化及分布情况，通过图6-13至图6-15对2010年黄河流域城市群各城市生态保护水平得分情况分布进行统计分析。

　　由图6-13表明，2010年黄河流域城市群各城市生态保护水平得分分布较不均衡，绝大部分城市分布于38~56分。高于56分的城市有2个，低于38分的城市有12个。这说明黄河流域城市群绝大部分城市的生态保护水平比较接近，城市之间的差距较小。

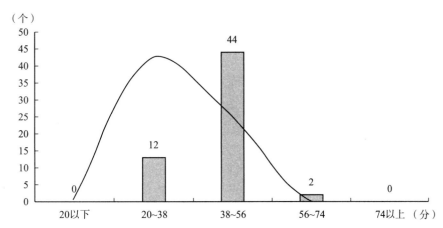

图6-13　2010年黄河流域城市群城市生态保护水平评价分值分布

　　由图6-14对2010年黄河流域城市群各城市生态质量水平得分情况分布进行统计分析，2010年黄河流域城市群各城市保护治理水平绝大部分城市分布集中于8~14分，此外分布在2~8分的城市有21个。高于14分的城市为1个，低于2分的城市为0个。这说明黄河流域城市群绝大部分城市的生态质量水平相近。

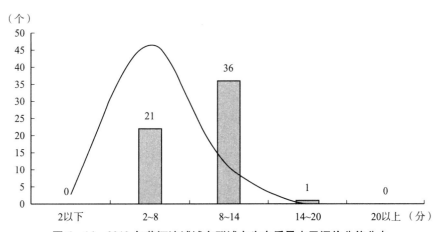

图6-14　2010年黄河流域城市群城市生态质量水平评价分值分布

　　由图6-15对2010年黄河流域城市群各城市保护治理水平得分情况分布进行统计分析，2010年黄河流域城市群各城市保护治理水平得分分布较不均匀，绝大部分城市的得分分布于28~41分。高于41分的城市有14个，低于28分的城市为4个。这说明黄河流域城市群绝大部分城市的保护治理水平差异不大。

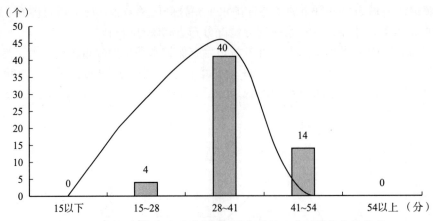

图6－15　2010年黄河流域城市群城市保护治理水平评价分值分布

　　进一步说明黄河流域城市群各城市的生态保护水平差异变化及分布情况，通过图6－16至图6－18对2011年黄河流域城市群各城市生态保护水平得分情况分布进行统计分析。

　　由图6－16表明，2011年黄河流域城市群各城市生态保护水平得分分布较不均衡，绝大部分城市分布于38～56分。高于56分的城市有5个，低于38分的城市有8个。这说明黄河流域城市群绝大部分城市的生态保护水平比较接近，城市之间的差距较小。

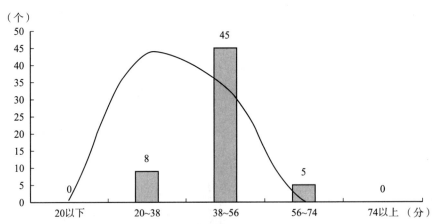

图6－16　2011年黄河流域城市群城市生态保护水平评价分值分布

　　由图6－17对2011年黄河流域城市群各城市生态质量水平得分情况分布进行统计分析，2011年黄河流域城市群各城市保护治理水平绝大部分城市分布集中于8～14分。高于14分的城市为7个，低于8分的城市为15个。这说明黄河流域城市群绝大部分城市的生态质量水平相近。

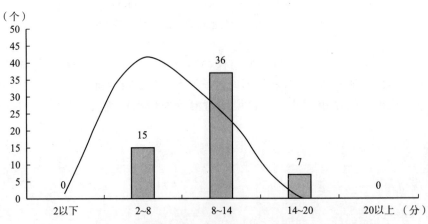

图6－17　2011年黄河流域城市群城市生态质量水平评价分值分布

由图 6 - 18 对 2011 年黄河流域城市群各城市保护治理水平得分情况分布进行统计分析，2011 年黄河流域城市群各城市保护治理水平得分分布较不均匀，绝大部分城市的得分分布于 28 ~ 41 分。高于 41 分的城市有 12 个，低于 28 分的城市为 8 个。这说明黄河流域城市群绝大部分城市的保护治理水平差异不大。

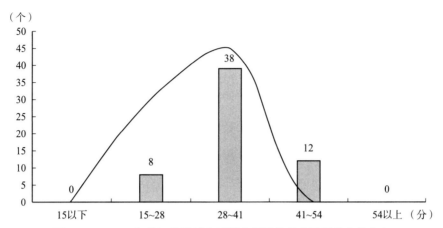

图 6 - 18　2011 年黄河流域城市群城市保护治理水平评价分值分布

进一步说明黄河流域城市群各城市的生态保护水平差异变化及分布情况，通过图 6 - 19 至图 6 - 21 对 2012 年黄河流域城市群各城市生态保护水平得分情况分布进行统计分析。

由图 6 - 19 表明，2012 年黄河流域城市群各城市生态保护水平得分分布较不均衡，绝大部分城市分布于 38 ~ 56 分。高于 56 分的城市有 8 个，低于 38 分的城市有 7 个。这说明黄河流域城市群绝大部分城市的生态保护水平比较接近，城市之间的差距较小。

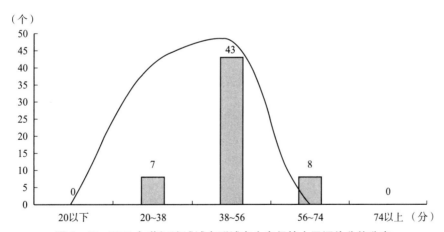

图 6 - 19　2012 年黄河流域城市群城市生态保护水平评价分值分布

由图 6 - 20 对 2012 年黄河流域城市群各城市生态质量水平得分情况分布进行统计分析，2012 年黄河流域城市群各城市保护治理水平绝大部分城市分布集中于 8 ~ 14 分。高于 14 分的城市为 4 个，低于 8 分的城市为 18 个。研究说明黄河流域城市群绝大部分城市的生态质量水平相近。

由图 6 - 21 对 2012 年黄河流域城市群各城市保护治理水平得分情况分布进行统计分析，2012 年黄河流域城市群各城市保护治理水平得分分布较不均匀，绝大部分城市的得分分布于 28 ~ 41 分，此外分布在 41 ~ 54 分的城市有 23 个。高于 54 分的城市有 0 个，低于 28 分的城市为 6 个。这说明黄河流域城市群绝大部分城市的保护治理水平差异不大。

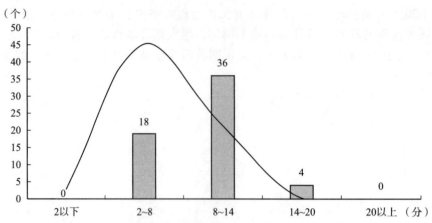

图 6 – 20　2012 年黄河流域城市群城市生态质量水平评价分值分布

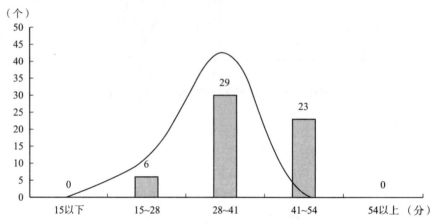

图 6 – 21　2012 年黄河流域城市群城市保护治理水平评价分值分布

　　进一步说明黄河流域城市群各城市的生态保护水平差异变化及分布情况，通过图 6 – 22 至图 6 – 24 对 2013 年黄河流域城市群各城市生态保护水平得分情况分布进行统计分析。

　　由图 6 – 22 表明，2013 年黄河流域城市群各城市生态保护水平得分分布较不均衡，绝大部分城市分布于 38 ~ 56 分。高于 56 分的城市有 17 个，低于 38 分的城市有 8 个。这说明黄河流域城市群绝大部分城市的生态保护水平比较接近，城市之间的差距较小。

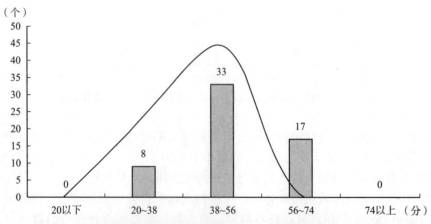

图 6 – 22　2013 年黄河流域城市群城市生态保护水平评价分值分布

　　由图 6 – 23 对 2013 年黄河流域城市群各城市生态质量水平得分情况分布进行统计分析，2013 年黄河流域城市群各城市保护治理水平绝大部分城市分布集中于 8 ~ 14 分。高于 14 分的城市为 7 个，低于 8 分的城市为 16 个。这说明黄河流域城市群绝大部分城市的生态质量水平相近。

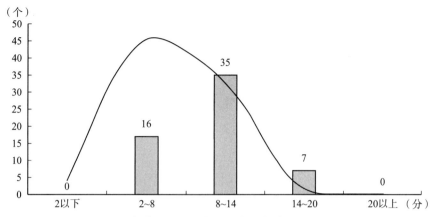

图6－23　2013年黄河流域城市群城市生态质量水平评价分值分布

由图6－24对2013年黄河流域城市群各城市保护治理水平得分情况分布进行统计分析，2013年黄河流域城市群各城市保护治理水平得分分布较不均匀，绝大部分城市的得分分布于41~54分，此外分布在28~41分的城市有27个。高于54分的城市有0个，低于28分的城市为2个。这说明黄河流域城市群绝大部分城市的保护治理水平差异不大。

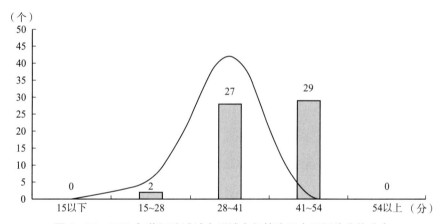

图6－24　2013年黄河流域城市群城市保护治理水平评价分值分布

进一步说明黄河流域城市群各城市的生态保护水平差异变化及分布情况，通过图6－25至图6－27对2014年黄河流域城市群各城市生态保护水平得分情况分布进行统计分析。

由图6－25表明，2014年黄河流域城市群各城市生态保护水平得分分布较不均衡，绝大部分城市分布于38~56分。高于56分的城市有14个，低于38分的城市有5个。这说明黄河流域城市群绝大部分城市的生态保护水平比较接近，城市之间的差距较小。

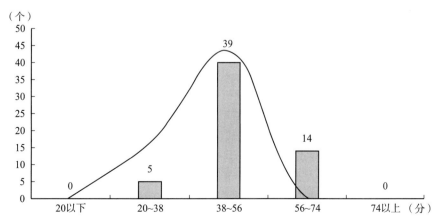

图6－25　2014年黄河流域城市群城市生态保护水平评价分值分布

由图 6－26 对 2014 年黄河流域城市群各城市生态质量水平得分情况分布进行统计分析，2014 年黄河流域城市群各城市保护治理水平绝大部分城市分布集中于 8～14 分，分布在 2～8 分的城市有 19 个。高于 14 分的城市为 3 个，低于 2 分的城市为 0 个。这说明黄河流域城市群绝大部分城市的生态质量水平相近。

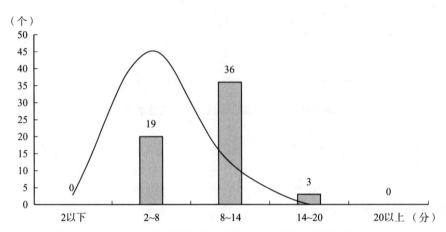

图 6－26　2014 年黄河流域城市群城市生态质量水平评价分值分布

由图 6－27 对 2014 年黄河流域城市群各城市保护治理水平得分情况分布进行统计分析，2014 年黄河流域城市群各城市保护治理水平得分分布较不均匀，绝大部分城市的得分分布于 41～54 分，分布在 28～41 分的城市有 24 个。高于 54 分的城市有 0 个，低于 28 分的城市为 1 个。这说明黄河流域城市群绝大部分城市的保护治理水平差异不大。

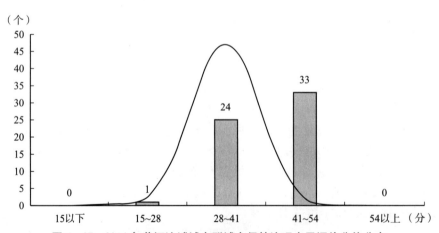

图 6－27　2014 年黄河流域城市群城市保护治理水平评价分值分布

进一步说明黄河流域城市群各城市的生态保护水平差异变化及分布情况，通过图 6－28 至图 6－30 对 2015 年黄河流域城市群各城市生态保护水平得分情况分布进行统计分析。

由图 6－28 表明，2015 年黄河流域城市群各城市生态保护水平得分分布较不均衡，绝大部分城市分布于 38～56 分，分布在 56～74 分的城市有 20 个。高于 74 分的城市有 0 个，低于 38 分的城市有 3 个。这说明黄河流域城市群绝大部分城市的生态保护水平比较接近，城市之间的差距较小。

由图 6－29 对 2015 年黄河流域城市群各城市生态质量水平得分情况分布进行统计分析，2015 年黄河流域城市群各城市保护治理水平绝大部分城市分布集中于 8～14 分，分布在 2～8 分的城市有 17 个。高于 14 分的城市为 8 个，低于 2 分的城市为 0 个。这说明黄河流域城市群绝大部分城市的生态质量水平相近。

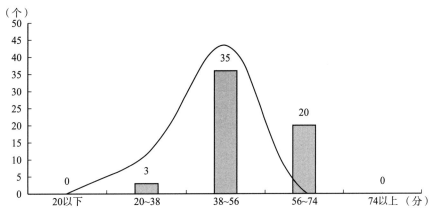

图 6 - 28　2015 年黄河流域城市群城市生态保护水平评价分值分布

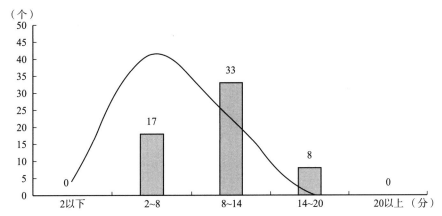

图 6 - 29　2015 年黄河流域城市群城市生态质量水平评价分值分布

由图 6 - 30 对 2015 年黄河流域城市群各城市保护治理水平得分情况分布进行统计分析，2015 年黄河流域城市群各城市保护治理水平得分分布较不均匀，绝大部分城市的得分分布于 41～54 分，分布在 28～41 分的城市有 20 个。高于 54 分的城市有 0 个，低于 28 分的城市为 0 个。这说明黄河流域城市群绝大部分城市的保护治理水平差异不大。

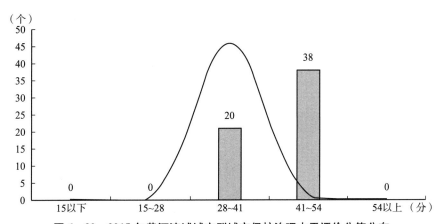

图 6 - 30　2015 年黄河流域城市群城市保护治理水平评价分值分布

进一步说明黄河流域城市群各城市的生态保护水平差异变化及分布情况，通过图 6 - 31 至图 6 - 33 对 2016 年黄河流域城市群各城市生态保护水平得分情况分布进行统计分析。

由图 6 - 31 表明，2016 年黄河流域城市群各城市生态保护水平得分分布较不均衡，绝大部分城市分布于 38～56 分。高于 56 分的城市有 15 个，低于 38 分的城市有 1 个。这说明黄河流域城市群绝大部分城市的生态保护水平比较接近，城市之间的差距较小。

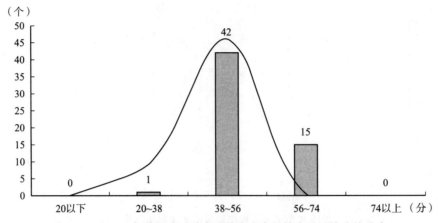

图 6-31　2016 年黄河流域城市群城市生态保护水平评价分值分布

由图 6-32 对 2016 年黄河流域城市群各城市生态质量水平得分情况分布进行统计分析，2016 年黄河流域城市群各城市保护治理水平绝大部分城市分布集中于 8~14 分，分布在 2~8 分的城市有 21 个。高于14 分的城市为 5 个，低于 2 分的城市为 0 个。这说明黄河流域城市群绝大部分城市的生态质量水平相近。

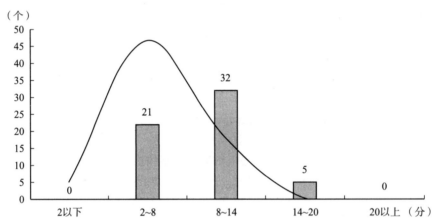

图 6-32　2016 年黄河流域城市群城市生态质量水平评价分值分布

由图 6-33 对 2016 年黄河流域城市群各城市保护治理水平得分情况分布进行统计分析，2016 年黄河流域城市群各城市保护治理水平得分分布较不均匀，绝大部分城市的得分分布于 41~54 分，分布在 28~41 分的城市有 22 个。高于 54 分的城市有 0 个，低于 28 分的城市为 1 个。这说明黄河流域城市群绝大部分城市的保护治理水平差异不大。

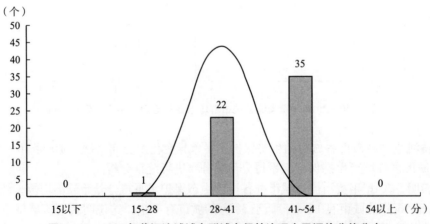

图 6-33　2016 年黄河流域城市群城市保护治理水平评价分值分布

　　进一步说明黄河流域城市群各城市的生态保护水平差异变化及分布情况，通过图 6 – 34 至图 6 – 36 对 2017 年黄河流域城市群各城市生态保护水平得分情况分布进行统计分析。

　　由图 6 – 34 表明，2017 年黄河流域城市群各城市生态保护水平得分分布较不均衡，绝大部分城市分布于 38 ~ 56 分。高于 56 分的城市有 12 个，低于 38 分的城市有 4 个。这说明黄河流域城市群绝大部分城市的生态保护水平比较接近，城市之间的差距较小。

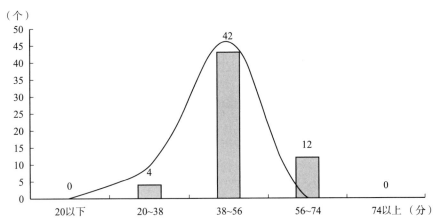

图 6 – 34　2017 年黄河流域城市群城市生态保护水平评价分值分布

　　由图 6 – 35 对 2017 年黄河流域城市群各城市生态质量水平得分情况分布进行统计分析，2017 年黄河流域城市群各城市保护治理水平绝大部分城市分布集中于 8 ~ 14 分，分布在 2 ~ 8 分的城市有 21 个。高于 14 分的城市为 7 个，低于 2 分的城市为 0 个。这说明黄河流域城市群绝大部分城市的生态质量水平相近。

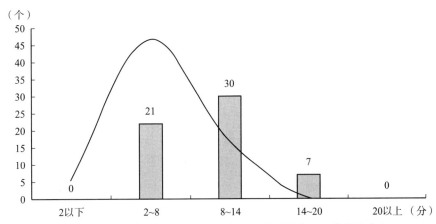

图 6 – 35　2017 年黄河流域城市群城市生态质量水平评价分值分布

　　由图 6 – 36 对 2017 年黄河流域城市群各城市保护治理水平得分情况分布进行统计分析，2017 年黄河流域城市群各城市保护治理水平得分分布较不均匀，绝大部分城市的得分分布于 41 ~ 54 分。高于 54 分的城市有 0 个，低于 41 分的城市为 16 个。这说明黄河流域城市群绝大部分城市的保护治理水平差异不大。

　　进一步说明黄河流域城市群各城市的生态保护水平差异变化及分布情况，通过图 6 – 37 至图 6 – 39 对 2018 年黄河流域城市群各城市生态保护水平得分情况分布进行统计分析。

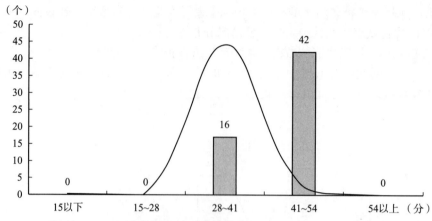

图 6－36　2017 年黄河流域城市群城市保护治理水平评价分值分布

由图 6－37 表明，2018 年黄河流域城市群各城市生态保护水平得分分布较不均衡，绝大部分城市分布于 38～56 分。高于 56 分的城市有 14 个，低于 38 分的城市有 1 个。这说明黄河流域城市群绝大部分城市的生态保护水平比较接近，城市之间的差距较小。

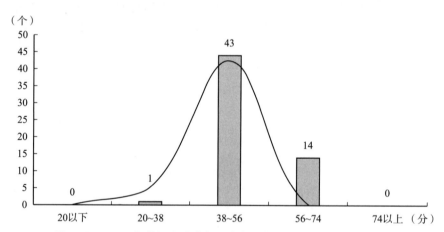

图 6－37　2018 年黄河流域城市群城市生态保护水平评价分值分布

由图 6－38 对 2018 年黄河流域城市群各城市生态质量水平得分情况分布进行统计分析，2018 年黄河流域城市群各城市保护治理水平绝大部分城市分布集中于 2～8 分和 8～14 分。高于 14 分的城市为 5 个，低于 2 分的城市为 0 个。这说明黄河流域城市群绝大部分城市的生态质量水平相近。

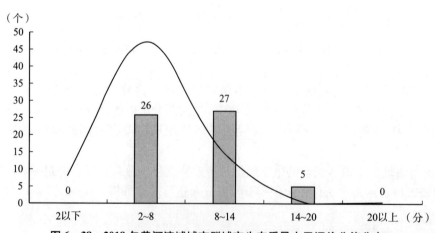

图 6－38　2018 年黄河流域城市群城市生态质量水平评价分值分布

由图6－39对2018年黄河流域城市群各城市保护治理水平得分情况分布进行统计分析，2018年黄河流域城市群各城市保护治理水平得分分布较不均匀，绝大部分城市的得分分布于41～54分。高于54分的城市有0个，低于41分的城市为17个。这说明黄河流域城市群绝大部分城市的保护治理水平差异不大。

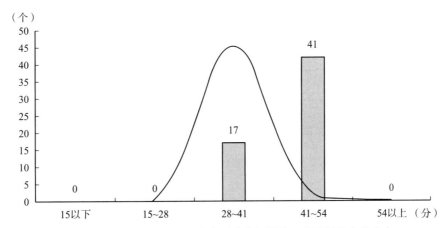

图6－39　2018年黄河流域城市群城市保护治理水平评价分值分布

进一步说明黄河流域城市群各城市的生态保护水平差异变化及分布情况，通过图6－40至图6－42对2019年黄河流域城市群各城市生态保护水平得分情况分布进行统计分析。

由图6－40表明2019年黄河流域城市群各城市生态保护水平得分分布较不均衡，绝大部分城市分布于38～56分。高于56分的城市有16个，低于38分的城市有1个。这说明黄河流域城市群绝大部分城市的生态保护水平比较接近，城市之间的差距较小。

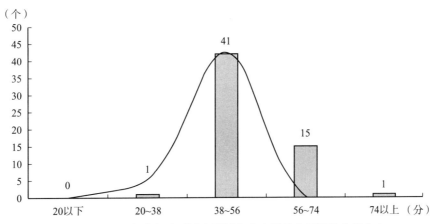

图6－40　2019年黄河流域城市群城市生态保护水平评价分值分布

由图6－41对2019年黄河流域城市群各城市生态质量水平得分情况分布进行统计分析，2019年黄河流域城市群各城市保护治理水平绝大部分城市分布集中于2～8分。高于14分的城市为5个，低于2分的城市为0个。研究说明黄河流域城市群绝大部分城市的生态质量水平相近。

由图6－42对2019年黄河流域城市群各城市保护治理水平得分情况分布进行统计分析，2019年黄河流域城市群各城市保护治理水平得分分布较不均匀，绝大部分城市的得分分布于41～54分。高于54分的城市有1个，低于41分的城市为13个。这说明黄河流域城市群绝大部分城市的保护治理水平差异不大。

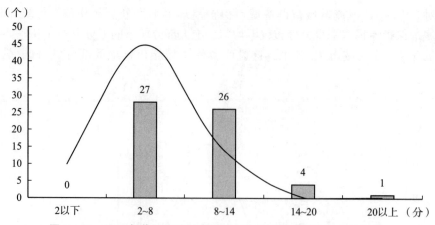

图 6 – 41 2019 年黄河流域城市群城市生态质量水平评价分值分布

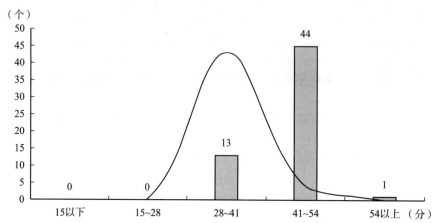

图 6 – 42 2019 年黄河流域城市群城市保护治理水平评价分值分布

第七章　政　策　建　议

一、黄河流域城市群人口与劳动力发展与生态保护高质量协同发展政策建议

本书研究对象为省级以上政府开展过规划或研究的沿黄地区 7 个城市群，即以兰州市和西宁市为发展核心的兰西城市群、以西安市为发展核心的关中平原城市群、以济南市和青岛市为双发展核心的山东半岛城市群、以呼和浩特市为发展核心的呼包鄂榆城市群、以郑州市为发展核心的中原城市群、以太原市为发展核心的晋中城市群、以银川市为发展核心的宁夏沿黄城市群。本书以人口与劳动力、经济发展、社会和谐、基础设施、人口劳动力和生态保护 6 个主要指标为切入点，通过各个城市群各自的发展以及其相互协同发展探测对黄河流域整体城市群的影响。

在此将以人口劳动力为切入点介绍其和生态保护协同发展的必要性及相关政策建议。

通过对各年的黄河流域城市人口劳动力的分析，可以发现黄河流域人口劳动力状况整体活力下降，但城市间发展状况差距有所缩小。通过对黄河流域不同城市关于人口劳动力和生态保护的对比分析，可以得出以下结论：伴随着人口数量以及劳动力数量的增长，人类的生产规模不断扩大，生产规模的扩大当然要带来更多的生产，处理不当也会造成环境污染。当然人口数量增长以及劳动力数量增长并非一定是造成环境污染的唯一原因，但一定的适应环境发展的人口增长能使人口发展与环境发展形成良性循环。因此，要正确认识人口增长与环境污染的关系，辩证地看待人口增长与环境的关系，坚定走可持续发展的道路。

现阶段黄河流域生态脆弱、水资源匮乏、水沙严重失衡，不能按照过去的粗放型资源开发利用模式来发展经济，应进一步加强天然林保护、沙化土地植被建设、退耕还林还草和湿地保护修复，以涵养水源、修复生态和恢复天然植被生产能力，通过绿色发展进行可持续环境保护，以创新驱动和产业转型实现经济发展由粗放型向资源节约型转变、由要素驱动向创新驱动转变，以提升资源的利用率和大力开发利用新能源实现资源节约和优化开发。

（一）合理控制城市群人口数量和质量

第一，制定合理的计划生育政策。首先，黄河流域部分城市受到地形地貌等因素的影响，思想开放程度有限，人口结构受政策影响较大，需要政府因地制宜，根据资源环境承载力和经济社会发展的需要制定合理的计划生育政策，同时加大在年轻人间的宣传力度，引导民众的生育欲望向有利于生态保护和社会经济发展的方向靠近，密切监测出生率、死亡率、自然增长率、人口抚养比、人口老龄化程度等指标，做好政策储备，完善计划生育政策。其次，有针对性地调节城市生育，稳定人口增长水平。随着城市化的不断推进，人口户籍制度的不断改革，对于一些城市竞争力较强、人口密度较大的城市来说，随着大量的外来人口流入，城市人口的机械式增长也会迅速提高，于是给城市的自然资源、生态环境、社会服务与管理等方面带来更严峻的挑战。因此，必须进一步加强城市人口的调控力度。加强新型文化的宣传力度，降低性别歧视。要进一步加强养老保险的实施，形成健全的养老体制，纠正民众形成的养儿防老观念，有效削减城乡居民家庭对于男婴的需求。

第二，着力改善民生等方面的问题。要实现黄河流域人口与劳动力发展和生态保护协同发展，关键要解决好广大民生问题，为发展黄河流域提供宽松的平台和环境。必须坚持民生优先，突出抓好增加就业岗位，提高人民的收入，增强社会保障能力工作，让人民群众得到更多的实惠。重点解决好由于煤炭企业及相关产业关停破产，带来大量的下岗失业人口就业再就业问题。对下岗失业人员从事个体经营以及吸纳下岗失业人员符合条件的企业，按规定享受小额担保贷款等就业再就业扶持政策。进行全职业培训，组织实施各类职业培训、创业培训，提高就业、创业成功率，促进就业工作。此外，增加老年人保障制度，整顿

人口年龄结构。老年人在总人口所占比重的增加会造成老龄化，其对收入分配、劳动生产率、消费和投资都会造成一定的影响。目前，我国老龄化问题很严重，老年人口比重一直处于上升的态势，这就引发很多问题，例如，社会抚养比很高以及消费结构不平衡等。对于黄河流域城市来说，其人口年龄结构和经济发展关联度很高。因此，重视城市人口老龄变动，合理调整当前人口年龄结构状况，保证未来的劳动力供给，是黄河流域城市经济持续发展的重要保障。

第三，加强流动人口信息管理，提高对流动人口管理服务水平。首先，完善城乡统一的居民户口登记管理制度，健全完善人口信息管理制度，做好人口调查统计工作，全面、准确掌握人口规模、人员结构、地区分布等情况。加快建立以居民身份证号码为唯一标识、以人口基础信息为基准的全区人口基础信息库，为制定人口发展战略和人口政策提供基础信息支撑。其次，发挥人口基础信息对决策的支撑作用，建立跨部门的人口信息共享机制，加快推进人口基础信息库建设。最后，充分发挥综合部门在统筹协调、人口规划宏观引导和人口计划的调控作用。整合分散在教育、公安、民政、人力资源社会保障、卫生计生、统计等不同部门的人口数据和信息资源，实现就学升学、户籍管理、婚姻家庭、殡葬事务、就业创业、生育和健康、人口普查和抽样调查统计等人口基础信息的互联互通、动态更新和综合集成，不断拓宽数据信息共享和应用的范围，为政府部门、企事业单位、社会公众做好人口信息服务。

第四，选择合理的城市化方式，调整产业结构。黄河流域带中的山东等地区和甘肃等地区的工业发达程度和产业分布、产业结构不同，经济社会发展水平也不同，这些客观因素决定黄河流域带城市人口城市化过程不能强求一律，而应选择不同的发展模式。具体而言，甘肃省等西部地区结合资源禀赋情况可适合采取产业吸引模式的人口城市化道路，而山东地区人口城市化发展则选择综合开发模式。因此，黄河流域带城市的人口城市化发展通过坚持"兼顾统一"，走发展大城市带动小城镇的综合发展道路，达到人口城市化与工业化同步推进，城市与农村协调发展。

（二）政府和企业共同作用带动就业增长

第一，适度发展劳动密集型产业，积极承接东部地区产业转移，吸纳新成长劳动力和返乡就业劳动力。首先，推动建筑业产业链向高端延伸，深挖就业潜力；加快制造业与服务业融合发展，开拓制造业就业空间；开展重大工程和项目的就业效果评估，以带动就业情况作为政策扶持的重要依据；支持新兴产业规模化、集群化发展，培育就业新增长点；提升发展现代服务业，进一步增强就业吸纳能力。其次，深入实施教育振兴行动计划，大力建设国家民族教育示范区、省部共建民族地区职业教育综合改革试验区，打造面向西部的教育交流合作高地。推进义务教育薄弱学校改造，加快城乡义务教育公办学校标准化建设；普及高中阶段教育，大力改善普通高中办学条件，不断提高基本公共教育服务均等化水平；加快完善职业教育体系，形成适应发展需求、产教深度融合、中高职衔接、职教普教沟通、与产业发展相匹配、与扶贫富民相适应、体现终身教育理念、具有民族特色的现代职业教育体系。最后，优化职业教育结构和布局，推动建立终身职业技能培训制度。实施新生代农民工职业技能提升计划，健全职业培训、就业服务、劳动维权"三位一体"的工作机制，开展面向重点人群和社会公众的职业培训，并按规定给予补贴。

第二，政府承担维护农民工就业权益的责任，切实维护农民工的就业权益。随着我国城市化进程的不断加快，随着农村劳动力加快向城镇聚集，既给城镇带来大量新劳动力的同时，也给城镇的就业保障体系带来严峻挑战。对于维护农民工就业过程中所遇到的问题，可以在依据宪法的原则基础上，制定各种法律规定以不断维护和完善农民工的就业权益；在法律层面尽最大可能让农民工享受到和普通城镇居民同等或较小差距的就业待遇。对于农民工工资被拖欠、克扣的情况时有发生，甚至农民工的劳动环境恶劣、劳动过程中安全得不到保障的。对于政府来说，可以通过各种经济和法律等多元手段及时治理相关企业。此外，重新确定失业人员的统计定义，重新确立失业统计新标准；按照"劳动事实"为依据进行失业统计，防止企业使用童工的情况。

二、黄河流域城市群经济发展与生态保护高质量协同发展政策建议

（一）引领优化经济发展全面绿色化转型

黄河流域生态环境系统应当全面深入贯彻落实习近平生态文明思想，认真践行政府策略规划，积极服

务经济发展大局，持续推动经济发展全面绿色转型。

深化黄河流域生态保护理念。第一，黄河流域的可持续发展应当坚持稳中求进的工作进程，抢抓进入新发展阶段，积极做好贯彻新发展理念，深度融入构建新发展格局，遵循要求做好将生态保护与经济发展相融合的工作。要以认真务实的态度、科学的谋划保证生态保护工作积极落实，持续推动经济发展和生态保护双向发展，树立完成黄河流域经济运行达到一定的目标，稳定黄河流域的经济发展状况。第二，做好双向统筹，并解决好生态、经济与民生之间的协调关系。同时生态保护不仅是政治问题，也是经济和社会问题。推进生态环境治理是一项长期任务，需要政府出台相关的政策建议，相关部门严格执行落实，人们牢记保护生态环境的重要性等多方面实现动态平衡。要坚持科学观念，在经济发展大局中做好生态保护工作，找好着力点和突破口，稳步推进。对于黄河流域环境经济的总体状态，要准确预估，积极创新生态保护参与经济治理的方法、措施和途径，努力实现经济发展和生态保护的协同发展。要积极主动服务"六稳""六保"，政府在出台环保举措时，要综合考虑到经济发展的运行效益与人民保障，政府积极研究用于黄河流域稳经济、保民生、促增长的环境政策。第三，要做好重大项目环境评分审批服务，对各企业的排污排水等做好严格监督，确保企业能够做到以保护生态为前提，推动经济发展。同时积极培育和发展环保产业，鼓励环保产业及科技研究院所等创新环保型科技产品。各部门要做好引领帮扶，重视工业企业对环境监管的合理诉求，加强对工业企业治污的指导帮助。要科学、审慎决策，把握好调整政策和推动改革的双向效果，坚持稳中求进。

加快绿色创新技术的研发和使用。第一，正视当前黄河流域经济发展问题的关键所在，以黄河流域生态保护为目标，支持绿色技术、绿色产品的研发和推广使用，提高全流域绿色创新水平，积极推动经济绿色化转型。在保持经济平稳较快增长的同时，加快推动产业结构优化升级，实施蓝天、碧水、乡村清洁工程和城市河流清洁计划。第二，在能源上实施以电代油、以电代煤，针对化石能源寻找可替代品。积极引导黄河流域内工业企业和城乡居民实施电能替代，促进清洁电能消费。黄河流域各省份需要加快推进可再生技术发展和储能技术改进，支持创新型企业发展环保型技术，同时提高风能、太阳能等可再生能源利用，以实现减污降碳目标，促进经济发展向绿色低碳转型。第三，针对黄河流域水资源利用效率低的问题，各相关部门做好应对措施、制定相关的节水政策，加快水资源节约型技术的创新，一方面保证水资源综合治理、合理调配，另一方面要针对水价和水资源费改税等进行更改，完善水权及其交易市场，推广水资源高效利用技术的创新应用，以市场化改革举措提升黄河流域水资源利用效率。

促进产业绿色转型升级，黄河能源结构调整、产业结构绿色转型升级势在必行。第一，在碳达峰和碳中和目标下，黄河流域发展低碳经济、修复生态环境是必然选择，在经济领域节能减排和生态领域保护发展两个路径下协同创新、规划和实践。经济领域节能减排重在调整产业结构，减少煤炭化工的污染及排放，同时要注意生态补偿机制的构建；加快推进生态领域做好黄河流域生态修复工作，处理好流域的水、沙、地、林、草系统之间的关系，具体是在上中游开展栽植及封闭保护、治理水土流失，下游开展重点河湖、三角洲湿地的保护与恢复，并且做好水土侵蚀和废弃矿山的管理和修复工作。从自然保护、市场发展的角度对资源进行合理配置，实现黄河流域的高质量发展规划和落实。第二，黄河流域的山东半岛城市群大部分城市生态质量长期以来处于上游区，经济发展得分也相对较高，其中表现突出的城市是青岛市和烟台市，原因可能由于山东半岛城市群高技术产业发展较迅速，产业绿色转型符合可持续发展的要求。黄河流域经济粗放式发展导致环境子系统发展度不高，要坚定高质量发展理念，推动产业绿色转型，鼓励第三产业和高新技术产业的发展。实施能源结构改革，降低煤炭消费量，提高天然气在能源消耗中的占比，同时推动新能源的研发与应用。

加强生态保护和修复力度，注重不同政策的对接和融合。生态保护是黄河流域的重要项目工程，也是实现黄河流域经济可持续发展的重要基础。第一，生态保护是一个复杂的有机整体，黄河流域又是一个跨越多个省份的区域，因此，生态保护是一个相互协调的系统工程。例如，黄河水资源主要来自上游地区，泥沙主要来自中游地区，而在下游地区发生黄河洪涝灾害。可见对黄河流域的生态保护采用分区域治理的模式是最直接的。对于上游地区应当重点推行生态保护的进程，政府支持和要求相关企业或部门加强天然林、湿地、土地沙化等的保护工作的推进，争取从源头上保证黄河水资源的生态安全。中游地区由于黄河流经造成比较严重的泥沙流失和环境污染问题，为此需要加大对水土流失和退耕还林还草的推进治理。同时要严格把控工业企业生产生活污水的排放导致下游区段水资源污染的问题。黄河下游地区经济较发达，但也常遭受洪涝灾害与生态系统破坏。因此，分区严格管理把控，加快对黄河下游地区的生态环境的修复与重建，保证下游地区的自然安全和经济可持续发展至关重要。第二，要加强黄河流域生态环境保护与扶贫和三农政策的融合。黄河流经之处大部分属于农村，目前农村地区为了追求短期的经济效益，对当地的自然资源过度开采，导致生态环境的破坏。长久来看，这些农村地区会成为生态破坏和经济贫困的双重灾区。针对这种情况，可以结合精准扶贫和城镇化建设的政策，采取对重点生态区和深度贫困区的构造。第三，要加强对黄河流域水资源的保护。可以从更加微观的角度出发，充分关注黄河的河面、河床、上下游、河岸和山水林田湖草，从而开展水沙流失、水资源污染的治理。同时，加强对黄河水资源的刚性约束，推行节约型技术的水资源利用方式，最大限度保证水资源的节约型使用。

（二）追求经济和生态保护的协调发展

黄河流域城市群要生态优先，绿色发展，产业经济转型成为必然。"绿水青山就是金山银山"，党中央从可持续发展战略高度重视区域经济和生态保护协调发展，为我国经济发展指明了战略方向。第一，经济发展方面。大力发展循环经济，实现产业结构转型升级，加快转变经济发展方式。黄河流域城市群是资源型城市群，主要依托自然资源发展，在促进经济发展的过程中，忽视对城市群生态资源的保护，自然资源的不断消耗与不可再生，会阻碍城市群的可持续发展。因此，黄河流域城市群需要大力发展循环经济，实现产业结构转型升级，加快转变经济发展方式。鼓励和支持创新型技术的开发研究，大力开发新能源和清洁能源，利用科学创新技术，提高技术水平，不断向新兴产业进行转变，同时优化提升传统产业其技术含量、附加值等。通过多种渠道，鼓励中小企业进行技术改造，优化能源消费结构，合理调整工业结构，进一步实现经济转型升级。第二，生态保护方面。政府加强生态环境建设与保护的立法力度。以呼包鄂榆城市群为例，过度依靠自然资源发展经济，对自然资源、生态环境造成了严重的破坏。因此，黄河流域城市群在今后的发展过程中，要利用法律制度来推进生态环境建设与保护工作，以推动产业生态化，实现区域可持续发展。第三，政府治理方面。全力落实黄河流域城市群生态环境保护规划，打好黄河流域生态保护治理攻坚战，加强流域治理工作的系统统筹，加强政府的治理力度和城市群之间的通力合作。在政府治理层面创建协调发展的平台和机会，积极发挥政府力量在经济发展和生态关系协调中的重要作用，构建区域认同意识，以实现经济和环境的优质协调发展。

加强黄河流域差异化发展规划。由于黄河流域的不同区位，在生态环境、资源禀赋和经济发展程度等多个方面都有所差异。因此，对于黄河流域的规划发展要制定出差异化的发展路径。第一，根据各区域的发展情况及优势产业进行产业布局调整，形成错位发展。加强产业优化，快速提升城市功能及产业发展竞争力。利用产业优化吸纳更多的就业人口，并完善配套设施如公共基础设施的完善。针对产业优化，一是要结合本地区的资源优势，重点打造高质量产业品牌，提升产业竞争力。二是在黄河流域产业转型升级过程中，注重对原有传统产业的现代化改造，实现传统产业的"二次升级"，为发展创新型产业提供一定的支持。第二，黄河流域上游地区在畜牧业、装备制造业、有色冶金业等传统产业发展上具备一定的优势，因此在上游地区加大各类产业园区建设，大力拓展传统产业的产业链升级改造。第三，我国重要的能源化工基地处在黄河中游地区，因此持续推动各基础能源化工产业与建材、装备制造、冶金等优势产业的互动发展，从而实现传统产业的"二次升级"。第四，黄河下游地区的河南、山东等是我国重要的农业大省，应该大力推动节水农业的发展，以提升农业的综合生产能力。同时创新科技支撑，进行现代农机装备、高端数控机床等高端制造业的开发。将该区域打造成高端轻工业产业园区基地，大力发展食品加工、纺织服装、家电、装备制造等产业。

三、黄河流域城市群社会和谐与生态保护高质量协同发展的政策建议

（一）普及法律法规，弘扬传统美德

第一，普及法律法规，做到全民知法懂法依法，一是进行高质量立法。高质量的立法是维护法律权威的一个重要前提。高质量的立法直接影响着社会公众的法律理念，进而影响到其对法律的整体信仰，而公众的整体法律信仰则是法律是否具有权威的一个主要指标。维护法律权威首要的是要科学立法以提高法律

的生命力，保持法律所应有的稳定性，降低法律变动性对其应有权威的耗损。只有当法律充分反映了人民群众的意志，人民群众才会对法律产生高度的认同，认识到法律并不是约束自己行为的羁绊，而是保护公民各种权利的手段，是自己生活中片刻不可分离的必需物。因此在法律的制定过程中，必须借助当代媒体的作用，开门立法，阳光立法，让广大人民群众参与到立法实践活动中来，把它作为推动科学发展、促进社会和谐的立法主导模式。二是加大普法力度，加快公民依法知法进程。法律公布实施后，还要经过人民群众对法律的理解、接受、认可、内化等认知过程，才能产生信仰。今后普法工作的重点应转向对公民法律精神的培养。这就要求在普法教育中，以普及法律知识为基础，以社会主义法治理念教育为导向，以法律思维为目标，全面提升公民的法律素养。当前重中之重是加强对党政领导的社会主义法治理念教育。因为他们是法律的执行者和具体操作者，"其身正，不令而行；其身不正，虽令不从"。三是严格执法，公正司法，深度发挥人民代表大会职能。增强人民当家作主、依法管理国家事务的责任感，有利于促进"一府两院"及其职能部门接受监督，严格依法行政、公正司法、规范涉法创新、反腐倡廉，维护法律权威。人大应把监督的力度放在以下两个方面：一方面，加强涉法涉诉信访监督，规范权力部门依法处置涉法涉诉信访问题。要监督"一府两院"及其职能部门在处理解决群众反映强烈的问题时，不能以牺牲法律权威为代价，随意突破法律、法规和政策底线，换来个案问题的一时解决，导致一些群众信访不信法、以访压法的倾向；在处理涉法涉诉信访中，维护执法机关依法作出的公正结论，依法终结无理信访案件，规范涉法涉诉信访秩序，保护合法上访，制止违法上访，树立依法按程序反映诉求的信访导向，切实维护法律权威。另一方面，及时监督涉法创新行为，凡是法律法规有明文规定的事项，或没有得到有关人大常委会机关的授权，不管是行政机关，还是司法机关，在进行改革创新时，不能打着改革创新的旗号，制定相关制度，破坏法律法规的尊严。通过人大的有效监督，维护法律的权威。

第二，弘扬传统美德，增进道德建设，一是大力弘扬社会主义核心价值观，强化公民的社会主义道德意识。社会主义核心价值观作为社会主义和谐社会道德建设的重要内容，我们应大力弘扬。社会主义和谐社会的建设还需要正确处理各种关系，包括人与人、人与自然、人与社会的关系。将社会主义核心价值观作为和谐社会道德建设的外部灌输内容，引导人们树立正确的道德观念，合理的处理各种关系。以爱国主义为核心弘扬民族精神，诚实守信，团结互助，服务人民，为规范社会秩序，缓解社会矛盾，建设和谐社会而努力。强化公民的社会主义道德意识，提升公民的良好道德自觉性，再以社会主义核心价值体系进行系统的道德建设，促进形成和谐社会的社会道德。二是建立发展社会主义道德体系。建立社会主义道德体系就是要建立一个坚持以为人民服务为核心、以集体主义为原则、以诚实守信为重点的道德体系。在日常的社会生活中，我们应当提倡将为人民服务的思想贯穿于各种具体的道德规范之中，提倡个人利益服从集体利益、局部利益服从整体利益、当前利益服从长远利益，反对个人主义、损人利己。建立社会主义道德体系有助于道德建设系统化、体系化，有助于社会和谐。

（二）加强生态建设，改善黄河流域治理

在注重构建和谐社会的情况下，也要将社会和谐和生态保护同时重视。在坚持保护与治理方向的前提下，以黄河流域的高质量发展为战略目标，实施与当地发展状况相适应的政策。根据黄河流域的主要特征，将其分为上游、中游、下游三个区域，并对不同区域的政策实施重点进行谋划。

第一，根据黄河流域的生态功能区划，上游地区要以三江源地区、祁连山、甘南山地等我国重要水源涵养生态功能区为战略规划的关键区域。一方面应加强对这一地区的生态保护监管，限制毁林开荒、无序采矿、过度放牧等损害生态系统的社会生产生活方式；另一方面，推进实施一批重大生态保护修复和建设工程，以自然恢复为主要手段，通过政策支撑水源涵养能力的提升。根据分类发展的重要原则，三江源、祁连山等生态功能区发展的重点应集中于生态环境的保护与水源涵养能力的提升。而黄河流域的河套灌区、汾渭平原等粮食主产区，则要以提高粮食产出的数量及质量为战略目标，通过技术创新发展现代农业，在降低或维持成本的前提下把农产品质量提上去。

第二，就黄河流域中游地区而言，其战略规划应主要围绕污染治理及水土保持来开展。黄河流域发展应因地制宜，有条件的地方要大力建设淤地坝，推进旱作梯田等水土保持工程措施，有的地方则要以自然恢复为主，限制企业生产及居民生活对生态环境的负面影响。黄河流域中污染严重的支流，应重视黄河流域对我国发展的关键性作用，下大气力推进治理，以改善民生。

第三，根据黄河流域水土资源的空间分布规律，为实现流域的共同进步与协同发展，位于流域下游的黄河三角洲地区应将保护工作作为区域发展的重点内容，通过合理的战略规划实现黄河流域生态系统绿色健康发展，提高黄河流域的生物多样性。各地应从实际出发，根据本地区的资源禀赋特点，发挥比较优势，宜山则山、宜水则水，将流域的资源优势合理转化为经济优势；宜农则农、宜粮则粮，在黄河流域的河套灌区、汾渭平原等粮食主产区推动农业的专业化、规模化与现代化；宜工则工、宜商则商，根据该地的资源特点与经济发展状况积极探索富有地域特色的高质量发展新路子。除此之外，针对发展水平具有较大差异的黄河流域地区，各省份应因地制宜，实施差异化的精准政策，真正以人民美好生活为发展目标，做好惠民实事。根据分类发展的战略规划，黄河流域中经济发展条件相对较好的地区，如流域各省份的区域中心城市要实现集约发展，其战略重点是提高经济和人口承载能力，发挥区域中心城市在政治、经济、文化、科教等诸多方面对流域其他地区的辐射、引领作用；经济发展条件相对较差的地区，则要利用科学技术发展推动数字化基础设施的建设，提高公共服务水平，全力保障和改善民生，并通过生态保护政策从根本上解决安居问题。

黄河流域生态类型多样，资源丰富。黄河流域横跨青藏高原、内蒙古高原、黄土高原、华北平原等四大地貌单元和我国地势三大台阶，拥有黄河天然生态廊道和三江源、祁连山、若尔盖等多个重要生态功能区域。农牧业基础较好。分布有黄淮海平原、汾渭平原、河套灌区等农产品主产区，粮食和肉类产量占全国三分之一左右。能源资源富集，煤炭、石油、天然气和有色金属资源储量丰富，是我国重要的能源、化工、原材料和基础工业基地。文化根基深厚，孕育了河湟文化、关中文化、河洛文化、齐鲁文化等特色鲜明的地域文化，历史文化遗产星罗棋布。生态环境持续明显向好，经过持续不断的努力，黄河水沙治理取得显著成效，防洪减灾体系基本建成，确保了人民生命财产安全，流域用水增长过快的局面得到有效控制，黄河实现连续20年不断流。国土绿化水平和水源涵养能力持续提升，山水林田湖草沙保护修复加快推进，水土流失治理成效显著，优质生态产品供给能力进一步增强。发展水平不断提升。中心城市和城市群加快建设，全国重要的农牧业生产基地和能源基地地位进一步巩固，新的经济增长点不断涌现，人民群众生活得到显著改善。其一，全面加强沿黄生态环境"源"与"汇"的治理与保护。淘汰沿黄区域内高耗能企业，集中整治环境污染问题。针对沿黄区域环境污染采取"防"和"治"两条基本路径，不能"头疼医头，脚疼医脚"地进行碎片化治理，针对污染严重的区域，比如河津市。一是对沿黄区域里的企业，坚持推进绿色工业、绿色农业发展，逐步增强自然生态环境的自我修复、自我净化、自我保护功能。二是着力抓好生态环境治理，加快形成绿色循环生产生活方式，实行最严格的产业准入，大力推动文化、旅游、新型农业和科研创业等低耗水的高端产业发展，创新生态治理投入机制。三是加大力度推进沿黄地区产业结构调整优化和转型升级，推进园区整合和产业统筹，合理控制煤炭开发强度，充分运用先进技术改造提升传统资源型产业，推动能源产业革命，促进能源化工产业向精深加工和高端化发展，积极培育发展战略性新兴产业和现代服务业。其二，全面加强沿黄湿地百千米生态廊道建设与保护。针对沿黄区域部分河岸随意倾倒生活垃圾问题，一是建议相关部门抓好生活源污染管控尤其是生活垃圾清理；加强沿黄居民区、旅游区环境管理，加快配套建设和运行污水处理设施，杜绝在沿黄区域内随意倾倒生活垃圾、工业废渣、废液和医疗垃圾等有毒有害物质的违法行为。尤其要加强对沿黄区域湿地自然保护区的监管，建立部门联合执法检查机制，落实执法监管责任主体、人员、设备和经费，对破坏沿黄湿地生态环境的行为依法进行处理。二是充分发挥各类媒体的舆论监督作用，宣传沿黄区域生态环境保护先进典型，曝光沿黄区域生态环境突出问题，在全社会形成崇尚生态文明、保护沿黄区域生态环境的浓厚社会氛围。三是加强对平陆、垣曲等湿地保护力度，尽快将其纳入国家保护范畴，以推动自然资源文化与黄河文化融合发展。其三，全面加强产地环境净化，沿黄生态廊道建设与保护。一是严控沿黄区域农业生产活动造成的土壤污染，全力推广农业绿色集约安全生产模式，深入开展"控肥增效、控药减害、控水降耗、控膜提效"的"四控"行动，加大源头控制力度。二是着力抓好沿黄区域生态保护修复，严格落实主体功能区规划，深入实施重大生态修复工程，突出抓好水土保持，增强保护和治理的系统性、整体性、协同性，推动生态系统质量稳定提升。三是实施"山水林田湖草沙"生态系统综合治理，加快实施沿黄区域植树造林工程，着力探索运城沿黄区域绿色通道、集镇园区、湿地周边、农田防护林等重点沿黄区域建设保护模式，从纵向上和横向上全面开展沿黄生态环境保护治理。

四、黄河流域城市群基础设施与生态保护高质量协同发展的政策建议

（一）加快传统基础设施与新型基础设施高效融合

"十四五"规划纲要明确指出，"统筹推进传统基础设施和新型基础设施建设，打造系统完备、高效实用、智能绿色、安全可靠的现代化基础设施体系，主要包括建设新型基础设施、建设交通强国、构建现代能源体系、加强水利基础设施建设等方面"。第一，加强基础设施信息平台的建设，提高基础设施信息化水平。推进综合交通运输信息平台和综合交通大数据中心一体化等智慧交通基础设施建设，推动互联网、大数据、物联网、人工智能等技术与交通、水利、教育、工业等传统基础设施的融合，推动企业的数字化转型，加快互联网基础设施建设，提升城市基础设施智能化水平；对重点拥堵区域实现智能红绿灯，根据相交道路车流量进行动态监管，AI 智能自动调整不同方向得出红绿灯时间；建立以数字化城管平台考核为主的新机制，加大智能化工具在环卫作业、基础设施维护和园林养护方面的使用。对基础设施建设现状进行智能化监管，在监管中充分利用互联网大数据、无人机等先进技术，有效把握基础设施的使用情况、利用效率、保护程度和受损情况，提高监控过程的智能化程度，减少维修和管理基础设施建设过程中的人力、物力消耗；提高黄河流域基础设施建设的规划质量，科学合理规划黄河流域基础设施建设网络，充分论证现有的基础设施建设，在不给经济建设带来压力的前提下，加强基础设施的建设，满足社会发展的需要和人民美好生活的需求；加快重点实验室、研究中心、技术创新中心等支持基础设施的建设，建设一批重点示范项目，促进科技资源的开放共享。加强对基础设施信息化人才的培养。基础建设信息化事关重大，对相关人才素质的要求越来越高。在思想教育方面，要激发学生的家国情怀，引导学生把基础设施信息化建设当作自己终身的目标；在实践方面，鼓励他们深入基础设施建设的第一线，感受基础设施信息化建设对国家和城市建设的重要性，培养出一支高层次的人才队伍。第二，充分利用数字通信技术，实现智慧化城市建设。随着互联网时代的到来，要持续贯彻落实"宽带中国"示范城市政策。国家层面，吸取现有"宽带中国"示范城市的建设经验，进一步扩大实验范围，在更多的城市实行大数据以及人工智能等数字化基础设施的建设；城市层面，尤其是中西部城市，应该积极提高城市的市场化水平，吸引数字化企业在城市范围内落户，为城市的高质量发展贡献一份力量；加快推动 5G 网络部署，推动高速光纤宽带网络城乡全面覆盖，实现重点区域全面覆盖千兆光纤网络，降低网络延时；推动有线电视网络整合，完善广播电视传输覆盖；引导传统数据中心改造升级，往系统化、信息化、规模化、绿色化方向发展。随着互联网时代的到来，互联网安全不仅影响着个人的隐私和安全，还影响着城市经济社会的发展，更深刻地影响着国家社会安全与经济的繁荣。重视国家网络安全政策，做好对中原城市群网络安全的监督工作；对城市信息化和维护网络安全同步规划、实施和运行，加强实时监控、危险预警、应急处理工作，保障中原城市群智慧化建设安全有序进行。随着数字经济的不断发展，智慧城市的建设势必要提上日程，智慧城市逐渐成为未来城市发展的趋势，做好统筹规划，将互联网技术与数字信息技术相融合，实现互融互通，不断提高数字通信技术的水平，提高智慧城市的综合管理水平，促进智慧化城市的智能服务水平，确保智慧化城市的规范发展。第三，重视创新基础设施，推动新型基础设施建设事业的发展。在新科技革命和产业变革背景下，创新基础设施建设作为科学技术第一生产力的重要生产力，我国必须进入建设全球领先的新型创新基础设施的新阶段，推动中国科技水平不断朝着世界前沿发展。为创新基础设施建设筹集资金。创新基础设施建设需要大量物资和充足的技术保障，目前我国政府的信用极好、企业向政府纳税的增长潜力大，而且社会资金规模庞大、人民对政府投资项目参与的热情极度高涨，在此时机，可以抓住机会全面大规模地为创新基础设施建设筹集资金；在创新驱动经济发展的新阶段，黄河流域的各个城市需充分调动各方力量，将资源集中于重大科学装置、超级科学工程等平台的建设当中去。加大对技术创新的投入，始终坚持追随世界领先的导向目标，按照建设创新型国家的要求，努力缩小与发达国家的技术差距；肩负起成为创新型国家的新使命，完成从技术创新活动的模仿创新到技术研发的创新的转变，不仅要在短板领域实现补齐，还要在特殊的国际环境中形成完善的技术创新体系和技术体系；我国已经成为世界上技术创新资源最丰富的国家之一，面临技术创新国际国内环境都发生巨大变化的现状，在技术更替的过程中，必须在代表新科技革命和产业变革方向的信息技术、医疗卫生技术和交通物流技术等领域加强创新基础设施的建设，

满足新科技革命的需求。打通产学研用新通道，为创新基础设施的建设提供新载体。发挥高等学校和科研院所保障创新基础设施专业化建设和运行的独特优势，政府科研经费的支出主要是为高等学校和科研院所的发展提供资金帮助，高等院校和科研院所为创新基础设施的建设提供高级的技术人才；企业作为市场最具有活力的主体，能够准确预判市场的走向，企业作为创新基础设施建设的主体，能够更好地实现创新技术的研发成果到应用化的转变。

（二）完善数字基础设施建设以推动新时期经济社会发展

第一，加快数字技术与基础设施融合，推动数字基础设施市场化发展。把新型数字基础设施建设与产业的研发设计与市场营销等环节结合，通过企业的全要素生产率的提高反作用于新型数字基础设施的建设；在企业的经营管理过程中使用新型数字基础设施建设，提高企业经营管理的效率，缩短企业的业务流程，保证经营管理过程的专业性、高效性、全面性，减少企业人力和物力成本的支出；黄河流域各城市要积极引导新兴产业集聚发展，鼓励相关企业建立健全数字创新生态体系，通过规模经济和知识溢出效应，带动中小企业的发展。鼓励传统产业积极利用以互联网、物联网、5G 和人工智能为代表的新型数字基础设施，加快传统产业的改造升级，往数字化方向发展，贯彻"十四五"规划关于加快数字技术与实体经济融合发展的部署，实现经济的提质增效；利用数字基础设施释放数字技术和数字要素，建立产学研深度融合的数据驱动型技术创新体系；鼓励国有企业支持并参与重大科研基础设施建设，破除制约创新的旧制度，提高企业技术创新的绩效。转换创新模式，从企业创新的单打独斗转换为与社会资源深度融合的协同创新模式，这就表明大企业要向小企业开放资源，将创新成果赋予小企业，为小企业的发展注入新鲜活力；大中小企业联合建立公共数据服务平台，降低小企业的经营成本，大小企业一起承担经营风险，通过"大手拉小手"的合作模式，双方携手共进、共渡难关，加快数字基础设施的市场化发展，实现黄河流域高质量可持续发展。

第二，持续推进网络基础设施建设，保障城市数字经济发展。网络基础设施的建设对城市数字经济的发展具有促进作用，且随着时间的流逝，网络基础设施建设对城市数字经济发展正向促进作用越来越明显，因此黄河流域各城市要因地制宜地制定网络基础设施建设的政策，加大网络基础设施建设的力度，提升网络基础设施的功能，形成自身的优势；重点投入城市人工智能、电子商务、互联网大数据等网络技术设施的建设中，扶持数字化、智能化基础设施的建设。对网络基础设施建设进行优化。寻找和优化网络基础设施建设的综合路径，完善城市的网络分布格局，为优化网络基础设施建设打下基础；互联网具有超越地域限制、速度快、低成本、效率高等优点，积极引导和鼓励科研机构和高等学校进行信息化、数字化以及智能化建设，朝着清洁生产、绿色生产方向建设，对绿色创新平台进行大力扶持，保障城市数字经济发展，提高城市绿色技术创新能力；优化网络基础设施建设的配置，提高不同区域网络基础设施的黏性。避免单一化、一概而论的做法，采用差异化的网络基础设施建设方案，因地制宜地根据不同城市的数字经济发展的现状去建设网络基础设施，提高网络基础设施建设的灵活性和包容性；发挥网络基础设施的辐射带动作用，推动网络基础设施的建设，增加网络基础建设的密度，发挥空间溢出效应。

第三，探索数字基础设施建设多主体供给模式，构建数字基础设施建设体系。吸引企业参与数字基础设施的建设，破除制度障碍，完善基础设施建设的框架，构建数字基础设施建设"公私合作"的供给，形成市场化运作的模式；搭建数字基础设施建设与企业的交流平台，考虑数字基础设施建设的不确定性和风险的不可控性，引导保险资金、银行等外部机构介入数字基础设施建设的过程中，缓和数字基础设施建设的风险。为解决数字基础设施在西部欠发达城市吸引力不足的问题，只依靠政府的宏观调控作用和市场机制的调节作用是远远不够的，所以必须要发挥第三次分配制度对数字基础设施建设过程中的支持作用。因此，可通过政策的制定激励社会成员特别是高收入的社会成员广泛参与到数字基础设施的建设中。加大数字基础设施建设共建共享的广度和深度，扩大数字基础设施的服务范围，不拘泥于同行业之间的共建共享，也可以与其他行业共建共享；打造城市与城市之间的共建共享平台，扩大开放城市，促进资源的共享；在人口密度较小或者经济发展水平不高的城市建设具有正外部性的数字基础设施，降低生产和交易成本。

五、黄河流域城市群生态保护与科教文卫协同发展政策建议

（一）加强科技教育一体化建设

推进黄河流域科技教育深度交流合作，促进城市群教育高质量发展。第一，减少黄河流域城市群的行政壁垒，加强各城市群间的科技教育合作交流。黄河流域各城市群间仍存在行政壁垒，阻碍了城市科技教育的合作交流，不利于整体发展，通过省市间联动，共同商议黄河流域科技教育发展，充分发挥中游城市群科技教育的优势，带动上游、下游科技教育高质量发展，实现黄河流域整体科技教育水平提高。第二，建立黄河流域教育发展协会，共同推进黄河流域教育一体化发展。由各省份代表组成委员会，共商共建黄河流域一体化科技教育体系，各城市群联动协同发展科技教育，实现科技教育水平增长最大化。统筹协调各城市群的科技教育资源，健全建立奖赏机制，鼓励中游城市群的人才到上游城市群发展，缓解中心城市就业压力，给上游城市群科技教育发展机会。通过教育发展协会，提高黄河流域城市群间科技教育资源共享水平，弥补欠发达地区科技教育资源匮乏的缺点，实现黄河流域科技教育均衡、公平发展，为群众提供更好、更公平的教育。第三，加强城市群间的合作意识，共同促进教育高质量发展。定期开展科技教育研讨会，分享各地区优秀教学经验，加强教科研合作，实现合作共赢。利用黄河中游城市群的科技教育优势，实施"一对一"帮扶机制，由科技教育高水平城市点对点帮扶低水平城市，提高科技水平，促进教育发展。加强黄河流域与"一带一路"的融合发展，合作开发人才资源，共同研究制定人才派遣计划，促进人力资源互利共享。加快建设面向亚欧大陆的人力资源合作基地，与亚洲、欧洲国家高等院校展开合作，学历学位、职业资格互通互认。

坚持创新引领教育发展，不断深化教育体制改革。第一，坚持创新对教育发展的引领作用，加大科技创新支持力度。创新是引领发展、推动高质量发展的根本动力。推动科学技术进步，培养高科技人才，同时兼备理论知识和实践经验，加快科技创新成果转化实际生产力，为实现黄河流域高质量发展提供人才。不断深化科研体制改革，高质量的人才培养需要高水平的科研能力做支撑，加大对科学技术研究的投资力度，开展科研活动；打造创新平台体系，由各高校、各学科一流科研人才组成高质量科研队伍，培育新的科研人才。第二，将创新融入教育体系的方方面面，培养高素质人才。在教育体系的方方面面体现创新意识，建立健全创新人才培养机制、深化中学教育教学改革、创新教职工管理制度、创新学前教育健康发展机制。培养创新意识，支持、鼓励创新活动的开展，在黄河流域范围内营造良好的创新氛围。着重创新高等院校教育体系，实施专业化发展，不拘泥于课程知识，结合实际情况开展教育活动，培育高素质人才；根据高校自身特点合理规划培养模式，着重培养社会所需要的创新型、应用型人才；创新课程体系，提高教材质量，实施灵活的学习制度，发展多样化人才，完善实训基地建设，培育实操性人才；改进高等教育管理方式，在黄河流域内形成差异化高等院校，打造特色学科，推进一流学科建设。第三，深化教育体制改革，完善教育体系，提高教育教学质量。高度重视教育工作，加强宏观教育管理、深化教育体制机制改革。以点带面，联动发展，选取城市作为改革试点中心，将成功经验加以实施、推行，带动周围城市教育体制改革。建立健全教育评价体系、教育质量监测评估体系，完善评价标准，实施评价目标分层，采用层次评价方法，切实提高评价的全面性、专业性、客观性。加强对教育体制的监管，落实各级教育主体责任，深入实行"放管服"政策，给予基层权力，独立行使职能。深化教师制度改革，改进教师人才引进和管理方式，完善相关人才法规管理体系。加大力度提高对黄河流域上游城市群教师的津贴、工作补贴，对偏远贫困地区的乡村教师进行生活补助，提高教师待遇政策，鼓励教师下乡教学，提高落后地区的教育水平。

科学配置科技教育资源，实现教育均衡发展。第一，统筹协调各城市群科技教育资源，加大对黄河流域上游城市群科技教育的投资力度。黄河流域城市群中游城市群科技教育水平相对较高，科技教育资源更为丰富，可以将黄河流域中游城市群富余的科技教育资源通过政策奖励调动到黄河流域上游城市群，实现科技教育资源均衡发展。健全教育财政投入制度，逐步提高科研教育资金投入，加大对偏远地区、落后地区的教育经费投入。同时，落实各级政府教育支出责任，合理规划教育支出。制定教育经费标准，健全各级各类教育经费投入机制。第二，搭建城市群教育资源共享平台，满足多样化的学习需求。黄河流域城市

群范围广、面积大、城市群众多，各城市群间的教育资源参差不齐，教育发展存在整体发展不平衡不充分的问题。教育资源共享平台可以丰富教育资源，推动城市群间教育的互联互通，满足偏远地区和落后地区人民的学习需求，提高乡村基础教育的质量。黄河流域城市群中游城市群科技人才密集，教育资源丰富，通过教育资源共享平台发布名师课堂、教学资料、科研经验，能最大限度地满足人民的多样化学习需求。加强教育资源共享平台的监管，筛选优质科技教育资源，优化平台服务体系，给人们带来更便捷的学习平台。采用链接城市和农村学校的混合同步网络课堂，提高乡村教学水平，促进教育均衡和公平。

强化科技教育对生态保护的支撑作用。第一，加强对生态保护领域的人才培养、科研基金的投入力度，用科学技术实现生态保护效果最大化。黄河流域生态问题主要聚焦在水矛盾、水安全、植被脆弱、水沙调控等问题，要加快高校里生态环境保护相关课程的开设，培养专业生态保护人才，设立专项课题，大力研究黄河流域生态保护重大问题。开展黄河流域生态保护科技创新活动，大力支持黄河流域特色产业科技创新，建设高新技术产业示范区，企业与高校联动，保证研究人才、研究资金、研究设备，切实解决黄河流域生态问题。对研究生、博士生的补贴加大力度，减少研究人员的财政压力，专心搞学术，促进城市群高质量发展。第二，在基础教育中融入生态保护相关知识，普及生态保护重要性及措施。做好黄河流域的环境教育，对于黄河流域的生态保护有重大意义，能促进黄河流域高质量发展。生态保护人人有责，要将生态保护措施细化到每一个人身上，提高人民生态保护意识。将水资源、生态保护、黄河治理等纳入国民教育体系，加强教育对生态保护的积极作用。积极鼓励大、中、小、幼学校与社会组织举办生态保护宣讲活动，通过纪录片、宣传视频等达到宣讲目的。落实生态保护政策，提高群众生态保护意识、生态补偿的社会认知度，才能从根源上解决黄河流域发展问题实现高质量发展。第三，建设一流生态保护相关专业，培养高素质生态保护人才。专业设置是人才培养的重要环节，直接影响人才培养质量。与国内外知名高校合作打造一流生态保护学科，进一步落实引进高等人才的优惠政策。加强校企合作、深化产教融合，与高校建立合作关系，定向培养高技术人才，建立实训实习基地等联合培养的平台，以提高高等教育和生态保护之间的契合度。

（二）推进医疗卫生高质量发展

推进城市群医疗资源均衡发展，实现医疗一体化发展。黄河流域城市群众多，覆盖面极广，城市群间交流较少，区域发展不平衡，在医疗卫生领域呈现黄河流域上游城市群弱、中游城市群中等、下游城市群强的发展局势，需要着力提高上游城市群医疗卫生水平，增强中游城市群医疗卫生发展动力，提高下游城市群带动能力，推进上、中游城市群科技教育水平发展。第一，加大力度对黄河流域城市群各级各类医疗机构的投资建设，切实提高人均医疗资源。各地区医疗机构、医护人员、医疗药品、医疗机构，可以按城市等级、人口分布等合理规划分配，满足人们的日常就医需求，提高人民的健康水平。坚持政府引领的主体地位，不断扩大对医疗设施的投资力度，提高公共卫生领域的医疗供给，加强对重点医护人员的培养。第二，加强下游城市群对中、上游城市群的医疗帮扶，提供医疗技术支持，设立医疗基金支持落后地区加强医疗基础设施建设。派遣下游城市群医护人员去中、上游地区上任职，对下乡医护人员给予额外津贴补助。出台政策，帮助上游城市群吸引优质医护人员，升级医疗设备，提高乡镇医疗水平。全方位建设高质量医疗队伍，引导高水平医师多点执业，加大人才引进和培养力度，缓解欠发达城市群医疗水平低的困境。第三，建立黄河流域医疗卫生知识共享平台，分享案例、医学经验，加强城市群内医疗体系一体化发展，推进医疗信息化进程。搭建医疗信息平台，优化传统就诊服务体系，优化就诊流程，透明化城市群内医疗服务，便捷化居民跨市、省就医，给患者带来更便利的就诊服务。不断提高医疗单位的数字化建设水平，支撑医疗平台高效发展，推动医疗行业的信息化建设，实现医疗信息资源共享，跨越城市间的空间距离壁垒，提高医疗服务水平，减少医患纠纷。

加强教育对医疗卫生的支撑作用，加快教育医疗事业发展。第一，优化医学生教育培养体系，提高医学质量。优化高等教育医学生的教育、培训体系，完善规培生福利制度。第二，支持高校医学人才去乡镇就业，给予一定的津贴奖励。黄河流域城市群医疗卫生主要体现在资源配置失衡，医疗卫生人才水平不高、医疗经费投入小等方面。黄河流域上游城市群发展较落后，当地高素质医疗人才较少，大多集中分布在黄河流域中、下游城市群。因此，黄河流域上游城市群政府可以通过津贴、补助等来吸引人才前往当地就业，提高医疗卫生人才薪资待遇，加大对下乡医疗卫生人才的补贴力度，建立、健全医疗卫生人才绩效制度，使医疗人才劳有所得，提高工作积极性，进一步推进欠发达地区的医疗卫生水平。第三，加快推进卫生健康教育，提高居民健康素养。在大、中、小、幼安排相关健康教育、疾病防范知识课程，在学校建立强大的安全防护屏障。

完善医疗体系，强化应对紧急公共卫生事件能力。第一，建立健全重大公共卫生防范系统，推进疾病预防控制体系建设，保障居民人身安全。不断探索最佳突发公共卫生事件溯源方法，加强城市群联防联控工作机制。健全黄河流域医疗卫生服务网络，提高医疗卫生效率，提供更高效的医疗服务。防范黄河流域水污染疾病，提高公众对该类疾病的预警。第二，打造黄河流域一体化公共卫生管理平台，加强城市群间公共卫生事件通报效率，实行透明化管理，方便公众了解实时信息，降低公众恐慌。平台体系是打造数字化医疗的核心基础，包括数据中心，医疗卫生数据应用、平台开放协同、网络学习空间建设，通过构建平台体系，推动各级各类医疗卫生平台融合发展，实现互联互通、装备齐全、协同服务的"互联网＋医疗"大平台。第三，加强对人民健康的关注力度，不断发展公共卫生事业，普及民众卫生意识。加大力度对公共卫生服务体系的投资力度，提高人均卫生经费标准；做好公共卫生事件的科学防范普及，提高人民卫生健康水平，加强个人卫生意识。积极鼓励在大、中、小、幼学校定期举办卫生健康知识活动，提高对突发公共卫生事件的防范能力，通过宣讲视频、纪录片等形式达到提高公共卫生意识的目的。不断完善学校、地铁、商场等公共密集场所的基本医疗设备，加强对民众的安全保护。同时加大对落后地区医疗急救网络的投资建设，提高突发重大公共卫生事件应急处置能力。

六、黄河流域城市群生态保护高质量发展的政策建议

以习近平同志为核心的党中央将黄河流域生态保护和高质量发展作为事关中华民族伟大复兴的千秋大计，习近平总书记多次发表重要讲话、作出重要指示批示，为工作指明了方向，提供了根本遵循。当前，我国生态文明建设全面推进，绿水青山就是金山银山理念深入人心，黄河流域的人民群众追求青山、碧水、蓝天、净土的愿望更加强烈。我国加快绿色发展给黄河流域带来新机遇，特别是加强生态文明建设、加强环境治理已经成为新形势下经济高质量发展的重要推动力。改革开放以来，我国经济建设取得重大成就，综合国力显著增强，科技实力大幅跃升，中国特色社会主义道路自信、理论自信、制度自信、文化自信更加坚定，有能力有条件解决困扰中华民族几千年的黄河治理问题。国家治理体系和治理能力现代化进程明显加快，为黄河流域生态保护和高质量发展提供了稳固有力的制度保障。

（一）加强上游水源涵养能力建设

遵循自然规律、聚焦重点区域，通过自然恢复和实施重大生态保护修复工程，加快遏制生态退化趋势，恢复重要生态系统，强化水源涵养功能。

筑牢"中华水塔"。上游三江源地区是名副其实的"中华水塔"，要从系统工程和全局角度，整体施策、多措并举，全面保护三江源地区山水林田湖草沙生态要素，恢复生物多样性，实现生态良性循环发展。第一，强化禁牧封育等措施，根据草原类型和退化原因，科学分类推进补播改良、鼠虫害、毒杂草等治理防治，实施黑土滩等退化草原综合治理，有效保护修复高寒草甸、草原等重要生态系统。加大对扎陵湖、鄂陵湖、约古宗列曲、玛多河湖泊群等河湖保护力度，维持天然状态，严格管控流经城镇河段岸线，全面禁止河湖周边采矿、采砂、渔猎等活动，科学确定旅游规模。第二，系统梳理高原湿地分布状况，对中度及以上退化区域实施封禁保护，恢复退化湿地生态功能和周边植被，遏制沼泽湿地萎缩趋势。第三，持续开展气候变化对冰川和高原冻土影响的研究评估，建立生态系统趋势性变化监测和风险预警体系，完善野生动植物保护和监测网络，扩大并改善物种栖息地，实施珍稀濒危野生动物保护繁育行动，强化濒危鱼类增殖放流，建立高原生物种质资源库，建立健全生物多样性观测网络，维护高寒高原地区生物多样性。

保护重要水源补给地。上游青海玉树和果洛、四川阿坝和甘孜、甘肃甘南等地区河湖湿地资源丰富，是黄河水源主要补给地。严格保护国际重要湿地和国家重要湿地、国家级湿地自然保护区等重要湿地生态空间，加大甘南、若尔盖等主要湿地治理和修复力度，在提高现有森林资源质量基础上，统筹推进封育造林和天然植被恢复，扩大森林植被有效覆盖率。第一，对上游地区草原开展资源环境承载能力综合评价，

推动以草定畜、定牧、定耕，加大退耕还林还草、退牧还草、草原有害生物防控等工程实施力度，积极开展草种改良，科学治理玛曲、碌曲、红原、若尔盖等地区退化草原。第二，实施渭河等重点支流河源区生态修复工程，在湟水河、洮河等流域开展轮作休耕和草田轮作，大力发展有机农业，对已垦草原实施退耕还草。第三，推动建设跨川甘两省的若尔盖国家公园，打造全球高海拔地带重要的湿地生态系统和生物栖息地。

加强重点区域荒漠化治理。第一，坚持依靠群众、动员群众，推广库布齐、毛乌素、八步沙林场等治沙经验，开展规模化防沙治沙，创新沙漠治理模式，筑牢北方防沙带，在适宜地区设立沙化土地封育保护区，科学固沙治沙防沙。第二，持续推进沙漠防护林体系建设，深入实施退耕还林、退牧还草、三北防护林、盐碱地治理等重大工程，开展光伏治沙试点，因地制宜建设乔灌草相结合的防护林体系。第三，发挥黄河干流生态屏障和祁连山、六盘山、贺兰山、阴山等山系阻沙作用，实施锁边防风固沙工程，强化主要沙地边缘地区生态屏障建设，大力治理流动沙丘。第四，推动上游黄土高原水蚀风蚀交错、农牧交错地带水土流失综合治理，积极发展治沙先进技术和产业，扩大荒漠化防治国际交流合作。

（二）强化环境污染系统治理

黄河污染表象在水里、问题在流域、根子在岸上。以汾河、湟水河、涑水河、无定河、延河、乌梁素海、东平湖等河湖为重点，统筹推进农业面源污染、工业污染、城乡生活污染防治和矿区生态环境综合整治，"一河一策""一湖一策"，加强黄河支流及流域腹地生态环境治理，净化黄河"毛细血管"，将节约用水和污染治理成效与水资源配置相挂钩。

加大工业污染协同治理力度。第一，推动沿黄一定范围内高耗水、高污染企业迁入合规园区，加快钢铁、煤电超低排放改造，开展煤炭、火电、钢铁、焦化、化工、有色等行业强制性清洁生产，强化工业炉窑和重点行业挥发性有机物综合治理，实行生态敏感脆弱区工业行业污染物特别排放限值要求。第二，严禁在黄河干流及主要支流临岸一定范围内新建"两高一资"及相关产业园区。开展黄河干支流入河排污口专项整治行动，加快构建覆盖所有排污口的在线监测系统，规范入河排污口设置审核。第三，严格落实排污许可制度，沿黄所有固定排污源要依法合规排污。沿黄工业园区全部建成污水集中处理设施并稳定达标排放，严控工业废水未经处理或未有效处理直接排入城镇污水处理系统，严厉打击向河湖、沙漠、湿地等偷排、直排行为。第四，加强工业废弃物风险管控和历史遗留重金属污染区域治理，以危险废物为重点开展固体废物综合整治行动。

实现机制建立纵向与横向、补偿与赔偿、政府与市场有机结合的黄河流域生态产品价值实现机制。第一，中央财政设立黄河流域生态保护和高质量发展专项奖补资金，专门用于奖励生态保护有力、转型发展成效好的地区，补助生态功能重要、公共服务短板较多的地区。第二，鼓励地方以水量、水质为补偿依据，完善黄河干流和主要支流横向生态保护补偿机制，开展渭河、湟水河等重要支流横向生态保护补偿机制试点，中央财政安排引导资金予以支持，在沿黄重点生态功能区实施生态综合补偿试点，支持地方探索开展生态产品价值核算计量，逐步推进综合生态补偿标准化、实用化、市场化。第三，鼓励开展排污权等初始分配与跨省交易制度，以点带面形成多元化生态补偿政策体系，实行更加严格的黄河流域生态环境损害赔偿制度，依托生态产品价值核算，开展生态环境损害评估，提高破坏生态环境违法成本。完善黄河流域管理体系，形成中央统筹协调、部门协同配合、属地抓好落实、各方衔接有力的管理体制，实现统一规划设计、统一政策标准、协同生态保护、综合监管执法。第四，深化流域管理机构改革，推行政事分开、事企分开、管办分离，强化水利部黄河水利委员会在全流域防洪、监测、调度、监督等方面职能，实现对干支流监管"一张网"全覆盖。

参 考 文 献

［1］安培培，刘炜．山西流动人口发展现状、预测与管理创新研究［J］．经济问题，2014，416（4）：106-109.

［2］安树伟，李瑞鹏．黄河流域高质量发展的内涵与推进方略［J］．改革，2020（1）：76-86.

［3］白丽飞，徐林铭．黄河流域"四化"同步发展的区域格局及路径选择［J］．青海社会科学，2021（4）：94-106.

［4］本海，何闻．基于D-S证据理论的区域医疗服务水平测度模型研究［J］．中国卫生事业管理，2021，38（12）：888-893.

［5］布和础鲁，陈玲．数字时代的产业政策：以新型基础设施建设为例［J］．中国科技论坛，2021（9）：31-41.

［6］曹国志，於方，秦昌波，等．我国生态环境安全形势与治理策略研究［J］．环境保护，2019，47（8）：13-15.

［7］曾刚，胡森林．技术创新对黄河流域城市绿色发展的影响研究［J］．地理科学，2021，41（8）：1314-1323.

［8］常丁懿，石娟，郑鹏．中国5G新型智慧城市：内涵、问题与路径［J］．科学管理研究，2022，40（2）：116-123.

［9］畅倩，张聪颖，王林蔚，金博宇，赵敏娟．非农就业对黄河流域中上游地区农户种植结构的影响［J］．中国农村经济，2021（11）：89-106.

［10］钞小静，周文慧．黄河流域高质量发展的现代化治理体系构建［J］．经济问题，2020（11）：1-7.

［11］陈斌．数字经济对社会保障制度的影响研究进展［J］．保险研究，2022（3）：99-109.

［12］陈冲，刘达．环境规制与黄河流域高质量发展：影响机理及门槛效应［J］．统计与决策，2022，38（2）：72-77.

［13］陈积敏，陈勇，胡诚志，等．我国野生动物非法贸易协同治理问题分析［J］．世界林业研究，2021，34（1）：48-53.

［14］陈建伟，苏丽锋．通用型技术对就业结构的影响——基于"宽带中国"示范城市政策的研究［J］．中国人口科学，2021（5）：32-47，126-127.

［15］陈杰．交通基础设施建设、环境污染与地区经济增长［J］．华东经济管理，2020，34（9）：72-79.

［16］陈兰．技术创新驱动产业生态转型的模式分析［J］．技术经济与管理研究，2017（7）：103-107.

［17］陈立鹏，闫芸．铸牢中华民族共同体意识的地方实践——以广西为例［J］．中央民族大学学报（哲学社会科学版），2022，49（5）：14-22.

［18］陈明华，刘文斐，王山，岳海珺．黄河流域绿色发展绩效评价、差异分解及驱动因素［J］．中国人口·资源与环境，2022，32（4）：126-133.

［19］陈宁．生育政策调整下育龄妇女生育状况变动研究——基于中部两省出生人口动态监测数据的分析［J］．华中科技大学学报（社会科学版），2019，33（4）：37-46.

［20］陈婉玲．中国区域经济法制发展的现状与未来［J］．北方法学，2020，14（6）：5-16.

［21］陈晓东，金碚．黄河流域高质量发展的着力点［J］．改革，2019（11）：25-32.

［22］陈肖飞，郜瑞瑞，韩腾腾，等．人口视角下黄河流域城市收缩的空间格局与影响因素［J］．经济地理，2020，40（6）：37-46.

［23］陈阳，王守峰，李勋来．网络基础设施建设对城乡收入差距的影响研究——基于"宽带中国"战略的准自然实验［J］．技术经济，2022，41（1）：123-135.

［24］陈智颖，钱崇秀，陈苗臻．城镇化、基础设施建设与区域均衡发展——基于2003-2017年省际面板数据的实证检验［J］．云南财经大学学报，2020，36（2）：19-31.

［25］陈竹安，刘子强，危小建，刘明钊．2000—2019年鄱阳湖生态经济区水源涵养时空变化［J］．测绘通报，2022（8）：1-6.

［26］陈宗胜，赵源．不同技术密度部门工业智能化的就业效应——来自中国制造业的证据［J］．经济学家，2021（12）：98-106.

［27］成学真，李玉．文化产业发展对经济增长影响的实证研究［J］．统计与决策，2013（3）：114-117.

［28］程开明，刘书成．城市经济密度与全要素生产率——兼论城市规模的调节效应［J］．中国人口科学，2022（6）：39-54，126.

［29］初宜红，王晗笛．财政分权、公共基础设施投资与地方政府税费结构相关性研究——基于中国省级面板数据的实证分析［J］．山东社会科学，2019（11）：126-133.

［30］储德峰，何云峰．新时代公民道德建设的制度伦理向度［J］．伦理学研究，2022（5）：1-8.

［31］丛树海．共同富裕目标下社会保障分配的财政定位——基于"公平公正共享"理念的社会保障制度建设［J］．社会保障评论，2022，6（5）：3-15.

［32］崔佳奇，刘宏涛，陈媛媛．中国城市建成区绿化覆盖率变化特征及影响因素分析［J］．生态环境学报，2021，30（2）：331-339.

［33］戴艳娟，泉弘志．基于全劳动生产率的中国各产业生产率的测算［J］．财经研究，2014，40（12）：89-101.

［34］邓生菊，陈炜．新中国成立以来黄河流域治理开发及其经验启示［J］．甘肃社会科学，2021（4）：140-148.

［35］邓元杰，姚顺波，侯孟阳等．退耕还林还草工程对生态系统碳储存服务的影响——以黄土高原丘陵沟壑区子长县为例［J］．自然资源学报，2020，35（4）：826-844.

［36］邓洲．新型创新基础设施建设的重点与思路［J］．学习与探索，2022（6）：141-194.

［37］刁玉华，闫治国．坚持精准施策 推进高等教育治理能力现代化［J］．中国高等教育，2019（23）：7-9.

［38］丁兆君．地方政府公共基础设施投融资管理体制研究［J］．财经问题研究，2014（12）：79-83.

［39］董笑语，黄涛，潘雪莲等．深圳市陆域野生保护动植物热点分布区辨识及保护对策［J］．生态学杂志，2020，39（11）：3722-3737.

［40］董战峰，郝春旭，璩爱玉，梁朱明，贾晰茹．黄河流域生态补偿机制建设的思路与重点［J］．生态经济，2020，36（2）：196-201.

［41］杜本峰，穆跃瑄，刘悦雅．生态健康、健康生态与黄河流域高质量发展［J］．中州学刊，2021（5）：86-93.

［42］杜传忠，刘志鹏．数据平台：智能经济时代的关键基础设施及其规制［J］．贵州社会科学，2020（6）：108-115.

［43］杜雨霈，王文举，杨波．西部城市发展质量评价及影响因素研究［J］．宏观质量研究，2022，10（4）：107-117.

［44］樊福卓．地区专业化的度量［J］．经济研究，2007（9）：71-83.

［45］范玉刚．当代文化强国的内涵阐释［J］．江苏行政学院学报，2022（3）：29-37.

［46］方福前，田鸽，肖寒．基础设施对中国经济增长的影响及机制研究——基于扩展的Barro增长模型［J］．经济理论与经济管理，2020（12）：13-27.

[47] 冯苑，聂长飞，张东．宽带基础设施建设对城市创新能力的影响 [J]．科学学研究，2021，39 (11)：2089 – 2100.

[48] 傅勇．财政分权改革提高了地方财政激励强度吗？[J]．财贸经济，2008 (7)：35 – 129.

[49] 高国力，贾若祥，王继源，窦红涛．黄河流域生态保护和高质量发展的重要进展、综合评价及主要导向 [J]．兰州大学学报（社会科学版），2022，50 (2)：35 – 46.

[50] 龚唯平，赵今朝．协调指数：产业结构优化效果的测度 [J]．暨南学报（哲学社会科学版），2010，32 (2)：50 – 162.

[51] 龚文娟，赵礜，BUTT A W. 中国城市生活垃圾处置状况及治理研究 [J]．海南大学学报（人文社会科学版），2022，40 (3)：90 – 99.

[52] 郭爱君，范巧，张永年．西北经济走廊建设与发展：战略构想、现实条件与有效路径 [J]．兰州大学学报（社会科学版），2020，48 (1)：72 – 81.

[53] 郭杰，王珺，姜璐，张虹鸥，黄耿志．从技术中心主义到人本主义：智慧城市研究进展与展望 [J]．地理科学进展，2022，41 (3)：488 – 498.

[54] 郭庆旺，贾俊雪．财政分权、政府组织结构与地方政府支出规模 [J]．经济研究，2010，45 (11)：59 – 87.

[55] 韩健．促进新生代流动人口就业精准化的财政政策研究 [J]．长白学刊，2018 (2)：99 – 105.

[56] 郝晓伟，闵维方．各级教育投入与经济增长的关系研究 [J]．清华大学教育研究，2022，43 (5)：21 – 58.

[57] 贺静霞，蒲蕊．走向共治的义务教育教师资源配置模式变革 [J]．教育学术月刊，2022 (9)：41 – 67.

[58] 贺俊，张钺，毕功兵．财政分权、金融分权与公共基础设施 [J]．系统工程理论与实践，2020，40 (4)：852 – 862.

[59] 贺雪峰．全国劳动力市场与农村发展政策的分析与展望 [J]．求索，2019 (1)：11 – 17.

[60] 胡东滨，黄森龙．考虑信息平台优化的医疗服务系统决策研究 [J/OL]．中国管理科学：1 – 12.

[61] 胡明，邵学峰．新型信息基础设施建设对中国经济转型的影响——基于动态递推 CGE 模型的分析 [J]．经济问题，2022 (10)：12 – 18.

[62] 胡瑞文，王红．2020 年我国教育经费投入强度需求预测及实施方案构想 [J]．教育发展研究，2010，30 (1)：1 – 7.

[63] 胡顺，凌抗，王俊友，等．西北典型内陆流域地下水与湿地生态系统协同演化机制 [J]．水文地质工程地质，2022，49 (5)：22 – 31.

[64] 黄敦平，朱小雨．我国数字经济发展水平综合评价及时空演变 [J]．统计与决策，2022 (16)：1 – 5.

[65] 黄嘉文，傅文欣．邻里社会资本、城市医疗卫生服务体系与自评健康——基于中国劳动力动态调查的实证研究 [J]．南方人口，2022，37 (1)：27 – 37.

[66] 黄磊，吴传清．长江经济带城市绿色技术创新效率及其动力机制研究 [J]．重庆大学学报（社会科学版），2021，27 (1)：50 – 64.

[67] 黄亮雄，安苑，刘淑琳．中国的产业结构调整：基于三个维度的测算 [J]．中国工业经济，2013 (10)：70 – 82.

[68] 黄麟，祝萍，曹巍．中国退耕还林还草对生态系统服务权衡与协同的影响 [J]．生态学报，2021，41 (3)：1178 – 1188.

[69] 黄颖，刘德娟，曾玉荣．农业产业规模与结构对农村减贫的门槛效应分析——以福建省为例 [J]．福建农业学报，2019，34 (3)：371 – 377.

[70] 贾俊雪，郭庆旺，宁静．财政分权、政府治理结构与县级财政解困 [J]．管理世界，2011 (1)：30 – 39.

[71] 贾森．玉米种植中的农业面源污染防治 [J]．环境工程，2022，40 (9)：302.

[72] 姜博．基础设施建设能够提升中国制造业产业融合水平吗？[J]．南京财经大学学报，2021

（6）：11－21.

［73］接玉梅，葛颜祥，徐光丽．黄河下游居民生态补偿认知程度及支付意愿分析——基于对山东省的问卷调查［J］．农业经济问题，2011，32（8）：95－101.

［74］金凤君．黄河流域生态保护与高质量发展的协调推进策略［J］．改革，2019（11）：33－39.

［75］金双华．财政支出水平对地区收入差距作用的统计评价［J］．统计研究，2011，28（2）：39－44.

［76］金勇进，姜天英．工业企业规模标准划分问题研究［J］．统计与信息论坛，2019，34（7）：3－9.

［77］金钊．黄土高原小流域退耕还林还草的生态水文效应与可持续性［J］．地球环境学报，2022，13（2）：121－131.

［78］康艳青，刘羽晴，朱永明．沿黄城市生态保护与高质量发展的耦合协调性分析与预测［J］．生态经济，2022，38（10）：190－197.

［79］孔丽霞，叶毅．退耕还林还草：宁夏中南部生态脆弱区生态减贫实践探索［J］．贵州民族研究，2022，43（3）：109－114.

［80］孔晏．政府财政职能模式选择与税费改革［D］．厦门：厦门大学，2001.

［81］郎赟超，丁虎，韩晓昆，等．地球系统科学观下的滨海湿地生态系统保护和恢复科学［J］．中国科学基金，2022，36（3）：376－382.

［82］李存国，郭建波，张云鹏．工程爆破环境污染的系统分析与综合治理［J］．湖北农业科学，2010，49（7）：1613－1618.

［83］李灯华，许世卫．农业农村新型基础设施建设现状研究及展望［J］．中国科技论坛，2022（2）：170－177.

［84］李国平，宋昌耀，孙瑀．中国县域小城镇就业岗位对人口集聚的影响研究——基于分位数回归的实证检验［J］．地理科学，2017，37（12）：1785－1794.

［85］李金容，陈元欣，陈磊．乡村振兴背景下我国体育旅游综合体发展的理论审视与实践探索［J］．体育学研究，2022，36（1）：33－62.

［86］李磊，席恒．我国延迟退休年龄政策对青年人的就业效应研究［J］．管理评论，2019，31（1）：255－278.

［87］李蕾．黄河流域数字经济发展水平评价及耦合协调分析［J］．统计与决策，2022，38（9）：26－30.

［88］李连刚，张平宇，程钰，王成新．黄河流域经济韧性时空演变与影响因素研究［J］．地理科学，2022，42（4）：557－567.

［89］李林子，田健，赵玉婷，王凯，李小敏．基于主体功能区的差异化绿色发展指标体系研究——以长江经济带为例［J］．生态经济，2022，38（5）：222－229.

［90］李敏纳，蔡舒，张慧蓉，覃成林．要素禀赋与黄河流域经济空间分异研究［J］．经济地理，2011，31（1）：14－20.

［91］李森．论我国基层财政困境的形成机理及出路［D］．济南：山东大学，2008.

［92］李琬，张国胜．跨越"数字鸿沟"的数字基础设施建设供给政策研究［J/OL］．当代经济管理：1－9.

［93］李晓华．面向智慧社会的"新基建"及其政策取向［J］．改革，2020（5）：34－48.

［94］李云鹤，李杏．数字基础设施建设与区域创新［J］．统计与决策，2022，38（17）：73－77.

［95］李泽华．智慧化网络文化治理体系构建的路径探析［J］．山东社会科学，2022（3）：161－167.

［96］李忠旭，庄健．土地托管对农户家庭经济福利的影响——基于非农就业与农业产出的中介效应［J］．农业技术经济，2021（1）：20－31.

［97］梁峰，郭炳南．文、旅、商融合发展的内在机制与路径研究［J］．技术经济与管理研究，2016（8）：114－118.

［98］刘奥龙．环境规制政策对行业就业和工资水平的差异性研究［J］．价格理论与实践，2019（2）：129－132.

［99］刘传明，马青山．黄河流域高质量发展的空间关联网络及驱动因素［J］．经济地理，2020，40（10）：91 – 99.

［100］刘春荣，刘伟平．公路设施建设制约了地区森林资源增长吗？［J］．福建论坛（人文社会科学版），2022（2）：72 – 85.

［101］刘华．我国就业和失业调查统计差异及其国际比较［J］．统计与决策，2021，37（7）：15 – 20.

［102］刘欢，向运华．基于共同富裕的社会保障体系改革：内在机理、存在问题及实践路径［J］．社会保障研究，2022（4）：45 – 59.

［103］刘晖，王飞，李欣先．新冠疫情下稳就业政策效应及其创新策略研究［J］．价格理论与实践，2021（4）：63 – 66.

［104］刘建．我国社会保障法实施中存在的问题与对策——评《比较社会保障法》［J］．广东财经大学学报，2022，37（5）：113 – 114.

［105］刘建华，黄亮朝，左其亭．黄河下游经济 – 人口 – 资源 – 环境和谐发展水平评估［J］．资源科学，2021，43（2）：412 – 422.

［106］刘玲．中国民族法制建设 70 年：历程、成就与展望［J］．贵州民族研究，2019，40（10）：28 – 36.

［107］刘满凤，陈华脉，徐野．环境规制对工业污染空间溢出的效应研究——来自全国 285 个城市的经验证据［J］．经济地理，2021，41（2）：194 – 202.

［108］刘梦瑶，胡海艳，王丽娜，等．城市湿地生态系统保护规划技术路径构建与实践——以湖北省潜江市湿地保护规划项目为例［J］．规划师，2022，38（3）：103 – 109.

［109］刘倩，王永哲．中国高等教育规模的经济发展影响因素分析［J］．统计与决策，2019，35（18）：134 – 138.

［110］刘日星，蒋文莉．工资、就业结构偏离与就业动态关系差异研究［J］．统计与决策，2016（24）：135 – 139.

［111］刘雅君，蒋国梁．网络基础设施建设推动了城市数字经济发展吗？——基于"宽带中国"战略的准自然实验［J］．求是学刊，2022，49（3）：61 – 73.

［112］刘迎秋，刘霞辉．非国有经济改革与发展 30 年：回顾与展望［J］．经济与管理研究，2009（1）：29 – 34.

［113］刘渝琳，王雨豪，朱鑫城．共同富裕目标下可持续经济福利结构均衡增长［J］．数量经济技术经济研究，2022，39（5）：3 – 24.

［114］刘展旭．以转变城市发展方式推进新型城市建设研究［J］．经济纵横，2021（12）：67 – 73.

［115］刘子晨．黄河流域生态治理绩效评估及影响因素研究［J］．中国软科学，2022（2）：11 – 21.

［116］卢升鹏，张明德，顾宝炎，蔡云龙．我国城市供水发展特征分析［J］．资源开发与市场，2010，26（11）：1002 – 1021.

［117］鲁全．中国养老保险法制建设：法律性质、现状与未来发展［J］．探索，2020（3）：52 – 61.

［118］罗桑，张永伟．"新基建"背景下城市智能基础设施的建设思路［J］．城市发展研究，2020，27（11）：51 – 56.

［119］吕德胜，王珏，程振．黄河流域数字经济、生态保护与高质量发展时空耦合及其驱动因素［J］．经济问题探索，2022（8）：135 – 148.

［120］马军旗，乐章．黄河流域生态补偿的水环境治理效应——基于双重差分方法的检验［J］．资源科学，2021，43（11）：2277 – 2288.

［121］马述忠，房超．跨境电商与中国出口新增长——基于信息成本和规模经济的双重视角［J］．经济研究，2021，56（6）：159 – 176.

［122］孟宏玮，赵华平，张所地．信息基础设施建设与区域数字化创业活跃度［J］．中南财经政法大学学报，2022（4）：145 – 160.

［123］孟延春，李欣．北京就业产业结构变化及首都功能效应分析——基于人口普查（1% 人口抽样

调查）资料 [J]. 城市发展研究, 2020, 27 (12): 45 - 53.

[124] 牟雪洁, 张箫, 王夏晖, 王金南, 饶胜, 黄金, 柴慧霞. 黄河流域生态系统变化评估与保护修复策略研究 [J]. 中国工程科学, 2022, 24 (1): 113 - 121.

[125] 牛子恒, 崔宝玉. 网络基础设施建设与大气污染治理——来自"宽带中国"战略的准自然实验 [J]. 经济学报, 2021, 8 (4): 153 - 180.

[126] 庞博, 杨文鑫, 崔保山, 张树岩, 谢湉, 宁中华, 高放, 张洪山. 黄河三角洲湿地生物多样性保护工程植被修复效果评估 [J]. 环境工程, 2023, 41 (1): 213 - 221.

[127] 秦华, 任保平. 黄河流域城市群高质量发展的目标及其实现路径 [J]. 经济与管理评论, 2021, 37 (6): 26 - 37.

[128] 秦文晋, 刘鑫鹏. 网络基础设施建设对数字经济发展的影响研究——基于"宽带中国"试点政策的准自然实验 [J]. 经济问题探索, 2022 (3): 15 - 30.

[129] 邱骏, 林馨, 吕萍. 交通基础设施对城镇建设用地效益的影响——基于京津冀城市群的空间杜宾模型分析 [J]. 调研世界, 2022 (5): 23 - 32.

[130] 任保平, 杜宇翔. 黄河流域高质量发展背景下产业生态化转型的路径与政策 [J]. 人民黄河, 2022, 44 (3): 5 - 10.

[131] 任保平, 巩羽浩. 黄河流域城镇化与高质量发展的耦合研究 [J]. 经济问题, 2022 (3): 1 - 12.

[132] 任保平, 苗新宇. "十四五"时期我国经济高质量发展新动能的培育 [J]. 经济问题, 2021 (2): 1 - 106.

[133] 任保平, 裴昂. 黄河流域生态保护和高质量发展的科技创新支撑 [J]. 人民黄河, 2022, 44 (9): 11 - 16.

[134] 任保平, 邹起浩. 黄河流域环境承载力的评价及进一步提升的政策取向 [J]. 西北大学学报（自然科学版）, 2021, 51 (5): 824 - 838.

[135] 任保平. 黄河流域生态保护和高质量发展的创新驱动战略及其实现路径 [J]. 宁夏社会科学, 2022 (3): 131 - 138.

[136] 任保平. 推动黄河流域生态保护和高质量发展研究 [J]. 宁夏社会科学, 2022 (3): 130.

[137] 山西省社会科学院课题组, 高春平. 山西省黄河文化保护传承与文旅融合路径研究 [J]. 经济问题, 2020 (7): 106 - 115.

[138] 申伟宁, 柴泽阳, 张舒. 产业协同集聚的工业污染减排效应研究——基于长三角城市群的实证分析 [J]. 华东经济管理, 2020, 34 (8): 84 - 94.

[139] 申鑫, 韩春艳, 甘勇, 等. 基于DRG的医疗服务绩效评价体系构建研究 [J]. 中国卫生政策研究, 2020, 13 (3): 77 - 82.

[140] 沈路, 钱丽. 黄河流域高质量发展水平测度、空间关联及影响因素分析 [J]. 统计与决策, 2022, 38 (13): 26 - 30.

[141] 沈体雁, 张晓欢, 赵作权, 赵璐. 我国就业密度分布的空间特征 [J]. 地理与地理信息科学, 2013, 29 (1): 64 - 68.

[142] 盛磊, 杨白冰. 新型基础设施建设的投融资模式与路径探索 [J]. 改革, 2020 (5): 49 - 57.

[143] 盛亦男, 童玉芬. 生育政策调整对女性劳动力供需的影响研究 [J]. 北京社会科学, 2018 (12): 96 - 104.

[144] 师博, 何璐, 张文明. 黄河流域城市经济高质量发展的动态演进及趋势预测 [J]. 经济问题, 2021 (1): 1 - 8.

[145] 师博, 胡西娟. 高质量发展视域下数字经济推进共同富裕的机制与路径 [J]. 改革, 2022 (8): 76 - 86.

[146] 石忆邵, 吴婕. 上海城乡经济多样化测度方法及其演变特征 [J]. 经济地理, 2015, 35 (2): 7 - 13.

[147] 斯丽娟. 环境规制对绿色技术创新的影响——基于黄河流域城市面板数据的实证分析 [J]. 财

经问题研究，2020（7）：41－49.

［148］宋德勇，李超，李项佑．新型基础设施建设是否促进了绿色技术创新的"量质齐升"——来自国家智慧城市试点的证据［J］.中国人口·资源与环境，2021，31（11）：155－164.

［149］宋孟阳．外资为深圳企业注入了活力［J］.特区经济，1996（10）：30.

［150］苏红键，魏后凯．密度效应、最优城市人口密度与集约型城镇化［J］.中国工业经济，2013（10）：5－17.

［151］孙伟增，郭冬梅．信息基础设施建设对企业劳动力需求的影响：需求规模、结构变化及影响路径［J］.中国工业经济，2021（11）：78－96.

［152］孙伟增，牛冬晓，万广华．交通基础设施建设与产业结构升级——以高铁建设为例的实证分析［J］.管理世界，2022，38（3）：19－41.

［153］孙文杰，严文沁．我国通信基础设施对城乡收入差距的影响研究——基于空间溢出的视角［J］.中国经济问题，2021（6）：33－46.

［154］孙璇，吴肇光．数字化就业的演进历程、发展瓶颈与促进数字化就业的策略研究［J］.产业经济评论，2021（2）：119－128.

［155］孙早，徐远华．信息基础设施建设能提高中国高技术产业的创新效率吗？——基于2002—2013年高技术17个细分行业面板数据的经验分析［J］.南开经济研究，2018（2）：72－92.

［156］孙正林．中国优秀传统文化教育研究述论［J］.黑龙江高教研究，2014（9）：106－109.

［157］唐承辉，马学广．山东半岛城市群协调发展评价与合作策略研究［J］.地理与地理信息科学，2020，36（6）：119－133.

［158］唐永超，王成新，王瑞莉，薛明月，李梦程．黄河流域区域交通与经济发展的空间关联研究［J/OL］.经济地理，2020（10）.

［159］陶志梅，孙钰．城市基础设施系统供给效益影响因素的动态分析［J］.财经问题研究，2018（6）：131－137.

［160］田亚会．绿色技术创新对流通产业生态与经济转型升级的耦合机制——基于中国省域面板数据的检验［J］.商业经济研究，2020（16）：12－16.

［161］童丽珍．劳动产出弹性数学模型的测算及应用［J］.统计与决策，1998（7）：12－13.

［162］汪思言，杨传国，庞华，等．珠江流域人口分布特征及其影响因素分析［J］.中国人口·资源与环境，2014，24（S2）：447－450.

［163］王成利．产业结构调整与人口就业：理论分析与体系建构——也评《山东省产业结构调整与人口就业关系的互动分析》［J］.东岳论丛，2016，37（12）：191－203.

［164］王驰，曹劲松．数字新型基础设施建设下的安全风险及其治理［J］.江苏社会科学，2021（5）：88－243.

［165］王卉彤，邵宏伟，曲泽宇．粤港澳大湾区智慧城市群空间范围识别研究［J］.城市发展研究，2022，29（6）：110－116.

［166］王柯，张建军，邢哲，包扬航．我国生态问题鉴定与国土空间生态保护修复方向［J］.生态学报，2022，42（18）：7685－7696.

［167］王磊，马源．新兴互联网平台的"设施"属性及监管［J］.宏观经济管理，2019（10）：52－58.

［168］王萍，牟冬梅，法慧，邵琦，靳春妍，杨鑫禹．医学情报人才培养目标与知识生态系统的构建［J］.图书情报工作，2019，63（19）：81－87.

［169］王庆丰，党耀国．基于Moore值的中国就业结构滞后时间测算［J］.管理评论，2010，22（7）：3－7.

［170］王胜鹏，乔花芳，冯娟，谢双玉．黄河流域旅游生态效率时空演化及其与旅游经济互动响应［J］.经济地理，2020，40（5）：81－89.

［171］王文彬，廖恒．新型基础设施如何影响粤港澳大湾区经济一体化发展——基于空间溢出效应的视角［J］.财经科学，2022（8）：93－105.

［172］王曦，胡苑．黄河流域水资源管理法律的要素量化评估［J］．上海交通大学学报（哲学社会科学版），2006（6）：13－18．

［173］王阳，赵海珠．就业结构与产业结构失衡问题研究［J］．中国人口科学，2022（2）：74－127．

［174］王玉明．构建城市群环境合作治理的复合组织机制［J］．理论月刊，2018（10）：145－151．

［175］魏小芳，赵宇鸾，李秀彬，薛朝浪，夏四友．基于"三生功能"的长江上游城市群国土空间特征及其优化［J］．长江流域资源与环境，2019，28（5）：1070－1079．

［176］温湖炜，钟启明．数字基础设施与企业全要素生产率——来自中国上市公司的证据［J］．软科学，2022（8）：64－71．

［177］文静．新时代背景下黄河文化教育传承研究［J］．河南社会科学，2022，30（4）：118－124．

［178］巫强，黄孚，于涛．长江经济带基础设施建设对三次产业协调度的影响研究［J］．长江流域资源与环境，2020，29（6）：1257－1267．

［179］伍先福，黄骁，钟鹏．新型基础设施建设与战略性新兴产业耦合协调发展测度及其耦合机制［J］．地理科学，2021，41（11）：1969－1979．

［180］夏海波，刘耀彬，沈正兰．网络基础设施建设对劳动力就业的影响——基于"本地—邻地"的视角［J］．中国人口科学，2021（6）：96－128．

［181］向爱兵．加速交通运输变革　助推经济高质量发展［J］．宏观经济管理，2022（7）：14－20．

［182］肖挺．公共基础设施建设对城市产业效率的影响：以地铁为例［J］．中国经济问题，2022（1）：107－122．

［183］肖维泽，王景景，赵昕东．产业结构、就业结构与城乡收入差距［J］．宏观经济研究，2022（9）：78－96．

［184］肖雁飞，张琼，廖双红，刘友金．基于ARIMA模型的中部地区经济人口承载力研究——兼论承接沿海产业转移能力［J］．湖南科技大学学报（社会科学版），2012，15（6）：81－84．

［185］谢刚，邰季雯，李文鹣．"一带一路"背景下数字通信领域跨国专利合作特征及网络演化研究［J］．技术经济，2022，41（2）：15－25．

［186］邢博，金爱芳，殷志强，等．基于多源数据的流域水平衡和水源涵养变化研究——以坝上高原小滦河流域为例［J］．地质通报，2022，41（12）：2114－2124．

［187］徐瑾．地区人口与经济增长关系的相对差异分析［J］．经济问题探索，2021（11）：81－90．

［188］徐磊，董捷，李璐，张俊峰．基于功能分区视角的长江中游城市群国土空间特征及优化［J］．经济地理，2017，37（6）：76－83．

［189］徐琳瑜，杨志峰，毛显强．城市适度人口分析方法及其应用［J］．环境科学学报，2003（3）：355－359．

［190］许统生，涂远芬．贸易开放度的就业贡献率比较——基于1995－2006年省际面板数据的实证分析［J］．当代财经，2009（5）：87－92．

［191］许岩，杨竹荣．农业转移人口落户城市的就业质量提升效应研究［J］．西部论坛，2022，32（4）：26－40．

［192］许玉洁，刘曙光．黄河流域绿色创新效率空间格局演化及其影响因素［J］．自然资源学报，2022，37（3）：627－644．

［193］薛婧，周绍杰．通信与交通基础设施通达性与普及度评估与比较——基于熵值法与门槛模型的研究［J］．经济问题探索，2022（7）：29－45．

［194］阎晓，涂建军．黄河流域资源型城市生态效率时空演变及驱动因素［J］．自然资源学报，2021，36（1）：223－239．

［195］杨丹，常歌，赵建吉．黄河流域经济高质量发展面临难题与推进路径［J］．中州学刊，2020（7）：28－33．

［196］杨飞虎，晏朝飞．公共基础设施投资能够促进就业增长吗？——基于面板双重门限模型的实证分析［J］．云南财经大学学报，2018，34（7）：23－34．

［197］杨慧芳，张合林．黄河流域生态保护与经济高质量发展耦合协调关系评价［J］．统计与决策，2022，38（11）：114－119．

［198］杨凯瑞，蔡龙珠，班昂．中国智慧城市发展政策的演变与启示——基于对中央政府政策文本的共词分析［J］．软科学，2023（1）：69－76．

［199］杨冕，晏兴红，李强谊．环境规制对中国工业污染治理效率的影响研究［J］．中国人口·资源与环境，2020，30（9）：54－61．

［200］杨萍，杜月．高质量发展时期的基础设施投融资体制机制改革［J］．宏观经济管理，2020（5）：23－36．

［201］杨森，许平祥，白兰．京津冀生态化路径的差异化与协同效应研究——基于STIRPAT模型行业动态面板数据的GMM分析［J］．工业技术经济，2019，38（12）：84－92．

［202］杨莎莎，晁操．十大城市群人口－经济空间集聚均衡特征的比较［J］．统计与决策，2017（7）：116－120．

［203］杨晓东，牛家儒．黄河几字弯生态文明与文旅融合发展［J］．社会科学家，2021（7）：64－68．

［204］杨艳昭，封志明，赵延德，游珍．中国城市土地扩张与人口增长协调性研究［J］．地理研究，2013，32（9）：1668－1678．

［205］杨永春，穆焱杰，张薇．黄河流域高质量发展的基本条件与核心策略［J］．资源科学，2020，42（3）：409－423．

［206］杨志安，胡博．数字经济能否提升地方财政汲取能力——兼论财政纵向失衡的调节作用［J］．现代经济探讨，2022（11）：36－92．

［207］杨仲舒，那艺．交通基础设施、制造业资本规模与区域经济增长［J］．经济问题探索，2020（11）：144－156．

［208］姚圣文，张耀坤，赵兰香．智慧城市试点政策能否助推城市创新水平提升？——基于多时点DID的实证研究［J］．科学学与科学技术管理，2022，43（5）：85－99．

［209］易行健，杨碧云．世界各国（地区）居民消费率决定因素的经验检验［J］．世界经济，2015，38（1）：3－24．

［210］尹西明，林镇阳，陈劲，聂耀昱．数字基础设施赋能区域创新发展的过程机制研究——基于城市数据湖的案例研究［J］．科学学与科学技术管理，2022（9）：108－124．

［211］于守兵，李高仑，管春城，凡姚申．黄河三角洲生态保护修复制度研究［J］．人民黄河，2022，44（3）：80－90．

［212］于英杰，吕拉昌．中国城市创新基础设施的时空特征及影响因素——基于291个地级及以上城市数据的实证分析［J］．科技管理研究，2021，41（16）：9－19．

［213］袁航，夏杰长．数字基础设施建设对中国服务业结构升级的影响研究［J］．经济纵横，2022（6）：85－95．

［214］袁同凯，张耀武．新时代深化民族团结进步教育的概念内涵、面向与价值归属——基于中华民族共同体的视角［J］．广西民族研究，2022（4）：1－10．

［215］原长弘，孙会娟，李雪梅．地方政府科技投入强度及本地市场技术需求对研究型大学专利产出效率影响研究［J］．科技进步与对策，2013，30（10）：26－30．

［216］张爱婷，周俊艳，张璐，王倩．黄河流域城乡融合协调发展：水平测度、制约因素及发展路径［J］．统计与信息论坛，2022，37（3）：34－43．

［217］张大鹏，曹卫东，姚兆钊，等．上海大都市区物流企业区位分布特征及其演化［J］．长江流域资源与环境，2018，27（7）：1478－1489．

［218］张贡生．黄河经济带建设：意义、可行性及路径选择［J］．经济问题，2019（7）：123－129．

［219］张亨明，章皓月．城市治理智慧化的理论分析与实践探索［J］．求索，2021（6）：156－164．

［220］张恒硕，李绍萍．数字基础设施与能源产业高级化：效应与机制［J］．产业经济研究，2022（5）：15－71．

[221] 张洪潮，靳钊．鄂尔多斯盆地煤炭产业聚集程度研究 [J]．煤炭学报，2011，36（5）：885－888.

[222] 张辉，王庭锡，孙咏．数字基础设施与制造业企业技术创新——基于企业生命周期的视角 [J]．上海经济研究，2022（8）：79－93.

[223] 张惠丽，王成军．城市文化产业发展水平综合评价实证分析 [J]．科技管理研究，2013，33（19）：221－224.

[224] 张慧，王洋．中国耕地压力的空间分异及社会经济因素影响——基于342个地级行政区的面板数据 [J]．地理研究，2017，36（4）：731－742.

[225] 张建桃，曾莉，韦婷婷．基于市场需求的工业工程专业课程设置 [J]．高等工程教育研究，2022（3）：67－73.

[226] 张杰，付奎．信息网络基础设施建设能驱动城市创新水平提升吗？——基于"宽带中国"战略试点的准自然试验 [J]．产业经济研究，2021（5）：1－127.

[227] 张津瑞，施国庆．公共基础设施资本存量对区域经济增长的影响——以长江经济带为例 [J]．长江流域资源与环境，2019，28（7）：1552－1562.

[228] 张景波．交通基础设施建设对产业结构转型的影响研究 [J]．云南财经大学学报，2018，34（11）：35－46.

[229] 张军，赵达，周龙飞．最低工资标准提高对就业正规化的影响 [J]．中国工业经济，2017（1）：81－97.

[230] 张苹．黄河流域生态保护政府间行政协议法律性质研究 [J]．核农学报，2022，36（12）：2569.

[231] 张世安，吴嫡捷，李昆鹏．浅谈黄河流域水生态保护与修复的理论和方法 [J]．人民黄河，2021，43（S2）：93－95.

[232] 张伟丽，王伊斌，李金晓，郝智娟．黄河流域生态保护与经济高质量发展耦合协调网络分析 [J]．生态经济，2022，38（10）：179－189.

[233] 张晓民，金卫．以新型基础设施建设推动经济社会高质量发展 [J]．宏观经济管理，2021（11）：85－90.

[234] 张学良，贾文星，吴胜男．黄河流域高质量发展的时空跃迁及驱动因素分析 [J]．中国人口科学，2022（3）：72－128.

[235] 张祎娜．黄河国家文化公园建设中文化资源向文化资本的转化 [J]．探索与争鸣，2022（6）：24－26.

[236] 张跃，黄帅金．城镇化减贫的空间溢出效应及门槛特征——基于贫困乡城转移背景 [J]．云南财经大学学报，2019，35（12）：36－48.

[237] 张仲伍，畅田颖，高鑫．黄河流域生态经济协调发展研究 [J]．地域研究与开发，2021，40（3）：25－36.

[238] 赵虎，王兴平，李迎成．长三角区域城市就业水平评价及分类研究——基于全国经济普查数据的分析 [J]．现代城市研究，2013（11）：106－110.

[239] 赵敏，夏同水，马宗国．黄河流域生态保护和农业产业高质量发展评价研究 [J]．长江流域资源与环境，2022，31（9）：2096－2107.

[240] 赵培阳，鲁志国．粤港澳大湾区信息基础设施对经济增长的空间溢出效应——基于空间计量和门槛效应的实证分析 [J]．经济问题探索，2021（8）：65－81.

[241] 郑尚元．新中国社会保障法制建设的回眸与展望 [J]．求索，2020（6）：108－116.

[242] 周记顺，宋颜希．新型基础设施建设对地区出口的影响——来自国家智慧城市试点的证据 [J]．产业经济研究，2022，120（5）：115－128.

[243] 周启良．高等教育与产业结构耦合协调度对就业结构的影响 [J]．中国人口科学，2022（2）：86－128.

[244] 周清香，何爱平．数字经济赋能黄河流域高质量发展 [J]．经济问题，2020（11）：8－17.

［245］周雯雯，李小平，李菁．基础设施建设对全要素生产率的空间溢出效应——基于"一带一路"背景下 271 个地级市面板数据的研究［J］．经济问题探索，2020（6）：64 – 76．

［246］周筱雅，刘志强，王俊帝，等．中国建制市人均公园绿地面积的探索性空间数据分析［J］．生态经济，2019，35（10）：86 – 93．

［247］朱海龙，张志雄．中国智慧化建设区域差异研究［J］．经济地理，2021，41（8）：54 – 80．

［248］朱晴艳，田启波．工业污染治理投资对区域技术创新水平及其差距的影响［J］．科技管理研究，2022，42（9）：215 – 221．

［249］祝嘉悦．人口老龄化、消费需求与第三产业就业［J］．财经问题研究，2022（12）：117 – 127．

［250］卓健．城乡交通与市政基础设施［J］．城市规划学刊，2021（6）：119 – 121．

［251］左芊，洪波．企业大数据影响因素与经济发展关系研究［J］．统计与决策，2019，35（10）：185 – 188．

后　记

　　《黄河流域城市群高质量发展与生态保护研究（2006－2019）》经过我们研究团队一年多时间的通力合作最终完成了。

　　呈现给读者的这本著作是课题组多年来对黄河流域城市群高质量发展与生态保护问题的全面整合和更进一步的深入探讨。既从理论上探讨了高质量发展与生态保护的内涵和内在机制，也对黄河流域城市群高质量发展与生态保护的发展状况进行了全面评估。其中既包括课题组的独特思考和创新，也传承了前人在黄河流域城市群各方面研究所奠定的基础。

　　2020年8月31日，中共中央政治局审议通过了《黄河流域生态保护和高质量发展规划纲要》，黄河流域城市群在高质量发展与生态保护的发展状况如何？规划实施效果是否明显？城市各方面发展成效还有很多内容值得挖掘，研究永无止境，课题组也将持续关注黄河流域城市群的高质量发展与生态保护问题，追踪黄河流域生态保护和高质量发展规划实施成效。

　　回首本著作的创作过程，我的内心五味杂陈，心中充满了感谢。

　　我要对广西民族大学的卞成林书记表示最衷心的感谢，不是卞成林书记给我创造的良好的科研环境和条件，本书难以付梓；感谢广西民族大学陈铭彬副书记、民族学与社会学学院郝国强院长、研究生院的胡良人书记、黄焕汉副院长及研究生院的其他各位同志，是他们在工作上点点滴滴的支持和帮助，使我在繁忙的工作中能够静下心来深入思考，最终完成本书的撰写，对他们的付出，我心怀感激；感谢经济科学出版社的李晓杰师妹对本书出版所付出的辛勤劳动，感谢在本书的校对和出版过程中所有付出心血的朋友们。最后要感谢研究团队的每一位成员，在我们一起经历的三百多个日日夜夜中，我们利用暑假和寒假之时，平时工作学习之余全身心的投入才取得了如此的成果，本著作凝结了我们研究团队的每一位成员的智慧和劳动。

　　感谢每一位帮助过我们的人。

　　由于我们的学识有限，在本著作中难免存在疏漏与不足，我们真诚地希望读者能够提出批评指正，以使我们能够完善自身研究的缺陷与不足，在学术道路上能有进一步提升。

2024 年 8 月